リメイド・イン・アメリカ

日本的経営システムの再文脈化

ジェフリー・K. ライカー
W. マーク・フルーイン　編著
ポール・S. アドラー

林　　正　樹 監訳

中央大学企業研究所
翻訳叢書9

中央大学出版部

REMADE IN AMERICA

by

Jeffrey K. Liker, W. Mark Fruin, Paul S. Adler

Copyright © 1999 by Oxford University Press, Inc.

This translation of REMADE IN AMERICA,

originally published in English in 1999,

is published by arrangement with Oxford University Press, U.S.A.

日本語版への序文

　本書が分析の基礎とした調査は今からほぼ10年前のものであるが，日本の友人が日本語訳を出版したいという大きな興味を抱いてくれたことを極めて嬉しく思うし，また実に誇りに感じる．われわれは本書の翻訳が日本人の研究者たちの間で議論になり，研究を刺激することを期待する．

　過去10年間，雇用全体に占める製造業の割合は長期的に減少を続けている．そのことが，一方では，本書の自動車産業やエレクトロニクス産業を中心に分析する独自の意義をやや減じている．他方では，この雇用の縮小が米国製造業企業の生き残るための業績レベルを引き上げ，生き残った企業の間では日本企業の経営管理技法に対する関心を高めてきた．10年前，日本的経営こそが米国の製造業に広く模倣されるべき「最善の方式」であると極端に賛美された頃に，われわれは多くの管理方式について議論した．さらに，日本的管理方式は製造業以外にもますます普及している．銀行，病院，レストラン・チェーン，運送業者，および小売業者が皆，この同じ技法に影響されている．

　この技法の普及は本書の中心的命題の1つであるという認識をわれわれは表明してきた．すなわち，リーンな生産は1組の技法以上のものであり，継続的な改善という文化を創り出す広義の経営システムを含むものである．その意味では，多くの米国企業が産業部門を超えて同じような軌道をたどってきている．すなわち，先ずコスト削減を推進する職場の管理技法を導入するが，次の段階では，それによって生じる利益は拡大も維持もできないことが分かり，最終段階では，広範な組織システムの変革の場合においてのみ職場の管理技法の潜在的有効性が実現されると認識するのである．

　しかしながら，このような広範な組織レベルの変革は難しいものである．多くの企業はその組織的システムの中心的要素（人的資源管理方式，労使関係および

サプライヤー関係，組織文化，公式・非公式な組織構造，コミュニケーション，および学習制度）を徹底的に修正するために依然として苦闘している．このような組織システムの変化が直面する障害は，相当大きな割合で，広義の企業システムおよび制度的環境の中に存在する．

　1990年代後半の株式市場のバブル期においては，企業のトップ経営者を組織の生産能力に注目させるのは難しいことであった．というのは，収益性はより直接的には金融部門の活動の関数であったからである．バブル崩壊の後は，別の制約が表面化してきた．わが国の労使関係制度はもはや労働者の要求に対して信頼できる援助は何もできない．健康保険システムは企業には莫大なコストを負担させつつ，従業員を危険な状態に放置している．教育訓練制度は全体的に資金不足であり，21世紀の産業社会の要求にほとんど適応していない．運輸および住宅建設のための物質的なインフラは資金不足で荒廃している．

　このような諸問題の制約効果は明らかなはずである．労使関係制度を例に考えてみよう．リーンな生産は1日の労働時間から非生産的な時間を取り除くことによって労働を強化する．この労働強化は労働者の福利と並存しうるものであり，たとえば，見つからない部品や道具を探すことによる苛立ちを無くする場合にも発生するのである．しかし，その労働強化は，労働者を生産方式のステークホルダーとして認識しない場合においては，人間の能力を簡単に超えてしまう可能性が高い．この認識があるかないかが開明的な労使関係制度の試金石である．しかし，ニュー・ディール型の労使関係制度は基本的に崩壊しており，民間部門の労働組合員数は果てしなく減少しており，多くの労働者があまりにも雇用不安にさらされすぎて話題にもできないほどの不安を感じている．その結果として，リーン生産プログラムの多くが労働者の参加を伴わないかたちで進行しており，したがって継続的な改善というこのプログラムの約束を履行できていない．

　要約すれば，日本企業の経営管理方式は，一方では，米国に移植されて変革されているように，下から，すなわち職場からの進歩的な変化への要請を刺激するのに役立ってきた．しかし，他方では，米国の制度的および企業的環境がしばしばこの変化に対する障害物であった．驚くことではないが，会社の中で

は，経営者はしばしば進むべき道が相互に矛盾する状況に直面する．一方には，進歩的な労使関係とサプライヤー関係に基づくリーンな生産と継続的改善という「王道」があり，他方には，コスト削減のみにもっぱら焦点を当てて，労働者，サプライヤー，立地，製品の品質を統制する方式で「ミーン（ケチ）な生産」という「賎道」がある．「賎道」は持続可能な戦略ではないというはっきりした証拠があるにもかかわらず，今日の米国における広義の制度的な脈絡（コンテクスト）が「賎道」の擁護者に対して多くの支持を与えている．

　本書のテーマからその論点の筋道をたどれば，そのうちのいくつかは現在も議論されているし，将来においても議論され続くであろう．われわれはこれらの論点を解明しようとする日本の友人達と膝を交えた議論ができる日を心待ちにしている．

　　2004年12月20日

ポール・S. アドラー

序　文

　1991年，ニューメキシコ州のジェフ・ビンガマン上院議員の唱道で，合衆国連邦議会は，産業技術に関する米国―日本マネジメント訓練計画を作成するため，国防省に1,000万ドルを拠出した．この計画の目的は，学問的および専門的職業人による講座を通じて，日本語を話すことのできる技術者および管理者を育成するよう支援し，また日本企業の技術管理方式を日本の経験から直接的に学ぶよう支援することによって，アメリカ産業の競争力を強化することにあった．この計画のもう一つの重要な目的は，日本の一流企業に当該産業での競争優位性をもたらしている技術管理方式を調査・分析することであった．ミシガン大学の日本技術管理講座（Japan Technology Management Program : JTMP）は，上記のマネジメント訓練計画から補助金をうけた最初のもので，空軍科学研究所（the Air Force Office of Scientific Reserch : AFOSR）によって運営されていた（その後，12講座がAFOSRの資金援助を受けている）．JTMPは，当初の活動の多くを，基礎研究から製造に至る技術のライフサイクルの広範な領域を網羅した調査に焦点をあてていた．この初期の活動成果の1つが，『日本の産業技術発展――日本的技術管理方式――』（*Engineered in Japan: Japanese Technology Management Practices*, Oxford University Press, 1995）であり，1996年，生産システムに関する優れた研究に与えられる新郷賞を受賞している．今回，日本企業の生産管理システムが「海外移植工場の管理」と言われるかたちで合衆国に持ち込まれており，そのシステムに焦点をあてた2冊目の研究書を上梓できることは幸せである．

　本書のアイディアが生まれた1996年の時点で，JTMPが実施されて5年を経ており，本格的な研究書をもう1冊執筆し始める時期であるように思われた．ブリティッシュ・コロンビア大学の教員であるマーク・フルーインがミシガン

大学に数年間滞在しており，南カリフォルニア大学のポール・アドラーもわれわれのチームへの参加を承諾した．われわれ全員は合衆国にある日本企業の工場調査を直接経験しており，つぎの3つの点について意見が一致した．第1に，合衆国には，実際に業績の高い日本企業の製造工場が数多く存在している．第2に，米国の一流企業のいくつかは日本と合衆国の双方に立地する日本企業の工場からその優れた生産管理方式を模倣している．第3に，日本の米国現地工場と米国企業の模倣工場における経営システムは，日本の経営システムそのものでもないし，また伝統的なアメリカ工場の経営システムそのものでもなく，その両者がハイブリッド化されている．加えて，世界クラスの日本企業の工場から学ぶことが可能なレッスンを，これまで全く学んでこなかった伝統的なアメリカ工場がいまだに多数存在している．われわれの結論は，日本の製造企業において実証済みの管理方式を合衆国に効果的に取り入れる方法の解明が緊急を要している，というものであった．

　したがって，入手可能な証拠を収集し最も説得力のある理論を提起するために，この分野に最も通暁している学者を呼び集めて論文集を作成することにした．1996年初頭，そうした学者を選び，企画された研究書に向けた論文の作成を依頼した．同じ年の9月，論文執筆者とその他の多くの専門家をミシガン州アナーバーの会議に招聘した．会議では，各論文が他の出席者から論評されるとともに，企画本の基礎となる重要な論点について幅広く議論し，各執筆者はこの議論の成果を盛り込んで論文を修正するよう奨励された．こうして生まれた論文が，本書の各章を構成している（いくつかの論文は，異なるかたちで雑誌にも掲載されるだろう）．われわれは編者として，本書全体の概念的な枠組みを提供する第1章の草稿を作成した．

　できあがったものは，日本企業の生産管理の諸原理をアメリカ合衆国に移転するための，複雑かつ多面的であるが，しかし，首尾一貫した描写となっている．全体としてみると，各章は，その移転は単線的なものでも機械的なものでもなく，むしろ複雑で進化的な過程であることを明らかにしている．ますますグローバル化していく経済に突入するにつれて，この過程をうまく管理する方法を学ぶ必要性が高まっている．本書が，この巨大な挑戦において，思考の舵

取りになることを望む．

　本書は，日本の企業・技術・生産管理に関心をもつ研究者，および生産に関心をもつ管理者や技術者のために書かれている．各章は，綿密な事例研究と概念的枠組および統計的実証研究の統合である．特殊な学術的専門用語の使用は控えているけれども，日本的生産方式（methods）の基本概念（たとえば，JIT，プル・システム，SPC）および一般的な経営概念にいくらか精通していることを前提としている．

　本書は，多くの人々や組織の協力を得て完成した．まず，いかに要求の多い編者であるかを知らずに，この企画に参加してくれた寄稿者の方々に感謝を申し上げる．また，同僚であるスティーブ・ボブソン，ブルース・コグート，ウィル・ミッチェル，メイヤー・ザルドにも感謝している．彼らは，本書の代表者となっているわけではないけれども，1996年9月の会議に論評者として，また評論者として参加し，本書の作成に大きな貢献をした．資金的に支援してくれた空軍科学研究所にも謝辞を申し上げる．また，AFOSRで先述の計画を実行していたコト・ホワイト氏の熱心で効果的なリーダーシップには，とくに感謝している．日本技術管理講座の次長であるハイディ・ティーティエン氏は，想像以上に熱心な働きと献身をしてくれた．この場を借りて謝辞を申し上げる．本書に対して創造的な刺激を与えてくれた指導者は，JTMP所長のジョン・シューク氏である．彼は，会議の席で思慮深い助言を与えてくれたし，合衆国へのトヨタ生産システム導入の経験を共有することを通じて，数え切れないほどの方向からわれわれの考察に影響を与えてくれた．JTMPの共同責任者であるジョン・キャンベルとブライアン・タルボット両氏も，機知に富み，賢明で，全面的な支援を提供してくれた．最後に，オックスフォード大学出版局のハーブ・アディソン氏の計り知れないほど貴重な支援と励ましに感謝を申し上げる．

　　1998年2月

　　　　　　　　　　　　ミシガン州アナーバーにて，J. K. L.
　　　　　　　　　　　カリフォルニア州サンノゼにて，W. M. F.
　　　　　　　　　　カリフォルニア州ロサンゼルスにて，P. S. A.

目　　次

日本語版への序文
序　　文

第1章　日本的経営システムのアメリカ合衆国への持ち込み
　　　　──移植か，それとも変革か？── ················· 1

　　　　　　　　　　　　ジェフリー・K. ライカー
　　　　　　　　　　　　Jeffrey K. Liker
　　　　　　　　　　　　W. マーク・フルーイン
　　　　　　　　　　　　W. Mark Fruin
　　　　　　　　　　　　ポール・S. アドラー
　　　　　　　　　　　　Paul S. Adler

　　1　本章の目的　1
　　2　日本的経営システムの定義　3
　　3　日本的経営システムの有効性の源泉　9
　　4　移転──移植と変革　16
　　5　本書の概観　32

第Ⅰ部　自動車産業 ················· 47

第2章　国境を越えた競争優位の移転
　　　　──北米における日系自動車移植工場の研究── ················· 49

　　　　　　　　　　　　フリッツ・K. ピル
　　　　　　　　　　　　Frits K. Pil
　　　　　　　　　　　　ジョン・ポール・マクダフィ
　　　　　　　　　　　　John Paul MacDuffie

　　1　研究の背景とデータ　51
　　2　人的資源管理と作業管理方式の比較　53
　　3　在庫およびバッファ　66
　　4　自動化および技術　68
　　5　サプライヤーとの関係　75
　　6　業　　績　79

7　結　　論　84
8　付　　録　86

第3章　ハイブリッド化
　　　──トヨタの2つの米国移植工場におけるHRM──……… 95
　　　　　　　　　　　　　　　　　　　　　　　ポール・S. アドラー
　　　　　　　　　　　　　　　　　　　　　　　　Paul S. Adler

1　ハイブリッド化──理論的背景　96
2　フレームワークと方法　102
3　NUMMIの概略　105
4　TMMKの概略　106
5　HRM（人的資源管理）方式の分析　108
6　論　　点　137
7　結　　論　142

第4章　日本からアメリカへの工場間の知識移転と
　　　再コンテクスト化
　　　──日本精工（NSK）の事例──…………………………151
　　　　　　　　　　　　　　　　　　　　メアリー・ヨーコ・ブラネン
　　　　　　　　　　　　　　　　　　　　　Mary Yoko Brannen
　　　　　　　　　　　　　　　　　　　　ジェフリー・K. ライカー
　　　　　　　　　　　　　　　　　　　　　Jeffrey K. Liker
　　　　　　　　　　　　　　　　　　　　W. マーク・フルーイン
　　　　　　　　　　　　　　　　　　　　　W. Mark Fruin

1　再コンテクスト化と技術の移転　152
2　NSKの国際化戦略　156
3　アメリカにおけるNSKの国際化　158
4　NSKが移転を意図した中核的システム　159
5　NSKの技術的な生産システムの概要　160
6　NSKの生産システムの移転　164
7　アナーバー工場における技術移転の歴史と背景　165
8　アナーバー工場での再コンテクスト化の理解
　　──分析方法　175
9　論点と結論　196

第5章 リーンなサプライヤーの創出
　　　──サプライチェーンを通じたリーン・
　　　プロダクションの普及── ················203
　　　　　　　　　　　　　ジョン・ポール・マクダフィ
　　　　　　　　　　　　　　John Paul MacDuffie
　　　　　　　　　　　　　スーザン・ヘルパー
　　　　　　　　　　　　　　Susan Helper

1　なぜリーンなサプライヤーが創出されたのか？　206
2　サプライヤー関係におけるホンダ哲学　209
3　ホンダのBP　212
4　BPの事例研究　214
5　BPの効果とサプライヤー能力の分析　249
6　顧客のための教訓　252
7　サプライヤーのための教訓　263
8　結　　論　269

第Ⅱ部　エレクトロニクス産業 ················277
第6章　日本の品質管理の技術
　　　──ヒューレット・パッカード社への移転── ················279
　　　　　　　　　　　　　ロバート・E. コール
　　　　　　　　　　　　　　Robert E. Cole

1　移転元と移転先　283
2　方法と成果　288
3　ヒューレット・パッカード社へのインパクト　290
4　品質管理技術の移転──2段階の軌道　299
5　方針管理　305
6　あいまいさ，意思決定，およびモデリング　312
7　結　　論　315

第7章　国際技術移転に見る工場固有の組織学習
　　　　──東芝の事例から── ……………………………………323
　　　　　　　　　　　　　　　　　　W. マーク・フルーイン
　　　　　　　　　　　　　　　　　　　W. Mark Fruin

　1　学習と技術移転　324
　2　サブシステムの相互補完性と地域特殊的な学習　325
　3　包括的な日本的経営システム　328
　4　日本的経営システムの普遍性と特殊性　329
　5　東芝のサウスダコタ州ミッシェル工場と
　　　カリフォルニア州アーバイン工場　331
　6　フランス東芝システムによる立証　342
　7　コピー機生産の国際化──論点　345
　8　工場固有の組織学習──二重性を超えて　348
　9　工場固有の組織学習と転移する遺伝子　350

第8章　移植？　日本における日本的テレビ組立工場の比較 ……357
　　　　　　　　　　　　　　　　　　マーティン・ケニー
　　　　　　　　　　　　　　　　　　　Martin Kenney

　1　先行研究とその分析方法　359
　2　テレビ組立工場の生産システム　360
　3　日本の大手電機メーカーの工場組織とマネジメント　365
　4　テレビ組立と自動車組立の比較　378
　5　アメリカへの移転　381
　6　2つの買収──三洋と松下　383
　7　労働組合未組織化地域の工場　390
　8　論　　点　397

第9章　経営管理方式の移転促進と海外派遣監督者の活用
──日本のエレクトロニクス企業の経験から──……409
マーク・F. ピーターソン
Mark F. Peterson
T. K. ペン
T. K. Peng
ピーター・B. スミス
Peter B. Smith

1　技術移転の初期段階および発展段階における
　　海外派遣監督者の役割　410
2　現場の概要とわれわれの役割　412
3　PMリーダーシップ理論と教育訓練　414
4　日本版アンケートの改良　418
5　リーダーシップ・スタイル指標の意義　423
6　調査の質問内容と仮説　425
7　方　法　論　429
8　結　　果　434
9　論　　点　439

第Ⅲ部　産業横断的研究 …………………………………451

第10章　在米日系移植工場における作業システム革新 ………453
デイビス・ジェンキンス
Davis Jenkins
リチャード・フロリダ
Richard Florida

1　調査データ　456
2　日系移植工場と新しい作業システム　457
3　移植工場における作業システム革新のパターン　470
4　結　　論　479

第11章　ジャスト・イン・タイムとその他の製造管理方式
　　　　──米国製造業への影響── ·· 487
　　　　　　　　　　　　　　　　　　　　　　中村政男
　　　　　　　　　　　　　　　　　　　　　Masao Nakamura
　　　　　　　　　　　　　　　　　　　　　　榊原貞雄
　　　　　　　　　　　　　　　　　　　　　Sadao Sakakibara
　　　　　　　　　　　　　　　　　ロジャー・G. シュレーダー
　　　　　　　　　　　　　　　　　　Roger G. Schroeder
　　1　中核的および基盤的なJIT管理方式　488
　　2　JITや日本的取引慣行および日本市場の機能　493
　　3　JITの中核的管理方式と基盤的管理方式の実証的関係　500
　　4　結論的見解　506
　　5　付録──正準相関　507

第Ⅳ部　総　　　括 ··· 513
第12章　組織パターンの国際移転に関する
　　　　組織論の理論的潮流 ··· 515
　　　　　　　　　　　　　　　　D. エレノア・ウェストニー
　　　　　　　　　　　　　　　　　D. Eleanor Westney
　　1　組織論3つの理論的潮流　516
　　2　組織パターンの国際移転　521
　　3　結　　論　538

訳者あとがき
索　　引

第1章　日本的経営システムのアメリカ合衆国への持ち込み
―――移植か，それとも変革か？―――

1　本章の目的

　最近20年間以上にわたって，日本企業が多くの製造業でアメリカ企業の支配に挑戦している．その挑戦は最初は輸入という形で始まった．初期の研究は日本企業が成功した原因を円安や低人件費および不公正な商取引慣行に求めた．その後，日本企業はアメリカ合衆国に対する競争的挑戦を工場の海外移植という形で増大させたので，日本企業の成功要因は優れた生産管理に負うところが多いという認識が広がった．日本経済の好不況にかかわらず，日本には製造管理システムを進化させてきた世界クラスの企業群が存続しており，世界中の企業がそのシステムの模倣に躍起となっている．

　本書の目的は，企業――日系および米系――が日本的管理技法を米国というコンテクスト（環境との脈絡）で実行しようとする場合に直面する課題を明確にすることである．日本企業の移植工場[訳者注1]（海外移植工場または単に移植工場）の中で最も成功している工場は，その程度や進め方はさまざまであるが母国の管理技法に依存しており，それを米国の条件に適応させなければならない．同様に，自らの競争的地位を強化しようとして日本的管理技法を適用しようとしている米国系企業が増えており，彼らは日本的管理技法を米国の条件に適応するように変革させるという重要な課題に直面している．本書は，したがって，次のような問題を提起する．日本企業の経営システムのどの側面が日本製造業企業の輸出の成功を説明するのか？　どの側面が無修正のままで合衆国に移転できるのか？　どの部分がどのような方法で修正される必要があるのか？　米国の管理方式は日本発の管理方法を導入するためには何を変える必要があるのか？

『リーン生産方式が世界の自動車産業をこう変える』(ウォーマック, ジョーンズ, ルース著, 沢田博訳, 経済界, 1990 年) は, MIT (マサチューセッツ工科大学) の国際自動車プログラムの刊行物であり, 日本の自動車メーカーとその米国移植工場の優れた業績の要因は「リーン生産」(方式) と呼ばれる一組の管理方式に帰するとした. リーン生産パラダイムの原型はトヨタ生産システムである. しかしながら, 日本企業は自動車産業以外のいくつかの産業において, 最も注目するべきはオフィス用器具 (複写機, ファックス, ノート型パソコン), タイヤ, 民生用および産業用エレクトロニクス産業において, 産業全体としての業績が米国の相手企業を上回った (Kenney and Florida, 1993). これらの産業で成功している日本企業が必ずしもトヨタ生産方式の教義に全面的に従っているわけではないが, その生産システムには強力な類型的共通性が存在する.

日本の代表的製造会社の成功は, 工場現場だけではなく工場と会社を統括管理する広い意味での経営システムの特徴に起因する. 工場の生産システムを支える人的資源管理, 組織設計, 経営意思決定, および労使関係やサプライヤーとの企業間関係などの日本的方式の重要性に注目する者が多い. ここにも, また, 企業や産業の相違にもかかわらず, 類型的な共通性が存在する.

われわれは世界で一流の日本企業に共通して見られる生産管理, 工場管理および企業経営管理方式の類型について言及する際に「日本的経営システム」(JMS) という用語を使う. 本書は日本的経営システムがもたらす競争優位性の源泉やそれをアメリカ合衆国に移植し変革する方法を解明する. もちろん, 世界のどこにおいてもそうであるように日本においても企業の業績には多様性が存在する. しかしながら, われわれが注目する企業は国内および国際競争において持続的に成功できることが明らかな製造会社である.

われわれは自動車とエレクトロニクスという2つの産業に焦点を当て, それぞれの産業において移植と変革のパターンの違いを分析する. 2つの産業とアメリカに焦点を絞ったことが本書と他の学術的研究との違いを際立たせ, 移転, 移植, 変革のダイナミックスをより深く分析することを可能にした.

自動車産業とエレクトロニクス産業を選んだのは, 海外直接投資の割合が大きいことによる. 最近よく引例される 1995 年をとってみると, 日本の海外直

接投資は約500億ドルであった．その内のおよそ半分近くにあたる220億ドルがアメリカ合衆国に投資され，さらにその内の70億ドルが製造業に投資された．これは合衆国中の約1,700の製造工場が新設ないし増設される投資額の合計に相当する．製造業の直接投資のうち，18パーセントが電気機械分野，15パーセントが輸送用機械分野（日本の大蔵省（当時）による）であった．[訳者注2)]

　この章は本書の後続の章を結び付ける共通の概念やその背景を説明する．われわれは日本的経営システムとは何かについて詳細に定義することから始める．その次の節では日本的経営システムの有効性の源泉に関する多くの諸理論は，部分的には対立するがほとんどは補完的なものであることがわかる．続いて，われわれは日本的経営システムの移転と変革の程度を決定する諸要因について概説する．最後に，本書各章の重要な見解を要約する．

2　日本的経営システムの定義

　世界クラスの日本企業の成功を裏付ける証拠についてはさまざまな解釈が可能である．一方では，日本企業の成功は企業と政府との関係や労使関係が密接な関係にある日本で経営しているという広い意味での制度的なコンテクストや，日本人が会社のために働き過ぎたり，犠牲になりやすい性質があるのは儒教文化に起因するという主張がある．他方には，日本企業の成功要因は在庫管理，品質，保全および訓練など良いものを作るという基本に熟達していることにあるという主張がある．

　日本企業の成功が輸出という形で示されている間は，この議論に決着をつけるのは困難であった．というのは輸出には企業業績を決定する可能性のある要因が全て包含されているからである．しかし，1980年代には，北アメリカに工場を設立＝移植する日本企業が徐々に増加した．多くの移植工場は有効性が高いことが証明され，広い意味でのコンテクスト的要素は重要ではあるが，日本企業の競争力の多くは日々の職場の管理を形成する管理方針と管理方式や日本人が「生産システム」と呼ぶものに起因するというコンセンサスが生まれた．世界クラスの日本企業は生産を統括管理する一連の管理指針を厳密に実行した

結果として大きな利益を享受している．それに対して，多くのアメリカ企業は，好業績を挙げている企業ですら，秩序のない管理指針とその場限りの意思決定の下で生産を遂行している．

『リーン生産方式が世界の自動車産業をこう変える』の出版以来，トヨタ生産システム（TPS）は多くのアメリカ企業にとって参照すべき基準点になっている（Womack and Jones, 1996）．ジャスト・イン・タイム（JIT）在庫，生産の平準化，混流生産，改善活動，目で見る管理，バカよけ，生産チーム，作業の標準化などトヨタ生産システムの中核的技法はよく知られ広く賞賛されている．しかしながら，われわれが見る限り，日本的経営システムをトヨタ生産システム（TPS）に還元することはできない．まず，自動車産業で好業績を挙げている日本企業が全てTPSを導入しているわけではないからである．たとえば，ホンダは生産の平準化方式にしろ，またJITそのものにしろ，トヨタと同じ程度に行っているわけではない．

第2に，より重要なことであるが，日本企業はメモリーチップ，カメラ，タイヤ，情報技術，および民生用や産業用のエレクトロニクスなど，TPSが普遍的なテンプレート（型板）にはなりそうにもない多くの産業で際立った業績をあげてきた（Odagiri, H. and A. Goto, 1997）．少なくともTPSのいくつかの要素は，製品寿命が短い——自動車産業のように数年ではなく数ヶ月——産業や製品の種類が少なく自動車産業に見られるよりもはるかに大きな数量単位の注文が来る産業にはあまり適していないかも知れない．

たとえ日本的経営システム（JMS）が，生産技術や製品の多様性および製品ライフサイクルの長さによって異質な方式や考え方の組合せを包含するものであるとしても，そこにわれわれは世界クラスの日本企業の生産システムに共通するいくつかの強い類型的共通性を観察する．たとえば，継続的な生産改善に熱心な小集団活動が存在しない工場は，成功している工場の中では明らかに例外である．同様に，良い工場で，品質の造り込みや規律の高い作業および品質保証の方式に強力に取組まない工場はほとんど想像できない．

この種の特徴を挙げれば長くなるがもう一度説明したほうがよい．世界クラスの日本企業の各工場では，あらゆるものがそれぞれの場が決められており，

実際にその場所に置かれている，というように整然と清掃された製造現場を見ることができる．優れた製品および製造技術は製造現場の視点（日本語で現場主義）を持っているというのが標準である（今井，1997）．現場主義というのは高度な訓練と教育を受けた従業員（特に技術者）が製造現場の活動を支援するように日常的に配置されるということである．加えて，製造活動を簡略化し目に見えるようにすることによって製造現場の従業員が全員改善活動に参加しやすいようにするためのツールが多く存在する．たとえば，多くの産業において改善の足跡をたどるための簡略で目に見える方法や，作業者が詳細な点検リストを持っていてほとんどの定型的な保全や修理を行う予防保全プログラムが存在する．業績の良い日本の工場が全て工場やサプライチェーンから「製品を引っ張る」というトヨタの洗練された「かんばん」システムを使用しているわけではないが，いずれも問題発見を促進するため在庫水準を最低限に維持するよう非常に多くの注意を払っている．また，彼らは段取り替え時間を短縮しロットを少量に抑えることの重要性を強調する．最後に，今では広く認められていることであるが，日本の工場は特別な「ハイテク」ではなくて，品質，効率，およびフレキシビリティを確保するために企業内で低コストのオートメーション技術を内製し，独創的に利用するという特徴をもっている（Whitney, 1995, Fruin, 1997）．

2-1　日本的生産システムの埋め込み型階層モデル
　ここまで議論してきたように，日本企業の成功原因はトヨタ生産システム（TPS）に還元できないとしても，別のある特定の生産システムの特性に還元できるわけでもない．日本的生産システムの有効性は工場の組織構造（広義）および個々の工場がその下で稼動する企業経営システムが前提となっている．つまり，われわれが日本的経営システムと呼ぶ構造の中に3つの階層が存在することが分かるのである．
　階層1；製造現場の生産システム
　階層2；工場の組織と管理
　階層3；企業の構造とシステム

経営システムのこれらの3層に、われわれは企業が行動する社会的制度的なコンテクストを示す第4の階層を付け加えることができる（図1-1参照）．

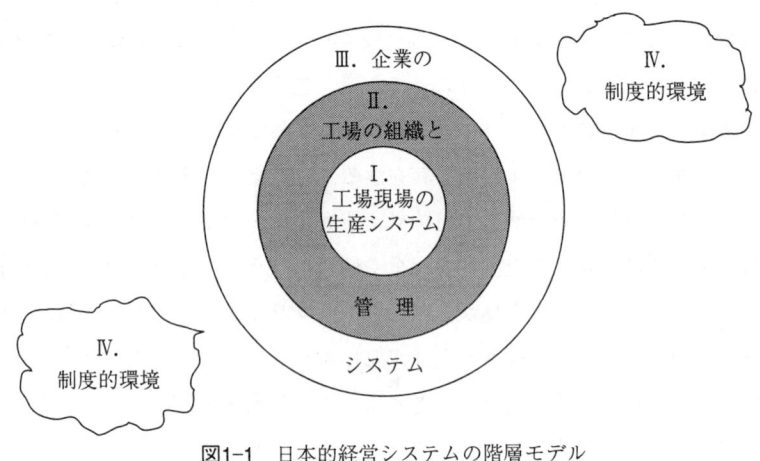

図1-1　日本的経営システムの階層モデル

海外工場の最善の成功例は、日本的経営システム——あるいは現地のコンテクストに適応したその変形——は海外の制度的および社会的なコンテクストの中で有効に機能することができることを示している．移植プロセスにおいて日本的経営システムの3層のそれぞれが持つ運命や役割はそれほど明確ではない．この3つの階層は全て日本では密接に相互に編み込まれ依存しているとの共通の認識をもつ聡明な研究（青木，1994, Aoki & Patrick, 1994; Fruin, 1992; 小田切，1992）も存在するが、ほとんどの先行研究は本書が焦点を当てる次の2つの基本問題を未解明のままに放置している．第1に、海外移転の過程で日本的経営システムの内部的中核である生産システムにいかなる変化が生じるのか？第2に、その中核的システムを移植しようとする企業にはどのような管理方針や管理方式が外側の階層として存在するのか？　また、その管理方針や管理方式は日本におけるそれとどのように異なるのか？

この4階層モデルは上述の問題の概念的理解にとって重要なので、ここで各階層について簡単に説明しよう．

階層1：製造現場の生産システム　ここまでを要約すると，この階層はハードな技術（設備，工具など）とともに，規則，手続き，作業方式の形で製造現場活動を対象とする組織管理方式を包含する．また，この組織管理方式は，品質標準，品質管理手続き，標準作業票，予防保全方式，迅速な段取り替え，および「かんばん」を含む．組織管理方式はチーム，職務分類スキーマおよび継続的な改善活動のような作業活動に直接的に影響を及ぼすが，これもやはりこの階層に含まれる．また，トヨタ生産システムの下でのプル・システムや，品質の造り込み，および標準作業のような作業現場で実行される「もの作りの原理」も含まれる．

階層2：工場の組織と管理　この階層は生産システムを補強する工場レベルのやや広範囲な管理システムと構造の組合せであり，最も特徴的な人的資源管理方式，労使関係やサプライヤー関係の管理方針，組織文化，公式的および非公式的組織構造，コミュニケーション，および学習プロセスを含むのである．米国の企業の中に日本の工場管理システムの特徴に匹敵するものが存在するのは企業階層（階層3）においてのみであるということにわれわれは注意するべきである．事実，日本の工場の著しいほどの技術資源の豊富性とその資源の利用に関するかなりの自律性に注目する文献が増えている（Cusumano, 1991; Fruin, 1992; Imai,1997）．さらに，特定の産業においては，日本の工場は多職能，多品種，および多焦点能力（詳細は，第7章，p. 328参照）という西洋の工場ではほとんど見ることができない点で際立っている（Fruin, 1997）．工場レベルの管理および技術（階層2）は——企業のオフィス（階層3）と比較して——典型的な西洋企業よりも密度が高いように思われる．

階層3：企業システム　この階層は，企業経営システム，支援スタッフ，工場外の労働組合組織を含む．それは企業のR＆D，経営戦略，人的資源管理方針，および資本市場やサプライチェーンに対する企業間関係を包含する．また，水平的および垂直的な系列がこの層の特徴である（Miyashita & Russell,

Nishiguchi, 1994; Lincoln, Gerlach, and Ahmadjian, 1996; Lincoln, Gerlach, and Takahashi, 1992; Odagiri, 1992）が，垂直的系列が事実上工場管理システムの一部分であると主張する者もいる（Fruin, 1997）．われわれは日本の独特の組織間関係管理のゆえに，特に銀行と技術を中心とする企業グループ化である企業集団と「ケイレツ」を，制度的な環境の一部分にではなく，企業レベルの中に密接に編み込まれたネットワークに分類する．

　日本企業の企業階層については，日本的経営システム（JMS）の他の2つの階層よりも多くのことが書かれている．ジェームス・アベグレンの1958年に刊行された『日本の工場』から始まり，日本の産業会社の特殊な行動，組織，経営者，雇用慣行を網羅する膨大な研究の集積が行われた．また，日本の製造会社の成長と多角化のパターンに関して明白な相違を指摘する研究も存在する（Fruin, 1992; Gerlach, 1992; Morikawa, 1992; Shiba and Shimotani, 1997）．同様に，工場がより大きな部門や企業構造に統合される方法は，西洋の多くの製造会社における事業部制的管理方式を説明するM型モデルとは明らかに異なっている（Chandler, 1990; Fruin, 1992）．青木昌彦の日本企業のシステム属性に関する叙述はわれわれが階層1, 2, 3について述べたこと多く含んでいる（青木，1994）．

　階層4：制度的環境　われわれの目的にとっては，制度的環境は企業システムの外部にあるものすべてである．それは消費者の選好，法律その他の規制的環境，広い意味での教育システム，および普及性の高い国民的文化や価値志向などの要素を含む．

　日本の階層3に分類されるものの多く，たとえば企業別組合，メインバンクや金融業者との親密で長期的な関係，高水準の企業内教育，および低水準の労働市場での移動性は，広い意味で日本の特殊な制度的環境に基づいているということは注目するべきである．したがって，日本的経営システムの移転における最大の課題は，日本では制度的に埋め込み型になっている多重組織構造に代わる適切な代替物を見つけること，あるいは，代替物が見つからなくてもシステムを機能させることなのである．

3 日本的経営システムの有効性の源泉

　世界クラスの日本企業の成功の基礎に経営システムがあるとしても，経営システムの有効性は何に起因するのであろうか？　その答えは日本的経営システムの定義だけでは十分ではない．すなわち，日本的経営システムの理論が必要である．従来の研究はこの疑問に対する解答のコンセンサスには至っていないし，本書はそれを創り出そうとするものではない．その代わりに，いろいろな執筆者がいくつもの異なる，ある程度は対立するが，大きく見れば相互補完的な理論を寄稿している．本節では次章以降で引き合いに出されるかまたは示唆される4つのメイン理論を確認し，それぞれの理論が示唆している海外移転のための課題をいくつか確認する．

3-1　入念に設計されたマネジメントとしての日本的経営システム（JMS）
　　　　——ツールとテクニック——

　日本的経営システムの有効性の源泉を最も直接的に主張する論者は，生産システムと生産を指導する管理指針の特異性や合理的設計および一貫性を強調する（Juran, 1988; Monden, 1983; Schonberger, 1982; Shingo, 1989）．日本的経営システムにとって外側の階層は決定的に重要な構成要素ではあるが，最も内側の階層——生産システムのツールとテクニック，すなわち予防保全，目で見る管理，品質標準，ZD運動，および5S——はそれ自体が極めて強力であると信じる十分な根拠がある．

　多くの米国企業が今ではこれらのツールとテクニックは模倣するに値することを認めている．たとえば，米国自動車メーカーのビッグスリーは3社とも彼らの世界中の製造活動にTPS（トヨタ生産システム）の変形版を公然と導入している（Liker, 1997）．しかしながら，10年ないし20年前には，日本的経営システムのツールとテクニックの強さは米国人経営者にはそれほど明白ではなかった．たとえば，自動車メーカーのビッグスリーはTPSの存在に気付いてからその導入に本気で努力するまでに少なくとも15年かかった．その上，これら

の会社でTPSの方法を導入するプロセスは一直線に進んだとはとても言えない（Liker, 1997）．本書のロバート・コールの章は，ヒューレット・パッカード（HP）社の経営者が日本の合弁相手である横河-ヒューレット・パッカード（YHP）社からTQM（総合的品質経営）を修得するよう迫られた際に，TQMに対する当初の鮮明な抵抗の記録を明らかにしている．しかも，この抵抗は，TQMの進め方が数多くある中で模倣するには理想的な状況設定であったにもかかわらず発生したのである．

　米国企業が日本的経営システムの受け入れに時間がかかる理由は，日本的経営システムのいくつかの中核技術の特徴がアメリカの大量生産において当然とされている教義と矛盾するからである（Womack 他, 1990; Koenigsaeker, 1997）．たとえば，ジャスト・イン・タイム（JIT）生産は，アメリカ製造業の発注数量における規模の経済性原理や，製造現場の日程計画におけるMRP II 技術への依存とは，完全に対立する．JITにおいては，材料は下流工程を補充する工場から引き取られるのであり，原料や中間投入物の事前の計画は可能な限り排除される．

　米国企業が日本的経営システムのツールやテクニックの採用が困難な第2の理由は，われわれのモデルの階層2を構成するやや広い意味での工場管理システムを基礎付けるいくつかの基本原理に関係している．1つの解釈によれば，日本的経営システムのツールとテクニックは，ビッグスリーの工場やその他の米国の製造業種で標準とされるものよりも，遥かに専権性が弱く，参加型の強い組織において利用される時により一層有効に機能する．たとえば，製造現場のワーカーに自分自身のIE技法（メソッド・エンジニアリング）で仕事をするのを認めることは，技術のエキスパートだけが科学的に正確な作業方法を開発することができるという仮説に立っている伝統的なテイラー主義にとっては顔に飛んでくるハエのように嫌なものである（Adler, 1993）．

　ツールとテクニックとしての日本的経営システムに関する第2の解釈は，その業績面の利点の源泉は労働強化をもたらすことにあると主張する．数人の観察者（Babson, 1995; Fucini and Fucini, 1990; Graham, 1995; Rinehart, Huxley, and Robertson, 1997）によれば，改善活動は1日の労働時間の中の「気孔」であり，

労働者にとっては休憩時間を意味するが，資本にとっては無駄な時間であり，それを継続的に除去することになると主張する．これらの解釈のどれが正しいかは，ある程度は，生産システムがどのように実行されているか（労働が実際に強化されているか，あるいは非生産的労働が生産的労働によって代替されているか），そしてその結果としての利益がどのように配分されているかに依存する．しかしながら，どちらの解釈においても明らかなことは，日本的経営システムのツールとテクニックを実行するための多くの課題は，労働者を「参加させる」ための広義の組織的な環境に依存していることである．このような参加は伝統的な米国の経営，労働者，および労働組合の態度決定に抜本的な変化を必要とする．

日本的経営システムの有効性に関するこのような技術論は，また，米国への移転の第3の難しさ，すなわち日本の産業特性を浮き立たせる．米国企業は，成功した日本企業のやり方を模倣しようと努力するが，産業間の微妙な相違に関する情報がしばしば不足しているというハンディキャップがある．それにもかかわらず，本書のいくつかの章のうち，第8章（ケニー），第10章（ジェンキンスとフロリダ），および第11章（中村，榊原，シュレーダー）が，異なる産業における技術的な生産システムの形態を比較分析しており，特に注目される．

3-2 ナレッジ（知識）創造的小集団活動としての日本的経営システム

本書の著者たち数名は日本的経営システムの成功は生産システムのツールやテクニックの効率性によるのではなく，むしろ，実践的なナレッジを創造する日本的経営システムの優れた能力によると主張する（Fruin, 1997; Adler, 1993; Kenney and Florida, 1993）．極めて大まかに見れば，過去数百年の富と権力の基盤は土地から労働へ，さらに資本へ，そしてついには，20世紀の末に，ナレッジへと進歩してきたと言えよう．このような見方からすれば，日本的経営システムが成功した理由は，かつての肉体労働と精神労働の分離を再統合し，また継続的な改善活動とラディカルな製品・工程のイノベーションによって工場を基礎とするより効果的なナレッジの創造を可能にしたからである．日本的経営システムの有効性——および，実際のところ，生産システムに組み込まれたツールとテクニックの有効性——の大部分は組織がナレッジのストックを継続

的に増加させようとする，その進め方に由来する．

　この見方で注目される日本的経営システムの重要な特徴は，個人的学習と組織的学習とを統合するプロセスとしての小集団活動への参加である（Cole, 1979; Fruin, 1998a; Lillrank and Kano, 1989）．多くの異なる種類の従業員全員に新しくてより良い方式を確認させ，それを組織全体に普及させるように参加させるのが標準化方式である．工程内のチームは最善の管理技法をチームレベルで共有するように奨励し，工程外のチーム——QCサークル，ニューモデル切り替えチーム，改善チーム，など——は工場のナレッジ創造能力を強化する．したがって，この見方からすれば，製品のデザイン，製造，マーケティングに参加する人々は全員，小集団活動にリンクされているので，日本的経営システムは労働者や技術的専門家や研究者やサプライヤーたちのナレッジを統合する能力において優れているのである．

　小集団活動は3つの方法で学習を促進する．第1に，小集団活動は作業改善につながるような新しいナレッジを生起させるための強力な手段である．第2に，小集団活動はそのナレッジの組織横断的な普及を支援する．チームの中では，ナレッジは徒弟制度に似たやり方で共有（野中・竹内［1996］の用語では「社会化」）することができる．従業員がチーム間を移動するときは，彼らは自分の増幅されたナレッジ・ベースを持って行き，新しいチームメンバーにそれを分け与える．第3に，小集団活動はある種の所属，関与および参加の意識の創造にとって重要である．こうした価値観はナレッジの創造と普及に対してオープンな職場環境を維持するためには極めて重要である．

　小集団活動は時には相当否定的に解釈されてきたことは注目しておくべきである．たとえば，グラハム（Graham, 1995）はある現地自動車会社のチーム単位の組織について，経営者価値の内面化と同僚からの圧力によって服従を奨励する手段であると述べている．グラハムは小集団活動の「人間関係」的側面のみが唯一合理的なものであり——彼女が調査したチームはほとんど改善を生み出さなかったと主張し——，この人間関係戦略は協同的であるよりは基本的には人心操作的であると理解している．

　肯定的または否定的のいずれに解釈するにせよ，日本の小集団活動を合衆国

に移転しようとするには無数の問題が存在する．その難しさについては後のいくつかの章で議論されるが，ここではそのうちの1つについて言及する．日本の小集団活動には，往々にして経営者の事業優先事項の達成に向けた目標に焦点を当てるように，経営者側の極めて大量のトップダウンの指示が含まれている (Fruin and Nakamura, 1997)．コール (Robert E. Cole, 1979) は，したがって，日本では小集団活動は第1線の強い監督者に依存すると記述している．合衆国では，これとは対照的に，従業員参加を強化する努力が，日本企業の組織とは違う方法で，しばしば意図的に製造現場の監督者を素通りして生産労働者に「エンパワー」(権限委譲) される．NSKの章では，日本の経営者は米国移植工場でQCサークルに失敗した要因を，労働者にプロジェクトを選択させるような過度の権限委譲を行った——プロジェクトは一般的には生産性や品質よりも「快適さの創造」に集中した——ことにあるとしている．その他のいくつかの章では，ナレッジの創造のために小集団活動を活用する試みという視点から伝統的な権限形態に対する挑戦について議論する．

3-3 官僚制をイネーブル (活性化) する日本的経営システム

たとえ，一方で，日本企業が学習を奨励するために小集団活動に依拠しているように見えるとしても，同時に，高度な垂直的階層の形式化と標準化を立証するものが，少なくともその生産の中核には多数存在する．(日本企業の経営システムの内，その他の部分はそれほど官僚的ではない.)たとえば，標準作業票には各職務は如何になされるべきかが詳細に正確に図解されており，その標準化された方法は米国企業と比較してはるかに厳密に扱われている．予防保全の課業が明確に文書化され標準化されているので，日本企業は，生産労働者に予防保全作業を担当させることが可能である．日本企業の組織は，アメリカ企業の「フラット」な組織構造一筋という熱狂とは異なり，典型的には学歴別に豊富な労働力で構成される垂直的階層構造を見事に作り上げている．

しかしながら，日本的経営システムにおける官僚制の形態は伝統的な米国企業におけるものおよび伝統的な組織論に反映されているものとは著しく異なっている．伝統的な官僚制の形態は支配と服従のために構想されている．形式的

な手続きや標準および階層を強制することが，潜在的に反抗的かつ無責任な従業員が正しく働くようになることを保証する方法である．官僚制がこのような強制的な合理性と共に構想され実行されると，その効率性は労働者参加や作業の柔軟性および改善契機などを喪失するという大きな犠牲の上に生じる．しかし，日本企業の官僚制の特徴は，少なくともいくつかの企業では，正式な手続きや標準がライン労働者の参加によって設定されるのであり，専門家のスタッフによって強制されるのではないという意味で，（米国企業のそれとは）やや異なった合理性や効果をもっているように見える．これらの手続きや標準は最善の作業方式や改善の機会を確認するのに役立っているのであって，単に怠け者をチェックするための業績標準を設定するものではない．その階層性は職位の権限にではなく専門的能力に基づいており，また，階層の異なる各層同士は対立するのではなく協力している．官僚制がこの「イネーブル（活性）化」の形態（Adler and Borys, 1996）を採るならば，参加やフレキシビリティおよびイノベーションを無効にすることはない．このような官僚制は定型的な仕事については協同でコントロールし，非定型的な仕事については協同で創造するというように，コントロールと創造の同時並行的な支援が可能である．

　ここでもまた，日本的経営システムの官僚制的特徴は，強制の精錬化，浸透化および蚕食化の形態としてやや否定的に理解されてきたことに注目しておくべきである（Babson1995; Fucini and Fucini, 1990）．批判者は参加と業績の肯定的な評価は比較的初期に示されたものであると論じ，日本企業の成功はその官僚制組織によるものではなく，官僚制組織にもかかわらず達成されたと主張する．他の批判者は日本企業の官僚制組織の内の少なくとも若干はこのような温和な形態であることは認めるが，しかし，そうなっている理由はただ1つ労働者の服従が他のもっと構造的な手段で保証されているからであると主張する．仕事を失うコストが極めて高いならば——長期間雇用システムにおいて見られる事例のように（Sullivan and Peterson, 1991）——詳細な手続きや標準および報告制度は必ずしも強く強制された形式である必要はないというのは驚くことではない，と批判者は主張する．労働者は官僚制を明白にイネーブル化するような規律には当然のこととして同意するだろうし，実際に背後にある無関心や反感を

覆い隠すようなある種の参加的行動をとるであろう．

　官僚制のイネーブル化論に関する上述のどの理解においても，日本的経営システムを移転するためには新しいハードルが存在する．この方法による日本企業の成功は規律やグループ所属に関するあらゆるレベルの価値観において労働者と経営者による内面化に強く依存しているように思われる．個々人の権利と民主主義の概念が基本的に異なる外国社会において日本的経営システムを再生産することは抜本的な見直しなしではありえない．

　3-4　ステークホルダー・モデルとしての日本的経営システム

　これまでに要約した3つの理論はわれわれの関心を工場の内部に集中させてきた．しかし，日本的経営システムの有効性はもっと広いガバナンス構造に一層強く依存していると言うことができる．日本の株式会社はコミュニティ，労働組合，銀行，サプライヤー，および株主のようなステークホルダーと独特のつながりを持っている（Aoki and Patrick, 1994; Dore, 1988; Fruin, 1983; Miyashita and Russell, 1994; Morikawa, 1992; Odagiri, 1992）．ガバナンスに関するエージェンシー・モデル，所有権モデル，および取引コスト・モデルなど西洋企業の経験に基づく多くのモデルは日本においてはうまく適用しない．

　① 経営と労働組合は敵対者とは定義されてはいない．経営者と正規労働者の間における賃金，権限，発言権，権利，および福利などの条件における非対称性は著しく緩和されている．

　② 債権者と債務者の親密で長期継続的な関係が競争と協調の性質に関する長期的見解を奨励する．取締役やトップ経営者は一般的に社内から昇進する．敵対的な買収はまれで，会社支配は競争的ではない（Gerlach, 1992; Kester, 1989）．

　③ サプライヤーは親密に協力し合い，知的財産権の盗用，中核的従業員の（競争相手への移動による）喪失の危険，あるいはパートナーの楽天主義など，に対してあまり大きな関心を持たない（Nishiguchi, 1994）．サプライヤーのトップ経営者は製造業大企業からの派遣または最近退職した人が多い．サプライヤーは日本的生産システムに不可欠な部分である；彼らは法

律的には独立しているが中核企業の工場の一部分である．生産システムはサプライチェーンを超えて統合されており，組織学習は会社の境界をまたいで行われ，また，ネットワーク上の地位がしばしば技術的能力の進化を規定する（Fruin and Nishiguchi, 1993; Stuart and Podolny, 1996）．

このステークホルダー・モデルもまた，否定的な解釈の余地を残していることに注意するべきである．若干の観察者の目には，複合的なステークホルダーの影響が個々の企業のフレキシビリティを制限すると映る（Sakai, 1990）．こうした批判者は次のように主張する．このモデルは過去においては日本企業にうまく役立ったかもしれないが，日本産業であるというだけで後発の利益を享受している．今や，日本企業は模倣ではなく革新を始めなければならない．彼らはもはやこのハンディキャップを避けて通ることはできない．

このような批判のメリットが何であれ，このあとの多くの章が次のことを明らかにしている．すなわち，成功している日本企業の米国移植工場の多くは日本モデルと同質のものを，少なくとも労働組合とサプライヤーだけは本気で（銀行に関してはそれほどでもないが）合衆国の中に再生産しようと努力している．これは大きな挑戦である．というのは，それは現地の関係者の期待や基準を作り変えなければならないから——期待と基準は長い時間をかけて形成されており，きわめて異質の産業や法律および社会の歴史によって形成されたもの——である．本書で報告されている実証研究はその歴史的プロセスにおける機会と制約に光を当てている．

4 移転——移植と変革

本書の実践的目標の1つは日本的経営システムの内で，ある程度無修正のまま合衆国に移転できるものは何か，移転の際に著しく変質を受ける部分は何か，新しく作らなければならないものは何か，を確認することである．この問題に対してわれわれは階層モデルという概念を提起しているが，それはこの問題に対する本書のいくつかの章やその他の研究から生まれた理念型である．す

なわち，製造現場の生産システムを移転するのは最も容易であり，それよりやや広い工場組織を移転するのはやや困難であり，そして企業システムを支えている制度的連関を移転するのはそれよりもはるかに困難である，という理念型である．

本書の理論的中心目標はなぜこのような理念型が支配的なのかを理解することである．ここでは，この理念形を理解するために3つの大きな見解の概説を示して各章のさまざまな執筆者の位置付けを行う．日本的経営システムの有効性に関するさまざまの理論と同様に，これらの見解は大局的に見れば相互補完的である．

しかし，そのような見解の説明に入る前に，社会や国を超える管理方式の移転は日本から始まったのではなく古くからあるプロセスであることを想起するのは有益である．技術と制度の移転に関する豊富な歴史を本章で総合できると言い張るつもりはないが，少なくとも日本的経営システムの移転の正しい位置付けに役立ついくつかの一般的な説明を行うことはできる．

日本的経営システムの国際的普及は初期の段階では他のマネジメント・イノベーションの普及と平行して進んだ．理念と制度は文明が始まって以来ある体制または他の体制からの借り物であったり，押し付けられたものであった．実際のところ，大地中海時代や中国の戦国王朝時代まで，およびキリストのはるか以前の時代から，ある地域の政治的経済的行事を他の地域を手本にして行うのは，人口が密集して定住し，開発が進んだ地域では世界のどこでもあたりまえであった．

物的模型作り（モデリング）——道路，水路および教会のような構造物の模倣——はそれほど複雑なモデリングではない．政治的経済的モデリングはそれよりもはるかに複雑であるが，それにもかかわらず行われたし，成功したものもいくつかある．こうした事例のほとんどの場合，現地のエリートたちの服従を確保することに努力が集中した．彼らは，次には，新しいモデルのファサード（外構）を，たとえ中身はなくても，建築する責任があるからである．

19世紀には商業と工業が全世界にドラマティックに興隆し，外交と併せて国際的な交流を大いに加速した．そして，20世紀の地球規模の対立はその勝利

者どもに自分たちのやり方を被征服者に押し付けるあまたの機会をもたらした．合衆国は20世紀の卓越したワールド・パワーとして国際的な学習の加速化を促進しつつ，その利益を享受した．戦後の（国家間）条約，武器貸与プログラム，マーシャルプラン，経済援助や助言，自由市場や民主主義の理想の普及促進を通じて，合衆国はその同盟国とライバル諸国の政治経済に影響を及ぼそうとした．国際的には，国連，NATO，国際通貨基金，世界銀行，およびその他の国際機関を通じて，合衆国のパワーと影響力は地球規模で目立っている．

マネジメントの領域では，合衆国は，20世紀の初めにおいてはテイラー主義とフォード主義，やや遅れて事業部制組織，さらに遅れて1970年代の企業文化運動などの国際的普及のための出発点であった．これらのモデルの普及に関する研究は，受入国の性質がそれを導入する積極性や導入する特殊な視点およびイノベーションの修正や再生に影響することを示している（Kogut and Parkinson, 1993; Westney, 1987; Wilkins, 1970, 1974）．

4-1　イノベーションの普及説

この受入国次第という点において，新しい経営方法（＝アプローチ）の普及は社会的および技術的イノベーション一般の普及と同様である．イノベーションに関する膨大な文献はその普及の速度と範囲は送り手と受け手の特性に，送り手と受け手のコミュニケーションの方法に，および何が送られるかに依存することを示している（Damanpour, 1991; Rogers, 1983; Tornatzky and Fleischer, 1990; Wolfe, 1994）．

この理論の核心部分を日本的経営システムに適用するためには次の2つの但し書きが条件である．第1に，日本的経営システムはこの文献で典型的な形で研究されているイノベーションよりもはるかに複雑である．日本的経営システムはより多くの内容，より多くの階層およびより複雑な連関を内に含んでいる．第2に，日本的経営システムは当然ではあるが移転されるのを待っているイノベーションではない．日本的経営システムは，日本国内であれ遠く離れた合衆国においてであれ，理解，学習，および社会的構築という複雑なプロセスを通

じてのみイノベーションになる．すでに指摘したように，観察者が日本的経営アプローチは単に異質であるだけではなく，多分より優れていると考え始めたその最初の時期には，そのアプローチが，概念的にかあるいは実践的にか，広い意味での日本文化の理念型から何らかの有意義なやり方で分離しうるということは明白ではなかった．しかしながら，この2つの但し書きは両方とも質ではなく程度の問題である．というのは，イノベーションは大変複雑で，理論家の幾人かはすべては社会的に「構築」される程度次第であると言うぐらいだからである．日本的経営システムの合衆国への移転に関するいくつかの視点はイノベーション・レンズの普及を利用してこそ有効に理解できる．

(1) 受け手（海外移植工場）の特質

　最初に受け手＝採用者に目を向ければ，イノベーションの普及は個々の導入企業と導入可能性をもつ企業のより大きな集合体の特質に依存することを示している（Tornazky and Fleischer, 1990）．イノベーションに対する受容性とイノベーションを有効に利用する能力に関する特質——規模，資源，および生き残りと成功のためのイノベーションへの依存性——が大きく影響する．

　採用者の規模　規模は重大であるが複雑な働きをする．一方では，より大きな企業は最新の技術的および経営的イノベーションに遅れをとらないために，人的および金融的資源とともに，イノベーションを採用し実行するための資源をも保有している．他方で，より小規模の企業はしばしばよりフレキシブルであり，大規模で官僚制的な企業よりもより迅速にイノベーションを実行する．一連のトヨタ生産システムを導入した米国企業の最近の事例研究報告書によれば，大企業は率直に言ってコミュニケーションや訓練に，また，取締役会の政治的派閥に打ち勝つためにより多くの時間がかかるので小規模企業の方が迅速に実行する（Liker, 1997）．

　また，調査事実は大企業は新しい技術を採用しようとするのに対して，小企業は採用にあたってより広くかつより深く検討することを示唆している（Rees, Briggs, and Hicks, 1984; Wiarda, 1987）．これはJITの製造方式の実行は大企業よ

りも小企業においてより効果的であるという米国の調査事実と一致する（Inman and Mehra, 1990）．しかしながら，この大まかなパターンにはかなり多くの変形の可能性がある．本書で研究された大多数の企業は，中ないし大規模企業であり，彼らは相当多くの経営資源（たとえば，旅行，法律，コンサルティング）を移転作業に充ててきた．

採用者のスラック（ゆとり）資源　採用可能性のある企業のスラック資源の利用可能性とイノベーションの採用や効果的な実行の可能性との間には明白な関連があることは調査が示している．より小規模な企業は資源不足のゆえにイノベーションの採用が遅い．これに対して，本書で議論されている日本のリーディング企業はその海外子会社の経営の投資を支援し，長期的投資としてのイノベーションを採用するために，相当多くの資源を投入すると約束している．一例を挙げれば，トヨタは1980年代に膨大なキャッシュ・フローの資金力を持ち，NUMMIとTMMKの立ち上げを成功させるために数百人の技術者を送ることができたのである．

イノベーション採用者の依存性　企業が成長か生き残りのために既存のイノベーションを効果的に実行することに重点をおいているときには，その採用について一層神経質になることは驚くことではない．逆も真なりである．合弁企業であるYHP社でのTQMのすばらしい成功ですら，HP社の他の部門にTQMを採用するように動機付けることができなかった——彼らが自分自身の生き残りと成功のためにTQMが決定的に重要であると結論付けるまでは——．コール（Cole）の第6章はその理由について叙述している．

　イノベーションの普及は将来の採用者個々人の性格だけではなく将来の採用者の工場や会社総体の性質にかかっている．次の2つの要素が重要である．

　・採用者の個体群人口統計　他の条件が同じであれば，大規模だが少数の潜在的採用者で構成される集団の方が小規模で独立した多くの潜在的採用者から構成される集団よりも普及しやすい．マクダフィ＝ヘルパー（MacDuffie and Helper）の第5章はホンダにとってその管理方式を少数のサプライヤー

に普及させるのにどれぐらいの努力が必要かを示しており，また，もしもサプライヤー集団が多数の企業で構成されるとすれば普及はどれほど困難であることか想像に難くない．

・採用者間のコミュニケーション　再度他の条件が同じであれば，潜在的な採用者間で相手から学習することを可能にするような多数のコミュニケーション・リンクが存在する時には普及はもっと容易である．コールの第6章は，HP社内で各部門に同等レベル部門の成果を観察可能にすることによって，部門を越えたTQMの普及が大いに促進されたことを示している．

(2) 送り手（親会社）の特質

　普及は，しかしながら，受け手だけではなく送り手にも依存する．日本のいくつかの産業およびいくつかの企業は経営技法の米国子会社やサプライヤーへの移転に，より多くかつより上手く関与しているようである（Kenney and Florida, 1993）．マーチン・ケニー（Martin Kenney）の第8章は日本のテレビ製造業者は日本的経営システムを合衆国に移転するのに自動車製造メーカーほどには注目されていないことを示唆している．フルーインも同様に東芝の写真式複写技術を合衆国に移転する取り組みは同じように不利な条件付きであったことを示している．トルナッキー＝フレイシャー（Tornatzky and Fleischer, 1990）の見方ではイノベーションの普及に影響を及ぼす送り手の重要な性質が2つ——送り手が配置に専念するべき経営資源と関与（コミットメント）——あることを示す．

　送り手の資源　送り手が普及を支援するために利用可能な資源は送り手の規模だけではなく，その時期における景気の状況にも密接に関連している．本書のいくつかの事例研究はそのような制約条件に大変気を使っている送り手を生き生きと描いている．ブラネン＝ライカー＝フルーイン（Brannen, Liker and Fruin）の第4章はNSKがアイオワとイギリスの工場に資源を集中するためにアナーバー工場への大規模な投資を意図的に遅らせたことを明らかにする．

送り手の関与（コミットメント）　イノベーション——特に日本的経営システムのような複雑なイノベーション——の普及は時間と資源が（余計に）かかる．希少資源に対する競争を前提にすれば，普及は送り手が持続的な努力を行うコミットメントに決定的に依存する．トヨタ（第3章），東芝（第8章），およびNSK（第4章）の各章が明らかにするように，海外工場を立ち上げる意思決定は財務的および技術的資源について管理部門のコミットメントを表明するだけではなく，世界クラスの業績に求められる仕事にひたむきな人間と組織的ケイパビリティを創造する幅の広いそして長期継続的な努力を行うコミットメントをも表明するものである．合衆国のテレビ工場のケース（第8章）では，ケニーが言うように，日本の会社は合衆国に対して高度なコミットメントを行っていない，そうだとすれば，最後には，北アメリカのテレビ生産は労働賃金が安いメキシコに集約されることになると思われる．

(3)　コミュニケーションのメカニズム

　普及のダイナミックスは受け手と送り手の特性だけではなく両者をつなぐコミュニケーション・プロセスにも依存している．普及の成功はコミュニケーションに決定的に依存する．フェース・ツー・フェースのコミュニケーションはややあいまいな情報に依存するイノベーションの普及をサポートするが，他方，文書によるコミュニケーションのメカニズムは比較的明確な問題の処理に対して費用対効果が高い（Daft and Lengel, 1986）．

　境界の性質およびそれを乗り越えることを可能にするコミュニケーションのメカニズムについて考察するならば，日本的経営システムの移転は，日本の親工場から米国への移転の方が，日本企業の移植工場から米国人所有のサプライヤーへの移転または米国のライバル企業によるマニュアルに基づく模倣に比べて容易である，というのは驚くことではない．いくつもの章が解明しているように，合衆国で現地工場を立ち上げる日本の会社はフォーマルな文書のコミュニケーションだけに頼ってはいない．アメリカ人が日本的経営システムを直接的に経験するために日本に派遣され，そして日本人のアドバイザーがアメリカの工場に長期滞在で派遣されるのである．見せることや直接の指導は口頭の説

明よりも，特に文化を超えるコミュニケーションにおいては，しばしばより効果的である．

本書の叙述に共通する方法は日本で「マザー工場」とか「姉妹工場」などと呼ばれるものと移植（＝米国現地）工場とを一対のものとしていることである．「姉妹工場」という言葉は明らかに婉曲的語法であるが，その理由は「（男女を区別しない）きょうだい」という日本語がしばしば使用されているし，概して米国工場のテンプレート（型板）としての働きをするからである．「マザー工場」の指示は極めて厳格である（依然として古風な性差別的表現ではあるが）．製造設備は合衆国に送られる前にマザー工場で調整され，不具合が除去されるばかりではなく，アメリカ人の管理者や技術者および作業者が日本人の同僚のガイダンスで新しい設備について訓練を受けるためにマザー工場につれてこられる．新しい移植工場の立ち上げを支援し新世代の設備をその工場の中に据え付けるためにマザー工場から海外駐在員が派遣される．彼らは往々にして訓練と技術的改善を援助するためにしばらく滞在する．このような指導を権限の集中と解釈する分析者もいるが，本書ではしばしばこのような手ずからの指導は自律的な現場のケイパビリティを形成するための効果的な方法として役立つ徒弟制度として叙述される．マクダフィとヘルパーが分析したホンダのベスト・プラクティス・プロセスは一種の徒弟制度を象徴している．

(4) イノベーションの特性（日本的経営システム）

イノベーションの普及に関する研究は，その普及の原動力はイノベーションそれ自体の性質に決定的に依存することを示している．ロジャーズ（Rogers, 1983）は，イノベーションの普及に関する膨大な文献を要約した後，以下のように主張する．イノベーションは次のような特徴をもつならば容易に普及する．すなわち，現行の方式に対する高度な優位性，現行の方式との高度な両立可能性，それ自体の低度な複雑性，高度な試行可能性，および高度な観察可能性．表1-1は日本的経営システムをこの5つの項目で評価したものを要約している．

日本的経営システムの3つの特徴がこの5つの要素に作用して，その普及を難しくしている．第1に，日本的経営システムはアメリカ的製造管理の多くの

表1-1　日本的経営システムの普及容易性に影響する要素とその属性

要素[a]	日本的経営システム（JMS）の属性
相対的優位性	当初：JMSが日本企業に利益をもたらすか否か決定困難．その後：JMSの何が利益をもたらすか決定困難．
両立可能性	JMSの中核要素は一般的なアメリカ方式と矛盾する．
複雑性	個々のツールや技法は簡単だが，JMSの要素の相互補完性が相当な複雑性を生じさせる．
試行可能性	生産システムの個々の要素は簡単にテストできるが，その外側のサブ・システムはとてもテストし難い．
観察可能性	効率性や品質成果は観察しやすいが，JMSのサブ・システムの階層内・階層間の相互補完性は観察困難．

注：(a)　要素はRogers（1983）より．

基本的な教義から明確に乖離している．論争的に言えば，この乖離の明確性は日本的経営システムの相対的な優位性の中核をなすのであるが，しかし，それはまた，現行方式との両立可能性を減少させる．第2に，日本的経営システムの体系性（Downs and Mohr, 1976; Bird and Beechler, 1995）——3つの階層各内部のサブ・システム間および3つの階層間における相互補完性——は現行方式との両立可能性を低下させ，複雑性を大きく増大させ，試行可能性を引き下げる．最後に，日本的経営システムに組み込まれその基礎となっているナレッジの暗黙性（野中・竹内，1996）および（日米）両方式間の多面的な相互補完性を管理するために要求されるスキルの暗黙性は試行可能性と観察可能性を低下させる．日本的経営システムのこの3つの属性とロジャーズのイノベーションの特性との間の関係は表1-2に示される．

　このような日本的経営システムの特徴は他の普及要因に相互作用して，日本的経営システムの合衆国への普及を特別に困難にさせる．導入検討中の企業は，日本企業の成功にとって日本的経営システムが本当に決定的に重要なのか否かを理解するのは難しいことに気付いている．日本的経営システムの複雑性のゆえに，日本の本社とマザー工場は物質的な経営資源だけではなく，米国移植工場やそのサプライヤーに日本的経営システムの普及を支援するための広範な関

表1-2 JMSの属性と普及容易性に影響するイノベーションの特性

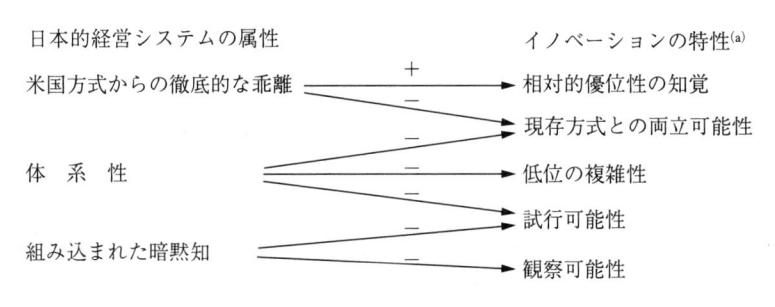

日本的経営システムの属性		イノベーションの特性[a]
米国方式からの徹底的な乖離	+ / −	相対的優位性の知覚 / 現存方式との両立可能性
体系性	− / −	低位の複雑性 / 試行可能性
組み込まれた暗黙知	−	観察可能性

(a) Rogers (1983) のイノベーションの特性と普及事例より.

与が必要であった．また，日本的経営システムの複雑性と不確実性のゆえに，送り手と受け手との間には特に豊富で高密度なコミュニケーションが必要であった．

4-2　社会構成主義者の見解

イノベーションの普及に関する文献は，普及のプロセスを説明するもう1つのさらにあいまいな組み合わせ要因――「コンテクスト（環境との脈絡）」の役割――に触れないままにしている．本書では，コンテクストは十分な理由があって目立たないようにしてある．すなわち，もしもこのコンテクストについてその構造を理論的に定義できなければコンテクストに光を当てる利点がないと思われるし，また送り手と受け手の特性の説明を前面に出す方が理論的な効果は高いからである．

しかしながら，グローバル・システムと国際経営に関する文献は環境に対して一定の理論構造や説明力を付与する道すじを示唆している（Muller, 1994; Smith and Meikins, 1995）．この研究を応用することによって，日本的経営システムの国際的普及を実現する4種類の影響力――より具体的なレベルの分析を成功裏に行うための――が存在することに気付く．日本的経営システムの4つの階層は実践的に明白な4つのドメインを表現するのであるが，他方，この4つの影響力は実践的にというよりもむしろ理論的に区別されるものであり，日

本的経営システムのような経営モデルの国際的移転を共同で規定する.

1）最も一般的なレベルでいえば，**資本主義企業**はどこの国であれ競争しなければならないし，利益を生むような組織化の方法を採用するようにプレッシャーがかかる．日本的経営システムはこのレベルではその可能性を証明したが，たとえそうだとしても，すでに見てきたように，その有効性は議論の余地を残している．この分析レベルにおいては，資本集約度が異なる産業によって，また，明白な課題が異なる技術的活動によって，さらに，製品の多様性が異なる産業，等々によって，日本的経営システムの細目が相違することに気付く必要がある．

2）より具体的な分析レベルにおいては，**国際的分業**における立地を軸にして組織を区別する必要がある．一方においては，移植工場は主として分工場であり，日本の親工場に従属しており，したがって日本的経営システムから全範囲におよぶケイパビリティを与えられる必要がないのかもしれない．多くの移植工場は製品設計能力をもたないし，したがって，製造できる新製品をどうやって設計開発するかという問題と格闘することはない．こうした問題の多くは日本では日本人のエンジニアがマザー工場と協同して解決してきた．しかし，他方，合衆国は洗練された市場であり，相対的に高コストの経営環境であり，強力な取引パートナーと競争相手がいる「先進」社会である；このような場所での分工場は製品に大きな付加価値を付け加えなければならない．それは，現地の労働コストが高すぎるという理由だけでも，「スクリュー・ドライバー」（＝単純組立のみの）工場以上のものでなければならない．したがって，合衆国に立地する日本および米国所有の工場は他の低開発地域における工場よりもはるかに進んだバージョンの日本的経営システムを導入しようとしていることは驚くことではない．そして，**それとは対照的に**，合衆国にある日本のテレビ組立工場はほとんどメキシコへ移動しつつある．このようなことは「コモディティ・チェーン（商品連鎖）」の自然の摂理である（Kenney and Florida, 1994）．

3）**特定の社会**というレベルにおいては，核心的な問題は移植工場および現地企業が日本的経営システムを現地の制度的および経済的環境（法律，産業界の団体組織，資本市場，国民文化，労働および経営の価値観）にいかにして適応させ

るかであり，そうした環境が物事を最も効率的に行う方法を採用するための助けになるか否かである．また，もしも現地の環境が助けにならないとすれば，合衆国で経営する企業が採用する方式はグローバルな競争において実際に不利益に作用するであろうか？　これはわれわれの日本的経営システムモデルの第4階層に関する問題に匹敵する理論問題であり，そこにはモーリス=ゾルゲ=ワーナー（Maurice, Sorge, and Warner, 1980）によって分析された「社会的影響」が存在する．

　4) **特定の会社と工場**というレベルにおいては，各組織の歴史はそれ独自の強さ，弱さおよび発展の軌跡をもって始まる．特定の企業の戦略は，レベル1から3で作用する影響力によって課される制約を把握し，またその制約を作り変えようとする多少とも自覚的な試みを表現するものである．企業が異なれば競争の次元も異なる．彼らは工場固有の設立憲章を別々に定め，さまざまの国の社会的制約と関連させて自分自身を別様に位置付ける．工場もまた現場固有の歴史を持っている．個々の工場はそれぞれ特定の地域に組み込まれ，別々の時期に設立され，異なる遺産を受け継ぎ，現地の経営環境に適応しつつそれを修正していくための自分自身の戦略を展開した．

　これら4つのレベルは実際には重なっている．連携する力がお互いに他を補強するか反対に働く．アドラーの第3章はトヨタの2つの移植工場に関する事例である：トヨタの2つの移植工場は，カリフォルニア州のNUMMIとケンタッキー州のTMMKであり，共通の経営資産（レベル4）を共有しており，共にトヨタ生産システムを厳格に実行しようとしている．彼らはトヨタ生産システムを競争のための最善の方法（レベル1）と考えているが，しかし，彼らは米国の環境（レベル2と3）に適応しなければならなかったのであり，しかも，彼らはそれに対して別々の進め方（レベル4）で適応したのである．

　これら4つのレベルにおける影響力の相互作用は極端に複雑な原動力を作り出す．時間をかけた成果は本来的に説明困難であり，推測するしかない．各レベルを特徴付ける構成要素が変化する場合には，その複雑さは一段と不透明性を増加させる．たとえば，経済が国際的な競争に向けて一層開放される場合（レベル3に比べてレベル1の顕著な特徴を強める），地域が国際的なコモディティ・

チェーン（商品連鎖）における役割を変化させる場合（レベル2），国家の法律および政治的システムが進化する場合（レベル3），あるいはライバル組織がその優位性を獲得ないし喪失する場合（レベル4）には，そうなるのである．

　進化の道程に関するあらゆる不可知論を超えてわれわれが到達しうる考え方は極めて単純なものである：この階層の下層（工場，会社）はいくつかの重要な意味合いにおいて上層のレベル（成功的に，国の個別性，国際的分業，および競争）に対して通常は従属的である．もしもある工場がうまくいかないならば遅かれ早かれ会社は工場を閉鎖するだろう．もしもある会社がうまくいかないならば，早晩国内でも国際的にも競争できなくなるであろう．もしもその社会が国際分業における地位を維持できないならば，遅かれ早かれその社会は国民経済の階層構造から滑り落ちざるをえないであろう．全てこれは現代のグローバル経済においては，他の考え方を超えて機能する競争圧力の優先性を反映している．

　しかし，競争はほとんど純粋かつ完全な形態では行われないということだけを考えても，拮抗力は決して無視しうるものではない．特に，地域はグローバルな競争からある程度隔離されているし，地域のステークホルダーは業績評価を左右する基準に対するある程度の影響力をもっている．多くの観察者は，競争圧力（すなわち，レベル1の力）は取引の障害が小さくなり資本家的競争が地球上のあらゆる地域に浸透するにつれて浸透性と突出性を増大すると主張している．その主張は，階層システム全体の諸力は日本的経営システムのようなより多くの利益を生み出す経営システムの普及に好意的であるということを示唆する．

4-3　創発的プロセス論

　これまでに議論された移転に関する見解は，基本的には構造論を志向しており，観察される成果を説明できる移転の内容ないしは環境に関する構造的特徴を確認しようとしてきた．しかし，前節（4-2）のコメントが示唆しているように，このような構造的決定要因の複雑性や多面性は原因となる要素属性を不安定にする．

このような決定要素の不安定性は，純粋に認識論上の問題ではないかもしれない．それは日本的経営システムの進化や移転に関する実態的特徴を反映するものであろう．実のところ，われわれが提起した日本的経営システムの階層モデルの構造そのものが，以下のことを示唆している．すなわち，ペンローズ (Penrose, 1959)，ネルソン＝ウインター (Nelson and Winter, 1982)，コグート＝ザンダー (Kogut and Zander, 1993) およびノダ＝バウアー (Noda and Bower, 1996)，他，によって進歩した企業の進化論によれば，日本的経営システムのようなシステムは，「設計」してできるものではなくてむしろ「創発」的なものである．生産システムを支える多くのナレッジや広義の経営システムを支える価値や前提の暗黙性が日本的経営システムのようなシステムの発展に明白な経路依存的および企業個別的性質を賦与する．各企業の経営システムの内的発展は思慮深い計画化の結果であるということはほんの一部に過ぎなくて，多くはご都合主義的かつ経験主義的なやり方による「事後」学習の結果である (Fujimoto, 1995)．

もしもかかるシステムが思慮深く設計できないとすると，それをどのようにすれば思慮深く移転できるかを推測するのは，さらに一層困難である．現地の条件が移転努力の成果に大きく――限界的にではなく――影響することをこのシステムの中核的要素の暗黙性が示している．ホンダという会社とトヨタという会社の相違――トヨタという会社と東芝という会社の違いは言うまでもなく――は極めてあいまいかつ相互関連的であるために，かかる企業をまたぐ「ベストプラクティスの移転」とはどのようなものかをイメージするのは，「新規の発明」ほどではないとしても，困難である．そして，日本国内での移転が難しければ，国境をまたぎ，文化をまたぐ移転は二重に難しい．日本のリーディング企業の日本的経営システムは参考として役に立つが，しかし，国際的移転プロセスにおいては各施設がそれぞれ発展の連続を経験し，無数の予期しない適応または変形が生じる．それがなぜ日本的経営システムの移転は移植以上のものであるかという理由である．システムの要素属性は新しい環境に合うように修正されなければならない．それゆえ，移植と変革について語る時には，力点は後者の用語に置かれなければならない．

日本的経営システムが制度化された認識上の理念型であると理解される場合には，変革の必要性は明白である (Tsoukas, 1996)．第1に，日本の送り手側企業は自分たちのシステムを機能させるようなモデルを開発するが，しかし，多くの構成要素からなる複雑性や相互接続性および暗黙性が前提であるため，そのモデルは必然的に不完全である．第2に，受け手側の組織は理解した内容をフィルターにかけ，作り変える自分自身の信念と価値観を持っている．第3に，双方が移転のプロセスで相互に働きかける程度に応じて，その相互作用のなかから，何が移転されているのか，何が移転されていないのか，そして移転がどの程度効率的に進んでいるか，ということに関する新しい理解が生まれてくる．最後に，移植工場は，ある程度認識と規範を共有する新しいモデルを協議する過程で生じてくるものである——新しいモデルは日本の親会社のモデルと重要な点で異なるように見える (Westney, 1987; また，フルーインの第7章とブラネン他の第4章も見よ)．

　一方で，もしも移転が変革を必要とするならば，その変革は日本的経営システムの有効性を浸食する危険がある．日本的経営システムは，その要素属性の相互補完性が，たとえその理解がお粗末であるとしても，強い (Hennart and Ready, 1994)．結果として，そのシステムが全体として導入されるならば，たとえそのようなホリスティック（全体的）アプローチはより困難に思われるとしても，より大きな成果の見返りがあるだろう．日本的経営システムが変革される際には，この相互補完性がある程度失われる機会が大きくなる．

　移転に関する創発的ないしプロセス的見方は，移転の効果に対しては移転様式の重要性を強調するがゆえに，この難問を解決する方法を理解しやすくする．日本的経営システムは3通りの方法——労働組合未組織化地域での操業，労働組合が組織されている地域での操業，および合弁企業——で海外に移転することができるが，それぞれがいずれもやや異なる移転プロセスの動態論と各工場に固有の異なる発展シナリオを創り出す．

　3つの移転形態の内，労働組合未組織化地域においては地域環境の影響は，現地のパートナーの従来からの慣行や方式によって混同されないので，本国の要素属性を丸ごと移転するには最善の機会をもたらす．このような条件の下で

は，現地選抜や学習および自前の再生産などが避けられないが工場経営者がそのプロセスを調整するには良い位置にいるので，システム全体を移転するには（他の2つの形態よりは）容易であろう．

　労働組合が組織されている地域への移転は従来からの慣行や方式と新しい方式が矛盾する可能性があるのでより問題が大きい．参照するものが1つではなくて，現地の経営者は与えられたモデルをどのように移転するかだけではなく，2つの代替可能なアプローチの内どちらが経営システムのさまざまのパーツにより適切であるかについても繰り返し議論する (Brannen and Salk, 1997; Salk and Brannen, 1998)．もしも日本においてすら日本モデルの機能の理解が不完全ならば，かかる議論は決着がつかないし，その結果は予測しがたい．

　こういう問題は国際合弁企業では複合される可能性があり，そこでは現地の経営者が行う選択が2つの親会社による点検を必要とする．力や影響力の相違は新しい工場の特質の発達の連続性と最終的な形成に対して一層大きな影響を及ぼしているようである．2つの親会社が共同で新しい組織を形成するところでは，その結果形成される組織の属性はあらかじめ予想することは難しい．しかし，一方のパートナーが内部構造の完全な支配を任せられる場合には，NUMMIのケースのように，現地企業のケイパビリティーは高いレベルの方針の突然の変化にそれほど左右されないで発達する．第6章では，YHP社は労働組合が組織されている地域にあるが，横河電機の優秀な品質管理の哲学とそのシステムの採用に大成功したことを学ぶ．この事例では，HP社は消費材製品のバッチ生産から大量生産と高品質生産への移行を含む信じがたいほどの変化を実行しつつあり，また，トップ経営者が日本の挑戦に立ち向かうために変化する必要を強く認識した．この合弁企業は十分に多くの自律性が与えられており，労働組合が組織されている地域の工場の変革に大成功した．

　日本的経営システムの移転において，送り手と受け手における差異性と同質性は，両方の親会社の経営システムに依存し，また各々が重要（あるいは主要）と思う特質や特徴を両者がどれほど強く保持しようと努力するかに依存する．しかし，移植よりも変革が原則である．環境の影響が考慮されなければならないからである．環境変化は選抜を強制し，選抜は進化の方向を決定する．換言

すれば，日本的経営システムの移植はその変革を余儀なくさせる．

　移転が直面するこのようなあらゆるハードルにもかかわらず，日本的経営システムの重要な側面は実際に移転可能であり，合衆国の環境において十分機能することを当地や彼の地で提供される実証的証拠が強く示唆していることは注目すべきことである．トヨタ生産システムの合衆国での成功は注目すべきことである (Liker, 1997, 1990; Womack et al.)．しかしながら，実証的記録は，また，日本的経営システムは容易には，あるいは全体としては移転されないと告げている．次章以降はこうしたパターンを説明する移転のダイナミックスに光を当てる．

5　本書の概観

　本書の本文は次の4部に分かれている：自動車産業，エレクトロニクス産業，産業間比較，および理論的見解．

5-1　自動車と自動車部品

　第1部の第2章は自動車産業に関する本書以外の研究に基づいている．フリッツ・ピルとジョン・ポール・マクダフィ (Frits Pil and John Paul MacDuffic) は自動車組立工場の多くの事例の中で日本と現地の影響を比較している．彼らは第2回国際組立工場研究 (MITの国際自動車計画が主催；ウォーマック他『リーン生産方式が世界の自動車産業をこう変える』1990年を参照) の資料を利用して，日本企業の北米移植工場8つと米国「ビッグスリー」の25工場および日本国内の12工場とを比較している．彼らは日本自動車メーカーの優れた業績を連想させる幅広い組織化の方式に，作業方式や人的資源管理方式，オートメーション，製品選択方式，サプライヤー関係を含めて，注目している．それによって彼らは海外移転の程度は（管理や作業などの）方式のタイプによって変化することを理解する．彼らは作業の強度レベルや範囲，またしばしば現地のコンテクストへの適応もさまざまではあるが，海外移植工場は，平均して日本の工場と同様の作業方式（すなわち，作業チームでの仕事，ジョブ・ローティション，提案制

度，作業時間外の問題解決集団）に従っていることに気付く．たとえば，作業現場チームは日本でも米国移植工場でも代表的なものであり，QCサークルは日本では広範な参加によって行われる極めて一般的な方式であるが，海外工場では相対的に参加者が少ない．報酬制度については，日本企業の移植工場は米国ビッグスリーの標準に追随する傾向があり賞与はほんのわずかに過ぎない．その資料はまた，移植工場が北米での新規採用者に対して訓練やその他の社会化活動に投入する努力が高水準であることを示している．

　米国移植工場と日本の姉妹工場との間の業績格差はビッグスリーの工場と日本の工場との格差よりも相当小さくなった．その意味するところは，移植工場における移転のプロセスは経済的業績の面において大きな効果を発揮するということである．しかしながら，この移転の成功は，また，現地の競争企業に対して同じ方式の採用を妨害することはほとんどなかったということを示している．ピルとマクダフィーは現地の競争相手によるこのような模倣を促進したりあるいは制約する要因に関する議論で第2章を締めくくっている．

　これに続く第1部第3章はピルとマクダフィーによって確認された移転のパターンについてより個別的な要素に焦点を当てる．P. アドラーは，合衆国にあるトヨタの2つの工場，1つは労働組合が組織されており（カリフォルニア州のNUMMI），他は組織化されていない（ケンタッキー州のTMMK）工場における人的資源管理方式について議論する．両工場とも，トヨタ生産システムの導入では極めて徹底している．その人的資源管理システムの分析において，アドラーは4つの結論に達している．第1に，これら子会社のHRM方式は，全体としてみれば，純粋に日本的でもなければ，純粋にアメリカ的でもなく，むしろハイブリッドであった．第2に，日本的方法は作業組織や学習および企業管理を行う方式に採用されていたのに対して，ハイブリッド化は雇用関係の領域で基準とされていた．第3に，このハイブリッド化はある同質の受入国のモデルからではなく，2つのモデル——「進歩的労働組合」モデルと「労働組合代替」モデル——から生じていた．第4に，若干異なるHRMシステムの下で，2つの子会社は共に生産性と品質において世界クラスの水準を達成した．子会社のHRMシステムの要素が異なるということは，異なる圧力に左右されるだけで

はなく，現地の環境から生じる圧力は完全に同質的でもなければ完全に決定的でもないということであった．制度化論や文化論のいくつかとは対照的に，海外の子会社は複雑な文化的，社会的，制度的なコンテクストの中で活動しておりこれらの事例は解釈や選択および学習に値する——実際に必要とする——ことを示唆する．

メアリー・ヨーコ・ブラネン，ジェフ・ライカー，およびマーク・フルーインの第4章は，高度に実用的な生産システムを石部の母工場からミシガン州アナーバーの子会社に移転しようとするNSKの実験を分析する．NSKはホイール・ベアリングの日本最大のメーカーである．それは洗練されたグローバル戦略をもつ非常に進歩的な企業である．新しい設備は石部で設計・テストされ，アナーバーの作業者のための訓練が合衆国向けに設備を船積みする前に当地で行われる．石部からアナーバーへの海外派遣要員およびアナーバーから石部への訪問者の移動が継続的に行われた．NSKは海外子会社の自律的な発展を奨励する意識的な決定を行い，人的資源管理方式の設計は現地の経営者の手にゆだねた．NSKはその移転努力を技術的生産システムのノウハウとそれに付随する方式に集中した．

ブラネンと共著者たちは，アナーバー工場で移転プロセスが進展した際に，NSKの方式が現地の関係者によっていかに「再コンテクスト化（再文脈化＝recontextualization：環境との脈絡の再構築）」され，その意味が変質されたかを示している．しかしながら，必ずしもNSKモデルの全ての側面が同じように重要な変革を遂げたわけではない．著者たちはNSKから，与えられた構成内容の変革可能性を構成物のシステム埋め込みの度合いおよびそのナレッジ原理の暗黙性の度合いの関数として説明する一般的なモデルを作成した．

第1部の最後の第5章では，ジョン・ポール・マクダフィーとスー・ヘルパーが合衆国を基盤にするサプライヤーの改善を支援するホンダの取り組みを分析する．アメリカ・ホンダ（HAM）はリーン生産のホンダ版——重要な方式はトヨタ生産システムと異なる——をサプライヤーに教育する方式を開発した．こうした取り組みの中核にはBP（「ベスト・プロセス」，「ベスト・パーフォーマンス」および「ベスト・プラクティス」を意味する）と呼ばれるプログラムがあって，

そのプログラムではホンダとそのサプライヤーから職能横断的な職員チームがサプライヤーの工場で小さく絞り込んだ改善プロジェクトについて数週間から数ヶ月間集中して作業する．BPはサプライヤーのパフォーマンスを高めるのに極めて成功している．1994年にこのプログラムに参加したサプライヤーはBPによって見直しされたラインの生産性が平均で50パーセント向上した．しかしながら，サプライヤーがこのレッスン内容をBPが介在した生産ラインや工場の範囲を超えて移転できる度合いには非常に大きなばらつきがあることにホンダは気付いた．

このばらつきの原因を解明するために，マクダフィーとヘルパーは，BPプロセスが顧客とサプライヤーのより広い関係，すなわち，組織学習，技術移転，および日本的経営方式の合衆国への移植とどのように相互作用するのかを調査した．彼らの章は，学習プロセスと「教師」と「学生」との間に創発する複雑な関係とのダイナミックスを解明するために，ホンダの米国サプライヤー6社のケース・スタディーを提示する．多少とも成功しているケースを比較することによって，マクダフィーとヘルパーは，BPで教育されるリーン生産技法を自給自足できるのはサプライヤーがある程度顧客と一体感なり顧客依存性を持つ場合に多く見られるらしいということを発見する．もしも一体感と依存性が高ければ，サプライヤーは顧客に支援を求めて依存したくなる．もしもそれがあまりにも低ければ，学習関係は終了する傾向がある．ホンダは，強くて能力が高い事業者というアイデンティティーを持ち，したがって新しい知識を早くマスターしてホンダへの依存を減らそうとする米国系の大規模会社と極めて高度に自立したサプライヤーと取引関係にある．しかし，この種のサプライヤーは，ホンダのサプライヤー育成運動によってそのケイパビリティーが飛躍的に高まるような中小規模のサプライヤーよりもホンダの要求に対する責任感が時として小さいことがある．

自動車部門における日本的経営システムの移転に関するこのような研究から出てくる全体像は相当程度成功した代表的事例を描いている．しかしながら，移転されたもののほとんどは，われわれの4階層モデルにおける生産システムの中核かそれに近いところに存在するものである．その中核から外に向かうに

つれて，ハイブリッド化や米国方式の採用という形態の移転が標準になる．作業組織の領域——作業組織は生産管理と人的資源管理の接点にある領域——の中で，自動車メーカーの移植工場はチームワークへの関与と幅が広くてフレキシブルな作業担当への関与を表明するが，この関与はしばしば日本のチームワークよりも西洋の自主管理作業チームの概念に近い方式の中に具体化されている．報酬や福利厚生の領域では，米国方式の採用が一段とはっきりしている．これらの章はさらに，日本の会社はそのシステムの移転に責任があるかぎりにおいて従業員の能力開発と訓練に時間と経営資源を驚くほど投資するし，また，その移植工場は日本にある工場と競い合うほどの業績水準を達成したことを明らかにしている．対照的に，日本的方式を採用するアメリカの会社は，全く同様には（投資）していないし，業績も上がっていない．たとえば，マクダフィーとピルが採り上げたビッグスリーの工場は訓練や共同化に向けて同水準の対策を講じていないし，業績水準は日本に立地する日本企業にもアメリカに立地する彼らの競争相手にも及ばない．そして，マクダフィーとヘルパーの第5章から，ホンダのBPプログラムは成功著しいのであるが，それは苦闘なしには達成できなかったし，米国のサプライヤーの間でも成功の度合いに大きなばらつきがあることが明らかになる．

5-2 エレクトロニクス産業

第2部はエレクトロニクス産業に焦点を当てている．第2部の最初の第6章は，ロバート・コール（Robert E. Cole）によるもので，HP社が日本の品質改善に関する考え方を適用し，それに適応したプロセスを調査する．コールは，生き残るためには，日本の考え方はHP社の文化と方式にかみ合うように変革されなければならない，と主張する．彼の事例研究は成功という結果に導くような固有の道を確認する．別のレベルでは，コールは学習と実行との間の溝を関係者がいかにして埋めるかを示している．しばしば言われることではあるが，学習は実行と一致することを再認識させる．彼のHP社の経験に関する分析はHP社がその日本の合弁会社であるYHP社と協働する際の溝をどうやって埋めたかを明らかにしている．特に，HP社とYHP社が通常のビジネス活動をして

いる時に両社共同の問題解決活動の結果として生じた学習と実行の最も効果的な結合について記述している．HP社の経営者はこのような活動の成果を会社のその他の部署に対するモデルとして上手に利用した．コールはその分析の中で，1つの会社あるいは工場が他に対するモデルとして役立つことができる多くの方向を見出している．モデルは信じる価値のある情報——受け手組織の従業員が従来考えたり行ったりするものから何が可能であり，何が異なるのか，具体的な成果のベンチマーク，具体的なプロセスや方式のための明快なテンプレート，および組織はいかにして大きな組織的不確実性に対処するべきかに関する広い概念上のテンプレート，に関する情報——をもたらすことができる．これらの内の1つまたはそれ以上が欠けることは生起するモデル化を制約しがちである．最後に，移転プロセスに影響する多くの掘り出し物的で独特の要素が戦略的組織設計には限界があることをわれわれに想起させるはずである，とコールは結論付けている．

　第7章は東芝の写真複写機とその周辺技術の移転に関する3つのケースを採り上げて，国際的技術移転における「工場固有の組織学習（SSOL）」とM. フルーインが言うところの重要性を明らかにする．ビジネス環境が大きく異なり，移植組織が現地の資源や制約に十分適合するように適合性レベルを発展させなければならないとすれば，移転の成功は現地の方式に基づいて自立的な学習システムを実際に創造することである．フルーインが分析している複写機技術の移植における3つの事例の内，2つは成功したが1つは失敗した．移転の成功は，何が移転されるのかについて明確でまぎれのないモデルによって，また，環境の要求に適合するためにモデルを変革するという現地学習によって特徴付けられる．移転の失敗は，何が移転されるのかについてあいまいなモデルと，受け手の資源と絞込みの不足とによって，ハンディキャップがあった．工場固有の組織学習は，上手に働きかつ意義を明確にさせる技能や手続きを進化させるレパートリーを確立することが不可欠であるような選択的で能動的な学習である．

　第2部ではまた，M. ケニーが日本と合衆国にある日本企業のテレビ組立作業について論述する．彼は，日本人の指導者が本国工場において使用する生産

システムは，われわれがこの章で叙述した日本的経営システムの系統に属することに気付く．しかし，こうした会社が合衆国に現地工場を立ち上げるときには，生産システムの中核（コア）であるいくつかの構成要素だけが移転されて，人事管理方式あるいは広い意味での経営構造は実質的には何ら移転されなくて，その代わりに経営システムには伝統的な米国的アプローチが使用された．そうした現地工場の事業業績は中庸である．標準製品の製造では高い効果を達成したが，組織のケイパビリティやパフォーマンスの発達に時間がかかりすぎて遅いという事実がある．

　自動車の移植工場との相違は衝撃的である．ケニーは，この相違の原因の一部は2つの産業が直面する技術的課題が異なることにあるとする．自動車の組立と比べて，テレビの組立は，特にテレビの移植工場が集中している標準製品の区分の中では，労働者参加の機会がほんのわずかしか与えられない．しかしながら，この技術的要素は，日本企業がなぜ彼らの移植工場に大々的な日本的経営システムの採用を要求することなどを明記したもっと希望の持てる設立憲章を授与しないのかを説明していない．もっと本質的な説明は次のような事実の中にあるとケニーは示唆している．すなわち，これらのテレビ工場は日本人経営者が日本的経営システムを移転する能力に自信を持つ前に建設されたことと，一度労働者参加のレベルが低く設定されると，それが変更し難い自己補強の構造になったことである．さらに，テレビ組立——特に，比較的低水準のオートメーションや設備の専門化——の経済学が言うように，海外移植工場はより低賃金の地域に速やかに低コストで移動できる．だから，競争の圧力が強化されると，その工場固有のイノベーション能力を形成するための取り組みには投資しないで，合衆国の移植工場は閉鎖され，生産はメキシコに移動した．

　第2部の最後の章では，M. ピーターソンが海外派遣監督者の役割を明らかにする．いくつかの日本企業が——自動車産業よりもエレクトロニクス産業において——管理方式を移転し，日本の米国移植工場の継続的統制を維持するために，彼らのやり方の一部としてロワー・レベルの海外派遣監督者（の派遣）を含めるという選択を行った．この章はそのような工場の1つについて叙述しており，従業員による日本人監督者の受け止められ方に関する調査資料を，同じ

施設で米国人の監督が評価される方法と比較した結果を提示する．日本人の監督は，最初の技術移転の時には特に重要な作業志向的「計画化」のリーダーシップの発揮において，特別な制度的存在であると記述されている．調査結果を大きく類型化して，ピーターソンは，部下が自分の行動で示す意味づけや従業員の反応の仕方は監督の国籍によって変化することを発見する．たとえば，ピーターソンが研究した組織の中に，日本人の監督の思いやりと友情に対して部下がいい仕事をして応じたのであるが，しかし，アメリカ人の監督に対しては思いやりは責任逃れと見なされた．ピーターソンは他の工場でも同様の調査を行い，その調査結果は組織と時間を超えて首尾一貫していないことが分かった．民族的なステレオタイプは監督と部下との関係に実質的な影響を与えるが，その影響の正確な性質は個別事例においては予測できない，と彼は結論付ける．

　自動車産業に関する章と比較して，エレクトロニクスに関するこれらの章は技術的に見ても日本的経営システムの移転の成功という点においても，やや異質である．技術的異質性が大きく見えるのは一部分はエレクトロニクスの最終製品の幅がより広いからであり，一部分は自動車産業においては最終組み立てとその直近の上流であるサプライヤーに狭く焦点を絞っていることによる．自動車のすべての移植工場において移植がある程度成功しているのと対照的に，エレクトロニクス産業では移転の問題性が大きいのは衝撃的である．恐らくこれは日本本国のエレクトロニクス経営においては十分に定義されたモデルがほとんどなくて，エレクトロニクス産業の主要なプレーヤー全員に対して共通の「参考書」として役立つトヨタ生産システムに匹敵するものが存在していないことを反映している．最後に，それは，経営の脆弱性が生産を低コスト地域に移転することによって和らげられることを反映しているのであろう．

5-3　産業横断的研究

　第3部の研究はやや広い産業にまたがっている．その研究は自動車産業やエレクトロニクス産業での発見を概観するのに役立つ．D. ジェンキンスとR. フロリダの第10章は，日本の北米製造工場が，常識的には日本における製造方式と結合するような生産作業の管理方式をどの程度採用しているか，その程度

を調査する．彼らの分析は，合衆国にある日系企業と提携した製造工場を調査対象の母集団とする生産作業方式に関する最初の調査に基づいている．

　その調査は米国に設立された日本企業の移植工場において生産作業の管理方法には極めて著しい多様性があることを明らかにする．スペクトルの一方の端では，多くの移植工場がある程度首尾一貫した革新的で効果が高い方式を採用している．この「革新的」な作業システムモデルを構成する方式は日本企業とアメリカ企業の影響力を混ぜ合わせたものからできている．スペクトルの他方の端では，まとまった割合の移植工場が，合衆国の重工業の特徴である伝統的な「テイラー主義的作業システム」を使って生産作業を管理している．ジェンキンスとフロリダは，革新的な作業システムの導入は自動車産業を顧客とする移植工場において，他の産業に供給する移植工場の間におけるよりも一層顕著に普及していることを発見する．しかしながら，作業システムに関して，自動車産業向けの日系現地サプライヤーは自動車産業向けの米系サプライヤーよりも革新的であるとは言いきれない（同等である）．自動車産業の業績改善努力（例，ビッグスリーにおける）の上流への波及効果は広範囲の一次サプライヤーを変化させた，と彼らは結論する．

　第3部の第11章では，中村政男，榊原貞雄，およびR．シュレーダーが，ジャスト・イン・タイム（JIT）の生産システム方式が広い範囲の産業における米国所有および日本所有の多くの工場の業績に与える影響を分析する．彼らはJIT方式を3つのレベルに区分する．第1は，ロット・サイズや段取り時間の短縮およびJIT日程計画のようなJITの「中核」的方式である．第2は，QCや労務管理のようなJITの「インフラストラクチャー」的方式である．そして第3は，長期的雇用や資本系列のような経済的レベルの事業慣行や市場パターンである．これら3つのレベルはわれわれの日本的経営システムに埋め込まれた階層モデルにほぼ一致する（彼らのレベル3はわれわれのレベル3と4の要素を統合しているのではあるが）．彼らの分析結果はJITの中核的方式の導入は——インフラストラクチャーや企業レベルの管理方式は変化せずとも——米国工場の製造部門の業績の著しい改善と密接な関連があることを示している．

　以上2つの広範な調査結果は，2つの特定の産業でなされた観察，すなわち，

変革が起きていることは明白ではあるが，多くは効果的に移転されていることを確認し深めている．ジェンキンスとフロリダによって確認された「革新的な」作業システムとは日本企業とアメリカ企業のハイブリッド方式である．中村他は，日本でJITを支えているインフラのほとんどは移転されていないにもかかわらず，JITアプローチは合衆国でかなり高い業績利益をあげている事実を見つけている．ジェンキンスとフロリダの調査はまた，日本企業の移植工場の経営パラダイムには産業間でバリエーションが存在すること，および，自動車部門は革新的作業システムの採用においてリーダーであったという，初めの節でわれわれが観察したことを支持している．

5-4　理論的見解

E. ウェストニーによる結章はここまでの章から理論的課題を引き出すような概念的議論を提示し今後の調査のための方向を示唆する．ウェストニーは，過去40年間を超える組織研究の文献の中から，また，本書の寄稿各章を反映して，3つの大きな見解——組織と環境の関係に注目する場合に特に有効である——を確認することができると論じている．第1の見解は，組織を「戦略的構想体」——特定の課業の効果的な達成のために意識的に構築されたシステム——と見なす．第2の見解は，なによりも組織を解釈や意味付けおよび価値観の共有によって定義された観念的な構成概念と見なす．そして，第3の見解は，権力と政治および利害の張り合いの場であると同時に道具であると見なす．ウェストニーはさらに続けてこれら3つの見解は実際には相互補完的であり，それぞれが暗くて狭い屋根裏部屋の中の光のようなものを提供し，現実の多様で潜在的には同じように重要な側面を観察者に指し示す．組織というものは，事実，同時並行的に戦略的構想体であり，社会的構成概念であり，また政治的対立の場でもある．これら3つの側面を同時に分析することができるならば，経営イノベーションの国際的普及に関するわれわれの理解が高まるであろう．

　本書は日本の企業と彼らを模倣する米国企業が日本的製造方式を合衆国に持ち込むときに何が起きているのかに焦点を当てている．全体としてみれば，これは複雑な進化のプロセスであるということを本書は明らかにしている．われ

われは増大するグローバル経済に突き進んでいるので，この進化プロセスにいかに上手に対処するかを学ぶ必要がある．本書がそのような大きな課題に概念的な手がかりを提起することを期待する．

訳者注)
1) 原語の transplants は，日本側から見ると（日本製造企業の）「海外現地工場」であり，アメリカ側から見ると（日本からの）「移植工場」であるから，文脈に応じて，「移植工場」，「現地工場」または「(米国) 移植工場」とした．
2) 日本の海外直接投資はその後，1999年に675億ドルのピークを記録した後に減少し始め，2003年には360億ドルとなっており，そのうちの米国投資は106億ドル，その比率は29.6％（2003年度）に低下した．2003年度に増大したのは欧州（126億ドル；35.0％）とアジア（64億ドル；17.7％）であった．北米地域への直接投資の製造業の業種別比率は2002年度と2003年度では大きく変化しており，電機は48.0％から24.3％へと半減し，輸送機も12.9％から7.6％に急減，代わって化学が21.8％から50.3％に増大した（財務省ホームページ：http://www.mof.go.jp/008.html より）．

参 考 文 献

Abegglen, James C. 1958. *The Japanese Factory*. Glencoes, Ill.: Free Press.〔占部都美監訳『日本の経営』ダイヤモンド社，1958年〕

Adler, P. S. 1993. "The Learning Bureaucracy: New United Motors Manufacturing, Inc." In Barry M. Staw and Larry L. Cummings, eds., *Research in Organizational Behavior*, vol. 15, pp. 111-194. Greenwich, Conn.: JAI Press.

Adler, Paul S., and B. Borys. 1996. "Two Types of Bureaucracy: Enabling and Coercive." *Administrative Science Quarterly* 41(1): 61-89.

Aoki, Masahiko. 1994. "The Japanese Firm as a System of Attributes." In M. Aoki and H. Patrick, eds., *The Japanese Firm*. Oxford: Oxford University Press.

Aoki, Masahiko, and Hugh Patrick. 1994. *The Japanese Main Bank System*. Oxford: Oxford University Press.〔東銀リサーチインターナショナル訳『日本のメインバンク・システム』東洋経済新報社，1996年〕

Babson, Steve. 1995. "Whose Team? Lean Production at Mazda, U.S.A." In Steve Bason, ed., *Lean Work: Empowerment and Exploitation in Global Auto Industry*, pp. 3-24. Detroit: Wayne State University Press.

Bird, Allan, and Schon Beechler. 1995. "Links Between Business Strategy and Human Resource Management Strategy." *Journal of International Business* 26(1): 23-46.

Brannen, M. Y., and J. E. Salk.1999. "Partnering across Borders: Negotiating Organizational Culture in a German-Japanese Joint Venture," *Human Relations*.

Chandler, A. D. 1990. *Scale and Scope*. Baston: Harvard University Press.〔安部悦生［ほか］訳『スケール・アンド・スコープ―経営力発展の国際比較―』有斐閣，

第1章 日本的経営システムのアメリカ合衆国への持ち込み 43

1993年〕
Cole, Robert E. 1979. *Work, Mobility, and Participation: A Comparative Study of American and Japanese Industry.* Berkeley: University of California Press.
Cole, Robert E. 1987. *Strategies for Learning.* Berkeley: University of California Press.
Cusumano, Michael. 1991, *Japan's Software Factories*, New York: Oxford University Press. 〔富沢宏之, 藤井留美訳『日本のソフトウェア戦略—アメリカ式経営への挑戦—』三田出版会、1993年〕
Daft, R. L., and Lengel, R. H. 1986. "Organizational Informational Requirements, Media Richness, and Structural Design." *Management Science* 32(5): 554-571.
Damanpour, F. 1991. "Organizational Innovation: A Meta-analysis of Effects of Determinants and Moderators." *Academy of Management Journal* 34(3): 555-590.
Dore, R. P. 1988. *Flexible Rigidities: Industrial Policy and Structural Adjustment in the Japanese Economy*, 1970-1980. Stanford, Calif.: Stanford University Press.
Fruin, W. Mark. 1983. *Kikkoman: Company, Clan, and Community*, Cambridge, Mass.: Harvard University Press.
Fruin, W. Mark. 1992. *The Japanese Enterprise System.* Oxford: Oxford University Press.
Fruin, W. Mark. 1997. *Knowledge Works —Managing Intellectual Capital at Toshiba.* New York: Oxford University Press.
Fruin, W. Mark. 1999a. "Double Time/Double Bind: The Time Value of Knowledge, Organizational Change, and Organizational Campaigning." In Joseph Porac and Rafhu Garud, eds., *Cognition, Knowledge, and Organization.* Greenwich, Conn.: JAI Press.
Fruin, W. Mark. 1998b. "Governance, Managed Competition and Network Organization in a Toshiba Electronics Factory." In W. Mark Fruin, ed., *Networks, Markets, and the Pacific Rim.* New York: Oxford University Press.
Fruin, W. Mark, and M. Nakamura. 1997. "Top-down Production Management: A Recent Trend in the Japanese Productivity-Enhancement Movement." *Managerial and Decision Economics*, 18: 131-39.
Fruin, W. Mark, and Toshihiro Nishiguchi. 1993. "Supplying the Toyota Productions System: Intercorporate Organizational Evolution and Supplier Subsystem." In Bruce Kogut, ed., *Country Competitiveness*, pp. 225-248. New York: Oxford University Press.
Fucini, Joseph J., and Fucini, Suzy. 1990. *Working for the Japanese: Inside Mazda's American Auto Plant.* New York: Free Press.
Fujimoto, Takahiro. 1995. "An Evolutionary Process of Toyota's Final Assembly Operations: The Role of Ex Post Capabilities." Paper presented at the Third International Workshop on Assembly Automation, University of Venice, Oct. 12-14.
Gerlach, Michael. 1992. *Alliance Capitalism.* Berkeley: University of California Press.
Graham, Laurie. 1995. *On the Line at Subaru-Isuzu.* Ithaca, N.Y.: ILR Press/Cornell University Press. 〔丸山惠也監訳『ジャパナイゼーションを告発する—アメリカの日系自動車工場の労働実態—』大月書店, 1997年〕
Imai, Masaaki. 1997. *Gemba Kaizen.* New York: McGraw-Hill.
Juran, J. M. 1988. Juran on Planning for Quality. New York: Free Press.

Kenney, Martin, and Richard Florida. 1993. *Beyond Mass Production*. New York: Oxford University Press.

Kenney, Martin, and Richard Florida. 1994. "Japanese Maquiladoras: Production Organization and Global Commodity Chains." *World Development* 22(1): 27-44.

Kester, Carl. 1989. *Japanese Takeover*. Boston: Harvard Business School Press.

Koenigsaecker, G. 1997. "Lean Production—The Challenge of Multidimensional Change." In J. K. Liker, ed., *Becoming Lean: Experiences of U.S. Manufacturers*, pp. 457-476. Portland, Ore.: Productivity Press.

Kogut, Bruce, and David Parkinson. 1993. "The Diffusion of American Organizing Principles to Europe." In Bruce Kogut, ed., *Country Competitiveness*, pp. 179-202. New York: Oxford University Press.

Kogut, B., and U. Zander. 1993. "Knowledge of the Firm and the Evolutionary Theory of the Multinational Corporation." *Journal of International Business* 24(4): 625-646.

Liker, Jeffrey K. 1997. *Becoming Lean: Inside Stories of U.S. Manufactures*. Portland, Ore.; Productivity Press.

Lillrank, Paul, and Noriaki Kano. 1989. *Continuous Improvement: Quality Control Circles in Japanese Industry*. Ann Arbor: University of Michigan Press.

Lincoln, James R., Michael Gerlach, and Christina Ahmadjian. 1996. "Keiretsu Networks and Corporate Performance in Japan." *American Sociological Review* 61: 67-88.

Lincoln, James R., Michael Gerlach, and Peggy Takahashi. 1992. "Keiretsu Networks in the Japanese Economy." *American Sociological Review* 57: 561-585.

Martinez, J., and J. Jarillo. 1991, "Coordination Demands of International Strategies." *Journal of International Business* 22(3): 429-444.

Maurice, M. S. Sorge, and M. Warner. 1980. "Societal Differences in Organizing Manufacturing Units: A Comparison of France, West Germany and Great Britain." *Organization Studies* 1: 59-86.

Miyashita, K., and D. Russell. 1994. *Keiretsu: Inside the Hidden Japanese Conglomerates*. New York: McGraw-Hill.

Monden, Y. 1983. *Toyota Production System*. Atlanta: Institute of Industrial Engineers. 〔門田安弘著『トヨタシステム―トヨタ式生産管理システム―』講談社, 1985年〕

Morikawa, Hidemasa. 1992. *Zaibatsu*. Tokyo: University of Tokyo Press. 〔森川英正著『財閥の経営史的研究』東洋経済新報社, 1980年〕

Mueller, Frank. 1994. "Social Effect, Organizational Effect, and Globalization." *Organization Studies* 15(3): 407-428.

Nelson, Richard, and Sidney Winter. 1982. *An Evolutionary Theory of Economic Change*. Cambridge, Mass.: Belknap Press.

Nishiguchi, Toshihiro. 1994. *Strategic Industrial Sourcing: The Japanese Advantage*. New York: Oxford University Press. 〔西口敏宏著『戦略的アウトソーシングの進化』東京大学出版会, 2000年〕

Noda, Tomo, and Joseph Bower. 1996. "Strategy Making as Iterated Processes of Resource Allocation." *Strategic Management Journal* 17: 159-192.

Nonaka, I., and H. Takeuchi. 1995. *The Knowledge-Creating Firm*. New York: Oxford University Press. 〔梅本勝博訳『知識創造企業』東洋経済新報社, 1996年〕
Odagiri, H. 1992. *Growth through Competition, Competition through Growth*. Oxford: Oxford University Press.
Odagiri, H., and A. Goto. 1997. *Technology and Industrial Development in Japan*. Oxford: Oxford University Press. 〔小田切宏之・後藤晃著『日本の企業進化―革新と競争のダイナミック・プロセス―』東洋経済新報社, 1998年〕
Penrose, Edith. 1959. *The Theory of the Growth of the Firm*. New York: Wiley. 〔末松玄六監訳『会社成長の理論』ダイヤモンド社, 1962年〕
Rees, J., R. Briggs, and D. Hicks. 1984. *New Technology in the American Machinery Industry: Trends and implications*. Study prepared for the use of the Joint Economic Committee, Congress of the United States. Washington, D.C.: Government Printing Office.
Rinehart, James, Christopher Huxley, and David Robertson. 1997. *Just Another Car Factory? Lean Production and Its Discontents*. Ithaca, N.Y.: Cornell University Press.
Rogers, E. M. 1983. *Diffusion of Innovation*, 3rd ed. New York: Free Press. 〔青池慎一・宇野善康監訳『イノベーション普及学』産能大学出版部, 1990年〕
Sakai, K. 1990. "The Feudal World of Japanese Manufacturing." *Harvard Business Review* Nov.-Dec.: 38–49.
Salk, J. E., and M. Y. Brannen. 1999. "National Culture, Networks and Individual Influence in a Multinational Management Team." *Academy of Management Journal*.
Schonberger, R. J. 1982. *Japanese Manufacturing Techniques: Nine Hidden Lessons in Simplicity*. New York: Free Press.
Shiba, T., and M. Shimotani. 1997. *Beyond the Firm*. Oxford: Oxford University Press.
Shingo, S. 1989. *A Study of the Toyota Production System*. Portland, Ore.: Productivity Press. 〔新郷重夫『トヨタ生産方式のIE的考察―ノン・ストック生産への展開―』日刊工業新聞社, 1980年〕
Smith, Chris, and Peter Meiskins. 1995. "System, Society and Dominance Effects in Cross-National Organizational Analysis." *Work, Employment and Society* 9(2): 241–267.
Stuart, Toby, and Joel Podolny. 1996. "Local Search and the Evolution of Technological Capabilities." *Strategic Management Journal* 17: 21–38.
Sullivan, J., and R. Peterson. 1991. "A Test of Theories Underlying the Japanese Lifetime Employment System." *Journal of International Business Studies* 21(1): 79–97.
Tornatzky, L., and M. Fleischer. 1990. The Processes of Technological Innovation. Boston: Lexington Books.
Tsoukas, Haridimos. 1996. "The Firm as a Distributed Knowledge System: A Constructionist Approach." *Strategic Management Journal* 17: 11–25.
Westney, Elenor. 1987. *Imitation and Innovation*. Cambridge, Mass.: Harvard University Press.
Whitney, Daniel I. 1985. "Nippondenso CO., Ltd.: A Case Study of Strategic Product Design." In J. K. Liker, J. E. Ettlie, and J. C. Campbell, eds., *Engineered in Japan: Japanese*

Technology Management Practices, pp. 115-151. New York: Oxford University Press.
Wiarda. 1987. *Frostbelt Automation*. Ann Arbor, Mich.: Industrial Technology Institute.
Wilkins, Mira. 1970. *The Emergence of American Multinational Enterprise*. Cambridge, Mass.: Harvard University Press. 〔江夏健一, 米倉昭夫訳『多国籍企業の史的展開―植民地時代から1914年まで―』ミネルヴァ書房, 1973年〕
Wilkins, Mira. 1974. *The Maturation of Multinational Enterprise*. Cambridge, Mass.: Harvard University Press. 〔江夏健一, 米倉昭夫訳『多国籍企業の成熟』(上・下) ミネルヴァ書房, 1976年〕
Wolfe, R. A. 1994. May. "Organizational Innovation: Review, Critique, and Suggested Research Methods." *Journal of Management Studies* 31(3): 405-431.
Womack, J. P., and D. T. Jones, and D. Ross. 1990. *The Machine That Changed the World*. New York: Rawson Associates Macmillan. 〔沢田博訳『リーン生産方式が世界の自動車産業をこう変える。』経済界, 1990年〕
Womack, J. P. and D. T. Jones. 1996. *Lean Thinking*. New York: Simon and Shuster. 〔稲垣公夫訳『ムダなし企業への挑戦―リーン思考で組織が若返る―』日経BP出版センター, 1997年〕

(訳・林　正樹)

第Ⅰ部　自動車産業

第2章　国境を越えた競争優位の移転
―― 北米における日系自動車移植工場の研究 ――

　作業の根本的な組織化原理は，国ごとに異なる．その原理は地域ごとの歴史（経路：trajectory）に制約されて発展し，原理の違いが国や地域の境界をこえて取り除かれるには，境界内で取り除かれるよりも長い時間がかかる（Kogut, 1991）．そのうえ，地域ごとの学習は，その国を部分最適の発展経路に固定することがあり（Stiglitz, 1987），その結果，ある国の企業は，他国の企業を超える優位性をもつことになる．この優位性は，国や地域の境界を越えて自然に普及するものではない．対外直接投資（FDI）は，そうした優位性を国境を越えて移転する1つの手段である．

　本章では，組織化原理や管理方式が，ある文化的・制度的環境から他の環境へと実際に移転されるのかどうかについて，独自のデータを用いながら検討する．そのデータは，在米日系自動車工場と，日本の日系自動車工場，および北米のビッグスリーの自動車工場との比較を可能にするものである．本章で考察するのは，日本の自動車製造企業の優れた能力と一体となっている一連の管理方式や方針であり，これには，作業組織や人的資源管理，生産技術，製品品種，そしてサプライヤー関係に影響を及ぼすものが含まれている．われわれは，管理方式のタイプごとによって移転の程度が異なることを発見した．しかも，環境の影響が1つの役割を果たしていると同時に，諸工場はその環境の形成あるいは修正が可能であるし，環境からの衝撃を自ら和らげることもできる．また，自社の生産システムの変更にもかかわらず，北米の日系移植工場が，日本の工場とほぼ同じ業績水準を達成しうることも検出されている．

　異なる国の企業が異なる業務原則や管理方式をもつという考え方は，組織論で久しく予測されてきたものと一致している．そうした原理や管理方式は，組

織が直面している外部環境に基づいて区別されるべきである（Aldrich and Pfeffer, 1976, Lawrence and Lorsch, 1967）．異なる場所で操業している企業は，制度形態や雇用見込み，教育システムの異なる環境に直面しており，その結果，異なる行動様式や業務形態を発達させる．しかしながら，地域を越えた相違を促進する影響力と同じものが，ある地域内の企業横断的な類似性をも生じさせる（Pil, 1996, 1997）．組織は，自らの成功に対して，制度的な環境との相互作用に依存しており（Hannan and Freeman, 1989, Thompson, 1967），同じ制度的環境に直面している企業は，同種の管理方式や方針を採用する同型化の圧力を経験しているのである（Dimaggio and Powell, 1983, Zucker, 1988）．

　すでに述べたように，対外直接投資（FDI）はある国で発達した優位性を国境を越えて移転する１つの手段である．しかしながら，ある地域のなかで優れた組織化原理や管理方式を生みだす環境の影響が，同じく，多国籍的な環境の中でのそうした管理方式の利用を難しくもさせる．ウェストニー（Westney, 1987, 1989）がいうように，社会技術の文化的依存性ゆえに，多国籍企業による管理方式の海外移転は決して100％にはならないのである．本書の随所で述べられているように，移転プロセスには，もとの管理方式からの意識的な離脱と無意識的な離脱とがあるが，しかしながら，これには興味深い困惑を生じさせられる．それは，多国籍企業がベスト・プラクティスの伝達ルートとして役立ちうるとはいっても，ある国でベスト・プラクティスの発展を促進した環境要因は，他の国には存在しないかもしれないということである．

　日本の多国籍企業は，組織化原理が国家的，制度的，文化的環境を越えて移転されうるか否かを研究するための独自の機会を提供している．早くも1973年には，「日本的生産システム」と西欧の生産管理方式とを対比させる綿密な調査が出版された（Dore, 1973）．最近では，日本的生産システムのすばらしさを明白に示した事例などの文献が充実している（Young, 1992を参照）．また，多くの産業において，日本の工場が生産性と品質の双方で競合企業を凌ぐうえで，これらの管理方式が役立ってきたという十分な証拠がある（Abegglen and Stalk, 1985, MacDuffie and Krafcik, 1992, MacDuffie and Pil, 1998）．加えて，文化や教育システム，宗教，そして歴史を含む多くの領域で，合衆国と日本は大きく異なる

ことを示唆する重要な文献もある（Hofstede, 1980, Ralston 他, 1997, Ronen and Shenkar, 1985）．これらの相違は，日本における優れた管理方式の出現を説明するのに役立つ．しかしながら，それらはまた，合衆国への管理方式の移転を成し遂げることの難しさをも示唆しているのである．

　第1章で述べたように，日本的生産システムは，作業システムや技術の選択，生産戦略，そして購買哲学に関して，多くの独特の特徴をもっている．本章で論じるのは，これらの異なる要素の移転の程度が，少なくとも部分的には，外部環境との相互関係に依存しているということである．作業システムと人的資源管理は，文化的・制度的環境に依存しているが，しかし，その依存を減少するための手段や，現地環境に諸管理方式を適応させるための手段を講じることもできる．バッファ在庫に関する管理方式などの生産管理方式は，供給基盤の信頼できる能力を必要とし，それを開発しなければならないとはいえ，環境への依存が低い．技術的設備も同様に環境への依存が低く，多くの場合，わずかな適応で移転される．製品品種は，顧客基盤の要求に大きく依存しているけれども，日本でのより複雑な品種構成を扱うために必要とされる能力が海外に移転されている．最後にサプライヤー関係については，日本で見られる関係のパターンを模倣するための広範な活動の証拠が見られる．

1　研究の背景とデータ

　本章の焦点は，在米日系（OEM）自動車工場（以下，「海外移植工場」）にある．ある研究者（Kenney and Florida, 1993, Young, 1992）は，つぎのように論じている．それは，日本の自動車企業が合衆国に進出するうえで，合衆国の環境にあわせて自らの生産管理方式を変えるというよりも，むしろ，維持してきたということである．別の研究者は，日本的生産システムは合衆国の文脈にうまく適応させられず，そのシステムが機能するためには修正されなければならないと主張している（Zipkin, 1991）．いくつかの個別日系移植自動車工場の作業管理方式については多くの論述がある（たとえば，Adler, 1992, Brown and Reich, 1989, Fucini and Fucini, 1990）．しかしながら，多数の在米日系移植工場と，北米にあ

る多数の米国系工場および日本の工場とを詳細に比較検討したものはない．そのうえ，現在までのところ，関心の多くは海外移植工場の作業管理方式および人的資源管理方式にあって，技術やバッファの利用，サプライヤー関係などを含む，海外移植工場の広範な生産システムについて書かれたものはほとんどない．本章では，合衆国の自動車工場と日本の工場，および海外移植工場に関する多数の利益データを用いてこれらの問題を検討する．

分析を自動車産業に集中することで，われわれの研究成果と，この分野で行われてきた事例研究の研究成果とを関連づけることが可能である．自動車産業に集中するのには3つの重要な理由がある．第1は，日本の自動車メーカーが生産性と品質の点で非常に成功し，その成功の多くが，彼らの生産システムや調達管理方式などに起因していることは明白だということである（MacDuffie and Pil, 1998, Womack他, 1990）．第2に，日本の自動車企業が，海外子会社設立時に利用する成功のひな形をもっていると仮定すれば，「日本的」システムの移転可能性は，多国籍企業が，本国の文化的・制度的環境に由来する優れた管理方式を，その環境の外で利用しうるかどうかの1つの有用な試金石となる．最後に，自動車産業の分析は，日本的生産システムのどの側面が完全に移転しうるものであるのか，また，適応を必要とするものであるのか，そして，移転されえないものであるのかを検討する独自の機会を提供している．また，本章では，管理方式の移転がもたらす業績への影響を評価する独自の立場をとっている．

本章で公開されているデータは，世界各地の自動車組立工場についての国際調査が提供しているものである．この調査は，MITの国際自動車プログラム（International Motor Vehicle Program）の支援を得て行われた（MacDuffie and Pil, 1995）．本章では，北米の日系移植自動車工場11社のうち8社について，工場レベルでの調査データを報告している．調査回答は1993〜1994年にかけて収集された．加えて，日本の自動車工場12社から同様の調査データを収集した[1]．12の日本工場に対して広範な見学を行い，日本の主要5社のうち3社で企業レベルの管理者にインタビューするとともに，10工場の経営者（工場長：management）に個人的にインタビューを行った．北米の米国系工場（フォード，ゼネラ

ル・モーターズ，クライスラーの「ビッグスリー」）に対しては，25の工場から調査データを収集するとともに，その多くでインタビューを実施した．われわれが紹介するデータは，すべてこの調査回答に依拠している．ただし，われわれの記述は，工場訪問やインタビュー実施の過程で発展した洞察を反映している．

2 人的資源管理と作業管理方式の比較

多くの場合，作業管理方式と人的資源管理の方針が日系自動車メーカーの成功の鍵であるとみなされている（Abegglen and Stalk, 1985, MacDuffie and Pil, 1998, Pil, 1996, Womack 他，1990）．作業管理方式が企業の競争優位の創造に役立つという考えは，日本に関する研究だけではなく，合衆国に関する多数の文献でも見られる（たとえば，Kochan, Katz and McKersie, 1986, Lawler, 1992）．しかしながら，日本的な作業管理方式は，独自の文化的・制度的環境で発展したものであるから，その海外への移転可能性は興味深い問題である[2]．

伝統的な労使関係の比較に関する先行研究は，日本的雇用システムの「三種の神器」と呼ばれるもの——終身雇用，企業別労働組合，年功序列型賃金——が，日本の大企業の成功にとって重要であると主張している（Shimada, 1985）．他の研究では，日本的生産システムの中でも，チームを基礎とした生産原理や問題解決への労働者の参加，ジョブ・ローテイション，少数の職務区分，経営者と従業員間の差別の少なさ，そして高い訓練水準を含む，作業組織および技能開発に直接的に関連した管理方式や方針の重要性を主張している（Cole, 1979, Koike, 1989, MacDuffie and Krafcik, 1992, Smith and Masumi, 1989）．これらは制度的な環境への依存が少ないけれども，同質的な労働力が１つの重要な前提条件である．本章では，まず日本的雇用システムの「三種の神器」について考察し，その後に，一般的に日本的生産システムと結びついている作業管理方式と人的資源管理方式を詳細に検討する．

2-1 終身雇用

まず,終身雇用について検討する.終身雇用は,広範な訓練の蓄積や見事なチームワーク,そして継続的改善への従業員の参加を含む管理方式全般をうまく実施するために重要である.この終身雇用は,一連の中核的な従業員に対して与えられる.パートタイム労働者や期間労働者,契約労働者は,需要変動に対処するために用いられ,雇用保障は受けられない(Dore, 1986).われわれが調査した日本の工場では,これらの短期雇用従業員が労働力のおよそ10パーセントを構成しており,海外移植工場では1パーセント以下である.移植工場では短期雇用従業員が少ないために,中核的な従業員に雇用保障を与えることがより難しくなっていると思われる.しかしながら,すべての工場がある種の長期雇用保障の提供に努力してきた.サンプル内の労働組合が組織化されている2つの工場では,その契約が海外移植工場の財務的な存続可能性を危うくすることがないという条件付きで,労働協約のなかに雇用保障の契約を盛り込んでいる.労働組合不在型の移植工場では,そうした公式の取り決めはない.しかし,これらの工場でも,中核的な労働者に対して長期雇用を維持するために同様の強い約束を示してきた.今のところ,中核的な従業員をレイオフした移植工場はない.景気停滞期には,効率的な生産に必要とされない労働者は,通常,追加的な訓練を受けていた.しかしながら,日本の工場と同様に,海外移植工場は短期雇用労働者に対しては雇用契約を作成していない.たとえば,マツダと三菱は,すでに一部の短期雇用労働者をレイオフしている.

2-2 企業別労働組合

日本的雇用システムの第2の柱は,企業別労働組合の存在である.すべての日本の工場では,企業別に労働組合が組織化されている.労働組合を組織化している海外移植自動車工場は3分の1だけであり,その労働組合は全米自動車労働者組合(United Auto Workers union)に所属している.これは,すべての工場で労働組合が組織化されている米国系工場とは対照的である.多くの海外移植工場が組合を避けるために意識的に努力しているようにみえる.サルツマン(Saltzman, 1994)は,審査のプロセスで組合びいきの応募者を排除することに

積極的に取り組んでいる,ある海外移植工場を観察している.

多くの海外移植工場がUAWを避けている可能性がある一方で,海外移植工場が企業別組合をもった従来の工場と同様の力関係をつくりだすことに取り組んでいるという証拠もある(本書の第3章,トヨタの場合を参照)[3].労働組合が組織化されている海外移植工場では,工場の競争力を支援する組合契約を労働協約に盛り込むとともに(これは,雇用保障に対する管理契約と組になっている),継続的な労使協議のためのさまざまなメカニズムを設けている.これに対して,労働組合不在型の6工場のうち5つの工場では,労働者代表制を実施するための労働者代表評議会(通常,経営者による任命)を設けることで,従業員代表制にかわるガバナンス構造の実施に努力を傾けてきた.したがって,企業別組合をもたないとはいっても,海外移植工場は,同様の労使協議・労使協調の場を設けることに取り組んでいるのである.

2-3 年功序列型賃金

日本的雇用システムの第3の「神器」である年功序列型賃金の利用について日本で見られたことは,従業員が年功序列型昇給を受け入れているということである.日本の工場の給与については,従業員区分間の賃金格差の最小化が重視されているとよくいわれる.これは,異なるレベルの従業員間で共同体意識および身分の平等意識を高める(たとえば,Womack他,1990).実際に,生産労働者と監督者間の報酬の格差が日本では極端に低いという証拠がある.最も高い生産労働者の賃金は,最も低い監督者の賃金よりも,平均して10パーセント多いのである(これに比べて,合衆国系工場と海外移植工場では最大で15パーセント低い).この多くは,最も勤続年数の長い生産労働者に対する年功賃金を反映している.しかしながら,興味深いことに,日本では区分間格差は低いけれども,従業員区分内の最高階級と最低階級間の賃金格差は合衆国の日系移植工場よりも大きい(表2-1参照[4]).この格差は,初任給の違いに起因しているのではない.それは,一定区分のすべての従業員に等しくボーナスを与えるという移植工場の方針に比して,日本工場では,年功,技能,そして指導力における個人レベルの違いに報酬を与えるためにボーナスを用いているということを反

表2-1 賃金格差

最高賃金と最低賃金の賃金格差	日本(JP)(%)	海外移植工場(T)(%)	合衆国(U.S.)(%)	JP対Tの検定	T対U.S.の検定
生産労働者	204	26	25	***	
保全要員	205	12	11	***	**
第一線の監督者	117	31	52	***	**
製造技術者	446	130	89	**	*

注:下記の両側信頼区画水準でマン・ホイットニーt検定を行った.
* =.1,   ** =.5,   *** =.01.

映しているのである.

　海外移植工場は,現地環境で見られる給与規準に従っているようである.海外移植工場では,日本工場あるいはビッグスリー工場のどちらよりも職務等級ないし職務類型が少ないにもかかわらず,生産労働者間と保全要員間の賃金格差がビッグスリー工場とほぼ等しい.平均的な日本の工場では,生産労働者と保全要員に対して5つの職務区分がある.それに対して,第2段階にある海外移植工場では,生産労働者の職務区分は1つしかないし,保全要員の職務区分は1つか2つである.これは北米の状況にしては非常に低く,1994年時点で,合衆国系工場には生産労働者で平均33,保全要員で平均15の職務区分があった.合衆国系工場は生産労働者の区分数を減らしてきており(1989年の平均は約45),この点では,日本の工場や海外移植工場に近づいてきているようである.

　表2-2が示しているように,日本の工場は,ボーナスと考課給を幅広く用いている.これらは,個人的な成果に加えて企業の業績を基礎として支給されている.海外移植工場で支払われている臨時給与はごくわずかであって,合衆国企業が支払う臨時給与とよく似ている.合衆国系企業と同じく,海外移植工場の多くが企業業績に対するボーナスを支払っている.多くの海外移植工場の「工場」ボーナスは,合衆国にある子会社と関連した製造工場が1つしかないときには,「企業」ボーナスと同義である.もっとも,日系子会社が多数の工

場を抱える場合には，それぞれの工場が自らの業績に関連したボーナス・プランをもつ．

作業グループもしくは個人成果に基づいて，生産労働者にボーナスや考課給を支払っている海外移植工場はない．これもまた，合衆国系工場の管理方式と非常に似ている．そのうえ，合衆国系工場と同じく年功にボーナスを支払う海外移植工場もない．これは，半数がそうしている日本の工場とは大きく異なっている．海外移植工場は，生産労働者の階級を1つしかもたないため，ほぼす

表2-2 臨時報酬

臨時報酬の種類を報告している工場の割合	日本(JP)(%)	海外移植工場(T)(%)	合衆国(U.S.)(%)	JP対Tのカイ2乗検定	T対U.S.のカイ2乗検定
生産労働者					
企業業績に対するボーナス	83	63	56		
工場業績に対するボーナス	0	38	4	**	**
グループ業績に対するボーナス	33	0	0	*	
個人成果に対するボーナス	50	0	0	**	
年功に基づくボーナス	33	0	0	*	
個人成果に対する考課給	92	0	0	***	
監督者					
企業業績に対するボーナス	83	63	68		
工場業績に対するボーナス	0	25	4	*	*
グループ業績に対するボーナス	33	0	0	*	
個人成果に対するボーナス	50	13	4	*	
年功に対するボーナス	33	0	0	*	
個人成果に対する考課給	92	88	92		

注：ピアソン，カイ2乗：＊＝.1，　＊＊＝.05，　＊＊＊＝.01．
　　また，同時に，3つの工場分類間の相違についても，カイ2乗検定を行った．
　　　2つのグループ間で大きな相違を示しているすべての場合において，3グループ間でも大きな差異がみられる．

べての日本の工場の場合のように，階級から階級への昇進を年功に報酬を与える方法として用いることはできない．その結果として，海外移植工場の賃金は年功との関連が薄くなるのである．

すでにみてきたように，海外移植工場は，終身雇用の保障を中核的な従業員に与えることに尽力し，企業別組合で見られるいくつかの労使協議をもつことを労働者に認める労使契約を設けている．しかしながら，海外移植工場は年功序列型賃金システムを設ける努力はしていない．年功序列型給与からの移行は，日本の企業がそれに満足していないという事実を反映している可能性がある．日本人管理者の72パーセントが，年功序列システムは最も有能な人々のモラールに悪影響を及ぼすと答えているのである（Aoki, 1990, Smith and Misumi, 1989）．

多くの海外移植工場が急速に成長し，拡大を繰り返してきたので，海外移植工場での昇進は勤続期間の長い従業員に出世の機会を与えてきた．年功は昇進の基準とはならないけれども，実質的にすべての昇進は経験の豊富な従業員階層からである．このように，成長期に限ってではあるけれども，昇進は間違いなく年功賃金の部分的な代用物としての役割を果たしている．

要するに，日本的雇用システムの「神器」と呼ばれる3つのうち2つは，合衆国に移転されているのである．次に，作業システムおよび人的資源システムの重要な要素が同様に移転されているのかを見ていく．これには，チームワークと提案制度，ジョブ・ローテイション，そして広範な訓練が含まれる．しかし，これらの多くは，合衆国のコンテクストにふさわしく修正されている．

2-4 作業チーム

日本の工場におけるオンライン・チームの重要性は，久しく研究者が認めてきたところである（Aoki, 1990, Koike, 1989）．日本工場と同じように，海外移植工場はそうしたチームを広範に用いている．この分野では，海外移植工場はアメリカの工場と大きく異なる（表2-3参照）．ビッグスリー工場の3分の1の工場しかチームを利用していないのに対して，すべての日本工場と海外移植工場がチームを用いているのである．そのうえ，海外移植工場と日本工場では生産

労働者の平均70パーセントが作業チームに所属しているのに対して，チームをもつビッグスリー工場では，およそ半数である．また，チームリーダーが何に影響力をもつのかについても異なっている．表2-3は，チームが影響力をもつものについて，日本の工場と海外移植工場，そして合衆国の工場とを5点評価に基づいて比較している．そこで示されているように，一般的に管理者がチームリーダーを任命する．もっとも，労働組合が組織化されている海外移植工場では，しばしば組合関係者がリーダーの選出に関与する．対照的に，チームをもつビッグスリー工場では，チームメンバーがチームリーダーの選出に多くの発言の機会をもつと管理者は指摘している．管理者の回答によれば，日本の工場と海外移植工場のチームでは，いくつかの分野でチームがもつ影響力の度合いが類似している．表2-3の順序は，最も強いものから最も弱いものへとチームが影響力をもつ分野を整理している．チームは，どの仕事を誰がやるべきかということと作業方法に最も強い影響力をもち，チームリーダーの選出と一日に行われる作業の量，そして作業速度に対する影響力は最も弱いと報告され

表2-3 チームの影響

チームが影響しているところ	日本(JP)	海外移植工場(T)	合衆国(U.S.)	JP対Tの検定	T対U.S.の検定
仕事における新技術の利用	2.8	2.0	2.7		
誰がどの仕事をするか	4.3	3.1	3.1	**	
作業の仕方：方法の見直し	4.3	4.1	2.9		**
成果評価	3.2	1.4	1.3	**	
苦情・不満の解決	4.2	2.1	1.6	***	
仕事のペース	2.7	2.0	2.2		
一日に行われる作業量	2.4	1.6	2.0		
チームリーダーの選出	1.5	2.1	3.4		

注：合衆国の項目は，チームをもつ工場のみを含む．リッカート型1-5尺度に基づいて測定．この尺度では，1は意思決定上何らの影響もないことを示し，5は大きな影響があることを示している．また，下記の両側信頼区画水準でマン・ホイットニーt検定を行った．
　　＊＝.1，　＊＊＝.05，　＊＊＊＝.01.

ている．2グループ間の統計的に有意な相違は，主に従業員の発言権の領域にある．海外移植工場や合衆国企業のチームよりも日本工場のチームの方が，成績評価と苦情・不満の解決に大きな影響力をもつと報告されているのである．ビッグスリー工場と同じく，海外移植工場のチームはこれらの領域における影響力が弱い．他方で，海外移植工場のチームは，チームメンバーが作業方法の見直しについての問題に影響力をもつという点で，日本の工場に似ている．ビッグスリーのチームがこの分野でもつ影響力は弱い．

2-5 ジョブ・ロイテイション

作業チームと同じく，ジョブ・ローテイションは労働者側の柔軟性と参画を高める1つの方法である．海外移植工場の労働者は，日本工場の労働者とほぼ同じくらい配置替えをする．この配置替えは，自分のチーム内だけではなく所定の部門内でチームを越えて行われもする．対照的に，ビッグスリーの工場でジョブ・ローテイションが行われるのは比較的まれである．ビッグスリーの工場は，労働者が自らの作業グループ内の他の課業を行う能力があったとしても，一般的に職務を交替することはないと指摘している．

2-6 問題解決グループと提案制度

海外移植工場と日本工場で用いられている高度参画型の作業管理方式についていくつかの類似点を論じてきた．しかしその一方で，重要な相違がいくつかある．たとえば，海外移植工場と日本の工場では，労働者がオフラインでの問題解決を通して生産工程の継続的改善（「カイゼン」として知られている）に携わる程度が異なっている．そうした活動の1つが，クオリティ・サークルである．自動車工場では（表2-4），海外移植工場の生産労働者のうち4分の1しかこうしたサークルに参画していないことが検出されている（もっとも，移植工場間で相当の相違がある）．これに対して日本工場では平均80パーセントである．この側面では，日系移植工場は米系工場と極めて似ている．ビッグスリー工場と同じように，海外移植工場の労働者は，「カイゼン」が仕事を失う結果になると信じているのである（Young, 1992）．しかしながら，海外移植工場の雇用保障

は，こうした利害関係に正確に対処していくことが意図されている．ケニー＝フロリダ（Kenny and Florida, 1993）は，これとは別の見方をしている．つまり，移植工場でのクオリティ・サークルと従業員参画型活動の水準の低さは，工場の新しさを反映しているのであって，移植工場は長い時間をかけてその利用を高めていく計画であるというのである．しかし，1989年と1993～94年の2つの時期のデータがある3工場については，クオリティ・サークルへの参加の増加はわずかなものにすぎない．コール（Cole, 1979）によれば，日本の工場におけるこうした「自発的」小集団活動への参加は，管理者や同僚の圧力のゆえに，合衆国の工場よりも従業員から強制として見られる傾向が強い．1つを除くすべての海外移植工場では，ビッグスリー工場と同様に，クオリティ・サークルの会合時間に対して従業員に給与を支払っている．日本では，3分の1の工場で給与の支払われない時間帯にチームの会合が行われていると報告されている．

クオリティ・サークルと同じく，海外移植工場では日本の工場よりも提案制度の利用が少ない．表2-4が示しているように，実際，日本の工場では労働者1人あたり年間23の提案が提出されているのに比べ，海外移植工場の平均的労働者が提出する年間提案数は，およそ4つである（クオリティ・サークルとは異なり，提案制度への参画水準は，海外移植工場の開業時から着実に上昇している）．対照的に，米国系工場では，従業員4人あたり1つしか提案を受け取っていない．日本工場と海外移植工場の1つの違いは，多くの日本工場が，毎月一定数

表2-4 問題解決活動

	日本 (JP)	海外移植 工場 (T)	合衆国 (U.S.)	JP対T の検定	T対U.S. の検定
クオリティ・サークルの割合（％）	80	27	26	***	
従業員当たり提案数	23.2	3.9	0.26	***	***
実施された提案の割合（％）	84	70	41		*

注：下記の両側信頼区画水準でマン・ホイットニー t 検定を行った．
　　＊＝.1,　＊＊＝.05,　＊＊＊＝.01.

以上の提案の提出を生産労働者に課する割当制度を実際に用いているということである．生産労働者が提出した提案の数は，実際に彼らの評価や個人的なボーナスに盛り込まれる．

　提案の受領数が，ボトムアップから生じる改善活動の重要な指標の1つであると同時に，実際に実施された提案の割合も等しく重要な指標である．これは，生産労働者が提供した提案が有用である程度，または，評価される程度のおおよその目安になる．米国系工場では，受け取った提案が極めて少ないだけではなく，これまでにその提案の41パーセントしか実施していない．これに対して，日本工場では提案の84パーセント，海外移植工場では70パーセントを実施している．

2-7　地位の格差

　生産労働者に対する全般的な経営哲学のもうひとつの指標が，生産労働者と管理者間の地位の格差である．そうした格差については4つのデータがある．それは，①生産労働者と管理者が同じ食堂で食事をとっているか否か，②生産労働者と管理者が同じ駐車場に駐車しているか否か，③全員が同じ制服であるか否か，④管理者がネクタイを着用しているか否か，である．海外移植工場は，つぎの点で日本の工場と共通している．生産労働者と管理者は同じ駐車場に駐車し，同じ食堂で食事をとり，同じ制服を着用している．また，管理者はネクタイを着用していない．このことは，多くの合衆国の工場で見られるものとは逆である．実際のところ，海外移植工場は，日本の工場よりもさらに壁をなくす方向に進んでいる．いくつかの日本工場は，別々の駐車場あるいは食堂をもつのである．2つの海外移植工場における管理者との議論に基づいて，われわれは，この理由をつぎのように考えている．移植工場は可能なかぎり平等主義の規範を象徴的に強調したいのである，と．

2-8　採用管理

　海外移植工場が操業を開始する以前には，日本的雇用管理方式の移転可能性に関する共通の予想はつぎのようなものであった．すなわち，そうした管理方

式をうまく実施するには，アメリカ人労働者はあまりにも個人主義的であり，多様であり，教育に乏しすぎるということである．これまでのところ，海外移植工場は，チームワークやジョブ・ローテイション，提案制度といった，合衆国の環境に特徴的ではない高度参画型の作業管理方式を導入できている．この成功の1つの理由は，海外移植工場が従業員を注意深く選抜し，社会化しているためであろう．したがって，文化は国ごとに異なるけれども，国レベルの文化尺度が個人レベルの相違を覆い隠しているのである．どんな人々にも態度やふるまいには幅があるので，慎重な選抜や社会化を行うことで，標準とは異なる特徴をもった労働者を育成することができるのである．

　最近，生産労働者を雇用した海外移植工場は3つだけである．平均して，それらの工場が雇用したのは応募者の5パーセントにすぎない．雇い入れられた生産労働者は教育水準が非常に高く，およそ40パーセントが何らかの大学教育を受けている．米国系工場の平均はわずか15パーセントで，日本の工場では1パーセントにも満たない．また，雇用プロセスにおいて重要視する各種の従業員特性について工場を調査したところ，つぎのことが判った．米国系工場では，類似した仕事での経験，あるいは特定の技術的専門知識をもつ従業員をとても重視しているのに対して，海外移植工場では，新たな技能を学ぶ意志や，他の従業員とともに働く能力を重視しているのである．雇用プロセスにおける海外移植工場の厳選主義は，仕事に対する態度や日本的な生産哲学，および人的資源管理の受容度に関して労働者が同質的であるということを意味すると思われる[5]．

2-9 訓　　練

　日本型の作業環境で働くことをいとわない労働者を育成する1つの方法が選抜であるが，さらに，訓練を通じた工場内社会化もその1つの方法である．日本工場と海外移植工場は新入社員に対して同水準の訓練を行っているけれども，海外移植工場は経験者に対してさらに高水準の訓練を行っている（表2-5）．海外移植工場は，米国系工場よりも非常に多くの訓練を新規採用の生産労働者と経験者に対して行っている．海外移植工場と日本工場およびビッグスリー工

表2-5 訓練水準

	日本 (JP)	海外移植 工場 (T)	合衆国 (U.S.)	JP対T の検定	T対U.S. の検定
雇用1年目の訓練					
生産労働者	2.9	3.0	1.7		***
第一線の監督者	2.8	2.6	2.6		
機械技師	2.8	2.9	2.6		
経験者に対する教育					
生産労働者	3.2	4.1	2.3	*	**
第一線の監督者	2.8	4.6	3.0	***	***
機械技師	2.0	4.5	3.0	***	**

注：新人従業員については，1＝年間0-40時間，2＝年間41-80時間，3＝81-160時間，4＝年間160時間超．経験のある従業員については，1＝年間0-20時間，2＝年間21-40時間，3＝年間41-60時間，4＝年間61-80時間，5＝80時間超．また，次の両側信頼区画水準でマン・ホイットニーt検定を行った．＊＝.1，＊＊＝.05，＊＊＊＝.01．

場との違いは，海外移植工場がより新しく，従業員がほとんど経験を積んでいないという事実を反映している可能性がある．しかしながら，海外移植工場での訓練は，単に技能を育成するための手段としてではなく，従業員を社会化するための方法として考えられているという証拠がいくつかある．実際，移植工場で行われている経験者に対する訓練の4分の1が，生産方法や生産哲学に関連している．これに対して日本の工場では10パーセントである．前述したように，雇用プロセスでの選抜が，仕事に対する態度と日本的生産哲学，および人的資源管理の受容度に関して労働者が相対的に同質的であることを意味するその一方で，日本的な生産手法についての大量の訓練もまた，強力で一貫した組織文化の創造に役立っているのである．

2-10　海外派遣社員の活用

慎重な選抜と訓練に加えて，日本的生産方法に対して受容力のある個人を獲得するためのもう1つの方法が，海外派遣社員を活用することである．しかしながら，海外派遣社員の活用は，本国の管理方式に対して受容力のある従業員

をもつことを凌ぐ利点をもつ．ネルソン＝ウィンター（Nelson and Winter, 1982）がいうように，鍵となる人材を移すことが，他の場所で管理方式を再現する1つの方法となるのである[6]．アルメイダ＝コグート（Almeida and Kogut, 1999）は，人材の移動が地域間技術移動の強力な説明変数であるということを実証観察している．

　平均的な海外移植工場では約60人の日本人海外派遣社員が働いている．平均的な海外移植工場ではおよそ3,400人を雇用しているから，労働力のほぼ2パーセントが海外派遣社員となる．この海外派遣社員の約半数が，新設備の設置や新モデルの導入などを支援する技術者である．残りの大部分が管理者で，およそ6人が上級管理職の地位にあり，残りは中間管理職である．しかし，工場間で海外派遣社員の活用に大きな違いがある．これは各工場のライフ・サイクルにおける段階の違いを反映しているだけではなく，海外派遣社員の利用に関する企業哲学の違いをも反映している．ある工場では25人しか海外派遣技術者を用いていないのに対して，その他の工場では各種の地位に100人以上の海外派遣社員を抱えているのである．海外移植工場では，海外派遣社員が日本的生産管理方式を移転する役割を果たしているようである．その一方で，海外移植工場の数人の管理者は，われわれにつぎのように語っている．移転プロセスにおいてはるかに重要なのは，合衆国の管理者や技術者，そして等しく生産労働者を，数週間から数年の間，日本の姉妹工場に配置することである，と．

2-11　人的資源管理と作業管理方式の要旨

　全般的に見て，海外移植工場は日本の姉妹工場で見られる作業管理方式の多くを実施している．ある場合にはクオリティ・サークルのように移転がそれほど進んでおらず，またある場合には修正を迫られている（たとえば，合衆国のチームは特定の問題を扱っていない）．しかし，一般的には，海外移植工場は日本で見られるものと同じ管理方式を実施している．合衆国と日本では根本的に異なる制度的・文化的環境が見られる（Ronen and Shenker, 1985, Hofstede, 1980）ことを考えると，これは驚きである．しかし，文化的環境の相違にもかかわらず，海外移植工場は高度参画型の作業現場で働くのに必要な態度をもった従業員を

雇うことに気を配っている．慎重な選抜手続きをもつことに加えて，移植工場は新入社員や経験者の訓練，育成，社会化に大きな時間を費やしているのである[7]．また，海外移植工場は，企業別労働組合に組み込まれたいくつかの要素や雇用保障の約束を実施することによって，少なくとも部分的には本国のいくつかの制度的特性を合衆国で作り直すことを試みている．

3 在庫およびバッファ

　作業管理方式や人的資源管理方式に加えて，低いバッファも日本の自動車製造企業が優れた業績を達成するのに役立つと考えられている．バッファは未利用資源のストックであり（組織的なゆるみの源泉），仕掛品在庫や受入品在庫といったものが含まれる．高いバッファ水準は，緩やかに連結されたシステム（loosely coupled systems）を示し，問題の分離やシステムの残りの部分への影響を減少させるために有効となる（Weick, 1976）．しかしながら，このシステムは，問題を見えなくして永続的な問題解決に対する管理者の誘因を弱める可能性がある[8]．固く連結されたシステム（tightly coupled systems）が機能するためには，他のメカニズムを通じて偶発事態を処理する必要がある．継続的改善活動は，そうした偶発事態を処理する1つの方策である．この活動には，すでに述べた品質管理や提案制度が含まれる．また，問題発生と同時に迅速に対処できる高度な訓練を受けた作業者にも大きく依存している．西口（Nishiguchi, 1994）やマクダフィー（MacDuffie, 1995）によれば，かつて設備や在庫の面で処理された日本企業の緩衝機能は，労働者の発達した技能や能力に転換される必要があるという[9]．

　表2-6は，3種類のバッファについて日本工場と海外移植工場および合衆国工場を比較している．第1は，最終組立工程の修理区画の平均である．これは，ラインで問題が生じた場合に工場が利用できる「ゆとり」の量を捉えている．修理区画が小さければ，問題をラインの最後まで延期することはできず，工程のなかで解決されなければならない．日本の工場がもつ修理区画は伝統的に小さい．部分的には，これは日本の地価の高さを反映している．しかし，こうし

た小さな修理区画で効率的に運営するためには,すでに述べた高水準の労働者訓練や参加,参画が不可欠である.合衆国の未鉱工業化地域に工場を建設したとき,日本企業は非常に安い地価を目の前にして修理に使えるスペースを大きく拡大した.しかしながら,いまだに海外移植工場の修理区画は一般的な合衆国工場の3分の2である[10].

表2-6 バッファ水準

	日本 (JP)	海外移植 工場 (T)	合衆国 (U.S.)	JP対T の検定	T対U.S. の検定
修理区画 (組立部品における割合:%)	3.5	7.8	12.2	*	*
塗装・組立工場間の在庫量 (1直生産における割合:%)	16.5	18.2	35.4		*
在庫水準 (8部品の1日平均)	0.6	0.8	1.4		

注:下記の両側信頼区画水準でマン・ホイットニーt検定を行った.
　　*=.1,　**=.05,　***=.01.

　仕掛品のバッファに関しては,日系移植工場は日本工場とよく似ている.仕掛品在庫の優れた指標は塗装工場と最終組立工場間のバッファである.ここでは日本工場と海外移植工場とが実質的に同じ在庫水準であり,ビッグスリー工場のおよそ半分の水準となっている.このことは部分的には問題を顕在化する哲学を反映している.また,まえもって車体工場で生産の手順を決める日系工場の傾向も反映していて,それゆえに塗装工程の後に自動車を組み立て直す必要性が低くなっている.しかしながら,この場合でもやはり製造過程での問題処理や,クオリティ・サークルや提案制度などによる問題再発撲滅活動の必要性が高まる.

　一般に,日本の工場は工程間バッファが少ない.そのうえ,組立工場で現在いくつかの試みが行われている.具体的には,ある日本工場と海外移植工場で組立ラインに組み込むバッファの縮小に取り組んでいる.このバッファは,グループ活動を促進するために20～25人の従業員ごとに分割されている.

　バッファの最後の指標は工場の受入在庫である.これはコストの高い8つの

主要部品の平均である[11]．これらの部品に関しては，日本の工場と海外移植工場の在庫水準が同じくらい低い一方で，興味深いことに，合衆国工場がこれらの部品の在庫水準をうまく減らしてきており，1989年以後，これらの部品の1日あたり平均在庫水準を2.4から1.4に減少させてきている．

4 自動化および技術

　労働者の管理と配置が生産の1つの重要な側面であると同時に，資本，とくに技術はもうひとつの重要な側面である．ケイブス（Caves, 1982）がいうように，組織の技術能力は対外直接投資の重要な原動力である．本節では，日本で定着している技術システムが合衆国の海外移植工場に移転されているのかどうかということと，これらのシステムが合衆国の工場で見られるものとどのように異なっているのかということについて検討する．作業管理方式や人的資源管理方式と比較して，技術は組織の制度的・文化的環境に依存していない．したがって，技術的設備に対する変更はほとんど見られないと期待されるはずである（本書のBrannen他の章を参照）．さらに，外部環境への依存度の低さと，企業が技術設備に関して「内製あるいは外注」の意思決定を中心的に行う傾向の故に，企業間で広範なばらつきが見られると予想される．

　多くの組立工場の自動車生産は，3つの主要な部門から構成されている．まず，車体工場である．ここではボディ・パネルが同時に運び込まれ，最終的に自動車の構造を規定する1つの外枠に溶接される．この外枠は，「ホワイト・ボディ」として知られている．つぎに塗装工場である．ここではボディが下塗りされ，塗装される．そしてパネル接合部の水の侵入を妨げ，空気音を低下させるために目止めが取りつけられる．最後に，組立工場ではすべての部品と装飾が自動車に組み付けられ，検査をして搬送の準備が行われる．一部の工場では，板金を材料に自動車を構成する金属部品を型押しするプレス設備やエンジン生産・艤装設備，そしてプラスティック成型設備を保有している．しかし，すべての大量生産工場が車体工場と塗装工場，および組立工場をもつことから，比較可能性のためにこれらに焦点をあてる．用いられている自動化のタイプや

表2-7 自 動 化

	日本 (JP) (%)	海外移植 工場 (T) (%)	合衆国 (U.S.) (%)	JP対T の検定	T対U.S. の検定
自動化全体 (直接生産段階における割合:%)	35.5	40.2	33.7	*	
区 域 別					
車 体 工 場	86.1	89.2	77.7		
塗 装 工 場	41.8	60.8	47.0	*	
組 立 工 場	1.8	2.0	1.4		

注:下記の両側信頼区画水準でマン・ホイットニーt検定を行った.
　　＊=.1,　　＊＊=.05,　　＊＊＊=.01.

水準は区域間で大幅に異なる．それぞれについて順に見ていこう．

　表2-7は，区域ごとの全般的な自動化水準を示している．表面上，日本工場と海外移植工場および合衆国工場間に大きな差は見られない．概して，自動車組立工場のなかでは車体工場が最も自動化されており，スポット溶接とアーク／シーム溶接の大部分が自動化設備を経由して配置されている．塗装工場はあまり自動化されておらず，多少の完全自動化工程の他は完全に手作業である．組立工場には完全自動化工程はほとんどない．

　異なる工場間で自動化水準がとても類似しているとはいえ，配置されている実際の設備やその利用方法について部門ごとにより詳細に見てみると，日系工場と米国系工場との間にはいくつかの重要な違いがある．表2-8は，車体工場の自動化を種類ごとに示している．合衆国の工場と日本の工場間の第1の違いは，柔軟な自動化の利用にある．日系工場は溶接工程（スポット溶接およびシーム溶接を含む）の大部分を自動化しているだけではなく，その自動化の大部分が柔軟である（すなわち，ロボット工学）．実際，日系工場ではスポット溶接のほぼ80パーセントをロボット工学的に設置しているのに対して，ビッグスリー工場ではおよそ65パーセントである．日系工場は，多くのロボット溶接機を保有しているだけではなく，同じくロボットを部品の固定や配置に用いる傾向が強い．結果として，日系工場は米国系工場よりも自動車1台当たり平均2

表2-8 車体工場の自動化

自 動 化	日本 (JP)	海外移植 工場 (T)	合衆国 (U.S.)	JP対T の検定	T対U.S. の検定
柔軟な自動化溶接スポットの割合（％）	71.0	72.5	52.9		**
固定的な自動化溶接スポットの割合（％）	18.9	18.4	29.0		
自動化溶接スポットの合計（％）	89.8	90.9	81.1		
自動化シーム溶接の割合（％）	55.7	58.4	14.6		**
溶接ロボット数 （1時間当たり自動車生産数におけるロボット数）	5.9	5.5	2.8		**

注：下記の両側信頼区画水準でマン・ホイットニーt検定を行った．
　　＊＝.1，　　＊＊＝.05，　　＊＊＊＝.01．

倍のロボットを保有しているのである．

　日本の工場における柔軟な自動化の水準の高さは，自動化と高度参画型作業管理方式との理論的な関連を考えれば理解できる（Adler, 1988, MacDuffie and Pil, 1997, Susman and Chase, 1986, Parthasarthi and Sethi, 1993 を参照）．柔軟な自動化を高度参画型作業管理方式および人的資源管理方式と組み合わせることで，一方があって他のものが欠けている場合よりも，工場は広範な製品品種を生産することができるし，生産性および品質のペナルティーをあまり受けずに迅速なモデル・チェンジを行うことができるのである．

　一見して，日系工場は米国系工場よりも全般的な自動化および高水準の柔軟な自動化を有しているが，しかし，日本の自動車企業の間では，実際に自動化を配置する方法に違いがある．この相違には2つの主要な領域がある．1つは，用いられるロボットの種類およびその配置における違いであり，もう1つは，主要な車体部品が同時に運び込まれる工場の車体組付区画における相違である．ここでいう違いは，日本工場と海外移植工場との相違というよりは，むしろ企業間の相違であるということに注意しなければならない．日本で見られる企業間の相違が，海外移植工場においても現れているのである．

　ロボットの種類と配置については，たとえばトヨタでは，かなり標準化されたロボットを1つの作業現場に4～6台配備して活用している．他方，ホンダ

は自社ロボットを社内で設計・生産しており，そのロボットはライン内での遂行が意図された特定機能のために設計されている．その結果として，ホンダでは特定現場におけるロボット密度が非常に高い．日本企業は自社工場で数多くの車種を生産しているために，主要部品（たとえばボディ下部や側面および天井）を同時に運び込む柔軟な車体組付システムに依存する必要がある．一般的にこれは，それぞれのモデルやボディ・タイプに対して異なるジグをもったジグ交換システムによって実現されている．ここにもいくつかの違いがある．たとえば日産では，車体工場の多くの領域でトヨタ・モデルに従っているとはいえ，部品を同時に運び込んで異なる車体の従部品を車体に溶接するところでは異なるやり方を用いている．伝統的な車体組付システムでは，50～100の留め具が最終的に車体の外枠となる主要部品を同時に固定するために使われる．この留め具は品種ごとにさまざまであり，最終製品の寸法精度を確実にするのに役立つ．すべての海外移植工場および多くの合衆国工場で柔軟な車体組付現場が見られる．しかしながら，後者では品種構成が単純なため，この柔軟性は十分に活用されていない．

日産では，16台のロボットが部品を一度に溶接すると同時に，異なる品種に対して留め具の位置を調整する35台の近接したロボットを活用することで，柔軟な車体組付システムの概念をさらに進めている（他の企業では，留め具は1つの場所に固定されている）．インテリジェント・ボディ組立システム（Intelligent Body Assembly System, IBAS）と呼ばれるこのロボット・システムは，日産のすべての自動車品種を扱う能力をもつ．ロボット留め具は，異なる品種に対応して各ボディ間でプログラムを書き替えられる．新型のためのソフトウェアは1つの場所でデバッグして，日産のあらゆる工場で用いられる．トヨタのフレキシブル・ボディ・ラインとマツダのサーキュレーション・ボディ組立ラインは同じような目的をもつが，その目的達成のために用いる設備は異なる．車体工場で用いられている実際の技術で日本企業に違いが見られるところでは，それらの相違は海外にも移転されている．日本のすべての企業がそうした精巧な自動化に投資してきたわけではない．しかし，海外で操業している企業では一般的に行われている．

立地に関係なく，多くの工場が錆から自動車を守る電気塗装工程を自動化している．多くの合衆国工場と日本の工場が上塗り塗料の塗布も自動化している．しかし，下地塗料の塗布と内装の塗装については大きな違いがある．この分野で海外移植工場と日本工場，ビッグスリー工場間に相違があるとはいっても，一般的に，この相違は塗装工場がどのくらい新しいかによって決定される．通常，塗装工場への投資は不可逆的である（もっとも，たとえば下地塗料の塗布を行うためにロボットを付加することはできる）．また，経済的負担から通常この投資は長期的である．一般的に日本の工場では，旧い塗装工場において内装塗装の自動化水準が低い．多くの海外移植工場が新システムを導入しており，溶剤塗料ではなく水性塗料に移行している．この移行は排出規制の分野で利点となる．

自動車工場の組立工場は自動車生産の最も労働集約的な部分に相当し，自動化されている工程はほとんどない．実に，平均的な組立工場が自動化しているのは6つの組立段階だけであり，大抵は，自動化が容易な作業や自動化が品質を高める作業（たとえば，フロントガラスの取りつけ），あるいは大変な労力を要したり肉体的にきつい作業（たとえば，エンジンの取りつけやスペア・タイヤのはめ込み）を自動化している．1980年代初頭，合衆国と欧州の企業は組立工場の自動化に大規模かつ高額な取り組みを行った．フォルクス・ワーゲン（VW）の54ホールやフィアットのカッシーノがその例である．しかしながらそれ以降，これらの企業は，組立工場の自動化が非常に高価で，壊れがちであり，広範な保守支援が必要であることを理解し，その結果として，多くの企業が既存工場の自動化から手を引いて新設備への自動化の導入を控えたのである（たとえば，フィアットのメルフィ工場）．

1980年代末から1990年代初頭，労働時間数の削減および日本人労働力の減少は，組立作業の自動化に関するより詳細な調査の実施を日本企業に促した（Fujimoto, 1997, Tanase他, 1997）．より「人に優しい」工場をつくるために自動化を用いることで，日本企業は製造業での職歴をますます避けている労働者を引きつけることができると期待したのである．また，日本企業は労働者への依存の低下も期待した．低い資本コストも一役買った．しかし，組立の自動化は極めて空間集約的であり，用地の欠乏は組立自動化の急速な拡大を抑制した．

日本における品種構成の複雑性の高さは，付加できる自動化の範囲をさらに制限した．

マツダの防府工場は，自動車組立のためのモジュラー方式の設計が非常に進んでいる．それによって，モデル変化の影響をオフラインで吸収し，高度な自動化をラインで用いることができるようになった (Kinutani, 1997)．同じく日産は，大規模な自動化に対応できるように九州に新しい組立工場を設計している．しかし，日本の組立自動化への情熱も衰えを見せている．期待された省力化は実現されず（直接労働者の減少が間接労働者の増加によって相殺された），稼働時間は低く，一般的に自動化設備は所定のラインで生産される製品の製品設計や製品構成を制限したのである．たとえばトヨタでは，新しい九州工場と元町工場の改装済RAV4ラインで自動化重視を弱めている．日本工場が組立自動化を試みていた時期，日系移植工場は労働力不足を何ら経験していなかったし，自らの組立工場で高水準の自動化を実施する同種の必要性を感じてもいなかった．とくに，日本やその他の場所におけるそうした自動化の乏しい能力を鑑みてである．

完全自動化設備から転換している間に，日本企業間にいくつかの興味深い違いが生じてきた．とくに，組立ラインにおける自動化設備の配置に関してである．三菱では，自動化設備がいわゆる自動化の島 (automation islands) に焦点をあわせられるようにラインが配置されている．実際，三菱の水島工場では，互いにとなりあう2つの区域に組立区画の自動化設備が集中するようにラインが配置されている．この区画には高度に複雑な形態の組立自動化が含まれ，また自動化の集中によって，自動化されたライン部門をその他のラインから明確に区分・分離することができる．この自動化された部分は，保全要員の責任下にある．対照的に，九州にあるトヨタの新工場では，ラインに自動化を統合するための意識的な取り組みが行われている．洗練された完全自動化設備を用いるよりも，労働者が開始した作業を締めくくる設備を用いている．たとえば，一人の労働者がボディ下部のボルトを配置すると，そのボルトはラインと同期化して移動する1台の設備によって締め付けられる．その設備は，単に必要とされるトルクでボルトを締めるだけであるから，ボルトの選択や配置について

の精巧さを必要としない．ボルトを配置する労働者は設備故障に対する第1の防衛線でもあり，基本的な修理や予防保全を行う．複雑な自動化への取り組みにおける企業間の違いは，海外移植工場でも歴然としている．

　完全自動化組立工程が減少傾向にある一方で，日本企業は「自動化支援ツール」の利用を継続的に拡大してきた（MacDuffie and Pil, 1997）．自動化支援ツールは労働者に取って代わるのではなく，労働者を支援する用具から成っている．完全自動化とは異なり，自動化支援ツールは組立作業のすべてを行うのではない．むしろ，自動化支援ツールは，部品の配置や労働者が用いる用具の運搬，生産労働者が開始した作業の締めくくりを行う．これらのツールは2つの目的を果たしている．人間工学的な負担軽減の支援と，非付加価値的行動の減少である．自動化支援ツールは多様な形態をとる．その形態には，敷物を取りつけるために労働者を自動車まで持ち上げるロボット・アームや，労働者がボディ下部の作業を行っている間に座ることのできるラインとともに移動する足場，重い部品や部分組立品を持つ労働者を助けるリフター・ツールが含まれる．自動化支援ツールの最も顕著な形態は，用具や部品を運びながらラインとともに移動するカートである．通常その仕事は，労働者の必要とする部品や用具を支えながら自動車と一緒に移動するという単純なものである．カートは自動車と一緒に作業区画の入り口から終わりまで周回した後に，つぎの自動車と周回するために戻る．自動車で作業している労働者が使える用具や部品を移動させることで，カートは非付加価値的な時間を大幅に低減させている．

　概して自動化支援ツールは極めて単純である．たとえば，用具や部品のカートは通常，単純な伸縮機構によって引っ込められたり，手動で開始位置に戻されるまで組立ラインのコンベアーに沿って前進する．一般に，自動化支援ツールは比較的安価な部品を用いて生産労働者や技術者のチームによって企業内で設計される．生産労働者がその設計に関与すれば，労働者はそのツールの所有者意識をかなり感じるし，より使うようになって，ツールを改良する追加的な方法を見つけやすい．

　自動化支援ツールは，日本工場と海外移植工場の双方で幅広く用いられている．ビッグスリー工場でも支持をえているとはいえ，自動化支援ツールは日系

工場ほどには普及していない．日本の工場での広範な利用は，部分的には人間と機械との分業に関する哲学の違いを反映している．それは，作業現場全体にわたる労働者の幅広い参画・参加哲学の証しでもある．ズボフ（Zuboff, 1988）がいうように，同じ基礎技術がまったく異なる役割を果たしている．労働者の統制とスキルの低下，あるいは労働者の地位向上とスキルの向上である．日系工場の目的は後者のために努力することである．自動化支援ツールの設計における労働者の参画は，日本の工場と北米の移植工場双方が支持している見方も映しだしている．それは，設計段階における労働者の参画と技術との相互作用が大きくなればなるほど，最終的な利用はより柔軟になるということである．この見方は，自動化支援ツールの設計だけではなく，海外移植工場および日本工場における，より全般的な自動化の設計においても一目瞭然である．たとえば，最近三菱がオランダで海外移植工場施設（ボルボとの合弁会社）のために新しい組立ラインを購入したとき，400人以上の労働者を日本に派遣した．それは，海外移植工場に輸送される前に新設備の試験と改良の方法を見つけるためだったのである．

　一般的には，技術は労働者に代替するとみなされているものの，柔軟な自動化は柔軟な作業や人的資源管理方式と補完的に機能すると理解される．さらに，技術のすべての指標は同じように見えるかもしれないが，しかし，その技術が用いられる方法は日本企業の間でさえも劇的に異なることが見られた．日本企業が合衆国に技術を移転してきたとはいっても，技術の種類では企業間の相違が非常に顕著なのである．

5　サプライヤーとの関係

　組織は，「技術的関係と境界間関係の複雑なネットワークに作業が埋め込まれているときに生じる諸活動を調整し統制するシステム」を内包している（Meyer and Rowan, 1977）．このネットワークは日本企業にとって非常に重要であり，日本企業の競争優位性の重要な源泉の1つとなっている（Clark and Fujimoto, 1991, Cusumano and Takaishi, 1991, Dyer, 1996）．このネットワークがどの

ように機能しているのかを示す1つの指標から，サプライヤーとの関係を見てみよう．

サプライヤーは自動車生産の成功にとって重要である．平均的な自動車は約15,000個の部品からできている．そのうち4,000～5,000個の部品は標準化されておらず，そのモデルに特殊なものである．重要部品の問題は，品質関連の結果あるいは輸送の遅れの結果にかかわらず組立工場全体を停止させてしまう．低い在庫量を考えた場合にはとくにである．部品の在庫がなくなったり欠陥だったとき，部品を輸送するためにヘリコプターやジェット機，あるイギリスの工場ではコンコルドでさえも借りている多くの工場の逸話を聞いている．また，部品を紛失してしまったために座席がなかったり別の計器を取り付けて自動車を組み立て，その部品が入手可能になったときに取り付けていた工場にも立ち会った．欠陥部品は自動車全体の品質を低下させるとともに，その欠陥部品が取り付けられた自動車の世論にも悪影響を及ぼす．サプライヤーは，部品品質や定時輸送を保証するだけではなく，自動車の設計過程を加速するうえでも重要である (Clark, 1989)．いうなれば，工場の能力はサプライヤーとの関係の強度とそのサプライヤーの能力の程度とにあるのである (Kogut, 1991, Oliver and Wilkinson, 1992)．

すでに述べたように，日系自動車製造企業は，サプライヤーとの密接な協力関係の構築に成功している．その関係は，製品設計や製品コスト，部品品質，輸送保証における優位性をもたらしている．日本の組立メーカーとサプライヤー間の良好な関係については多くの理由が提示されてきた．ある研究では，サプライヤーの財務上の部分的所有関係の重要性を論じている (Klein, 1980)．最近の研究では，日産とトヨタがパートナー・サプライヤーの株式を平均23％保有していることを検出している (Dyer, 1996)．日本のサプライヤーは，自動車組立メーカーと密接な関係をもっていれば，自らの業務の資金調達をより容易に行うことができるのである (Dyer, 1996)．企業間の従業員の移動も，組立メーカーとサプライヤー間の信頼を維持し，コミュニケーションを強めるのに役立つ (Dyer and Ouchi, 1993)．銀行中心の企業集団は組立メーカーとサプライヤーとの提携の調整を助けるし，サプライヤー連合は組立メーカーの違反可能性

の低減に役立つ (Garlach, 1992, Nishiguchi, 1994). 日本の工場の優れたサプライヤー関係と結びついた多くの要素は，第2次大戦直後にさかのぼる．その時期，日本自動車企業は需要に応えるだけの資金が不足し，サプライヤー・ネットワークの開発に頼っていたのである (Nishiguchi, 1994).

合弁会社を除いて，海外移植工場は適切な供給基盤をもたずに合衆国で業務を開始している[12]．当初，海外移植工場は輸入部品に大きく依存していた．しかしながら時を経て，海外移植工場は部品の現地調達率を上昇させるために現地生産へ移行している．始めは合衆国に進出した日系サプライヤーから多くの部品を調達していたけれども，最終的には合衆国のサプライヤーに発注するようになった (Kenney and Florida, 1993). 供給基盤の管理において組織が制度的な影響に制約されることを前提とすれば (Roberts and Greenwood, 1997)，海外移植工場が合衆国内で構築した関係は，少なくともいくらかは，ビッグスリーの工場とそのサプライヤーとの間に見られるものと似ていると予想される．

表2-9を見ると，合衆国における海外移植工場とサプライヤーとの関係が日本の組立メーカーとサプライヤーの関係に非常に似ていることがわかる．まず，合衆国の工場よりもかなり多くの部品や部分組立品を調達しているにもかかわらず，海外移植工場が抱えるサプライヤーは非常に少ない．抱えているサプライヤーの数が少ないことは，数多くのサプライヤーと取り引きすることに付随する調達上の問題が減少する点で有益である．また，サプライヤーの保有数が少ないことは，サプライヤーとの強力な関係を構築するのに妨げとなる少量購

表2-9 サプライヤー関係

	日本 (JP)	海外移植 工場 (T)	合衆国 (U.S.)	JP対T の検定	T対U.S. の検定
部　品　数	10,290	3,078	2,753	***	
組立部門向けサプライヤー数	195	164	503		***
1社調達部品の割合（％）	92.6	93.6	98.1	*	
在 庫 水 準 （8部品の1日平均：％）	0.6	0.8	1.4		

注：下記の両側信頼区画水準でマン・ホイットニーt検定を行った．
　　＊＝.1,　　＊＊＝.05,　　＊＊＊＝.01.

入の数を減少させる．海外移植工場は少数のサプライヤーしか保有していないのに加え，工場レベルで重要部品の一部を2重調達している．対照的に，ビッグスリーが2重調達している部品はほとんどない．データ収集時点で多くの海外移植工場の合衆国所在期間が10年以下であるという事実にもかかわらず，海外移植工場はサプライヤーとの良好な関係の構築に成功しているのである．このことは，海外移植工場が，サプライヤーと組立メーカー間の緊密な調整と情報の流れを必要とする非常に低い在庫しかもたないという事実からも明らかである．また，実質的に海外移植工場が受入部品の検査を行なっていないことは，主要部品サプライヤーに対する信頼の証左である．

　日本の強固なサプライヤー関係と信じられている系列関係やサプライヤー連合といった歴史的関係や制度的要素をほとんどもたないという事実にもかかわらず，海外移植工場のサプライヤー関係は日本で見られるものととてもよく似ている．この類似性を説明しうる1つの要素は，海外移植工場が整備しているサプライヤー支援システムである．たとえばホンダでは，異なる部門から集められた技術者や管理者からなる15人の従業員チームをもち，BPシステム形式（ベスト・プロセス，ベスト・プロダクティビティ，ベスト・パートナーズ．本書のMacDuffie and Helperを参照）でサプライヤーへの支援や援助を行っている．類似のプロセスが他の日系移植工場でも配備されている（Dyer, 1996）．しかし，サプライヤー支援システムが日本の類似のシステムを見本にしているとはいっても，いくつかの方法で異なっている．その1つは無料だということである．たとえば，ホンダのBPシステムは日本では売上の2％をサプライヤーに負担させている．これに対して，合衆国では無料である．もう1つの違いは，合衆国ではその支援から利益を得られるすべてのサプライヤーに対して支援が行われるということである．たとえサプライヤーが他の企業に供給していても，である[13]．これは，生産システムの支援にとって重要な，日本と同じサプライヤー関係の再構築において，日系移植工場が強力に取り組んでいることの証しである．

6 業　　績

　これまで，いかに多くの方法において日系移植工場と日本の工場とが似ているのかを論じてきた．しかし，それはまだ海外移植工場が日本とは大きく異なる制度的・文化的環境のなかで操業しているという事例である．ましてや労働力は同質的ではなく，教育および法制度が異なり，サプライヤーとの協調的な関係という伝統も存在しない．多くの理論家が，組織管理方式と文化あるいは価値観の間の一致が業績と強い関連をもつと論じている (Erez, 1986, Morris and Pavett, 1992)．そこで，つぎのような疑問が生じる．同じ作業管理方式および人的資源管理方式を用いているとすると，海外移植工場は日本の工場と同じ水準の成果を達成する能力があるのかどうか，同じ在庫水準や技術をもつのかどうか，そして日本のものと類似したサプライヤー関係の開発に取り組んでいるのかどうか，という疑問である．

　海外移植工場の業績を検討するために2つの成果指標に着目する．生産性と品質である．まず，これらの指標の測定方法について簡単な概要を示す．

6-1　生　産　性

　生産性指標は，自動車1台を生産するのに要した労働時間数である．これはジョン・クラフシック (John Krafcik, 1988) によって開発され，さらにマクダフィー＝ピル (MacDuffie and Pil, 1995) によって改良された算出手順に基づいている[14]．クラフシックの手順は，世界のすべての地域にある異なる自動車工場間の「対等」比較を可能にする指標の構築を目的としている．この指標は，生産された自動車や垂直的統合および作業時間における差異を計算に入れている．章末付録に具体的な調整の概要を示す．3つの海外移植工場からは生産性を算出するために必要なすべてのデータが得られなかったため，ここでの数値が表しているのは，本章で述べた8つの海外移植工場のうち5工場の生産性のみである．

　表2-10より，海外移植工場の全般的な生産性水準が日本の水準にかなり近

80　第Ⅰ部　自動車産業

表2-10　生　産　性

生産性 （自動車1台当たり労働時間）	日本 （JP）	海外移植 工場 （T）	合衆国 （U.S.）	JP対T の検定	T対U.S. の検定
全体的な生産性	16.2	17.3	21.9		**
部　門　別					
車体工場（直接労働）	2.3	2.8	3.2		
塗装工場（直接労働）	2.1	2.7	2.4	*	
組立工場（直接労働）	5.0	5.2	8.7		***
間接労働	3.2	4.6	5.2		
俸給労働	2.0	1.8	2.0		
パートタイムおよび期間労働	1.5	0.1	0.3	***	
不定整数（n）	12	5	25		

注：これらの数値は，工場の生産規模による重量平均ではない．
　　下記の両側信頼区画水準でマン・ホイットニーt検定を行った．
　　＊＝.1，　　＊＊＝.05，　　＊＊＊＝.01．

接していることが理解される．実際，統計的に有意な差はない．しかしながら，ウィンター（Winter, 1991）がいうように，競争圧力が組織全体に影響を及ぼしているとはいってもなお，組織内には次善の調整が存在し続けているかもしれない．ここでの分析には，日本的な管理方式および方針の海外移転が部分最適の成果となっているかどうかを研究するために，実際に部門間の成果を調査しうるという利点がある．部門間の成果を見ることで，車体工場のような技術集約的な領域が，組立ラインのような労働集約的な領域よりも相対的に優れているのか劣っているのかを検討することができる．

　技術集約的かつ労働集約的な領域である塗装工場の成果では，海外移植工場と日本工場との間にやや統計的に有意な差が存在している．海外移植工場ではより多くの間接労働者（マテリアル・ハンドリング，クオリティ・サークル，保全を含んだ分類）を用いている．しかしこれは，海外移植工場ではパートタイム従業員および期間従業員の利用がきわめて少ないことで相殺される．ビッグスリー工場は海外移植工場よりも生産性水準が低いとはいえ，塗装工場ではわずかに優れた成果を示している．海外移植工場とビッグスリー工場の最も大きな違

いは組立工場にある，ビッグスリー工場は移植工場のおよそ1.7倍の労働力を必要としている．この差異は，ビッグスリー工場で用いられている多くの伝統的な作業管理方式によって部分的には説明しうると思われる．

6-2 品　　　質

　工場が直接的に管理する品質問題と，サプライヤーおよび設計関連の問題といったその工場の管理領域外に存在しがちな品質問題とを混同しない品質指標をもつことが重要である．この指標は，J. D. パワー・アンド・アソシエイツ（J.D.Power and Associate's）の New Quality Survey に依拠している．毎年2月，J.D.パワーは前年11月の自動車登録に基づいて新車の所有者を選別し，彼らに最初の3ヶ月間における自動車の体験について調査に記入することを依頼している．詳細な質問は所有者が直面したであろう問題の全範囲を網羅している．J.D.パワーは，この情報を要素に分解した形で非常に豊富に提供している．これらの調査データを用いて，発生工場ごとに自動車全般にわたって組立工場の直接的な管理下にあるすべての問題を集計した．ここで基礎としたのは，クラフシックが開発し，マクダフィーとピルがさらに改良した分類の枠組みである．塗装の仕上がりやボディ・パネルの接合，水漏れといった状況を測定した．サプライヤーおよび設計関連の問題はすべて除外している．これらの問題には，異なる種類の電気系統の問題やエンジンの問題，顧客がどの位そのデザインを気に入っているかということに関する問題などが含まれる．ここでの分析は，合衆国で自動車を販売しているすべての工場にわたる標準的な基準を提供している．また，通常サプライヤーに起因する問題を測定するサプライヤー品質指標も算出している．合衆国で販売された製品についてのみのデータなので，本章で述べた12の日本工場のうち，4工場についてのデータはない．したがって，日本についての品質値が表しているのは残りの8つの工場についてのみである．すべての合衆国工場と海外移植工場および合衆国に輸出しているすべての日本工場についての品質データをもっているので，それらも報告している．

　品質に関しては，海外移植工場と日本工場の成果に統計的な差は見られない（表2-11参照．ここで報告されている数値は，工場の生産規模ごとの重量平均ではなく

表2-11 1993～94年の品質

品質 (自動車100台当たりの欠陥車数)	日本 (JP)	海外移植 工場 (T)	合衆国 (U.S.)	JP対T の検定	T対U.S. の検定
サンプル工場の品質	52	48	71		***
部門別					
車　体	8.5	7.8	13.0		***
塗　装	12.8	11.2	16.6		**
組　立	30.7	29.0	41.3		**
サプライヤー品質	21.8	19.1	27.3		***
不定整数 (n)	10	8	25		
合衆国向け製品を生産している 全工場の品質	58.7	54.7	64.7		
部門別					
車　体	9.0	9.4	11.0		
塗　装	14.9	12.2	15.2		
組　立	34.8	33.1	38.5		
サプライヤー品質	23.7	21.8	26.4	*	
不定整数 (n)	21	11	32		

注：これらの数値は，工場の生産規模による重量平均ではない．
　　下記の両側信頼区画水準でマン・ホイットニー t 検定を行った．
　　* =.1,　　** =.05,　　*** =.01.

単純平均であることに留意されたい）．合衆国工場の成果は最も悪い．この分野の成果がここ数年で劇的に改善してきているにもかかわらず，である（MacDuffie and Pil, 1998）．部門ごとの品質成果に関しても相違は見られない．これは，合衆国に製品を輸出あるいは販売している多くの工場および本章で示した工場にあてはまる．サプライヤーの品質を見ると，またもや海外移植工場が日本の工場に比肩する成果をあげている．合衆国の工場がこの分野で改善してきているとはいっても，実地調査からは，ビッグスリー工場における品質改善の一部が検査要員やライン末の修理から生じていることが示唆されている．

6-3 製品品種

海外移植工場は非常に優れた生産性および品質成果を達成しているけれど

も，重要なことは，海外移植工場が日本工場とは異なる製品戦略に従っているということである．その戦略は，海外輸出よりもむしろ国内市場を対象とする北米環境での海外移植工場の役割によく適応している．合衆国およびカナダ市場向けのスタイリングや自動車の大きさについて多少の適応が見られる一方で，工場レベルの製品戦略における興味深い違いは，海外移植工場では製品構成の複雑性の水準が低いということである．柔軟な作業管理方式や高いスキル水準および保有技術を前提とすれば，海外移植工場はより多くの品種を生産することができるだろうが，しかし，海外移植工場の品種構成は相対的に複雑性が低く，自社工場では異なるモデルやボディ・タイプをほとんど生産していないのである．さらに，表2-12に見ることができるように，海外移植工場が生産している部品の複雑性もきわめて低い．このことは，生産品におけるエンジン／トランスミッションの組み合わせの数と種々のワイヤ・ハーネスについてあてはまる．また，工場で扱っている計器および装飾のバリエーションの指標となる外装色数についても同じである．部分的に，このバリエーションの低さは海外移植工場が供給する輸出市場の少なさに起因している．しかし，いずれにしても，日本から移転された用具や方法を用いて海外移植工場が高い生産性および品質水準を達成しているとはいえ，品種水準が高いときに海外移植工場がこの成果水準を達成しうるかどうか明白ではないことは事実である．しかし

表2-12 製品特性

複雑性の指標	日本 (JP)	海外移植 工場 (T)	合衆国 (U.S.)	JP対T の検定	T対U.S. の検定
モデル構成の複雑性 (0＝最も単純，100＝最も複雑)	39.5	24	20		
エンジンとトランスミッションの 組み合わせ	100+	35	28	**	**
ワイヤー・ハーネス部品の数	100+	24	12	***	**
外装色	34	12	11	***	
輸出市場の数	17.8	5.7	5.5		
輸出向け製品の割合（％）	44.9	33.2	7.9		**

注：下記の両側信頼区画水準でマン・ホイットニーt検定を行った．
＊＝.1，　＊＊＝.05，　＊＊＊＝.01．

ながら，注意すべきなのは，一般に海外移植工場はビッグスリー工場よりも高水準の複雑性で業務を行っているということである．たとえば，ジョージタウンにあるトヨタの工場では，シエナ・ミニバンをカムリと同じラインで生産している．

7 結　　論

　すでに見てきたように，海外移植工場は日本の業務管理方式や原理を広範に移転してきた．しかし，この移転は盲目的に起きたのではないし，いくつかの適応も必要であった．外部環境は，移転されるものや適応が生じるものを決める役割を果たす．たとえば，海外移植工場の報酬制度は日本の工場よりもむしろビッグスリーの工場で用いられているものと適合している．海外移植工場では同じように，チームの仕事の決定に関して現地環境に従うことを選択している．しかし，海外移植工場は異なる制度的，文化的環境の影響を低減する措置も執っている．これらの措置には，訓練や社会化に加え総合的な従業員選抜方法が含まれる．さらに，終身雇用や企業別労働組合といった日本的な制度的管理方式の代用物の開発もこれらの措置には含まれている．

　技術分野にもわずかながら外部環境の影響が見られた．たとえば，日本工場における組立自動化への取り組みが，いかに労働力供給や安価な資本の利用可能性に関連する環境要因によってある程度主導されていたのかを述べた．これらの外部要因は合衆国では発生せず，その結果として，海外移植工場では完全自動化組立設備をあまり保有していないのである．対照的に，車体工場の技術は外部要因にほとんど影響されておらず，ここではほぼ完全な移転が観察された．しかし，車体工場の技術に対しては外部環境がほとんど影響をもたないがゆえに，この技術については企業間で多くの違いが見られた．

　おそらく，最も興味深い進歩はサプライヤーの面にある．支援に対する制度的影響や歴史的な慣例が欠乏しているにもかかわらず，海外移植工場は日本と類似した多くのやり方でサプライヤー関係の開発に成功しているのである．これらの関係の開発は継続中であって，海外移植工場において日本のサプライヤ

ーが請け負っているいくつかの製品開発の仕事を合衆国のサプライヤーに移行することが遅れているとはいってもなお，海外移植工場が日本で見られるサプライヤー関係のネットワークを部分的にでも模倣できているということは興味深いことである．

海外移植工場がつまずいているという事例があるとはいえ（たとえば，Fucini and Fucini, 1990, Graham, 1995, Rinehart, Huxley, and Robertson, 1997 を参照），全体的な海外移植工場の業績はとても高い．かなり異なる文化的，制度的環境のなかにあるにもかかわらず，海外移植工場は日本の工場の多くの成果指標に達している．海外移植工場の生産性もほぼ遜色のないものであるし，供給網を介して達成されているとはいえ品質も同じくらい高い．海外移植工場の成果水準は，労働集約的，技術集約的活動を含めて全般的に良好である．しかしながら，つぎのような警告も残っている．それは，今のところ海外移植工場は日本で見られる水準の製品品種を扱っていないということである．ニッチ製品や少量の特殊なモデルが増加するにつれて，海外移植工場は自社の品種水準を高める必要があるだろう．

海外移植工場が日本の工場から多くのことを確実に学んでいる間，海外移植工場はまた，新しい受入国の環境からも学習している．たとえば，日本の企業は日本で同質的な労働者を手にしているのに，北米の場合は決してそうではない．この多様性が新しい考えや機会の中に自ら現れてくるにつれて，本国の新しい組織的，社会的な課題に対処しようとする日本工場にとって，海外移植工場はイノベーションの源泉となるだろう．

海外移植工場の顕著な成果を考えると，海外移植工場のデモンストレーション効果がビッグスリーの工場に定着している管理方式の変化を促すであろうか．別の研究で，われわれは組織の管理方式の根本的な修正に内在する問題について論じている（Pil, 1996, Pil and MacDuffie, 1996）．しかしながら，ビッグスリーはさまざまな立地，とくに合衆国で新しい作業管理方式を試みているし，自らの技術を活用するいくつかの方法を見直してもいる（MacDuffie and Pil, 1997）．海外移植工場の長期的な影響は，まだわからない．しかし，海外移植工場が日本で見られる多くの管理方式の移転と適応に成功していることと，新

たな環境が内部業務に対して与えている影響を低下させる方法を見つけだしていることは，明らかである．海外移植工場は日本の姉妹工場に迫る業績水準を達成した．これは，国家的，文化的，制度的な境界が，克服不可能な障害ではないことを示しているのである．

8 付　　録

工場間の生産性値の比較を確実にするために，以下の調整を行った．

8-1　実際の活動

国際的なサンプルにおいて諸工場の成果を測定するために実際の活動を用いているので，交替時間や長期欠勤の許容水準などの慣例における相違の算出に問題が生じる．1つの問題としてこれを除去するために，労働者が工場にいないときは自動車の組立に貢献していないと仮定して，長期欠勤を自動車をつくるのに要する労働時間から分離している．この方法論はまた，交替時間の世界平均にすべての工場をあわせることで，交替時間の違いを調整している．

8-2　自動車の差異

自動車のサイズ　フォードのトーラスのような大型車は，ホンダのシビックのような小型車よりも多くの作業を必要とするだろう．通常，大型車は労働負荷の大きな大型部品を数多く必要とする．工場で生産された平均的な製品のサイズを反映している自動車を1台生産するのに要する作業時間に対して，世界の標準的な自動車のサイズとの関係で調整を行っている．また，トラックの荷台に要する労働負荷の少なさを反映するために，レクリエーショナル・トラックに対しても調整を行っている．これらの調整は重要である．それは，これらの調整が米国系工場と日系工場との製品特性の根本的な相違を捕捉しているからである．たとえば，ビッグスリーの工場は，日本の競争相手よりも非常に優れたトラック，スポーツ・ユーティリティ，ミニバンを生産している．

オプション部品の内容　オプション部品の数の多さは，1台の自動車を生産

するのに要する時間を増加させる．一般的に，合衆国の自動車に比べて日本の自動車は多くのオプション部品の内容をもっている．

デザインの違い 一部の自動車は，他の自動車よりも予定作業が多い．溶接と接合部の目止めの内容の相違に対して調整がなされている．たとえば，通常，日本の自動車はビッグスリーで生産されている製品よりも多くの目止めの内容をもっている．

8-3 垂直的統合

われわれは，多くの組立工場が行っている一連の重要な活動を識別し，従業員のデータや他の情報は，これらの重要な活動に関するもののみを集計している．そこには，車体工場や塗装工場，組立工場内の主要業務が含まれる．プレスやエンジンの艤装は除外している．それは，多くの組立工場がこれらの業務を内部で行っていないためである．同じことは，さまざまな部分組立品や多くの支援作業についても適用される．このことを反映するために，工場が主要活動の1つを行っていないときには自動車1台あたり作業時間に調整を行った．日本の工場は，ビッグスリーの工場よりも垂直的統合が極めて少ない．

注

1) 調査は日本語に翻訳された．その翻訳は，英語に再翻訳された．これは，自動車産業を専門とする日本人研究者が，英語版の調査と同じ情報を捕捉することを確実にするために行った再調査と同様である．日本企業は，日本語の調査を受けとり，移植工場は，双方の種類の調査を受けとった．
2) 北米は，日本で見られるものとは非常に異なった文化的環境を示している．一般的に，日本は，文化的に独特の存在として分類されており，文化研究のなかでは，北米だけではなく他のすべての国から区別されている（Hofstede, 1980, Ronen and Shenkar, 1985）．
3) 実際，企業別組合型に進むことに対する願望は，欧州の日系移植工場からはっきりとわかる．日産UKは，単一の組合で組織化することを工場に許可する事前の契約がないかぎり，業務の開始を拒否した．これは，UKでは前例のないことである．
4) 移植工場と日本工場は同じ企業に従っているため，両地域における巨大企業主導のばらつきによって，移植工場と日本工場間には捕捉できない大きな差異が存在しうる．たとえば，域内のばらつきは大きいが，他の地域よりもある地域の方で何らかの既存企業に従う工場が常に少ないとした場合，マン・ホイットニー検定

は，地域間で何らの有意な差異を見つけることはできないだろう．それは，この検定が企業集団を考慮していないためである．企業間の相違が存在するときに地域間の相違が存在する可能性を試験するために，交差試験（Lehman, 1975, 138-141）を行った．
5) 移植工場が求めるいくらかの同質性は，ときに極端な動きをする．たとえば，コール=ディスキンス（Cole and Deskings, 1988）は，移植工場が合衆国の工場よりも少数民族の雇用を好まないことを発見した．しかし，われわれは，移植工場が日本工場や合衆国の工場よりも数多くの女性労働者を抱えていることを検出している（移植工場は19.2％である．これに対して，合衆国工場は12.6％，日本の日系工場は2.1％にすぎない）．後者は，部分的に最近の女性雇用を反映していると思われる．
6) 海外派遣従業員のスタッフとしての存在が，海外子会社における諸管理方式の複製を確実にする方法として理解される一方で，エドストローム=ガルブレイス（Edstrom and Galbraith, 1977）は，反対仮説を提示している．それは，海外派遣従業員数が増加するにつれて，本社と海外子会社間のコミュニケーション・チャネルの能力が向上し，「現地に大きな決定権と責任を認める」ことになるというものである（p. 251）．
7) 経験者に対する訓練水準の高さは，部分的には，移植工場が相対的に新しく，経験者でさえも相対的に少ない経験しかないという事実を反映していると思われる．
8) 組織内部における緩やかな連結の証拠としてバッファを理解することは，バッファのもうひとつの含意をも引き出す．緩やかに連結されたシステムは，相互に結びついている異なるシステム間の摩擦を低減する．こうしたシステムは，相互の調整や適応，あるいは，多くの相互作用を必要としない（Meyer and Rowan, 1977）．これが，摩擦を低減するのである．しかしながら，これはコミュニケーションの低下にもなるから，要素システムよりもむしろ，全体的な体系的枠組の最適化における共同活動を低下させる．
9) 低いバッファは，問題の可視性を高める一方で，他の目的にも役立つ．とくに，バッファは，非生産的な資本投資を象徴している．こうした投資を減らすことは，資金を解放し，他のより生産的な目的に利用できる資金をつくりだす．
10) 日本企業は，合衆国の標準によく似た工場を建設する．年間生産台数あたり必要な用地の平均は，移植工場で5.4平方フィートである．これに対して，ビッグスリーの工場では，7.7平方フィート，日本の工場では，3.9平方フィートでしかない．
11) 部品とは，ホイール，ワイヤ・ハーネス，ステアリング・ホイール，タイヤ，インストルメント・クラスター，ヘッドライト，内装の敷物のセット，バッテリーである．
12) 1つの例外はホンダである．ホンダは，自動車生産設備の設置に先立って，合衆国で自動二輪車をすでに生産していた．
13) しかしながら，ホンダが行っているように，企業はサプライヤーに対して，自社部品専用の工場を準備するように説得に励んでいる．
14) このいくつかの修正には，つぎのものが含まれている．それは，パートタイム

従業員の算入,ミニバンのサイズ調整,オプション部品の内容を調整するために,販売店のオプション部品価格から導出された代理変数ではなく実際の世界平均組付時間の採用,目止め内容の調整の包含,そして,すべての従業員区分を越えた全体的な調整ではなく,組立作業者および間接・棒給従業員に対するオプション部品の調整の採用,である.

参考文献

Abegglen, James, and George Stalk. 1985. Kaisya — *The Japanese Corporation.* New York: Basic Books. 〔植山周一郎訳『カイシャ—次世代をつくるダイナミズム—』講談社,1986年〕

Adler, Paul. 1988. "Managing Flexible Automation." *California Management Review* 30(3): 34-56.

Adler, Paul. 1992. "The Leaning Bureaucracy : New United Motor Manufacturing Inc." In B. Staw and L. Cummings, eds., *Research in Organizational Behavior.* Greenwich, Conn, JAI Press.

Aldrich, Howard E., and Jeffrey Preffer. 1976. "Environments of Organizations." *Annual Review of Sociology* 2: 79-105.

Almeida, Paul and Bruce Kogut. 1999. "The Location of Knowledge and the Mobility of Engineers in Regional Networks," *Management Science.*

Aoki, Masahiko. 1990. "Toward an Economic Model of the Japanese Firm." *Journal of Economic Literature* 28: 1-27.

Bartlett, Christopher A. 1986. "Building and Managing the Transnational : The New Organizational Challenge." In Michael E. Porter, ed., *Competition in Global Industries*, pp. 367-401. Boston: Harvard Business School Press. 〔クリストファー・A. バートレット稿「新しい組織的課題—超国籍企業のつくり方と管理法—」(M. E. ポーター編,土岐坤・中辻萬治・小野寺武夫訳『グローバル企業の競争戦略』ダイヤモンド社,1989年所収)〕

Bigoness, William, and Gerald Blakely. 1996. "A cross-National Study of Managerial Values." *Journal of International Business Studies* 27(4): 739-752.

Brown, Claire and Michael Reich. 1989. "When does Union-Management Cooperation Work? A Look at NUMMI and Van Nuys." *California Management Review* 31: 26-44.

Buckley, Peter, and Mark Casson. 1976. *The Future of the Multinational Enterprise.* London : Macmillan. 〔清水隆雄訳『多国籍企業の将来 第2版』文眞堂,1993年〕

Caves, Richard. 1982. *Multinational Enterprise and Economic Analysis.* Cambridge, Mass. : Cambridge University Press. 〔岡本泰雄訳『多国籍企業と経済分析』千倉書房,1992年〕

Clark, Kim. 1989 "Project Scope and Project Performance : The Effect of Parts Strategy and Supplier Involvement on Product Development." *Management Science* 35(10): 1247-1263.

Clark, Kim B., and Takahiro Fujimoto. 1991. *Product Development Performance.*

Cambridge, Mass. : Harvard Business School Press. 〔田中明比古訳『製品開発力―実証研究―』ダイヤモンド社, 1993年〕
Cole, Robert. 1979. *Work, Mobility, and Participation : A Comparative Study of Japanese and American Industry*. Berkeley: University of California Press.
Cole, Robert. and Donald Deskins. 1988. "Racial Factors in Site Location and Employment Patterns of Japanese Auto Firms in America." *California Management Review* 31 (1) : 9-22.
Cusumano, Michael A. 1985. *The Japanese Automobile Industry*. Cambridge, Mass. : Harvard University Press.
Cusumano, Michael, and Akira Takeishi. 1991. "Supplier Relations and Supplier Management : A Survey of Japanese, Japanese-Transplant, and U.S. Auto Plants." *Strategic Management Journal* 12 (8): 563-588.
Dimaggio, Paul J., and Walter W. Powell. 1983. "The Iron Cage Revisited: Institutional Isomorphism and Collective Rationality in Organizational Fields." *American Sociological Review* 35 : 147-160.
Dore, Ronald. 1973. *British Factory, Japanese Factory: The Origins of National Diversity in Industrial Relations*. Berkeley : University of California Press. 〔山之内靖・永易浩一訳『イギリスの工場・日本の工場―労使関係の比較社会学―』筑摩書房, 1987年〕
Dore, Ronald. 1986. *Flexible Rigidities: Industrial Policy and Structural Adjustment in the Japanese Economy, 1970-1980*. Stanford, Calif. : Stanford University Press.
Dyer, Jeffrey. 1996. "Does Governance Matter? Keiretsu Alliances and Asset Specificity as Sources of Japanese Competitive Advantage." *Organization Science* 7 (6): 649-666.
Dyer, Jeffrey, and William Ouchi. 1993. "Japanese-Style Business Partnerships: Giving Companies a Competitive Edge." *Sloan Management Review* 35 : 51-63.
Edstrom, Anders, and Jay Galbraith. 1977. "Transfer of Managers as a Coordination and Control Strategy in Multinational Corporations." *Administrative Science Quarterly* 22 : 248-263.
Erez, Miriam. 1986. "The Congruence of Goal-Setting Strategies with Sociocultural Values and Its Effect on Performance." *Journal of Management* 12 : 585-592.
Fucini, Joseph, and Susan Fucini. 1990, W*orking for the Japanese —Inside Mazda's American Auto Plant*. New York : Free Press.
Fujimoto, Takahiro. 1997. "Strategies for Assembly Automation in the Automobile Industry." In Takahiro Fujimoto and Ulrich Jurgens, eds., *Transforming Auto Assembly —International Experiences with Automation and Work Organization*. Frankfurt: Springer-Verlag.
Gerlach, Michael L. 1992. *Alliance Capitalism : The Social Organization of Japanese Business*. Berkeley: University of California Press.
Graham, Laurie. 1995. *On the Line at Subaru-Isuzu : The Japanese Model and the American Worker*. Ithaca, N.Y. : Cornell University Press. 〔丸山恵也監訳『ジャ

パナイゼーションを告発する―アメリカの日系自動車工場の労働実態―』大月書店, 1997年〕
Hannan, Michael T., and John Freeman. 1989. *Organizational Ecology*. Cambridge, Mass. : Harvard University Press.
Hofstede, Geert. 1980. *Culture's Consequences : International Differences in Work-related Values*, Beverly Hills, Calif. : Sage.〔万成博・安藤文四郎監訳『経営文化の国際比較―多国籍企業の中の国民性―』産業能率大学出版部, 1984年〕
Hymer, Stephen Herbert. 1976. *The International Operations of National Firms: A Study of Direct Foreign Investment*. Cambridge, Mass. : MIT Press.〔宮崎義一編訳『多国籍企業論』岩波書店, 1979年〕
Kenney, Martin, and Richard Florida. 1993. *Beyond Mass Production: The Japanese System and Its Transfer to the U.S.* New York: Oxford University Press.〔マーティン・ケニ, リチャード・フロリダ稿「大量生産を越えて―日本における生産と労働過程―」(加藤哲郎, ロブ・スティーブン編『日本型経営はポスト・フォーディズムか?』窓社, 1993年)〕
Kinutani, H.. 1997. "Modular Assembly in Mixed-Model Production at Mazda." In Takahiro Fujimoto and Ulrich Jurgens, eds., *Transforming Auto Assembly ―International Experiences with Automation and Work Organization*. Frankfurt : Springer-Verlag.
Klein, Benjamin. 1980. "Transaction Cost Determinants of 'Unfair' Contractual Arrangements." *American Economic Review* 70(2): 356-362.
Klein, B. G. Grawford, and A. Alchian. 1978. "Transaction Cost Determinants of 'Unfair' Contractual Arrangements." *American Economic Review* 70(2): 356-362.
Kochan, Thomas, Harry Katz, and Robert McKersie. 1986. *The Transformation of American Industrial Relations*. New York: Basic Books.
Kogut, Bruce. 1991. "The Permeability of Borders and the Speed of Learning among Countries." In J. Dunning, B. Kogut, and M. Blomstrom, eds., *Globalization of Firms and the Competitiveness of Nations*. Sweden : Lund University Press.
Kogut, Bruce, ed. 1991. *Country Competitiveness and the Organization of Work and Technology*. London : Macmillan.
Koike, Kazuo. 1989. *Understanding Industrial Relations in Modern Japan*. Transl. Mary Saso. New York : St. Martin's Press.
Krafcik, John F. 1998. "Comparative Analysis of Performance Indicators at World Auto Assembly Plants." M.S. thesis, Sloan School of Management, Massachusetts Institute of Technology, Cambridge.
Lawler, E. E., Ⅲ. 1992. *The Ultimate Challenge*. San Francisco: Jossey-Bass.
Lawrence. Paul R. and Jay W. Lorsch. 1967. *Organizations and Environment*. Boston: Harvard University Press.〔吉田博訳『組織の条件適応理論―コンティンジェンシー・セオリー―』産業能率短期大学出版部, 1977年〕
Lehman, E. L. 1975. *Nonparametrics : Statistical Methods Based on Ranks*. San Francisco : McGraw-Hill, Holden-Day.〔鍋谷清治他訳『ノンパラメトリックス―順位にもとづく

統計的方法―』森北出版, 1978年〕
MacDuffie, John Paul. 1995. "Human Resource Bundles and Manufacturing Performance : Organizational Logic and Flexible Production System in the World Auto Industry." *Industrial and Labor Relations Review* 48 : 197-221.
MacDuffie, John Paul, and John Krafcik. 1992, "Integrating Technology and Human Resources for High-Performance Manufacturing : Evidence from the International Auto Industry." In Thomas Kochan and Michael Useem, eds., *Transforming Organizations*. New York : Oxford University Press.
MacDuffie, John Paul, and Frits K. Pil. 1995. "The International Assembly Plant Study : Philosophical and Methodological Issues." In Steve Babson, ed., *Lean Work : Empowerment and Exploitation in the Global Auto Industry*, pp. 181-198. Detroit : Wayne State University Press.
MacDuffie, John Paul, and Frits K. Pil. 1997. "Flexible Technologies. Flexible Workers." In Takahiro Fujimoto and Ulrich Jurgens, eds., *Transforming Auto Assembly — International Experiences with Automation and Work Organization*. Frankfurt : Springer-Verlag.
MacDuffie, John Paul, and Frits K. Pil. 1998. "'High-Involvement' Work Systems and Manufacturing Performance : the Diffusion of Lean Production in the world Auto Industry." Working paper, Department of Management, Wharton School, University of Pennsylvania.
Meyer, John, and Brian Rowan. 1977. "Institutionalized Organization : Formal Structure as Myth and Ceremony." *American Journal of Sociology*, 83(2): 340-363.
Morris, Tom, and Cynthia Pavett. 1992. "Management Style and Productivity in Two Cultures." *Journal of International Business Studies*, 23 (1): 169-179.
Nishiguchi, Toshihiro. 1994. *Strategic Industrial Sourcing : The Japanese Advantage*. New York : Oxford University Press. 〔西口敏宏著『戦略的アウトソーシングの進化』東京大学出版会, 2000年〕
Oliver, Nicholas, and Barry Wilkinson. 1992. *The Japanization of British Industry*. Oxford : Blackwell.
Orlikowski, Wanda J. 1992. "The Duality of Technology : Rethinking the Concept of Technology in Organizations." *Organization Science* 3 (3): 398-427.
Parker, M., and J. Slaughter. 1988. "Managing by Stress: The Dark Side of Team Concept." *ILR Report* 26 (1): 19-23.
Parthasarthy, Raghawan, and Prakash Sethi. 1993. "Relating Strategy and Structure to Flexible Automation : A Test of Fit and Performance Implications." *Strategic Management Journal* 14 (7): 529-549.
Perrow, Charles. 1983. "The Organizational Context of Human Factors Engineering." *Administrative Science Quarterly* 28 : 521-531.
Pil, Frits K. 1996. *The International and Temporal Diffusion of High-Involvement Work Practices*. Ph.D. diss., Wharton Business School, University of Pennsylvania.
Pil, Frits K., and John Paul MacDuffie. 1996. "The Adoption of High-Involvement Work

Practices." *Industrial Relation* 35 (3) : 423-455.
Pil, Frits K. 1997. "Country and Company Influences on Organization Work Practices." Working Pager, University of Pittsburgh ; presented at the National Academy of Management, August.
Pil Frits K., and John Paul MacDuffie. 1999. "The Japanese Automobile Transplants: Managing the Transfer of Best Practice." *Journal of World Business*.
Pil, Fits K., and John Paul MacDuffie. Forthcoming. "Organizational and Environmental Factors Influencing the Use of High-Involvement Work Practices." In Peter Cappelli (ed.), *Employment Strategies : Understanding Differences in Employment Practices*.
Ralston, David A., David Holt, Robert Terpstra, and Yu Kai-Chen. 1997. "The Impact of National Culture and Economic Ideology on Managerial Work Values: A Study of the United States, Russia, Japan, and China." *Journal of International Business Studies.* 28 (1): 177-207.
Rinehart, James, Cristopher Huxley, and David Robertson. 1997. *Just Another Car Factory? Lean Production and Its Discontents*. Ithaca, N.Y. : Cornell University Press.
Roberts, Peter W., and Royston Greenwood. 1997. "Integrating Transaction Cost and Institutional Theories : Toward a Constrained Efficiency Framework for Understanding Organizational Design Adoption." *Academy of Management Review*, 22 (2): 346-373.
Ronen, Simcha, and Oded Shenkar. 1985, "Clustering Countries on Attitudinal Dimensions: A Review and Synthesis." *Academy of Management Review* 10 (3): 433-454.
Saltzman, Gregory. 1994. "Job Applicant Screening by a Japanese Transplant." *Workplace Topics* 4 (1): 61-82.
Shan, Weijian, and William Hamilton. 1991, "Country-Specific Advantage and International Cooperation," *Strategic Management Journal* 12 : 419-432.
Shimada, Haruo. 1985. "The Perceptions and Reality of Japanese Industrial Relations." In Lester Thurow, ed., *The Management Challenge: Japanese Views*. Cambridge, Mass. : MIT Press.
Smith, P., and J. Misumi. 1989. "Japanese Management: A Sun Rising in The West?" In C. L. Cooper and I. T. Robertson, eds., *Annual Review of Industrial and Organizational Psychology*, 4 : 329-369.
Stiglitz, Joseph E. 1987. "Learning to Learn. Localized Learning and Technological Progress." In Partha Dasgupta and Paul Stoneman, eds., *Economic Policy and Technological Performance*. New York: Cambridge University Press.
Susman, Gerald, and Richard Chase. 1986. "A Sociotechnical Analysis of the Integrated Factory." *Journal of Applied Behavioral Science* 22 (3) : 257-270.
Tanase, K., T. Matsuo, and K. Shimokawa. 1997. "Production of the NSX at Honda." In Takahiro Fujimoto and Ulrich Jurgens, eds. *Transforming Auto Assembly — International Experience with Automation and Work Organization*. Frankfurt: Springer-Verlag.

Thompson, James, D. 1967. *Organizations in Action.* New York : McGraw-Hill.
Weick, Karl E. 1976. "Educational Organizations as Loosely Coupled Systems." *Administrative Science Quarterly*, 21 (Mar.) : 137-158.
Westney, Eleanor. 1987. *Initation and Innovation: Transfer of Western Organizational Patterns to Meiji Japan.* Cambridge, Mass.: Harvard University Press.
Westney, Eleanor. 1993. "Institutionalization Theory and the Multinational Enterprise." In Sumantra Ghoshal and D. Eleanor Westney, eds., *Organizational Theory and The Multinational Corporation*, New York: St. Martin's Press. 〔「制度化理論と多国籍企業」(江夏健一監訳『組織理論と多国籍企業』文眞堂, 1998年所収)〕
Womack, James, Daniel Jones, and Daniel Roos. 1990. *The Machine That Changed the World.* New York : Rawson Associates, Macmillan. 〔沢田博訳『リーン生産方式が, 世界の自動車産業をこう変える. ―最強の日本車メーカーを欧米が追い越す日―』経済界, 1991年〕
Young, Mark. 1992. "A Framework for Successful Adoption and Performance of Japanese Manufacturing Practices in the United States." *Academy of Management Review*, 17 : 677-700.
Zipkin, Paul H. 1991. "Does Manufacturing need a JIT Revolution?" *Harvard Business Review* Jan. Feb. : 40-50.
Zuboff, Shoshana. 1988. *In the Age of the Smart Machine.* New York : Basic Books.
Zucker, Lynne G. 1988. *Institutional Patterns and Organizations : Culture and Environment.* Cambridge, Mass. : Ballinger.

(訳・岡村龍輝)

第3章　ハイブリッド化
―― トヨタの2つの米国移植工場におけるHRM ――

　日本自動車メーカーの海外移植工場がアメリカ合衆国で輝かしいほどの生産性と品質の実績を上げているが，それは主として「リーン」生産システムと卓越した人的資源管理（Human Resource Management：HRM）方式の統合によるものであるということは広く一致した意見である (Womack, Jones, and Roos, 1990)．（ただし）生産システムは十分に文書化されているのに対して，HRM方式は本質的にあいまいさが際立っている．（それゆえ）ある論者はHRM方式を基本的に日本企業に起源があると見る（Johnson, 1988; Kenney and Florida, 1993）．他の論者は日本企業の海外子会社は，他の国の現地法人と同様に，親会社の経営管理方式を少なくともその一部分は受入国の諸条件に適応させ，ハイブリッド化するというのが一般的であると主張する（Beechler and Yang, 1994; Elger and Smith, 1994; Milkman 1991; White and Trevor 1983; Yuen and Kee, 1993）．

　本章は，アメリカにあるトヨタの2つの乗用車組立工場――ケンタッキー州ジョージタウンにあるToyota Motor Manufacturing, Kentucky（TMMK）およびカリフォルニア州フレモントにあるNew United Motor Manufacturing, Inc.（NUMMI）――のケース・スタディーの結果を報告し，そのHRM選択の原因と結果をより正確に理解することを目的としている．両者が2～3のきわめて重要な事項を除いて全般的には大変よく似ているので，この2つの工場の比較は示唆的である．両工場とも，組織と管理はトヨタのコントロール下にある．TMMKはトヨタの完全所有の子会社であり，NUMMIはGMとトヨタの合弁会社であるがその日常的管理はトヨタのコントロール下にある．両工場とも標準製品（NUMMIはジオ・プリズムやカローラおよび小型ピックアップ・トラックを生産し，他方，TMMKはカムリとアバロンを生産）を相当に大量生産している．両工場

とも，トヨタ生産システム（Monden, 1983，および Schonberger, 1982）を全面的に採用している．また，両工場ともある程度大規模に操業している（1996年に，NUMMIの従業員は約4,300人，TMMKは6,000人）．また，両工場は品質と生産性において「世界クラス」にあった．しかしながら，両者のHRMシステムはアメリカのコンテクストに適応させられ，かつ，相当程度異なる方法で適応させられた．もっとも注目すべきは，NUMMIでは労働組合が組織されているが，TMMKでは組織されていないこと，およびこの違いが両者の個々のHRM方針をいくつかの面において分岐させていることである．

次節では重要な先行研究をレビューし，そこから両工場のHRMシステムのハイブリッド化度に関する仮説を導き出す．続いて，両工場のHRM方式を特徴付ける概念的な枠組みを概括し，広義のHRMにおける4つの領域とその18の内容項目を確定する．続く2つの節では私の調査方法について叙述し両工場に関する簡単な概観を行う．本稿の中心課題は両工場のHRMの18の内容項目を点検することである．議論の節ではこの分析の結果を統合し，その結論を先行研究から引き出した仮説と比較対照する．調査対象が2つしかないので仮説を検証しようとするには適切ではないかもしれないが，仮説と調査結果との乖離が理論的解明を要する諸問題に光を当てる．結論は本章を要約し今後の研究のための方向を提案する．

1 ハイブリッド化──理論的背景

初期の多国籍企業研究は，海外子会社は本社のHRM方式を採用するか，あるいは受入国に一般的な方式を採用すると想定した（Doz, Bartlett, and Prahalad, 1981; Perlmutter, 1969; Prahalad and Doz, 1987）．しかし，最近の研究は，海外子会社は親会社の方式と受入国の方式を「ハイブリッド化」することができると修正している（Abo, 1994）．

ここではハイブリッド化という言葉を広い意味で使用し，多数の適応形態のいずれかに該当するものとする．第1に，HRM方式がいくつかの面で受入国の方式と共通性を持ち，他の面では本国の方式と共通性を持つという場合には，

特定側面の人的資源管理方式がハイブリッド化していると言える．第2に，HRM項目内容（97ページの表3-3の項目を参照）の全部または一部分がハイブリッド化しているか，またはある項目内容は本国から導入しているが他の項目内容は現地の方式に基づいているのであれば，その組織のHRM方式の全体構成はハイブリッドであると言える．

　HRM方式を多少ともハイブリッドと特徴付けることは概念的には単純な作業ではない．というのは，この管理方式の客観的機能と主観的な意味とを区別しなければならないからである．時折，同じ機能が形式を変えて現地に一層適切な管理方式となっていることがある．米国の管理方式が日本的管理方式の「機能的な代替物」としてか，または機能的な等価物として役に立つかもしれない所以である（Cole, 1972）．他方では，全く同一の方式が異なる機能を発揮することもありうる（Cole, 1972, この可能性は「環境影響の構造モデル」と命名された）．さらに，その客観的「機能」とは別に，同一の方式が別のコンテクストにおいては異なる主観的意味内容をもちうる．ブラネン（Brannen, 1992）とブラネンやライカーおよびフルーイン（本書第4章）は，これを「再コンテクスト化」（＝環境との脈絡の再構築）と分析している．本章では，管理方式のハイブリッド化それ自体に焦点を当て，適宜その機能と意味内容について解説する．

　多国籍企業の研究は，管理は一般的には一層分権化されるが，管理方式は生産管理やマーケティング管理よりも人的資源管理においてより一層ハイブリッド化され易いのに対して，財務管理は最も本社集中的であらゆる管理の内最もハイブリッド化が少ない分野であることを明らかにしている（Martinez and Ricks, 1989, およびGoehle, 1980を参照）．多数の実証的研究が日本企業の海外子会社にはHRM方式の適用とハイブリッド化の両パターンが存在すると叙述している（米国における日系子会社に関する1992年以前の研究の抄録についてはYang, 1992を参照．また，Kenney and Florida, 1993を参照）．安保他（Abo, 1994）は合衆国における日系移植工場に存在するハイブリッド化のパターンをある程度詳細に叙述しているが，しかし，ハイブリッド化に関する多くの実証的研究と同様に，彼らはそのパターンを合理的に説明する理論を提起してはいない．

　この他にも，多くの研究者たちがハイブリッド化の範囲を説明する種々の理

論を発表している．「合理的設計」学派は，海外子会社は産業と技術を所与として，その事業業績を最大にするものであればなんらかの組織形態，またはHRM方式を導入する傾向があると主張する（Kujawa, 1986; Womack et al., 1990）．国際経営研究の「文化論者」は合衆国における日本企業の子会社の事例のように，母国と受入国の文化が大きく異なる場合には現地への適応が必要であろうと予測している（Hofstead, 1980; Ishida, 1986; Wilms, Hardcastle and Zell, 1994）．

その他のいくつかの理論学派は，多国籍企業が提起した特定の問題に対してさらに詳細な議論を行っている．「戦略経営」学派は企業の国際事業戦略——パールミュッター（Perlmutter, 1969）の自国中心主義，多極中心主義，地球中心主義という分類を参照——と企業の「経営管理的資産」（Bartlet and Ghoshal, 1980）における企業間の多様性を指摘し，その違いが親会社による海外子会社の計画と支配の方法に対してもつ意味あいについて言及している．「制度主義者」は，海外子会社の構造と事業プロセスは親会社と現地の環境の双方から，対立する同型の影響力によって異なる方向に引っ張られると主張する（Westney, 1993）．「資源依存」学派は，親企業と現地の環境との相互の影響が親会社・子会社・現地企業の三角関係を特徴付ける相互依存性の関数であると主張する（Beechler and Yang, 1994; Martinez and Ricks, 1989）．資源依存学派は，また，現地の環境を積極的に変化させることによって，たとえば受入国のサプライヤー管理方式を変更することによって，子会社は現地への適応というプレッシャーに抵抗することができると主張し，コンティンジェンシー理論，文化論および新制度学派の諸理論に異を唱えていると言われている（Kenney and Florida, 1991）．

これらの諸理論は，HRMの領域は生産管理や財務管理など他の管理領域に比べてより一層ハイブリッド化されている理由を二者択一的に明確に説明する．たとえば，新制度学派の説明によれば，HRMがハイブリッド化する傾向は人的資源管理機能の「技術」と「成果」を明確に特定化しにくいからである．スコット（Scott, 1987）による社会的部門の分類法を企業内の職能区分の削減に応用すれば，HRMは正当性という圧力に強く影響されるが効率性という圧力にはそれほど影響されないと言うことができよう．第2に，資源依存理論からは多分次のような補足的な説明がなされるであろう．生産管理方式は一般的

に外部団体に対して特定の関係をもたないのに対して，HRM領域に関する管理方式はしばしば大きなパワーを発揮する外部主体—従業員，労働組合，および調停役—との組織関係を統治する．第3に，戦略経営学派が示唆するものは，本社が遥かに大きな関心を抱いているのは海外子会社の財務的結果であって，それを達成するために利用される手段ではないということである（たとえば，Kujawa, 1971を参照）．

以上の理論はさまざまなコンテクストにおける海外子会社のハイブリッド化の程度に関する基本的命題として使用されている．表3-1は本調査に先立ってハイブリッド化の命題を要因別の特性，すなわち，本国と受入国，親企業の特性，および海外子会社ごとの特性に従って要約したものである．最初の5つの研究（Yang, 1992; Beechler, and Yang, 1994; Taylor, Beechler, and Napier, 1996; Beechler and Taylor, 1994; Martinez and Ricks, 1989）は根本的に資源依存理論に基づいている．第6から第8までの研究（Rosenzweig and Singh, 1981; Rosenzweig and Nohira, 1994; およびHannon, Huang, and Jaw, 1995）は基本的に新制度学派に基づいている．第9の研究は，シューラー，ドーリンおよびドシエリ（Schuler, Dowling, and De Cieri, 1994）によるもので，理論的には折衷主義である．最後の研究は，バンクとスティバー（Banks and Stidber, 1977）によるもので，その当時までの調査結果の要約である．本章は，これらの命題を論理的な順序で3つの見出しの下に整理した．すなわち，① 理論的見解は異にするが少なくともいくつかの論文に共通する命題，② 資源依存理論からの命題，③ 新制度学派からの命題．

表3-1は，第1に，ハイブリッド化はやや広範囲の決定因子によって影響を受けること，すなわち，その内のいくつかは異なる学派に共通するものであり，いくつかは特定の学派固有のものであることを示している．第2に，この表は異なる学派の理論が広義では両立可能な命題にいたることを示す．出発点が異なるために反対の命題に到達するのはただ1つ（A1）に過ぎない．すなわち，資源依存理論の見解からは本国と受入国との間の文化的差異が本国の管理方式の採用をやや困難にすることになるのに対して，新制度学派の見解では文化的差異はむしろ本国モデルと同類型にしたいという誘引から海外子会社に対して

受入国に一般的なモデルを放棄させるように作用することになる．しかし，この場合でも，海外子会社の方式が本国と受入国の両者の影響力を反映するハイブリッドであれば，これら2つの命題は共に成立するであろう．

表3-1の最右欄の説明はNUMMIとTMMKのハイブリッド化の平均的相対的程度に関連させて，以上の命題を仮説と言い換えるものである（この言い換えを正当化する2つの工場の概要は本章の後半で示される）．7つの仮説が両工場とも日本的人的資源管理（HRM）方式を採用する（＝適用）と想定しているのに対して，3つの仮説は両工場とも現地の方式を採用する（＝適応）と想定している．後者の3つの仮説のうち，A2とC13——日本と米国の法律的コンテクストおよび制度的正当性に対する依存度の差異——は拒絶することはできないのでほとんど適応する他に選択の余地はない．しかし，3つの内第3の仮説（B6）は適用とも適応とも言えない仮説に基づくもので，コスト中心の組織は精錬されたHRM方式を導入するにはあまりにも労働費用にとらわれすぎているとする．これはコスト中心の会社には当てはまるが，トヨタには当てはまらない．というのはトヨタの組立工場は低コストと高品質の両者に高い戦略優位を置き，また，精錬されたHRM方式は2つの優先事項を達成するためには必須と見なしているからである．NUMMIとTMMKとを区別する11の命題は全てTMMKのHRM方式がNUMMIよりも日本的であるということを示している．

たった2つの海外子会社の事例だけでは，これらの仮説を検証するというこの研究の目的を達成することはほとんどできない．しかし，この事例がこれらの仮説がもたらすレンズを通して分析されるならば，仮説相互に矛盾があるとしてもその仮説が基礎的な理論的論証の再検討を促すために利用されるのは正当であろう．

HRMの特定の構成要素は本国対受入国のパターンを一段と反映しがちであると仮説的に想定するような研究はほとんど存在しない．表3-2で，何が利用可能かを要約する．資源依存理論と制度理論は共に法的強制によって統制される側面は現地の条件に一致するように適応させられると予測する．また，資源依存理論は，その役割を親会社の支配哲学に起因させ，本社によって海外子会社の成功に非常に重要と見なされるようなHRMの構成要素は恐らく親会社に

第3章 ハイブリッド化　101

表3-1　海外子会社のHRMのハイブリッド化の程度に関する先行研究に基づく命題と仮説

海外子会社は以下の程度に応じて日本企業のHRM方式を適用する	1	2	3	参照資料[a] 4 5 6 7	8	9	10	NUMMIまたはTMMK[b]
A 受入国と本国の環境条件								
1 本国と受入国の文化的懸隔が低い。					※			?
2 本国と受入国の法的環境が類似して (vs. 異なって) いる。	※	※				※		両社否定
B 企業環境条件								
1 親会社が高度の組織横断的な統合とコミュニケーションを要求する。	※	※	※	※ ※			※	両社肯定
2 会社がグローバル (vs. マルチドメスティック) 戦略を追求している。	※	※	※	※ ※	※			両社肯定
3 海外子会社の業績が親会社にとって相当重要である。			※					TMMK
4 以前の経験が日本的アプローチの移転が可能 (vs. きわめて困難) であると親会社を信じさせる。	※	※	※					?
5 会社は自社のHRMシステムが優れた能力の代表であると信じている。		※		※				?
6 会社は差別化 (コスト) 戦略を追求する。		※	※	※				両社否定
7 親会社は国際化の経験がほとんどない (vs. かなりある)。					※		※	TMMK
8 本国の文化は不確実性に対する寛容さが低い。				※				両社肯定
9 所有権の関与が高い。					※			TMMK
C 海外子会社の状況								
1 子会社は親会社の技術やノウハウ資源に自前のものよりも依存する。			※	※	※		※	両社肯定
2 子会社は既存企業の買収ではなく労働組織化未地域での操業である。	※			※				TMMK
3 子会社は現地企業に対して強い影響力をもっている。	※			※				TMMK
4 子会社には労働組合の組織がない。	※			※				TMMK
5 子会社は比較的親会社から派遣された管理職幹部が多い。	※		※	※	※			TMMK
6 子会社は管理的新しいために管理の考え方が進歩している。	※			※				TMMK
7 子会社の戦略は現地の新しい人材をひきつけるよりも品質や生産性に焦点を当てている。					※			両社肯定
8 子会社経営の本質は組織文化の発展を求め、認めることである。	※							?
9 子会社は個人的な貢献よりも製品技術の統合に依存している。	※							両社肯定
10 子会社は日本的な家父長主義が人類平等主義を受け入れやすい農村地域にある。	※							TMMK
11 子会社の労働者は同質的である。	※							TMMK
12 現地の労働市場は転職率を低くさせる。								両社肯定
13 子会社は受入国の制度的適法性にほとんど依拠しない。				※	※		※	両社否定
14 子会社の規模は比較的小さい。					※			両社肯定

(a) 資料の出所は次の通りである。(1) Yang 1992; (2) Beechler and Yang 1994; (3) Taylor, Beechler, and Napier 1996; (4) Beechler and Taylor 1994; (5) Martinez and Ricks 1989; (6) Rosenzweig and Singh 1991; (7) Rosenzweigh and Nohria 1994; (8) Hannon, Huang, and Jaw 1995; (9) Schuler, Dowling, and De Cieri 1993; (10) Banks and Stieber 1977.
(b) この欄の記入は、NUMMIまたはTMMKで日本側のやり方を採用するべきだということを命題 (proposition) が示唆しているのか否かを示している。
※印は命題が研究の中で提出されたことを意味する。Rは逆の命題が提出されたことを意味する。

表3-2 異なるHRM領域におけるハイブリッド化の拡大
に関する先行研究に基づく命題

海外子会社にとって，いくつかのHRM領域は次の場合の程度につれて，他の領域よりも一層現地化される．	資　料[a]					
	1	2	3	4	5	6
1）より強力な法的規制に従属させられている	※			※	※	※
2）本社が全社的統制をそれほど重要視していない			※			※
3）現地に分かり易くかつ目立っている					※	
4）親会社とのやり取りに巻き込まれることが少ない					※	※

(a) 資料出所：(1) Yang 1992; (2) Beechler and Yang 1994; (3) Taylor, Beechler, and Singh 1981; (4) Rosenzweig and Yang 1994; (5) Rosenzweig and Nohira 1994; (6) Banks and Stieber 1977.

よって（他の事情が同じならば）一段と緊密にコントロールされるとする．制度理論もまた，親会社と現地の主体とによる同類型の競合的な誘引のバランスは，管理方式が個々の主体にとって明示的であるか否かによって影響されると主張する．

　これまで，HRMの構成要素をこのような次元で差別化する理論的な基礎を明確にしてはこなかった．私はしたがって特定の仮説を提起することを差し控える．しかし，これらの命題は以下で報告される調査結果の類型を解釈することに関心を高める役割を果たす．

2　フレームワークと方法

　NUMMIとTMMKのHRM方式をトヨタの日本工場および米国産業におけるHRM方式と比較するために，私はHRMを，作業組織，個人的および組織的学習，雇用関係，そしてHRMの全体的管理という4つの大きな見出し項目に分類した（表3-3参照）．説得力のある理論がないので，この直感的な分類で満足[1]しよう．雇用関係カテゴリーの原理的説明は労働者と雇用者の利害の対立が特に著しいところではHRMの構成要素の中に含められる．本章はHRMがブルーカラー労働者に影響を与える限りにおいてHRMに焦点を当てる．ホワイトカラーおよび管理者に関する分析は他の機会に譲る．

　NUMMIとTMMKの特徴は，まず会社側の文書に基づいて，また1989年と

表3-3　分析の枠組み

領　　域	項　目　内　容
作 業 組 織	職務分類
	生産チーム
	ジョブ・ローテーション
	監督の役割
個人学習および組織学習	教育および訓練
	QC活動
	提案制度
	情報の共有
雇 用 関 係	一体感のシンボル
	雇用保証
	労使関係
	苦情処理
	規律
	人事選抜
	昇進
	賃金と諸給付
	健康と安全
HRMの全体的管理	HR部門の役割

　1994年に行ったNUMMIの従業員と管理者120人以上に対するインタビュー，および1992年と1993年に行ったTMMKにおける30回以上のインタビュー，さらに1992年に行った日本にあるトヨタの工場における24回のインタビューに基づくものである．私は2つの工場の生産労働者，技能職種の労働者，班長，組長，工長，管理者，経営者を含むあらゆる階層の個人にインタビューした．NUMMIでは，UAWの2,244支部の組合幹部（公式の執行委員会メンバーとその支持団体幹部会（コーカス）メンバーの双方）にもインタビューした．日本では，私のインタビューを受けた人たちは，工場の管理職とスタッフ，技術者，組合幹部，および生産労働者である．

　トヨタとトヨタの米国への移植工場との類似性と差異性に関して，特に重要な2次資料はNUMMIに関するグローニング（Grønning, 1992）と安保（Abo, 1994, NUMMIについては186-188頁，TMMKについては188-190頁）がある．日本におけるトヨタの工場の特性に関する資料はコール（Cole, 1979），グローニング

(1992), および清水・GEMIC (Shimizu and GEMIC, 1993), さらに清水・野村 (Shimizu and Nomura, 1993) がある.

　これらの工場のHRMシステムの特徴を浮立たせるためには, 日本のHRMの管理方針や管理方式だけではなく米国のそれとも比較される必要がある. 最も一般的なものから始めるならば, ローラー他 (Lawler, Mohrman and Ledford, 1995) が1987, 1990, および1993年における『フォーチュン』1,000社を調査した. オスターマン (Osterman, 1994) は1992年に設立された米国の製造業と非製造業の全国サンプルを調査した. マクダフィ (MacDuffie, 1996) は1989年と1993年における自動車組立工場に関する大規模な調査を要約している.

　米国移植工場の方式のいくつかは労働組合不在型のアメリカ企業に見られる方式と類似しているので, 私はフォークス (Foulkes, 1980) の26社の大規模な労働組合不在型企業の事例を移植工場と比較する. フォークスの研究は彼が「戦闘的反組合」企業と呼ぶ会社を避ける一方, 彼が調査した企業は組合組織化の可能性に対する反応が異なっていた. いくつかの会社は「組合中立」戦略と呼ばれうるものを追求した. 彼らは賃金の決定や雇用関係の設定に際して組合の恐怖に対する注意を払うことはほとんどない. また, 別の会社は, コーキャン (Kochan, 1980, pp.183-191) およびホリーとジェニング (Holley and Jennings, 1994; 108-109) が「組合代替」戦略と呼ぶものを追求しており, その企業の戦略的特徴をミルズ (Mills, 1982) は「標準よりましな組合不在(=排除)型企業の雇用者」と呼ぶ. TMMKは, これから見るように, 体系的な組合代替的戦略に従っており, それゆえ, フォークスの事例は参考資料として有益である.

　私は2つの工場の概略を説明した後で, HRMの18項目の1つ1つについてNUMMIとTMMKの方式を比較可能なトヨタ[2]と米国ビッグスリーの各工場における方式と比較しながら論述する. 主たる目的は移植工場の管理方式が本国で一般的な方式に近いのか, それとも受入国のそれに近いのかを判断することである. 副次的目的としては, これらの管理方式の機能や意味に違いがあるかないかを判断することであるが, 簡潔性を優先して, 特に顕著な場合にのみこの問題を取り上げることにする.

3　NUMMIの概略

　NUMMI（ニュー・ユナイテッド・モーター・マニュファクチャリング社）は，1984年に操業を開始した．それはトヨタとGMの合弁企業として設立された．会社の目的（使命）は両パートナーが販売する小型車の生産であった．トヨタは現金で1億ドルの出資と乗用車の設計および工場管理を担当し，他方，GMは建物の提供と生産量の半数の販売を受け持った．両者は新会社の対等なオーナーであった．

　この新会社は1982年に閉鎖されていたGMのフレモント工場を買収した．GMのフレモント工場では無断欠勤がしばしば20パーセントを超えていた．品質レベルと生産性は共にGMの基準を大きく下回っていたうえに，その基準自体は当時日本で設定されていた世界クラスの標準から程遠い低さであった．さらに，労使関係は極端に敵対的であった．

　この工場はUAWの参加なしで再開することは政治的に不可能であった．トヨタは当初はUAWと協定することに消極的であったが，労働組合を承認し，レイオフされていた労働者に再雇用の優先権を与えることに同意した．従業員の選抜プロセスは労働組合と会社経営者とが共同で行った．まる3日間の面接と試験にもかかわらず，選抜プロセスを通過した者はほとんど全員が採用された．組合員の全階層が再雇用され，1985年末までに採用された2,200人の労働者の内，組立作業員の95パーセントおよび技能職種作業員の75パーセントがGMフレモント工場の前従業員であった．

　最初の1985年団体交渉協約は，それが労働組合にとってビッグスリーの工場において持つ役割とは極めて異質な役割を持っていた．その序文は，労働組合と会社経営者は「アメリカで最も革新的で協調的な労使関係を構築し維持することに責任を持つ」と述べている．工場の人的資源管理方式の革新的な特徴がこの共同責任を支援する．

　1986年までに，NUMMIは以前とほぼ同じ労働者と同等の設備でGMフレモント工場の最高の年の約2倍の生産性水準を達成していたが，それはビッグス

リーの一般的な工場よりも40パーセントも高く，高岡にあるトヨタの姉妹工場の水準に極めて近いものであった．それはまた自動車産業では最高の品質水準を作り出していた．1989年にはトヨタは工場拡大のために3.5億ドルの追加投資を行い，ピックアップ・トラックの生産を開始すると発表した．それは700人の追加採用につながり——今回は9,000人の応募者から選抜された——，総雇用者数は3,700人になった．また，1995年までに，アクセルの生産ラインとプラスティック工場を付け加えたので，雇用者数は4,200人に増大した．

1990年代の初期まで，この工場は品質と生産性において優秀であり続け，1995年には，J.D. Power and Associatesによって，プリズムが北米ベスト製作カーと評価され，カローラは小型車部門で第2位となり，トヨタ・ハイラックスは北米ベスト小型ピックアップトラックに選ばれた．

労働者の満足感と責任感は共に高かった．NUMMIの労働者にもしも道路の反対側にビッグスリーの工場があるとしたら職場を変わりたいかという質問をした研究者たちは，一様に否定的な答えを受け取った（Adler, 1993; Holusha, 1989; Krafcik, 1989）．工場での半年ごとのチームメンバー調査によれば，「（自分たちの）職務と作業環境に満足」していると答えた労働者の数は1985年の65パーセントから1991年，1993年および1995年の90パーセントへと累進的に増加した．1980年代を通じて欠勤率（計画された休暇は除く）は3パーセント前後で安定しているが，この時期のビッグスリーの工場では平均で9パーセントに近いものであった．離職率は1996年で6パーセント以下にとどまった．

4 TMMKの概略

合衆国に生産拠点を建設するというトヨタの戦略の中で，TMMK（トヨタ・モーター・マニュファクチャリング，ケンタッキー社）は，NUMMIに続く在米子会社であり，トヨタの経営者はNUMMIで学習したレッスン内容を梃子（てこ）として利用している．NUMMIは合弁企業であるが，今やトヨタの経営者は完全所有の子会社を経営するために米国という環境を十分理解していると感じている．GMはNUMMIの場所という選択を押し付け，それによって労働組合の承

認を事実上の要件としたのであるが，今度はトヨタが南部の農村地帯にTMMKを立地する選択を行い，労働組合を企業の中に招致しなかった．

　TMMKの上級副社長（アメリカ人）によれば，HRM方式の設計に当たって「私たちは実際のところ白紙の状態から始めました．最初のHR調整役としてNUMMIから（1人の日本人の専門家が）やって来ましたが，私たちは実のところ独自の方式を開発しました」．この「白紙」アプローチはNUMMIからのアイデアの移転を最小限に減らした．このやり方は，TMMKの「マザー」工場がNUMMIとは異なる堤工場であるという事実を反映している．また，ある意味では，将来専門家になるような経験のある人間に頼るよりも，成長能力を向上させるために新しい人間に挑戦的課題を与えるというトヨタのポリシーの反映でもある (White and Trevor, 1983)．

　工場の建設は1986年に始まり，量産は1998年に開始された．工場の拡張が1988年と1989年に行われ，その後再び1993年に行われた．1994年までに，総投資額は40億ドル以上に達している．工場の生産性は世界クラスの日本の母工場のそれに近いと評価されている．この工場は品質全般に対するJ.D. Power and Associates賞を連続して獲得している．すなわち，1990年に金賞，1991年に銀賞，1992年に銅賞，そして1993年に再度の金賞である．

　採用は1987年に始まった．NUMMIの初回の採用に比較すると，TMMKの選抜は遥かに厳しかった．最初の3,000人の職務に対して約50,000人の応募者があった．応募者たちは書類審査と延べ18時間の試験と面接によってふるいにかけられた．1994年までに，総雇用者数は6,000人に達し，採用開始以来の延べ応募者数は200,000人を超えた．ブルーカラーおよびホワイトカラーすべての従業員が少なくとも高校卒業の証書（diploma）を持ち，50パーセント以上が何らかの大学教育を受けている．他方で，自動車産業の職歴を持つものはわずか2パーセントに過ぎない．

　事実が職務満足感と責任感の高さを示している．私がデータをもっているかぎりで最新の従業員意識調査は1992年に行われたものである．その回収率は69パーセントであった（NUMMIでは約95パーセントであったが，そこではその調査はモデルチェンジの時期に作業時間内で行われた）．約95パーセントの回答者が

TMMKを良い職場だと記述している．離職率は1992年に2.7パーセントで，若年労働者が多いことと，それに対応して退職者がほとんどいないという理由でNUMMIよりも低い．その年の提案制度の参加者は93パーセントで，従業員1人当たり平均8.57件の提案件数となっている．

5 HRM（人的資源管理）方式の分析

表3-3に示した枠組みを指標として利用しながら，本節ではHRM方式の領域を順次検討する．各見出しの下に，私はトヨタの日本工場におけるトヨタ方式の特徴を示し，その上で，米国の2つの工場で観察された方式をトヨタ方式および入手可能な米国モデルと比較する．

NUMMIとTMMKにおける上級管理者（部課長）とのインタビューで明らかになったことは，トヨタでは適用と適応の選択（における違い）は企業戦略事項であるということである．トヨタは，トヨタ生産システム（TPS）とそれを補完ないし補強するその他の経営システム要素とを区別する．海外子会社の経営者はトヨタ本社からTPSの忠実な実行を課せられる．そのTPSは，ジャスト・イン・タイム（JIT）生産，生産の平準化，改善活動，目で見る管理，ばかよけ，チーム概念，および標準作業という諸方式が1つの統合セットの中に組み込まれているものである．対照的に，その他の経営システム，特に人的資源管理の諸方式は海外の現地の条件に合わせて意識的に作られる．TMMKの前社長である張富士夫はその方針を次のように説明している．「私がここの人たちに言っていることは（日本人の）コーディネーターは生産の問題やTPSに関しては先生であるが，法律や人的資源や公務などの間接部門に関しては生徒である．」と．この戦略は観察できるかぎり，ほとんどあらゆる企業行動を形成している．TPSと重なり合っているHRM領域——作業組織や学習——は極めて「日本的」であり，他はハイブリッド化されている．

NUMMIとTMMKにおけるHRM方式は長期間やや安定的であった．その理由は，ある程度は，頻繁に繰り返された刷り込み効果を反映している（Stinchcombe, 1965）が，しかし，最初に選択された諸方式がその課業にかなり適合するとい

う事実の反映でもある．本論はしたがってハイブリッド化を結果としての状態として扱い，このような結果に導いたプロセスに関する議論はまたの機会に留保する[3]．

5-1 職　務　区　分

　作業者多職能制（＝多能工制）はTPSの重要な要素である．それは生産のフレキシビリティの増大を可能にし，また生産工程に対する労働者の理解を拡大し，したがって改善のアイデアを提案する能力を強化する．結果として，トヨタは生産労働者の区分が1つで，技能職種区分も1つしかない，そして，生産労働者が選択的職種技能を積極的に獲得するので，両者の線引きも極めてはっきりしない．さらに，生産労働者はそれぞれに対応する賃金水準をもつ6つの熟練階層が区分されている．生産労働者は品質管理，単純な保全，および生産ラインの掃除の内いくつかの面に責任がある．対照的に，米国ビッグスリーの自動車工場においては，生産労働者の区分が80以上あり，また技能職種の区分は18以上存在する．生産労働者の作業は狭く定義されており，同じ職務区分の中には熟練等級は存在しない．

　NUMMIもTMMKもトヨタの方式に近い．両工場ともチームメンバーを生産労働者，機械・金型工，および保全工の3つに区分している．生産労働者の責任は日本で行われているのと同様の職務範囲を達成するという目的で拡大された．TMMKは全技能職種人員に対して完全な職務横断的な訓練を行う計画であった．

　しかしながら，2つの微妙な差異は注目に値する．第1に，両工場とも賃金水準が異なる熟練等級は存在しない．第2に，生産労働者と技能職種との間の分業はトヨタの日本工場に存在するものよりも遥かに明確である．この分業は米国のコンテクスト（＝環境との脈絡）における労使関係の視点からすれば最適であるが，業績に対して否定的な影響をもたらさないとは信じがたい．たとえば，米国移植工場において繰り返されていることは，予定外の設備停止時間が著しく長いということである．

　フォークス（1980）は職務区分については何も述べていないが，職務内容を

拡大する方式が合衆国の,特に労働組合がない職場で増大しているように思われる.ローラー他 (1995) は,第1線従業員による自己点検方式や統計的管理手法の利用が広まっていると記録している.さらに,職務区分内の熟練等級と熟練に基づく賃金システムの利用が広まりつつある.しかしながら,自動車産業を基準に比較する限り,NUMMI と TMMK はややトヨタモデルに近いように思われる.

5-2 生産チーム

トヨタのチームコンセプトでは,作業者多技能制(＝多能工制)が生産のフレキシビリティをもたらすための手段であり,また,責任を果たし続けるために重要な親睦的メカニズムであると見なされている.トヨタの労働者は従って1人のチームリーダー(班長)の下に5-7人からなる生産チームに組織される.4〜5つのチームが1人のグループリーダー(組長)の下にグループを構成する.チームリーダーは通常,訓練,病気・訓練その他の理由による欠勤者の補充など若干の低レベルの管理責任を担う.

NUMMI と TMMK はこのトヨタ方式をほとんど同じ形で採用し,全ての生産労働者と技能職種労働者を少人数のチームに編成している.トヨタにおけると同様に,チームはほとんど自律性を持たない.生産労働チームは,組立ラインの速度に縛られているので自分たちの作業速度を調整することはできないし,彼らは採用や解雇になんらの発言力をもたない.しかしながら,彼らはジョブ・ローテーション(後の議論を参照)や工程改善にとっては重要な機構なのである.

NUMMI と TMMK のチームリーダーは時間給の労働者であり,NUMMI では彼らはUAWのメンバーである.彼らは僅かばかりの手当賃金を受け取る.米国の工場の多くは「自主管理チーム」方式をを採用しているのに対して,トヨタやNUMMIおよびTMMKのチームリーダーは「チームの代表」としてチームメンバーによって選ばれるのではなく,「指導的職人」と同様に基本的には技術的役割を担うのである.TMMKチームメンバー・ハンドブックを引用すれば,チームリーダーは「バスケットボールのコーチ」と同様の役割を果たすよう想

定されているのである．NUMMIでは，当初はチームリーダーは経営側によって選ばれたのであるが，しかし，情実だという不満が増大した後に，労働組合との交渉で，チームリーダーは労使合同選抜委員会によって選抜される新しい手続きが採用された．TMMKでは，チームリーダーは経営側によって選抜されるが，しかし，労働者同士の評価が選抜基準の1つとなっている（昇進と賃金に関する議論参照）．

日本企業の米国移植工場においてはビッグスリーの方式とは対照的なチーム制が利用されているが，それは一段と幅広く捉えた米国産業の動向と矛盾しない．マクダフィ（1996）によれば，米国自動車製造企業のうちチームに編成されている労働者の比率は極めて低くて，実のところ1989年の10パーセントから1993年の6パーセントに低下している．しかしながら，米国産業を全体としてみれば，「自主管理作業チーム」の評判は増大している．ローラー他（1995）は，トヨタの工場におけるチームは意思決定の自律性の範囲があまりにも狭すぎるので，おそらくトヨタ工場を除外した自主管理チームの定義を使っている．それにもかかわらず，彼らの調査によれば，『フォーチュン』1,000社の内68パーセントの企業が少なくとも一部の従業員に自主管理チームを採用しているが，しかしほとんどの場合に従業員の4分の1以下にとどまっている（p.28～29）．オスターマン（1994）の調査によれば，製造業の32パーセントの工場がその中核的労働者の50パーセント以上に対して何らかの種類のチームを採用している（すなわち，非管理者的従業員の最大グループが企業の主たる製品の生産に参加しているのである）．

データはないが，個人的なヒヤリングによれば，トヨタとその移植工場のチームは米国企業のチーム（しばしば15人から25人）（Eads, 1987; 724）よりも遥かに少人数（5ないし6人）である．それ（少人数であること）は，ある意味では，トヨタとその移植工場が小集団の組織的ダイナミックスが責任感や欠勤に及ぼす影響に対してより注意深いからである．それはまた，トヨタ生産システムにおけるチームリーダーに付された本来的に技術的な役割を反映するものである．多くの米国工場では，チームリーダーの不明瞭な権限が安定していない．すなわち，彼の権限は早急に監督の役割かまたはチームの代弁者のいずれかに

解消される――後者に対して経営者の関心が欠けている場合や監督の管理の幅（スパン・オブ・コントロール）の費用対効果を高めることに経営者の大きな関心がある場合には，前者のケースのほうが多い（TMMKとフォード社のケンタッキー・トラック工場におけるチームを比較するためには，Grønning, 1997を参照）．

　全般的に言って，私は，トヨタの2つの米国移植工場はトヨタ方式に近いものに追随していると結論付ける．しかし，このチーム作業の主観的意味は少し違っていることに注意するべきである．日本における権限関係は合衆国におけるよりも問題や対立が少なく，個人を支配するグループの組織的な力が一般的に強いように思われる．その結果として，合衆国のチームワークはチームの自律性と同意に基づく意思決定の両者を内包することになったが，それは日本では見られないことである．この再コンテクスト化は米国移植工場におけるチームコンセプトに，表には現れないような緊張感を創りだした．

5-3　ジョブ・ローテイション

　生産のフレキキシビリティと改善アイデアを生み出す多技能作業者（＝「多能工」）を育成するために，トヨタは労働者をチームやグループの中で異なる職務の訓練を行い，定期的なローテイションを奨励している．対照的に，労働組合のある伝統的なアメリカの工場は極めて細かく区分された職務区分という理由だけを考慮しても，ローテイションはほとんど許されない．しかしながら，マクダフィ（1996）は1990年代の初期にビッグスリーにおいてある程度頻繁なローテイションが著しく増大したことを見出している．

　NUMMIとTMMKは共に作業時間中のローテイションをトヨタ工場よりもさらに多く行う．両工場におけるローテイションの目的は，生産のフレキシビリティのための多能工化を奨励し，倦怠感を緩和し，肉体的疲労を軽減することである．トヨタは倦怠感が無気力化に及ぼす影響に対してはほとんど注意を払わないで，ローテイションによって品質と効率が犠牲になるのを恐れるゆえに，最も難しい職務についてのみ人間工学的な負荷に注目してローテイションを利用しているにすぎない．トヨタは生産工程に関する労働者の「深いナレッジ」を付加できるようなより長期間のローテイションのための，より体系的な計画

を持っている（われわれが注目すべきは，日本においては自動車メーカーの労働者は勤務シフトを交代するのが一般的であるが，合衆国においては勤務シフトは固定されており労働者は先任権に基づいて個人的にシフトを移動するということである）．

フォークスは，労働組合のない数社の企業が労働者の技能を拡大するためにジョブ・ローテイションを行って，それによってかなり大きなフレキシビリティを創出したと書いている．このフレキシビリティは景気の後退に対処するのにも有効と思われる．というのは，人員は再配置が可能となり，パートタイム労働者のバッファーに置き換えが可能となるからである（1980, p. 109）．オスターマン（Osterman, 1994）によれば，製造会社の37パーセントが少なくとも50パーセント以上の中核的労働者に対してジョブ・ローテイションを採用した．ローラー他によれば，『フォーチュン』誌1,000社の13パーセントが過去3年の間に従業員の60パーセント以上に対して職務横断的訓練を行い，69パーセントの企業が同じ期間に従業員の20パーセント以上に対して同様の訓練を行ったという（1995, pp.14, 16）．しかしながら，私の個人的ヒヤリングによれば，米国企業の方式とNUMMIやTMMKにおけるそれとの間にはいくつかの微妙な相違が存在する．多くの米国工場においては，特にビッグスリーの工場では，ローテイションはほんのわずかな仕事の多様性しか生まない．ローテイションが主として労働者の要請に基づいてなされるからであり，また，フレキシビリティとナレッジの構築という戦略の一部として行われることはほとんどないからである．

要するに，2つの米国移植工場の方式はトヨタのそれに近いと評価する．移植工場は，労働の人間化対策としてローテイションの再コンテクスト化を反映して，作業時間内のローテイションにより大きな力点を置いている．これに対して，トヨタは技能構築というより戦略的な焦点を当てているのを反映して，より長期間の移動に大きな力点を置いている．

5-4 監督の役割

トヨタでは他の日本の製造企業と同様に，監督が課業の達成に責任を負うが，合衆国ではIEスタッフに課業達成の責任を持たせるのが一般的である．この

トヨタ流のやり方は歴史的な産物で,「産業内訓練」(TWI) の考え方に対する取り組み方から生まれた．第2次世界大戦の直後に，トヨタは米国産業が対戦中に直面していた技術者の不足という同じ問題に気付いた．トヨタはTWIによって開発された方法を採用し，TWIの中に「ジョブ・メソッド」(「仕事の改善の仕方」) プログラムを定式化した．それは，メソッド・エンジニアリングとライン・バランシングという仕事を職長に委譲し，職長にその仕事を経験豊富な労働者と協力して行うように奨励するというものであった．TWIプログラムは占領時代の多数の日本企業によって採用され，日本に影響力を保ち続けた (Robinson and Schroeder, 1983; Schroeder and Robinson, 1991)．ビッグスリーは，他のほとんどの米国産業と同様に，戦争終了と同時にTWIに対する関心を失ってしまった．それ以来，ビッグスリーの監督の役割は技術志向が弱まり，労務管理と規律中心になっていったのである．

NUMMIとTMMKはTWI方式を親会社から受け継いでいる．移植工場のグループ・リーダーはジョブ・メソッド (それはトヨタでは標準作業方式と呼ばれ，TPSの重要な1要素とされている) と生産問題のトラブル解決に対して責任を負う．私は2つの移植工場をトヨタ方式に近いと評価する．同様の方向への緩やかなステップが，職場の人員による作業プロセスの再設計に対する関心が増大するに伴って，米国産業の中にも現れる．

5-5 訓 練

トヨタは多能工を創出するために，労働者に対して彼らのチームやグループの中でいろいろな職務に向けた訓練を行い，また，労働者を工場のあるエリアから他のエリアに一定年数移動させることによって彼らの技能の幅を広げるように奨励している．対照的に米国の労働組合のある工場では，職務異動の機会は先任権にもとづいて決定されるのが一般的であり，労組のある会社がそのような能力開発を計画することはあっても，奨励することはほとんどない (Brown and Reich, 1995)．

NUMMIとTMMKは，訓練に強力な投資を行うというトヨタ流のやり方に追随している．この点においてはトヨタとその海外工場はその他の日本企業の工

場やその海外工場に類似している．マクダフィとコーキャン (MacDuffie and Kochan, 1995) によれば，自動車組立工場の新規採用の生産労働者が最初の6ヶ月間で受ける訓練時間は，米国企業では平均で42時間，日本企業の海外工場は225時間，日本企業の工場では364時間である．1年以上の経験を有する労働者の訓練時間は，米国企業では31時間，日系海外工場では52時間，そして日本企業では76時間である．

　トヨタは，また，産業内訓練（TWI）プログラムの一部として，仕事中の訓練（OJT）のためにTWIが正式に定めた「仕事の教え方」(JI) も採用している．JIは4段階あり，各段階は，① 労働者に教育を受ける準備をさせ，② 実行して見せる，③ 試しにやらせてみる，④ フォロー・アップ，というようにその活動内容を明確に定めている．TWI方式の厳密さは，米国産業で当時も現在も一般的に行われているやや略式の「見て覚えろ」方式とは正反対である．NUMMIもTMMKもトヨタ流の「仕事の教え方」(JI) で労働者とマネージャーを訓練している．

　NUMMIやTMMKと違い，トヨタの技能職種の労働者は隔離された徒弟制の中で養成されるのではない．そうではなくて，彼らは10年以上かけて，実地体験やOJTと短時間の座学コースを組み合わせた課題をいくつか経験して，幅広い技能を獲得していく．NUMMIの保全と技能職種は資格認定された徒弟制度を目指している．TMMKでは，技能職プログラムは外部の資格認定を追求しないが，職務責任の明確な区分を維持しており，完全な複数職種技能作業者（=「多能工」）を育成する計画においてはトヨタ本社よりもさらに積極的であった．

　フォークス (1980) は訓練については，レイオフを避けるための再教育に簡略に触れているのを除けば，何も書いていない．コーキャンは，労働組合代替モデルの1つの特徴として，「訓練やキャリア開発のような支援プログラムに対する労働者1人あたりの高い投資率」に言及している (1980, p.185)．以上をまとめて，私は2つの移植工場の訓練方式はトヨタのそれに近いと位置づける．

5-6 提案制度

　トヨタ生産システムの重要な原理は継続的なカイゼン（改善活動）である．継続的なカイゼン活動はトップダウン（経営者主導）とボトム・アップ（従業員主体）の双方向の取り組みによって生じる．対照的に，ビッグスリーの工場においては，UAWの協約書には，通常モデルチェンジ後の120日間以外では一方通行的なメソッドの変更はありえないと記述されており，実際にも，この期間以外でメソッドが変わったことはほとんどない．マクダフィ（1996）によれば，1993年に，日本の自動車企業は従業員1人当たり年間平均で51件の提案を受け取り，採択率は84パーセントであったのに対して，米国企業の同様の数字は年間0.3件の提案件数で採択率は41パーセントであった．

　トヨタは，ボトムアップのカイゼン活動の一部として個人提案とチーム提案を非常に強調する．トヨタの経営者は提案制度に対して生産面，教育面および態度面において効用価値があると見ている．米国の経営者と違って，彼らは少数の高度な提案にはそれほど注目していないで，小さいが多くの提案をもたらす全員参加を奨励することにより大きな関心を持っている（Yasuda, 1991）．班長や工長は部下の参加比率である程度評価されている．従って参加は，しばしば「強制的任意」という特性をもつ（Grønning, 1992）．

　NUMMIとTMMKの提案制度はトヨタのそれに極めて類似している．トヨタと同様に，焦点は規模は小さくても提案件数が非常に多いことを奨励する労働者の高い参加率に置かれた．1994年までに，2つの移植工場で90パーセント以上の労働者が参加した．トヨタと同様に，採用された提案に対しては，極めてシンボリックな承認と僅かばかりの金銭的な報酬が賦与された．たとえば，1992年のTMMKでは，提出された提案の98パーセントが実施され，提案は平均して初年度合計601ドルの節約をもたらし，そのうちの108ドルはコストが掛かる「ハード」な節約策によるものであり，提案1件あたりの平均報酬は22ドルであった．

　フォークス（1980）は提案制度については言及していない．コーキャンは，労働組合代替方策がしばしば「仕事が行われる方法の決定に参加するためのインフォーマルなメカニズム，またはその奨励」を含んでいると記している

(1980, p.185). ローラー他（Lawler et.al., 1995）は『フォーチュン』誌1,000社の85パーセントが何らかの提案制度を持っているが，しかし，その活動水準を測定していなかった．

NUMMIとTMMKは，この領域においてもトヨタモデルに近い．しかしながら，興味深いいくつかの再コンテクスト化の効果に注目するべきである．一方では，前にも述べたように，提案活動は移植工場では実際上相当に任意的なものであった．他方では，いくつかのインタビューによれば，部下に対して提案を出すようにという日本人の監督による圧力は，合衆国においてはきわめて明確な管理の一形態として受けとられるものが，日本人労働者にはそのようには見えなかった．日本においては，広い意味での文化が仕事に対する一層「献身的」な態度を奨励するし，監督の圧力はこの前提条件を梃子のように利用することが可能である．合衆国においては，労働者は参加をしばしば経営者と労働者の相互信頼と品質に対する労使の共同責任の印であり反映であると見なす．従って，提案活動は2国間でかなり異なった意味合いをもっているのである．

5-7 QC（品質管理）サークル

カイゼンの考え方に対応して，トヨタはQC（品質管理）サークルを支援するために実質的な資源を投入している．各作業チームはサークルとして一般的には月2回作業時間後に会合をもつ．提案制度と同様に，トヨタのQCサークル活動は「強制的任意」という特徴をもっている（Grønning, 1992）．大規模な技術的および管理的支援がサークルの提案に対する反応を保証する．QCサークル活動を管理するための訓練コースは，組長と班長に対しては9日間，工長にはさらに8日間と，長期間である．これに対して，アメリカ企業はしばしば効果的なQCプログラムに必要な支援を過小評価しているように思われる．恐らく，それがアメリカのQCプログラムの「死亡率」が極めて高い理由であろう（Lawler and Mohran, 1985）．自動車部門に関しては，マグダフィ（1996）が，1993年に，日本企業の工場では90パーセントの労働者が何らかの従業員参画グループに参加しているが，米国製造業の比較可能な数字は26パーセントであり，合衆国における日本の移植工場については25パーセントである．

NUMMIのQCサークル・プログラム(「問題解決サークル」;PSサークルと呼ばれている)はやや新しく,1991年に始まった.トヨタの経営者はQCサークルについて,修得するには数年かかるほどに深い生産ナレッジが要求される先端的な管理方式であると考えている.それゆえ,NUMMIでPSサークルというQCサークルを作るまでに数年間待たされたのである.NUMMIのPSサークルはトヨタのそれよりもはるかに実質的な任意参加であるが,チームリーダーの職位に昇進したいと希望する労働者には参加するよう期待されている.PSサークルは作業グループ(トヨタのようなチームではない)を基礎にする継続的な委員会として組織された.1994年は平均的な月で,NUMMIの労働者の14パーセントがこのPSサークルに参加した.

TMMKはQCサークルを,工場の立ち上げ直後の1989年に,NUMMIよりも早く開始した.私がインタビューした管理者によれば,「張社長(当時)は,私たちがQCサークルのやり方を理解するまでは上手く行かないと考えていたので,QCサークルを開始するまでに5年間かかると考えていました.しかし,チームメンバーはグイとペースを上げたのです.彼らは試行訓練の期間中に将来のQC計画を聞いて,それを直ちに実行するように私たちに迫ったのです.そこで,QCプログラムが1989年に開始されました.」TMMKではNUMMIと同様に,QCサークルへの参加は任意で,通常は月に1度作業時間外に会合が有給でもたれる.1993年は月平均で有資格者の40パーセントの人たちがQCに参加した.

トヨタにはQCサークルの専門家が大量に存在することを顧慮すれば,TMMKがQCプログラムを開始する以前に,移植工場の経営者陣がアメリカの会社を数社訪問してQCプログラムがどのように管理されているかを学んだということは極めて興味深いことである.TMMKのQCプログラムに最も親密に関わっていたアメリカ人管理者へのインタビューは,QCサークルの日本とアメリカの特徴を説明すると同時に目立たないが無視できないハイブリッド化度を明らかにする.

TMMKのシステムはいくつかの要素を日本企業のやり方から取り入れ

ています．私たちは実践的——多くの米国プログラムは理論的——な問題解決方式を採用しました．ここのQCサークルは「異種のプログラム」ではありません——TPSの一部であり，ライン管理者の実質的なやる気次第です．だからこのプログラムは経営目的やTMMKとトヨタのニーズと一体でなければなりません．第1線の監督者はQCの支援——障害を除去したり，データを収集するなど——に実質的に参加します．この点，QCサークルは「オフ・ライン（＝時間外）」の活動というアメリカ企業の一般的なやり方とは対照的です．経営者側は活動テーマを完全にQCサークルに任せるのではなく，活動可能なテーマの一覧表を提示します．ライン管理者（アシスタント・マネジャー）はプログラムの管理者として行動します．これに対して，ほとんどのアメリカ企業のプログラムでは，10ないし20のQCサークルごとに専門のプログラム管理者が付くのです．私たちはそんなことはできないし，理論的にもやるべきだとは思いません．

　TMMKのシステムはアメリカ方式の要素をいくつか取入れています．管理者が活動可能なテーマを示唆しますが，しかし，労働者がそれを選択するのです——管理者がテーマを言い渡すのとは違います．TMMKの推進担当者は実際に推進するのに対して，日本企業のやり方はもっと命令的です．私たちが使う道具はよりアメリカ的であり，たとえば，パレート図はほとんど利用しません．日本人は大変忍耐強いが，時には分析過多になる傾向があると思われます．アメリカ人は行動に偏りがちです．現在は，QCメンバーが自分でさらに高度な道具を要求しています．さらに，参加は任意であって，強制や擬似的任意ではありません．

　TMMKの方式は，トヨタのそれともその他のいくつかの点で異なっています．トヨタと違って，TMMKには作業チームを超えて編成されるQCサークルがあり，事務所にもQCサークルが25あります．トヨタは私たちに事務部門のQCサークル活動の発展で世界の先達になるよう求めています．トヨタは今から（事務部門で）始めるところです．それに，トヨタと比較して，QC発表会はそれほど形式的ではありません．（TMMKの管理者とのインタビュー）．

移植工場のQCサークル方式におけるこれらのささやかな相違——とくに，取り組むテーマの採用における管理者と労働者の役割の相違——は，日本人労働者がQCサークルを問題解決の技術的メカニズムと見ているのに対して，米国労働者はQCサークルを「発言」の機会以上のものと位置付けているという，同じようにささやかな再コンテクスト化を反映しているのである．

QCサークルのアイデアは合衆国に起源を発したのであるが，日本企業の品質の成功がアメリカ企業の経営者に品質に対するアプローチの再考を迫るまでは，この方式を採用するアメリカ企業はほとんどなかった．フォークス (Foulkes, 1980) はQCサークルに類似するものについて何も述べていない．フォークスの調査後の数年間に，QCサークルは評判を増大させたのである．1993年には，ローラー他 (Lowler et al., 1995) の1,000社の調査サンプルの内約65パーセントの企業がQCサークルを採用し，その内の半数以上の企業において20パーセント以上の労働者が参加していた．さらに多くの企業組織が短期雇用形態以外の従業員をQCサークルに参加させている．オスターマン (1994) によれば，彼が調査した製造工場の29.7パーセントがその中核労働者の50パーセント以上にQCサークルを利用している．

以上をまとめると，2つの米国移植工場は明らかに日本のトヨタ方式を模倣しようとしているが，しかし，そこには大きなギャップが残ったままである．

5-8 情報共有

トヨタは，他の日本企業と同様に，企業業績とそのさまざまな要因に関する情報を比較対象になるアメリカ企業よりもはるかに多く労働者に提供している．NUMMIとTMMKは共にトヨタのやり方に追随している．毎月1回のグループ会議，会社新聞，および情報メモという膨大な情報システムが存在している．TMMKはまた社員食堂などで放送する社内のテレビシステムを持っている．2つの移植工場の労働者は，労働者を工場業績の強い点と弱い点に敏感にさせるような膨大な量の販売および品質情報を受け取るのである．

フォークス (1980) は，彼が調査したアメリカの組合不在型企業の1社が年次「職務担当者のミーティング」を開催したと記述している．他の事例では，

「職員ミーティング」が12ヶ月ないし18ヶ月ごとに，時にはもっと頻繁に行われていた．彼の説明では情報共有の課題に関しては，その他には，何も言うべきものがない．コーキャン（1980）は，労働組合代替戦略を追求する会社はしばしば「組織的コミュニケーションと情報共有の先進的システム」を利用したという．ローラー他（1995）は，自分たちの回答者に60パーセント以上の従業員に散布されたのはどのような種類のものかを尋ねており，会社の全般的情報を伝えられた者が84パーセント，自分たちの部門の経営業績が66パーセント，彼らに影響を及ぼす可能性のある新技術に関する情報が31パーセント，企業の計画と目標が54パーセント，競争相手の業績が25パーセントであった．この比率は1987年から1993年の間に全て増加した．

NUMMIとTMMKは共にこれらの点でビッグスリーよりもトヨタに近いと位置づける．

5-9　一体感のシンボル

マクダフィ（1996）によれば，米国の自動車会社はステータスによる差別化を減らす方向に動いてはいるが，平均的には依然として日本企業や，さらには日系移植工場よりもはるかに多くの差別を残している．NUMMIとTMMKはトヨタよりもまた米国ビッグスリーよりもはるかに先に進んで一体感を培おうとする努力をしている．ビッグスリーやトヨタの日本工場のトップ経営者と違い，2つの移植工場の部課長たちは彼らだけの専用の駐車場もなければ食堂ももたないだけではなく，しばしばスーツではなく制服を着用しているのである．

フォークス（1980）が事例としている米国企業は，この面では実にさまざまである．いくつかの会社は何らの役員の特典を持っていない．つまり，専用の食堂も駐車場もない，個人向けの無料のコーヒーやドーナツもなければ，個室もない．いくつかの会社は管理者のための別途の福利やボーナスを回避すらしている．さらに，いくつかの企業は一体感を維持するために役員の給料をある程度低く抑えている．コーキャンは労組代替戦略は一般的に「組織的忠誠心や責任を助長し報酬を与える精神的風土の開拓」を含むと述べている．

全般的に言えば，NUMMIとTMMKは，労働組合のない米国企業の最高度の

平等主義を模倣することを通じて，トヨタを追い越してしまったように思われた．

5-10 雇用保証

トヨタは，日本の他の大規模な製造会社と同様に，正規従業員に一定度の雇用保証を提供してきたが，それはアメリカの同種の企業が労働力の数的弾力性を積極的に追求してきたのと極めて明白な違いを生じさせた．雇用保証はシンボリックな一体感の物質的補完物であり，その点ではNUMMIとTMMKは親会社に似ているのである．

NUMMIの団体交渉協約は雇用保証に対する明白な責任を定めている．NUMMIは1987-1988年にこの責任を守った．というのは，その年は設備稼働率が60パーセント以下に落ちたのであるが，誰1人レイオフされなかったのである．労働者は特別訓練プログラムに入れられ，労働協約にのっとり「カイゼン」プロジェクトと設備保全職務の仕事に配置されたのであった．

TMMKの責任はもっと微妙な差異があった．明示的な責任という法的結果を恐れて，また，恐らくは不況時に最大限のフレキシビリティを経営側に保留したいと希望して，TMMKのチームメンバー手引書は，「終身雇用」を「目標」と書いたが，「法的責任でもないし労働協約でもない」と強調した．このアプローチにおいて，TMMKはトヨタに似ていた．トヨタは，労働協約はNUMMI協約で定められた保証の種類を特定しておらず，その代わりに責任は第一義的には信頼の問題であるとした．

トヨタと違って，2つの移植工場とも短期雇用の従業員を利用していなかった．移植工場の経営者は維持しようと努力している一体感を短期雇用労働者が掘り崩すことを恐れていた．日本では，トヨタははるかに大量で頻繁に変動する需要に対処しなければならない．

一方で，雇用保証は，少なくとも「中核的」従業員にとっては，日本の雇用慣行の著しい特徴としてしばしば引合いに出されるが，フォークス (Foulkes, 1980) は彼が採り上げた米国企業のほとんど全社がレイオフを避けようと相当長期間頑張っていることを見出している．フォークスが調査した労組のない米

国企業は，トヨタと同様に，雇用保証施策につぎのような重要な利点を見出している．つまり，不安感の減少による士気の高揚，仕事の仕方や技術の変化に対する従業員の抵抗の減少，失業保険費用の低下，採用および訓練費用の節約，および企業イメージの改善である．しかしながら，フォークスの研究以後，ダウンサイジングに対する熱狂が増大し，労組のない米国企業の多くはその考え方を流行に乗せて転換した．

NUMMIはこの面ではトヨタに近いと評価されるが，より定式化された責任と短期雇用労働者の不在は，際立ったハイブリッド化を示している．TMMKの位置付けはさらに微妙な差異を示しており，トヨタや（古い）労組代替モデルの両方に見られるものと似ているのであるが，ここでも，また，短期労働者がいないということがある程度のハイブリッド化を示唆する．

5-11 労使関係

トヨタには，他の日本の自動車会社と同様に企業別労働組合がある．ブルーカラーとホワイトカラーの全従業員およびミドルクラスまでの管理者が組合のメンバーである．1950年代初期の大争議以来，労使関係は，合意形成，協議会，および企業・工場・職場レベルでの情報交換など幅広い労使構造をもっており，極めて協力的である．組合役員が会社役員になることもまれではない．ビッグスリーとUAWとの間の一定の距離をおいた関係や，しばしば敵対的な関係との対照的な差異は衝撃的である．合衆国では監督者は組合メンバーから排除されている．

UAWの2,244支部は国際労働組合に加盟しているが，支部の指導者は大規模な合同委員会を通してNUMMIの経営者に協力的である．多くのビッグスリーの工場と同様に，そこでも，労使の団体交渉委員会が毎週，安全委員会が毎週，課ごとの管理者と組合執行委員との会議が毎週，そして組合と会社指導部の職場外での3日会議が4週に1度行われる．多くのビッグスリー工場のそれと違って，NUMMIではしばしば労働組合が会社のポリシー決定に実質的な影響力を発揮することが許容された．（それゆえ）最近，組合支部の指導体制が（UAWの）本部執行委員会からその支持団体幹部会（コーカス）に移行し，また，元

に戻ったが，高水準の対話と協力を大きく損なうことはなかった．経営企画や共同討論会の開催に産業別労働組合の支部が大々的に参加するという組み合わせが示唆することは，NUMMIはトヨタとアメリカ労働組合の伝統とのハイブリッドを象徴するということである．

TMMKは労働組合不在型企業であり意識的な組合代替戦略を追求する会社であった．次のTMMKのトップ経営者（アメリカ人）による分析はフォークス（1980）が調査した多くの労働組合不在型企業の分析結果と極めて類似している．

> もちろん，誰かが私の代理を務めてくれるのであれば月に25ドル払うでしょう——私が（労働者で）経営陣を信頼していないと仮定しての話ですが．しかし私たちは経営陣の信頼を獲得し維持しようと努力しています．また，米国の労働法が組合組織と一体になって敵対的な労使関係を奨励するから，組合は私たちに対して多くの問題を作ってしまうのです．…私たちは労働者の信頼が必要なのです．組合組織化のリスクは私たちの管理が如何に不味いかという指標です．私たちは労働協約のあらゆる保護規定を申請するべきです．

この代替戦略は，UAWの脅威が現実的である限り，工場に実際的な制約を課する．次は私がインタビューしたある労働者の話の一部である．

> 私はここでは組合に関する話をそれほど多くは聞かない．ジョージタウンのUAWが時々ビラを配っているのは知ってるだろう．私は立ち止まって読みます．通常は私たちの残業が多くて仕事がきつくなったときにチームメンバーが組合に連絡すれば，ビラが配られます．一部の工場労働者は明らかに組合を求めています．工場の中でUAWのTシャツを着ている人たちもいます．もしも労働傷害に遭ったときにはある程度のメリットがあると思います．しかし，それ以外は，どんなメリットがありますか？ 組合は私たちの賃金も諸給付も変えようとはしませんから．

事実，TMMKは賃金水準をビッグスリーのそれに極めて近い水準に維持しており，従業員の苦情や関心事を発言するための従業員フォーラムを無数に作っている（次節で検討する）．

全体的に見れば，NUMMIはトヨタとUAWモデルのハイブリッドを表していると評価する．TMMKはそれよりもはるかに労働組合代替モデルに近似的である．

5-12 苦　　情

トヨタは，他の日本企業と同様に，ほとんどの苦情を監督者とその一層上のレベルの管理者を通じて解決している．労働組合が関わるのは相当に深刻なケースであり，その場合ですら組合の関与は通常は非公式な協同の問題解決モードでなされる．それに対して，アメリカの労働組合がある工場における苦情は工場の日常的管理とは区別された，公式の，裁判に類似した多段階のプロセスを通じて解決される．

NUMMIの「問題解決手続き」は，第1段階で共同問題解決を強調する点でトヨタのそれに似ているが，しかし，次の段階は伝統的なUAWモデルを忠実に遵守し，最終段階で第三者の調停を受け入れている．しかし，注目に値することは，団体交渉協約が健康と安全問題についてはストライキはしないと定めたことである．その代わりに，健康と安全問題で論争が解決しない場合には，「労使のいずれか一方が問題の最終的解決に向けてUAWの地域担当役員およびW.J. ユーズリーに上申することができる」（1994年団体交渉協約, p.163）．（ビル・ユーズリーはUAWとの第1次労働協約締結の際に貢献した調停委員である.）

TMMKには労働組合はないが組合に対する強い恐怖があり，苦情を認定する多数のメカニズムの組合せが存在している．「問題解決プロセス」はNUMMIの問題解決手続きと類似しているが，組合は関与しない．また，TMMKにはホットラインと呼ばれる1日24時間の伝言制度があり，労働者は希望すればそこに不平を匿名で記録できる．全ての苦情とそれに対する解答が掲示される．また，正規従業員の意識調査（NUMMIにおけるような）やチームメンバーとトップ経営者との円卓会議および管理者の「昼食会議」も行われている．全般的

な労使関係と整合させるために，TMMKは組合代替モデルに適合するような苦情処理の方式を工夫した．その方式は以下のような伝統的なモデルの限界を内包するものであった (McCabe, 1988)．①問題を抱えた従業員が訴訟を起こす際に献身的な専門家の支援を欠いている，②最終的な調停段階が存在しない，③同僚の意見を聞く条項がない（この点では懲戒と異なる——次節を参照），④さらに，TMMKはあらゆる問題は個人のものとして表明されなければならないと表明されていた（ワグナー法第8条(a)1および7における「共謀行為」がもたらす保身を避けるため）．

ここでは，労使関係に関する限り，NUMMIはトヨタ・モデルとUAWモデルの革新的なハイブリッド・モデルを象徴するが，他方，TMMKは十分に固った組合代替モデルに極めて類似している．

5-13 規　　律

NUMMIにおける規律の正式な手続きはUAW工場において見られるものと類似している．それは組合の執行役員による労働者代表を承認し，最後的な調停の段階を含むものである．この手続きが構想されるにあたってトヨタの影響があったという証拠は何も見つからなかった．

TMMKの規律手続き，「是正措置プログラム」は，「積極的規律」に基づくものとして従業員ハンドブックに記述されている．この方式は，1日間の「意思決定権放棄」という懲罰的ステップを含むもので，いくつかの進歩的な米国の労働組合不在型企業に見られる方式に見習って作られた (Campbell, Fleming, and Grote, 1985; Cameron, 1984)．最終ステップ（重大な規律違反を含む場合を除くすべての事例に該当する）は3人のチームメンバーと2人の管理者とからなる自主的な同僚による再審査委員会である．委員会のメンバーは自主的かつ交代制である．その審決は助言的なものにとどまり，労働者が利用できる外部の調停は認められない．

NUMMIとTMMKの両方にとって最も一般的な規律問題は欠勤によるものであった．トヨタの工場では，監督者と同僚からの大きなプレッシャーが欠勤率を非常に低く維持するためにかけられている．アメリカ企業の組合のある工場

は伝統的に欠勤に対してはるかに寛大である．NUMMIの欠勤対策は極めて形式的で厳格である．たとえば，年次有給休暇その他の正式に許可された休暇以外の欠勤は理由のあるなしによる区別は正式にはない．TMMKは，NUMMIよりもさらに欠勤が少ない．チームメンバーのハンドブックは欠勤について特別の方式を定めているわけではない．グループリーダーの方針と手続きのマニュアルは，「通常の状況では，チームメンバーが12ヶ月以内に5日以上の欠勤を積み重ねるならば，われわれは矯正行動会議を開催する」と述べている．

　ここでも再び，NUMMIはトヨタとUAWのハイブリッド・モデルを象徴しているが，TMMKは組合代替モデルに類似している．しかしながら，この工場は2つとも欠勤に関してインフォーマルかつ側面からの規律を創造するために，チームメンバーからのプレッシャーに依存していたことを想起するべきである．

5-14　人員選抜

　日本企業はある程度の統一性および柔軟性を維持するために比較的に「均質的な」労働力に依存しているとしばしば言われている．この均質性を確認するのは日本人全体の性質を所与とすれば比較的容易であった．さらに，大手自動車メーカーは生産労働者に対して高く評価される職務を与えており（少なくとも，1990年代初期までは），トヨタは応募者を非常に注意深く選抜してきた．これに対して，ビッグスリーの工場労働者は民族的には極めて多様であり，その伝統的な選抜基準もまた極めて緩やかなものであった．

　GMフレモント工場の経験豊富な労働者に対するNUMMIによる最初の採用を例外として，NUMMIとTMMKは新入社員の選抜を非常に注意深く行った．先に述べたとおり，NUMMIはトラック製造ラインの拡張で700人を採用するために9,000人に面接し，またTMMKの労働者6,200人は200,000人以上の応募者の中から選抜された．一方では，日本企業の海外工場における民族や性別の多様性は嘆かわしいほど低いものであった（Cole and Denkins, 1988）が，トヨタの北米工場は平均以上であった．NUMMIの労働者はアフリカ系アメリカ人が19パーセント，ヒスパニック系が28パーセントで，また，ケンタッキー

州の労働者は少数民族が7パーセントであったが，TMMKの場合，生産労働者チームメンバーの少数民族は15パーセント，セクション管理者のそれは15パーセントであった．

　NUMMIとTMMKの両工場においては，新規採用の選抜における重要な要素は，「仕事上の倫理」，チームワーク能力，柔軟性および学習意欲であった．TMMKの労働者の約73パーセントが何らかの大学教育以上の経験者であった．NUMMIにおける大学教育は平均よりはるかに低かったが，それはおそらく地域の労働市場における就職機会の違いによるものであろう．興味深いことに，TMMKは相当多数の管理者を米国の自動車企業および日系移植工場から採用したにもかかわらず，自動車産業における職歴を持つ生産労働者や熟練職種の作業者を積極的に採用しようとはしなかった．（これは，部分的には，ケンタッキー州の住民が雇用優先権を持つという，ケンタッキー州がTMMKに与えた包括的誘致政策によるものであった．）

　私のインタビューで，TMMKがケンタッキー州を立地として選択したことに対する回答者の説明は，移植工場が農村地域の労働者を好むのは彼らが欠勤率が低いと評価されているからであるというケニーとフロリダ（Kenney and Florida, 1993）やその他の論者によって以前から指摘されていることと一致していた．この立地選択は，また，求職者に対する徹底した選抜とあいまって，労働組合意識を持つ人々の採用の可能性を引き下げる役割をも果たしたであろう．（移植工場による労働組合意識をもつ者に対する選抜に関するより広範な議論はザルツマン（Saltzman, 1995）を参照）．

　GMはトヨタに対して工場立地の選択権を与えなかった．その上，UAWはNUMMIの工場立ち上げ時のパートナーであり，GMフレモント工場の長期雇用者の再雇用を拒否すれば調停に持ち込むという脅威を突きつけた．結果として，就職応募者は3日間のテストと面接を受けなければならなかったが，拒絶されたのは3,000人中300人に過ぎなかった．トラック工場の立ち上げに伴う，その後の採用は非常に厳しくなり，TMMKで使われたものと同じ採用基準に基づいて選抜された．

　TMMKもNUMMIも，最初の数年間はトヨタから派遣されたアドバイザーに

頼ることが多かった．NUMMIはトヨタの現場指導員400人で操業を開始した．アメリカ人の管理者は全員が日本人の同格の相手とペアを組まされた．NUMMIはその支援を高岡工場に大きく依存したが，TMMKは堤工場の支援に同じぐらい依存した．しかし，時間の経過と共に，アドバイザーの数は大幅に削減され，1995年までにNUMMIはトヨタからの「調整要員」と管理者を25人だけに削減した．彼らの主要な責任は日本の本社や母工場とのコミュニケーションを円滑にすることであった．両社とも，人的資源管理の副社長を始め，経営者はほとんどがアメリカ人であった．しかし，社長は，両社とも日本人であった．

フォークス（1980）は米国の労働組合不在型企業における人事選抜について一言だけ述べている．彼は，会社が特定の職務に対してではなく，キャリアに対して雇用すると考えているという理由で，あらゆる採用を会社レベルに集中しているという1企業の事例を挙げている．それはNUMMIやTMMKで行われているトヨタ方式に実際のところ相当程度類似していた．ローラー他（1990）は新しい，労働者参加度の高い工場は選抜を極めて重要視すると述べている．コーキャンは，労働組合代替戦略は，「新しい生産施設の農村地域かできれば労働組合の弱い地域への立地，および最も明白に労働組合支持派と見なされる労働者を避けるための従業員選抜方式の利用」をしばしば含んでいると指摘した（1980, p.185）．

全般的に言えば，また，GMフレモント工場の長期雇用者に対するNUMMIの第1回目の雇用を例外として，トヨタの2つの移植工場は労働組合代替モデルに近いと思われる．

5-15　昇　　進
日本企業とビッグスリーとの間には，いくつかの労働者区分間（トヨタではある等級から別の等級へ，あるいはチームメンバーからチームリーダーへ，ビッグスリーでは労働者区分間）における，および労働者から監督への，昇進施策に関して，大きな相違が存在する．トヨタにおいては，ほとんど全ての職位が内部昇進で満たされるし，昇進は勤続年数，内密の査定，および上司による直接的な推薦

に基づいている．ジョブ・ポスティング（欠員募集広告）制度も公式な試験制度もない．ビッグスリーでは，監督はしばしば外部から採用され，労働者区分内の異動は公式のジョブ・ポスティング制度によって厳密に先任権によって決定される．

　NUMMIとTMMKでは，チームリーダーやグループリーダーへの昇進はすべて内部から行われる．トヨタと違う点は，NUMMIにはジョブ・ポスティング制度があることである．昇進を希望する者は自主的に訓練（チームリーダーに昇進するためには20時間）を受け，選考は現在の職務と訓練の成績に基づいて行われる．NUMMIでは最初の数年間にチームリーダーの選抜にえこひいきがあるとのクレームを受けた後，経営者は査定と最終選考が労使共同委員会で行われるという公式な方式を協定した．先任権は同点決定者の選抜に対してのみ使用された．TMMKのシステムは（NUMMIと）ほとんど同じであった．先任権はここでも同点者の選抜に使われた．注目するべき相違は，TMMKはNUMMIと違って選抜基準の中に同僚の評価を含めていることであった．

　これらの昇進制度はどの程度の新しさをもっていたか？　フォークス（1980）は彼の調査結果を次のような言葉で要約している．「内部昇進は調査したすべての企業の人事管理制度の重要な土台である．…大多数の企業は時間賃金労働者に対してジョブ・ポスティング制度を採用している．…（しかし）ジョブ・ポスティング制度は昇進決定に際して会社に対して先任権を極めて重要視させる傾向があるように思われる（pp.143-144）．コーキャンは，労働組合代替戦略をとる米国企業は一般的に「合理的な賃金および給与管理と業績評価および功績に報いる昇進制度を特徴とするが，しかし先任権の重要性もまた認めている」とする（1980, p.185）．

　昇進制度においては，NUMMIはトヨタとUAWのハイブリッド・モデルを創出し，TMMKはトヨタと米国の労組代替型企業とのハイブリッド・モデルを創出したように思われる．

5-16　賃金と諸給付

　トヨタにおいては，賃金と賞与は技能等級，年功，グループ業績指数，およ

び管理者によって行われ労働者には開示されない人事考課に基づいている.1980年代以来,トヨタは徐々にグループ業績のウェイトを低くし個人の技能や努力のウェイトを高くしてきた (Grønning,1995; Shimizu and GEMIC, 1993; Shimizu, 1995).概して言えば,賃金と諸給付は歴史的に他の手に入るものよりも魅力があると見られてきたが,労働者が日常的な残業を歓迎するのが厳然たる事実であるほどに依然として低いままである.対照的に,ビッグスリーでは,賃金は厳格かつ詳細な職務区分制度によって決定されるが,賞与は会社全体の利益または利潤分配計画に基づいて決定され,また,概して言えば,自動車産業で働く労働者の所得は他の職務に比べると高い,特に同様の技能で労組に組織されていない職務に比べて高い.

　NUMMIにもTMMKにも労働者個人別の属人給は存在しない.勤続年数・年齢による加給や個人査定およびグループまたはチームの業績給も存在しない.どちらの工場にも差別化された技能等級は存在しない.両工場は工場単位の業績に基づく利潤分配的な制度を導入している.NUMMIでは,その制度は全作業者に一律同額を支払う.TMMKでは,全労働者に一律同額を支払うものと労働者賃金に比例して決定されるものと,2つの別々の業績指標に連動する制度が存在する.

　NUMMIでは,賃金はビッグスリー=UAWの賃金レートに連動しているが,きわめて異例のこととして,昼食時間 (30分) に対しても有給である.GMのフレモント工場では,労働者は昼食時にしばしば工場を出て,時には近くの酒場で一杯やることもあった.NUMMIの経営者は品質への影響を心配して労働者を工場の中にとどめるために昼食時間を有給にしたのである.

　TMMKもまた,賃金水準についてビッグスリー=UAWに追随しており,これは労働組合が組織されている産業における企業の組合代替戦略と共通することを,フォークス (1980) は見出している.実際,TMMKの経営者は通常自社のチームメンバーの賃金率をビッグスリーの賃率表と比較したものを配布している.1993年に関しては,TMMKは生産労働者も熟練職種労働者もNUMMIに続いて第2位であった.

　教育訓練と能力開発に対するトヨタのやり方は,2つの大きな職務分類ごと

にいくつかの熟練等級とそれに対応する賃金レートに区分することになった．対照的に，TMMKとNUMMIはどちらも生産労働者と保全＝熟練職種あるいはチームリーダー階層の内部においては技能等級を区分していない．少なくとも移植工場の現在の発展段階や文化状況においては，トヨタのような区分は不和を生じさせるだろうという懸念がしばしば表明されている．しかしながら，TMMKおよびNUMMIの成長期には，きわめて限定されたやり方ではあるが，機能的には熟練等級に匹敵する役割を果たした．GMフレモント工場では，新しく採用された生産労働者は正賃金の92.5パーセントでスタートして90日後に正賃金に進むのであるが，TMMKとNUMMIの最初の労働協約では85パーセントから始まり18ヵ月後に正賃金になった．1991年にNUMMIはこれを75パーセントと24ヵ月後に変更し，その後1994年には70パーセントと36ヶ月に変更した．こうした変更はGM＝UAWの全国協約の変更と平行して行われたのであるが，多くの労働者は同じ仕事に対して異なる賃金を稼ぐ仲間と一緒に働くのは惨めだと感じ，職場での緊張感を高めた．

　TMMKは労働者の賃金を個人別に決めることにきわめて消極的であるが，それはアメリカの労働組合不在型企業の場合に似ているように思われる．フォークス（1980年）は，「考課給の賃金制度は労働組合不在型企業全体に共通しているが，さまざまな理由で，言明された通りには管理されていないと信じられている．それに代わって，先任権や自動的昇進および平等な処遇がますます重要視されているように思われる．」（p.185）フォークスが調査した多くの労働組合不在型企業とは違い，TMMKもNUMMIも生産労働者に月給制（サラリー）を適用していない．

　概括的にいえば，賃金決定の仕組みとそのプロセスは，NUMMIはUAWモデルに追随しておりトヨタの影響はほとんどないが，TMMKは労働組合代替モデルに追随し——その結果としてUAWモデルに極めて似ている——トヨタの影響はあまりない．諸給付も同じパターンをとっている．すなわち，トヨタの諸給付はきわめて包括的であり，労働者の仕事以外の生活（会社は社宅，親睦団体，スポーツ活動，従業員のための病院などを経営する）にまで及び，NUMMIとTMMKの諸給付はその範囲と種類においてよりアメリカ的であり，労働者の個

人生活に対してはあまり押し付けがましくない．

　個人別のボーナスがないということはトヨタの方式に対してのみならず，ますます増大しつつある米国の労働組合不在型企業の方式に対しても驚くほど対照的であり，組合代替カテゴリーよりも組合無視になりつつあるという注目すべき方式である．個人別の物質的インセンティブが自主的な努力をもたらすための労働者の持続的な積極性を確保するために有効な前提であると考えられる限りでは，提案に対する報酬およびチームリーダーやそれ以上への昇進の（より長期間にわたる）機会の増大は，たとえ僅かなものに過ぎないとしても，機能的には同等なものと理解できよう．

5-17　健康と安全

　人的資源管理の重点は自動車工場では労働者の健康と安全に向けられている．米国産業全般において職業上の病気や労働災害に関する過少報告がしばしば行われ，職業安全健康連邦管理局（OSHA）が1980年代半ばに圧力をかけるまで続いた．この圧力の結果，自動車産業（SICコード3711）におけるOSHAに報告すべき事故の発生率が1985年の100人の従業員・年あたり5.5から1992年の32.3に上昇した．日本における過少報告はさらに極端である．日本の自動車企業の中間管理職は労働災害や職業病をできるだけ少なく報告するように圧力をかけられており，労働者は作業グループの迷惑になるとかグループや工場の完全な「無事故」評価に支障が出ることを心配して，しばしば自分の心身の異常を隠している（Wokutch, 1992, p.104）．

　NUMMIとTMMKでインタビューを受けた多くの識者たちは，人間工学上の問題はトヨタの工場の方が海外の移植工場よりも頻度が低いと評価している（Adler, Goldoftas, and Levine, 1997; 他の企業とその米国子会社の調査, Wokutch, 1992, は同様の結論に達した）．ある特定の要素が健康と安全に向けられる偉大な資源であると思われた．日本企業の工場の各部門は安全専門担当者および健康専門担当者を擁しており――労働者一人当たりのスタッフ比率はNUMMIの5倍以上である――．トヨタの日本工場は，全員男性，肉体的に同質性であり，比較的若い生産労働者であるから，人間工学上の問題は相当低減されると思われる

(職務の肉体的要求が最も高い組立職場では年配の労働者はほとんど見られない――彼らは昇進するか体力的にやさしいオフ・ラインの職務に異動するか,あるいは辞める――).日本人労働者の中での身長,体重,および強靱さにおいてバラツキが少ないために最適な生産工程,工具,およびレイアウトの確保が容易であった.

NUMMIでは,数段階の職場評価が問題箇所を明らかにするが,1994年までは,エルゴノミックスは工場にとって優先度が高いものとは受け止められてはいなかった.1993年1月に,カリフォルニア州の職業安全健康管理局(Cal-OSHA)がNUMMIに対して3つの出廷通告を発行した.その内の2つは「重大」と記されていた.NUMMIは上訴したが,1994年1月には,より高い水準の人間工学上の監視,評価,訓練および人員配置をNUMMIに義務づける調停が成立した.UAW支部との別の協定が現在の健康と安全担当係の他に,組合側の人間工学担当の職員を設置することになった.こうした変化がNUMMIをビッグスリーの人間工学的方式に近づけた.1994年には,NUMMI経営者は人間工学的改善に戦略的優先性を認めた.そして,1995年には,人間工学的諸成果が著しく改善し始めたのである.

TMMKでは,工場立ち上げ直後の2～3ヶ月間に反復作業による筋肉疲労が急増したために,経営者は急いで人間工学を優先することにした.数段階の職場評価が問題箇所に焦点を当て,それによって明らかになった問題は制度的に処理された.TMMKの従業員1人あたりの安全衛生要員比率はNUMMIの倍に近いがそれでも日本のトヨタ工場に比べると半分に過ぎない.TMMKはトヨタやNUMMIの工場と違って,資格を持った人間工学者を採用しており,人間工学の精巧な試験装置を導入している.TMMKは,また,人間工学的にバランスの取れたローテイションの順序をデザインすることにおいては際だっていた.「作業鍛練」プログラムの下においては新規採用者は最初の5週間の間,徐々に仕事の強度を上げていくことが許されている.彼らはローテイションができるように最初の4週間の間に2つの仕事を覚えなければならない.TMMKには障害を受けた労働者をゆっくりと計画的に職場復帰させるためのプログラムがある.QCや提案制度はさまざまな機会に人間工学を優先させているが,しかし,NUMMIのそれとは違って,TMMKの労働者は人間工学的問題に対し

て批判的な発言をしていない．次のTMMKのHRマネジャーの発言のように，その効果は注目に値する；「わが社の傷害発生率はピークの1989年の3分の1に減少し，産業平均の約5分の1である．」

安全衛生においては，NUMMIとTMMKはいくつかの要素を日本のトヨタから取り入れているが，それをUAWおよび組合代替管理方式とそれぞれハイブリッド化している．

5-18　HRMの全社的管理

人的資源部門においても，米国移植工場の実質的な管理を行うとするトヨタの経営方針に従い，人的資源担当の執行役員は両工場ともに，米国国籍の人である．NUMMIの人的資源部門の担当副社長であるチャイルズ氏（Bill Childs）はジェネラル・ダイナミック社（General Dynamics）の人事部から採用された人である．1996年までにTMMKの副社長を勤め，人的資源と管理の部門責任者であったウォレン氏（Alex Warren）はUSスチール社（U.S. Steel）とロックウェル社（Rockwell）において労使関係を，そしてリーズウェイ・トランスポーテイション社（Leaseway Transportation）においては人的資源管理を経験した人である．TMMKの人的資源部門の副社長であるヘルトマン氏（Sam Heltman）はフォードのニューホランド工場から赴任している．人的資源管理の機能においては現地の人材に頼りつつ，トヨタは米国系やヨーロッパ系の多国籍企業の標準的な経営方式，とりわけ米国のビッグスリーの経営方式を展開していたのである（Kujawa, 1971）[4]．

重要な役割がこうした米国人マネジャーによって果たされていたにもかかわらず，NUMMIとTMMKはトヨタの日本工場における人的資源部門が享受していたものと同じような影響力を両工場の人的資源部門にもたらしたのである．トヨタのような，日本の多くの大企業の人的資源部門は政治的な重量級部門であるのに対して，アメリカ企業の人的資源部門は一般的にマイナー部門である（Inohara, 1990 ; Pucik, 1984）．自動車関連産業の労働組合が大規模に組織されていた企業で以前に勤務したことのあるNUMMIのマネジャーはこうした点における違いを次のように述べている．

NUMMIでは人的資源部門はすべての社員に関して責任を負っています．われわれは従業員の経営参加のすべての側面において「世話役」と呼ばれるように努めています．アメリカの企業では別の部門が果たす責任を，NUMMIでは人的資源部門が果たす多くの事例を知っています．たとえば，人的資源部門には人員数や規定外労働時間に対する「予算責任」があります．人的資源部門にはこれらの予算支出に責任をもつ製造マネジャーが所属しています．これこそトヨタ方式です．アメリカ企業ではこれらの役割を演ずるのは財務部門です．NUMMIでは，給料の管理は財務部門ではなく，人的資源部門で行います．諸手当と年金プラン会計も財務部門や会計部門ではなく人的資源部門で行います．すべての出張は財務部門ではなく人的資源部門が許可します．NUMMIでは，提案制度，相乗り通勤，そして会社行楽のような諸活動を運営する人的資源部門の「チームメンバー参画」グループがあります．アメリカ企業では，このような諸活動は異なる諸部門に分散しています．人的資源部門はまた，タクトタイム（ライン速度）の調整のような，製造部門の専権領域に対しても強い発言権があります．他方，NUMMIではライン管理を共同で行うことが多いのですが，アメリカ企業では，ライン管理は教育訓練のような人的資源部門固有の分野となっています．しかし全体的にみて，NUMMIにおける組織の力と影響という点からランク付けをすると，生産管理部門がナンバーワンで，ほとんどそれとならんで人的資源部門が続きます．アメリカ企業では，すべてのパワーが財務部門にあります．

　TMMKは人的資源管理においては極めてトヨタに近い．人的資源部門はトヨタの管理方式に従い工場と人的資源の部門の両方に席をおく「人的資源統括責任者」を設けている．各人的資源統括責任者は250～400人の従業員の世話をする．

　しかし，アメリカの労働組合不在型企業はむしろ人的資源に関して次のようなことを重視する．たとえば，ミルズ（Mills, 1982, p. 148）氏は，「標準以上の業績をあげている」労働組合不在の企業が苦情処理のためのチャンネルとして

人的資源統括責任者をいかに機能させることが多いかということに注目している．フォークス（1980）はより一般化して次のように述べている．

> 労働組合不在型企業の人事部門は大きな力を有し行使している…その強い影響力の多くは彼らのトップ・マネジメントとの密接な関係と委譲された監査および統制の役割から生ずる…ライン・マネジャーは彼らの忠告を無視することはできない…おそらく，企業調査の大多数の場合において，人事部門が日本企業で見られるものと類似していると言うことは確かである（pp. 95-96）．

基礎をなす哲学と特殊な管理方式という点でこうした類似性があるにもかかわらず，移植工場における人的資源部門の役割は全体的に見て，トヨタの日本工場で見られるものに極めて類似している．ビッグスリーと対照すると，その違いは大きい．トップ・マネジメントはHRMを成功のための決定的に重要な要素として見なしている．本社はHRMの現地管理方式とのハイブリッド化の必要性を認識している．しかし，これはHRMが重要ではないと見なした結果ではなく，むしろ逆に，トップ・マネジメントがトヨタ生産システムを補完し，現地のコンテクストに適合するというHRMシステム構築化の課題に優先させている結果である[5]．

6 論　点

前節まででは，NUMMIとTMMKにおけるHRMの重要な要素について概観した．本節では，それをまとめて論議してみよう．表3-4には，前節までの主要な研究成果がまとめられている．

第1に，工場間にいくつかの共通点がみられる．とりわけ，作業組織，学習，そして人的資源の全社的管理の領域においてはトヨタ・モデルが支配的であるのに対して，雇用関係の領域では，アメリカ特有のモデルとのハイブリッド化および導入が主流であった．

こうした傾向は，表3-2に要約されている命題と合致している．トヨタ生産システム（TPS）に最も近接しているHRMの諸要素（作業組織と学習）は，ハイブリッド化が最も少ない．トヨタは，TPS—みずからが競争優位の源泉とみなしている技術—の導入を，子会社の効率と統制のために決定的に重要なものであるとみている．第1命題についていえば，TPSに直結しているHRMの諸項目は，最も直接的にトヨタを手本としている．反対に，第1，第3，そして第4命題に関しては，「雇用関係」に分類されるHRMの諸項目が地域の法律や慣習，監視の影響を最も直接的に受けており，ハイブリッド化が最大である．雇用関係は，この領域が地域の法的環境から最も強い影響を受けるために特にハイブリッド化の圧力を受けやすい（Edelman, 1990）．この領域には，最も労使間の利害対立が生じやすい諸要素が含まれており，労働者と雇用者のそれぞれの集団は，この領域を支配するための法律および規制の緻密な構造をつくりだすために，数十年にわたって相当な政治的手段を行使してきたのである．こうした法律や規制の効力は，NUMMIに対するカリフォルニア州職業労働安全管理局の召喚状にかなり直接的にみることができるし，より間接的には，TMMKによるエルゴノミックスへの莫大な投資から理解することができる．

第2に，2つの工場間の比較が可能である．全般的には，NUMMIはトヨタの多くの特徴を採用しているとともに，UAWモデルおよびアメリカの組合代替モデルの特徴をいくらかハイブリッド化している．親工場の全般的な影響は，2つのアメリカ・モデルを組み合わせたものよりも，相当大きいと思われる．TMMKでは，NUMMIよりもいくらかトヨタの影響が弱く，そこでは，興味深いハイブリッドがいくつか生み出されている．しかし，TMMKは，UAWモデルに基づいているNUMMIよりも，組合代替モデルに依存するところが大きいようである．

これらの傾向は，表3-1に示されている命題と部分的にしか合致していない．確かに，全てを勘案すると，どちらの工場もトヨタ・モデルの多数の側面を導入している．しかし，TMMKではNUMMIよりも日本の影響が弱い（強いの逆）ことが示されている．TMMKはNUMMIよりも多くの自動車を生産し，かつ利潤を生み出している（B3）．TMMKが設立されたとき，トヨタはより多くの国

表3-4 概括：HRM方式への主な影響

領　　　域	項目内容	NUMMI	TMMK
作業組織	職務区分	Toyota	Toyota
	生産チーム	Toyota	Toyota
	ジョブ・ローテイション	Toyota	Toyota
	監督の役割	Toyota	Toyota
個人学習および組織学習	訓　　練	Toyota	Toyota
	提案制度	Toyota	Toyota
	QCサークル	Toyota	Toyota
	情報の共有	Toyota	Toyota
雇用関係	一体感のシンボル	USM	USM
	雇用保証	Toyota-UAW	Toyota-USM
	労使関係	Toyota-UAW	USM
	苦情処理	Toyota-UAW	USM
	規　　律	Toyota-UAW	USM
	人事選抜[c]	UAW-USM	USM
	昇　　進	Toyota-UAW	Toyota-USM
	賃金と諸給付	UAW	USM
	健康と安全	Toyota-UAW	Toyota-USM
全社的管理	HR部門の役割	Toyota	Toyota
総　　合	総得点[b]	Toyota USM UAW	Toyota USM
		12.0　1.5　4.5	10.5　7.5

(a) 凡　例：Toyota＝トヨタの日本工場の管理方式に近い．；USM＝アメリカの労働組合の代替モデルに特有の管理方式．；UAW＝全米自動車労組の先進的労働組合モデルに近い．；Toyota‐UAW＝トヨタとUAWとのハイブリッド．；Toyota‐USM＝トヨタとアメリカの労働組合代替モデルとのハイブリッド．
(b) 加点法：一方的影響モデルは，1ポイント加点され，相互影響（ハイブリッド）モデルは，0.5ポイント加点される．全般的な傾向，妥当可能な得点方式を利用しても変わらなかった．
(c) NUMMIでの人事選抜は，当初，UAWの強い影響下でのリコールのように実施された．後の採用時においては，労働組合はわずかな役割を果たしたに過ぎない．

際経験を積んでいた（B7）NUMMIは合弁でTMMKは完全所有である（B9）．TMMKは労働組合未組織化地域に所在し，NUMMIは労働組合組織化地域に立地している（C2）．TMMKは現地政府や労働者に相対してより多くの権力を処理している（C3）．TMMKでは組合が組織化されておらず（C4），NUMMIよりも多くの海外派遣社員を抱えているとともに（C5），その設立時期はNUMMIよりも遅い（C6）．TMMKの立地は農村地帯であるし（C10），多くの同質的な労働力を保有している（C11）．そして，現地の労働市場は代替的な労働力をほとんど提供していない（C12）．これら全てのことにもかかわらず，TMMKはNUMMIよりも，現地への適応度が高い（低いの逆）ことが示されているのである．

　一体なぜこれが問題となるのか．それには，表3-1の上記部分の根底にある論理に立ち戻らなければならない．これらの元となる研究は，つぎのように仮定している．すなわち，HRMのやり方を決めるうえで，子会社は親会社と現地環境の相反する力に引っ張られるということである．したがって，この基本的仮定では，他の条件が等しければ，親会社はみずからの方針を子会社が採用することを好み，現地環境の技術的・制度的制約は，その採用を妨げるものであるということになる．しかしながら，親会社が子会社の発展を，現地環境の制約だけではなくて，資源を発掘する組織学習過程として解釈するとすれば，どうなるであろうか．NUMMIとTMMKの歴史は，こうした見方を支持するように思われる．合衆国に進出するにあたって，トヨタはUAWと効果的に連携するための方法をNUMMIにおいて考案し，TMMKで組合代替型政策の効率性を検証しようとしているのである．こうした子会社の「戦略的」組織設計の視点は，初期に合衆国に設立された日系子会社で明らかにみられる外見上の「戦略なき戦略」型によっても支持される．1980年代より前に，合衆国の日系移植工場は，ほぼ常に北米の管理方式を導入してきた．しかし，このことは現地の制約でも，日本企業の意思決定の結果でさえもない．「今日では，みずからの作業システムの利点を評価している日本企業も，1970年代には自信がなかったのである」（Cutcher-Gershenfeld et al., 1994, pp. 54-55）．

　先行研究では，資源依存理論や新制度学派，文化論の解釈にもとづいて，こ

の活動的な組織学習の仮説を排除してしまう傾向があった．第1に，資源依存理論は，すべての主体が自律性を求めると仮定しているため，子会社が現地の主体性を主張する一方で，本社も中央統制を主張すると仮定しているのである（Pfeffer and Salancik, 1978）．少なくとも，トヨタのように卓抜した高い目標をかなり効果的に達成し続けていると思われる企業に当てはめるには，これは皮相にすぎる見方である．

第2に，多くの新制度学派は，同型化は当然と見なされる価値観やスキーム（図式）が共有され，新たな組織にとけ込んでいく過程に基づいているとする（たとえば，Zucker, 1987）．しかしながら，2つの工場について行った本章の分析は，この同型化過程の視点があまりに受動的であるということを示している．スコット（Scott, 1991）がいうように，制度化は，戦略的選択の要素を完全に否定するものとして解釈してはならない．欧州におけるビッグスリーに対するクジャワ（Kujawa, 1971）の研究が提起しているように，いくつかの多国籍企業は，実際に労使関係上および規制上の衝突を避けながら労務費を最小化するように，子会社のHRMの目的を定めているのかもしれない．そうだとすれば，また，労働組合および労働法規が強力であるとすれば，HRMは，制度的正当性の判断によって強く規制され，技術的効率性の判断による影響は，わずかなものにすぎないという仮説が立てられるだろう．トヨタはこれとは対照的であり，HRMを，競争力を確実にするうえで生産システムと等しく重要なもので，より重大かつ戦略的な問題であると見なしているようである．このような事情のもとでは，HRMは正当性に類するものと効率性に類するものの双方のきわめて強い圧力を受けやすいのであり，実際，本章でみた2つの移植工場の事例でそうであった．

この2つの事例が提供するハイブリッド化の視点は，過度に単純化された文化概念の信頼性をも低下させる．国際経営の研究者は，国民文化が，管理方式に対する大きな制約になるという（たとえば，Erez and Early, 1993, Ishida, 1986）．日本の文化は，不確実性の受容度および男性度（masculinity）が相対的に高く，個人主義度が相対的に低いといわれている（Hofstede, 1980）．トヨタのアメリカ子会社では，年功賃金が存在していないことなど，いくつかの管理方式につ

いては，この見解と一致しているようである．しかしながら，その他の管理方式は，生産チームや一体感のシンボルの使用が成功していることに見られるように，必ずしも（この見解に）一致していないのである．国民文化の一般的視点が，本章で分析したようなより具体的かつ特殊な管理方式の将来を，どの程度明確に予測できるのかを知ることは難しい（Jackson and Schuler, 1995 も参照）．ウィルムス＝ハードキャッスル＝ゼル（Wilms, Hardcastle, and Zell, 1994）がNUMMIについて描き出した，微妙な意味をもった文化的ハイブリッド化の描写は，文化論者に課せられた重大な課題を示しているのである．

7 結 論

本章では2つの日系移植工場のHRM方式について検討してきた．そこで実証的に明らかになったことは主として次の諸点である．①全体的にみれば，これら海外子会社のHRM方式は決して純粋に日本的でもアメリカ的でもなく，むしろハイブリッドである．②日本的な管理方式については，作業組織，学習および管理過程についての方式が導入されているのにたいして，現地化あるいはハイブリッド化は雇用関係領域の多様な内容項目において一般的である．③このハイブリッド化は，ひとつの同質的な受入国のモデルを用いているというよりは，受入国において有用な多様なモデル（進歩的労働組合モデルと組合代替モデルの両方）を用いている．④HRM方式の相当な相違のもとで，トヨタの日本の工場とその2つの米国子会社は，生産性と品質に関してほぼ世界クラスの水準を達成している．

これらの発見は，ホワイトとトレバー（White and Trevor, 1983）が英国における日系子会社の研究で示したものと共通点が多い．米国においても，英国においても，種々の人的資源管理の内容項目は，日本的管理方式を無差別に導入するというよりも，むしろ「断片的な実用主義」の精神で設計されており，まさにこの実用主義は「純粋に受動的なやり方で」現地の管理方式に従うこととは正反対である．それは，HRMに対する「上級管理者の重大な関心」を反映している．

主要な理論的結論は，ハイブリッド化を過度に一般化した意味で理解することは避けなければならないということである．子会社のHRMシステムの異なる内容項目は，（それぞれ）異なる圧力に制約されているだけではない．現地の環境に起因するその圧力も，全てが同質なものではないし，全てがそれで決定されるものでもない．合衆国（あるいは他のどこでも）における海外子会社は，解釈，選択および学習を海外子会社に可能にさせる（まさに海外子会社もそれを要請している）複雑な文化的，社会的そして制度的コンテクスト（脈略）のなかで経営しているのである．

　いくつかの注意事項を記しておくべきであろう．特に，これら2つの工場のHRM方式はいまなお変化しているかもしれない．新制度学派が示唆するように，一旦実行可能な一連のHRM方式が「刷り込まれると」，組織は外的環境における大きな混乱の影響がなければ変化しなくなる．しかし，そうした混乱はほとんど想定できない．NUMMIの稼働率が60％以下に低下した1987～88年においては，トヨタが貿易摩擦を緩和することを大きな目的に始めて設立した自らの子会社に対して労働者のレイオフを行うとは政治的には考えられもしなかった．しかし，これらの子会社が成熟したときには，また，実際ありうることだが経済状況が再び悪化した時には，いったいどうなるだろうか．トヨタが移植工場に提供できるであろう支援を制限してしまうグローバルな事業状況の下では，そのような変化が生じるとは考えられないことではない．このシナリオでは，工場の経営者と労働者の間の一体感は，グローバル企業とその現地従業員の間の利害の対立といういうよりも，ほとんど存在しないか，あるいは無視しう得るものとなるだろう．HRM方式は予測しがたい形で変化しうる．

　本研究は，今後の研究のいくつかの方向性を示唆している．第1に，ハイブリッド化の決定要因は，よりシステマティックな調査をとおしてこそ，有効に探索することができる．第2に，実際に海外子会社がその事業活動を定義し，再編する組織学習の過程に取り組むならば，今後の研究は，この学習が行われる個別の過程をより詳しく解明し得るであろう．第3に，これらの子会社のHRM方式が長期的に非常に安定しているとおもわれるので，多国籍企業がその初期の計画化の段階において子会社のHRM方式の選択を形成する方法を分

析することが有効であろう．最後に，たとえばトヨタがこの数年間してきたようにグローバル化の過程にある企業は，新たな子会社の立上げにおいて組織デザインのよりよい選択方法を，長期的にどのように学習するのかということを理解することが重要である．

移植工場の人的資源管理および生産システムの特性に関する研究，そしてそれらを形づける要因に関する研究は，継続され，そしてよりシステマティックに行われる必要があるが，われわれは，木を見て森を見ず，ということにならぬよう注意せねばならない．いくつかの研究（例えば，Kenney and Florida, 1993）は，これらの日本的管理方式を真に新たな経営モデルの中核として見ている．古い諺によれば，「師が月を指差す時，愚か者はその指先を見る」といわれている．日本的管理方式が海外に輸出されたとき，いくらか（ひょっすると広範に）ハイブリッド化が生じるとすれば，今後の研究はより大きな問題を見失なうべきではない．それは，米国産業におけるより広範な，全体的な経営管理方式のパターンに生じる変化の方向は何かということである．

注

1) この研究は，生産労働者に焦点を当てるために，この分類を開発させる際に，工場管理職能論を採用した．HR職能の視点を適用しているが，作業組織と管理部門の領域および労使関係の要素を無視しているティシー他の分類（Tichy, Fombrun, and Devanna, 1982）—選抜，査定，報酬，開発—とは異なっている．ビアー他（Beer et al., 1984）は，全般経営の視点を適用しながら，作業員の影響や人的資源の流れ，報酬システムおよび作業システムを区別している．
2) 別段の明記がない限り，トヨタとは，日本のトヨタ自動車㈱の工場のことである．
3) NUMMIにおける安定性と変化に関する分析については，アドラー，ゴルドフタス，レビン（Adler, Goldpftas, and Levin, 1998）を参照されたい．トヨタの2つの移植工場とは対照的に，マツダのフラットロック工場におけるHRM方式は，十分には適応できなかったにもかかわらず，かなりの発展が見られた（Babson, 1994を参照されたい）．
4) トヨタの方式は，吉野（Yoshino, 1973）がタイの日系企業のサンプルで得たものとは違っていた．そこでは，人事管理者の半数以上の者が日本人であった．他国に配置されている企業の子会社と比較すると，タイと他のアジア諸国における日本の子会社は，海外駐在員にさらにより多く依存している．しかしながら，トヨタの米系の関連会社の方式は珍しいものではない：米国における9つの日系移植工場（ホンダのバイク部門を含むが，自動車産業は含まれない）に関する研究

において，クジャワ（Kujawa, 1986）は，日系移植工場はすべて米国人が人事機能を統率していた，ということにを見出している．
5) NUMMIとTMMKにおいて，人的資源部門の全工場の人数に対する割合は，比較対象するビッグスリーの工場よりも非常に高い，と仮定している．しかしながら，ビッグスリーの工場は，労使関係に対しては多くの企業スタッフに，他のHRMの領域に対しては少数のスタッフに依存しているため，そのような比較可能な工場はなかった．これに対して，NUMMIとTMMKはこの点については，独立型企業によく似ていた．

参考文献

Abo, Tetsuo, ed. 1994. *Hybrid Factory: The Japanese Production System in the United States*. New York: Oxford University Press.

Adler, Paul S. 1993. "The New 'Learning Bureaucracy' : New United Motors Manufacturing, Inc." In Barry M. Staw and Larry L. Cummings, eds., *Research in Organizational Behavior*. pp.111-194 Greenwich, Conn.: JAI Press.

Adler, Paul S., Barbara Goldoftas, and David I. Levine. 1997. "Ergonomics, Employee Involvement, and the Toyota Production System: A Case Study of NUMMI's 1993 Model Introduction." *Industrial and Labor Relations Review* Apr.: 416-437.

Adler, Paul S., Barbara Goldohtas, and David I. Levine. 1998. "Stability and Change at NUMMI." In Robert Boyer, Elsie Charron, Ulrich Jürgens, and Steven Tolliday, eds., *Between Imitation and Innovation: Transfer and Hybridization of Production Models in the International Automobile Industry*, pp. 128-160. New York: Oxford University Press.

Babson, Steve. 1994. "Mazda and Ford at Flat Rock: Transfer and Hybridization of the Japanese Model." Paper prepared for the GERPISA conference, Berlin, Wayne State University, Oct.

Banks, Robert F., and Jack Stieber. 1977. "Introduction." In Robert F. Banks, and Jack Stieber, eds., *Multinationals, Unions, and Labor Relations in Industrialized Countries*. Ithaca, N.Y.: New York State School of Industrial Relations.

Barley, Stephen R., and Gideon Kunda. 1992. "Design and Devotion: Surges in Rational and Normative Ideologies of Control in Managerial Discourse." *Administrative Science Quarterly* 37: 363-399.

Bartlett, Christopher, and Sumantra Ghoshal. 1989. *Managing across Borders: New Organizational Responses*. Boston: Harvard University Press.〔吉原英樹監訳『地球市場時代の企業戦略―トランスナショナル・マネジメントの構築―』日本経済新聞社，1990年〕

Beechler, Schon, and Sully Taylor. 1994. "The Transfer of Human Resource Management Systems Overseas: An Exploratory Study of Japanese and American Maquiladores." In Nigel Campbell and Fred Burton, eds., *Japanese Multinationals: Strategies and Management in the Global Kaisha*, pp. 157-185. New York: Routledge.

Beechler, Schon, and J. Z. Yang. 1994. "The Transfer of Japanese-style Management to American Subsidiaries: Contingencies, Constraints, and Competencies." *Journal of International Business Studies* 3: 467-491.

Beer, M., B. Spector, P. R. Lawrence, D. Q. Mills, and R. E. Walton. 1984. *Managing Human Assets*. New York: Free Press. 〔梅津祐良・水谷榮二訳『ハーバードで教える人材戦略―ハーバード・ビジネススクールテキスト―』日本生産性本部, 1990年〕

Brannen, Mary Yoko. 1992. "'Bwana Mickey': Constructing Cultural Consumption at Tokyo Disneyland" In J. Tobin, ed., *Remade in Japan: Everyday Life and Consumer Taste in a Changing Society*. New Haven: Yale University Press. 〔メアリー・ヨウコ・ブラネン「『ミッキー』―東京ディズニーランドを文化的消費の場とすること―」, ジョーゼフ・J・トービン編, 武田徹訳『文化加工装置ニッポン―「リ=メイド・イン・ジャパン」とは何か―』時事通信社, 1995年〕

Brown, Clair, and Michael Reich. 1995. "Employee Voice in Training and Career Development." Paper presented at the IRRA meetings, Washington D.C., Jan.

Cameron, D. 1984. "The When, Why and How of Discipline." *Personal Journal* July: 37-39.

Campbel, D. N., R. L. Fleming, and R. C. Grote. 1985. "Discipline without Punishment at Last." *Harvard Business Review* July-Aug: 162-178.

Cole, Robert E. 1972. "Functional Alternatives and Economics Developments." *American Sociological Review* 38: 424-38.

Cole, Robert E. 1979. *Work, Mobility, and Participation: A Comparative Study of American and Japanese Industry*. Berkeley: University of California Press.

Cole, Robert E., and Donald Deskins. 1988. "Racial Factors in Site Location and Employment Patterns of Japanese Automobile Firms in America." *California Management Review* 31(1): 9-23.

Cutcher-Gershenfeld, Joel, and Associates. 1994. "Japanese Team-Based Work Systems in North America: Explaining the Diversity." *California Management Review* 37 (1): 42-64.

Doz, Yves L., Christopher A. Bartlett, and C.K. Prahalad. 1981. "Global Competitive Pressures and Host Country Demands: Managing Tensions in MNCs." *California Management Review* 23: 63-73.

Doz, Yves, L., and C.K. Prahalad. 1984. "Patterns of Strategic Control within Multinational Corporations." *Journal of International Business Studies* 15(2): 55-72.

Eads, G. C. 1987. "Comments and Discussion." *Brookings Papers on Economic Activity* 3: 720-725.

Edelman, Lauren B. 1990. "Legal Environments and Organizational Governance: The Expansion of Due Process in the American Workplace." *American Journal of Sociology* 95(6): 1401-1440.

Elger, Tony, and Chris Smith, ed. 1994. *Global Japanization: The Transnational Transformation of the Labour Process*. New York: Routledge.

Erez, Miriam, and P. Christopher Early. 1993. *Culture, Self-Identity and Work*. New York:

Oxford University Press.
Foulkes, Fred. 1980. *Personnel Policies in Large Nonunion Companies*. Englewood Cliffs, N. J. : Prentice Hall.
Goehle, D. G. 1980. *Decision Making in Multinational Corporations*. Ann Arbor: University of Michigan Research Press.
Grønning, Terje. 1992. "Human Value and 'Competitiveness' : On the Social Organization of Production at Toyota Motor Company and New United Motor Manufacturing, Inc." Ph. D. diss., Ritsumeikan University Graduate School of Sociology.
Grønning, Terje. 1995. "Recent Developments at Toyota Motor Co." In Åke Sandberg, ed., *Enriching Production: Perspectives on Volvo's Uddevalla Plant as an Alternative to Lean Production*, pp. 405-426. Aldershot: Avery.
Grønning, Terje. 1997. "Technical, Social and Political Dimensions of Labour Groupification: A Comparison of the Ford and Toyota Plants in Kentucky, USA." Paper presented at the 17th International Labour Process Conference, Edinburgh, Mar.
Hannon, John M., Ing-Chung Huang, and Bih-Shiaw Jaw. 1995. "International Human Resource Strategy and Its Determinants: The Case of Subsidiaries in Taiwan." *Journal of International Business Studies* 3: 531-54.
Hofstede, Geert. 1980. *Culture's Consequences: International Differences in Work-related Values*. Beverly Hills, Calif.: Sage. 〔万成博, 安藤文四郎監訳『経営文化の国際比較：多国籍企業の中の国民性』産業能率大学出版部, 1984年〕
Holley, William H., and Kenneth M. Jennings. 1994. *The Labor Relations Process*. Chicago: Dryden Press.
Holusha, John. 1989. "No Utopia, but to Workers It's a Job." *New York Times*, Jan. 29, Section 3: 1.
Inohara, Hideo. 1990. *Human Resource Development in Japanese Companies*. Tokyo: Asian Productivity Organization.
Ishida, Hideo. 1986. "Transferability of Japanese Human Resource Management Abroad." *Human Resource Management* 25(1): 103-120.
Jackson, Susan E., and Randall S. Schuler. 1995. "Understanding Human Resource Management in the Context of Organizations and Their Environments." *Annual Review of Psychology* 46: 237-264.
Johnson, Chalmers. 1988. "Japanese-style Management in America." *California Management Review* 30(4): 34-45.
Kenney, Martin, and Richard Florida. 1991. "Transplanted Organizations: The Transfer of Japanese Industrial Relations to the U.S." *American Sociological Review* 56: 381-398.
Kenney, Martin, and Richard Florida. 1993. *Beyond Mass Production: The Japanese System and Its Transfer to the U.S.* New York: Oxford University Press.
Kochan, Thomas A.. 1980. *Collective Bargaining and Industrial Relations*. Homewood, Ill.: Irwin.
Koike, Kazuo. 1984. "Skill Formation Systems in the U.S. and Japan: A Comparative Study."

In ed., Masahiko Aoki, *The Economic Analysis of the Japanese Firm*, pp. 47-75. New York: Elsevier/North Holland.〔青木昌彦, 小池和男, 中谷巌著『日本企業の経済学』TBSブリタニカ, 1986年〕

Krafcik, John. 1989. "A New Diet for U.S. Manufacturing: The Auto Industry Enters the 1990s" *Technology Review* Jan. 28-35.

Kujawa, Duane. 1971. *International Labor Relations in the Automotive Industry: A Comparative Study of Chrysler, Ford and General Motors*. New York: Praeger.

Kujawa, Duane. 1986. *Japanese Multinationals in the United States: Case Studies*. New York: Praeger.

Lawler, Edward E., Ⅲ. 1990. "The New Plant Revolution Revisited." *Organization Dynamics* 19(2): 5-14.

Lawler, Edward E., Ⅲ, Susan A. Mohrman, and Gerald E. Ledford Jr. 1995. *Creating High-Performance Organizations*. San Francisco: Jossey-Bass.

Lawler, Edward E., Ⅲ, Susan A. Mohrman. 1985. "Quality Circles after the Fad." *Harvard Business Review* 85(1): 64-71.

MacDuffie, John Paul. 1996. "International Trends in Work Organization in the Auto Industry." In L. Turner and K. C. Wever, eds., *The Comparative Political Economy of Industrial Relations*, Madison, Wisc.: Industrial Relations Research Association, pp. 71-113.

MacDuffie, John Paul, and Thomas A. Kochan. 1995. "Do U.S. Firms Invest Less in Human Resources? Training in the World Auto Industry." *Industrial Relations* 34(2): 147-168.

Martinez, Zaida L., and David A. Ricks. 1989. "Multinational Parent Companies' Influence over Human Resource Decisions of Affiliates: U.S. Firms in Mexico." *Journal of International Business Studies*, 1: 465-487.

McCabe, Douglas M. 1988. *Corporate Nonunion Complaint Procedures and Systems*. New York: Praeger.

Milkman, Ruth. 1991. *Japan's California Factories: Labor Relations and Economic Globalization*. Los Angeles: Institute of Industrial Relations, UCLA.

Mills, Daniel Quinn. 1982. *Labor-Management Relations*, 2nd ed. New York: McGraw-Hill.

Monden, Y. 1983. *Toyota Production System*. Atlanta, Ga.: Institute of Industrial Engineers.〔門田安弘著『トヨタシステム：トヨタ式生産管理システム』講談社, 1985年〕

Oliver, Christine. 1991. "Strategic Responses to Institutional Processes," *Academy of Management Review* 16(1): 145-179.

Osterman, Paul. 1994. "How Common Is Workplace Transformation and How Can We Explain Who Adopts It?" *Industrial and Labor Relations Review* Jan.: 47 : 175-188.

Osterman, Paul. 1995. "Skill, Training, and Work Organization in American Establishment." *Industrial Relations* 34(2): 125-146.

Perlmutter, Howard V. 1969. "The Tortuous Evolution of the Multinational Corporation." *Columbia Journal of World Business* 4 : 9-18.

Pfeffer, Jeffrey, and Gerald R. Salancik. 1978. *The External Control of Organizations*.

New York: Harper and Row.
Prahalad, C, K, and Yves L. Doz. 1987. *The Multinational Mission: Balancing Local Demands and Global Vision*. New York: Free Press.
Pucik, Vladimir. 1984. "White-Collar Human Resource Management: A Comparison of U.S. and Japanese Automobile Industries." *Columbia Journal of World Business* Fall: 87-94.
Robinson, Alan G., and Dean M. Schroeder. 1993. "Training, Continuous Improvement, and Human Relations: The U.S. TWI Programs and the Japanese Management Style." *California Management Review* Winter: 35-57.
Rosenzweig, Philip M., and Nitin Nohria.1994. "Influences on Human Resource Management practices in Multinational corporations." *Journal of International Business Studies* 2: 229-251.
Rosenzweig, Philip M., and Jitendra V. Singh. 1991. "Organizational Environments and the Multinational Enterprise." *Academy of Management Review* 16(2): 340-361.
Saltzman, Gregory M.1995. "Job Applicant Screening by a Japanese Transplant: A Union-Avoidance Tactic." *Industrial and Labor Relations Review* 49(1): 88-104.
Schonberger, Richard J. 1982. *Japanese Manufacturing Techniques*. New York: Free Press.
Schroeder, Dean M., and Alan G. Robinson. 1991. "America's Most Successful Export to Japan: Continuous Improvement Programs." *Sloan Management Review* Spring: 67-81.
Scott, W. Ricard. 1987. *Organization: Rational, Natural and Open Systems*, 2nd ed. Englewood Cliffs. N.J.: Prentice Hall.
Scott, W. Richard. 1991. "Unpacking Institutional Arguments." In Walter W. Powell and Paul J. DiMaggio, eds., *The New Institutionalism in Organizational Analysis*, pp. 164-182. Chicago: University of Chicago Press.
Schuler, Randall S., Peter J. Dowling, and Helen De Cieri. 1993. "An Integrated Framework for International Human Resource Management." *International Journal of Human Resource Management* 4, (4): 717-764.
Shimizu, Koichi. 1995. "Humanization of the Production System and Work at Toyota Mortor Co. and Toyota Motor Kyushu." In Ake Sandberg, ed., *Enriching Production: Perspectives on Volvo's Uddevalla Plant as an Alternative to Lean Production*, pp. 383-404. Aldershot: Avery.
Shimizu, Koichi, and GEMIC. 1993. "Toyota." *Actes du GERPISA* 8: 69-198.
Shimizu, Koichi, and Masami Nomura. 1993. "Trajectoire de Toyota: Rapport Salariale and Système de Production." *Actes du GERPISA* 8: 29-68.
Stinchcombe, Arthur L. 1965. "Social Structure and Organization." In James G. March, ed., *Handbook of Organizations*, pp. 142-193. New York: Rand McNally.
Taylor, Sully, Schon Beechler, and Nancy Napier. 1996. "Towards an Integrative Model of International Human Resouorce Management." *Academy of Management Review* 21(4): 959-985.

Tichy, N., C. J. Fombrun, and M. A. Devanna. 1982. "Strategic Human Resource Management." *Sloan Management Review* 2: 47-61.

Westney, D.Eleanor. 1993. "Institutionalization Theory and the Multinational Corporation." In Sumantra Ghoshal and D. Eleanr Westney, eds., *Organization Theory and the Multinational Corporation*, pp, 53-76. New York: St. Martin's Press.〔IBI国際ビジネス研究センター訳『組織理論と多国籍企業』文眞堂, 1998年〕

White, Michael, and Malcolm Trevor. 1983. *Under Japanese Management: The Experience of British Workers*. London:Heinemann.〔猪原英雄訳『ジャパニーズ・カンパニー』光文社, 1986年〕

Wilms, Wellford W., Alan J. Hardcastle, and Deone M.Zell. 1994. "Cultural transformation at NUMMI." *Sloan Management Review* 36, (1): 99-113.

Wokutch. Richard. E. 1992. *Worker Protection, Japanese Style: Occupational Health and Safety in the Auto Industry*, Ithaca, N.Y.: ILR Press/ Cornell University Press.

Womack, James, Daniel Jones, and Daniel Roos. 1990. *The Machine That Changed the World*. New York: Rawson Associates, Macmillan.〔沢田博訳『リーン生産方式が, 世界の自動車産業をこう変える:最強の日本車メーカーを欧米が追い越す日』経済界, 1990年〕

Yang, John Zhuang. 1992. "Americanization or Japanization of Human Resource Management Policies: A Study of Japanese Manufacturing and Service Firms in the United States." *Advances in International Comparative Management* 7: 77-115.

Yasuda, Yuzo. 1991. *Forty Years, Twenty Million Ideas: The Toyota Suggestion System*. Cambridge, Mass.: Productivity Press.

Yoshino, Michael Y. 1976. *Japan's Multinational Enterprises*. Cambridge, Mass: Harvard University Press.

Yuen, Edith C., and Hui Tak Kee. 1993. "Headquarters, Host-Culture and Organizational Influences on HRM Policies and Practices." *Management International Review* 33(4): 361-383.

Zucker, Lynne G. 1987. "Institutional Theories of Organization." 20 *Annual Review of Sociology* 13: 443-464.

(訳・林　正樹)

第4章　日本からアメリカへの工場間の知識移転と再コンテクスト化
　　　　　　　　　　──日本精工（NSK）の事例──

　国際的な技術移転に関して，経営者にとって最も大きな関心事の1つは，移転する一連の作業や技術および組織慣行と，新しい環境とを適合させることである．多くの研究者が述べているように，技術を新しい使用者の手に移すことは，その技術と新しい環境の間に，しばしばある程度の不均衡をもたらす（例えば，Busche, 1988, Leonard-Barton, 1992, 1995 を参照）．組織論における国際化の研究のほとんどは，製品と技術を外国市場に適応させる適切な企業戦略の発見か，あるいはその戦略的な適合に注目している（有益な文献レビューとして，Ghoshal, 1987, Kogut, 1989 を参照）．さらにこれらの研究は，一般的に，移転される技術の有形または「ハード」な側面に集中している．そのような研究は，企業が利用できる海外進出や現地経営の様々な形態を理解し，評価する手助けとなる大切なものである．しかし，国際化を輸出あるいは多国籍間の移動のいずれかであるとする見解は，ますます無視することが難しくなっている議論の重要な部分を見落としている．

　国際化が，輸出中心から海外直接投資（FDI）中心へ，そして組織システム全体の海外移転に移行するにつれて，技術移転に関して，暗黙的で，無形または「ソフト」な側面がますます重要になってきている．国際化について詳細に説明するためには，受入国の反応を検討するとともに，輸入に付帯するプロセスや，企業や工場の無形資産の異文化間での獲得と呼べるものについて，等しく精密な調査を含める必要がある（Fruin, 1997 ; Hall, 1993）．グローバル戦略に関する現在のいくつかの文献においては，グローバル企業が，世界的な付加価値システムの中で業務の流れをいかに構築すべきかに集中することで，現在の変化を反映するようになってきた（Ghoshal and Nohria, 1989）．しかし，製品と

技術の移転を統制することで業務の流れを合理化することの重要性は強調されているが，情報の流れ，作業慣行，組織文化，そして製品と技術が埋め込まれている社会システムでのその他の局面といった内部プロセスの重要性は，軽視されているのである．

ある環境に適合している技術や作業および組織が，新しい環境にはうまく適応できないと分かる場合に不均衡が生じる．新しい環境における相補的な支援システムの欠如は，技術を新しい環境の中に「適合」させ，生産的にするために，調整，適応，あるいは何らかの再編成を促す．したがって，設備や専門的知識を「ある利用者から別の人に渡す」という，合理的な流れとして概念化される技術移転の概念ではなく，(組織的そして社会的な) システム埋め込み性の問題と，新しい環境への反復的かつ双方向的な再調整プロセスの問題に焦点を当てる再コンテクスト化 (Brannen, 1992; Brannen and Wilson, 1996) の概念をこの章では用いる．

1 再コンテクスト化と技術の移転

「再コンテクスト化 (=recontextualization：環境とシステム要素との脈絡の再構築)」とは，企業の提供物 (例えば，技術や作業慣行および製品) が，ある文化的な環境から引き離され，別の環境に移植される際に，その価値が変容することである．「文化的な環境」とは，企業に内在する組織文化と，企業の外部にあるより大きな社会的文化の両方に関係する．図4-1は，企業の提供物の変容に関する受入側の主環境の役割を説明している．

あらゆる文化的な環境は，明確に業務に関係する前提や行動および方式などを含む，自らの組織的意味システムの中に埋め込まれている．この事実を前提とすれば，海外から送られてくるものと，それが現地でどのように認知されるのかということの間で，容易に不均衡が生じる．再コンテクスト化は，企業の提供物が当初どのように理解されているのかと同様に，価値が新しい環境の中でどのようにして進化するのかに関わっている．提供物は，既存の価値に同化される受入側の文化的意味形成という準備段階を経て移転される．その後に，

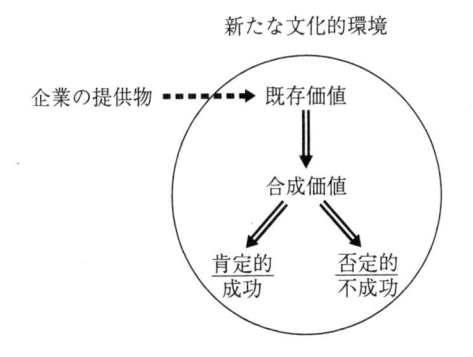

図4-1　企業の提供物の再コンテクスト化

それらが実行され，行動に移され，相互作用するにつれて，再コンテクスト化が継続的に引き起こされるのである．

図4-1に見られるように，再コンテクスト化は，企業の国際化に肯定的または否定的な効果を生じうる．再コンテクスト化の成功は，もしプロセスが正確に理解されていれば，組織的な学習の源泉となり，結果として競争優位につながる．これに引き換え，再コンテクスト化の不成功は，工場固有の学習と戦略的な再コンテクスト化の機会を喪失することになり，最も深刻なケースでは，移転努力を妨害することにもなりかねない．

いまだ，再コンテクスト化の計画を立てて，その実行を監視することは，単純な問題ではない．ほとんどのケースで経営者は，会社特有の言語，組織構造，現場レイアウト，そして労使関係やサプライヤー関係における相違というような，再コンテクスト化の最も明らかな局面を除き，当初はそのほとんどに気付かない．さらに，再コンテクスト化の多くは，その場その場で発生するため計画を立てることができない．せいぜい，技術移転の推進において組織的な障壁にぶつかったとき，経営者は再コンテクスト化に気付くくらいである．しかも，彼らが気付いたものは，そのほんの一部分だけなのである．

技術を日本から米国工場に移転することを試みた，日本精工（以下，NSK）のケースもそうであった．ミシガンにあるNSKのアナーバー工場は，結果的にある程度の成功物語として語られることになったのではあるが，しかし，ア

ナーバーの品質改善の物語として語り継がれるように，成功は決して直線的に実現されたものではなかった．1984～85年の1年間で，アナーバーは不良品を5パーセントから2.5パーセントに削減した．これは注目すべきことである．しかし，品質は，それ以前の30年で改善していなかったことも言わなければならない．多くの努力によって，不良品発生率は，5の因数でわずか0.5パーセント以下に減少した．すなわち，不良品発生率は，10年間で20分の1から200分の1に改善したのである．しかし，0.09パーセントの不良品で操業する日本にあるNSKの工場と比べて，アナーバーの不良品発生率は，いまだ日本の同等の工場の5倍以上である．

　本章では，パフォーマンスの相違のかなりの部分が，再コンテクスト化によるものであると考え，アナーバーへのNSKの日本的経営システム（JMS）の移転について，再コンテクスト化の肯定的な結果と否定的な結果の両方を考察する．より一般的には，われわれはこのケースを用いて，再コンテクスト化がどのように技術移転に影響するかを理解するための枠組みを導き出す．再コンテクスト化の方向とその規模は，前もって計測することはできないが，われわれの枠組みは，経営者に対して，新しい使用者の環境において初期の不均衡を予想し，調整の進行状況を監視し，地域的なイノベーションをうまく利用することの手助けをすることが可能となる．

　再コンテクスト化を理解するにはある基準を必要とする．NSKの場合のうってつけの基準が，日本でそれぞれに海外工場を割り当てられている親工場（日本語では，「親工場」，または「マザー」工場，近年では「姉妹」工場とも呼ばれる）である．NSKは，アメリカに3つのベアリング工場をもっている．それは，ミシガン州のアナーバー，アイオワ州のクラリンダ，そしてインディアナ州のフランクリンである．それぞれの工場には，子工場に対して技術的，操作的，そして人的なサポートを提供する日本の親工場がある．この組み合わせは，当初の生産ラインの類似性に基づいている．本研究では，ミシガン州のアナーバーにあるNSKの工場と，日本の石部にあるその親工場という，一対の工場を比較した．われわれの調査研究チームは，ともに日本語に堪能で読み書き能力があり，一人は組織行動，もう一人は企業戦略を専門とする2人の経営学教授と，

JMSと技術移転に関する専門的知識をもつ工学教授から構成されている．データは英語と日本語の両方で集められた．観察や，いくらか構造化されたインタビュー，組織の文書，その他の二次データに大きく依拠しているので，基本的にはほとんどが定性的なデータである．

アナーバーでの工場長と日本人の副工場長への予備的なインタビューでは，NSKが移転することを望んだ一連の中核的管理方式と技術を解き明かすことができた．われわれは，すぐに会社が移転することを望んでいたものと，実際に移転されたものとの格差に注目した．意図されたものと，実際の移転とを比較することで，NSKの運営方法のいくつかの中核的側面は主としてそのまま移転され，その他は大幅に変わっていることに気付いた．たとえば，NSKの標準と技術プロセスについて，いくつかは修正されているが，多くは比較的変更なく移されていた．最も明らかなことは，作業チームとチームワークの構造および意味が，アナーバーと石部の間で，大きく異なっていることであった．

当初のインタビューにおいて，NSKは技術移転の哲学をはっきりと説明している．すなわち，「特に，海外展開の初期の段階においては，NSKの標準的作業手順（SOPs）に従って機械設備を操作するために，技術的援助を提供する必要がある」とNSKは述べている．NSKの管理者は，海外での人事管理問題や，あるいは経営の「人的側面」と言えるものに干渉することは自分たちの仕事ではないと主張した．それは，あたかも技術標準と標準的作業手順は，システムの社会的，文化的局面から独立しているかのようであった．

技術は，常に社会的，文化的なシステムと一体になっている．そして，仮にそれらの連結が管理されず離されたならば，成功した移転が台無しになるといった思いがけない結果が生じる．日本人の管理者は，アメリカにおける人事管理方式を変えることを望まないと言うであろう．しかし，日本人の海外派遣社員を通じ，そしてアメリカ人の工場従業員の日本への規則的な訪問によって，アメリカ工場に伝えられているたくさんの文化的情報がある．それは，以下の言葉に如実に現われている．「私たちは，アメリカ人の管理者たちに，誰が失敗したかが重要ではないと話します．もし，労働者を非難すれば，彼らは気まずい思いをするでしょう」（1995年6月14日，アナーバー工場，副工場長）．こ

の言葉は,仕事の責任と社会的な制裁に関しての日本の規範と一致する.一方,「面目を保つこと」を強調することは,アメリカのルールには無い.アメリカでは,個人を非難することは珍しくないのである.

本研究の目的は,NSKのシステムの全体ではなくて,いくつかの側面が,アナーバーにもちこまれたときに主要な変化を遂げたことの要因を理解することである.手短に言えば,なぜ再コンテクスト化が,いくつかのケースでは他のケース以上に生じたのかを理解したかったのである.本章の構成は,この質問に答えようとしたわれわれの経験を反映している.第1に,国際化戦略全般を含む対象企業の背影を描出する.第2に,アナーバー工場の発展の歴史を概観する.第3に,NSKが移転することを望んだ経営管理システムの事例を分析し,主要な再コンテクスト化を経験したか,あるいはしなかったのか,そのいずれかを理解するための枠組みを提供する.最後に,海外への技術移転の一般的な問題に対して,NSKのケースにおける示唆を提示することで結論付ける.

2 NSKの国際化戦略

NSKは,企業の国際化活動がどのように進展するのかについて,明示的な3つの段階の戦略を明らかにしている.多くの企業と同様に,NSKの戦略は,海外での販売活動と合弁事業の設立に始まる.1970年,海外での最初の生産工場がブラジルのサンパウロに建設された.アナーバーでは,1958年にNSKがフーバー・ボールベアリング社(以下,フーバー)へのボールベアリングの販売を開始した.これが1973年のアナーバーでのフーバーとの合弁事業に引き継がれ,そして1976年のイングランド,ニューキャッスルのクラリンダの生産設備の設立へと続くのである.これらの早期の国際化の動きの全ては,日本からボールベアリングを供給することが煩雑であったという理由だけでなく,ボールベアリングが生産財であるという理由から,重要な市場に少しでも接近したいという欲求に駆り立てられたものであった.生産に先行する設計と開発活動において,ボールベアリングメーカーは,早いうちから顧客と密接に関わ

っている必要がある．明らかに，日本から遠く離れているよりも，同一地域において中間生産品を供給するほうが，はるかに容易でより能率的なのである．

　国際化の第2段階は，NSKの発展の現状がそれにあたるのであるが，工場間の技術移転と，海外生産活動の開始の段階である．この戦略は，企業，工場，現場という3つの組織間レベルにおける，親工場主導の変化をもたらす入れ子モデルとみなすことができる．企業レベルでは，NSKは，マザー工場を製品と工程が適合するそれぞれの海外工場に割り当てている．1つのマザー工場がいくつかの海外工場の親になるので，マザー工場では別々の組織ユニットが各々の海外子工場のために創設される．このユニットは海外経営チームと呼ばれ，本社では海外経営部門に直接報告する権限をもつ．工場長と海外プロジェクトマネジャーは，管理の中核部分を担っている．工場レベルでは，国際的な技術移転マネジャー，製品ラインマネジャー，エンジニア，そして品質マネジャーを含む技術的な専門家が移転のために割り当てられる．最後に，現場レベルでは，外国の熟練技能者に匹敵する日本の多能工で構成される．

　国際化の第2段階は2つに分けられる．前に述べたように，最初は直接的な保護の期間であり，親工場の製造と管理システムが海外子工場に一対一で移転される．次の期間では，社会的，組織的な環境に適応し修正されるにつれて，移転されたものがそれ自身の生命を帯びてくる．NSKの考えでは，2つの期間のギャップは，移転されるものの複雑さや受け入れ側の成熟度，あるいは洗練度といったものに依存するため，ほとんど目立たないか，あるいは全く大幅なもののどちらかになる．技術移転に対するNSKの工場間アプローチは，戦略的ビジョン（「ボールベアリング文化」）や，移転される技術や道具および技法という実際的な戦略を含んだ非常に強いモデルであるが，われわれは，実際にこのモデルが変更されたことがわかった．なぜこれらの変更が生じたかは，図表4-3に整理し，この章の後半で考察する．

　NSKの見解における国際化の第3段階は，北米，ヨーロッパ，日本，アジアといった，4地域の製造システムの技術的，組織的独立に至るグローバルネットワークである．このビジョンは，4地域間の競争と協調の概念を含んでいる．すなわち，NSKのグローバルネットワークの4つのコーナーは，それぞ

れが補って完全になるのと同様にお互いに競争するのである．

3 アメリカにおけるNSKの国際化

　多くの日本企業と同様，NSKは，合弁事業，このケースではフーバー社とのそれを通じ，アメリカでの製造を開始した．フーバー社は，1913年にアナーバーの2つの小工場で自転車用ベアリングを生産する鋼球製造会社として出発した．次第に自動車用ベアリングの生産に移行し，1935年にフーバー・ボール・アンド・ベアリング社になった．1958年には，フーバー社は，アナーバーで180,000平方フィートの近代的な工場に移転し，アメリカでNSKのベアリングを輸入・販売するために，同社と15年契約を結んだのである．

　1973年に，フーバー・NSK・ベアリング社は，両社の対等の持ち株で合弁事業として設立された．このときに，NSKは，フーバー社を成功したアメリカの大企業で，強いパートナーであると見ていた．NSKの管理者は，フーバー社からいかに多くのことを学んだかについて，いまだに丁寧に説明する．1975年に，NSK社はフーバー社の50パーセントの持株を取得したものの，フーバー・NSKの会社名は維持している．また1975年には，フーバー・NSKは，クラリンダに新しいベアリング工場を建設することで事業を拡大させた．1985年には，名前をNSK社に変更し，新しい工場をインディアナ州のフランクリンに追加した．もとのアナーバー工場の拡張は，1987年，1988年，そして1990年に実施され，合計で67,000フィートを超えている．クラリンダとフランクリンは，労働組合未組織化地域での新しい事業である．対照的にアナーバーは，労働組合組織化地域の事業である．アナーバー工場は，全米自動車労働者組合に所属している．

　アナーバー工場は，アナーバーとミシガン大学のおよそ10マイル南の35エーカーの土地にある．約300人の時間給労働者と50人の月給社員が，3交替で操業している工場で働いている．従業員の平均年齢は，ほぼ40歳を超えたところで，平均勤続年数は10年以上である．工場では，揚水機，磁気クラッチ，ホイール用のベアリング，その他の様々な用途に利用する「単列型」のベ

アリングを生産している．自動車用エアーコンプレッサーやエアコンといった製品に使用される2列のベアリングは，より複雑かつ高価で，摩擦を減らすのにより有効であるが，「単列型ベアリング」は，名前が示唆する通り一列のベアリングである．アナーバーでは，単列型ベアリングがより大量に生産されている．

製品の種類は，各生産ライン内で約40～50の変種があるので，4つのラインとして想像されるものよりもずっと多い．アナーバー工場では，合計で600～700の部品番号が異なるベアリングを生産している．実際，アナーバーは，日本のNSKの工場やクラリンダにあるより大きな工場よりも，少量で多くの品種をもつ柔軟な組立ラインを誇っている．揚水機専用のラインは別として，ベアリングは，数千から2～3万に及ぶ数量で一括生産される．アナーバーの親工場である石部では，同様の設備を使用し，生産ラインに多くの重複部分が存在していながらも，同じ製品をアナーバー工場よりも多くのバッチ数で生産している．アナーバーでは，月産250万個のベアリングを生産するが，石部では，月産750万個のベアリングを生産しているのである．

クラリンダ工場では，主として電気モーターの応用品の生産に集中しているが，アナーバー工場は，主に自動車関連の取引先を視野に入れている．典型的な自動車には，200以上のベアリングが使われている．すなわち，ミシガン州での工場を維持したいとNSKが望んでいる主な理由は，ミシガン州，オハイオ州，そしてカナダに集積しているビッグスリーの自動車生産基地に近いことである．NSKは，自動車メーカー，特にトランスミッションとエンジン生産工場に，ベアリングを直接納入している一番のサプライヤーなのである．

4　NSKが移転を意図した中核的システム

日本で最大のベアリングメーカーで，世界では2番目に大きなベアリング生産企業として，NSKは高く評価されている企業である．業界での首位の地位に適合して，NSKはトップの日本メーカーに特有の多くの優れた製造管理方式を保有している．海外と日本の両方にあるNSK工場は，ISO/QS9000の取得や，

トヨタ，日産，クライスラー，フォードといった取引先からの卓越したコスト，品質，納期に対するNSKへの表彰といった，業界で認められた賞を誇らしく展示している．アナーバーの親工場であるNSK石部工場の工場長上野氏は，これらの管理方式は，効率よく高品質な製品を生産するために移転されなければならないNSKの「ベアリング文化」の不可欠な部分であると説明している．「ベアリング文化」は，「高品質な製品を作るためのNSKのやり方であり，それは，NSKのグローバル事業を通して移転され，一般的に活用されうる」と彼は述べている．

　これらの感想は，石部と東京本社の両方の海外プロジェクト部門にいる技術者や管理者たちと同様，企画部門の副社長からも繰り返された．NSKは，高品質の作業に不可欠なものとして，技術標準をきわめて強く信奉している．高度な正確さが，ベアリング文化を実践するものなのである．プラスマイナス3ミクロンの公差は珍しいものではない．この正確さのレベルでは，一片の土ぼこりでさえ，ベアリングの機能を台無しにしてしまう．上野氏と本社の国際部門のメンバーに対する追加インタビューでは，数十年にわたってNSK内で進化した正式な標準的プロセス，技法，手順といったものが，文化を意味するということが示唆された．これこそが，彼らが一対一で移転することを望んでいるものなのである．

　NSKの技術システムの移転の成功に伴うものとして，人的資源に対する要請がある．例えば，機械作業者には，最小限の無駄で高品質のベアリングを生産するために必要な，柔軟性や問題解決志向，そして規律を維持する能力が求められる．このことは，次第に従業員の中に作業文化の共有をもたらす．しかし，海外に派遣されたNSKのチームは，作業文化の変更を託されなかった．むしろ，彼らの任務は，機械と生産設備を設置することと，標準作業手順を監督者と作業者に教えることであった．

5　NSKの技術的な生産システムの概要

　ベアリングの生産工程は，外側と内側のリングを鉄で鋳造し（これは，一般に

別々の鋳物工場によってなされている），強度を増すために高温でリングを加熱し（熱処理と呼ばれる工程），数段階で内側と外側のリングを研磨し，鋼鉄ボールを納める溝（「軌道」）を削り出し（鉄鋼ボール自体は外注している），そして，軌道にボールを入れ内側と外側のリングを組み立てる（図4-2の第2段目を参照）．これは比較的単純なプロセスであるが，必要とされる正確さは（例えばミクロン単位の公差で）非常に高く，そして，研磨と組立において多くの個別ステップがある．

　機械設備，（熱処理や機械加工のような）技術的な工程の流れ，自動化，そして柔軟な組立といった（NSKが「ハードウェア」と呼ぶ）生産システムの「ハードな側面」は，主にそのまま日本からアメリカに移転された．実際，NSKは，自社内でいくらかの生産技術を開発，構築し，数社の日本の業者から大部分の設備を購入している．生産技術の海外移転に対するNSKの一般的なアプローチは，日本で機械設備を設計，構築し，日本の親工場に設置した上で，それを手直しし，機械設備のトレーニングのために海外の作業者の代表を日本に派遣する．そして，機械設備を分解し，それを海外の施設に送るのである．機械設備は，その地域への設置や欠陥の発見および補修を支援する日本の生産技術者とともに現地に到着する[1]．

　(NSKが「ソフトウェア」と呼ぶ) NSKの生産システムの「ソフトな側面」は，日本のもの作りにおける多くの共通の特徴を有する．それは，今や総合的品質経営（TQM）で知られる品質保証の強力なシステム，きれいで整然とした現場，完璧な予防保全プログラムによってメンテナンスされた機械設備，可能な限り操業する連続的な流れ生産，段取り替え時間を削減する柔軟な生産ライン，広範な在庫管理といったものである．NSKの事業の重要な部分は，自動車産業向けであり，日本での最大の顧客はトヨタである．トヨタ生産システム（TPS）には，日本的経営システムにおける多くの類似点があるにもかかわらず，アメリカ合衆国と日本にいるNSKの技術者は，厳密にTPSには従っていないことを明らかにしている．NSKは一括生産であり，厳密なプル・システムを利用していないし，TPSを導入した工場よりも多くの在庫を保有している．以下に，NSKの生産システムの主な技術的特徴についての簡単な要約を記述する．

幅広い標準化　NSK は，自身の「NSK 技術標準」(NES) をもっている．そしてそれは，アメリカと日本の国家規格や，ISO 標準と一致している．あるNSKの管理者は，そのことを「とても多くの標準があるの」と表現している．それらは，部品の全ての限界寸法とその測定方法を定めている．標準公差，主要な操作の設定標準（例えば，熱処理炉の温度範囲），日本からの生産設備の移転方法の標準などである．標準は，東京本社の標準委員会によって堅持されている．品質システムは，NSK技術標準に基づいている．それは，例えば，異なる不良等級に対応するための適切な方法を含む，NES計測器保全プログラムやNES欠陥分類図といったものである．標準は，生産設備からの情報の提供に基づき，本社で設定され，維持管理される．

品質手順　NESの一部には，品質手順のための詳細な標準が設定されている．これは，①「目で見る管理」(Fruin, 1997; Grief, 1991)，②統計的工程管理（選択的に活用されている），③測定可能な主要コスト，品質，納期および安全性といった指標を，作業場の掲示板の目立つところに図表化すること，そして，④計測器で測定し，部品をテストし，代替製品の設計を試験する，各工場にある高性能な検査測定室といったものも含んでいる．全ての部品を複数回検査することを意味する300パーセントの品質検査と呼ばれる，重複度の高い検査手続きについて，NSKは誇らしげに語る．これらの検査は，工程上に設置された自動検査装置，作業者による視覚検査，そして，「バカヨケ」または「ポカヨケ」と呼ばれるミスを未然に防ぐ仕組みをも含んでいる．たとえ不良品がその他の工程に流出した場合でも，検査担当者によって，全ての部品が100パーセントの検査を受ける．作業者は，3つの連続生産ラインが不良品を流出しないと確信するまで，部品の100パーセント検査を続ける．ある人は，このことが検査担当作業者の肥大化に通じていると思うかもしれない．しかし，アナーバーの専門の検査員の数は，51人から10人へと以前の数よりも大幅に縮小されたものの，品質は改善している．加えて，多くの「検査」が今や自動化され，作業者自身が自分の作業に関する品質を検査する責任を有しているのである．

作業組織　これは，日本的生産に関するたくさんの規範的な文献によって

強調されている（Suzuki, 1993を参照）．有名な5SについてのNSKの解釈は，次の通りである．(1) 整理（日常業務），(2) 清潔，(3) 掃除（掃くこと，拭くこと），(4) その場所にすべてのものがあること（整頓），そして (5) しつけ．

設備保全 NSKは，良い設備保全は，TQMの一部であると考えている．目で見る管理の一つの形式として，各々の場所で，大きな表に各工程の保全項目が記述され，その予定が列に沿って表示される．仕事が完了した時，青い飾りピンを適切な列に貼り付ける．この方法によって，保全が予定より遅れている場合に，そのことが明らかになる．日本では，設備を保全するための熟練労働力の割り当てが，比較的小規模であることは驚きである．例えば，東京近郊の多摩川にある最大の生産工場では，550人の生産労働者が，毎月約1,100万個ものベアリングを生産しているが，設備保全の担当者は10人しかいない．石部の場合では，8人で2,500台以上の機械の保全責任を有している．設備保全は，日常業務であると考えられている．NSKでは，生産労働者自身が設備の日常検査およびほとんどの定型的な予防保全をすることが期待されている．このことから，生産技術は，主要な設備のグレードアップや設備の設置，およびいくつかの新しい設備の設計に集中するのである．

連続的な物流と在庫管理 材料の連続的な流れがトヨタ生産システムの哲学の核心である．また，概して日本の工場では，仕掛品の在庫水準が相対的に低いことが知られている．伝統的な米国のメーカーは，機能で機械を分類するが，日本のメーカーは，製品の流れで組織化することを指向している．（後ほど考察するが）アナーバー工場の1986年の改革の大部分は，生産ラインを機能上のレイアウトから変更することに集中した．仕掛品在庫は，NSKではトヨタ工場で見られるような「カンバン」によって管理されてはいない．しかし，在庫は最大許容量があり，慎重に管理されている．在庫管理は，段取り替え時間と密接な関係がある．NSKは段取り替え時間を大きく短縮してきているが，日本では約2時間で（アナーバーではもっと長い時間がかかるが），最低水準にあると思われる．その時間の大部分は，ミクロン単位の公差を実現するために必要とされる微調整に費やされている．

6 NSKの生産システムの移転

NSKは1970年代から80年代に生産目的の対海外直接投資を増やしたので，海外工場をサポートする必要性が増大していた．そこで，NSKは工場間の直接的な技術移転に注目した．石部はNSKにおける自動車部品の主要な生産工場であり，アナーバーがアメリカの自動車産業に供給するために，石部は必然的にアナーバーのマザー工場となった．しかし，移転する必要がある特別な生産技術が，NSKの他の工場にある場合には，その工場は当該技術に対してアナーバーをサポートする．しばしばアナーバーのサポートをする唯一の工場は，東京近郊の前述した多摩川工場であった．

すでに述べたように，海外工場の管理を専門とする特別なチームが，それぞれのNSKの工場に設置されている．石部では，この部門はアナーバーで3年を過ごした生産技術者のヤノ氏（以下，敬称略）によって指揮されている．ヤノは，改革を担当する日本のプロジェクト管理チームの技術者のリーダーであった．石部工場でのヤノの役職は，海外プロジェクト上級マネジャーであり，石部の工場長に直接意見を述べるスタッフの地位にある．彼は，海外移転のための設備の集中的な開発とテストおよび設備と人材の移転を含む，石部から海外への技術移転を担当している．そのことに関して，日本で彼に直接報告する地方工場のスタッフや，海外から報告してくる海外派遣社員がいる（もちろん，海外派遣社員の日々の管理は，現地の日本人管理者によって担われている）．石部で彼に報告している日本のスタッフは，特別な海外のプロジェクトチームへの責任と同様に，定型的なラインへの責任をもっている．

NSKの典型的な海外派遣社員は，設備を稼動させるために随行し，特別な技術を移転することに対して，（技術か経営管理のいずれかについて）直接的な生産の経験を有している人である．NSKでは，新しい設備の設置と手直し，既存設備の改良，作業者の訓練を含む技術支援を提供するために，社員は海外へ行くべきであると考えている．海外派遣社員は，ラインの管理職位に直接配置されるべきではない．アナーバーを含めて，日本人の「副工場長」をもつ工場

がいくつかあるけれども，そのことは現地に任されている．典型的な海外滞在期間は5年である．海外派遣社員は，5年間日本の生活と接触することがないかもしれない．そして，より重要なこととして，5年後に子供たちが日本の教育制度についていけなくなるかもしれないという強い思いもある．

人事マネジャーは，海外派遣社員の選定と，彼らの海外滞在の計画に重要な役割を持っている．石部，多摩川，NSK本社では，海外任務のための人選に関して，NSKが期待している類似した視点がある．開放性や聞く能力のような，ある人格的特徴が海外における成功に関係している．NSKは，海外派遣社員が変革推進者としての熟練をもち，海外活動における文化的な変化に責任をもつべきであるとは考えていない．人の管理は，その地域の工場長によって担われるのである．NSKの海外派遣社員は，まずは技術的なアシスタントの役割を果たすべきであるが，その地域に適合し受け入れられる人格を有することが期待される．海外派遣社員は大抵が若い技術者であるので，海外への滞在は，彼らが帰国したときにNSKがよりグローバルな企業となる一助になるのである．

われわれが次節で考察するように，アナーバーにおいて石部の業績と釣り合いの取れる生産システムを開発することは，多くの妨害と困難を伴った．NSKが，もし再コンテクスト化や，技術的なレベルと同様に文化的なレベルの必要性を広く認めていたならば，日本と同等の業績を達成するための努力は，もっと成功していたし，より早く達成されていたであろう．1つだけの事例研究を基礎としてこの仮説は証明できないが，われわれは，アナーバーでの再コンテクスト化の事例を提供し，変化に対する文化的な障壁がいかに移転プロセスを妨げたかを示すこととする．

7 アナーバー工場における技術移転の歴史と背景

われわれは，アナーバー工場の歴史的な発展の説明について，そのプロセスは連続的で，このモデルが提示するほどは明快ではないが，基本的に3つの段階に分けることにする．まず，NSKが工場の改革への主要な投資を決定した

ときから始め，つづいて，親工場主導の改革についての話を進め，最後に現地主導の漸進的な改善について考察を進めていく．これらの段階の主要な出来事の要約は表4-1の通りである．

7-1　第1段階：それまでの歴史と1985年前後の関係

前述したとおり，NSKとフーバーがフーバー・NSKとして合併した1973年まで，アナーバーはアメリカ資本の施設であった．NSKがフーバーの株を買収した時から，合弁事業は更に2年間続いた．工場は，非能率的で収益性がなかったため，フーバー社は販売に関心をもっていた．実際，ベアリング部門は，生き残るために部門として見込まれる30〜40パーセントの利益幅を確保していなかったので，フーバーはベアリング事業からほぼ手を引いていた．一方，NSKは長期的見通しをもち，アナーバー工場をアメリカ自動車産業への販売を拡張する機会とみなしていた．工場は，すでにいくつかの設備や訓練された人材および既存の顧客基盤をもっており，自動車産業の中枢に近いミシガン州に位置していた．

この時期には，生産ラインは，現在の4つのラインのうち2つしかなく，時間給労働者がまさに1つずつベアリングを手で組み立てるというように，生産技術に関して不十分なものであった．NSKは，この工場を日本の技術標準に到達させるための多くの投資をすぐにはしなかった．1975年から1985年まで，工場ではほんの少しの改善しか行われなかった．NSKは，海外工場での重要な技術的改善に関する番号システムをもっている．各プロジェクトに番号が与えられ，日本からの生産技術者によって率いられたグループが，プロジェクトの実行に割り当てられる．1975〜85年の10年間で，アナーバー工場では，UA1〜UA6（UA＝U.S.アナーバー）という，それぞれが研磨工程への漸進的な改善を伴った6つのプロジェクトを実施した．

なぜ，長期的見通しや積極的なグローバル戦略およびビッグスリーとの自動車ビジネスへの参入欲求をもったNSKのような企業が，問題の多い工場を買収し，そして，10年間も低レベルの効率と収益性で運営してきたのであろうか．これは，われわれが，アナーバーや日本で何度も尋ねた質問である．それ

表 4-1　NSK—アナーバーでの主要な出来事

時　期	出　来　事
第1段階：歴史～1985年	
1958年	フーバーをベアリングの下請契約企業とする
1973年	フーバー・NSKと名付けたアナーバーでの合弁事業
1975年	NSKはフーバーから合弁事業を買収するが，まだ，フーバー・NSKと呼ばれる
1975～84年	設備への小規模な改善
1982年	品質管理サークル・プログラム（QTIPS）の開始
1983年	フォードが，もし品質が良くならなければNSKを供給業者からはずすと脅す
1984～85年	不良削減チームが設置される 不良品が，5％から2.5％に減少する
1985年	結果不足のため，QTIPSを廃止する
1985年	NSKは，アナーバーに対して，主要な改善を行うか，あるいは閉鎖することを決定する
第2段階：親工場主導の変化	
1985年	アナーバー工場の改革に投資するという日本の決定
1985年	職務階層を減らし，柔軟性をもつための労働協約の再開
1986年10月	改革の計画立案のため，日本においてアナーバーのエンジニアと管理者，そして日本のNSK職員との3週間のミーティング
1986～87年	アナーバー工場改革
1987～90年	アナーバー工場の漸進的な改善
第3段階：現地主導の改善	
1990～94年	生産設備への漸進的な改善
1994年	近代的な運営に関する合意による会計帳簿の公開を伴う初期の契約交渉
1995～97年	UAWと協力した生産ライン組織構造と自律的作業チームの設計と実行 ・1995年1～5月＝戦略計画 ・1995年6月＝CIプロセスでトップのリーダーシップを訓練 ・1995年7月＝スタッフ・チームでCIプロセスを開始 ・1995年10月＝現場に第1チーム ・1996年5月＝チームが他の製品に拡大
1996年夏	ラリー・マクファーソン氏がNSKの取締役に任命される

に数多くの回答が得られた．そして，それらのほとんどは，人々が過去の出来事の意味を回顧する能力の限界に左右されたものであった．このことに対するわれわれの最良の分析は以下の通りである．第1に，1975年にNSKがフーバーの株式を買収したとき，NSKはアイオワ州のクラリンダに新しい工場を建設し，1976年には，イングランドのピーターリーにもう1つの新しい工場を開設していた．クラリンダ，ピーターリー，アナーバーの3つの工場はすべて，資金，技術的資源，重要な海外派遣社員を必要とする大きな工場であった．乏しい資源の供給状況の中にあったため，新しい工場を立ち上げ運営することに集中したのである．第2に，アナーバーが良い投資先であったかどうかに関して，東京のNSKの取締役会に内部的な議論があった．これについての合意がなされていなかったので，NSKのアナーバーへの投資が遅れた．3番目は，アナーバー工場が，既に確立した文化をもつ労働組合に加入している旧式の産業設備を有する工場であり，そしてそれはNSKの「ベアリング文化」のビジョンと完全に一致したものではなかったため，NSKは主要な変更を加える前に，じっくりと運営していく必要があると感じていたのである．

1982年に，日本からNSKのチームが，工場の近代化を検討するために，アナーバー工場を訪問した．チームのメンバーに，最終的にアナーバーでの品質保証責任が与えられ，工場への移転に関する中心人物となる研磨加工技術者のオオツカ・ハジメ氏（以下，敬称略）がいた．彼は，改革以前の緩やかな準備は，成功に不可欠であったと思っている．「私たちは，NSKシステムの準備をしていたのです．仕事の少なくとも95パーセントは準備なのです．設備を設置することはたった5パーセントなのです」．彼は，1982年に最初に着任した時点で部品のサンプルをテストし，それによって80パーセント以上がNSKの仕様でないことが判明した．彼は，テスト結果をアメリカの管理者に示したが，彼らがデータを信じなかったため，彼らを解雇した．実際，ある時期には，彼を日本に送りかえそうとする動きがあるほど，オオツカの存在に対して多くの抵抗があった．

しかし，1983年，フォードの購買部門の部品調達マネジャーが，「私たちは，貴社のがらくた部品をこれ以上欲しくありません」とあからさまに言ったので

ある．もし生産量の30％を占めるフォードがこの事業から手を引いたら，工場は閉鎖を強いられる．オオツカは反応した．彼は，不良品を選別するためにNSKの従業員をフォード工場に送りこむことを提案したのである．オオツカは不良削減チームを結成し，欠陥を5パーセントから2.5パーセントに削減した（表4-1参照）．アメリカの従業員たちは，オオツカが正しいことに気付き，慎重に彼のアドバイスを聞き始めた．オオツカが，1989年に日本に帰国するときには，アナーバー従業員は，彼の栄誉を称えるため，日本の楓の木を自らの資金で購入し工場入り口に植えるほど，良い指導者を失うことに対しての多くの感情的な反応があったのである．

この移転期間中，NSKでは，技術をうまく実現するための多くの社会的，文化的な障壁に直面した．フーバー社の生産方式の多くは，あまり実施されない保全や，ラインの機能とみなされていない品質，および不十分な日常的業務標準など，日本人にとってショッキングなものであった．しかも，アナーバーには，対立的な労使関係があった．NSKの経営者は，締め付けの厳しい作業規律が労使間の壊れやすい平和をくつがえすものだと思い，労働者と良好なインフォーマル関係を維持することに一所懸命に努力したのである．

改革以前には，工場の技術状況と管理は，ほとんど見るに耐えないものであった．事業の変動による規則的なレイオフと再雇用を伴った500〜600人の従業員がいた．工場は汚く，うす汚れていた．「工場内は，絶え間のない油の霧の中にあり，誰もお互いの顔を見ることができなかった」と，一人の技術マネジャーは説明している．研削機械は定期的に故障した．ボールベアリングは，手で組み立てられていた．たくさんの検査担当者がいた．組立工程では17回も材料がピックされ，工程にセットされる．そのような状況は，決して日本のNSK生産工場の優れた状態とはいえないものであった．

7-2　第2段階：1985〜90年における親工場主導の工場改革と改善

アナーバーは，視覚的，技術的，そして運営上においても，改革のモデル工場となった．改革が仕上がったときに，従業員の総数は220人に減っていた．古いシステムの下で，ベアリングが手で組み立てられていたときには，工場は

3交代で35人の組立工が働いており,「良い1日」で1人につき1,000個の部品を生産していた．新しく自動化されたラインにおいては，たった2人がそれぞれ5つのラインを動かすことで，工場はほぼ1人につき1,750個以上の部品を生産している．「組立工」の仕事のカテゴリーは，今や，ラインの運営や段取を担当する「建築者」や「荷造り人」といった立場に置き換わっている．現在，合計30人の作業労働者がいる．

　NSKがアナーバー工場の改革を決定したとき，当時の工場長であるラリー・マクファーソン氏（以下，敬称略）は，労働協約を再交渉する必要があると発表した．当時，事業は下降ぎみで，従業員はレイオフされていた．このためUAWは，NSKの投資と引き換えに譲歩をすることをいとわなかった．大幅な譲歩の1つは，職務区分の削減であった．それまでには40の職務区分があり，それが2等分されていた．設備の段取と操作は，2つの異なる区分にある2人によってなされていた．契約交渉後には，石部の親工場のものとほぼ同等のシステムといえる，1つの区分が両方の役割を遂行し，自身で品質検査も行い，保全も実行することになった．しかし，これらの類似点にもかかわらず，基本的な違いがいまだ存在する．アナーバーは，個人主義と論争が多い労使関係の歴史を有するが，石部は，企業別組合であり，労働者は経営者の指導に従うことをいとわないように思われる．これらの相違については，後の節でより詳細に考察する．

　結局，プロジェクトUA7〜9として実現された改革プランは，一緒に働いているアメリカ人と日本人の2つの国のチームによって実行された．アナーバー工場のアメリカ人は，最良の計画を用意し，それを日本で会議が開催される3週間の間にもってくるように依頼された．一方，日本に本拠地を置いているチームは，独自にもう1つの計画を発展させていた．工場の支出を最小にする努力をしていたアメリカを本拠地とするチームは，30,000ドルは「一級」というように，改革のコストを抑える努力をしていた．すなわち，機械加工，研磨段階1，研磨段階2，そして組立を表す4象限を取り出して，機能によって組織されている工場のそれぞれの部分に，これらの操作をそのまま割り当てたのである．それは，図4-2（上の図）に示された古い一括処理の概念のままであっ

た．つまり，いくつかの壊されるものは別として，構築されるものについて何も提案していないし，照明や床の改修のように「衣食住」と同様のものとしてたとえられるような，工場の物的条件の変化さえも提案していなかったのである．それにもかかわらず，アメリカの計画は800万ドルにもなり，その計画は唯一コスト面で退けられるだろうと予想されたため，アメリカに本拠地を置くチームは，とても気弱にその計画を日本へもってきた．

アメリカ人チームのメンバーは，日本側の計画を知ったときショックを受けた．日本側の計画は1,700万ドルという初期費用で，後の段階により多くの支出が上乗せされていた．日本側の計画の主な特徴は，図4-2（下の図）で表されてるように，機能レイアウトから製品ラインレイアウトへの変更であった．当初のレイアウトでは，研磨機械は，内側のリングは作業場の1つの側面に，そして外側のリングはその他の側面というように，すべてが一緒に集められていた．そして，外側の機械加工工場の内部に（または，「工場の中の工場」と呼ばれる）内側の組立エリアを設置することで，工場の中心に最終組立ラインが設置されていた．新しいレイアウトでは，工場を根本的につくりかえ，設備を移動・追加し，そしてより多くの生産能力が必要とされたときにラインを追加するための空スペースを計算に入れずに，29の製品ラインの中に研磨工程と最終組立工程を配置することが求められた．新しいレイアウトでさえ，内側と外側のリングが異なる作業工程を通るので（図4-2），完全にスムーズな流れではなかった．熱処理は，いまだに建物内の別の部分にある大きな炉で一括処理されていた．

日本人によって提案された製品指向のレイアウトは，アメリカ人のアプローチより多くの機械の購入が必要であった．しかし，NSKは，モノの流れの改善と品質の改良のために組織化するという，長期的利益に投資することをいとわなかった．日本側の計画は，工場を根本的につくりかえ，無駄な在庫を明らかにして，物理的な環境の改善を求めた．それは，同様に，照明を改善し，天井を再び磨き，例えば，機械加工や研磨加工で使われた油をリサイクルするといった，新しい補助的な支援システムをつくりだす試みでもあった．それは，ほとんど全ての古い設備に換えて，新しい自動化設備を追加することを求めたの

古いレイアウト：「工場内の工場」

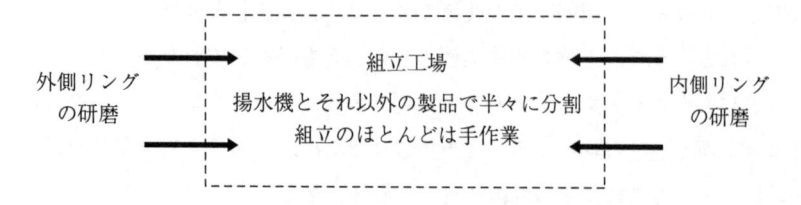

```
         組立工場
外側リング→  揚水機とそれ以外の製品で半々に分割  ←内側リング
の研磨  →  組立のほとんどは手作業        ←の研磨
```

新しいレイアウト：「製品ライン」

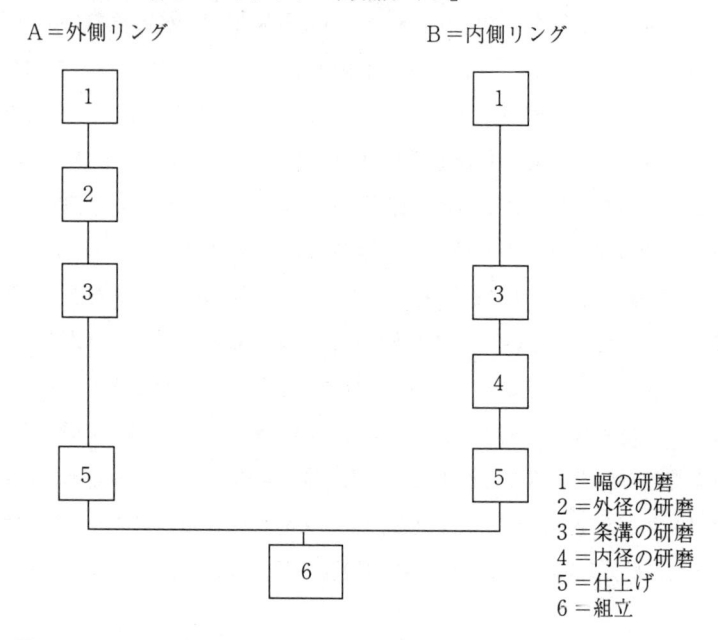

A＝外側リング   B＝内側リング

```
    1            1
    │            │
    2            │
    │            │
    3            3
    │            │
    │            4
    │            │
    5────────────5
         │
         6
```

1＝幅の研磨
2＝外径の研磨
3＝条溝の研磨
4＝内径の研磨
5＝仕上げ
6＝組立

図4-2　アナーバー工場における研磨と組立の新旧のレイアウト

である．日本人とアメリカ人のチームは，日本側の計画がほとんどそのまま受け入れられたという結果に伴い，その提案にしたがって働くために3週間話し合った．最も大きな変化は，もともと日本側の計画が要求していたものよりずっと柔軟に，最終組立設備を配置するというアメリカの提案であった．石部の日本人技術者が，その設計を実現させるために技術的解決法を開発した．

　1986年の改革の開始に伴う大規模なダウンサイジングによって，1970年代

中頃に500人いた従業員の数は290人に削減されていた．ダウンサイジングには，いくらかは事業の損失によって促進されるが，自動化の増加と製品ラインの削減が同様に寄与する．ダウンサイジング手法は，退職，（自発的および非自発的）解雇，そして雇用の削減による人員の減少を含んでいた．日本側の計画は，（揚水機のためのベアリングを含んでおり，）199人の雇用を維持できるに過ぎなかった．いくつかの単列型ベアリングを生産に戻すことで，約215人の雇用が維持されることになった．そのため，改革の直接的な結果として，残りの75人の人員削減が必要となった．これは通常の人員の自然減と早期退職を通して達成された．

　ダウンサイジングが継続されているにもかかわらず，3つの理由で改革に対する広い支援があった．第1は，前の工場長が述べたように，「（私たちのやったことが）モデル工場となる機会がある」ということであった．第2には，改革が完了した1985年以来，工場にはレイオフがなく雇用が安定していたことである．最後は，日本の自動車会社がアメリカに進出することが明らかとなり，これがアナーバーに新しい，成長する顧客基盤という希望を与えたことである．改革の間，ほとんどが生産技術者である22人の日本の海外派遣社員が，工場を再組織化し，新しい生産ラインの開始を支援するためにアナーバー工場に配属された．

　改革の計画を立てる最初の3週間，日本にいるアメリカのチームは，アナーバーには工場や設備をグレードアップするための洗練された生産技術能力がないことに気付いた．工場レイアウトの技術者は，企業のスタッフとしてはいたが，アナーバーに実践的生産技術者として毎日いるわけではなかった．アメリカに戻って，彼らは，1人の日本人海外派遣社員，工場保全のアメリカ人1人，そして研究開発の数人の人材で構成された5人の生産技術グループをまとめた．その役割に関して特別なトレーニング・プログラムはなかったが，日本からの技術移転の支援や，設備の設置，欠陥の除去，現場の人にいかに設備を操作するかを教え，技術をグレードアップするなどといった業務を通じてグループは学習していった．内部から生産技術能力が出現したことは，アナーバーを現地での自律運営を行う方向に進めるうえで，とても重要な力になったので

ある．

7-3　第3段階：1990年から現在における現地主導の漸進的な改善

　親工場主導の漸進的な改善がいつ終わって，現地主導の改善のための移転がいつ始まったかは，はっきりしていない．1996年のわれわれのインタビューのときには，影響力をもつ日本の副工場長を含めて，アナーバーにはまだ8人の日本人海外派遣社員の一団がいた．石部の大規模な海外生産部門は，アナーバーにおいて技術をグレードアップすることに影響を与えている．他方で，日本への往復によってNSKの生産システムに対する深い理解を進化させたアメリカ人の多数のグループも存在する．アナーバーの管理者は，日本の管理者の代わりに，他のアメリカの工場でシステムを設置することを手伝っている．長期にわたり，よりアメリカ人主導のイニシアティブに向けて，技術的改善の軌跡に変化があった．製品テストが中心ではあるが，アナーバーには，今やいくらかの製品開発能力をもつ自身のR&Dセンターがある．

　経営管理と組織的な側面において，アメリカの人々は，NSKの生産システムの「ソフトウェア」と「ハードウェア」を運営することに対する障壁を取り除く，重要な人的資源のイニシアティブを引き起こしたのである．それらは，自律的作業チーム（SDWT）であり，年功，職務ローテイション，業務命令，残業，そして日常業務についてのいくつかの団体交渉協定であった．もうひとつの変化は，労働組合の代表と協力し，1994年に組合査察に対して会計帳簿を公開し，新しい業績評価手順を始めるといった，新しいアプローチを伴うものであった．

　NSKの米国子会社が自律性を発展させたという最もはっきりした指標の1つは，NSKの米国子会社の社長で最高経営執行者（COO）でもあるラリー・マクファーソンが，1996年の夏にNSKの取締役に任命されたことである．NSKが本社の取締役会にアメリカ人を招いた最初の会社ではないとはいえ，当然初期の1つに数えられる．現地的な自律化の方向への変化の重要な兆候であるかどうかは明らかではないが，石部を参考にするフレーズとして「姉妹工場」という言い方の使用が増えている．これは，より対等な立場としてペア工場をと

らえることで,「母子」の区別を乗り越えるものである.

8 アナーバー工場での再コンテクスト化の理解——分析方法

前述のように,NSKの生産システムのいくつかの面はほぼ原型のまま移転されたが,しかし,その他の部分は,実現に対して重大な障害に遭っていた.そのことがなぜ生じたかをよりよく理解するために,われわれは技術を分類することが有益であると考えている.われわれは初めに,それらが「ハード」な技術であったか,あるいは「ソフト」な技術であったかによってプロセスを分類した.その分類は,移転されたプロセスを調べるときに,「ハードウェア」と「ソフトウェア」を区別するNSK自身の慣行に刺激されたものであった.しかし,その区別は,物理的技術と社会的技術を区別する技術移転の研究における最近の理論によっても支持されている(Tornatzky and Fleisher, 1990).

NSKの情報提供者たちは,どちらの用語が何を意図しているかについてまったくこだわっていなかったが,著しく人に依存する技術をそのまま伝えるものとして,「ソフトウェア」を使っていたことは明らかであった.「ハード」な,そして「ソフト」な技術とプロセスを分析する中で,その区別は,技術とプロセスが付随する組織システムに依存している程度に,明らかに基づいている.われわれは,従ってこの特質を「システム埋め込み性」と名付け,そのことを,技術とプロセスが他の技術的で社会的なシステムにしっかり統合されている程度であると定義した.

トルナッキー=フレイシャー(Tornatzky and Fleisher, 1990, p.10)は,技術を「人間の知識から派生し,人間の目的のために使われるもので,環境の一部を変える道具や道具のシステムである」と定義している.この広義の定義を使って,技術に関連している知識基盤の2つの明確な特徴が明らかになる.知識基盤とは,技術を操作し実行することに関連したコグート=ザンダー(Kogut and Zander, 1992)が「ノウハウ」と呼ぶものに近い何かを意味している.「ノウハウ」とは,他にないもので,いくつかのケースの中で体系化され,はっきり説明されるものである.

このことは，知識基盤の形式的なものと暗黙的なものの間の識別という観点から，技術についての考察を導くものである (Doz et. al, 1996; Nonaka and Takeuchi, 1995; Polanyi, 1966)．知識の前者のタイプは，明確に表現することができ，証明するのは比較的簡単であるが，後者はそうではない．むしろ，暗黙知は，（組織内や一般社会での相互作用という）社会化を通じて，長い間にわたって学習される技術とプロセスに関連した常識的な理解である．暗黙知は，深くメンバーの意識の中に埋め込まれており，このため，アクセスするのは困難である．事例データで導き出され，理論によって支持されているこれらの特質は，新しい顧客環境に物理的で社会的な技術を移転することに関する，再コンテクスト化についての以下のモデルへの道筋を与えるものである．

8-1　再コンテクスト化に技術的特徴を関連付けたモデル

　分類のための2つの明確な特質を確認した後で，システム埋め込み性の程度としてx軸を，暗黙的かあるいは形式的な知識基盤の程度としてy軸をもった格子の上に，移転された技術とプロセスを図式化した（図4-3参照）．この図式化によって，技術とプロセスのいくつかは，他のものよりも大きな範囲で再コンテクスト化されたことが明らかになった．高いシステム埋め込み性と大きな暗黙的知識基盤をもつプロセスは，低いシステム埋め込み性と高い形式知をもつプロセスより大きな範囲で再コンテクスト化された．したがって，われわれは，システム埋め込み性と暗黙知対形式知の相関関係としての再コンテクスト化の程度を表現するために，3本目の軸（z軸）を導入した．図4-3はこれらの技術的な特徴と再コンテクスト化をモデル化したものである．

　再コンテクスト化に関して，技術がアナーバーに移植されたときにどの程度変わったかということについて，われわれは以下で考察する．「物理的な設備」と呼ばれた形式的知識基盤を持つ自立的な設備には，ほとんど再コンテクスト化はなかったが，「社会的なプロセス」と呼ばれた多くの暗黙知を必要とする社会的技術は，とても多くの再コンテクスト化がみられた．「生産ツール」と「SOPs（標準作業手順）と一連の技能」という対角にある象限には，極端な開きがある．

第4章 日本からアメリカへの工場間の知識移転と再コンテクスト化　177

```
                    暗黙知ベース
                        │
      生産ツール         │   社会的プロセス        ┌─────────┐
                        │                        │  高い    │
     ╭─────────╮       │   ╭─────────╮          │ 再コンテクスト化 │
     │ 生産チャート │   │   │  改善    │          └─────────┘
     │ 目で見る管理 │   │   │ 職場チーム │              ↗
  Ⅳ │ MRPシステム │   │   │ 職場規律 │                ↗
     │ 柔軟な組立  │   │   │ 職務役割 │      Ⅰ       ↗
     ╰─────────╯       │   ╰─────────╯          ↗
                        │        ╭─────────╮ ↗
                        │        │ 労使関係 │
                        │        │ QCサークル│       システム
  自律的 ←───────────────┼────────╰─────────╯──────→ 埋め込み性
                        │
                        │
        ╭─────╮        │     ╭─────────────╮
        │ 熱処理 │     │     │ 技術的専門知識  │
        ╰─────╯        │     │ 機械操作専門知識 │
  Ⅲ          ╭─────────╮│     │ 保全手順      │   Ⅱ
              │研摩(UA1-6)│     │ 品質手順      │
   ┌─────────┐│機械加工   │     │ 作業組織      │
   │  低い    ││自動資材供給│    ╰─────────────╯
   │再コンテクスト化│╰─────────╯
   └─────────┘   物理的設備  │  標準作業手順(SOPs)と一連の技能
                        │
                    形式知ベース
```

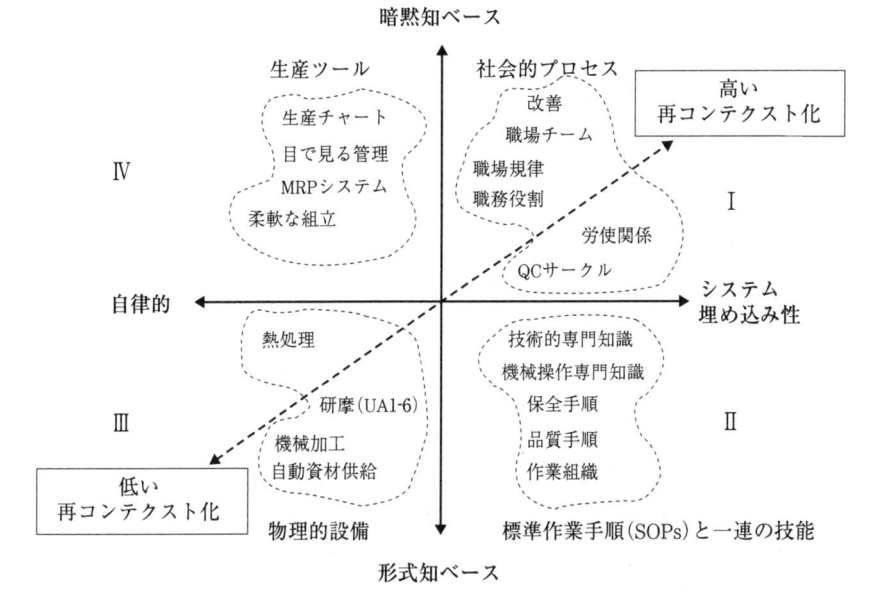

図4-3 再コンテクスト化に日本の技術的特徴を関連付けたモデル

8-2　アナーバー工場での再コンテクスト化の例

　図4-3の4つの象限を見ると，面白いパターンが見られる．それは，技術とプロセスが実行されるにつれて，アナーバーでは，ますますシステムに埋め込まれ，暗黙知に頼るようになったことである．1975〜85年の第1段階に実施された第3象限で示される既存設備への小さな修正では，システム埋め込み性と暗黙知は低いものであった．第3象限の新しい複雑な設備と第4象限の柔軟な組立，そして，第2象限のたくさんの付帯する作業手順を含む1985〜90年の第2段階の変化は，より多くシステムに埋め込まれ，たくさんの暗黙知が必要とされた．最後に，第3段階で中心となった第1象限の中に記された社会的なプロセスは，特に，1994年に始まった職場チームワークの推進以来，システムの埋め込み性と暗黙知について最も高いものとなった．最小のものから，最も再コンテクスト化されたものまで，これらの4象限のそれぞれについて考察することにする．

まず初めに，われわれは，システム埋め込み性と知識基盤によって，それぞれの主要な生産工程にある設備の分類を試みた．前述のようにわれわれは，「ハードウェア」か「ソフトウェア」として技術を分類した上で，それらが他の組織かあるいは社会システムと連結されている程度を検討した．本稿では，技術と知識の分析可能性についての考えを導くためペロー（Perrow, 1967）の研究を用いた．分析可能性の高い作業については，発生する問題を明快なやり方で解決するために，標準作業手順が用いられる．対照的に，分析可能性の低い仕事は，より深いレベルの経験や社会化された「ノウハウ」を要求する新しい問題解決を必要としている．

(1) **物理的設備：第3象限**

われわれは，高度に自動化された設備について，自動化は基本的にそれ自身が操作するので，雇用する従業員をより少なくし，手動操作ほどは暗黙知を必要としないと考えていた．われわれはアナーバーのシステム・マネジャーであるデボラ・ラインハルト氏から，まったく反対のことを聞かされた．彼女は，資材供給や組立のような自動化した手動工程では，むしろより多くの社会システムのサポートに依存しなければならないという．彼女は，これを①工程を稼働させるために必要とされる調整の増加，②設備の段取，工程の監視，品質のチェック，欠陥があったときの問題解決という時間給労働者に対する責任の増加によるものであるとしている（よりやっかいな問題には熟練工が必要とされるが，しかしそのときでも，作業者は問題解決に参加する）．自立的な物理的技術のようなものは存在せず，成功の実現を下支えする社会的なプロセスとつながっていたのである．

① **自動資材供給と機械加工** 最も自立的な物理的技術は，技術移転の最も早い段階で導入された自動資材供給と機械加工の設備であった．これらの技術は，技術的な複雑さが最も少なく，操作において必要とされる経験上の知識も少なかったので，再コンテクスト化はほとんど経験されなかった．

② **研磨加工**（UA1-6） 1975年〜1984年までの研磨加工（UA1-6）における機械の調整と小さな修正は，設備の基本的機能や作業者の役割を変えない改善

であった．基本的な変化ではなかったため，ほとんど再コンテクスト化を見つけることができなかった．しかし，機械加工とか自動資材供給に比べ，研磨加工は，主に作業する社会的組織に関して，かなりシステムへの依存を必要とする．研磨工程（特に，外径（OD）の研磨）は，作業者にとって最も要求の厳しいプロセスといわれていた．彼らは，3つの縦並びの機械でチーム（1人は大まかな仕上げをする作業者，そして1人は完成させる作業者）として作業する．その作業は，自ら設備の段取りをし，必要とされる品質レベルで設備を操作することである．「外径は，多分工場の中で最もやりがいのある部門です．それは，段取，研磨，傾斜（テーパ），波形，丸み，荒さ，直角度といった外径サイズの検査，そして，研磨焼けを調べることなどです」と副工場長は述べている．各ベアリングは仕様を100パーセント満たさなければならない．1つでもそうでない場合，作業者は手動で追加の許容検査を遂行しなければならない．これらの特徴を考え，われわれは，すでに議論された自立的な設備より，研磨加工はシステム埋め込み性軸のより中心に位置しているとみなした．

③ **熱処理** 熱処理作業は，経験のない観察者にとっては明快な工程であると思われたが，どうやらボールベアリング生産の最も技術的に複雑な物理的工程である．仮に，部品が正確に熱せられなければ，規定通りそれらは廃棄されることになる．熱処理設備をテストし，調節することは，多くの訓練と経験を要する高度に複雑な手順である．このような理由のため，この象限においては，他の技術よりさらに暗黙知の次元に従うものとして熱処理を位置付けている．

(2) 生産ツール：第4象限

この象限は，生産を支援する物理的なメカニズムやソフトウェアといった技術となるので，われわれは，それを生産ツールと名づけた．第3象限の技術が，ベアリングを生産するのに必要となる主要な物理的プロセスを表している一方，第4象限は，生産をサポートする「ハード」な，そして「ソフト」な技術の両方を表している．

① **柔軟な組立工程** ペロー（Perrow, 1967）は，タスクの不確定性とは，システムが失敗し，新しい問題解決を必要とする予期しない手法から派生すると

述べている．アナーバーに導入されたベアリングの組立に適用されている柔軟な組立設備は，他の生産技術のいずれよりも部品がより多く移動すると共に，カスタマイズされた技術やソフトウェアを有していた．この組立ラインが，不良品を取り除くのを見ることは全く珍しいことではなかった．日本の同程度の設備よりも，より少量で広範な種類のベアリングを生産するために，アナーバーの設備は特に複雑であった．このすべてを考慮して，われわれは，組立設備を第3象限にある他の設備よりも暗黙知がより高いものとして分類した．設備は，日本で設置，手直しされ，日本人によってアナーバーに導入されて，さらにその場所で手直しされたが，物理的ハードウェア，またはコンピュータ・ソフトウェアについては，そのことによる再コンテクスト化はほとんどなかった．しかし，設備をメンテナンスし，修理し，グレードアップすることを任された作業者，熟練工，生産技術者が，仕事上の行動を変化させることに関して，非常に多くの再コンテクスト化が出現したのである．

② **資材所要量計画（MRP）システム** 資材所要量計画は，原料の購買を計画し，生産計画を策定するためにNSKが活用しているシステムである．これは，トヨタ自動車の世界に名高いカンバン・プルシステムと対照をなしている．しかし，NSK日本は，生産工程と部品供給の両方の在庫において，厳密に維持された最大の標準量をもって安定した生産を続けるために，MRPをとても効果的に活用しているように思われる．技術は会社に固有なソフトウェアで運営されているので，第3象限で議論したいくつかの物理的な設備より形式知の活用は少ない．ソフトウェアを使うための規範と理解は，ソフトウェア自体と同じくらい重要である．アナーバーにおいては，システムの要求に合致する在庫の統制とバッファ・サイズの維持に関する規律はほとんどなかったが，MRPシステムについては，他の社会的プロセスでわれわれが観察したものよりも再コンテクスト化の程度は少なかった．

③ **生産チャートと目で見る管理** 生産チャートと目で見る管理は，NSKが品質システムの「ソフトウェア」と名付けているものの一部である．生産チャートとは，計画と実際の業績を比較するグラフのことである．物理的なチャートと目で見る管理（例えば，色で塗り分けられた容器，スタック信号など）は，形

式知の交換によって移転されることになる現実的な対象である．しかし，それらがどのようにして現場のデザインに適合したか，そしてより重要なこととして，それらが新しい設定においてどのように使われるのかということについては，より深い暗黙知を必要とする．

例えば，これらのツールは，継続的改善と迅速なプロセスの調整のために使われている．迅速な反応は，業績が計画された水準以下であるときに必要とされる．目で見る管理は，例えば赤の容器に入れられている多くの不合格品が問題を表すというように，標準からの逸脱を示すために策定されている．組織がそのような信号に応える方法は，目で見る管理の特別なデザインよりも，それを数えることなのである．

アナーバー工場は，NSK の生産チャートと目で見る管理の物理的な内容を取り入れたのであるが，しかし，それらの活用方法は，大幅な再コンテクスト化を経験した．生産チャートは，現場の作業場の近くに置かれたものの，規則的な基準として取り組まれたのではなかった．色で塗り分けられた容器は，その周りの床が廃棄物と手直し品でいっぱいであるにもかかわらず，しばしば空っぽのままにされていた．

(3) 標準作業手順と一連の技能：第 2 象限

第 2 象限に分類される標準作業手順（SOPs）は，品質規格を遵守することにおいて，工場や設備を作動させるために必要とされる詳細な手順であるため，「ベアリング文化」の移転の成功を確実にする基本的な手段である．海外派遣社員がアナーバーに派遣されたとき，彼らの第一の責任は設備を設置し，それを手直しして，設備を操作し維持するための標準作業手順を教えることであった．

われわれが聞いた話によると，これを実行することには明らかな困難があった．例えば，1 人のアメリカの管理者が以下のような説明をしている．

> （改革前の）労働者たちは，電話をしたり風船ガムをかみながら，機械を動かし続けるための手動で行う作業を主に行っていたのです．彼らは，新し

い正確で高価な設備をどのように扱うかを知りませんでした．新しい設備が導入され，まさに試そうとしているとき，彼らは日本人によって驚愕させられました．他の規則が課せられたのです．昔は，現場でコーヒーを飲み，タバコを吸うことができました．新しい規則の下では，それは許されませんでした．日本人は，油がある周辺でタバコを吸っていたことが信じられなかったのです．

　手順の適切な実行が，「システムに参加した」個人に依存する限り，SOPs（標準作業手順）は全く社会的なシステムに依存している．それでも，SOPsをできる限り形式化することによって，NSKは実行の不一致をコントロールすることを試みている．

　① **SOPs**（標準作業手順）：**作業組織，保全，および品質手順**　保全や品質および組織的手順を実行するための明確な指示は，各々の現場に掲示される．ときには，これらの指示の明確さは，アメリカの立場からあまりにも離れたものになる．ある労働者は，社用車を使うという最近の経験を詳しく話してくれた．「私が社用車を運転したとき，小物入れの中に，ガソリンタンクは半分以上に保つことや，非常事態の場合に行うことなどを記した，一組の詳細な操作指示書を見つけたのです．」

　標準についてのNSKの強調にもかかわらず，日常的にそれらを行う作業者を獲得することに関して，日本人の海外派遣社員は大きな不満をもっていた．（社会的なプロセスに関する部分でさらに考察されるが）NSKは，これを職場規律の不足によるものであったとしている．このことに関して，不良品削減における作業組織によるNSK標準の活用が良いケースである．NSKは，標準外の部品を分類するために色で塗り分けた容器システムをもっている．赤い容器は不良品，黄色は手直し，白は（例えば，床で見つかった部品といった）場違いの材料や部品が入っている．石部では，白いバケツはほとんど空っぽであった．ところが，アナーバーでは，（いまだに床で時々部品を見つけるという事実もあるが）それらは大きく，そしてよく使われていた．

　日本ではあたりまえである，厳しいタイムスケジュールに従うアメリカ人を

獲得することも困難であった．日本の海外派遣社員は，できるだけラインが休みなく動き続けることを望んでおり，そうするために，彼らはランチタイムを30分から20分に減らすこともいとわずに行った．しかし，アメリカ人の作業者は，そんなに早く食べることはできないと言い，昼食は30分に及んだ．日本の職場では，弁当をもってくることも珍しくない．しかし，アナーバーでは，従業員は一般に昼食時間にカフェテリアへ行った．

　新しいスケジュールは，同様に交替の間にもラインを休みなく動かし続けることを要求した．古い一括操作では，第1シフトの作業者は十分な在庫を積んでおく限り，第2シフトの作業者が時間どおりに来るかどうかは，それほど重要ではないと思っていた．今日の製品指向のラインは，連続的な流れで動作するように設置されており，各操作がスムーズに作業を運び続けることは，その前の作業者に依存している．

　再コンテクスト化の見地からみれば，標準作業手順の形式は，幾分かそのまま移転された．しかし，実際の機能はそうではなかった．われわれはこのことについて，標準作業手順が，日本人の行動においてとても根深い，根底にある信念や価値観から識別されるものであることが要因だと考えている．後に，職場規律の中で，これらの行動の根源についてより詳細に考察する．

　② **機械操作の専門的知識**　NSKは人を信じ，人に投資する．何故ならばNSKにとって，効率的で，品質の高い操業を維持するためには機械作業者が決定的に重要だからである．機械作業者は，機械を動かすだけでなく，一般に複合的で高度に自動化されたプロセスをもつ工程を管理することが期待される．機械がどのような音を発するかを知り，速やかに欠陥を見つけ，いかに小さな修理をするかを知っていること，これらの作業現場技術の全てが，製品と生産工程に関する深い相互関連的な理解を必要とするのである．そのような専門的知識は，学習と継続的な改善を奨励する社会システムに依存している．

　たとえ作業者の多くの専門的知識が暗黙知に頼っているとしても，そのかなりのものは形式化することができるので，表の格子の真ん中の方に機械操作の専門的知識を位置付けている．アナーバーでは，作業者がどのように生産ステップのそれぞれを実行すべきかについて，明確で正確な指示のある長々とした

操作マニュアルをもっている．作業者の専門的知識に関係するいくつかの暗黙知を移転させるため，数人のアメリカの作業者が訓練のために日本に送り込まれ，他の作業者は，アナーバーに来た日本の技術者や監督者および作業者によって訓練された．アナーバーにおいては仕事の役割が日本より制限されていたので，アメリカの作業者の専門的知識は，日本に行った作業者より狭く浅いものであった．形式化は，第一にしなければならないというものではなく，暗黙知を移転する手段として職務を通じた訓練（OJT）が進められたのである．

③ **工業技術の専門知識** 工業技術の専門知識を移転することについて，NSKは「手を汚す」ことのない技術者は役に立たないと考えているので，機械操作の専門的知識を移転することとほぼ同様である．彼らは，生産設備の操作を含む，深いレベルで生産工程を理解する必要がある．技術者もまた，技術を改善できることが求められる．他の日本企業のように，NSKは公式な知識を超えたコンテクスト上の知識を評価している[2]．大卒者には，物理学と基礎科学に対する素養をもっていることを期待している．しかし，組織内部の上級技術者の教育指導のもとでの実務経験を通して「本当の」技術者に育てるために，（工学部卒業生さえ）新卒社員を訓練しようとしている．NSKは，技術者を訓練する能力と，彼らにベアリング製造に特有な生産技術を設計する経験を与える能力から，主要な競争優位が生じると信じている．必要とされる専門的知識は，元来暗黙的で仕事を通じて学ぶもので，形式的に書き留められたものではない．生産技術者は，どのように設備を設計し，構築するのかということと同様に，どのように設備を動かすかを理解する必要がある．このように彼らは，作業者よりさらに強い暗黙的な知識基盤をもつ．したがって専門的知識は図4-3のグラフの暗黙知のより高い次元に示される．

1986年にアメリカの技術者が，工場改革に関する彼ら自身の案を提案するために日本に向かった時，フーバー社では，彼らが日本で出会ったような生産工学の専門的知識を，本当に有していなかったという認識をもって戻ってきた．アメリカの技術者たちは現場ではなく，新しく進歩している工程を特定し，設備を購入するために外部業者と協力する，研究開発部門の中にいた．日本NSKでは，自分自身が機械を設計し，構築し，工程を改善するための設備のグレー

ドアップに取りかかるというように，生産工学が工場の中にあった．結果として アナーバーは，日本NSKのモデルにより近い生産技術者になるための4人の人材を選んでいる．

(4) 社会的なプロセス：第1象限

われわれのモデルの第1象限に分類された社会的なプロセスは，最も多量の再コンテクスト化を経験した．これらは，適用に関する高いシステム埋め込み性と暗黙知によって特徴づけられたプロセスである．

① **品質管理サークル** アナーバーに移転された最初のチーム概念は，品質管理サークルであった．日本NSKは，活発な品質管理サークルのプログラムをもっており，明文化された方針にそのように記述されてはいないが，全ての従業員に対して提案することを期待している．アナーバーで従業員関与プログラムを始める最初の試みは，日本NSKの品質管理サークル・プログラムに基づいて，直接一対一でつくられた．プログラムはQTIPSと呼ばれ，1982年に始まり，工場改革の1年前の1985年末に解散した．

QTIPSは，アメリカと日本のNSKの人事担当者によって，惨めな失敗と考えられており，よく品質管理サークルと問題解決グループの範疇で何をするべきではないか，ということの具体例として引き合いに出される．QTIPSへのトップ・マネジメントの関与は相対的に少なく，小集団の会合は，即座に（労働生活をより簡単にするというような）「快適性の創造」に注目した不平をいう会合となった．日本の管理者はQTIPSの失敗を，アメリカ人労働者に対して，仕事に関する自らの問題を選ぶことを認めた結果であると説明している．日本では，経営側が問題解決のための主題を「提案」する．1人のグループリーダーは以下のように語っている．「日本では，チームにいる人を選別したりしません．…石部では，チームの方向を決定するのは，管理者次第であるとチームメンバーは考えています．海外のメンバーが選ばれているので，彼らは，日本的な方式であるリーダーの方向性に従う代わりに，チームが実行するものについての発言権をもっていると思っているのかもしれません．」

アメリカ人の中間管理者は，QTIPSの主な誤りは，中間管理職の権威を無視

して進めたことであると，振り返って説明している．QCサークルは，ときに職工長ではない自身のリーダーを選ぶことが許可されていた．このことにより，それによって無視されていると感じる下位中間管理者の抵抗にあったのである．ロバート・コール（Robert Cole, 1979）が述べているように，日本の品質管理サークルは，しばしば職長の権力と影響力を強化する．コール（Cole, 1979, p.201）は，トヨタ自動車の車体工場の広く公開された職務再設計について記している．

　…強調されるのは，参加それ自体ではない．そうではなくむしろ，経営者が追求して欲しいと望む方針に対して，労働者の同意を取り付けることである．それは，経営者が，労働者の行動が把握できる方向に彼らを導くのと同様のことである．労働者が受け入れ，追い求めるような方針に着手することについて，経営者が，ときには非公式あるいは公式に先導しているということに関して，注意深く管理された同意がここに存在するのである．

　日本人は，労働者参加と職場民主主義という西洋の概念をもつアメリカにおいて，品質管理サークルを結成することに当惑しているようにみえる．品質管理サークルは，トップダウンの独裁的な管理からボトムアップの参加型管理へ移行したときに，アメリカにおいて紹介された．日本のように，その実践は一般的な品質用具と問題解決手法を含んでいたが，集団力学と意思決定の合意形成が過度に強調されていたのである．そのため，アメリカの品質管理サークルは，品質や生産性を改善するための単なる道具ではなく，労働者参加と権限委譲への広範な動きの一部であった．しかしながら，品質管理サークルは，その活動が仕事から離れて開催されたので，参加型管理の比較的弱い形態となったのである．ロウラー（Lawler, 1986）はこれを，伝統的なトップダウンの機能的組織と呼応して作用している平行的参加型構造と呼んでいる．

　② **労使関係**　日本の大企業は，アメリカの産業を基盤とした労働組合と本質的に異なる企業別組合をもっていることがよく知られている．NSKの組合

は，ホワイトカラー，ブルーカラーを含めたほとんど全てのNSK従業員を代表しており，その運命は完全に企業としてのNSKの運命と密接に結び付けられている．このため，労働組合員は，企業の競争力を高める生産性改善プログラムに熱心に参加するのである．対照的にUAWは，アナーバーの従業員のごく一部を代表するのみであり，効果的に労働者たちの関心事を示すために，歴史的に経営者と対立する立場にある．

アナーバーでの最近のストライキは1977年であった．1970年代の工場の惨めな業績を考えると，組合は工場に新しい活力を与える1980年代中頃の努力に抵抗する強い立場にはなかった．そこで，ラリー・マクファーソンが1985年に日本から戻り，労働協約は再交渉を必要としており，結果として職務階層はより広く少なくなるであろうと言ったときにも，多くの抵抗はなかった．変化するのか，あるいは工場を閉鎖するのかという時期であった．

（日本人の）副工場長は，新しい協約にもかかわらず，仕事の柔軟性はまだ日本の生産性のレベルに到達するのに必要とされているものではなかった，と説明している．彼は以下のように述べている．

> 日本では，作業者が機械を使って作業をし，それが正常に作動しない場合には，おそらく彼らは，現場において単独でそれを修理することができます．しかし米国では，作業者は，職長に保全要員を呼ぶことを依頼せねばならず，その上，保全要員は限られています．私たちは，組合と折衝することによって，この問題を取り除こうとしています．…何人かの作業者は，不満をもっています．彼らは，より多く生産し，小さなトラブルを直すことを望んでいるのです．しかし他の人は，変わることを望んではいません．

もう1つの問題は，アメリカ人は先任権を特権と同等にみなすことであった．上記の海外派遣社員は以下のように説明している．

> 私たちは，アナーバーで3交替の操業を行っています．年功者は，最初のシフトで働くことを望んでいます．ときには，2番目のシフトには新しい

労働者しかいないために,そのシフトが非常に弱くなっています.日本では,私たちは各シフトに年功者を配置しました.ここでは,厳密に年功によっています.私たちは影響を与えることができません.日本では,従業員は毎月あるいは毎週シフトすべきであると思っています.ここでは,1つのシフトにとどまったままです.

彼は,それから,後のシフトにおいて経験のある労働者が不足していることによって引き起こされた,品質と生産性の問題について話を進めた.日本では,監督者に従ったグループがもととなって,2週間ごとのシフトを通じてグループとしてローテイションしている.

残業は,もう1つの問題であった.日本では,残業は残って仕事をするのに最も有能な従業員に,監督者が依頼し,さらに,残業を彼の周辺の従業員にも広めることよって対処されている.残業を依頼された人は,同意することが想定されている.実際に,どの程度作業者が時間外の要請に協力したかは,業績評価書類の項目となっている.しかし,アメリカでは,「たとえ彼らが仕事をすることができないとしても,監督者は,まず最も年輩の人に尋ねる」のである.これは,日本人がとても非能率的であると感じた,個人的特性に対するアメリカ人の執着のもう1つの例である.アナーバーでの品質問題とより低い生産性は,2番目と3番目のシフトの間で特に発生しており,この数字は日本人を支持している.

仕事と組合の役割の定義に関する相違は,事務所スタッフと監督者の間に拡大している.日本の海外派遣社員は,以下のように説明している.

> 日本とアメリカでは,現場に対する事務所スタッフと監督者の間にも姿勢の相違があるのです.アメリカでは,月給と時間給はまったく別の異なったものです.日本では,それらはより共通項をもっています.事務所と現場の間の区別は,ほとんどありません.ここでは,現場の人だけが組合に所属しています.日本では,現場も事務所もほとんどの従業員が組合員です.給与体系が同じなので,連帯感があります.しかし,米国では,とも

に殴りあうような強い衝突があるのです．責任者は意思決定をしますが，詳細に現場のことを知らないので，悪い決定をすることも考えられます．現場の人は，現場についてずっと多くの知識をもっているのです．ときには，現場の作業者が交代勤務割増賃金や多くの残業によって，監督者より多くの給料をもらうのです．

アメリカでは，中間管理者は現場での経験がほとんどなく，現場の効率にほとんど寄与していない．日本では，監督者は常に詳細に全ての仕事を知っており，彼らは最も良い作業者だったことで，一般的に監督者として選ばれる．石部では，監督者の仕事の80パーセントは，現場の効率の改善である．アナーバーでは，監督者は，残業のスケジュールを調整することや，作業者の不平に応えることに大部分の時間を費やし，作業上の改善については考えていない．ある海外派遣社員は，「アメリカに来たとき私たちは，設備や効率について，多くの改善が見られることを期待していました．しかし，実際には立ち上げは非常に緩慢で，幾人かの人は改善について気にもしていなかったのです」と述べている．

1994年に，経営者が会計帳簿を公開することを決定し，UAWがそれを財務コンサルタントに分析をさせたとき，UAWと経営者の間の関係に転換点がもたらされた．組合は，NSKが多くの利益を上げていると思っていた．しかし，NSKが，その時の利益動向に基づいて，1億3千万ドルをアナーバーにつぎ込むときまで，工場は長い間，投資を回収していなかった．1994年6月17日，新しい「近代的な運営協定」が3年契約の一部として調印された．そのため，古い契約は3ヶ月前に切れることになった．協定は，職務階層と組合の就業規則を緩和することを認め，自律的作業チーム（SDWTs）の方向へ動き始めた．このことによって，アナーバーには今までに例を見ない労使間協調の道が開かれたのである．

新しい組合協定は，アメリカと日本とのシステム間の収斂のように思われるが，そのプロセスと根底にあるダイナミクスは異なるものである．職務階層については，例えば，熟練工と設備作業者の間にあるものが，より広くあいまい

になっている．しかし，境界は，アナーバーではまだ実際に存在し，とても堅固である．変わらない作業グループと監督者の隔週シフトのローテイションは，石部にあるNSKでは日常的な方式といえるが，アナーバーでは考えられないことである．そして，アナーバーでの労働者の自律と統制に関する注目点は，日本で会社側が先導した労働者の活動的な共同作業とは，まったく異なっているのである．

　③　**仕事の役割**　日本では，仕事の責任が広いといわれている．より正確にいえば，個人は役割を引き受けるとともに，必要なときにはその役割を拡張することもいとわないのである．実際，ある職位より下の管理者には，肩書きも職務記述書もない．このことは，生産労働者にとっては，自らの役割が，改善のための提案をすることだけではなく，あらゆる手段を用いて能率的で高品質な生産を維持することであるということを意味している．もし，設備を動かし続けるために小規模な保全が必要とされれば，たとえ第一の仕事が生産することであるとしても，労働者は喜んでそれを遂行するのである．

　アナーバーにおける1986年の新技術の導入は，職務類型と責任に関する基本前提を変えた．職務区分の数は40から20に，検査担当者の数は51から10に減少した．移転された技術やプロセスの大部分は，例えば，柔軟な組立，自動資材供給，仕事チーム，品質管理サークルといった，業務の間に多くの重複部分をもつ広範に定義された仕事に依存している．日本の副工場長は，このことについて，以下のように述べている．

　　私たちは，より多くの責任を作業者に課しました．以前，彼らは，出来高給で支払われていました．時間給労働者については，段取りをする人と機械を操作する作業者という，2つの職務区分がありました．また，GIC（全般的検査担当者）と作業台の検査要因という2つの品質階級の労働者がいました．GICは部品を検査し，彼らが不良品を見つけた場合，作業場の検査要因がその不良品を容器に分類するのです．かつて，ここには51人のGIC検査要因がいました．今や，私たちは，多くの品質検査担当者をもつよりも，むしろ作業者自身が製品品質に責任をもつという，品質管理か

ら品質保証に向けて進んでいるのです．

　新しい複雑な設備が日本で手直しされ，アナーバーに設置されたとき，アナーバーの伝統的な狭く専門的な仕事役割から，石部の特徴である，より広範で柔軟な仕事役割への変化があった．これは，技術とそれに関連させた仕事役割との一対一の移転のように見える．しかし，より詳しく調べてみると，石部とアナーバーの間には，著しい違いがあることは明らかである．石部では，現場労働者は，工程を高い水準の品質と生産性で動かし続けるために，あらゆることを行う義務があると感じている．熟練労働力の規模が小さいということは，自分自身で保全を行うという労働者の意志の結果なのである．アナーバーでは，保全と現場労働者間の職務（ジョブ）責任は不明確である一方で，その役割は，はっきりと分かれたままであった．現場労働者は，いくらかの定期的な予防保全をすることはいとわなくても，現場労働者が保全要員の職務（ジョブ）を行うことは，組合の原理に違反するものであった．アナーバーでは，境界は広まってはきているけれども，いまだはっきりとした輪郭の描かれた「職務（ジョブ）」があり，継続的改善活動は限定されていたのである．石部では，「私の職務（ジョブ）」についてのはっきりした認識はなく，継続的改善は当たり前のことであった．

　④　**職場の規律**　NSKが標準を強調していたにもかかわらず，アナーバーで標準に従うことに関する職場規律が不足していることは，日本の海外派遣社員の主な不平であった．彼らは，自分たちで後片付けをするアメリカ人を獲得することの困難さについて，特に批判的であった．日本の工場は，床でものを食べることができるほどきれいであるという決まり文句は，石部工場をよく表している．一見したところ，そのことはアナーバー工場にもあてはまる．しかし，より詳しく調べてみると，床の上には，そこにあるはずのないたくさんの小さな物や山になった材料がある．日本の海外派遣社員たちは，アメリカ人がどうしてそのような混乱状態の中で機能することができるのか，理解できないのであった．彼らは，使い古しの手袋とタオルを現場に放り投げているアメリカ人について語ったとき，身震いをしていた．

前述のSOPs（標準作業手順）についての考察ですでに触れたように，作業者の規律についての相違の多くは，根底にある信念と価値観の相違に由来すると思われる．6歳程度の日本の学童にとっては，日本の学校には清掃作業者がいないので，教室をきれいに保ち，昼食を出して，教室設備を整えることなどをする責任がある．無秩序と汚れは，自分たち自身にとって悪いこととみなされるだけでなく，高精度の機械装置を動かす工場にとっては，特に有害であるとみなされるのである．このような信念と価値観は，まだアナーバーでは顕在化されてはいない．

⑤ **職場チーム** SDWTsに向けた動きは，初期に組織されたQTIPSの失敗の後の近代的な運営協定の一部であった．1994年12月に双方は，外部コンサルティング会社として「職場革新推進担当」を雇うことに同意した．計画立案チームが，経営側から半数，組合側から半数，互いに集められ，職場革新推進担当を支援することによって，UAWとNSKの戦略的計画が開発された．その計画は，（例えばある製造部門とか，ある品質部門といった）職能別組織から，それぞれを担当する部門マネジャーをもつ（揚水機や自動車ベアリングといった）製品をベースとした部門への転換を求めたのである．

計画は，1995年4月に一般的なプレゼンテーションによって工場従業員たちに説明された．組合は，1994年の契約ですでに自律的作業チームに同意していたので，このときは主に情報の共有が目的であった．QTIPSの経験から学び，スタッフと中間管理職はそのプロセスに参加することが奨励された．1995〜97年にかけての試験的な活動に始まり，品質，安全，生産性，物流のための主要な尺度が各々の事業単位ごとに定義され，作業者の入力データを集計するために継続的な改善の書式が作成された．チームの規模は，それぞれのシフトごとに，7〜18人のメンバーで構成され，各チームに対して12時間のトレーニング・プログラムが開始された．

再コンテクスト化の考え方からみると，アナーバーにチームを導入することに対する主要な課題は，チームが何であるのかという理解を育むことであった．日本でさえ，われわれは，「チーム」という語句が意味するものを定義することの難しさを経験した．英語の「team」（日本語でチーム）は，石部でも使われ

ているが，その使用はプロジェクト・チームのように期限付きで設置される特別な活動を表すものである．唯一の正式なグループのカテゴリーは，QC サークルと班（作業グループ）である．

作業現場では，仕事チームは「ハン」（班）と呼ばれ，チームの監督者は，「ハンチョウ」（班長：文字通り「グループリーダー」）と呼ばれる．班には，最大40〜50人のメンバーがいる．この大きなグループは，「ラインリーダー」（これは，英語とほぼ同じ呼び方である）が指揮するおよそ10人の労働者からなるラインに分けられる．ラインリーダーは，チームメンバーについて正式な権限をもたない時間給従業員である．彼らは，ラインの中の全ての仕事を知っており，グループメンバーが不在のときにはその代わりをすることになる．給料は年功に基づいており，ラインリーダーには，彼らの努力によるボーナスが払われることはない．しかし，彼らは，班長になりたいと希望することができるし，まずラインリーダーとして勤めない限り，班長にはなれないのである．

日本では仕事は協力して行われる．仕事がチームで行われないということは想像できない．いくつかのレベルの管理者による生き生きとした議論は，最終的に日本 NSK のチームに対する均一的な見解に通じていた．チームは「チームワーク」を意味する．チームワークの中心は，一緒にソフトボールをしたり，飲食をともにしたりするような非公式の活動から生じるチーム意識である．その上，チームワークは，仕事をうまく実践するために必要とされるものである．境界線は特にない．数年の海外の経験をもつ若いメンバーは，「日本では，あまり専門家を集めず，互いに運命共同体であることがコンセプトとなっています．私たちは，全てに協力し，必要なことを実施することができます．日本では，個人的な報酬を達成しようとする考えで企業に入ることはしません．目標がはっきりしていれば，組織的目標を達成するために一緒に仕事をし，そのすべてに貢献することが期待されます．このように，チームワークは，全く当然のこととして起こるのです」と語った．イングランドに住んでいたもう1人のメンバーは，以下のように説明した．「工場制度についての全ての考えが，日本ではとても異なります．イングランドでは，子供は学校で手をあげます．そして，家に帰ったときも手をあげて自己主張するのです．しかし，日本では，

そのようなことは奨励されません．日本人は，指示に従う——追随する——ことで社会生活に適応しているのです．」

このようなチームワークに対する見方を所与として，NSK の従業員は，西洋的職業生活を分かりにくいと感じていた．一方で，彼らは西洋人がなぜそれほどまで権威を疑い，「職務」の周辺にはっきりした境界を維持しているのか理解できなかった．他方で，アメリカ企業がはじめて小集団を基礎としたプログラムと活動を組織しようとしたとき，彼らは「チーム」の周辺で大騒ぎがあったことに驚いていた．それらの全ては，彼らが日々活用している自然なチームワークと鮮やかな対照をなしていたのである．

NSK の公式の立場としては，海外の子会社における人的資源の教育訓練に干渉しないことになっているが，しかし，アナーバーにおける人的資源管理への NSK の影響は，さまざまな形で奥深く，また明白である．

① 何年にもわたって，アナーバーには 40 人以上の日本人アドバイザーがいて，必然的に人的資源管理の課題についての意見を述べている．
② アナーバーからアメリカ人管理者が，頻繁に日本を訪問して，NSK の好業績の工場と競おうとしている．
③ アナーバーから来た管理者は，外部コンサルタントや顧客との接点を通じて，アメリにおける日本的製造方式の「ベスト・プラクティス・モデル」と接している．
④ NSK 工場の全てに共通する達成度の尺度は従業員からの提案数であるゆえに，いかなる良い工場長であっても，現場から少なくとも最小限の数の提案を得るまで，従業員の関与を奨励するための努力をする．

アナーバーでは，SDWTs は，地元のアメリカ人の管理によって指揮され，後押しされた．計画立案チームに日本の代表者はいなかった．アメリカ人の管理者は，「日本人はほとんど蚊帳の外に置かれていた」というように，この所有権について十分に強く意識していた．アメリカ人が議事をリードすることは，努力に導かれたものであると思われているが，同様に，このアプローチは，

「人が最も重要な資源である」という日本の哲学と一致することも認めている．しかし同時に，彼らの自律的なチームは，石部のチームとは全く異なることを認めている．アメリカでは，チームワークは特別に構築され奨励されない限り，当然のこととして起こりえないのである．QTIPS の主な教訓は，日本の NSK の従業員たちとは違って，アメリカ人労働者は，経営者が小集団活動のプロジェクトと目標を定義することを，快く思わないということである．アメリカの労働者は，関係しているかどうかではなく，何に取りかかるかを選択することを望んでいるのである．

ヨーロッパにおける職場民主主義の動きと，生産に関する社会技術システム・アプローチに精通することによって，アナーバーの自律的なチーム構造が認知されるであろう．アナーバーの方式は，さまざまな形で，日本の方式に西洋の認識をつなぎ合わせている．自律的作業チームでは，定量的尺度は一般に中心的な原動力ではない．しかし，アナーバーでの主要な尺度は，品質，安全，生産性，物流といった範囲の中で開発されたものである．

SDWT 運動を担当した前の品質マネジャーであるデビー・ラインハルト氏は，そのプロセスについてトップダウンであったと述べている．彼女の説明によれば，トップは完全に何が期待されているかを理解し，この理解を次につなげなければならない．SDWT のプロセスのために，スタッフには書式を使って主だった尺度で集計する訓練がなされた．その尺度は，問題に関する指標として用いられ，スタッフのメンバーは，その「根本的な原因を特定するための核心」に本格的に取り掛かるように促された．SDWT プロセスの一部として，職務区分がさらに広げられ，スピード，サービス，スピリット，システムという「4S」キャンペーンが各々の生産部門で展開された．

標準化された手順で従業員を訓練し育成することも，SDWT プロセスの核心であった．最初の段階は，継続的改善プロセスを開発することと定義された．2番目の段階は，仕事の技能と作業者の指針の特定に焦点を当てている．このことは，社会技術システム・アプローチにとっては一般的ではないが，日本的生産の核心となっているのである（Adler and Cole, 1993）．継続的改善と標準化された仕事において主だった尺度を強調することは，日本 NSK の特徴である．

「工程専有者」と「自律的チーム」の概念は，はっきりとしたものではない．われわれは，アナーバーにおける従業員参画とチームワークに対する日本と西洋の認識の混合を再コンテクスト化とみなしている．

⑥ **カイゼン** 「カイゼン」すなわち「改善活動」は，特別のセットになった道具や手法というよりも，むしろ人生哲学やプロセスである．それは，多くの小さな改善が競争優位となり，すべての人の仕事が，事業の日々の改善に寄与するものになるという信念を含んでいる．「カイゼン」はまた，従業員が会社の目標をはっきりと理解し，これらの目標が，「継続的『改善活動』」に対するあからさまな指示に陥ってしまわないことが求められる．「カイゼン」は，本質的に，信念と前提のレベルで広範に共有されたシステム的特性あるいはプロセスなのである．

アナーバーにおいて，「カイゼン」哲学がアナーバーの労働者に共有されなかったことは，日本人の海外派遣社員にとって明らかなことであった．労働者は，継続的な改善活動の努力をせず，そのうえ毎日の仕事に最善を尽くそうと努力してはいなかった．実際に日本人が，QTIPSを通して改善への従業員関与を構築しようとしたとき，従業員はビジネスの優先事項よりも肉体的安楽を選ぶことを望んでいたので，この努力は失敗したのである．アナーバーでの改善の具現化は，仕事のプロセスを改善するために定期的に集まる「『カイゼン』チーム」である．それらは，明確な現場における関心の的をもっているけれども，ほとんど品質管理サークルと同様である．「カイゼン」チームには，問題解決に関して訓練された会合の運営の手助けをするまとめ役がいる．そこでは，長期間にわたる進行を評価するために，達成の尺度が強調されている．このように，日本からのこうした暗黙的で埋め込まれた哲学は，アナーバーでは，一連の明示的な道具と方法に転換されているのである．

9 論点と結論

物的技術や生産ツールおよび多くの標準作業手順において，アナーバーは石部のレプリカのようである．NSKの石部の親工場とアナーバーの子孫との間に

は，たくさんの組織的な類似点がある．この類似項目は，一部分は日本の海外派遣社員による直接的な影響であり，また一部分は石部といくつかのアメリカの顧客から「ベスト・プラクティス」モデルを摸倣した結果である．しかも，このことと同じような影響力が働いているために，1980年代に品質管理サークルが流行したときに，NSKがその実践を試み，現在はアメリカの産業界で流行している自律的作業チームの方に移行していることは，偶然のことではない．

しかし，アナーバーは，いくつかの極めて重要な路線において石部と異なっている．ほんの少しの技術革新がアナーバーで試みられているのみであり，NSKの研究開発のほとんど全ては，まだ日本で実施されている．石部は，アナーバーからほとんど学んでいない．そして，このような観点は，NSKの生産システムの物的，社会的側面だけでなく，精神やモチベーションの側面にも及んでいる．石部は，子供が成長しつつあるという事実があるにもかかわらず，これら全ての点で，子供を指導する親の立場を続けている．アナーバーは，1973年にフーバー・ボールベアリング社との合弁事業を画策したとき，アメリカにおけるNSKの最初の製造施設であった．他の場所での長い経験に言及するまでもなく，その四半世紀の経験において，確かにNSKは海外活動から学ぶことができたはずであった．

潤沢で多様な再コンテクスト化は，学習すべき多くの経験の中にある．再コンテクスト化は，物理的な工学技術を支援するアナーバーの社会的プロセスにおいて最も明らかである．同様にそれは，チームワークに対するアナーバーのやり方においても明らかになっている．アナーバーの自律的チームは，一部分は，労働組合と経営者の両方に受け入れられたコンサルタントによって，また一部分は，職場民主主義の西洋の伝統によって，そして一部分は，社会技術システム・アプローチと，継続的改善という日本の哲学から得られた自律的作業グループ・モデルによって影響を受けている．

アナーバーに移転されたものは，期待されていた日本のオリジナル機能を完全に備えているわけではない．国境や文化的な境界を超えて，容易に，あるいは速やかに，組織の日常業務のすべてのシステムや組み合わせを移転すること

は，明らかに不可能である．数十年の間に蓄積された技術や現場経験は，短期か長期のいずれであっても，簡単に移転することはできない．このように，日本と比較して，NSKの国際経営活動の機能があまり完全でないことは驚くにあたらない．

経験や影響が，いかに混ざりあって進化するかについては，今後の研究課題である．しかし，再コンテクスト化は明らかに生じている．再コンテクスト化が必然的に発生すると理解しても，それを的確に予知し，管理することができるという仮説を導出することはできない．NSKのケースは，移植されたシステムや手順が，海外の環境に対して選択的に適応することで，変形される度合いを説明している．再コンテクスト化は，あるコンテクストにおいて技術や手順と結びついた価値や前提が，新しいコンテクストの中で引き離され，交渉され，そして変化するといったように進行する．それらは，文化を管理することではなく，特に多国籍経営における経営の文化の一部分なのである．

再コンテクスト化を計画することはできないが，経営者は移転において現地のコンテクストを重要視し，考慮することはできる．しかし，ある方式が海外に移転されるとき，どのように変わるのかという思考については，まだNSKの国際化戦略では明白にされていない．NSKは，日本と非日本の作業の間にある，労働についての幾分恒常的な4つの区分を想定している．ある人は，この立場について，NSKが現実を直視しようとしないと論じるか，あるいはより寛大に，NSKはごく少しずつ，その進歩を測定しているというように表現するかもしれない．NSKは，国際化戦略の第2ステージの初期の段階にあるので，会社は，いまだ国際的な事業展開における現地の自律性を強く押し出してはいない．それが起こるときに，NSKは大幅に国際化戦略を変えるだろう．

現在のところNSKは，日本に本拠地を置いている親工場の役割を，学習工場（Fruin, 1997）と位置づけている．親工場は，海外にNSKの専有技術を移転し，監視し，移植する．アナーバーの管理者，エンジニア，そして労働者は，親工場に行くこと，そしてアナーバーにNSKの日本人従業員たちを受け入れることの両方の手段によって，日本の相手方から直接学ぶことができる．NSKの国際化戦略の現段階である第2ステージは，海外工場が，日本の親工場と明

確に一対にされる時期として割り当てられている．機能を一組にしたり，親がわりになるということは，日本NSKの施設の役割を知識創造組織として再認識することである．

アナーバーにおけるNSKの生産システムの移転と開発は現実的なものであり，多くの点で成功している．工場は，10年前には不可能だと思われた生産性と品質レベルで生産しているし，現在でも，一貫した改善が例外ではなく習慣となっている．このことの全ては，当初は譲歩の代償に関心をもち，時とともに純粋な労使間協調に発展したUAWの工場において成し遂げられている．工場改革以来，レイオフはない．販売量は，受注能力をこえて伸びている．新技術の漸進的ではあるが継続的な導入が，今や規範となっている．

中核技術と技術標準を進歩させながら，人事管理を現地に委ねるというNSKの哲学は利点をもつように思われる．それにもかかわらず，われわれは，そのことがNSKの最初の工場取得から20年よりも短い期間で達成されることができたのかという，移転プロセスの長さについて資することはできず，むしろ疑問をもたざるを得ない．もしNSKが，生産システムの中核的特徴がどのように埋め込まれるのかということについて，もっと考慮しているならば，NSKはより速やかに，そしてより効率よく目標を達成したであろうか．われわれは，その答えが「イエス」であると感じている．常識的であるかもしれないが，システム埋め込み性を考慮することによって，NSKの技術と能力の暗黙的な側面が明らかになり，形式知の移転に役立つであろう．

われわれは，技術移転が，段階的な進化的分析に役立つ，歴史的な経過の中で生じることを強調することによって本稿締めくくることにする．再コンテクスト化は，技術移転プロセスの一部として，移転される速度や形式および内容に関する，際限はないが論理的な変化を求める動態的経路に沿って展開している．再コンテクスト化は計画的に立案できないけれども，文化的なギブ・アンド・テイクや試行錯誤の過程であり，先を見込み大まかに監視することで，おそらくは促進することができるであろう．NSKアナーバーでは，「ハード」から「ソフト」な再コンテクスト化への階段状の進歩が，技術移転を特徴づけていた．選択的な適応をほとんど必要としなかった管理方式が，出現した最初の

ものであった．今日，太平洋の両側で大きな調整を必要とする中核的な基本的前提が再コンテクスト化されつつあり，再コンテクスト化は，国際的な技術移転と，作業や技術および組織慣行の進化との間の適合を管理する，重要な部分であるということが確認されているのである．

注

1) この1つの例外が，最も古く最も大きな海外生産工場の1つ，イングランドのニューキャッスルにあるNSKのピーターリー工場であった．石部からピーターリーに移転されていた1つの柔軟な組立ラインのために，NSKは，石部の設備で訓練し，帰国後に自分自身で設備の設置および手直しをする技術者を，ピーターリーから石部に連れてきた．これは，自律的な現地工場を創り出すうえで，NSKにとって大きな進歩であった．

2) この調査結果は，技能者にとってコンテクスト上の知識がもつ重要性に関するバーレイの考察と一致している．「極めて重要であると分かった現実の知識は，講義からも本からも生じないで，行動から生じるものである．このように，経験というのは，専門家にとってただ訓練の年数を意味するものではない．その代わりに，資材，技術，技法における原則に基づいた知識よりもむしろ，状況付けられた知識を意味しているのである」(Barley, 1996, p.425)．しかしながら，コンテクスト上の知識の重要性の増大が，水平的職務構造を導くというバーレイの考察とは異なり，NSKでは，コンテクスト上の専門的知識は階層的関係を動かしてはいない．

参 考 文 献

Adler, P., and Cole, R. 1993. "Designed for Learning: A Tale of Two Auto Plants." *Sloan Management Review* Spring.

Barley, S. R. 1996. "Technicians in the Workplace: Ethnographic Evidence for Bringing Work into Organization Studies." *Administrative Science Quarterly* 41 : 404-441.

Brannen, M. Y. 1992. "'Bwana Mickey' : Constructing Cultural Consumption at Tokyo Disneyland." In J. Tobin, ed., *Remade in Japan: Everyday Life and Consumer Taste in a Changing Society*. New Haven : Yale University Press.

Brannen, M. Y., and J. M. Wilson Ⅲ. 1996. "Recontextualization and Internationalization : Lessons in Transcultural Materialism from the Walt Disney Company." *CEMS (Community of European Management Schools) Business Review*, vol.1, 1st ed.

Busche, G. R. 1988. "Cultural Contradictions of Statistical Process Control in American Manufacturing Organization." *Journal of Management* 14 : 19-31.

Chesborough, H. W., and D. J. Teece. 1996. When is Virtual Virtuous? Organizing for Innovation." *Harvard Business Review* Jan.-Feb.: 65-73.

Cole, R. 1979. *Work, Mobility, and Participation*. Berkeley : University of California Press.

Daft, R. L. 1978. "A Dual-Core Model of Organizational Innovation." *Academy of*

Management Journal 21 : 193-210.
Damanpour, F. 1987. "The Adoption of Technological, Administrative, and Ancillary Innovations : Impact of Organizational Factors." *Journal of Management* 13 : 675-688.
Damanpour, F. 1991. "Organizational Innovation : A Meta-analysis of Effects of Determinants and Moderators." *Academy of Management Journal* 34 (3): 555-590.
Damanpour, F. 1996. "Organizational Complexity and Innovation : Developing and Testing Multiple Contingency Models." *Management Science* 42(5): 693-716.
Damanpour, F., and W. M. Evan. 1984. "Organizational Innovation and Performance : The Problem of 'Organizational Lag'" *Administrative Science Quarterly* 29 : 392-409.
Doz, Y., Asakawa, K., Santos, J., and Williamson, P. 1997. "The Metanational Corporation." INSEAD Working Paper No.97/60/SM, Fontainebleau, France.
Evan, W. M. 1996. "Organizational Lag." *Human Organizations* 25 (Spring): 51-53.
Fiol, C. M. 1996. Squeezing Harder Doesn't Always Work : Continuing the Search for Consistency in Innovation Research." *Academy of Management Review* 21 (4): 1012-1021.
Fruin, W. M. 1997. *Knowledge Works: Managing Intellectual Capital at Toshiba*. New York : Oxford University Press.
Greif, M. 1991. *The Visual Factory : Building Participation through Shared Information*, Portland, Ore. : Productivity Press.
Ghoshal, S. 1987. "Global Strategy: An Organizing Framework." *Strategic Management Journal* 8 (5): 425-440.
Ghoshal, S., and N. Nohria. 1989. "Internal Differentiation within Multinational Corporations." *Strategic Management Journal* 10 : 323-337.
Hall, R. 1993, November. "A Framework Linking Intangible Resources and Capabilities to Sustainable Competitive Advantage." *Strategic Management Journal* 14 (8).
Kogut, B. 1989. "Research Notes and Communications : A Note on Global Strategies." *Strategic Management Journal* 10 : 383-389.
Kogut, B., and U. Zander. 1992, August. "Knowledge of the Firm, Combinative Capabilities, and the Replication of Technology." *Organizational Science* 3(3): 383-397.
Lawler, E., Ⅲ. 1986. *High Involvement Management*. San Francisco : Jossey-Bass.
Leonard-Barton, D. 1992. "Core Capabilities and Core Rigidities : A Paradox in Managing New Product Development." *Strategic Management Journal* 13 : 111-125.
Leonard-Barton, D. 1995. *Wellsprings of Knowledge : Building and Sustaining the Sources of Innovation*. Boston : Harvard Business School Press. 〔阿部孝太郎・田畑暁生訳『知識の源泉―イノベーションの構築と持続―』ダイヤモンド社, 2001年〕
Lyles, M. A., and C. R. Schwenck. 1992. "Top Management, Strategy and Organizational

Knowledge Structures." *Journal of Management Studies* 155-173.
Nonaka, I., and H. Takeuchi. 1995. *The Knowledge Creating Company*. New York : Oxford University Press.〔梅本勝博訳『知識創造企業』東洋経済新報社, 1996年〕
Perrow, C. 1967. "A Framework for the Comparative Analysis of Organizations." *American Sociological Review* 32 : 194-208.
Polanyi, M. 1966. *The Tacit Dimension*. New York : Doubleday.〔佐藤敬三訳『暗黙知の次元―言語から非言語へ―』紀伊国屋書店, 1980年〕
Suzaki, K. 1987. *The New Manufacturing Challenge : Techniques for Continuous Improvement*. New York : Free Press.
Tornatzky, L. G., and Fleischer, M. 1990. *The Processes of Technological Innovation*. Mass. : Lexington Books.
Westney, D. E. 1987. *Imitation and Innovation*. Cambridge, Mass. : Harvard University Press.
Winter, S. 1987. *Skill and Knowledge as Strategic Assets*. In D. Teece, ed., *The Competitive Challenge*, pp. 159-431. Cambridge, Mass. : Ballinger.〔石井淳蔵ほか訳『競争への挑戦―革新と再生の戦略』白桃書房, 1988年〕

(訳・田中史人)

第5章 リーンなサプライヤーの創出
——サプライチェーンを通じたリーン・プロダクションの普及——

　サプライヤー＝カスタマー関係の存在が，とりわけ日本企業の間では「市場」や「階層」というどちらのカテゴリーにも当てはまらないものとして，近年，注目され続けている (Cusumano and Takeishi, 1995; Dyer and Ouchi, 1993; Helper, 1991, 1992; Nishiguchi, 1994; Smitka, 1992)．この関係は，日本のビジネス・ネットワーク (Gerlach, 1993) 構造にとって必要不可欠なものであり，日本製造業の海外直接投資に伴って国外へもたらされた．日本の自動車メーカーは，1980年代に北米で建設した新しい組立工場で，当初は日本から輸入した部品を使っていた．しかし，それ以降，日本企業は着実に米国現地サプライヤーからの部品購入比率を増やしてきた．それら現地サプライヤーには米国資本のものと日本資本のものがあった (Kenney and Florida, 1993; Mair, 1993)．その過程において，これら日本企業の一部は，サプライヤーとの広範な協働という異例の段階を踏むことで，「リーン生産方式」をサプライヤーに教えてきた．すなわち，日本企業はしばしば数週もしくは数カ月の間，自社従業員をサプライヤー工場に派遣することによって，ワークステーションを再設計し，プロセスフローを再編成し，問題解決グループを結成したのである．

　これ程のレベルで企業内部のオペレーションに関与することは，所有関係のない外部企業としては前例がなく，そのことが次のような疑問を引き起こす．それは「なぜリーンなサプライヤーが創出されたのか？」という問いである．その答えの1つは，米国に自動車組立工場を展開する日本メーカーにとって，日本からの部品調達が不可能になったからであり，（日本の持続的対米貿易黒字を理由に）部品の現地調達を求める政治的圧力があったからである．また海外直接投資を促す強力な経済的誘因となったのが，1980年代と1990年代の多くの

時期を通じてみられた，為替レートの円高基調である．しかしこうした説明は，後に議論するように，本田技研工業（ホンダ），トヨタ自動車（トヨタ），日産自動車（日産）が広範に行ったサプライヤー支援活動の強さについて明らかにするためには，決して十分とはいえない．（Bennet, 1994; Florida and Jenkins, 1996）．

そこで本章では，ホンダのサプライヤー支援活動について検討する．検討の内容は，6社のホンダ・サプライヤーを対象とした広範なフィールドワークにもとづいている．表5-1は調査対象企業6社の主要な特徴を示したものである．われわれはホンダで合計8日間，それぞれのサプライヤーに1日ないし2日の時間を費やした[1]．われわれが調査対象者に尋ねたのは，ホンダとの取引関係で鍵となる出来事について，およびホンダとの取引関係で生じた「問題，争点，改善の機会」についてである（調査対象者は，ホンダ側の購買およびサプライヤー支援スタッフ，サプライヤー側のマネジャー，工場労働者，監督者，組合当局，生産技術者，コーポレートスタッフである）．

まず，われわれは先に提示した問題について考察する．すなわち「なぜリーンなサプライヤーが創出されたのか？」という問題についてである．次に，われわれはサプライヤー関係に関するホンダの哲学について検討し，「BP」プログラムについて紹介する．この「BP」プログラムが，おそらくホンダによるサプライヤー支援活動の核である．「BP」は，最高の実践，最高のプロセス，最高の利益，という多くの意味をもっており，リーン生産方式の技術にかかわる知識の移転に特有のアプローチである．本章の核心は，このBPに関する6つの事例研究にあり，これを通じて知識移転メカニズムに伴う複雑なダイナミクスを明らかにすることにある．さらに，われわれは，サプライヤーの能力に与えるBPのインパクトについて，多様な側面から分析を行う．最後に，われわれは，組織学習に関する研究から得られた概念を利用して，ホンダBPから一般的含意を導き出す．それは，技術援助の提供によって，サプライチェーンのパフォーマンスを高めたいと考えるカスタマーにとって，また内部活動への関与を望むカスタマーに対処しつつ，同時に知識の吸収を試みなければならないサプライヤーにとって，そして，知識移転のどのような「調整メカニズム」

第5章　リーンなサプライヤーの創出　205

表5-1　サプライヤー企業の特徴

企　業	キャピトル	プロダクショップ	タワー	ダネリー	SEWS	GTI
製　品	プラスチック成形品	プレス部品	プレス部品	ドアミラー、ウィンドウ・モジュール	電子配線システム	プラスチック成形品
所　有	米　国	米　国	米　国	米　国	日　本	日　米
工場立地	オハイオ州	オハイオ州	インディアナ州	ミシガン州	ケンタッキー州	オハイオ州
1992年年間売上高（百万ドル）	30	13	84	271	151	?
1995年年間売上高（百万ドル）	28	29	222	383	303	?
現地従業員数（1992年）	300	95	525	2,000	1,900	240
当該工場従業員数（1992年）	300	95	145	270	1,900（3工場）	240
当該工場操業年次	1960	1954	1985	1987	1987	1987
ホンダへの販売開始年次	1979	1989	1982	1987	1987	1987
米国市場の販売総額に占めるホンダの割合（1992年）	60	25	30	15	80	95-100
米国市場の販売総額に占めるホンダの割合（1995年）	70	65	36	14	60	?
同一製品ラインにおける非ホンダ主要顧客数（売上の5％超，1992年）	2	6	1	0	1	?
同一製品ラインにおける非ホンダ主要顧客数（売上の5％超，1995年）	2	5	1	2	1	?

によってサプライヤーが生成されるのか，それも経済的な独立を果たし，カスタマーに依存して，継続支援を求めたりしないサプライヤーが生成されるのかを理解しようとする者にとって，意味のあるものとなるだろう．

1 なぜリーンなサプライヤーが創出されたのか？

もしも1つだけ，この半世紀の経営研究（そして無数の会社の経験）で，明白なことがあるとすれば，それは，組織変化を引き起こすということが困難なことであり，その変化を持続させることはさらに困難だということである (Dosi and Kogut, 1992; Nelson and Winter, 1978)．こう考えると，ある会社がそのサプライヤーの組織変化を請け負えるはずだなどとは，決して明言することはできない．

自動車産業におけるリーン生産は，（われわれ2名も参加した）M.I.T.の国際自動車プログラムで描かれたように，広範な組織的かつ技術的な変化を必要とする．個別企業内の製造活動に限定すれば，そこには次のことが含まれている．すなわち，ジャスト・イン・タイムの在庫管理システムによってバッファを減らし，内外問わず川下の「顧客」によって必要とされたモノだけを生産すること，品質検査と課業設定の責任を，動機付けられ，多能工化され，チームに組織された労働者達へと下ろすこと，あらゆるレベルの労働者から，絶え間ないプロセス改良（「カイゼン」）に関するアイデアを引き出すこと，である (Womack, Jones and Roos, 1990)．これらに加えて，顧客は次のことを要求するであろう．すなわち，サプライヤーが製品開発にも相当な責任を負うこと，製品や製造プロセスのエンジニアリング変更に対する顧客の要求を受け容れること，品質と納期に関する高い信頼性，問題発生時の迅速な対応能力である．これらの要求を満たすことは，サプライヤーがリーン生産方式を採用しない限り，困難である．このように，リーンな顧客は，リーンなサプライヤーと働くことがより生産的であることを見いだす．

しかしながら，その採用プロセスは危険を伴う．一面における改善のための常識（たとえば在庫水準を減らすこと）には，他面におけるパフォーマンスの低

下（たとえば納期の信頼性や顧客の計画変更への対応について）をもたらす初期インパクトがあるからである．こうして，もし自動車メーカーがたとえばリーン生産方式のような重要な能力をもっていて，それをサプライベースでも確立したい場合には，リーンでないサプライヤーの能力を高める努力をするよりも，もっと魅力的な選択肢がいくつか現れることになる．

自分でそれをしなさい　かつて垂直的統合は，メーカーが川上工程の生産管理を確実にしたいと望む場合，実に明瞭な選択であった．おそらくその企業は，他の誰よりも投入量需要について理解し，すでに製造能力をもち，またその投入物価格が独占的にならないことを，許認可を通じて確実にすることができる．最近になると，垂直的統合は人気を失った．その要因の一部は，社外サプライヤーとの長期的関係の優位性を，日本企業が証明したことに帰せられる (Nishiguchi, 1994; Smitka, 1991)．もしも部品が1つないしは2つのサプライヤーから供給されるなら，サプライヤーは十分に完全な意味での規模の経済を達成することができるだろう．顧客は，サプライヤーを技術的に援助しつつ投資コストの負担を軽くし，しかも生産性向上に伴う利益の分配条項によって，どんなサプライヤーの改善からも利益を得ることができる．サプライヤーは，1つの製品ラインに集中することによって，顧客の到達能力をこえたイノベーションを展開することができる．このサプライヤー＝カスタマー関係では，広範な暗黙知が発達可能であり，それが，特に製品開発のように複雑で付加価値の高い職務に関して，双方の組織におけるそれぞれの専門知識の調整を容易にする．

リーンなサプライヤーへの切り替え　もしもリーンな顧客がリーンなサプライヤーと取引できるなら，まだリーンでないサプライヤーを助けてリーンにするメリットはどこにあるだろう？　新しい能力を得るためにサプライヤーを切り替えることに対する最も強い反論は，長期的サプライヤー関係に付随する全ての利益が失われるかもしれないということである．酒向 (1992) が指摘しているように，サプライヤーと顧客の信頼関係は，これら利益を達成するために必要不可である．だからサプライヤーの切り替

えは，ビジネスを失ったサプライヤーとの関係を傷つけるだけではなく，このことを見ている他のサプライヤーとの関係をも傷つける．それに加えて，最高のリーンサプライヤーは，他の顧客に対して優先的な契約義務があるかもしれないので，新顔の顧客に対してあまりよい反応を示さないかもしれない．最後に，自動車メーカーにとって部品発注の選択肢が少なくなるのは，自動車メーカーがリーンなサプライヤーを大規模に創出する競争の諸力を待つ場合であって，既存サプライヤーの能力改善を試みる場合ではない．

サプライヤーに優れたコンサルタントやパートナーを引き合わせる　自動車メーカーはサプライヤーを促して，自力でリーンな能力を発達させるか，コンサルタントやパートナーに援助を求めさせるべきであって，直接サプライヤーの内部活動に干渉すべきではないということがこの選択肢の前提である．しかし，リーン生産方式の基底にある知識を，組織全体に移転することは，必ずしも容易ではない．そのためには「実践的」アプローチが必要であろう．その中の鍵となる諸原理を教わる方法は，特定の問題が現場のコンテクストに応じてどのように扱われるかを観察することである．また，（サプライヤーの売上に直接的影響力をもつ）大規模な自動車メーカーは，成功に必要な高度な努力をサプライヤーに続けさせる影響力が大きいだろう．こうして，リーンな自動車メーカーはほとんどの選択肢と比較して，自分はリーン生産方式に関する優れた知識と，サプライヤーに学ぶ動機を与える大きな能力をもつと結論付けるだろう[2]．

このように，リーンなサプライヤーの創出という選択は，複合的利害によって導き出されるのである．垂直的統合が実質的不経済であり得るのは，中核的事業の外部においてである．リーンなサプライヤーへの切り替えは，かなりの（経済的，政治的，信用問題上の）費用を伴うだろう．サプライヤーのリーン化支援は，利用可能な部品供給元の枠を潜在的に拡大することである．最後に，自動車メーカーがより有能であるのは，部外者としてではなく，サプライヤーをリーンになるよう教える場合だろう．

2 サプライヤー関係におけるホンダ哲学

2-1 歴　史

　サプライヤー関係に対するホンダのアプローチは，長期的サプライヤー関係という日本企業に共通する慣行に根ざしているばかりでなく，自動車産業におけるホンダ自身の歴史にも根ざしている．トヨタと日産は，第2次世界大戦前から自動車を生産し，終戦直後には強固で忠実なサプライヤー集団を発達させた（Cusumano, 1984; Nishiguchi, 1994）．それらとは違い，ホンダの設立は1948年に過ぎず，自動二輪車メーカーとして始まった．本田宗一郎が1960年代初期に自動車製造の開始を決めたとき，彼はゼロから供給ベースを開発しなければならず，3つの供給元に頼った．（1）自動二輪車の部品サプライヤー．彼らはすでにホンダと親しかったが，自動車部品の製造を学ばねばならなかった．（2）周辺分野の小規模サプライヤー．これらの企業に対しては，ホンダのための新たな設備投資を行うよう説得する必要があり，それは事業の将来性に関する潜在的な見込みにもとづいて行われた．（3）大手部品メーカー．すでに他の自動車メーカーに部品を供給していたもの．

　これらサプライヤーの源泉は，それぞれ異なる問題をホンダに対して提示した．自動二輪車部品サプライヤーは，すでにホンダ「ファミリー」の一員で，支援が最も容易だった．調整や技術支援のための経路がすでに確立されていたためである．小規模なローカルサプライヤーは，ホンダとの提携確立に熱心だった．しかし，技術的には遅れており，輸出志向の自動車メーカーが求めるような，品質と納期に関する高い信頼性には不慣れであった．大手サプライヤーは，他の有力自動車メーカーへの対応を優先していたので，ホンダへの対応を向上させるためには苦労を要した．しかし大手サプライヤーには，高度な技術と優れた生産知識があったので，ホンダとしては，ある種の特定部品を求めて彼らのもとへ通うことを余儀なくされた（日米のホンダにおける著者のインタビュー；Mair, 1994）．

　これら日本における初期の経験と合衆国における初期のサプライベース開発

には類似点がある．合衆国進出というホンダの決断は，「売る場所でつくる」という長期戦略と「つくる場所で部品を買う」という購買論を反映している．ホンダが米国で（再び自動二輪車で）製造を始めた1978年，当初支えてくれたのは，すでにホンダ「ファミリー」の一部であった日系サプライヤーの中核企業だった．それら企業のいくつかは，オハイオ州の工業団地付近にサテライト工場を立ち上げていた．さらにホンダは，特定部品の調達のため，オハイオ州や周辺の諸州で，小規模な現地サプライヤーを探し始めた．これらサプライヤーの多くは，ホンダとの取引を望んだが，ホンダのコスト，品質，納期に関する要求を満たすためには，かなりの程度の支援を必要とした．結局のところ，ホンダはいくつかの大規模自動車部品サプライヤーと接触したが，それら大規模サプライヤーの主たる取引先は「ビッグスリー」だった．これらの企業には優れた能力があったが，基本的に，ホンダの要求に積極的な対応を小規模サプライヤーほどには示さなかった．

2-2 哲　　学

　以下の歴史は，サプライヤーとの関係におけるホンダ哲学について，その鍵となる諸側面を説明するのに役立つ．ホンダは，サプライヤーに「自立する」ことを望む．それはサプライヤーが十分に多様な顧客基盤をもち，景気変動でホンダからの受注が落ち込んでも，そのリスクに対応できることである．「自立する」ことの重要性は，日本での不況時の苦い経験から学んだ教訓であった．当時の「チャイルド」サプライヤー（ホンダへの依存度が高い小規模地元メーカー）への関与によって，ホンダは巨額の財政難に陥った．

　またホンダは，サプライヤー選別の基準として，その経営者がホンダのニーズに進んで対応する気があるかどうかを重視している．この経営者の態度というものが，ホンダにとってはサプライヤーの技術的知識より重要なのである．ホンダの観点に立った「正しい」態度の事例には，以下のことが含まれている．(1) 危険を厭わない意志．これは本田宗一郎氏がホンダカルチャーの中で懸命に働いて維持してきた「レース魂」と整合している[3]．(2) 競争者に先立つ新技術への投資．(3) 組織的および人的資源能力（たとえば，先進のエンジニアリ

ングと生産管理スタッフ，高度な管理システム，労働者のトレーニング）に対する投資．および，(4) 明確な契約義務がなくてもこれらすべてを実行することである．

　この種の対応を提供する意志のある自足的なサプライヤーに対して，ホンダはその報酬として大きな取引を提供した．ホンダのサプライヤーは，ほぼ例外的な状況を除いてすべての場合，結婚のように生涯にわたる関係をもつことになる．将来のビジネスのための特定の確約はなされないが，少なくともサプライヤーは直近もしくはそれ以上の取引をあてにすることができる．

　さらにまた，ホンダの成長を持続するために，ホンダの戦略的方針と生産要請に応えようとするサプライヤーは，しばしば彼らがこれまでに作ったことのない新しい部品，あるいは新しい製造プロセスでさえも，引き受けるよう求められることがある．技術力のあるサプライヤーを見つけ，そのサプライヤーに，リスクを厭わない姿勢，改善への動機，将来的ニーズへの対応力，そしてホンダがとても高く評価した全体的能力，という諸力の組み合わせを求めることよりも，技術力はないが意欲のあるサプライヤーに，新たな製品や製造プロセスに関する技術的知識を教えることの方が，容易であるとホンダが感じていたことは明らかだった．

　ホンダのサプライヤー開発活動を理解することは，サプライヤー＝メーカー間における相互的な責任と義務という広い観点からみれば，筆舌に尽くしがたいほど重要である．これら活動を指揮するホンダのエンジニア，リック・メイヨーの言葉を借りれば，「われわれは，哲学にもとづいて行動する会社である．われわれはサプライヤー開発を，われわれの哲学を教え，実行させるという方法で行っている．それは，サプライヤーが彼らの古い考え方を過去のものとし，われわれの新しい考え方を理解する手助けをどのように試みるのかということである．私にとって，それは使命であって仕事ではない．」

3 ホンダのBP

　BPとは，ホンダ・オブ・アメリカ・マニュファクチャリング（Honda of America Manufacturing : HAM）における中核的サプライヤー開発活動のことである．HAMにあるサプライヤー開発グループは，購買部門に50名のスタッフメンバーを擁し，BPやサプライヤーの改善活動を監督している（Celeste and Sabety, 1993）．いったんサプライヤーがBPに選ばれると（後述の議論を参照のこと），同グループに属するスタッフメンバー2～3名が，社内他部門の従業員（たとえば車両品質，プロセスエンジニアリング）を伴って，サプライヤーの従業員（生産現場の労働者を含む）とBPチームを結成し，数週間にわたってサプライヤーの施設内で作業を行うことになる．このBPチームは，2～3の特定作業領域における改善に集中し，大規模な設備投資（「ハード」BP）や人員追加を必要とするようなプロジェクトについては，当初は回避する．その代わりにBPは，狭く限定されたプロジェクトについては，そのあらゆる面をカバーしようとする．たとえば，テクノロジー，作業組織，2次サプライヤー問題，労働力問題（動機付け，トレーニング，給与，雇用保証）などである．

　この範囲の限定が迅速な成果を可能にする．この成果がBPの参加者に動機付けを与え，懐疑的なマネジャーを説得してこのプロジェクトに対する支持を継続させるためのデータを提供する．BPの深い分析（狭く限定されたプロジェクトにのみ当てはまる）は，体系的思考の教育に有用であり，その後はサプライヤー工場における他のエリアにも適用可能である．BPチームが焦点を当てたラインでは，パフォーマンスの改善幅は大きい．たとえばホンダの報告によれば，BPに参加した53社のホンダサプライヤーにおける生産性向上率は，1994年には平均50パーセントであった．またBPに関するレポートのためにインタビューを受けた7社のサプライヤーは，生産性が25パーセント，品質が66パーセント向上したと報告している（Celeste and Sabety, 1994, p. 34）．

　BPの目標は，社内業務に関するホンダの生産哲学と一致している．

　1．製造工程に関する斬新な考えを鼓舞する．

2．より完全な事実に基づく問題分析を可能にするために，よりよいデータを集める．
　3．「常識」を吟味し「5つのなぜ」に基づく低コストの解決方法を探る．
　4．「実際の部品，実際の場所，実際の状況」（3つのA）を調べ，コンテクストを知る．
　5．無駄のないスムーズな生産の流れをつくる．

　第1の，「斬新な考えの鼓舞」という目標は，組織が，製造工程や特定の問題に関する固定観念を捨て去ることの必要性を認めたものである．各々のBPチームが，多様な部門やレベルのサプライヤー組織出身のメンバーを構成員とすることで，様々な見通しを確保している．詳細なデータ収集という第2の目標もまた，既存ルーティンの相対化に役立つ．というのも，とりわけホンダは，多くのサプライヤーが，自らのプロセスを記録していないということに，気付いていたからである．この記録こそ，ある変化がパフォーマンス向上に寄与したか否かの判断を可能にする．

　第3の目標には，「根本原因」の分析が含まれる．ここでホンダは，トヨタの大野耐一によって確立された，5回の「なぜ？」を繰り返すプロセスを教える[4]．効果的な「根本原因」分析をするためには，前後関係に関するかなりの知識が必要となる．第4の目標は，そうした知識を高めることであり，そのための方法は「実際の場所と，実際の状況における，実際の部品」を見に行くことである．ホンダBPの代表は，いつでもこの原則の表明に努めている．BPチームのメンバーは，調査を必要とする問題があるときはいつでも生産現場に出向くべきであり，オフィスに座って問題を抽象的に分析するべきではない，と主張する．

　最後に，第5の目標は，可能な限りあらゆる場所で「ムダ」を排除することである．無駄とは，生産のスムーズな流れを妨げる，あらゆるもののことである．たとえば，もし与えられた持ち場で使う工具や部品のために，決まった置き場がないとすれば，作業者はそれらをわざわざ探索しなければならないだろう．たとえ一度の探索に要する時間はわずか2～3秒に過ぎなかったとしても，それが何週間，何ヵ月という生産活動の全期間にわたって乗じられれば，かな

りの時間が無駄になってしまう．スムーズな生産の流れを成し遂げる努力によって，多くの川上と川下の問題（たとえば，工場内の異作業にかかわる問題，サプライヤーにかかわる問題，顧客の発注プロセスにかかわる問題，流通システムにかかわる問題）が，露わになる．これら諸問題のそれぞれを，その「根本原因」まで突き止め，修正すれば，膨大な「ムダ」を除去することができるのである．

BPに参加するサプライヤー企業に対するホンダの要求は，たった2～3のことだけである．サプライヤーが責任を負ったのは，ホンダ所属のBPチームのメンバーに対する時間給の支払いではなく，自社の中核的製造工程を改善するための諸道具や諸材料に関する諸費用であり，先にも述べた通り，ほとんどのBPプロジェクトにとって，これら諸費用は最小限のものだった．さらにまたサプライヤーは，BP活動の結果としてのいかなる労働者のレイオフも，実行しないということに，同意しなければならなかった．最後にホンダは，サプライヤーのコスト構造や技術に関する情報に速やかにアクセスできること，サプライヤーの生産設備内を自由に動き回れること，BP改善プロジェクトに最前線の労働者達を巻き込んでゆく努力に経営者が協力すること，を要求した．

4　BPの事例研究

次に，1992年から1994年までにわれわれが訪れた，6つのサプライヤーに関するBPプロジェクトの事例研究についてみてみよう．これらの事例研究は，多くの類似点をもつと同時に，幾分異なった経験ももつサプライヤーを2社1組にして整理されている．われわれが特に注目するのは，サプライヤーとホンダとの全体的な関係であるが，それはこの関係が，BPのプロセスに対して，多大な影響を与えたからである．

4-1　ダネリー社とタワー自動車

これら2つのサプライヤーは，西ミシガンの自動車部品工業における共通の歴史をもっている．この地域には，19世紀初頭にオランダ系移民が定住したので，オランダ改革派教会を基盤とする強い宗教的伝統がある．それは，強い

労働倫理と進歩的な雇い主で知られている．経営者と労働者の社会的絆が，仕事以外でも一般的であった．この地域の企業は，労働者参加と利潤分配計画については，長らくイノベーターであり続けてきたし，一般にレイオフの回避を堅く約束している．

ホンダは，こうしたサプライヤーとの相性がいいことに，当初から気付いていた．西ミシガンの企業本部に近い昔ながらの工場群は，密集していて居心地がよく，ホンダに属する幾人かの日本人マネジャー達に，日本にある彼らに馴染みの工場群を思い出させた．革新的経営方針，「レイオフしない」約束，誠実な労働者，というこれらの諸特徴こそ，ホンダが評価し，すべてのホンダサプライヤーに推奨してきたものであった．ホンダがダネリー社(Donnelly Corporation)とタワー自動車（Tower Automotive）の両社と仕事を始めたのは，1980年代半ばであるが，どちらの事業も時とともに劇的なまでに拡張した．

しかし，この高い快適レベルにもかかわらず，ホンダは，これら企業にとっては提供が難しい，多くのものを要求した．両社とも，技術的に有能で，信頼でき，長年にわるビッグスリーのサプライヤーであった．「好況と不況」の産業サイクルや，低コストを維持して競合他社に価格で出し抜かれないようにする，といったことには慣れていた．基本的には，製品を大量に生産するメーカーであり，規模の経済を活用しながら，また同時に，独自技術の強化に依拠して，価格とパフォーマンスにおける競争優位を達成していた．両社がホンダと仕事を始めたとき，彼らはことさらリーン生産方式に精通していたわけではない．むしろ両社は，大量生産メーカーとして十分に成功しており，彼らのアプローチを変える理由など，ほとんど存在しなかったのである．

(1) ダネリー社

日系移植工場との契約獲得を目指す戦略的決定の後に，ダネリー社（以下ダネリー）はホンダのビジネス活動について調査した．それは1つには日本の生産方法を学ぶためであった．ダネリーはホンダとの関係を管理する仕事に，新規雇用の（そして若い）マネジャーを任命した．彼の生まれはアイルランドで，日本で勉強した後，東京の日産で働いていた．いくつかのアプローチの後，ダ

ネリーは見積書の提出を促された．

　ホンダは，日本のミラーとガラスのサプライヤーであるマツヤマと，長期的関係をもっていたし，合州国における現地生産への移行期にも，同社との関係継続を望んでいた．さらにまたホンダは，ダネリーが自動車用バックミラーで世界の60パーセントのシェアを保持していたにもかかわらず，マツヤマのデザインの方がダネリーよりも優れていると考えていた．ダネリーのビッグスリー向けバックミラーがフロントガラスに接着剤で接着されていたのに対して，マツヤマのバックミラーはよりしっかりと安全（かつ高価）に車のヘッドライナーにボルトで締結されていた．こういう訳で，ホンダはマツヤマとのバックミラー事業の多くを継続しつつ，ダネリーにはドアミラーの製造を依頼した．ドアミラーはダネリーにとって初めての製品であったが，彼らのミラーやプラスチック成形に関する生産知識を結合すれば対応できるものであった．

　ダネリーは，80年の歴史をもつ会社で，第2次世界大戦後，様々な進歩的経営方針を実行し始めていた．同社の統治構造には，賃金や労働協約上の苦情に関する労働者の「声」と，革新的な利益分配計画とが考慮に入れられており，ビジネス報道におけるいくつもの記事で焦点となってきた．しかしそんなダネリーでもほとんど経験していなかったのが，その労働者参加カルチャーを生産部門の内部，それも現場における判断にまで拡張させることであった．この領域については，長期雇用契約を結ぶエンジニアと，製造マネジャーによって支配されていた．また前述したように，ダネリーの生産哲学は，厳密な意味でのマスプロダクションであった．

　ホンダはダネリーに対して，段階的なアプローチを採用した．まず初めに，マツヤマのデザインをコピーさせ，またマツヤマと同じ設備，同じ材料を使わせることで，変動の源泉を最小限にとどめようとした．このアプローチが明らかに気に障ったのは，ダネリーのベテラン生産チーフやリード・エンジニア達であった．彼らは自分自身の能力を強く確信していたのである．ホンダにしてみれば，ダネリーの優れたパフォーマンスを見込んでいただけに，ダネリーが，品質，コスト，納期に関する目標を必ずしも満たしていないことに対して，苛立ちを覚えていた．その低い役職にもかかわらず，日本語を話す数名のダネリ

一社員が，決定的なコミュニケーション・リンクとなったのは，2社がこのような緊張感の中で仕事をしていたからである．

　結局ダネリーは，ホンダ製品の専用工場を建設することに決めた．（「ホンダは決してそれを要求したわけではない」とあるマネジャーは語る．「しかし，われわれは，これがホンダの望みだということを知っていたのだ」）．工場の立地はグランドヘイヴンという町に決まったが，それは，ホーランドにある他のダネリー工場から30～40分ほどの距離にあり，また一般的な賃金水準が，28パーセント低い場所であった．ダネリーはちょうど9ヵ月で工場を建設したが，それは同社が新工場の起ちあげに要した最短期間であった．工場が完成する1987年12月までの間，6ヵ月間は「手直し」のために費やされたが，それは，ホンダの求める品質レベルを達成するためであった．当初は，多くのダネリー側回答者によれば，ホンダとの取引は「うんざりさせられるもの」だった．彼らは，マツヤマの設計と設備を使うことで，ホンダ向け部品生産に生じる変動を最小限にすべきだというホンダの主張を，理解しなかった．グランドヘイヴン工場起ちあげのために，ホンダの精力的スケジュールをこなした後，彼らは失望した．ホンダが生産問題に関する長いリストを持ってきて，一連の不良品について受入拒否をしたからである．これとは対照的にビッグスリーの慣行では，新工場に対しては，時間をかけて不具合を解決する機会が与えられていたのである．以下の引用が明らかにしているのは，よく管理され経験豊かなアメリカのサプライヤーでさえ，ホンダの持続的改善哲学を理解することが，どれくらい難しかったかということである．

　　ホンダの社員は，毎週ここに出向いてきた．そのうち，彼らがやって来て傍らで働き始めても，誰も驚かなくなった．最初は，多くの恐れがあった．というのも，サプライヤーの従業員達は，ホンダが問題を見つけて，自分たちを追い出しにかかるだろうと思ったのである．また，それはプライドでもあった．われわれに対して何をすべきか指図する彼らは，何様のつもりなのかと．彼らが踏み込んだとき，従業員達が知ったのは「goodとは決して十分にgoodだという意味ではない」ということだった．これは従

業員達にとって辛いことだった．なぜなら，それが一種の否定であるように感じられたからである．そして目標が変わり続けたとき，従業員達は腹を立てた．

当初，その新工場は塗装前のミラーだけを製造していた．しかしホンダは，新モデル用に塗装済みミラーの調達を決定し，ダネリーを促してこれに対応した工場設備を整えさせた．たとえ塗装という工程を，ダネリーがこれまで全く経験したことがなかったとしてもである．その哲学を守って，ホンダはダネリーにいかなるビジネスの保証もしなかったが，その代わりにホンダが求めたのは，この自動車メーカーの十分に誠意をもった行動に対する，ダネリー側の信頼である．1989年，グランドヘイヴン工場は，ゴールドウイングというオートバイ用に，最初の塗装済みミラーの生産を開始した．これらのミラー塗装は，少量のバッチ単位で，ハンドスプレーされた後，ラック上を転がって簡易炉の中へはいった．最初の数ヵ月には，塗装に関する重大な品質問題があり，それが両社の関係にとって大きな重圧となっていた．

1989年末，ダネリーは，ホンダがシビック用ドアミラーを別のサプライヤーから調達する計画であることを知った．それは，グランドヘイヴン工場の建設が，契約獲得の保証になるだろうというダネリーの期待に反していた．緊迫したミーティングの後，ホンダはこの決定を翻し，ダネリーとともに塗装問題の解決に取り組むことに同意した．1ヵ月後，ホンダはダネリーに対して，フル装備の塗装工場のために投資するよう提案した．それは，自動搬送ライン，自動塗装設備，洗練された塗装ブースを備え，合計500万ドルの支出を要する工場だった．ダネリーにとって，この提案は相当な無理を要する事柄であったから，ダネリーは，ホンダと関係をもつことの本質的意味と，その将来的な展望について，改めて徹底的に調査することを余儀なくされた．ダネリーの上級マネージャの一人であるディヴ・ネルソン（Dave Nelson）は，この時期，ホンダの購買担当VPと夕食をともにしたときのことについて，われわれに次のように語った．「われわれはすでに，取締役会を説得してグランドヘイヴン工場に投資するために，多大な労力を費やしていた．しかもまだわれわれは，利益

を示すことができていなかった．今や，ホンダはわれわれに対して，塗装ラインに用にさらに500万ドル投資することを望んでいる．しかも彼らは契約を与える約束をしてくれるわけではない．私は，彼の目をのぞき込みながら考えていた．『自分は，この人を信用することができるか？』」別のマネジャーにとっては，この提案はほとんど我慢の限界を超えていた．「私は，移植工場ビジネスから撤退すべきだという立場にかなり接近していた．」

結局，ダネリーの取締役会は新塗装ラインへの投資を承認した．適所に新技術を装備して，グランドヘイヴンは，1990年式アコード用塗装ドアミラー生産の，ほんの一部を引き受けた．またもや，生産初期には様々な問題で苦しめられた．改善を求めるホンダの圧力はますます強くなり，間もなく両社は，ダネリーがBPを通じた技術協力を受けるべきだと判断した．あるダネリーのマネジャーがわれわれに語ったように，「この期間を通してわれわれは，パートナーシップ確立に向けた，お互いの意志を試していた．それはダネリーにとって信じられないほどのストレスとなったが，われわれにとって圧倒的な成長の経験をもたらした．」

1991年の間に，新塗装ラインに関する問題のほとんどが解決された．今やダネリーは，すべてのアコード用塗装ドアミラーについても，シビック用未塗装ドアミラーに対するのと同様の責任をもつようになっていた．ダネリーのグランドヘイヴン工場への投資総額は，その時点で1000万～1200万ドルに達していた．1992年までに，同工場は，ホンダから生産性改善賞を受賞し，フォードやトヨタといった他の自動車メーカーからも，強い関心を寄せられはじめていた．こうして，新たなプロセス能力の学習を決定してから後，その製品のために巨額の投資をしても，唯一の顧客からは契約保証もなく，新製品投入期間に繰り返される困難の中を苦労して進み，新技術の拡張と追加の繰り返しにも耐えて，会社の売り上げは1990年の2000万ドルから1992年の3000万ドルへと急増した結果，ふと気付くとダネリーは，自らが合衆国における塗装ドアミラー製造の第一人者と目されていることを知った．5年前の同社は，この製品を作ることすらできなかったのにである．

こうした背景に対照させて理解されなければならないのが，ホンダのBPプロセスにおけるダネリーの複雑な状況である．ダネリーは，米国サプライヤーとしては初めて，ホンダからBP対応を獲得した．あるダネリーのマネジャーによると，

> ホンダには日本のBPがあった．しかしここでは，それが何であるのかが明確ではなかった．彼らがBPを開始したとき，われわれには，その焦点がコストにあるように思えた．「あなた方の帳簿を調べよう」．それは，われわれが移植工場に対して抱く最悪の恐れであった．われわれは彼らを説得して焦点を移そうとした．彼らがプロセス改善に焦点をあてると決めたとき，彼らが望んだのは，ささやかで短期的な成果であったが，それは何がなし得るのかということを従業員達に示すためであった．われわれは，彼らにグランドヘイヴンの塗装工程に集中して欲しかった．

ダネリーにおける最初のBPチームメンバーであったホンダの労働者によると，

> 彼らは当初，実に多くの問題を品質と生産量について抱えていました．そのため，われわれは彼らの間近で働くことを余儀なくされたんです．塗装は本当に扱いにくい工程です．金属部品は300度以上の温度で加熱乾燥し，プラスチック部品は180度以上の温度で加熱乾燥します．バッチ処理を行っていたとき，彼らはドアミラーのベースを，ハウジングや着色料とは異なる棚にのせていたので，それらはいつも数が合いませんでした．塗装にはとても多くの変数があり，それを学ぶ唯一の方法は，実際にそれをすることです．われわれは，あそこに多くの人員を配置していました．グランドヘイヴンでは，それらの人員を「スノーフレーク（雪片）」と呼んでいました．何かうまくいかなくなると，白いユニフォームを着たホンダ社員の一群がおしかけてくるので．

グランドヘイヴンにおける品質管理の同僚が話を続ける．

> われわれは，塗装した製品をこれまでにつくったことがなかったから，最初は，たった2人だけでバッチ塗装をしていたんです．ホンダがやってきて，われわれに塗装の仕方と材料を流す方法を教えてくれました．われわれは，オフラインバッファとなる部品在庫を減らそうとして，自分で管理できるインラインバッファをいくらかもつことにしました．われわれは，いくつかの部品のハンドリングを3回から1回にしました．それから，われわれは，ホンダへ行ってQCサークルの会議を傍聴しました．彼らは，掘り下げて答えを求めることにかけては，とても偉大でした．とても要求は厳しいが，彼らは，知る必要があることについては教えてくれます．今やホンダは，われわれとしては最初のQCサークルで，労働者達を訓練するつもりでいます．これまでわれわれが抵抗してきたのは，われわれにはわれわれ自身の文化があるからです．

このように，BPはホンダにとって，塗装とプロセスフローに関する技術的知識を伝達する手段となると同時に，従業員参加プロセスと生産レベルの問題解決との接合方法を，ダネリーに示す手段にもなったのである．

塗装ドアミラーへの進出の最終的成功と，事業拡大の継続へ向けたホンダの明確な意欲にもかかわらず，ある一貫した懸念を，ホンダはわれわれのインタビューで示していた．それは1991年から1992年にかけてグランドヘイヴンで達成した利益を，ダネリーが維持拡大できるのか，またそこから学んだ教訓を他の事業部に移転することができるのか，という懸念であった．

一方ダネリー側は，製造プロセスを改善するホンダの組織的アプローチを賞賛してはいたが，急速な成長とともに次のように感じていた．すなわち，ダネリーに出入りするホンダ従業員のすべてが等しく十分にそのアプローチを理解しているわけではないということを．「ついにはわれわれが，ホンダの従業員にホンダのやり方を教えることになるんだ」と，数人の回答者が述べている．さらにまた，すべてのダネリー経営陣が，ホンダのアプローチに従う必要性を

感じていたわけでもなかった．彼らは，自らの技術力，従業員参加の文化，自律的事業部の重視が，功を奏していると考えていた．したがって，ある程度までは，各々の会社はグランドヘイヴンの経験から異なる教訓を引き出していたのである．ホンダにとっては，サプライヤー能力の構築におけるBPプロセスの価値が実証されたし，ダネリーにとっては，自らがいかに迅速に新しいプロセス能力を習得し，大きな成果を達成できるかということが，証明されたのである[5]．

(2) タワー自動車

ホンダがタワー自動車（以下タワー）を知ったのは1970年代後半のことである．ホンダは，当時，精密金属成形協会（Precision Metal Forming Association）の名簿に掲載された米国の金型メーカー100社以上を訪問するチームを派遣していた．タワーにしてみれば，ビッグスリーのバイヤーには5年に1度だけ会うという慣例だったので，ホンダ・オブ・アメリカの社長や取締役の訪問を受けたという事実は，強烈な印象を残した．特に，タワーのあるマネジャーは，ホンダと緊密な取引関係を結ぶことの利点に関する，内なる強固な提唱者となっていた．

タワーにおけるホンダとの経験は，小さく安定した一連のステップを踏んで進み，そのステップのそれぞれが，当初懐疑的だったタワーの経営者に感銘を与えた．第1に，ホンダが日本から取り寄せて提供した工具類は，生産開始当初から実によく機能した．次に，ホンダが日本サプライヤーから調達したある種の鋼は，とても簡単に加工できることが判明した．最後に，タリーがインランドスチールという，ホンダの米国における主要サプライヤーから調達した鋼は，ホンダがインランドとともにプロセス改善に取り組むにつれて，同様な特性を見せ始めた．一方で，ホンダとタワーは，工具設計とメンテナンスについて，かなり異なる姿勢をとっていたのだが，他方では，これら2つの会社は，ツーリングの受入可能な修正に関する合意を，比較的速やかに形成することもできた．

これらの初期の経験に満足して，ホンダはタワーにより多くのビジネスを与

え始めた．生産量が増大するにつれて，ホンダがタワーに要求したのは，ホンダ専用工場の建設であった．タワーは当初これを拒否したが，1987年には，インディアナ州オーバーン工場への，ホンダプロダクションの導入に合意した．そもそも同工場は，1985年にフォードのために建設されたものであった．それ以降のタワーは，以後数年間に4回の拡張工事をオーバーン工場に施し，ホンダからの受注増に対応した．

タワーの経営陣が必ずしも快く思っていなかったのは，ホンダの方針によって，サプライヤーが自らの計画や操業に関する詳細な情報を，大量に提供させられることであった．「BPの開始で，当初はかなりの量の神経質な緊張がありました」とある関係者はいう．「われわれはこの農園（farm）をただで引き渡したくはなかったのです．結局，われわれが理解したのは，ホンダがすべてを知りたいと希望するのは，タワーの優れたアイディアを盗むためでも，タワーを覗き見したいためでもない，ということでした．彼らが望むのはパートナーシップであり，相手が最適な方法を見つけて物事を遂行する手助けができることだったのです．」

ホンダの，結果に対する熱意，細部への注意，生産現場に参加したいという望みは，オーバーン工場における他の主要顧客，フォードとは対照的であった．ホンダBPの人々は，BPプロジェクトの期間中，週に2度，オーバーンを訪れた．さらに，品質管理の人々が月に2度，ホンダからやって来たし，タワーの人々は月に2度，オハイオ州のホンダ社へ行った．あるマネジャーがわれわれに語ったように，フォードとの仕事では「決して」工場でバイヤーに会うことはない．品質管理の人間に月に1度だけ会う以外には．「われわれはフォードへできるだけ行かないようにしている．われわれの工場の側からは，四半期に1度だけしか訪問しない．」

ホンダの注意の裏面には，問題が発生したときにホンダがかける，強い圧力があった．タワーは（他のホンダのサプライヤーと同様に），品質や納期に問題があるときはいつでも文書による報告を受け，どんな「対策」を用いて問題を解決するのか，文書による返答で，詳述しなければならなかった．ホンダは，不

良品あるいは納期が遅れている部品の数を記録している．出荷時に1つの部品が不足していた場合，その出荷時の部品全体の数が不完全であるとみなされる．あるマネジャーの説明によれば，これとは対照的に，フォードが問題を発見したときには，「われわれに電話をかけてくる」だろうが，それすら問題があまりにも頻繁に発生し，そのパターン化が確実なときだけだ．出荷時に少数の部品が不足しているような場合には，フォードはタワーに対して，次の出荷時には「いくらか余分に部品を放り込んでおいてくれ」と言う．

　タワーのマネジャー達は，ホンダとフォードのアプローチがもつ長所と短所について，意見を異にしていた．あるマネジャーはフォードを好んだ．

　　フォードはシステムに集中していました．彼らの考えでは，優れた品質管理システムをきちんともっていれば，品質のよい部品が得られるのです．それらシステムが設置されてしまった後は，そのシステムが稼働している限り，彼らは部品メーカーを放っておきます．設計については，フォードとの取引における初期の段階から，ホンダ以上に参加させられました．彼らはわれわれにマスター仕様としてCAD（コンピュータを利用した設計）のデータを与え，その後，われわれにそこからの仕事をさせるのです．問題があるときは，彼らはそれらの問題を非公式に処理しようと，電話で対応します．彼らはそんな方法で，われわれに文書で報告したり，「繰り返し言い聞かせる」よりも，迅速な対応を得るという訳です．

　このマネジャーもまた，タワーのフォードSPCシステムへの執着から，ホンダが利益を得てきたと感じていた．「フォードはサプライヤーの基底部分を本当に引っ張り上げたのです．フォードは，初めてわれわれにSPCを教えてくれました．我が社の従業員の75パーセントは，米国部品供給業品質機構（American Supplier Quality Institute）で，彼らのプログラムを経験していました．ホンダは，われわれにフォードのシステムがあるとみとめたとき，われわれにそれを使うよう求めました．」

別のマネジャーが価値を見いだしたのは，ホンダの不良品を駆逐しようとする執念だった．

> ホンダが部品を車に合わせることに留意するのに対して，フォードは部品を青写真に合わせることに関心がある．製品投入期には，ホンダは作られたばかりの部品を手に走り帰り，車に合わせてみる．次にホンダは，ここを変えろ，あそこを変えろと，指示を出す．フォードは普通，われわれの部品合わせの間，ここにはない．彼らは単に，われわれがスペックに合っていることをだけ確かめたい．問題があれば，彼らは最終的にはエンジニアリングの変更を出す．しかしホンダの場合，変更は日常茶飯事である．初めわれわれは彼らは馬鹿だと思った．しかし彼らのやり方はビジネスとしてすばらしい方法である．自ら望むもの，車両で機能する１つの部品を，直ちに手に入れる．他のすべて，たとえば青写真が最新かどうかなど，後回しだ．当初は信じがたいほどの苛立ちを感じた．なぜならホンダは大変なディテール指向で，われわれからの応答を直ちに欲しがったからだ．しかし私は，ほとんど常に彼らが正しいということに気付いた．

われわれが工場にいた頃に見た事例は，タワーが，製法におけるフォードの力点と，継続的改善の姿勢というホンダの焦点とを，いかに結合させたかということであった．われわれが見せてくれるよう依頼した，統計的工程管理チャートは，一種の証拠文書で，ホンダではなくフォードから，この製品のために要求されたものである．われわれに同行するマネジャーが気付いたのは，そのプロセスが重要な次元で制御できないほど進んでしまっていたことだった．彼とオペレーターは，速やかに議論に乗り出し，その問題を引き起こしているのが何であり，どうすれば止めることができるのか，検討した．

タワーでBPが開始されたのは1989年後半，ホンダから３人のチームが到着したときで，溶接，品質，および購買部門から着手された．そのチームの提案は「柔らかい」BP（低い投資による単純なプロジェクト）から始めようというものだった．つまり，すべての鋼ブランクを１つのエリアで組織し，フロアスペ

ースを塗装して鋼コイルを置く場所を示し，プレス機に新たなビンをつけてさらにアクセスもよく移動しやすくしたのである．次に来たプロジェクトは「堅い」BP（新設備への投資）を含んでいた．たとえば，センターピラー（プレス部品で，屋根とサイドパネルを接合する前後の乗車ドアの間に位置するもの）のための作業セルのリエンジニアリングである．当初タワーの作業セルは，専用オートメーションを利用したものだった．このオートメーションは，既存のセンターピラー用に設計されており，1時間に63個の部品を生産することができた．ホンダはタワーを促して，ロボット技術に投資させたが，それは特定の種類に属さないものだった．ロボットに部品の周囲を動いて溶接させるのではなく，溶接ガンの位置を台座の上に固定し，溶接箇所に向き合わせた．単純で，低コストで，信頼性のある「選択，位置決め」ロボットが用いられ，部品を周囲に動かして，スポット溶接をおこなった．自動センサーは，すべての溶接点がうまく溶接されたかどうか検査するのに用いられた．この新しいセルデザインで，部品の生産性は1時間当たり125個まで向上した．溶接チップの寿命も劇的に延び，チップ交換までの溶接回数は50,000～250,000回となった．これは溶接銃の位置を固定したことが，チップの摩耗や亀裂の減少につながったからである．

　時間がたつにつれて，タワーはホンダの製造アプローチに影響を与えることができるようになった．ダネリーのあるマネジャーの言葉によれば，ホンダがその企業の技術力を信頼するようになると，サプライヤーは「拒否権を獲得」できるそうである．たとえば，タワーがホンダ用プレス部品の製造に用いていた初期の設備は日本からホンダサプラヤーによって提供された．タワーのエンジニアが気付いた小さな違いは，1度のプレスで複数の穴明けをおこなう方法に関するものだった．タワーが，パンチが打ち抜く部品の真下に金属の「ボタン」を用いることで，パンチが常に同じ深さで行われることを保証しようとしたのに対し，日本の設備は，同様のパンチを行うのに部品真下のボタンを用いていなかった．タワーの主張は，ボタンをなくせば，加工穴周辺が裂けるリスクと，パンチ工具に必要なメンテナンスが，増大するというものだった．ホンダはこれに同意して，タワーに対して容易に交換可能なボタンの設置を許可したが，それを焼き入れした鋼で作ってメンテナンスを減らした．

ホンダから多くのことを学んだと認めているにもかかわらず，タワーのマネジャーやエンジニアは，それでもまだ大量の情報を提供させようとするホンダの圧力に抵抗した．タワーがインディアナ州にオーバーン工場を建設する際，最初にホンダがこの計画について聞いたのは，サプライヤーがホンダに青写真を提示した時点であった．ホンダはタワーの新工場建設を喜んだが，ホンダが気に入ったのはコメントできる機会が増えることについてであり，この欲求はタワーにとっては押しつけがましく感じられた．

これと別のケースでは，タワーはホンダからの圧力に耐えて，我が道を行く決定を下したのだと感じていた．ミシガン州グリーンビル工場では，タワーはコンサルタントを雇って「職場革新」プログラムを実施したが，このプログラムはBPとは異なるものだった．タワーのマネジャー達は，BPを価値分析とプロセス再構築の重視であるとみなしていた一方で，新しいプログラムについては——かつてグリーンビルで採用され，BPに置き換えられたものだが——工場内における自律的事業単位の実施と現場における「自律的作業チーム」の重視であるとみなしていた．さらに自律的チームへの動きは，労働組合の明示的役割を含み（グリーンビル工場はUAWによって組織されていたが，オーバーン工場には組合がなかった），職務設計改善の努力を強調するものだった．ホンダはこの提案を認めないだろうとタワーが感じているうちは，ホンダは同意しなかった．ホンダのある経営者は次のように説明する．「サプライヤーが何か提案するときに，いつもわれわれが最初に抱く疑問は『なぜ？』ということだ．われわれは単にそれが意味ある提案かどうか知りたいだけだ．われわれはもしサプライヤーに適切な答えがないのならば，それが潜在的問題の徴候であると知る．しかしサプライヤーの反応は，しばしば『ホンダがわれわれを好んでいないのだ．』」となる．

この出来事についてわれわれに思い当たるのは，サプライヤーがいかに不慣れで不快な感覚を，自社内部の計画に関して主要顧客と徹底的に話し合うという考え方に対し，抱いたかということである．明らかなことは，サプライヤーが最も慣れている状況は，顧客とのミーティングが受注のための1度だけというものである．

グリーンビルで職場改造プログラムが始動すると、オーバーン工場にもそのプログラムを持ち込もうとする努力が始まった。これによってオーバーン工場のマネジャーは、他のマネジャー達の訓練を助けるために、工場を離れることを余儀なくされたのだが、それは正に1994年式アコードの生産開始時期であった。ホンダが懸念したのは、このプログラムの実施が、主力製品の生産開始と同時期だったので、この間続いている1994年式アコード部品の品質問題からは、注意が逸れてしまっているということであった。

タワーもまた、いくつかの投資決定において自身の要望を申し立てた。これまでに言及された品質問題は、アコード・ステーションワゴン用の部品に集中していた。この製品は生産量が相体的に少ないので、ホンダとタワーの両社は、投資費用を低く保たねばならないことと、専用の溶接機を設置してはならないことに同意した。しかし、問題が継続したので、ホンダはタワーを強く促して自動センサーに投資させようとした。これは溶接漏れやサブアッセンブリーにおけるナットの締結漏れを検査するものだった。タワーはこれを拒絶し、すべてを手動プロセスとすることを主張した。また別のケースでは、ホンダがコスト全体に及ぼす影響を懸念していたにもかかわらず、タワーは工程自動化を強く主張した。それは日本のホンダサプライヤーが手作業を行っている部品であった。

近年タワーの対ホンダ関係に影響してきた1つの要素は、ヒドゥン・クリーク工業（Hidden Creek Industries）によるタワー買収と、当該地域に立地する他のいくつかの中規模プレスメーカーの統合である。タワー自動車（統合された会社）は、フォード、トヨタ、日産から、多くの新ビジネスを獲得するために、断固たる試みを行ってきた。フォードがプレス部品サプライヤー400社を50社足らずまで削減したときは、タワーはその選ばれたグループにとどまることも固く決意していた。フォードの側もますます意欲的に、タワーに対して主要な設計責任を与えるようになった。さらにまた、タワーはケンタッキー州に新工場を建設して、トヨタや日産にも奉仕した。このように、オーバーン工場が依然としてホンダ専用であった期間（それが1990年以降であったので）、新統合会社のための管理的な時間や努力が、多くの異なる方向に引き込まれた。

そのため，強く長期継続的な関係を結んでいたにもかかわらず，タワーは様々な点でホンダと格闘した．ホンダはタワーに圧力をかけ続け，パフォーマンスの向上と，能力改善のための投資継続を求めた．フォードとホンダという2つの得意先からの圧力に直面して，タワーの上級マネジャーは，フォードの「不介入」アプローチの方が，より魅力的だと気付き始めたようだった．フォードの強調する優れたシステムの獲得については，タワーはレギュラーベースでフォードの期待を満足させることができた．それだけに，個々の新たな欠陥や物流問題に対するホンダの執拗な反応が，一層腹立たしく感じられたのである．（あるマネジャーの説明によると「フォードが暗黙のうちに示唆していたメッセージは，僅かな欠陥は人生につきものであり，自己のシステムさえ適切にしておけば，それで基本的にはOKだというものだった．ホンダはといえば，月間サプライヤー成果報告を手にしてわれわれに迫ってくる」）．さらにまた，フォードは投資決定を前倒しさせてタワーの生産量に厳格な責任を課すことを望んでいるようであったのに対し，ホンダが主張し続けたのは，「パートナー」達が必要な投資を継続することは，どんな新規契約でも受注可能にするための備えとなるのだということだった．

さて，以上のようなタワーのケースが示唆しているのは次のことであろう．すなわち，BPの努力が成功し，サプライヤーの技術力，改善能力，全体的パフォーマンスが向上している場合でさえ，異なるプライオリティーをもつ2つの主要顧客に対応するストレスは，サプライヤーがホンダの気に入るくらいに高い応答性を示すことを妨げてしまうということである．

4-2 キャピトル・プラスチックスとプログレッシブ・スタンピング

ホンダとの仕事を始めたとき，これら2つの企業は両社とも非常に規模が小さかった．両社ともこれまでビッグスリーを顧客に部品を供給していたが，それは従来の「低価格入札」システムのもとであった．両社がホンダに好印象を与えたのは，彼らが自ら主体的にホンダのニーズに即応しようとしたためであり，また両社ともにホンダのBPプロセスを歓迎したからである．しかし，両社は小規模であったため，すべてのホンダの要求に応えることは困難だった．

(1) キャピトル・プラスチックス

　キャピトル・プラスチックス（Capitol Plastics）社（以下，キャピトル）は，ホンダにとって最も初期の米国資本サプライヤーの1つであり，ことの起こりは1970年代後期にまで遡る[6]．ビッグスリーとの契約減少に直面して，キャピトルは日本の顧客と仕事をする機会を探り始めた．4年にわたる接触の後，ホンダはキャピトルを1978年式小型オートバイ用フェンダー部品の第2サプライヤーとした．それは同社の能力を見極めるためだった．同社のオーナーは，1992年にわれわれが訪れたときには工場管理もしていたが，ホンダが同社との契約初期にいかに多くの情報を要求したかについて回想してくれた．「他のサプライヤーたちは，私があまり多くの情報をホンダに提供するのでクレイジーだと考えていた．しかしわれわれは，この対話が本物であることに気付いていた．まず初めに，われわれは注文を受け，それから購買合意をとりつけた．次には，われわれの受注量が拡大し始めた．すべてが非常にシンプルで，書き留めなければならないことも，ほとんどなかった．」

　ホンダが1982年モデル車の製造を開始したとき，同社はキャピトルに依頼していくつかの重要なアコード用コンソール部品の契約を結ばせた．当初は，そのためのツーリングが日本から供給された．ホンダはまた，キャピトルが日本における同じ部品のサプライヤーと「技術協力協定」を締結できるよう手配した．この森六という企業は，キャピトルの設備据付と生産起ち上げを支援するために，技術者の派遣を始めた．

　オーナーによると，その後の5～7年にわたるホンダの劇的な成長についていくことは，まるで「トラを放さずに捕まえておく」ことのようだった．「われわれは彼らが望むことは何でもすると示してきた」．キャピトルの総売上高は，1979年の700万ドルから1989年の3,000万ドルにまで増大した．しかしその後，1990年代初期の工業停滞の中で，キャピトルの部品を排除した設計変更により，キャピトルは大量のビックスリー顧客向けビジネスを失った．その結果生じた経営危機の中で，キャピトルはホンダに出向き，ホンダの部品調達におけるシェア拡大を維持するためには，どんな改善をする必要があるかを

知ろうとした．ホンダはキャピトルに対してBPに参加すべきだと言った．

　敏感に対応したいというキャピトルの意欲にもかかわらず，ホンダはキャピトルが長引く品質・納期問題を解決できないことに苛立っていた．ホンダは，4人のチームをBPグループから送り込み，9ヵ月間にわたってキャピトルで「生活」させた．4人のうち，2人はエンジニアリング出身，他の2人は組立ラインの現場出身であった．当初このBPチームは，管理部門レベルの改革に焦点を当てた．報告関係の変更を推奨し，何人かのマネジャーを異動させた．それは，より従業員本位のマネジャーを生産現場に立たせるためだった．次に，チームは同工場で3つのBPプロジェクトに着手した．そして，各々がある特定の生産ラインに適用され，オペレーター，エンジニア，ホンダのBP代表者からなるタスクフォースによって監督された．

　最初の2つのプロジェクトには，それぞれ3ヵ月半を要し，3つ目のプロジェクトには，2ヵ月を要した．各々のプロジェクトの重点には2つの面があった．すなわち，どのようにして生産ラインや工場の改善を評価するのか，という面と，どのようにして労働者達をこのプロセスに巻き込んでゆくのか，という面の2つである．ラインの改善は以下の5つの要素を含んでいた．すなわち，第1に，歩行時間その他の不要な動作を減らすための機械レイアウトの再設計．第2に，部品ラックの「流れ」設計への転換（新たな部品が重力によってローラー付の傾斜棚を流れてくるもので，古い部品は取り除かれる）．第3に，部品保持のための回転式取付具の設置（作業者に応じた高さの調節が可能）．これにより一方からラインインした部品は，作業者の手元を巡回し，再度巡回してラインアウトする．第4に，労働条件の改善（たとえば，作業者が立つ床へのゴム製マット採用，タイル作業エリア真上の照明の改善），第5に，プロセスの一貫性向上と，作業者の腕や手首への負担を軽減するために，手持ちだった工具を可動式台車に据付けられた工具へとリプレイスすること．以上の5つである．

　プロジェクト実行過程で，ホンダのBPライン出身の作業者によって構成され，ホンダのBPスタッフによって組織されたタスクフォースは，不可解な品質問題に関する「根本原因」を発見した．でこぼこな基礎の上では，部品は「外広がり」（製品の端に沿った白い斑点）や「短いショット」（不完全な成形）の

状態でプレス機から現れてくる．労働者達はこれらの状況が，プラスチック樹脂のかけらが湿って冷えていることから生じるということを発見し，さらにはそれが，天井の換気扇から樹脂コンテナに落ちる結露によって引き起こされていることを発見した．いったん正しく診断されるならば，問題の解決は容易である．彼らの成功は，タスクフォースのメンバー中に，BPに対する多大な熱意を喚起した．ホンダは，サプライヤーの監督者とエンジニアに対して，いかにしてオペレーターのアイディアに敏感であるべきか――これは1つの困難なカルチャー変化である――を教えることが重要であると考えていた．1人のキャピトル従業員はことのことを次のように表現している．「彼らの［ホンダの］哲学とは，不熟練労働者を，ラインの再設計作業へと引っ張り込むことである．彼らは，技術的側面における一定の喪失を覚悟している．彼らはベストプロセスの背後にいるのではなく，人々を動機付けて，彼らの技能を取り込もうとしているのである．」

それからこの従業員は，このアプローチがどれくらいキャピトルで有効に機能したかについては意見を留保した．

> 私には，ホンダのアプローチが，費用と期間の面で最も効率的であるかどうかはわからない．ホンダでは，プロセスはすでにセットされており，かなりよい状態なので，労働者が提案をした場合にも，変化は小さくてすむ．この工場や，大部分の小規模なアメリカのサプライヤーでは，プロセスの基礎は充分に確立していない．まず最初にしっかりしたプロセスを確立する必要があるが，それは「大きい」変化であり，そのことは多くの恐れを意味する．70パーセントの人々は参加に意欲を示すだろうが，40パーセントの人々は参加を恐れるだろう．時々，プロセス全体があまりに遅く感じられる――しかし私には，管理者や監督者がよりよく実行できただろうとは全く思えない．

3つのBPプロジェクトは，スループットタイム，在庫水準，スクラップ，

欠品率，作業場の清潔さ，負傷数，の諸点で大幅な改善をもたらした．たとえば，ボックス・インストゥルメント・バックと呼ばれる部品のためのBPプロジェクトは，生産性の向上45パーセントと，スクラップ率の削減67パーセントを実現した．あるBPプロジェクトのために，下請に出されていた若干の仕事がキャピトルに戻され，品質管理の強化と，生産ラインの効率性向上に対応した従業員レベルの維持がはかられた．

　しかしながら，ホンダのBPチームが去ったあと，問題が背後から忍び込んできた．キャピトルには生産計画に関する専門知識が欠けていたため，とりわけ納期問題は深刻であった．キャピトルはまた，BP初期の成果によって誘発された熱意を利用することができなかった．われわれの訪問中に，2つの事例が，管理者側と組合当局の双方によって指摘された．第1のケースでは，あるラインを担当したBPチームが，労働者が立って作業するエリアをゴム製の床マットでをおおうことを提案した．マットにはわずか数百ドルの費用しかかからなかったが，セメント上での仕事に比べ，オペレーターの疲労が効果的に削減できることが分かった．他の労働者達がそのマットを見て，自分たちのラインにも同じものを設置できないかと尋ねた．しかし彼らに対する回答は，BPが彼らの生産ラインに及ぶまで，どんな変化も待たねばならないというものであり，その時間は大幅に遅れがちであった．第2のケースでは，また別のラインの労働者達が，自らの改善努力によって，会社がどれくらいの費用を節約できたかについて知ることができなかった．この数字（その額は250,000ドルであると判明）の開示は，ホンダ方法論の標準部分であったし，参加者を動機付ける鍵であった．参加者は，自らの余剰努力が何らかの価値を生み出したことを知りたかったのである．しかしながらオーナーは，賃上げを勝ち取るために，労働組合がこの情報を利用することを恐れたので，財務情報を労働者に開示したくなかったのである．

　キャピトルがBPプロセスの進行を維持することの困難と，引き続く品質納期問題は，同社のオーナーと同様に，ホンダにも関わっていた．ホンダのBPアドバイザーからのガイダンスを受けて，管理任務が再構成されて，新たなスタッフが雇われ，新たに強力なプロジェクト（たとえば，ホンダの別のスタッフ・

グループによる納期改善プロジェクト）が開始された．キャピトルの改善支援のためのホンダの投資は，今やきわめて高いものとなった．キャピトル経営陣の見積もりによれば，ホンダの技術協力はこの自動車メーカーに100万ドル以上の費用を負担させていた．しかし，持続的に増加するホンダの要求を満たすのに必要な，物的および人的資本に対する投資用の財源を，キャピトルがもっていたのかどうかは，依然として不明であった．われわれの訪問時までに，キャピトルは活発に買収相手を探していた．そして数ヵ月後，キャピトルは，多くの異なる種類の部品を製造する，大規模で多角化された会社によって買収されたのである．

(2) プログレッシブ・インダストリー

　プログレッシブ・インダストリー（Progressive Industries）社（以下，プログレッシブ）は小規模なプレスメーカーで，ホンダと仕事を始める前に，ビッグスリーの第2次サプライヤーとして長い歴史をもっていた．同社はまた同族経営企業であり，現在は創業者の息子，ラストン・サイモン（Ruston Simin）氏によって率いられている[7]．彼の父は経験豊かな工具と金型のエンジニアであったが，ラストン自身は，ノースウェスタンの大学に通い，ボストンの銀行で2～3年働いてからMBAを取得し，その後に家業を継いだ経歴をもつ．こうした教育と経験の組み合わせは，ラストンに小規模な自動車部品会社のとるべき経営方法について非伝統的な（そしてより洗練された）見通しを与えた．

　プログレッシブは1950年代に「金型工場」として設立され，大規模プレスメーカー向けに金型を製造していた．同社が製造した金型の試験用に，同社は古いプレス機を購入した．するとある顧客から同社に対して，小型部品のプレス加工に関する受注依頼があった．同社にとって，自動車関係の受注と結びついた仕事の安定性は，金型・工具業界の「豪華な食事，さもなくば飢饉」という循環よりも魅力的であったので，同社はプレス加工の仕事をどんどん拡大していった．多くの小規模プレス業者は──プレス業界内の一部から「強盗船」集団というレッテルを貼られ──よく似た経歴をもっていた．コストを低く維持することにかけては卓絶しており，そのためには，工場では小ささとスパル

タ式が保たれ，低賃金で，プレス機は古く，そして資本の高効率利用が決定的だった．プログレッシブのような会社は，機械を長持ちさせるために工具・金型の技能を用いることができたので，他のプレス業者に対してわずかに有利な面があった．しかし，価格競争は激しく，顧客は最低入札価格が出るたびにサプライヤーを乗り換えるつもりでいた．サイモンが1984年にプログレッシブを買収したとき，同社はその浮沈の激しさと価格競争を避けるために自動車ビジネスから撤退した．しかし，それは特に利益をもたらさなかった．サイモンは，自動車産業に戻ること決意するが，プログレッシブのパフォーマンスが，契約を勝ち取るために必要な水準よりも，かなり遅れてしまったことを発見した．彼は，能力的な制約に直面していた同地域の他の小規模プレス業者への接近を開始し，それら業者にとって最も難しい部品を自分に作らせてくれと申し出た．加えて，プログレッシブはこれら企業が自社のツール性能を向上させる援助をすることができた．

　プログレッシブが大手自動車メーカーとの直接契約を追求しようと決めたとき，同社はビッグスリーがサプライヤーを急速に削減しつつあることを知った．その後の1986年秋，サイモンは*metalworking*誌上で，"WANTED: Competitive Stamping Sources（求む：競争力のあるプレス部品調達先）" という見出しのホンダの広告を見つけた（図5-1参照）．ホンダは，社史，設備，利益，「すべて」について尋ねる広範なアンケートを送った．ついで，それが1970年代後期（ホンダがタワーを見つけたとき），ホンダは5つの州に及ぶ地域で120社のプレス業者を訪問するために3〜4人のアメリカ人と日本人の購買チームを送り込んだ．プログレッシブは，この過程で選ばれた7社のプレス業者のうちの1社であり，中でも最も小さな企業であった．ホンダは，プログレッシブの品質システムと，日本製ツールの使用やホンダの製造方法を学ぶことに対する同社マネージメントチームのオープンな姿勢に，強く印象づけられた．

　金型の設計哲学が合衆国と日本では劇的に異なるため，日本製の金型に関するプログレッシブの経験は有益である．与えられた車のモデルが長期間変更されないことを想定して，典型的な米国の金型は非常に硬い鋼で設計される．それゆえ米国の金型は買うには高価で，作るには長いリードタイムを必要とする．

> **WANTED**
>
> **COMPETITIVE STAMPING SOURCES**
>
> Honda of America Mfg., Inc. is investigating stamping sources to increase domestic content of substructure components.
>
> **REQUIREMENTS**
>
> LOCATION: OH, IN, KY, MI, PA, WV, WESTERN NY; CAPABILITY TO SUPPLY AUTOMOTIVE PARTS; COMPETITIVE IN INTERNATIONAL MARKETPLACE; EFFICIENT, FLEXIBLE PRODUCTION METHODS; DIE MAKING, DIE MAINTENANCE AND SECONDARY EQUIPMENT MAKING CAPABILITY; HIGH QUALITY, ZERO DEFECT PARTS — CONSISTENTLY; JIT PRODUCTION AND DELIVERY CAPABILITY.
>
> *Interested manufacturers should contact the North American Procurement Project in the Purchasing Department for further details no later than October 20, 1986.*
>
> **HONDA OF AMERICA MFG., INC., MARYSVILLE, OH**
> **513/642-5000**

図5-1　Honda of America manufacturing 1986 advertisement for U.S. stanping suppliers

典型的な日本の金型は，より安価であり，より軟らかい金属で作られ，したがって，開発のためにより短いリードタイムしか必要としない．しかしその代わりに，頻繁なメンテナンスを必要とする．これはほとんどの日本で設計した自動車の短いライフサイクルに適合的であるが，それは開発プロセスの早さと原材料の安さによって，追加的な維持費が相殺されるからである．

　日本の金型を用いることによって，プログレッシブの工具・金型製作者は，デザインとメンテナンスにおける，このきわめて異なる哲学に曝されることになった．その結果，彼らは日本製金型の潜在的な改善可能性に関するアイディアを考案し，2〜3年でこれらの製造に成功すると，その後ホンダを説得して，

彼らのアイディアを採り入れた米国設計の金型に乗り換えさせたのである．このように，プログレッシブは，新しいアイディアを受け容れこともできるが，しかし同時に同社固有のイノベーションに貢献することもできるということも，示したのである．

プログレッシブが特に革新的だったのは，金型表面とプレス機先端に設置した金型センサー用機械電子式ゲージの使用においてである．それはプレス機が特定の重要なパラメータ範囲内で動作しているかどうかにかかわらず，モニターするものである．多くの伝統的プレス業者の場合，このモニタリングプロセスが，機械の音と，型面が接する部分の光沢の判定によって，行われていた．プログレッシブの自社開発センサー（および社外ベンダーが開発した付属ソフトウェア）によって，プレス加工がより精密に調整できるし，また「必要最小限の圧力」しか用いないことで摩耗が削減されるので，エネルギーの節約になり，設備総トン数と仕事数とのより正確なマッチングが可能になる．さらにまた，センサーは問題発見とほぼ同時に機械を速やかに停止させることができるのだが，これはトヨタ生産システムにおける「自働化」哲学と類似している．

金型センサーによって生み出される情報は，プログレッシブでホンダが遂行するBP成果の1つとなった．すなわち，製造工程の体系化を目的とした大変詳細な技術的基準の設定と個々のプレス操作手続きの開発は，欠陥に結びつくバラツキを制限し，更なるイノベーションに結びつくプロセス知識の蓄積を可能にする．

ホンダがプレス業者としてのプログレッシブの技術力に比較的満足していた期間に，ホンダはプログレッシブに対して，1つの完全なサブアセンブリーを製造するためのプレス部品の溶接・組立という，次なる「付加価値」ステップへの移行を促していた．そうしたサブアセンブリーを自社工場で製造する傾向の強い米国自動車メーカーとは異なり，ホンダはサブアセンブリーに関する責任をサプライヤーに与えることを長く好んできた．日本におけるホンダの小規模プレス部品サプライヤーは，およそ3分の2の作業員を溶接・組立作業に充てている．これらはプログレッシブにとって新しい領域であったが，こうした能力を付加することはサイモンにとっては魅力的に感じられた．彼は自分の会

社を単なる「製品」プロデューサーに見られる状況から離脱させたかったのである．彼の認めたところによると，溶接と組立について「われわれは，彼らとともに名を揚げる必要があった．」「またわれわれは，最初はわれわれより規模の大きな企業よりも，多くの余裕を与えられた．彼らはわれわれに小さくて単純な仕事から始めさせた．そしてわれわれは早いうちから優れた結果を示すことができた．」いよいよホンダは，プログレッシブを促して，複雑な部品や溶接パターンに取り組ませ，複数軸に沿った複数溶接点の方向へと向かわせようとしている．プログレッシブにおける金型工場の遺産は，同社が製造するホンダ用部品向けにカスタマイズされた溶接装置の自社開発に適用されたが，それはロボット・セルを含むものだった．

プログレッシブのBPプロジェクトは，増大する責任，技術的挑戦，ニュープロセスへの発展，などを背景として展開した．プログレッシブのマネジャーによると「工場の変化といえるような決定的な出来事はただの1つもなかった．それは安定した学習の過程であった．ホンダは非常にゆっくりわれわれを導いてくれた．」あるBPプロジェクトは金型メンテナンス用に色分けによるプライオリティーシステムを開発した．他のBPプロジェクトは，1回のプレスをとりあげ，次のような一連の小さな改善をした．

1. 制御パネルがプレス機の側から動かされ，回転アームの上に置かれた．それは，彼や彼女がプレス作業を監視する間，制御パネルをオペレーター近くへ移動できるようにするためだった．
2. メンテナンスの間に工具を保持する小型の溶接された仕切りがプレス機に付加された．
3. プレス・メンテナンスのために必要とされる油は，筒の中に送られてからライン脇の貯蔵コンテナへ注がれる代わりに，中央貯蔵所からパイプで送られた．
4. 鋼コイル用の足場はプレス加工工程よりも上流に創設され，段取り替えの速度があがった．
5. 単純な金属製の仕切りが設置され，スクラップ片が手作業を経ずに自

動的にスクラップ容器に落ちることを確実にした．
6．完成部品用の3つの箱は回転スタンドの上に置かれ，1つの箱から出荷用コンテナに部品を送出している間に，他の箱には部品を詰め込むことができるようにした．
7．搬入材料や搬出部品を貯蔵するプレス機周辺のフロア領域には，個々のアイテムの正確な配置場所を示す塗装が施された．

　生産現場におけるプログレッシブのBPへの取り組みを補うものが，ホンダの価値観と一致し，また多くの場合，ホンダの方針に影響された，人的資源システムであった．プログレッシブはその40年の歴史で，たった1度のレイオフしか経験していなかったので，BPに必要なホンダのノー・レイオフという条件を問題なく受け入れることができた．生産量の変動を吸収するために，プログレッシブは45時間の作業計画（4つの10時間労働日と5時間の計画的時間外労働）を確立した．これによって不況期には40時間まで労働時間を減らすことができ，好況期には時間外労働を付加することができるようになった．従業員は，総体的に低い基本給（オペレーターが8ドルで技能職が15ドル）に加えて，4半期ごとに目標達成に基づく利益還元金を受け取り，さらに年末には任意のボーナス（1993年で980ドル）を受け取った．プログレッシブもまた，社外教育に対する完全な返金を提供し，同社のトレーニングをかなり促進したが，ホンダが開発したトレーニング資材をしばしば用いた．
　キャピトルと同様に，ホンダへのプログレッシブの初期の反応は，受注の安定した拡大をもたらした．すなわち，ホンダへの売上げは1992年から1995年までに2倍になり，1次および2次部品の生産増は，1980年代後期における10～20に対して1994年までに125～130となっている．キャピトルと違って，プログレッシブは効果的にこの成長を管理することができたし，その間に付加的な責任を引き受けていた．投資のためのより多くの資金，技術的により洗練されたスタッフ，そして人的資源の開発に対するより多くの注意は，すべてがプログレッシブ成功の一部であるように見える．プログレッシブのケースは，追加的な仕事を与えるサプライヤーに対するホンダの好みを示すよい例であ

る．具体的には，応答性が高く，優れた実績を示し，新たな挑戦を引き受ける意欲をもったサプライヤーが好まれるのである．

4-3 住友電送（SEWS）とグリーンビル・テクノロジーズ（GTI）社

住友電送（Sumitomo Electric Wiring Systems）社（以下，SEWS）とグリーンビル・テクノロジーズ（Greenville Technologies Inc.）社（以下，GTI）は，日本におけるホンダとの取引に長い歴史をもつ日系企業の子会社であった．どちらもホンダの要望により米国で操業を開始し，しばらくの間は，ホンダが唯一の米国における顧客であった．両社ともに，自社のリーン生産の能力に自信を持ち，ホンダとの関係は堅固なのものと感じていた．しかしながら，両社ともに，ホンダが彼らの工場でBPの指揮をとらざるをえなくなるような，若干の初期問題を抱えていた．こうした背景があるので，BPの主たる効果は，われわれが検証してきた他のケースとは異なるものとなった．両社とも，すでに持続的改善のテクニックについては精通していた．その代わり彼らには，米国的な環境の中での経営方法を学ぶ必要があった．

(1) 住友電送（SEWS）

SEWSは，400年の歴史をもち，何十年にもわたってホンダに部品を供給してきた住友電工の子会社である．SEWSは，1986年に合衆国に進出し，1994年のわれわれの訪問時点では，取引の80パーセントをHAMと行っていた．しかしながら，同社はその顧客ベースを拡大する野心的な計画をもっていた．同社は，1997年までに，同社総取引におけるHAMのシェアを53パーセントにまで引き下げることを期待している．

SEWSの親会社は，そのリーン生産能力のために多くのオブザーバーによって高く評価された．実際，親会社である住友電工は，自らもいくらかの技術協力をしており，NUMMI（GM―トヨタ合弁事業）向けサプライヤーに対して持続的改善テクニックを指導するのに6ヵ月間を費やした．この指導は大いに成功し，そのサプライヤーはNUMMIサプライヤー400社中のワースト10という存在からベスト10の仲間入りを果たした（Gillet, 1993）．ここにひとつの疑問が

おこるのである．すなわち「なぜそのような経験豊かで強力なサプライヤーがBPを必要とするのだろうか？」

　ホンダにとっては，BPを始める理由は，SEWSが米国的環境への調整をはかる間に遭遇した，ワンセットの問題群にあった．それらの問題は3つの領域に存在した．すなわち，品質，ホンダのエンジニアリング変更要請に対する即応性，そして同社の米国人従業員の神経をとがらせる経営方針の3つである．SEWSにとっては，BPはの参加は，役立つ可能性のある何らかの技術的な知識を入手しつつ，ホンダへの応答性を示す1つの方法であった．BPはまた，米国的環境における経営に関するホンダの文化的知識に対する容易なアクセスを可能にした．

　BPのために選ばれた最初のSEWS工場は，ケンタッキー州エドモントンにあった．この工場は1988年に操業し，ワイヤハーネス（車全体に電気信号を配信するワイヤーの束）を組み立てた．工場は，当初は厳しい数年を経験した．すなわち，1990年，同社はHAMのエンジン工場向けサプライヤーのうちワースト12に含まれており，同社に対する1ヵ月当たりのクレームは8.4件あった．それが1992年までには，月当たりクレーム件数が1.25にまで減少した．この成功は，HAMによる多くの干渉の結果もたらされたもので，そこにはBPも含まれていた．その後，SEWSはエドモントン工場の中でBPを速やかに伝達した．エドモントンにおける最初のBPプロジェクトは，1992年6月に始まった．そして1994年4月までには，BPプロジェクトは，同工場における20の製造エリアのうち，19のエリアで完成していた．最初のプロジェクトを除くすべては，SEWSの人員によって完全に遂行された．

　この速い技術移転を可能にしたのは，HAMが改善の諸原則を教えようとしなかったという事実である．つまり改善の諸原則は，すでにSEWSマネジャーによってよく理解されていたのである．その代わりBPの機能は，まずはSEWSとHAMの管理者間における，主としてコミュニケーションの改善に向けられた．あるSEWSのエンジニアによると「BPで最高だったことは，ジョーやダグ［BPに取り組んだHAMの同僚］と知り合ったことだ．彼らは今やSEWSの一部だが．．．．われわれが販売や購買を通じてでは決して得られない

情報を得る手段になっている．このことがわれわれに，設計変更に関する飛躍的スタートをもたらした．その上，HAMがまだ明言してない変更についても，彼らはわれわれに電話をして『この変更はあなた方にどのような影響を及ぼすだろう？』と事前に問いかけてくれる」．

　次に，SEWSが感じたことは，BPが，SEWS製品の脆い性質についてHAMを教育する手段であるということだった．HAMのエンジン工場（BPを通じて準備された）を訪問中，SEWS従業員はHAMの同僚がエンジンを回転させるためのハンドルとしてハーネスを使っているのを見た．これでは，ワイヤーの接続が引き離され，SEWSが欠陥の責任を負うことになる．それに加えて，HAMとBPの相互作用のもとで，SEWSはワイヤハーネス設計における潜在的なコストと品質のトレードオフについてやりとりすることができた．たとえば，わずかに長い（またそれゆえより高価な）ワイヤーを用いることで，より組み立てやすいハーネスを作ることができたが，これによって欠陥の可能性を減らしたのである．

　ホンダの存在もまた，SEWSにおける労働者とマネジャーの間のコミュニケーションを改善した．SEWSのトレーニング・マネジャーは，BP活動や関連する「OJT」が，どのようにして労働者のある特定の部分，たとえば「1つの間違った決定をしてしまったた利口な女性」（結婚に失敗し子供を育てる必要があったり，労働市場における機会が限られていたり）のもっている可能性をより多く達成させるか，という点に誇りをもっていた．BPの期間中，ホンダが絶えず強調したのは，問題解決プロセスに同僚を巻き込むことの重要性だった．SEWSのあるBPコーディネーターによると「われわれがホンダから学んだのは，決してこっそりと巻き込もうとはしない，ということだ．朝会議で，われわれは常に彼らに尋ねる．『あなたにとって最も大きな問題は何ですか？』もしくは，もしもわれわれが何か提案している場合，われわれは次のように尋ねる．『あなたは，自分でこの変化が気に入ると思いますか？』［インタビュアー：もし彼らが「ノー」と言ったらどうなるだろう］そう，もし彼らがノーと言うならば，われわれは言う．「とにかく変更のチャンスは与えてやりなさい．』』

この引用が示唆するように，ホンダマインドへの従業員の取り込みは，労働者に拒否権があるということは意味しなかった．たとえば，ある作業場で，BPチームは，機械を移動して互いに近接させることによって，目で見る管理を進めようとした．機械はある日，そのエリアの労働者が昼食に出かけている間に，移動させられた．労働者達は彼らの意見を求められたとき，彼らは機械があまりに近づきすぎていると不平を言ったので，BPチームは機械を移動させてもっと離した．たとえ機械相互の位置が，依然として前よりも非常に近かったとしても，マネジャーはこの妥協によって誰もがハッピーになると感じていた．

ホンダからのこのアドバイスが1つの要素となって，エドモントン工場は，モルガンタウン工場が「カイゼン」努力に伴って経験した諸問題の一部を，回避することが可能になった．モルガンタウンは1987年に操業開始した，住友初の米国工場であった．用心深く行動して，住友は労使関係をほとんど完全にアメリカ人に引き渡すことに決めた．現在のSEWS経営者によると，住友は経営者達を雇ったが，彼らは古典的で家族主義的な南部地方の組合無効化戦略を経験していた．彼らは多大な努力を払って，従業員を個人的に知り（社長宅で頻繁な社交イベントを催すことを含む），従業員を一生懸命に働かせるために大きな圧力をかけず，しかもほとんど管理システムをもたなかった．たとえば，従業員は増産が必要かどうかに関係なく，彼らにとって時間外手当が必要なとき，自ら時間外労働を計画するのである[8]．

ホンダとのビジネスが伸びたので，モルガンタウン工場は，住友の最初の予想をはるかに越えて成長した．量と質を求めるホンダの要求もまた増大したので，最初の管理アプローチはもはや機能しなかった．労働者に意見を聞くことなく，管理者はライン速度を上げて，より多く制御装置を設置した．「カイゼン」会議のために失われた生産量は，他のシフトの間，より速く働くことによって補塡されなければならなかった．これらの行動は，1992年9月，アメリカ鉄鋼労働組合への参加の是非を問う投票につながった．経営側はこの投票に勝つが，この投票は問題が深刻であることの明瞭な信号であるとみなした．われわれの訪問時点で，モルガンタウン経営陣は，「カイゼン」プログラムを復活させ，個人提案プログラムへの高い参加率を土台として，その上に建設する

作業に取り組んでいた．（1994年3月に，経営陣はほとんど労働者2人に1つの割合で提案を受け容れ，4月中頃までにこれらの75パーセント以上を実行した）．同社はまた，チームリーダーを労使間の仲介者とすべく訓練を始めていた．ついに同社は，HAMとエドモントン工場の助けを借りて，BP実行の初期段階に至った．

いくつかの改善にもかかわらず，SEWS経営陣は，労使関係における問題継続の可能性を見いだした．主な問題は文化的であると感じる者もいた．この見解によれば（米国人マネジャーの表現では），アメリカの労働者は，労働倫理が不足しており，あまりにも個人主義的に過ぎた．日本の労働者とは対照的に，彼らは会社のための犠牲を拒否する（たとえば，「予定されていた休憩時間をあきらめる」）．問題の根は，モルガンタウン工場の歴史にあると感じるマネジャー（ほとんどは日本人）もいた．「日本労働者のこれまでの経験では，彼らが管理者のために何か余分なことをした場合，管理者も彼らに対して何か余分なことをするんだ」と彼らが言った．SEWSの米国人従業員は，このギブ・アンド・テイクをまだ経験していなかった．

他にも難題が残っていた．1つは，SEWS工場間のコミュニケーションであった．たとえばエドモントン出身の「カイゼン」グループは，ある種のテープが他より伸びるので，テープが時々ジョイントをすべり落ちる問題を解決しようとしていた．このグループは，5ヵ月間も問題に取り組んできて，われわれの訪問した翌週には彼らの発見をホンダに示す予定だった．しかしそのグループは，なぜそのジョイントに3度のテーピングが必要なのかを，SEWSエンジニアに説明させることができずにいた．というのは，2枚の層だけだとこのテープがすべらなかったからである．2度のテーピングなら突き通すのがより簡単だったので，グループはこのトレードオフ関係を理解するため，製品機能をもっと知っている必要があった．SEWSのエンジニアリング部門には，その種の知識を共有する気がないようにみえた．グループはさらに進んで，長期の対抗策として，スコットヴィルから2〜3マイルに位置するSEWS工場で，より粘着性の高いテープを使うことを勧めた．しかし，スコットヴィルはあまり注意をを払わなかった．われわれがスコットヴィルでこの問題について尋ねたときに聞いたのは次のような話しである．「われわれは，それを大きい問題とみ

なしていない．エドモントンには選択肢がない．彼らはわれわれのもとに来なければならない．われわれは，われわれの他の顧客と相談した．顧客の側はOKである．ただわれわれはエドモントンのためだけに異なる製品を作りたくはない．」

　第2の問題は，ケンタッキー作戦の長期的将来についての不確実性であった．SEWSは，メキシコにおけるその費用が，合衆国における費用よりもおよそ15パーセント低い（ただし，品質問題でのクレームは2〜5倍と高かった）ということを考えていた．この不確実性は改善プログラムに被害を与えていた．というのは，20パーセントの米国従業員が期間工であり，品質とトレーニングの鍵となる人々は，彼らの時間の4分の1から2分の1をメキシコで費やしていたからである．

　最初の疑問に戻ると，なぜ，SEWSはBPに取り組んだのか？　その答えは，モルガンタウンにおける1992年の出来事が，ホンダを神経質にさせ，SEWSを控え目にさせた，ということにあるようである．顧客側として，1992年にホンダは，BPを伴う対応だけでなく，SEWSと同じ製品についての第2調達先を採用しようともしていた．SEWSの側では，エドモントンの経営陣はBPにトライする意志をもつようになっていた．それは，同経営陣がBPを，モルガンタウンを苦しめた労務管理問題の回避について学びながら，低コストと高品質を求めるホンダの圧力に応えることのできる，よい手段であるとみなしたからである．

　双方が，BPへの取組からかなりの利益を得たようである．われわれが訪問したサプライヤーすべての中で，SEWSはBPの普及について最高の仕事をした．すなわち，最初は，エドモントン工場全体を通して，そして次には，モルガンタウンのBPプロジェクト遂行支援のためにエドモントンのコーディネーターに協力を得ることによって[9]．ホンダにとっては，SEWSのBP活動が，販売，生産，顧客数が伸びている非常に有能なサプライヤーとの，密接なコミュニケーションを維持する方法を提供してくれた．これは「主要顧客」としてのホンダのステイタスが尊敬され，ホンダとの取引への依存度が低下したとき

でさえ SEWS がホンダのニーズに敏感であり続けることを確信する，1つの道であった．

(2) グリーンビル・テクノロジーズ (GTI) 社

グリーンビル・テクノロジーズ (Greenville Thechnologies Inc.：以下，GTI) 社は，森六(日本の射出成形メーカーで日本ではホンダに対する長い販売歴をもっている)，ホンダ(小株主)，およびキャピトル・プラスチックスのオーナーによる，ジョイントベンチャーであった．経営管理は森六によってしっかりと握られていた．GTI が設立されたのは，キャピトル・プラスチックスにとってホンダの要求する生産量や改善要求のすべてを満たすことが不可能になりつつあると判明したときであった．同社の操業は，森六のリスクを最小化するための合弁事業として準備された．GTIの工場は1987年にオハイオ州グリーンヴィルで開業し，1992年のわれわれの訪問時までには，2倍の規模になっていた．工場の230人の従業員は，最新のプラスチック射出成形装置のもとで働いた．工場は，風通しがよく，照明が明るかった．機械はくっきりと輝いていた．GTIは，プラスチック部品の塗装と複雑な組立品を造るその能力を誇った．

工場は，オハイオ州南西部のルーラル地域に立地していた．この場所は，マリーズヴィルのHAM工業団地から3時間以内に位置していた．これは頻繁な納入(1日当たり10回)を十分に可能にする距離であったが，しかし，同様に不利な点もあった．従業員がトレーニングをそこで受けるには，コミュニティカレッジは十分な近さではなかった．また，最も近い金型メンテナンス工場までは，車で3時間を要した．この距離が型修理を遅らせたので，同社は余分な仕掛かり在庫を手元に置いておく必要があった．

最初のBPプロジェクトは，1989年に遂行された．焦点は，調時ベルトカバーであった．成果に対するGTIの評価が加味された．一方ではホンダが「非常に組織的であることによってわれわれを助けた」が，他方では「ホンダは，まるでわれわれが自分で何をしているかも知らないかのように，われわれを扱った.」「ホンダは侵略的であると考える会社もあるが，われわれはホンダとともに成長してきたし，われわれは彼らの援助を必要とした．われわれはまだ創業

して5年しかたっていなかったのだから.」

　この関係が, フラストレーションを伴わない訳にはいかなかった. GTIエンジニアは, 製品に対する統計的プロセス制御の関連を見損なった.「一旦操業に入れば, 金型は不良品を生み出さないので, チェックを要するのは最初の10個の部品だけだ. 加えて, われわれの機械は新しいので, ほとんど問題を引き起こさない.」彼らはまた, HAM従業員が品質問題を発見したとき, 永久的な対抗策に追いつくために, あまりに大きなプレッシャーのもとにいるということを感じていた. すなわち「彼らは, 計画なしで立ち去ることを欲しない. 時々, われわれは彼らの計画がうまくいかないと彼らに説明しなければならない. たとえば, 彼らが望む変更を行うために十分な鋼が, 金型の中にはないかもしれない.」しかし, 事態は改善されていった. 同じエンジニアはまた次のようにも感じていた.「ますます, ホンダはわれわれに頼りつつあり, われわれをプラスチックトリム部品の専門家とみなすようになっている.」

　GTIの自信に満ちた態度は, しばしばパフォーマンスによって正当化された. GTIのBPプロジェクトのうちの1つは, もっぱらGTI人員によって実行された. 1991年にホンダは, 消費者が, オンかオフしかない当初設計ではなくて, 連続的に調整できるヒーター通気口制御を好むことを知った. GTIのエンジニアとオペレーターのチームは, プラスチック放熱孔が, その終点だけではなく, 可動範囲のどこでも停止できるくらい十分に許容誤差をタイトにできれば, 既存設計のままで, この調整能力が達成可能であることを理解していた. しかし, この洞察を実行することは, 5つか6つの場所で製造工程を修正することを意味した. オペレーターはこの提案の多くについて貢献していたが, それは製造工程の異なるステップ間における相互作用に関する彼らの理解に基づいていた. GTIの専門知識が意味していたのは, ホンダはこの変更を速やかに実行できること, しかもそれは再設計と新たなツーリングに最小のコストしか要しないということであった.

　未解決だったのは, どのようにして部品を, 世界中で互換性をもつようにするのかという問題だった. GTIは, いくつかの事例によって, エンジニアリン

グ変更を求めるHAMの要請によって生産された部品が，森六が日本でホンダ向けに生産した部品と互換性をもたなくなったことを示した．もし日本向けに出荷されたHAM製アコードの1台がリプレイスメントを必要とした場合，森六製の部品は使えないということになる．GTIはしばしばそのような変更，HAMによる緊張の源泉を拒否した．そしてホンダは，サプライヤーによるエンジニアリング変更要請という反応を予想した．

GTIのマネジャー間の関係は，スムーズなように思われた．日系移植サプライヤーの一部とは対照的に，GTIは1セットのミーティングだけを開き，使用言語を英語とした．日本人とアメリカ人のマネジャーは双方とも，森六のツーリングデザインが修正されてアメリカの条件（たとえば，部品当たりの高い生産量，より新しい機械）に適合する複雑なプロセスに満足しているようだった．われわれの訪問時点で，ツーリングの80パーセントは日本から取り寄せられていた．この数字は2年で60パーセントに低下する予定であったが，それは次のホンダ・モデルが生産ラインに投入される時期であった．日本人の駐在エンジニアによると，目標は「日本人の所有ではあるが，アメリカの会社」になることである．これが実現するのは，GTIが，もはや支援を求めて親会社に依存しなくなったときである．」すでにGTIは，生産のあらゆる領域で母会社を上回っていると主張した．

しかし時間給従業員との関係は，必ずしもスムーズとはいえなかった．トレーニングは無計画に行われた．エンジニアとマネジャーが活発に改善に参加する一方で，機能している品質管理サークルは希であった．マネジャー達は，これら問題の一部が，過去に従業員の動機付けに対する注意が不足していたことに起因していると感じていた．彼らは，1つの鍵となる事件について解説した．ライン労働者の得たボーナスがかなり減額したのに，一部のマネジャーが高額のボーナスを受け取っていたのである．上級マネジャーが，この差額は貢献の違いによって正当化されると感じていたのに対して，従業員は，それが工場における平等主義の精神を冒瀆するものだと感じていた．補償方針の変更に関する熟慮と最終的な拒絶の後，マネジャーは，これらの緊張が，ボーナスの決定方法に関するよりよいコミュニケーションによって，将来は避けられるような

決定を行なった．

　それでも，品質管理サークルでより多くの従業員の経営参加を推奨すること以外に，ホンダはGTIの労務管理に影響するような努力をあまりしなかった．実際，GTIにおけるBPは，リーン生産方式を教える手段であるというよりも，むしろ強くて自信に満ちたサプライヤーに対する親しみやすい視線を保つ方法のようであった．BPに含まれる定期的なコミュニケーションを通して，ホンダはGTIが大幅に高い生産量を取り扱うことができるかどうか判断することができた．どの程度の設計責任をGTIに与えるのか，そして，GTI経営チームの信頼性が，傲慢や不遜へと続くラインに交差する危険があるのかどうか．GTIが他の顧客を増やし始めるにつれて（その顧客のマネジャーが，ホンダと同様に取引することを望むにつれて）次のことが明らかになったようである．すなわち，ホンダが希望していたのは，BPへの関与が両社の強い関係の維持を確実にする手段にもなるということと，GTIがホンダの要求に「主要顧客」に対する応答性を示し続けることであったのである．

5　BPの効果とサプライヤー能力の分析

　われわれは，6つのサプライヤーの事例について，BPの効果と，新たなサプライヤー能力の開発について評価することから，われわれの分析を始める（表5-2参照）．第1に，われわれは，各々のサプライヤーにおけるBP関連の組織学習について，その範囲と持続性を評価し，また連続的改善という「カイゼン」哲学の吸収について評価する．2つの日系移植工場（SEWSとGTI）は，BPの教訓を実行することに最も成功していたが，それはリーン生産方式について彼らが事前に知識をもっていたからである．これら工場の主要な挑戦は，リーン生産方式でアメリカ従業員を訓練することと，彼らを説得して「カイゼン」への関与を共有させることであった．しかし米国所有のサプライヤーにとっては，「カイゼン」哲学の採用は自社の組織文化における重要な変化を意味していた．所有者がたちまち支持者になったプログレッシブのような小規模企業にとっては，この文化的変化が相対的に早く起こった．規模が小さいことが

表5-2 BPの効果とサプライヤーの能力（1992-94年の工場調査に基づく）

	キャビトル	プロダレッシブ	タリー	ダネリー	SEWS	GTI
主力製品	プラスチック成形部品	金属プレス小物部品	金属プレス小物部品	塗装ドアミラー	ワイヤハーネス	プラスチック成形部品
BPの影響範囲	個別作業エリア	当該工場全体	当該工場全体	当該工場全体	複数工場	当該工場全体
ホンダ離脱後の持続性	なし	あり	あるともないともいえる	あり	あり	あり
工場間移転	無回答；単一工場企業	無回答；単一工場企業	最小限、ただし他製品はホンダ向け製品を生産していない	ウインドウ・モジュール工場におけるBP努力の効果は限定的	あり	無回答；単一工場企業
カイゼンは工場文化として確立したか	していない	した	製品ラインによって多様	基本的にはした。しかし依然いくらかの抵抗もある	した	した
カイゼン活動に組織した作業員	最小限	最小限	最小限	ある程度	少ない工場もあり、多い工場もある	ある程度以上
コスト・品質・納期目標の達成能力	繰り返される諸問題の再発	ほぼできる	ほぼできる、しかし少量生産に幾分問題あり	ほぼできる	ほぼできる	できる
製造プロセス決定に関するホンダの影響力	なし	あり、金型の硬度とメンテナンスについて	あり、金型の硬度とメンテナンスについて	限定的	あり	あり
新たな技術力の探求	なし	なし	あり、トランスファープレスについて	あり、塗装ラインについて	なし	あり、成形設備について
新たな製造プロセスの学習	なし	あり	なし	あり、塗装について	なし	なし
主たる設計責任	なし	なし	なし	あり	あり、ただし日本の親会社で	あり、ただし日本の親会社で

キャピトルでは助けにならなかった．同社では，管理指向の経営者の考え方や，限られたスタッフの能力が，「カイゼン」の見通しを妨げた．タワーとダネリーにおける「カイゼン」への動きは，プログレッシブの場合よりもゆっくりとしていた．それでもいったんそれが起こると，変化を維持するようなより多くの資源が両社にはあった．

次に，われわれは各々のサプライヤーが引き受けた責任の範囲と，ホンダの有効で長期的なサプライヤー・パートナーであるべく高めた能力の範囲を考慮する．サプライヤーにおけるこの責任と能力というセットは，コスト，品質，納期に関するホンダの基本的要求を満たすという点で，実に効果的だった．ただし，キャピトルというかなりの例外はあるが．その他に，実質的にはこれらサプライヤーのすべてが，製造プロセスに関してホンダに「同意しない権利を獲得していた」．とりわけプレスメーカーは，ホンダを説得して金型設計の諸側面やメンテナンス業務を修正させていた．

これらサプライヤーがホンダの将来的な要求についてゆくために，新技術と新設備に大きな投資をする場合にも，その範囲には一層のバリエーションがあった．大規模な米国サプライヤーは大きな投資をしたが，小規模な米国サプライヤーはしなかった．これは明らかに，大手企業の機能として資金調達が容易であるからだ．（日本の移植工場は両方とも，最近になって，新しい設備をもつ新しい施設を建設した．こうして，この期間中における追加的資本支出の必要性は減少した．）ホンダの将来的ニーズに敏感であるために新製品と製造工程を引き受けることに同意したのもまた，米国サプライヤーであった．最も傑出したダネリーはドアミラー塗装を学習し，プログレッシブはサブアセンブリー業務を追加した．最後に，ホンダ向けに作られる部品の主要な設計責任を引き受け始めたのは，ダネリーだけであった．

われわれは，われわれの訪問した企業の経験によって提供されるものが，知識移転プログラムへ取り組もうと考える顧客やサプライヤーにとって，役立つものになりうると考えている．次のセクションでは，われわれはわれわれの研究からいくつかの教訓を引き出す．

252 第Ⅰ部　自動車産業

6　顧客のための教訓

　①　**学習プロセスを構築し，知識の吸収を容易にすること**　組織学習とイノベーションの理論家は次のように論じている．知識は，特にそれが抽象的あるいは複雑な科学的基礎をもつテクノロジーを含む場合，移転困難である．知識は「脆い」（すなわち，一貫して働かない）．知識は，標準化を不可能にする特異性をもつので，「手で把握すること」を必要とする．知識は，知識移転が同時にたくさんの人々に影響を及ぼすので（Eveland and Tornatzky, 1980），「かたまりだらけである」．知識は，「暗黙である」か「成文化できない」性質をもつので，はっきりと説明するのが難しい（Nelson snd Winter, 1982）．あるいは，知識は「根底的」あるいは「能力を破壊する」性質をもち，受容者の既存能力の一部を陳腐化する（Abernathy, Clark, and Kantrow, 1983）．

　ホンダは（意識的であったかどうかは別にして），移転を困難にする技術的知識の特徴のほとんどを回避するような，BPプロセスを設計した．第1に，生産ライン再設計の基礎をなす科学的知識は，抽象的で複雑なものではなく，主として具体的で単純なものだった．BPは，「実際の部品（actual part），実際の場所（actual place），実際の状況（actual situation）」（3つのA）の原則に従い，注意を1つの問題に集中させることによって，これを補強した．第2に，BPを通して開発された解決策は，非常に信頼できた．これらの解決策は日常的に，サプライヤーの操業における，速やかで大きな改善をもたらし，このプログラムを継続する動機を強化する．第3に，プロセスの標準化は，しばしば達成可能であり，標準化の時期と改善された方法による実験の時期とが交互にくるような連続的改善サイクルの一部として，促進された．第4に，1つの「試験的」ラインでBPを開始することによって，また次には，同じ原則を他の再設計努力にゆっくりと普及させることによって，広範で決定的な組織的変化における「でこぼこ」，すなわち，そのような変化に対する潜在的な組織的抵抗は最小限になる．

　さらにまた，BPは，リーン生産方式と継続的改善の基礎をなす，知識の暗

黙性に上手く適合していた．個々の生産ラインの再設計法についての実際的な具体例に加えて，全BPプロセスはホンダがサプライヤーによる採用を望んだ次のような行動をモデル化していた．すなわち，「3つのA」を利用すること，対抗策を評価するための「前後」データを集めること，スムーズな流れのためのプロセス手順が組織されるまで最小の設備投資を強調すること，プロセス改善のアイデア源として労働者の知識を尊重すること，そして，労働者の動機付けを消してしまう（賃金以外の）諸要因に注意を払うこと，である．

　リーン生産方式は，新旧の考えを混合し，ある意味では，知識移転プロセスを複雑にする．一方では，大量生産のもとで発達した，多くの技能，態度，発見的手法（たとえば，品質よりも規模の経済と生産目標を遂げることを強調したり，不良品，高い転職率，動機付けの乏しい従業員を放置したまま，生産継続を維持するために緩衝在庫を確立する）は，リーン生産方式のもとでは時代遅れである．リーンになることは，多くの生産諸次元で選択的見通しを要求する（たとえば，「品質第1」哲学を受け入れ，緩衝在庫削減の論理を理解し，生産問題の解決に従業員を投入することにオープンになる）．これらは全体として，管理の思考法における急進的なシフトを示している．他方で，リーン生産方式が完全に能力破壊的であるという訳ではない．実際，リーン生産方式の実施が成功するには，生産計画，ワークフロープランニング，データ管理のような，伝統的スキルが強く要求される．リーン生産方式を学ぶ際の挑戦の多くは，伝統的な製造慣行のどの面が必要な基礎を提供し，どの面が新方式採用にとって障害であるのかを理解することである．

　②　知識受容者の「吸収能力」と「アイデンティティ」が知識移転プロセスにどのような影響を及ぼすかを心にとめて，知識受容者を慎重に選択すること
ホンダによるBP参加者の選択はいろいろな要因に基づいており，そのいくつかは知識移転プロセスの成功に重い影響を与えた．すべての参加者は，以下の基準を満たすことを期待されていた．すなわち，学習に対する高い動機付け，完全にホンダを受け容れられるように自社の事業を変える意志，ホンダがBPの成功にとって決定的だとみなす「ノー・レイオフ」政策に取り組む意志，である．それらの基準を越えて，BPに選ばれるためには，2本の優先経路があ

った．1本の経路（キャピトル）は，ホンダの標準的フィードバック報告や改善圧力にもかかわらず，持続的なパフォーマンス問題を抱えていることである．もう1本の経路（ダネリー，タワー，プログレッシブ）は，ホンダが評価する何らかの分野で強い能力を示すことであり，ホンダの現在および将来の要求を満たすための新たな能力の学習に関する敏感な態度である．第3の経路（SEWSとGTI）は，経験豊富なサプライヤーで何らかの困難を抱えており，その困難によってホンダが好むほど敏感になることが妨げられていることである．

　吸収能力と組織的アイデンティティという2つの概念は，ホンダの経験を特徴付ける方法として有用である．知識移転成功の1つの鍵となる要因は，コーエン＝レヴィンサル（Choen and Levinthal, 1990）によれば，受容者のもつ「吸収能力」である．新知識を吸収する能力は，すでに受容側企業の中に存在する関連知識の水準によって決定的に左右される．というのは，既存の知識が新しい知識の同化と活用を容易にするからである．究極的には個々の学習に基礎付けられているが，組織レベルの吸収能力は，企業内外における，企業メンバーと知識源の間の効果的なコミュニケーション・メカニズムを必要とする．

　企業の吸収能力はまた，その組織的アイデンティティにも関連している．コグートとサンダー（Kogut and Zander, 1996）によって特徴付けられたように，企業の「アイデンティティ」は，誰がその組織のメンバーであって誰がそうではないかを示す組織的境界によって，共有されるゴールと価値によって，そして行動のための共通言語と共通枠組みを生み出す諸個人間の相互作用パターンによって，規定される．新知識と既存の関連知識が，その企業のアイデンティティの中心に近いとき，企業の技術的知識を吸収する能力は最も大きくなる．対照的に，強いアイデンティティは急進的な変化の吸収に対する障害をつくりだす．というのは，企業のアイデンティティは，典型的には，それまでに発達した知識と組織的ルーチンの蓄積に包み込まれているからである．

　これらの2つの要素（吸収能力とアイデンティティ）には，大小のサプライヤーにおける知識移転プロセスに対して，異なる含意がある．大規模サプライヤーは小規模サプライヤーよりも吸収能力が高い．というのは，彼らにはリーン生産方式が依拠する伝統的スキルに関する既存の関連知識が豊富にあるからで

あり，また，彼らには特定分野の技術的専門知識に基づくより強いアイデンティティと，成功した実績に関する長い歴史，結合力のある企業文化，そして長い従業員雇用期間があるからである．しかしながら，この強いアイデンティティはまた，リーン生産方式の採用に関連する思考方法の能力破壊的な変化に対する大規模サプライヤーの抵抗をも増大させる．そして大規模サプライヤーを小規模サプライヤーよりも顧客の示唆に対して鈍感にさせてしまうのである．小規模企業を強烈に忠実な中規模企業に作り上げることで「リーンなサプライヤーを創造」しようとしている顧客にとっては，相当なアピールが存在しうるのである．彼らの動機付けは高く，そして，自社の「アイデンティティ」を顧客のそれときわめて密接なものに形成する傾向がある．しかしながら，この戦略には次のようなリスクがある．すなわち，サプライヤーが依存し過ぎるようになったり，先進の能力を高めるには資源が少なすぎるというリスクである．このリスクが明瞭なのは，キャピトル・プラスチックスのケースである．ホンダに敏感であろうとするキャピトルの懸命な努力が，当初はますます大きくなるホンダとのビジネスを勝ち取ることにつながった．キャピトルの管理チーム，生産に関する専門知識，およびテクノロジーのもつ限界が明白になったとき，ホンダは，かなりの努力と出費で，この会社を強めようとBPを使ったが，しかし，ほとんど無駄に終わった．

　強い顧客という基礎をもちながら，改善のためにまだ十分な余地があるような，すでに確立した企業と協働するという選択的戦略は，より有望なように思われる．初期段階は，かなり複雑である可能性があるが，それはアイデンティティの闘いが始めのうちは激しいからである．適切なサプライヤー・パートナーを指名することで，この段階における大きな違いをもたらすことができる．たとえば，ホンダに対してダネリーやタワーのようなミシガン州西部のサプライヤーがもっていた初期「適合性」は，たとえ強固とはいえなくても，困難な時期にさえ，ホンダと両社の関係に強い基礎を提供するのに十分だった．確かに，基本的な吸収能力があるという事実は，受容者企業の動機付けと知識移転プロセスのもつ「粘着性」を最小化することに，提供者企業はエネルギーを集中できるということを意味している．しかし，いったんは初期の闘いが過去の

ものとなってすら,彼らの直面する異なる顧客からの競合的要求によって,大規模企業の反応は制限されるかもしれない.ちょうどタワーに相対したホンダとフォードの事例がそうであったように.

さらにまた,プログレッシブのケースは,大規模サプライヤーの方が,ホンダのようにリーンな顧客からの学習能力が高いと仮定することが,あまりに単純に過ぎるということを示唆している.プログレッシブにおけるBPの成功は,1つには,同社がホンダに提供できるサービスの拡大を維持する必要性を認めていた重要な個人,すなわちこの企業のオーナーのもつ「吸収能力」の結果であった.また,1つには,機械工場としての,また他のプレスメーカーに先進の管理を提供したプロバイダーとしての,同社の歴史を通じて高められた強固な技術的技能という基礎の結果であった.

BPを経験した8年を通じて,ホンダは,BPプロセスがサプライヤーの吸収能力の上に位置付けた要求について,大きな感謝を得てきた.したがって,今やそれによって確認できるのは,サプライヤーが,ホンダ向けか他の顧客向けかを問わず,主要製品の生産開始前に,必要な資産を改善プロセスにつぎこむ立場にあるということである.すなわち,少なくとも1人の従業員をフルタイムで従事させる意志と能力をもち,組織構造,経営資源,品質と生産のスケジューリングシステム,あるいは労使関係に大きな問題がない,ということである.ホンダのBPを指揮するリック・メイヨー(Rick Mayo)氏によると,

> われわれがBPが機能するかどうか評価するために,現在見るものが3つある.第1に,彼らの基盤.第2に,何か他のものが彼らのプレート上にあるかどうか.そして,第3に,他の誰かがそこにいるかどうか(他の顧客)である.もしキャピトル・プラスチックスが行動を開始した場合,われわれがすることは,彼らの全体的な管理構造と資源の分析である.われわれは,問題がBPよりもはるかに大きいと見て取るだろう.問題がBP以上であると理解するとき,BPによってそれを解決しようとしてはいけない.
>
> 　以前には,われわれはすべての問題にBPで答えようとした.今や,われわれはBPの基本的な前提条件が,適所に有能な人々を持っていること

であると認識している．たとえば，彼らが品質担当マネジャーを解雇して，新任人事はしないと想定してみよう．われわれが立ち入れば，われわれは品質担当マネジャーになる．私はBP要員を送り込むかもしれないが，しかし，品質管理をして，BPを実行しないことになるだろう．彼らが基本的問題を管理下に置いた後（部品の信頼性を得つつあり，すべきときに金型を変え，資格のない人々を昇進させないなど），ようやくわれわれはBPを実行することができるのである．

ホンダがまた，とても重要だと感じていたのは，サプライヤーを鼓舞して，絶え間ない改善を彼らのアイデンティティの一部として理解させることである．彼らの組織構造，文化，歴史にフィットするような方法をみつけることによって，そして，顧客全体を貫くアプローチの一貫性に努めることによって．メイヨーによると，

> それが急進的な変化だとみなされないように，われわれはBPを彼らの企業内部に入れることを学んだ．われわれは企業のトップに会って，こう言ったものである，まあ，「このプロジェクトをやってみなさい．」今や，われわれはサプライヤーがBPを実行する固有の方法をもつことが必要であると理解している．だからわれわれはこう尋ねる．「何があなた方の全体的な計画に最も適合しているんでしょう？」彼らはそれをBPと呼ぶ必要さえありはしない．改善活動は，彼らの文化，彼らのヴィジョンの一部である必要がある．BPはゴルフバッグの中の1本のクラブである．それは多分ドライバーであり，われわれはそれを強く打ちつけるだろう．しかし，それが誰にとってもすべてであるということにはならない．

このように，時間とともにホンダは，それによってサプライヤーがBPに参加すべきかを判断する評価基準を洗練させた．そして，さらに重要なことは，いつ，どのようにして，サプライヤーにおけるBPプロジェクトを引き受けるかということである．

日本人所有のサプライヤーは，リーン生産方式の実行について，米国人所有のサプライヤーとはいくぶん異なる問題を抱えていたが，それもまた，吸収能力の概念によって照らし出されるような種類のものであった．日本人所有のサプライヤーは，米国所有のサプライヤーよりも，リーン生産方式に関する既得関連知識の水準が高かった．このことが，BPのそれらの面に対する彼らの吸収を容易にした．しかし，移植工場は，その定義上，米国的環境での操業に関する既得の関連知識水準は，米国企業に比べて低い．したがって，この分野での支援の必要性は増大する．実際，SEWSとGTIは，プロセス改善努力の範囲と持続性を開発することについては，米国人所有サプライヤーの慣例よりも，概して成功した．これら企業にとってはBPが，米国の環境に適応するのに役立つ文化的知識を，ホンダによって運ばせる手段となった．これは長期依存関係につながるようなプロセスではなく，また設計変更にまつわる調整を改善することにつながるようなプロセスでもなかった．

しかし，顧客が長年のサプライヤー・パートナーである現地子会社と仕事をするのではなく，既存の現地企業と仕事をする場合，現地で先進のサプライヤー能力を高めることがより効果的であろう．住友電工と森六のような日本企業は，すべての設計能力を彼らの米子会社へ移管するようには思われない．というのは，このことが彼らの国内能力を空洞化する可能性があるからである．既存の米国サプライヤーにとっては，日本の移植工場カスタマーのために先進の設計能力を開発する誘因が，おそらくより多くあるだろう．特にそれが，サプライヤーに，より多くの顧客を引きつけさせる助けになるらば．

③　一旦サプライヤーが選ばれたら，長期的依存を最小にして，自足への移行を速める方向で関係を管理すること．　「実践向きの」知識移転プロセスの1つの危険性は，受容者企業（サプライヤー）が提供者企業（カスタマー）からの支援サービスに頼って，その学習を制限してしまうかもしれないということである（Attewell, 1992）．本章のケースは，サプライヤーがBPをサービスとみなし，ホンダに依存するようになるかもしれず，それによって，自分自身でリーン生産方式をマスターしようとするインセンティブが減じてしまう，という考えに，若干の裏付けを提供している．ホンダの要員は，問題解決に関する彼

らの強さによって，この問題を悪化させたかもしれない．そしてそれは，サプライヤーの従業員に「不相応である」と感じさせ，BP のスタッフに従うよう促したかもしれない（ダネリーにおけるグランドヘイヴン工場のマネジャーが，「雪片」すなわち白い制服を着たホンダの従業員が，彼の工場の生産ラインに不意におしかけたときに感じた，安心と不安の組合せについて，活き活きと詳細に描写した内容を想起してほしい）．ホンダは，サプライヤーが自らこれらプロセスを制度化することを望んで，その BP スタッフを引き上げたとき，しばしば後に続いて単独行動が起こることに失望させられた．

これは特にキャピトル・プラスチックスで明瞭だった．同社では，BP チームが去ったあと，特定の生産ラインで達成されるパフォーマンスの向上は減少した．プログレッシブでは，パフォーマンスは強いままだったし，サブアセンブリー業務はうまく加えられ，また技術的改善が効果的に実行された．しかし，ホンダはプログレッシブの管理能力の限られた深さに，幾分失望したままだった．あるホンダ経営者によると，「われわれは彼らに，彼らが単なる家族経営工場のままでいては，ビッグビジネスを行うことはできないと話そうと試みている．彼らは『社内生え抜き』ですべてを行うことはできない．いくつかの点で，彼らはもっとプロフェッショナルな経営陣を必要とすることになるだろう．」対照的に，依存問題はタワーでは懸念の域を出なかった．ホンダとの関係の初期には，タワーは馴染みのない日本製の金型と設備で仕事をするために，ホンダの技術協力にいくらか依存していた．それでも，この依存は，有能な製造業としてのアイデンティティがしっかり確立していたタワーにとって，苦痛であった．ホンダにかなり依存していることについて（そして，BP プロセスによる要求について）の両面価値は，最終的には役だって，タワーにリーン生産能力に関してより自足できるようになる動機を与え，同社が 2 つの主要顧客から学んでいたものを総合させたと，われわれは考えている．しかし，タワーがもっと自己を信頼するようになると，同社はまた，ホンダの「実践向きの」アプローチを受け容れなくなり，フォードの「数字による管理」アプローチに賛成するようになっただろう．これらのダイナミクスはダネリーにとっても類似していた．グランドヘイヴン工場にとって最も困難だった時期に，ホンダに対する

依存はきわめて高かったけれども．

　サプライヤーと顧客の関係における「学習」期間が，しばしば緊張と両面価値によって特徴付けられることは，必ずしも悪いことであるというわけではない．それは，サプライヤーを動機付けて，依存段階を通り抜けさせて，自己を信頼するようにすることができる[10]．ホンダは，その実際の「工場で活きる」アプローチが新しい能力の学習を奨励することの価値を信じていたので，依存の危険性に対して寛容な意識をもっていた．ホンダがサプライヤー支援に投ずる時間とエネルギーは，売買契約の，目に見えるサインであった．これがすなわち，サプライヤーがしがみつくことができ，契約上の義務がない場合に必要な，「信頼の飛躍」を正当化することのできる何かである．先に記したように，BPもまた，ホンダがサプライヤーに，自ら採用することを望んだ行為を示すものであった．

　要約すると，サプライヤーがもつ顧客への共感と依存が適度な程度であるとき，新しく獲得した知識に関する自足に到達することは，よりありそうである．これらが高過ぎれば，サプライヤーは顧客の援助に頼り続けたくなる．これらがあまりに低いならば，サプライヤーは，顧客が何も教えるものをもっていないと感じる．これらのケースからの限られた証拠にもとづいて，われわれは，ホンダが，大規模企業において最大のサプライヤー自立性を達成したと結論する．大規模企業は，強いアイデンティティをもち，有能な行為者であり，それゆえ，できるだけ速くホンダへの依存を減らそうとするのである．

　④　「学習」と「監視」の行動にバランスをとりつつ，確実にサプライヤーの信用を生み出すこと．　サプライヤーの改善を望む顧客は，一方では，サプライヤーが短期的にはパフォーマンスを崩壊させる可能性のある新しいスキルの学習を奨励しつつ，他方では，サプライヤーの既存パフォーマンスを監視する必要についてバランスをとらなければならない（Sabel, 1994）．実際，サプライヤー能力の変化が十分ならば，サプライヤーはモニタリング・システムの変化を強く求めることもできるだろう．BPが主として学習のための仕組みである間は，サプライヤーはモニタリングを許容してきた．しかしながら，モニタリングされる緊張は，時々，学習を脅かすようである．タワーのケースでは

実際にそうであったように．ほとんどの場合ホンダは，BP を独立した学習メカニズムとして成り立たせ，モニタリングについては，ホンダと個々のサプライヤーとの間の購買，財政，品質などの諸機能に関する定型的な交流の一部として扱いたいという意向をもっているようだった．

学習とモニタリングの間の一定の緊張は不可避であるが，サプライヤーの能力が高くなるほど，サプライヤーは双方の利益に関する議論に参加することができるようになる．タワーやプログレッシブのケースで，米日の金型慣行についての実りあるコンビネーションという形で実際に起こったように．ホンダは，そのような議論の恩恵を認めているように見えた．時間とともに BP へのアプローチがより柔軟になり，多様な諸活動を混ぜ合わせて一緒にしたいという意欲が大きくなると，それらが当初の BP 計画に含まれていない場合ですらそう欲した．ホンダはまた，次のことも理解するようになった．すなわち，サプライヤーは他の顧客や外部のコンサルタントによる別の指導を受ける可能性があり，これら指導もまた，潜在的には BP と相補的なものとして扱われるべきだということを．

⑤ サプライヤーの共有を通じた競合他社への知識スピルオーバーを恐れず，サプライヤーの応答性に対する複数顧客の影響について心配すること．われわれが後に論じるように，リーン生産方式はホンダ以外の他の顧客への貢献という点でも確かに有益である．ホンダの経営者は，「上る流れは，すべてのボートを持ち上げる」というリスク観をもっているようで，彼らのライバルがホンダの知識移転投資にただ乗りしてもよいと考えている．「フォードと GM が良くなるならば，それは OK である．それによってわれわれも良くなるだろう．」

また，将来の製品や特定の技術開発（ホンダは確かにそれを保護した）に関する情報とは異なり，ホンダ経営者は，競合他社へのリーン生産方式に関する知識のスピルオーバーを防ぐ努力が，サプライヤーにとって，全体的な実施によって生じる利益のすべてを得られなくなる危険を冒すことになると思っているようだった．実際，サプライヤーがそのすべての業務とすべての顧客を通じた一貫性を達成するのを助けるということは，サプライヤーの自立性を求めるホ

ンダの戦略にとって，重要な構成要素であった．メイヨーは，われわれに次のように語った．「測定は，われわれが行う最も大きいもののうちの1つである．それは，工場のすべてを同じ方法で測定することであり，具体的な操業から真の実質的データを集めることである．われわれは，われわれ自身のラインに対するのと同様の方法で，フォード，GM，クライスラーのラインにも取り組み，仕上げている．われわれは継続的改善をサプライヤー文化の一部にしようとしているのである．」

ホンダの長期重視，つまり重要なサプライヤーとの「結婚」のような関係は，知識のスピルオーバーが発生する危険性を緩和してもいるだろう．知識移転プロセスの成功によって生じた忠誠は，数十年にさえわたって，サプライヤーが彼らの先生に対してより敏感であり続けるような状態を生起することができる[11]．メイヨーによると，「われわれは，サプライヤーが，彼にとって最も大きい問題を解決するのを助けたい．しかしまた，長期的に考え，自己を信頼するようになることも，支援したいのだ．われわれは，われわれのBPスタッフを哲学や関与の問題に注意を払うように訓練している．それがBPの強みである．すなわち，それは，ある場所で始まり，他のものに至るのである．」

ホンダは，競合する顧客の要求に直面したサプライヤーの，ニーズへの反応の問題により関心があるようだった．あるホンダのマネジャーによると，「これらのサプライヤーの一部は，多くの顧客からの圧力をうけて，しばしばどんなことに対してもイエスと言ってしまう．しかし，彼らはそれらすべての要求に対処するには，限られた経営資源しかもっていない．」BP活動は「プレートに乗せすぎた」サプライヤーにとってますます延期される．こうしたことは，サプライヤーが複数の顧客のために新製品の生産を起ちあげようとしているときに，最も一般的に起こる．サプライヤーの注意を保持することに対するこの懸念もまた，より小規模なサプライヤーを選び，広範なサプライヤー開発活動で彼らを支援するホンダの方針に対して，サプライヤーの自立性達成を支援するというより大変な困難にもかかわらず，その理論的根拠となっているように

思われる.

7 サプライヤーのための教訓

① 教育されるスキルが何なのか，教育にどれくらいの時間を要するのか，それらスキルは他の顧客にどのくらい適用できるのかを理解すること．　サプライヤーには，改善 ―「彼らのもの」―を目指す顧客と関係する意欲がなければならないのか？　BPのような知識移転プロセスのもつある種の長所は明らかであろう．すなわち，BPプロジェクト自体による操業上の改善，これら改善を他の工場や事業部へと移転する内的能力の発達，重要な顧客との関係の強化である．それでも懐疑論者は，将来のビジネスに関する確かな長期契約協定がないもとで，顧客の要求に合わせた能力建設にサプライヤーが大規模な投資をすることは，間違っていると主張するだろう．

もしもスキルが特定の顧客に専用化されたものなら，サプライヤーは，前もって，その顧客がサプライヤーの学習投資に対する見返りを保証する意志があることを確認すべきである．さもなければ，サプライヤーは「強奪」の危険にさらされることになる．すなわち，顧客はサプライヤーの資産（スキル）に他の用途がないと知っているので，サプライヤーの投資に対する見返りを与えないのである (Klein, Crawford, and Alchian, 1978)．もしもスキルは一般的であるが，長い懐妊期を必要とするような場合には，サプライヤーは，顧客からの関与によっても保留利益によっても，学習期間の風化が可能であることを確かめねばならない．

BPは，この第2のカテゴリーに分類されるようである．すなわち，BPは様々な顧客の助けになる一般的な問題を解決するスキルを教える．われわれが見てきた資本設備へのBP関連投資でさえ，汎用機械のためのものだった．しかしながら，短期的には，ホンダの要求する1本のラインに熱心に集中することで，他の顧客の要求への対応から注意がそれる可能性がある．この緊張は，タワーのケースに最も明瞭に現れていた．同社は，主要な設計役の獲得に必要な能力と関係を形成するためにあまりに多くのエネルギーが転用されること

で，ホンダとの強固な関係が，フォードにおける同社の地位を損なうことについて慎重だった．

② **あなたの顧客が信頼に値することを確認しなさい．** 酒向（1992）は，3種類の信用を次のように区別している．すなわち，能力への信用（顧客がするつもりだと言うことを，する能力があるという確信），契約への信用（顧客がその協定を守るだろうという感覚），そして親善への信用（顧客がイニシアティブを相互利益ととらえ，不公平な利益取得を控えるだろうという確信）の3つである．すべてのタイプの信用が，集中的な知識移転プロジェクトの成功にとって重要である．

第1に，顧客が有能な教師であることが重要である．たとえ顧客が無償で指導を行うとしても，リーン生産方式のように汎用的なスキルを学ぶプロセスは，依然としてサプライヤーのマネジャー，エンジニア，そして従業員にとって，時間的にきわめて高いコストを要する可能性がある．BPに対する彼らの他の反応とは関係なく，サプライヤーは一様にリーン生産方式の哲学と方法に関するホンダの指導性に敬意をはらった．しばしばそれは「ホンダ流」と呼ばれ，とりわけ彼らの工場に派遣されたBPコーディネーターのもつスキルに現れていた．この意味におけるホンダの高水準の能力は，BPプロセスに対する多くのサプライヤーにおける初発の懐疑主義を克服するために，決定的であった．

第2に，契約への信頼，それは依然としてきわめて重要である．ただしホンダは，初期の段階ではめったに正式な契約を与えないので，このことはホンダには適用されないが．顧客が，明文化していない契約（たとえば，敏感で能力があるサプライヤーとの引き続く1年の契約を，少なくともその前年の仕事量に匹敵する水準で，ホンダが暗黙裏に保証すること）を守ると知っていると，腕を伸ばせば届く距離にある顧客に会って「記帳された」正式契約の条文を見るに至る以上に，顧客＝サプライヤー関係を強化できるのである．

第3に，知識移転プロセスは，実に多くの予期せぬ改善（そして潜在的投資）に続く道へと開かれているので，サプライヤーがその顧客を親善という意味で信頼できると思うことは重要である．ホンダのような顧客とサプライヤーとの間における膨大な量の情報の共有と調整は，この情報がご都合主義的に使われるのではないかという恐れによって，当初しばしば抵抗にあう[12]．それでも，

顧客が単にプロセス改善の可能性を探求しているだけであることを知ると，サプライヤーはしばしば彼らの見方を変化させる．さらにまた，ダネリー，タワー，プログレッシブのケースに示されたように，企業は時間とともに親善信用を発達させることができる．そしてますます，相互責任，相互依存，および開かれた情報交換の方へと進んでゆくのである．BPのような知識移転プログラムは，信用構築プロセスの重要な一環となり得る．というのは，サプライヤーに対する顧客の教育投資は，そのサプライヤーに固有のものなので，もしもそのサプライヤーが顧客に部品を供給しなくなれば，顧客はトレーニングを提供したメリットを失うからである．

③ **会社のすべてのメンバーに，その考えを寄贈するインセンティブを与えること．** ちょうどサプライヤーの経営者が顧客の経営者を信頼する必要があるのと同様に，サプライヤーの労働者は，能力と親善の両方について，彼らのマネジャーを信用する必要がある．これはBPプロセスの中でも困難な部分であるが，少なくともその理由の一端は，サプライヤーのマネジャーが労使関係において必要とされる変化の重要性を過小評価したからである．キャピトルは当初，従業員の熱意を洪水のように誘発したが，キャピトルの経営陣が従業員提案の実行を意図的に遅らせたとき，それは一滴の水に変わってしまった．SEWSの場合，労働者は当初，BPプロセスが少しでも彼らの利益になるとは全く感じていなかった．これとは対照的に，プログレッシブの経営陣は，特により熟練した従業員からの提案に対してもっと好意的な返答をし，また職場と外部教育機関の両方において広範な従業員トレーニングを提供することで，問題解決の重視を強化した．全体として，われわれが発見したのは，ホンダの強調するBPプロジェクトのきわめて初期の段階において工場の現場労働者が参加することの重要性と，BP関連の効率化のために労働者を1人も解雇するなというホンダの要求は，われわれが研究したサプライヤーにおける管理的思考法のシフトを促すということであった．

④ **製造戦略を決定する際には，コスト要因と同様に，将来の学習能力に対して，その決定が与える影響を考慮すること．** ホンダのようにリーンな顧客は，現在の低コストと，将来の学習能力の両方をもつサプライヤーを望んでい

る．これらの要求は，サプライヤーを巧妙な位置に置くことができる．われわれが訪問した企業の大部分がとった対応方法は，デトロイトとクリーブランドという伝統的な自動車生産地域の外部にある低賃金地域で，ホンダ向け新工場を建設するというものであった．いくつかの点で，新しい地域に行くこの戦略は，サプライヤーと顧客の双方にとって有利である．なぜなら，それによってサプライヤーは，低コスト体質と新製造方法を学ぶ能力との両方を備えることができるからである．雇われる人々に先入観がなく，伝統的な業界標準よりは低いが地域標準よりは高い賃金を払うことができ，そのため，いまだモチベーションの高い従業員を得ることになる．しかし，もしも既存の産業集積で広く利用可能な伝統的スキルへのアクセスを失うなら，新しい地域に行くことは学習を妨げるかもしれない．GTIが予備日分の在庫を維持していたのは，近くに補修用金型の調達先を見つけることができなかったからであり，従業員のために便利なトレーニングを手配することがなかなかできなかったからであったことを想起されたい．ダネリーにとって，グランドヘイヴンへ移り，その地域で支配的な賃金を支払うという決定は，不経済であったようである．そこの労働者は，わずか2～3マイル離れた地域の労働者よりも，かなり少ししか稼いでいないということを，すぐに突き止めた．このアンバランスに対する彼らの怒りは，おそらく管理時間という意味においてよりも，節約をもたらしたはずの提案の喪失という意味においてコストを増大させた．

SEWSは当初，いくらか異なる決定をした．すなわち，労働集約的なワイヤハーネスの製造をすべて合衆国で行うことよって，同社はこの仕事をメキシコへと移管する傾向に抵抗したのである．ホンダは当初，SEWSに10パーセントの価格プレミアムを与えることによって，SEWSのこの決定を支持した．ホンダは，近接による節約が，部品価格の上昇を相殺する以上に大きいと感じていた．われわれの訪問したもう1つのホンダ向けワイヤハーネス・サプライヤーに起きた1つの事件が，なぜこのことが正しいのかについて理由を例示している．この企業は，メキシコのファレスへの工場設置を選んだ．マネジャーがわれわれに語った事件とは，ハーネス部品が仕様を満たさなかったと言って，ホンダがそれを断続的に送り返したことだった．サプライヤーは，それらのハ

ーネス部品は仕様を満たしていると主張した．ホンダ社員の訪問中にこの問題が起こったときに初めて，両社が仕様について異なった解釈をしているということが発見された．（サプライヤーはワイヤハーネスの1つのブランチが特定の長さでなければならないと言い，その長さはプラスチック部品の中央から測定されていた．明らかになったのは，何が「中央」であるかについて，また測定の際に，ワイヤーがどれくらいきつく引っ張られなければならないかについて，ホンダには異なる見方があるということだった．）こうした違いを理解するためには，双方にとって長い時間が必要であった．なぜならホンダのスタッフは，遠くにある工場をめったに訪問しなかったからである．この混乱は，「ホンダ品質賞」において，このサプライヤーを不適格とするのに十分であった．

　サプライヤーにとって，これら立地や賃金に関する決定を，利益が最大になるような方法で行うのは難しい．（企業はまた，ローカル・コミュニティの福祉に対して，彼らの決定が与えるインパクトについても考慮しなければならない．）低賃金アプローチによる節約は直接的にはっきりしている．しかし，専門的なサービス利用の減少や，顧客，サプライヤー，そして製造の規律に精通する労働者やマネジャーと話し合う機会の減少，という意味での諸費用については，測定が非常に難しい．ホンダのような顧客にとって，グリーンフィールドに工場をもつサプライヤーと既存の場所に工場をもつサプライヤーのどちらかを選ぶことは，低コストへの対応と伝統的スキルへの容易なアクセスとの間のトレードオフを意味する．それは，先に議論した，共に働くなら小規模サプライヤーか大規模サプライヤーかという選択と，多くの類似点をもっている．

　⑤　**ビジネスを育てるのと同じ速度で，能力を発達させなさい．**　たとえより速くはないとしても．ホンダのような成長の速い企業のサプライヤー・パートナーになる経験は，われわれが研究した企業にとって，刺激と興奮をもたらすのと同じくらい，苛立ちや心身の消耗をもたらす．ホンダの要求を扱う能力があると判明することは，しばしば他の日系移植工場やビッグスリーからの付加的ビジネス獲得へのチケットとなった．そのような生産量確保の機会に直面すると，サプライヤーが将来の能力 ─ それがプロセス技術，情報システム，管理の専門知識，または生産労働者の技能のいずれであれ ─ に対する投資を

延期することは簡単に実行できた．しかし，ホンダの観点からみれば，そのような延期は，サプライヤーとの効果的関係の継続にとって，最も深刻な障害である．リック・メイヨーによると，

> われわれは，サプライヤー企業に対して，彼らの能力を発達させるよりも速く，彼らの仕事を拡大することを望まない．われわれがサプライヤーに言うのは，協働の次の段階が訪れるとき，その準備ができているようにするため，それに相応しいペースで成長するようにということだ．たとえば，われわれが，あるサプライヤーを「ゲストエンジニア」プログラムに参加させたいとき（そこにはサプライヤーがホンダの製品デザイナーとの「製造設計」問題に取り組むためにエンジニアを送り込む），彼らは正しい種類のエンジニアをすでに審議にかけ，彼らの業務に精通した状態にしている必要がある．
>
> われわれは，サプライヤーの自立性を，長期的競争力を遂行する手段であるとみなしている．われわれの競争相手のほとんどにとっては，彼らがサプライヤー開発活動をする場合，それはたんに今日に関するものにすぎない．われわれは今日について配慮するが，しかし同時にまた，将来に残された利益についても望んでいる．それを獲得しないサプライヤーもいるが，しかし，それを非常によく獲得するサプライヤーも存在する．将来の利益を獲得するものが，われわれにとっての優れたサプライヤーであり，またわれわれの他の顧客にとっての優れたサプライヤーである．そしてそのことの意味は，彼らがまわりにいるだろうということを，われわれが知っているということである．

これを行うのに，大規模な企業の方が小規模な企業よりも，必ずしも優れているというわけではない，というのがホンダの見解である．しかし，大規模な企業はいくつかの利点を備えている．すなわち，資本へのアクセス，管理資源の奥行，幅広い顧客ベース，したがって，ホンダの量的変動に対する脆弱性が小さいことである．主に合併と吸収を通じた広範な整理統合が自動車部品工業

に進行しているという事実は，多くの投資家，顧客，サプライヤー・マネジャーが，規模の大きさを，将来におけるグローバルな部品調達競争で生き残るための必要条件であると考えていることを示している．しかしわれわれは，あまりにも速く大きくなりすぎるサプライヤーの危険性について，警告的なメモを提供している[13]．規模だけが，ホンダのようにリーンな顧客が要求する，多くの能力の発達を保証するのではない．実際，新製品と新プロセスへの多様化を通じた成長は，それらの能力の発達を阻害するであろう．

ホンダは確かにサプライヤーに対して彼ら自身の能力を高めることを望むが，それは，BPの経験が示すように，彼らが最もうまくホンダの哲学と実際的なレッスンを吸収しそうだからである．しかし，ホンダの観点からみたもう1つの利益は，これらの自己を信頼するサプライヤーが，より速く「同意しない権利を獲得し」，それによってホンダの自身の改善に対する推進力を提供するということなのである．

8 結 論

この章で記述された困難が所与であるとすれば，顧客はそれでもリーンなサプライヤーの創出を試みなければならないのだろうか？ サプライヤーは，このゴールを追求している顧客と働くことに，同意しなければならないのだろうか？ われわれは，サプライヤーと顧客の双方が，ホンダのBPに関するこの研究で記述された種類の知識移転の段取りに参加することで，利益を得ることができると考えている．しかし，ホンダによって選ばれた特定のメカニズムは，そのような知識移転が起こりうる唯一の方法とは決していえない．われわれは他の諸企業における異なるメカニズムを観察してきたが，それは，ホンダほど「実践向き」かつ時間集約的ではなく，「実際の部品，実際の場所，実際の状況」からの学習を重視しないものであった．これらのメカニズムは，一方では，おそらくリーン生産方式にかかわる暗黙知の伝達にとってあまり効果的ではないが，他方では，顧客にとってはコストが低く，サプライヤーにとっては挑戦の過程でアイデンティティを破壊される恐れが少なくてすむであろう．いくつ

かの知識移転準備は，顧客とサプライヤーが耐えることを求められる危険と報酬のアンバランスという点から見て，明らかに「望ましくない」ものと思われる．知識移転メカニズムが顧客の長期的な関与を伴わず，時間と資本におけるきわめて顧客特定的な投資を必要とする場合，サプライヤーのリスクは，受け容れがたいほど高いものになるであろう．他方，もしも顧客が詳細で法的に実施可能な長期の契約書に同意するならば，彼らはサプライヤーに新しい能力を学ばせることに関する潜在的梃子の多くを失うことになるであろう．

しかし，高度な吸収力があって敏感な受容者に適用される，最高の移転メカニズムでさえも，知識移転の成功を保証するのに十分ではない．

ホンダBPの経験における基本的なレッスンは，提供者と受容者の間に学習への高い動機と高い信用を生み出すような提供者と受容者の関係こそが，リーン生産方式のように複雑で大部分が暗黙知の体系であるあらゆる移転にとって，決定的な条件であるということなのである．

注

1) われわれがホンダに対してサプライヤーの選択基準を示すと，ホンダは15のリストを準備してくれた．そこからわれわれは最終的な訪問先のセットを選んだ．ホンダは，同社がわれわれのプロジェクトを支持していることをサプライヤーに知らせてくれた．しかしわれわれは，サプライヤーを訪問する準備を，われわれ自身で行った．そしてホンダの従業員は，われわれの訪問の間中1人も同行しなかった．

2) ホンダは，日本のホンダサプライヤーに，同じ部品の米国サプライヤーへの支援を依頼することによって，ある意味では，そのサプライヤーをグッドパートナーへと導いている．この支援の多くは技術的かつ製品特有のものであるが，いくらかはプロダクション・システムに関するより汎用的なアドバイスが含まれている．それでもこれら日本のサプライヤーは，彼らとビジネスをめぐって競争してゆくであろう米国サプライヤーの能力を高めることについて，一定の関心をもっている．彼らは，ホンダとの関係における親善のために，いくらかの援助を提供しているようである．しかし，リーン生産方式の諸原則を完全に取り入れるために必要な，長く集約的な教育ではない．

3) 実に印象的だったのは，ホンダにおけるわれわれのインタビューの間に，従業員（マネジャーやエンジニアから購買スタッフまで）がどれくらい，「ホンダ流」の中核をなす，本田氏のものであると考えられるフレーズを繰り返すかということである．それはたとえば（メイアー，1994，45ページから）以下のフレーズである．すなわち，「常に野心と若々しさをもって進みなさい．有効な理論を尊重しな

さい．斬新な考えを発展させて，あなたの時間を最大限有効に利用をしなさい．あなたの仕事を楽しみ，常にあなたの働く雰囲気を輝かせなさい．絶えず仕事の流れを調和させるように努めなさい．研究と努力の価値をいつも心に留めておきなさい．」

4) 大野（Ono, 1988）は，「第1レベル」の要因（たとえば「この量で生産ラインを稼働すると，その機械はいつも故障する」）と解決（たとえば「われわれは新しい機械を必要とする」）を強調するものとしてよく知られていると思われる状況において，経験豊かな従業員が，しばしば問題に即座の診断を与えることを発見した．さらに進むためには，機械が故障する理由を徹底調査する必要がある．たとえば「予防保全の不履行」（なぜ？），「なぜならメンテナンス要員がもう1つの機械の修理で忙しいから」（なぜ？），「なぜならそのもう1つの機械が高生産水準ではオーバーヒートするから」（なぜ？），「なぜならその機械が工場内の換気に乏しく空調のない場所に位置するから」（なぜ？），「なぜならその機械は，1度も到着することのなかった新しい設備のための場所を空けるために移動されたからである」．問題観察に基づく真の「根本原因」が示す解決策（機械を動かすか，その場所の換気を改善する）は，最初の診断によって示唆された解決策（機械を取り替える）からはほど遠いものだった．

5) 次の数年で露わになったのは，ホンダの懸念が正しかったということと，ダネリーがもつ自らの独立した能力に対する自信が裏書きされなかったということである．ライカーとオールマン（Liker and Allman, 1997）による最近の論文は，1992年に達成された成功が短命だったことを明らかにしている．トラブルの最初の徴候は，1993年のグランドヘイヴンにおける組合組織化キャンペーンであった．これは第1に，グランドヘイヴンのダネリー従業員と，オランダで類似した仕事をするダネリー従業員との間に，継続的な賃金ギャップがあったこと，そして第2に，従業員の数が16パーセント増大した1992～1993年にかけての不安定で矛盾した雇用方針に関する問題があったこと，これらが作用した結果であった．組合キャンペーンは成功しなかったが，急成長によってつくられる問題は続いた．50パーセントの売上げ増と1993～1994年における2つの新製品投入のために，ダネリーはグランドヘイヴンで多くの臨時労働者を雇い，ほとんどトレーニングもせずに現場作業へとせきたて始めた．欠陥品は最低だった1992年の444PPM（parts per million: 百万個当たり欠品数）から急上昇して1994年までに5000PPM以上となり，製品投入は遅れ，そしてホンダはグランドヘイヴンに強い不満を抱くようになり，それを「高メンテナンス・サプライヤー」と呼んで，事態が改善しない限り事業をカットすると脅迫した．これらの問題へのダネリーの最初の反応は，デルタと呼ばれる内部プログラムを作成することだった．このプログラムは，社内スタッフによって運営され，主にゼネラルモーターズが開発したSynchronous Manufacturing Programをベースとしていた．同社がホンダのBPから若干の考えを取り入れる間（GMのサプライヤー開発計画PICOSからも同様にしつつ），デルタは主にU字型セルの実現に集中したが，この療法は特にグランドヘイヴンの問題にはあまり適していなかった．パフォーマンスは改善せず，従業員のフラストレーションはますます増大した．ダネリーの次のステップは，プロ

セス変更の迅速な実行を重視する「根本的な」改善行事を遂行するために，社外コンサルタントを引き入れることだった．これらの行事はかなりパフォーマンスを向上させたが，しかし，その「トップダウン」的性質のため，従業員のモラルを改善することには成功しなかった．実際，この期間にもう1つの組合組織化運動が始まり，1995年2月までに90パーセントの従業員が組合員証に署名した．ついに1995年夏，ダネリーの管理構造における大きな変化が，会社と工場の両方レベルで，作り出された．すなわち，ジョージタウンのトヨタで長年の経験をつんだ，新たな製造担当副社長（VP）が，パフォーマンス改善のためにより体系的で長期的なアプローチを行ったが，そこでは全従業員の専門知識の引きあげが重視された．持続的改善チームの設立とダネリー・プロダクション・システムの開発（トヨタ生産システムをモデルとし，1個流しと工場全体の待ち行列除去を強調したシステム）によって，グランドヘイヴンのパフォーマンスは，もう1度1992年レベルに戻り，それから，その水準を凌いだ．おそらく，全体的なプロダクション・システムを対象としたトヨタに触発された改革は，個々のラインとプロセスに集中したホンダのBPプロジェクトより効果的だった．しかしながら，1993～1995年の危機の時代や，大きな経営変更もまた，これらパフォーマンスの最近の変化が，BPのもとで達成されるより持続可能に見える理由を説明するものであろう．

6) われわれがこの1工場・企業を訪問したとき，同社は9年前にそれを購入したある企業家によって所有，管理されていた．そのとき以来，同社は大きな自動車部品メーカーによって買収されてきたのであり，新しい名前を与えられ，新しい管理のもとに置かれた．この事例研究における出来事のすべてはこの買収より前に起こり，現在の管理チームとは関係がなかった．

7) 1996年，ラストン・サイモン（Ruston Simon）氏はプログレッシブを別の投資家に売った．ただし彼は会長として残留したけれども．

8) たとえ地域標準に照らしてみた場合でも，賃金は低かった．すなわち，時給4.70ドルという初期賃金は，1991年の同郡の製造業平均を21パーセント下回っていた（Milkman et al., 1991）．また管理者の給料も，地域平均をおよそ5,000ドル下回っていた．

9) 1994年までに，SEWSはエドモントンにおけるBPを超えるステップを踏み出していた．「カイゼン」プロセスを制度化するための，活発な品質管理サークル・プログラムを確立したのである．SEWSは，われわれが訪問したサプライヤーの中では唯一，全工場的に進行する品質管理サークル・プログラムを実行した．

10) 一旦成し遂げられると，自立性がもつ意味は異なる場合がある．ホンダにとって，自立性とは，顧客とサプライヤーの間の激しい相互作用が，実質的に少ないということは意味しなかった．これとは対照的に，アメリカ・サプライヤーにとっての自立性という考えは，せいぜい「もう私を放っておいて」などと表現されるだけであった．

11) Odaka, Ono, and Adachi (1988) を参照すると，日本におけるトヨタへの長期的忠誠の事例は，自動車メーカーの技術協力プログラムによって発生するという面がある．

12) Szulanski (1995) の主張によれば，知識提供者と受容者の間の信用こそ，受容者が教えられていることを学ぶ動機を得るために，鍵となる要素である．すなわち，この動機付けは，受取人が事前にもつ関連知識量のように，より技術的な要素と同様に，学習の成功にとって重要な要素である．
13) 最近，たとえばクライスラーの購買ディレクター，トム・ストールカンプ (Tom Stallkamp) のような，ビッグスリー経営陣から，類似した感情が聞こえてきている．すなわち「サプライヤーがあまりに統合されつつある場合には，いくらかの危険がある．われわれが垂直に統合されたとき，われわれはあまりよい状態ではなかった．あなたは，あなたにできる最善のことに固執すべきだ」(Cleveland Plain Dealer, 1996年8月18日).

参 考 文 献

Abernathy, William, Kim Clark, and Kantrow. 1983. *Industrial Renaissance*. New York: Basic Books.

Attewell, Paul. 1992. "Technological Deffusion and Organizational Learning." *Organization Science* 3(1): 1-19.〔日本興業銀行調査部訳，望月嘉幸監訳／W. アバナシー，K. クラーク，A. カントロウ著『インダストリアルルネサンス：脱成熟化の時代へ』ティービーエス・ブリタニカ，1984年〕

Bennet, James. 1994. "Detroit Struggles to Lean Another Lesson from Japan." *New York Times*, June 19.

Celeste and Sabety, Ltd. 1993. *Honda of America Mfg., Inc.: An Industrial Model of Technology Transfer—Transforming a Network of Automotive Suppliers*. Columbus, Ohio: Celeste and Sabety Ltd.

Cohen, Wesley M., and Daniel A. Levinthal. 1990. "Absorptive Capacity: A New York Perspective on Learning and Innovation." *Administrative Sciences Quartetry* 35(1): 128-152.

Cusumano, Michael. 1984. *The Japanese Automobile Industry*. Cambridge Mass.: Harvard University Press.

Cusumano, Michael, and Akira Takeishi. 1991. "Supplier Relations and Supplier Management: A Survey of Japanese-Transplant, and U.S. Auto Plamts." *Strategic Management Journal* 12: 563-588.

Dosi, Giovanni, and Bruce Kogut. 1992. "National Specificities and the Context of Change: The Coevolution of Organization and Technology." In Dosi and Kogut, eds., *Country Competitiveness, Technology, and the Organization of Work*. New York: Oxford University Press.

Dyer, Jeffrey, and W. Ouchi. 1993. "Japanese-Style Business Partnership: Giving Companies a Competitive Fdge." *Sloan Management Review* 35: 51-63.

Eveland, J. D., and Louis Tornatzky. 1980. "The Deployment of Technology." In L. Tornatzky and M. Fleischer, eds., *The Processes of Technological Innovation*. Lexington, Mass.: Lexington Books.

Gerlach, Michael. 1993. *Alliance Capitalism*. Berkeley: University of California Press.

Helper, Susan. 1991. "Strategy and Irreversibility in Supplier Relations: The Case of the U.S. Automobile Industry." *Business History Review* 65,(4): 781-824.

Helper, Susan. 1992. "An Exit/Voice Approach to Supplier Relations." In Gernot Grabher, ed., *The Embedded Firm: On the Socio-Economics of Industrial Networks*. London: Routledge.

Kenney, Martin, and Richard Florida. 1993. *Beyond Mass Production*. New York: Oxford University Press.

Klein, Benjamin, R. Crawford, and Armen Alchien. 1978. "Vertical Integration, Appropriable Quasi-Rents, and, the Competitive Contraacting Process." *Journal of Law and Economics*, 21(oct): 297-326.

Kogut, Bruce, and Udo Zander. 1996. "What Firms Do? Coordination, Identity, and Learning." *Organization Science* 7(5): 502-518.

Liker, Jeffrey K., and Keith Allman. 1998. "The Donnelly Production System: Lean at Grand Haven." In Jeffrey Liker, ed., *Becoming Lean: Inside Stories of U.S. Manufacturers*. Portland, Ore.: Productivity Press.

MacDuffie, John Paul. 1997. "The Road to 'Root Cause': Shop-Floor Problem-Solving at Three Auto Assembly Plants." *Management Science* 43 (4): 479-502.

Mair, Andrew. 1994. *Honda's Global Local Corporation: Japanization the Honda Way*. New York: St. Martin's Press.

Milkman, Raymond et al. 1991. *Economic and Social Impacts of Japanese Investments in the United States: Case Study of Sumitomo Electric Wiring Systems, Inc*. Maclean, Va.: Lazar Institute.

Nelson, Richard, and Sidney Winter. 1978. *An Evolutionary Theory of Economic Chamge*. Cambridge, Mass.: Harvard University Press.

Nishiguchi, Toshihiro 1994. *Strategic Industrial Sourcing: The Japanese Advantage*. New York: Oxford University Press. 〔西口敏宏著『戦略的アウトソーシングの進化』東京大学出版会, 2000年〕

Odaka, K., K. Ono, and F. Adachi. 1988. *The Automobile Industry in Japan: A study of Ancillary Firm Development*. Oxford: Oxford University Press.

Ono, Taiichi. 1998. *Workplace Management*. Cambridge, Mass.: Productivity Press. 〔大野耐一著『大野耐一の現場経営』日本能率協会, 1982年〕

Sabel, Charles. 1994. "'Learning by Monitoring': The Institutions of Economic Development." In Neil Smelser and Richard Swedberg, eds., *Handbook of Economic Sociology*. princeton University Press.

Sako, Mari. 1992. *Prices, Quality, and Trust*. Oxford: Oxford University Press.

Smitka, Michael. 1991. *Governance by Trust*. New York: Columbia Universtiy Press.

Szulanski, Gabriel. 1995. "Appropriating Rents from Exisiting Knowledge: Intra-Firm Transfer of Best Practice." Ph.D. diss., INSEAD, Fontainebleau, France.

Womack, James P., Daniel Jones, and Daniel Roos. 1990. *The Machine That Changed the World*. New York: Rawson Associates, Macmillan.〔沢田博訳／ジェームス・P. ウォマック, ダニエル・ルース, ダニエル・T. ジョーンズ著『リーン生産方式が, 世

界の自動車産業をこう変える：最強の日本車メーカーを欧米が追い越す日』経済界，1990年〕

（訳・河邑　肇）

第 II 部　エレクトロニクス産業

第6章　日本の品質管理の技術
―― ヒューレット・パッカード社への移転 ――

　1980年代の初期に，米国大手製造企業のトップ・マネジメントは日本企業の競争優位が自分達をはるかに上回っていることを認識し，大きな不安にとりつかれていた[1]．米国製造業が直面する問題の原因については，競合する数多くの説明がなされた．その原因は，品質か，生産性か，低賃金労働者か，あるいは低利の融資か．日本企業に対する日本政府のアンフェアな保護か．それら複数の要因の組み合わせか．そしてそれはどのような組み合わせなのか．多くの時間をかけ，また試行錯誤した結果，米国の経営者達は，品質が対応すべき重要な競争的課題の1つであること，そして日本企業が品質面で優れていること，および，日本企業が品質向上をどのように行ったかについての情報が欠如していることを認めるようになった．

　次の段階では，米国企業がその情報をどのように入手するかが問われた．米国企業が直接日本企業から学ぶということを選択するだろうか．この期待は，情報が組織の存続に決定的に重要な役割を果たすという考え方に基づいている．ステインコーム (Stinchcombe, 1990, p. 2) は，彼の中心的命題として，「最も早い段階で得られる情報」を用いることが，企業の不確定要素を取り除くために重要であると主張している．この早い段階での情報というのは，成功した企業がとった方向性のことであり，その情報は環境が異なれば段階的にしか入ってこないものであるが，他の競合企業に進むべき方向を教えてくれるものなのである．したがって，組織にとって，「新しい情報が生まれる時は常時，その場に身をおいて即時的に情報をつかむ」(Stinchcombe, 1990, p. 3) ことが決定的に重要になる．企業は早い段階での情報を欲しがるばかりでなく，その企業が直面する特定の問題について，実際に実践した者からの知識を欲しがる．と

いうのも,そうした情報は自社専用の方法をあつらえる費用を節約するからである.

　新しい品質管理方式についての知識を最初に獲得し成功させることは,しばしば競合企業よりも優位に立つことを意味する.1980年代初期,ほとんどの日本の製造企業は,米国において生産施設を確立しなければならない状況にはなかった.したがって,その当時,品質改善運動に関する良質の情報を得ることができる地域は日本であり,それは特に,輸出依存型の大規模製造企業の組織行動を観察することで情報入手が可能であった.

　もし,米国企業が日本企業から学ぶことを望んだとしたら,米国企業は必要な情報を入手し得ただろうか.また,どれだけの費用がかかっただろうか.実際に,日本企業が開発した新しい品質管理方式を素早く学ぶのに適したポジションにあった企業がある.それらは,日本企業に資本参加している企業,日本企業との合弁会社を日本にもつか,あるいは子会社を日本にもつ企業であった.また,日本の供給企業と長期的な関係をもつ多くの米国製造企業は,比較的容易に情報共有を依頼できるので,これらを加えると,潜在的に日本に太いパイプをもつ米国の製造企業はかなりの数にのぼる.米国企業がそうした情報のパイプを構築するにはコストがかかるが,そのパイプは品質改善運動の新たなモデルを習得するための持続的な学習関係に入ることを可能にする契機ともなったのである.

　こうした企業を観察してみると,意外にも,実は米国の経営者が日本の競合企業から長期的かつ体系的に学ぶことに対してかなり躊躇していたことがわかる.そのような行動に及んだといわれる企業の割合は非常に少なかった.このことについて,それぞれ異なった次の3つの説明がみられる.まず第1に,日本の管理方式が米国で通用するかどうか不確実であること,第2に日本企業から学ぶことは(日本の文化的構造から見る限り普遍的に適用可能な情報を取り出すことは難しいということも含めて)コスト高であること,そして第3に日本企業から学ぶことを正当化するマネジメントの基準がないことである.分析の1つの方法は,これらの要素がどのように働いて学習プロセスを制限してしまうのかについて徹底的に調べることである[2].あるいは,ここでわれわれが選択した

方法だが，例外的なケースに注目して，関連する学習プロセスについてもっと多くを学ぶことである．

少数だが品質改善運動の新たなモデルを早くから効果的に導入してきたことで注目されている企業がある．それらは，品質改善運動の推進に役立てるために，日本の情報源を効果的に用いた企業であった．よく知られたところでは，関西電力[訳者注]（Kansai Electric）との関係を活用したフロリダ・パワー・アンド・ライト社（以下FPL社），マツダとの関係を用いたフォード社，合弁企業である横河ヒューレット・パッカード社（以下YHP社）から学んだヒューレット・パッカード社（以下HP社），富士写真フイルムとの合弁企業である富士ゼロックスを利用したゼロックス社の4つの企業があげられる．文献の検討，インタビュー，および個人的経験から，これらのケースのうち，ゼロックスは最も日本企業への依存度が小さく，フォードは中間で，HP社とFPL社は高いレベルでの連続的な学習関係があったと考えられる（Main, 1994, p. 26）．

米国企業は，日本企業が達成できるであろう品質水準に到達するためには相当な学習と実践的な変化を起こさねばならなかった．品質に関する日本企業からの挑戦は，1980年代の初期に米国のあらゆる実践的目標に対して突然，外側から一気に押し寄せてきた．米国企業にはそれを学習したり理解したりする時間的余裕はなかった．米国の経営者たちは，概して初期の警告シグナルを読み違えていたので，事実上，そのほとんどが日本企業からの挑戦を見逃していた．米国企業の既存の報酬・会計システム，財務・マーケティングのような職能群の卓越性や権限の大きさ，および製造業の低い地位が災いして，米国の主要な製造企業は，品質競争に向けた準備に遅れをとっていた．結果として，この分野において成功するために必要なツールを手に入れ，効果的に用いるための準備はされなかった．端的に言って，米国企業は学ぶべき多くのことを抱えてしまった．

こうした状況での学習について述べる場合，ある組織がどのようにして他の組織のモデルとなるかを考える．しかし今から見ていくように，1つの組織は多様な方法でモデルとして機能し得る．さらに，マネジメントとは学習そのものにウエイトを置くことではなく，価値のある何かを生み出すことに関連付け

られるものである.これはつまり,学習は価値を生む管理方式に転換されなければならないということである.1990年代初期に流行した「学習する組織」の研究者で,このことを忘れてしまっていた者もいるだろう.心理学者がはるか以前に学んだように,学習することは実践することと同じではないのである.われわれが関心をもっているのは,ある企業が,その特定の実践方法を,別の企業でも価値を生み出すように移転する方法である.また,先行研究から,好条件のもとでさえも模倣することはかなり難しいことがあるということがわかっている(Nelson & Winter, 1982).したがって,学習と効果的な管理方式との間の溝を最適な形で接近させる移転の様式には特別な注意を払うつもりである.事実,本研究の仮説は,「技術移転を最も成功させている組織は,学習と実践との間の溝を最適な形で橋渡ししている」というものである.

この章ではまず,HP社が新しい品質管理方式の要素を導入した際にYHP社が果たした役割を分析し記述する[3].特に,日本企業から取り入れた品質に関する特別な方法論(「ホウシン」管理,方針管理:*hoshin management*)の適用と適応について検証するとともに,伝達プロセスにおける特別な方法に着目する.方針管理というのは,計画と実行についての1つの原則であり,現状打破の目標を特定し,また,その展開のプロセスにおいて目標のもとに組織を一致団結させようとするものである.この分析を通じて,米国企業が品質改善について日本企業から直接学ぶことが可能であったという事実を示したいと思う[4].その目的は,この現象が生じたプロセスを明らかにすることにある.そして,この学習プロセスの前進と同時に,それを可能にした特別な状況についても述べる.それはつまり,望ましい成果を成し遂げるには単なる意思だけでは不十分であるという考えによるものである.この方針管理の事例を用いることで,適応の本質を明らかにすることも狙いとしている.HP社の経営者は,中央集権での問題解決に疑いをもつというHP社の文化に,日本的な管理方式を受け入れることが必要だと考えていた.そして,この適応が学習と実践との間の溝を橋渡しする重要な役割を果たしたのである.

1 移転元と移転先

　学習と技術の移転について評価するには，移転の時点における移転元と移転先の性格を知る必要がある．これらの性格は，成功への見通しについて多くのことを語ってくれる．それはコメディアンや「ゴミ箱」理論の理論家が常に主張するように「タイミングこそがすべて」ということである．

　ここでの移転先とは，HP社である．HP社は米国に本社をもち世界中に支社をもっている．1980年，HP社は売上30億ドル，従業員57,000人であった．これは，1970年における3億6,500万ドル，16,000人から劇的に伸びている．1980年代初期，その急速な成長と変化という伝説と違わずHP社は革命的とさえ言える大きな発展的変化を経験していた．

　HP社は自律的な製品指向型の事業部からなる複数分散型の組織の統合によって成功していた．この分散型の組織形態は，製品ラインが自己充足的になったり，あるいは既存の事業部が大きくなりすぎた場合に，新たな事業部を分離新設することで急速な成長を可能にしてきた．新たな事業部を設立するおおまかな目安は，1,000人以上の規模で年間の収益が1億ドル以上，あるいはそのどちらかであった．それぞれの事業部は，その利益を生む活動を支援するのに必要なすべての経営資源と職能専門家を保有する独立体のような組織として機能した．(Beckman, 1996, p. 159, Kanter; 1983, p. 170)．

　各事業部の自律性は，多様な課題への全社的対応を探究する中で1980年代に生じたものであった．1970年代後期までのHP社は，バッチ生産方式からの脱却という，1つの大きな変化を通過していた．バッチ生産方式は伝統的な中核的事業，つまり計器事業（電子式の試験・計測機器）で用いられてきたもので，基本的に手作業により製品を生産する高度な熟練を有する高給の労働者を使って行われていた．新たな方向性は，新興のコンピュータ製品事業のために大量で高品質な生産を目指すというものであった．さらにこの変化は，単体の機器からコンピュータ・ターミナルのような製品へ，つまりシステム全体との相互補完が必要な製品へ移行するという変化でもあった．

これらの新たな市場は高い生産性と品質を要求した (Main, 1994, p.27). さらにHP社は, 技術者向けではなく, むしろ製品が「不具合なく」動くことを期待する個人のエンドユーザーに販売を開始していた. 消費者市場で成功するために, HP社は新たなマーケティングの専門知識と個人顧客の期待を探る手段を開発しなければならなかった. HP社は「ネクストベンチ」手法を誇りにしていた. そこではHP社の設計技術者が顧客のすぐそばで仕事をし, 顧客が何をアピールするかを目の当たりにすることで, 顧客のニーズを見極めていた (Packard, 1995, p.97). かつて顧客が技術者ばかりであった頃はその方法でよかったが, しかし, HP社の顧客のベースが広がったため徐々にその方法はあてにならなくなった. これらのことすべてが, 徐々に強まる競争的環境の中で生じていた.

1970年代にHP社は真空管から高度な集積回路へと移行し, コンピュータ市場に参入した. ちょうどその時期にいくつかの根拠によりHP社の製品の品質が現実に低下していることを認めざるを得なくなった. うまくいったとしても, 品質レベルは向上しないままであった. 真空管を取り扱う際に行われていた伝統的なテストと取り付けの反復的サイクルとバッチ生産は, 集積回路のような高度に複雑な製品の大量生産にはふさわしくなかった. さらに, HP社の急速な成長, 新しい事業部の増加, および「HP社のやり方」に染まっていない新しい従業員の採用は, すべて品質の劣化, あるいは少なくとも停滞の原因となった. 経営者はこれらの問題への対応に奮闘することとなった.

当時はこうしたあらゆる変化と課題とがHP社を打ちのめそうとしていた時であり, また品質に関する日本企業からの挑戦が目に見えて明らかになった時期でもあった. 私がここで述べたいことは, HP社の経営者の間において, 競争的環境に対処するための新しい方法, および, 製造と市場とに関する専門的知識の事実上の変化について探索する行動を引き出す原動力は, 外的要因ではなく, 多くは内的要因にあったということである. 品質に関する日本企業からの挑戦は外的要因であっが, 効果的な対処のために求められたその変化は, HP社のトップ・マネジメントが対応し始めていた内的な圧力とうまくかみ合った. このように経営者らは, 製造と品質の向上のための新しい方法と, より

効果的に消費市場に奉仕する方法をすでに探し始めていたのである．HP 社の役員こそ，日本の半導体供給者らが極めて優れた信頼レベルをもつことを 1980 年に公式発表し，米国の電子産業に衝撃を与えた張本人であった．

こうした状況と対比できるのは，事実上，外的要因により挑戦的行動を実行に移したゼネラルモーターズ（以下 GM）などの多くの企業である．その経営者は品質改善のために必要とされる変化を，彼らの知っていること，首尾よく行われていると信じていたこと，そして，会社が進むべきだと信じていた方向と完全に矛盾するものと見なしていた．公然と認めるのでなく否定する方が有効な対応であった．GM は，ゆるやかな変化に対してのみ，成熟した技術の問題を処理することに慣れており，また新規参入者からみて，一見安全そうな強い市場ポジションから対処することにも慣れきっていて，日本企業から品質上の挑戦をうけた時期にも「食が足りて満足」という状態であった．HP 社における状況とは違い，また一般的な見解とも正反対であったが，1980 年代初期の日本企業の挑戦以前に自動車の品質が低下しつつあるという客観的な指標はなかった．しかも当時，自動車企業の経営者は，品質に対して特別な注意を払う必要があることに気付くことはなかったし，新しい方式についてはなおさらそうであった．

その時期すでに HP 社の経営者は「不満を抱き」ながらも「懸命に」変わりつつある市場の状況に順応しようとしていた．同時に，総合的品質管理（TQC : Tatal Quality Control）の多くの重要な要素――顧客に焦点をあてること，継続的改善，および作業者の参画――は，HP 社に深く浸透している中核的な価値と経験に，かなり一致しているように思えた（Packard, 1995）．これが，比較的短い歴史のなかで，急速な成長，変化および適応によって特徴付けられてきた企業なのである．それゆえに，もしもこの当時，日本企業や，特に YHP 社から学ぶ機会が正しい方法で提示されていたら，彼らは親しく受け入れられる可能性がそれなりにあったのだ．ここで述べてきた状況は，「組織が安定と混沌の間で胎動している時に組織的創造性が生じると」いうラルフ・ステイシー（Stacey, 1996）の観察と極めて一致している．

次に移転元（YHP 社）の性格に注目する．移転元の性格は品質改善運動に関

する考え方や管理方式を移転先（HP社）に移転する潜在性に影響を及ぼした．YHP社は1963年に，日本における先端的な民生用電子機器メーカーである横河電機の51パーセントの出資とHP社の49パーセントの出資による合弁企業としてスタートした．初期において，それは，主としてHP社の民生用電子機器の販売会社であったが，その後HP社のコンピュータ関連製品の製造と販売の両方を担う会社へと変わった．横河電機は，多くのマネジャーを含む，合計約150名の従業員をその合弁企業に送っていた．彼らは，初代の研究開発部長の笹岡健三氏（以下，敬称略）を筆頭に，1980年代，YHP社のマネジメント・チームの中核を構成するメンバーとなっていった．笹岡は1975年にYHP社の社長兼最高経営責任者（CEO）になっている．

1983年にHP社は所有権問題を提起した．その当時，合弁企業の事業の圧倒的に大きな部分をコンピュータ関連製品が占めるようになっていたからである．75パーセントをHP社が，25パーセントを横河電機が所有することで2社は合意した．この展開によって，横河電機から移った従業員は，自分達を完全にHP社のメンバーと自覚するようになった．このことは，YHP社の経営役員の間で，品質について学んできたことを親会社に移転しようという強い動機が働いたことを理解するためには決定的に重要である．さらにそれは，後の奮闘ぶりが大きく変わっていくことを理解する手がかりともなっていく．

これらの出来事はHP社にとって最も幸運な要因であった．横河電機はリーダー格の製造企業であったので，その合弁企業はトップクラスの大学を卒業した者の人気の的となっていた．つまり横河電機の貢献は，初期の合弁企業に高品質の人的資本を送り込んだことであり，それはTQCを発展させ活用し，そしてHP社へ移転するYHP社の能力を促進した重要な基底的要因であった[5]．

YHP社は1970年代半ばにTQCに取り組みだした．YHP社のリーダー達は，TQCを事業上の主要な問題に対処するための特に効果的な方法とみなしていた．この問題とは，日本の顧客に届けられたHP社の製品が，設置後比較的短期間のうちに頻繁に故障することであった．これらの製品には，米国で設計され日本で組み立てられたものもあれば，設計も組み立ても米国で行われて日本のYHP社を通して販売されたものもあった．HP社製品の故障は，YHP社自身

により設計・製造された製品の故障と同様に，従業員からは企業の成長と成功にとっての大きな障害であるとみなされていた．

1970年代を通じて，YHP社のマネジャーは日本に届けられる製品の品質についてHP社に対し苦情を出していたが，大部分は拒絶されていた．HP社のマネジャーは，日本の市場に特異性があることを暗示しながら，「これらの問題は日本でだけ起きていると思われる」と繰り返していた．HP社のほとんどの事業部と比べて売上の割合が小さかったため，YHP社は各事業部や生産部門の役員に対する影響力が小さいことに気付いていた．研究開発マネジャー達は「次の設計でわれわれが正す」と言い，憂さを晴らしていた．

1979年の初めまでには，YHP社のTQC活動は実を結びつつあると見られていた．YHP社は劇的な業績改善を記録し始め，1982年にデミング賞（Deming Prize）を獲得した．HP社に衝撃を与えたという観点からすると，YHP社がちょうどよいタイミングでデミング賞を獲得したことには意味があった．もしも，その時期がもっと早ければ，HP社でそのことに感謝する者は誰もいなかったであろう（1980年のテレビ・ドキュメンタリー"If Japan Can, Why Can't We"〔日本にできるならば，われわれにできないはずがない〕を通じて，デミング賞は米国の経営者たちの注目を引いていた）．そして，もしYHP社の受賞がもっと遅ければ，大きな注目を集めなかったであろう．というのも1980年代の終わりごろまでに，米国企業もマルコム・ボルドリッチヂ賞（Malcolm Baldrige National Quality Awand）とデミング賞の2つの賞を獲得しつつあったからである．したがって，YHP社のTQC活動についてHP社自体に対して最大限の広報上のインパクトを与えたという点で，そのタイミングは完璧であった．1980年代の初期においてデミング賞は受賞者に魔法の力ほどの恩恵を与えると思われたもので，神秘的で絶対的なオーラに包まれていた．

1970年代の初期から半ばにかけて，YHP社は，いまだHP社のシステムを学ぼうと苦闘する事業部であった．その利益も極めて控えめなものであった（1970年代の中期において，YHP社の利益率は，平均的なHP社の事業部の利益率である約25パーセント程度であった）．1970年代の後期に，こうしたすべてのことが急速に変化し，YHP社は1981年から1984年の間，HP社の事業部の中で最高

の利益率を達成していた．この業績の向上が，HP社内におけるYHP社のTQCアプローチの通用性に劇的なインパクトをあたえたことは，疑い得ないことである．

　YHP社をHP社の実行可能モデルにしたこれらの財務的な成果の重要性を過小評価するべきではない．実際にそれをYHP社の品質向上にどの程度まで第一義的に帰することができるのか，それを決定することは非常に困難である．しかしTQCがそれらの成果を生んだという認識は重要である．ここでわれわれは，品質改善運動に関する管理方式を一方から他方へとうまく移転する方法を発展させる，移転元と移転先との異常なほどの力の結集を見るのである．1970年代後期および1980年代の初期に，両社はそれぞれ全く異なる理由から，YHP社をHP社の品質改善運動のモデルにする方向に動いていたのであった．ここでの記述は意思決定における「ゴミ箱」理論のモデルと一致している．それは，時間的および空間的な問題と解との掘り出し物のような組合せを強調するものである．決定と効果的な実行は，問題，解，参加者および選択機会の流れからの諸要素が合致する場合に生じる．それらは事実，HP社の品質上の挑戦にこたえるなかで，HP社とYHP社の効果的な協力を導く形で生じてきたのであった．

2　方法と成果

　YHP社におけるTQCの最初の重要な進展は，自動ハンダ付け装置の故障率を低く抑えたことであった．1977年に100万個当たり4,000件（4,000ppm）であった故障件数が，1979年には40件（40ppm）に，そして1982年にはQCサークルを活用することで3件（3ppm）に減少した．このことは，まさに画期的なことであり，また一種の実践的な「ショーケース」の役割を果たし，YHP社はそれにより社内の隅々にいたるまでTQCを売り込むことができた．当時の自動ハンダ付け装置は，HP社が最も大きな投資をした設備のひとつであり，その使いやすさと機能の向上には，大変な注意が払われていた．

　このような事業上の観点と理解から，YHP社の全従業員が自動ハンダ付け装

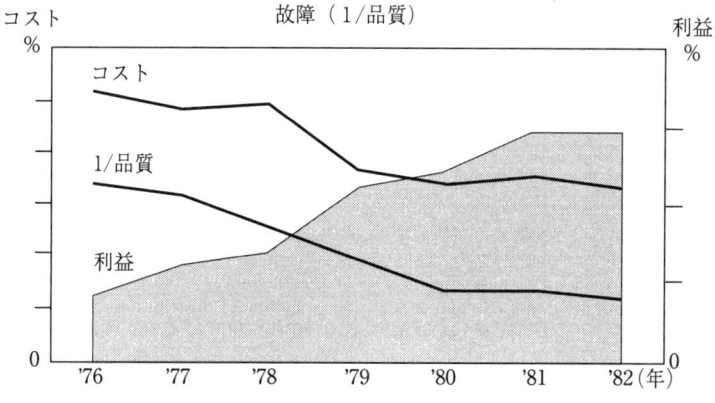

図6-1 YHPの製造ライン（36）のパフォーマンス

注：1/品質は，YHPの製造ラインにおける年間の故障率の逆数として品質を表わすものである．

置の改善は非常に重要なことだと見ていた．1975年から1982年の間で，YHP社は，故障の発生率4分の1減と追加スペースを伴わない4倍増の船積み量とを達成した．生産コストは40パーセント，在庫は70パーセント削減され，開発サイクル・タイムは30パーセント短縮し，市場シェアも1975年の収益性レベルの3倍に拡大した．このような注目すべき改善は1982年のデミング賞受賞の理由の一部であった．特に効果的だったのは，多くのHP社の従業員に紹介されたスライドである．それはYHP社所有の生産ラインのパフォーマンスを報告したものである（製造ライン番号36）．図6-1が示しているのは，コストの減少と，品質不良の減少，そして利益の上昇との間の因果関係を示唆する単純明快なメッセージである．

　YHP社は，自分達の成功がTQCの6原則に大きく起因していることを認めている．(Mozer, 1984, pp. 30-33)

① 継続的な品質改善活動へのコミットメントをトップ・マネジメントが指揮する
② 問題分析に用いるデータを収集する（事実による管理）

③ 日常作業と問題解決における責任者を明確にする
④ 内外の顧客からフィードバック情報を体系的に収集する
⑤ 長期的な問題解決を達成するための全体的な問題解決プロセスとして，デミング・サイクル（シュワルツのPDCA：Plan-Do-Check-Actサイクル）を用いる
⑥ 管理手段として統計を用いる

YHP社は，これら6つの原則が意味する内容を裏付けるために，多様な方針と管理方式を開発した．それらは，QCサークルの結成，方針管理の活用，社長の診断（文書での対応よりもむしろ対話が特徴的な社長による監査）の採用，すべての研究開発員の訓練，特に実践的で信頼性のある工学的技術の実践，顧客からのフィードバック情報の収集，および問題解決システムの研究を含んでいた．

3 ヒューレット・パッカード社へのインパクト

移転元組織からの影響は多様な形であらわれる．移転元は次のようなパターンでその役割を果たすことができる．

① 信頼性のある情報の提供者
② 移転先組織の従業員がすでに考え，行っていることと異なること，および可能性についての情報提供者
③ 具体的な成果のベンチマークの提供者
④ 具体的なプロセスと管理方式とに関するわかりやすいテンプレートの提供者
⑤ 組織的な不確実性にどうアプローチするべきかについてのな幅広い思考方法の提供者

これらのカテゴリーの境界線は常に明確なわけではなく，けっして相互に排

他的なものでもない．われわれのデータが示唆しているのは，YHP社のHP社に対する影響がすべて上記の方法で及んだということであり，またそれは時期により，HP社の特定の事業部やグループごとに異なるそれぞれ重要な要素を伴っていた，ということである．

　不確実な時期における信頼性ある情報の重要性については，過大評価ということはないであろう．1980年代の初期から半ばにかけて米国の製造業経営者はその品質問題の範囲，重要性，および本質について，そしてそれをどのように解決すべきかについて非常に困惑していた．この問題に関して多くの情報や意見があったが，確固たる証拠をほとんど伴わないものであった．悪い情報は良い情報とミックスされ，経営者たちは何が良いのか悪いのか判別できなかった．当時は権威ある研究者とコンサルタントたちが発言の差別化をめざして競争する時代であった．そうした状況下で，悪い情報からよいものを選別できるよりよい社会的な場を企業が識別し，そこにアクセスすることができたなら，それは大きな競争的価値となり得たと容易に考えられる．

　YHP社が提供したものは，情報を信頼できるものにする信頼関係である．「ここでわれわれが新しく考え出したものではない」（NIH：Not Invented Here）という職場に浸透しやすい心的傾向ゆえに否定的な対応をとった従業員への返答として，TQCの擁護者は「われわれは自分達のファミリーの中に実験場をもっているのだ」と答えた．HP社の一事業部としてのYHP社には，財務的な，あるいはその他の隠された動機はないと見られていた．さらに，当時出されていた他の多くの不平とは異なり，実践的な方式A〔?? 463（本文のまま）〕は価値がありわかりやすいものとみなされていた．HP社の経営者たちが特定の管理方式についてより多くの情報を得たければ，YHP社のスタッフのメンバーを自分の部署に呼ぶか，あるいは日本のYHP社の事業所を訪問しなければないか，だけだったであろう．

　当時YHP社の品質管理部長であった吉元克巳氏（以下，敬称略）がこのことについて評価している．HP社のマネージャーによる小規模のグループが，1979年から1989年の間に数多くTQCを学びにYHP社にやって来て，合計100人以上にものぼった．これは，通常のビジネス目的で訪れ，米国の流儀で説明を受

けるHP社のマネジャーとは違っていた．一方，YHP社のマネジャーも，TQCという言葉を広めるために同じくらいHP社の事業部を訪ねた．吉元の記録によると，彼だけは日本以外のHP社で600日を過ごしているが，1983年から1990年間のほとんどは米国での活動であった．最高経営責任者の笹岡健三は，1980年から1985年の間に米国のHP社の現場を約30回訪ね，TQCについてプレゼンテーションを行っている．この信頼性を高める努力のおかげで，HP社のマネジャーの目に，YHP社がHP社に提供する情報がますます信頼に値するものだと映ることとなった[6]．

　YHP社からの情報の信頼性を認識した証拠に，YHP社により実践済みのTQCの導入に対しトップ・マネジメントの支援が大きくなっていった．1980年代の初期から半ばにかけて，品質は，事業部長の年次総会における主要なテーマになっていた．HP社の部長は損益の責任を負い，事業の運営方法について高い自律性をもっていた．この高度に分散化した企業において，共通の理解と評価および目標を形成するために，部長の会議は批判的なコミュニケーションの形をとって行われる．1979年から1985年までの時期，注目すべきことに，笹岡は約4回にわたってHP社の経営者に講演をするために招聘されている．このことは，経営者がYHP社の経験に触れることを重要視していること，同時に，笹岡が何を話すのかに事業部長の関心があることを証明している．品質を特徴付けることの意義と，経営者の年次総会でのYHP社の活躍は，この重要な時期のHP社社長であったジョン・ヤング（John Young）により，次のように上手く捉えられている．

　　部長の年次総会を大変よく利用しました．最も重要で価値ある時間をこれ〔品質〕に割いていることが，協議事項のなかでそれが重要であることをよく表しています．同僚が会議で活躍し，仕事をいかに成し遂げたか話し，そこから精神的な利益を得るということほど影響力のあることはありません．（Main, 1994, p. 54）

　HP社のトップ・マネジメントは，こうした状況に品質とYHP社を位置付け，

YHP社を信頼できる情報の提供者としてだけではなく，当時直面していた主要ないくつかの不確実性に対して組織がどう接近し解明すべきかについての幅広い思考方法であるTQCを支える組織だと見ていた．

　HP社のマネジャーは否定的な人達が提起する特定の課題に対応するために収集し分析し得る，YHP社を含む比較データにアクセスした．しかし，目的に合致する米国の他社データはほとんどなかった．「YHP社がより優れた方法を見出した」という主張を拒絶するために，多くのHP社のマネジャーたちが見出した1つの方法は，例えばYHP社の製品の比較的高い信頼性は，その製品が比較的単純だからだと主張することであった．確かに，単純な製品を製造するとしたら，より高い信頼性を得ることはとても簡単であろう．その主張に対して，YHP社と仕事をしてきた社内の品質管理スタッフは，1981年に，HP社とYHP社および横河電機の3社の多様な製造ラインごとに，正価（製品の複雑性を表すものとして表示定価を代用）に対する年間の故障率を1枚のプロット図として作成した．事実上，この分析は生産の複雑性を「平準化した」ものであった．スタッフが発見したのは，1つの明確なパターンであった．それは，様々な価格帯で，YHP社と横河電機の製品の優位性（低い故障率）を示していた．確固たるデータを基本にした，この種の分析が公表されることにより，HP社のリーダー達は，多くのマネジャーの拒絶を突破することができた．

　しかしながら，信頼性と事実に基づくデータへのアクセスを強調することは，YHP社のメッセージが何の疑問もなく受け入れられたということを物語っているものではなかった．「ファミリーの一員」にアクセスしているにもかかわらず，1980年代を通じてHP社のマネジャーの中には次のような組み合わせ——「品質が深刻な問題であること…それは会社および部門レベルの業績の主な決定要因であるということ…そして日本企業がより良い方法を見出したということ…」—を否定し続ける者もいた．このような立場をとる者に対し，単純に非合理的な抵抗者たちであると決めつけて排除するべきではない．全く同時期に，つまり1980年代初期に日本的な品質管理方式を大きく推進するという時に実施された，いろいろな地域と製品市場でのハードウェア信頼性を評価するための顧客調査は，HP社がまさに最良であるという結果を報告したのである．多

くのHP社のマネジャーが自分達がそれほど悪く，日本企業がそれほどよかったというのは納得し難いと考えたのも無理はない．さらに，YHP社がHP社と同じ企業グループに属しているにもかかわらずHP社の弱みをおおげさに言うのは，品質の違いを誇張して伝えることでHP社の関心を引き，それがYHP社の利益につながると考えているのだと信じているHP社のマネジャーも存在した．また，YHP社が，品質の比較にバイアスをかける独断的で主観的な検査基準を用いているということを信じる者もいた．そのような疑惑は時間が経過しても簡単には消えなかった．1985年以降，YHP社の業績が悪化し始めると，品質と企業業績との間の関係についての疑いが新たな展開をもたらした．1980年代と1990年代の初期を通じて，HP社は，依然として分散した組織であり続けており，品質問題に対する事業部長の認識と新しい管理方式への開放性には相変わらず多様性があった．

　YHP社がデミング賞を獲得した後，ジョン・ヤングは，見るからにTQCとHP社の文化は一致したと感じ，1983年にTQCに公式的に関与することにした．デミング賞は，ヤングにとって彼が必要としていた最終的な「証拠」をもたらしたのだった．それは，日本法人であるYHP社がやっていたことは正しかったと認める証紙をYHP社に提供することになった．端的に言うと，デミング賞を獲得したことで，HP社のトップ・マネジメントの間でYHP社のTQCが正当化され，さらに，YHP社が信頼性ある情報源であるかどうかについて長く燻っていた疑いも消え去ったのである．

　品質の重要性を説きはじめた時期に，トップ・マネジメントは，将来，全社的にその成果を売り出せるような勝利と成功のストーリーを早いうちに確保し得るようあらゆることを行った．最初，その考えは，事業の成功という観点から低い故障率はペイするということを部長とミドル・マネジメントたちに納得させるためのものであった (Main, 1994, p.54)．経営者たちは，HP社自体の成功物語を売り込むだけでなく，同様にYHP社のことも公表した．社内におけるTQCの「マーケティング」は，何が可能であったかということを示すためにYHP社を利用し，YHP社の活動の事前および事後的な評価を行い（例えば，1976年と1983年の数字を比較するというように），そしてその改善を達成するため

に会社が利用した方式を文書化するという形をとって行われた．自動ハンダ付け装置改善の物語は，HP社の多くの事業部で，ほとんど集団的に共有され，民話のように語られていた．この物語は，1996年に私がインタビューを始めた時点でも，HP社のいくつかの訓練プログラムに使われていた．サンタ・クララの工場からHP社の「進歩の遅れた日本の工場」に船で運ばれた中古の機械に自動ハンダ付け装置の改善が施された，という事実により，そのインパクトは増幅された．

こうした観察からHP社が学び広めたひとつの重要な教訓は，品質問題の解決における技術の限界性であった．HP社の製造担当の元副社長レイ・デミア (Ray Demere) は，1983年の世界規模の部長会議で，下記の言葉とともに，社長の笹岡を紹介した．

> 品質と生産性の向上に関する2つの戦略をあげたいと思います．ひとつはオートメーションに依拠する戦略で，…もうひとつはマネジメントに依拠する戦略でして，これは品質に目的をおく統計的なツールを含む，優れて発展した一連の経営方針・管理方式・標準・方法論であり，その中では人間の役割が強調されています．大きな成功を収めるには，この戦略をオートメーションに依拠する戦略よりも優先させなくてはなりません．YHP社は，オートメーション化を拡大せずに，マネジメントに依拠する戦略を全社的に実行し最も成功させました．その方式は作業プロセスを分析するもので，まず，機会に応じた統計的方法を用いてデータを測定し収集する，次に改善を施す行動をとる，そしてプロセスをコントロールするためにチェックするというものです．ほとんどの進歩は，プロセスの欠陥の除去を科学的に行う，正確で単純な解決方法によってもたらされたのです[7]．

このことは，GM社のトップ・マネジメントが1980年代の後期まで，NUMMIの経験からも，またハムトランク (Hamtramck) 工場等に膨大な技術投資をして「一気に追い抜こうとして」失敗した経験からも，学ばなかった教訓である (Keller, 1989, pp.202-225)．

何が可能で，何が移転先の従業員がすでに考え行っていることと違うのかということについて，移転元の組織が情報提供者となることにより，ひとつのモデルとして機能し得ることをわれわれは観察を通して理解した．自動ハンダづけ装置の改善によって例証されたように，YHP社の様々な成功事例が，まさにこの目的に寄与したことは明らかである．

　1980年代初期にHP社で始まった最も強力で全社的な品質改善運動は，「10×」プログラムというものであった．このプログラムは当時の社長ジョン・ヤングの主導で1980年に発表され，10年かけてハードウェアの品質を10倍引き上げる（故障率を10分の1にする—訳者）ことが要請されたものだった．品質を重要な競争要因にするためにHP社内で「重大な規律」の変革が要求されているという認識を基礎とするものであった．当時，HP社は「高い品質」という評判をいまだ享受していたが，その製造コストの約25パーセントを品質問題の改善に費やしていたことも事実であった（Young, 1983, p.10）．しかし，なかには「HP社にとって品質は問題ではない」と主張する人々もいて，そうした人々にこの情報を理解することはできなかった．従業員にショックを与えHP社が品質のリーダーであると信じきっている状況から抜け出すために，また，基本的な働き方と改善の仕方に疑問をもたせるために，この衝撃的な目標が必要だったのである．同時に，このプログラムの主唱者は，それを成功させるには，それが従業員の間で信用できるものとみなされなくてはならないこと，それには，まず何よりも，それが達成可能であるとみなされることが必要であることを理解していた．

　顧客データのインプットなどの要素とともに，YHP社の偉業が，「10×」目標そのものを設定するのに貢献したことはほぼ確実であろう．1979年までに，YHP社はすでにTQCのもとに大きな改善をみせていた．自動ハンダ付け装置の品質改善運動の努力に対する初期の成果が出始めていた．前述したように，YHP社は故障率を1997年の100万個当たり4,000個（4,000ppm）から，1979年には40個（40ppm）に減らしている．このことは，1979年の欠陥の数が1977年の1パーセントになったということを意味する．これは，HP社が目標として設定した10倍という目標はるかに超えていた．（自動ハンダづけ装置の改

善が，製品レベルというより，むしろ部品に関してであったのに対して，この「10×」目標は多くの部品が相互に組み合わせられた，はるかに大きな挑戦課題であった)．

笹岡はその当時を思い出してYHP社の役割を以下のように表現した．

> 私達も「10×」プログラムに大いに影響を与えました．どの程度HP社との格差があるのか，また，自動ハンダ付け装置の改善で行ったような具体的な努力で，どのくらい進歩できるのか，それを示すことで，われわれはジョン・ヤング氏が設定した野心的な目標に貢献しました．そして，さらにTQC管理方式の応用は，この「10×」目標を目指し挑戦することを選択する多くのマネジャーにとって，ひとつの重要な手法となったのです．

YHP社のその見事な達成を認めていく過程で，YHP社を訪問したHP社の管理者は，TQCは奇跡ではなく「基本的な防御と攻撃」があるのみだという印象をますます強くした．つまりそれは，自分達にもできる，ということを表現していたのである．一見，関連のないように見える多くの常識的な判断による管理方式だが，その背後に実は基本的なシステムの論理が存在していた．それは経験を重ねることによってのみはっきり見えてくるものである．とはいえ導入の初期段階では，単純で基本的な「防御と攻撃」であるとの確信は，管理者が先に進むための自信を与えるものであった．このことは，無知（要求されている変化が大きいという実感がないという）が組織的な変革の助けになることを意味している．

何が「10×」プログラムの取り組みの成果だったのであだろうか．1991年にHP社は社内誌"Measure"（1981年創刊）で勝利宣言をした．HP社が進歩を測るために用いた基準は，製品販売価格1,000ドルあたりの故障の数であった．この標準化された計測方法を用いると，故障は1981年の1.0から1991年にはほとんど0.1に減っており，もう少しで「10×」目標の達成というところであった．別の言い方をすると，1991年の保証のもとでの故障は，1981年のちょうど10パーセントであった．確かに，改善の比率が事業部ごとに大きく異なっていた．このことは，目標を抱えた各事業部の真剣さにある程度ばらつきが

あったことと，測定基準の不完全性が影響していたことを反映していた．

品質保証のコストは推計で8億ドルに減少した．そして，在庫，リードタイムおよび人件費の大きな削減が記録された．直接は計ることができないが，顧客のもとでの「故障回数」の減少によって製品の信頼性が向上し，HP社は劇的に顧客の不満レベルを下げ，顧客ロイヤリティを上げ，そして既存の顧客がHP社を他の人に勧める可能性を増大させたと推定できた．したがって，品質の向上は，将来的には製品の売上につながっていくと期待がもてた．

HP社にとって「10×」目標の組織的重要性とは，その分権的な企業文化の中で，それが力強い全社的な目標を提供するということであった．それは1980年代におけるHP社全体の改善プログラムの基礎となった．その目標を達成しようとする管理者にはプレッシャーがかかり，そこで彼らはTQCのいくつかの型を採用するようになった．社内の品質管理部門自体は，弱い立場から，その命令が他部門において義務としての重要性をもつような部門へと変化した（「汝次にことを行うべし」という神のお告げのような）．もちろん，品質管理部門がいつも自分達の思い通りにしていたというのではない．各事業部長達は特定の方策が気に入らないと，巧妙な手を使い，消極的に，また積極的に抵抗した（Main, 1994, p. 165）．

抵抗に囲まれていたにもかかわらず全体の環境は，「10×」目標の傘が，YHP社で展開されているTQC活動を受容するよう管理者たちを促しているという状況になっていった．YHP社の品質管理部長であった吉元克巳が記したものによると，「1980年代初期に，HP社の部長たちは『10×』目標を達成するための方法を探していた．また，そのことが彼らにYHP社の工程改善の考え方を受容させた」という．つまり，YHP社の成功は，品質の競技場において設定されたHP社の目標に重要な影響を与え，またYHP社のTQC活動は，HP社に実行のテンプレートとして，一連の具体的なプロセスと最終成果のベンチマークを提供したのだった．

4　品質管理技術の移転——2段階の軌道

　YHP社からHP社へのTQCの移転は，2段階の時期を経て進んだと考えられる．第1段階はYHP社の事業の日常的な問題を解決するなかでの移転である．第2段階はHP社全体に意識的にTQCを広げる取り組みにYHP社を巻き込んだものである．

　1周目のトラックは幅が狭くて奥が深いものであった．それは，YHP社の事業に関連したHP社の事業部に対してだけ通じていて，すべての事業部には到達していない．それは，2周目のトラックほど幅のあるものではなかったが，YHP社はHP社の事業部と交流しながら新たな事業方式のモデルとなっていき，多くの点で効果的であった．このように，関連した学習と技術移転は，通常の事業での問題解決の活動と作業に組み込まれていた．それは，HP社とYHP社の間での移転プロセスで用いられた様々な方式での「実践による学習」に最も近く，したがって，それは学習と実践の間の溝を埋めるのに抜群に効果的な方法であった．HP社の社員が日本のYHP社へ，またYHP社スタッフがHP社に，特別な問題の解決のために訪問し合うことは，この方式の特徴であった．こうした交換の実践的で反復的な特質と新しい管理方式についてのはっきりした目的は，技術移転を比較的脅威が少なく，しかも明確で，分かりやすいものにし，その実行をより容易なものにした．

　YHP社の品質管理部長の吉元は，この取組みの一端として，1983年から1990年の間に，HP社の事業部のために約200の非公式な問題解決の診断をしたと推計している．これらのほとんどは，HP社の事業部に日本の顧客を満足させるより良い仕事をさせることで，YHP社が抱えるビジネス上の問題を解決するために行われていた．事実，YHP社は1980年代に，顧客フィードバックの改善と，HP社の従業員が「顧客の声」に耳を傾けるようにすることに焦点をあてていた．YHP社の管理者は，顧客の苦情への対応に焦点をあてることは，HP社が1982年に決定した，顧客の視点に立った伝統的な企業目標を再び活性化させることに寄与するものだと信じていた．

YHP社は，YHP社に供給される製品の品質から見て最悪であったHP社の7事業部を「虹の事業部」（後に「DOA〔Dead on Arrival〕問題」の名で知られる）と名付けてターゲットにした．ここで，文化的な違いに気付かざるを得ない．つまり，米国人の管理者は同じような環境で，疑うことなく「The dirty seven」のような，もっと攻撃的なレッテルを選択しただろう．品質管理部長の吉元は，年に4回渡米しそれらの事業部に出向き，製品の品質管理の必要性が最も要求される人達と一緒に働いた．彼は，主に事業部長と職能部長に会った．吉元に同行したYHP社のスタッフは，DOA製品のような領域のために，例の「虹の事業部」のHP社スタッフと共に製品設計と生産能力の向上を達成するための共同の改善プロジェクトを指揮した．

　製品の信頼性もYHP社にとって主要で継続的な焦点であり，YHP社はしばしばHP社の管理者とともに，共同改善活動を組織することがあった．例えば1982年に，YHP社は，コロラド州フォートコリンズにあるデスクトップ・コンピュータ事業部（DCD）と，共同改善グループを形成したことがあった．それはYHP社が，両方の地域で作られた製品がもつ問題に対処するためであった．同年（1982年）にDCDのメンバーは日本を訪ね，一方，一人のYHP社の技術者がフォートコリンズに半年滞在した．このDCDのチームが成し遂げた改善により，故障率は60％削減され，製造コストも低下した（Mohr and Mohr, 1982, pp. 249-250）．こうした「伝える」改善活動によって，YHP社における品質改善の専門知識の多くがHP社に移転された．

　YHP社による苦情が初期においてHP社の従業員からよく無視されていたということは前述したとおりである．しかし，HP社の中でYHP社の評判がよくなるにつれて，YHP社からの苦情をもっと真剣に扱わねばならなくなっていった．全社的な会議でトップ・マネジメントがその目標の成就に賭けるように勧めているとき，その申し入れに抵抗するような事業部・グループの管理者あるいは技術者になりたいと思う者はいないだろう．YHP社は，変革への圧力をどのようにして強めるかを学んだ．もし，ある担当の技術者が対応しない場合，それは管理者にもちこまれ，また，その管理者もそれに対応しない場合には，社長の笹岡自らがグループレベルに圧力をかけることにした．必要だと考えら

れる変革を起こすために，どうしてもやらねばならないと考えられることを実行した．もちろん，問題はいつもYHP社の台本に沿って解決されたわけではないし，現実の成果は，要素どうしの複雑な相互作用の結果であった．

同時に，行動を起こすという方法でHP社がもっと顧客の苦情に配慮するように，YHP社の管理者は自分達がHP社に対する効果的なフィードバック方法を開発しなくてはならないと認識していた．HP社の積極的な対応の可能性を最大限にする必要があった．彼らは，しかるべき情報を，しかるべきレベルの，しかるべき人に送ることに専念した．徐々に，彼らのフィードバックの質は向上し始めた．彼らは，従業員に対してそれが，「ホットサイト・アクション」（上位レベルの管理者が，怒る顧客に対面し問題解決のために何でも行うことを確約すること）の課題となるべき問題かどうか，それと同時に，その問題の解決のために品質チームや当該の職能部門に問題を伝達すべきかどうか，職能部門であるならば，どこに，どのレベルに送るべきかということを見きわめるためにそれぞれの問題を分析するように教えた．

YHP社はフィードバック方式を採用することを計画し，従業員が適切な応答をするように教育訓練を行った．TQCを用いることで，もはや単にHP社に苦情を出したり感情的な意思表示をすることのないよう従業員を教育した．そのかわり，問題を明確に記述すること，ならびに，その原因を分析することが，YHP社のフィードバック方式の特徴となっていった．可能な場合にはそのフィードバック方式の一時的あるいは永続的な固定化を勧めた．YHP社は，特定の問題を解決するための国際的なコミュニケーションを促進するのに，明確な問題記述やデータ分析をする「QCストーリー・フォーマット（実際の問題解決のプロセスを模倣するための一連のステップ）」が有効であると考えた．基本的に，それは末端の顧客の苦情に関するデータをHP社に提供し，ますます明確に，そして強い調子で「顧客の声」を伝える媒体となった．YHP社は，このこともHP社の管理者たちに聞かせなければならないと考えていた．選抜されたHP社の事業部に対して，通常の事業活動を通じてTQCの考え方を広めるため，この方法で現実的な事業上の問題を扱った．この仕組みを用いることで，学習と効果的な実践が合体したと思われる．

これらの活動を経ることで成功物語は発展し全社的に浸透した．こうしてBoiseのディスク・メモリー事業部が，日本の顧客をより満足させるHP社の取組みの成果の一部として，改善のモデルとなった．1984年に，HP社のハード・ディスク製品は，日本の競合相手との競争で劣勢であった．HP社の製品は，故障発生の間隔（MTBF : mean time between failure）が8,000時間であり，一方，日本のトップの製品はMTBFが30,000時間であった．しかし，YHP社と協力することで，1992年までにBoise製品の故障発生間隔を300,000時間にまで上げ，産業界の標準とすることができた．さらに1995年には800,000時間にまで上げることができた．このような進歩があったにもかかわらず，1996年にHP社は，このハード・ディスク事業を閉鎖してしまった．このように，新たな出来事が，急速に，「時代遅れの過去の成功」に変えてしまうので，企業の成功モデルはしばしば短命であるということを思い知らされるのであった．

　予想できることだが，HP社は事業部組織の統合が緩やかなので，TQCが伝えるものに対していくつかの事業部は他の事業部よりも反抗的であった．管理者のなかにはTQCに対して口先だけの好意を示す術をもつ者もおり，自分達のやり方を少しも変えようとはしなかった．設計の変更には高いコストを要したので，ひとつの問題に半永久的な調整を施すことをしぶる事業部も多かった．YHP社のある管理者は思い出して以下のように語った．

　　私がHP社を訪問していたとき，管理者達が，短期的な利益を出す必要性と，一方では，TQCを管理方式に取り込んで長期的で統合的な事業戦略を支えることとの両立に苦労していたのを見ることができました．彼らは事業の背景，部長から受け取る合図，および総合的な収益性いかんによって，短期的利益か長期的戦略のどちらかを強調するきらいがあった．

　YHP社は，日本での販売のために日本に送られる製品について，DOA（Dead on arrival：到着時にすでに欠陥あり）研究を指揮し公表したHP社の最初の事業部であった．顧客の現場で据え付けられた製品が故障する理由を研究し始

めたとき，彼らは，日本においてはその多くがDOAであることに気付いた．それまで，このことは企業内でタブーとされた課題であった．HP社は1980年の最初の研究において，10％という注目すべき高い比率の製品が，日本に到着してDOAとなっていた（HP社の管理者の中には数の誇張を懸念する者もいた．なぜなら，装飾部分や他の微細な欠陥を恣意的に含んでいるのではないかと見ていたからだ）ことを発見した．問題とその情報源を公表するといったYHP社の多大な努力の成果により，部分的にではあるが，1990年に日本で検出されたDOAの数は1％に低下した．YHP社はさらに，DEFOA（遅延および不足品・部品・書類の紛失が原因で到着時にすでに欠陥あり）というカテゴリーを追加することによって，DOAに対する派生的なアプローチを創出していった．YHP社のDOA撲滅活動は，HP社による業績のベンチマークとして機能するようになった．HP社のあるベテラン従業員によればYHP社は「品質保証期限内の故障率」データの拠り所となってきているという．YHP社へ海上輸送される製品のDOA率は輸出品の品質を計る最も厳しい基準なのである．

　このYHP社によるDOA撲滅キャンペーンは，1990年代のHP社において，世界規模の規範的実践であるリエンジニアリング・プロジェクトの展開に，ひとつの種を蒔いた．HP社は複雑なシステム製品（異なる地域でつくられた部品によるものが多い）は遅延やDOAを引き起こすので，それらの輸送に弱かった（Main, 1994, pp. 166-167）．初期においては，HP社の管理者は，DOA研究におけるYHP社の否定的な説明に抵抗していた．HP社ヨーロッパの品質管理者は，YHP社の立場を率先して擁護し，YHP社のDOAデータを世界規模での規範実行プロセス作成の最初の基盤として活用した．こうして，YHP社の活動は，着想とスタート台としてのDOAデータを提供し，それは，規範を改善するという全社的な努力の展開に続くことになった．そして，その規範に基づく実行はHP社の事業単位を世界規模で調整することを必要とした．

　YHP社がデミング賞を獲得した1982年に，YHP社は2周目のトラックを走り始め，より意識的にHP社全社にTQCを普及させようとした．この2周目のトラックは幅広いがさほど奥深くはないという点で，最初のトラックとは正反対のものであった．それは，政策的助言，勧告および広い概念規定を与える舞

台設定のようなものであった．そしてそれは，現場レベルでのより特別な訓練と活動に従った場合にのみ効果的であった．それでも，この2つのトラックを進むことで，YHP社のTQC活動はHP社の発展に決定的な影響を及ぼしたと主張することができる．

　2周目のトラックは，HP社のトップ・マネジメントにより奨励されたが，それはYHP社社長の笹岡がHP社の部長達に向けて行った上述のプレゼンテーションを含め，多くの形をとっていた．それは，HP社の品質管理の方針を発展させることに当時の品質管理部長の吉元が参加することによっても行われた．吉元は，1983年に品質協議会のメンバーになり，年4回の会合に出席した．その協議会は，主として，（製品グループと地域グループの双方の）グループの品質管理者と，会社の重要な品質スタッフで構成されていた．当時，会社の方向性を決めるのに，その協議会は強い影響力をもっていた．また，それは方針管理のように研究テーマを議題にして学習する組織として実施されていた．この協議会は，HP社における品質管理者を集め，新たな考え方を管理方式に転換するための伝送ベルトとして貢献した．

　確かにこれは決してスムーズな，あるいは完璧なプロセスではなかった．事業成功の要素について自らの強靭な考えをもつ事業部の管理者に対して，新たに品質管理上の権限で武装した管理者が鞭を振うことも頻繁にあった．この2者の融合と調和の程度は，次のようなことに依存していた．それは，事業部長の受容性，巧妙さ，および柔軟性，新しい考えをひとまとめにする品質管理者の社会的スキル，唱道されている特定の品質管理方式の特性，事業の順調な進み具合，そして事業部門の管理者達が上司から受けている圧力の性質などである．

　YHP社はさらに，品質成熟システム（Quality Maturity System）の展開を支援した．それは，全社的な診断活動であり，「方針管理」（方針の計画と展開）の実行にむけたものであった．これらの方式の制度化を成功裡に成し遂げるために，導入のプロセスが適応的革新とどのように相互作用したかを理解することが必要である．

　そのために，最後に「方針管理」について検討する．

5　方針管理

　方針管理 (hoshin management) とは，トヨタ，コマツ，およびブリヂストンなどにより，1970年代初期の日本で具現化された一連の管理方式であり，日本のTQCあるいは全社的品質管理 (CWQC : Corporate-Wide Quality Control) の中核的な要素のひとつをなしている．多くの米国企業がそうであるように，HP社においても，経営者層は，日本語のまま「方針 (hoshin)」を用いている．その管理システムは，日本人が好む直訳での「方針による管理 (management by policyあるいはpolicy management)」とは異なりHP社では「方針計画 (hosin planning)」として知られている．

　方針管理については，シバ=グラハム=ウォルデン (Shiba, Graham, Walden 1993, p. 412) に従い，重要な企業目標に基づき，かつ緊急性を認識して，すべての組織階層と従業員の調整に努める計画と実行の方法と表現することができる．それを達成すれば競争差異を実現できる重要な企業目標に向けて，従業員努力と情報とを集中させ，それを調整することによって企業は難問を突破しようとする．企業環境の変化と整合性のある企業目標と活動とを素早く効果的にもたらすように，こうしたテーマが注意深く選択されることが期待されるのである．それは，重大なビジネス・プロセスにおける変革のマネジメントであり，それに対する組織的な取組みの方法を提供し，それらを達成するための手段の選択とそれらの調整における垂直的・水平的な対話を含んでいる (Watson, 1991, pp. xxii – xxxiv)．日本企業は，この徹底的な対話を「キャッチ・ボール」と呼ぶ．

　方針管理は，1970年代初期に日本のTQCの重要な基本要素として具体化されたが，米国の管理者の注意を引くのにこれほどの長い時間がかかったことは注目に値する．方針管理を行うための方針計画活動は，1980年代の初期から半ばにかけて，ほとんどの米国企業が理解できなかった品質改善のための新たな方式の中に隠された基本要素のひとつであった．この点ではHP社も例外ではなかった．

1980年代の初期，HP社の品質改善方式に関するYHP社のリーダー達の考えは，まずはHP社の管理者にTQCの基本を理解させねばならないというものであった．このことは，YHP社を方針管理の導入に向かわせるきっかけとなった．しかし，YHP社が初期においてHP社の部長達に行った方針管理についての予備交渉は，温かく受容されることはなかった．HP社の管理者は，自分達が利用している目標管理（MBO：Management by objective）——個人別の管理的な目標を定めて成果を計ることを含む——に専心していたので，目標管理に対する方針管理の優位性を見ていなかった．

1985年に，社内の品質管理のリーダーであるクレイグ・ウェイター（Craig Waiter）は，YHP社から，方針管理を文書化しているということを聞いた．同時期に吉元克巳がTQC運動における次の最も重要なステップとして，HP社が方針管理を採用するようにキャンペーンを行っていた．クレイグは，方針管理は基本的に戦略的計画のための方法であると見ていた．加えて，YHP社は，それがHP社の「10×」目標の達成のための効果的な方式となると強調した（King, 1989, p.ii）．方針管理についてのYHP社の文書が翻訳され，吉元克巳が方針管理を説明するのに一役買った．YHP社の従業員は方針管理がどのように機能するかについての理解をうながすためにHP社のスタッフやえり抜きの事業部と仕事を続けた．一方HP社のスタッフは，選抜された管理者と同様に，自分達の方針管理の活用方法と，YHP社のそれとを繰り返し比べることが可能であり，また，それを実行した．

狩野紀昭教授はよく知られた日本の品質カウンセラーだが，HP社で独自に仕事を始めていた．マレーシアやシンガポールのHPグループでの彼の業績に精通していたマネジャーに招聘されていた．彼の招聘はYHP社を通じてではなかったが，HP社での彼の仕事はYHP社の教育訓練活動と密接に対応するようになっていた．日本人の専門家を利用したことは，ステインコームが言う「常に新しい情報が生まれる場所にいること」という忠告の変形としての役割を果たした．狩野を活用することによって，HP社は事実上新しいものを日本から直接的に米国の現場に持って来ることができた．方針管理は，狩野の活動の主要な焦点であり，彼も方針管理が重要であると強く思っていた．彼は方針

管理を効果的に利用できるようにHP社のマネジャーを補佐した．特にキャッチ・ボールの重要性と，目標は1年以上にわたって継続しうるということ，および目標に到達する過程におけるPDCAサイクルの重要性を強調した．

1980年代の半ばに，HP社は苦悩していた．利益は落ち込み，事業部はいまだに分散的なコントロールの下で業務を行っていた．この困難な状況は事業部間のより大きな調整と統一への動きを加速させた（Beckman, 1996）．こうして，会社の異なる部分を調整するための，また，会社に戦略的な方向性を与えるためのより良い仕組みを見出すことに大きな関心が注がれた．目標管理を利用して結果として生じた事実上のボトム・アップの計画プロセスはほとんど役に立たなかった．しかし，方針管理は条件を満たしているし，ちょうどよいタイミングで現れたように思われた．ここでも，われわれは意思決定における「ゴミ箱モデル」の証拠を見出すのであった．

しかし，HP社にとって方針計画は，戦略的な方向性を与える唯一の解決策ではなかった．方針計画が導入されて間もなく，3〜5ヵ年の10段階の計画プロセスが，会社の技術者とコンサルティング・サービス組織によって取り組まれ，さらに成功した．この計画プロセスは，方針計画とともに事業部によって用いられるようになった．それは14のカテゴリー（戦略的方向性，競争および顧客満足等）をベースとしている．

企業の品質部門は管理者に方針管理を利用させるリーダー役となった．管理者達のこのグループは定期的に集い，彼らが直面する問題について話し合った．1〜2年間，方針管理を利用した後に，そこで達成したことを4〜5つのグループが披露する会議が開かれ，他の事業部長や関係グループが聴講者として出席した．当時の最高業務執行責任者（COO）のディーン・モートン（Dean Morton）自身も方針管理にかかわり実践しはじめた．このことは，このプロセスへの彼の関与に重要な広がりをもたらし，方針管理の正当性の確立を後押しした．部長達は，積極的に対応し，それを好むかのようにも見えた．方針管理は，彼らが事業運営を支援し，エネルギーや資源に焦点を当てるのに役立った．彼らは，その明快さと，それが彼らに与えるように思えるコントロールの感触を好んでいた．しだいに，彼らは，それが一種の「ターボチャージャー付きの

〔強化された〕目標管理」——伝統的な目標管理のパワーを増すためにPDCAサイクルを用いる——のように思えてきた．伝統的な目標管理は，もっぱら結果志向のものであったが，方針管理システムはそれをカバーするかように，バランスを追求し，プロセスに強く焦点をあてていた．目標管理に対する方針管理の優越性を主張するよりもむしろ，方針管理は「より成熟した目標管理」として社内で普及した．

　HP社の方針計画は，年間計画のツールとして広く利用されるようになり，また，それは1989年頃にはすべての事業部に展開されることが期待された（まだHP社において何も指令は出ていないようだが）．上級管理者は，事業やグループ間のよりよい調整を模索していたときに，方針管理が会社の戦略プロセスに構造と一貫性，結束，および共通の言語をもたらしたので，それに魅せられたのであった．

　HP社の最高経営責任者（本書執筆当時）ルー・プラット（Lew Platt）は，方針管理の強力な支援者かつ利用者であり，さらに，事業部を評価する定期的な審査過程に参加していた．そこでは，事業部がその目標どおりの結果を出したかどうかが問われ，もしそうでなくて何か不足していることについてやるべきことがあれば，それは何かということについての検討が行われる．1人のユーザーとして，プラットは他の管理者に対して彼が期待することをモデル化した．プラットが引き継いだのは1992年で，彼は部長達との最初の会合で，実際に開口一番，「これは私の方針です」と述べ，3つの重要な当面の目標を並べた．さらに，「これは私の企業経営の方法です」と強調した．つまりそれは，方針管理を支援する明確なメッセージであった．そしてそれは，同席している他者への暗黙のアドバイスでもあった．

　これは，道が真っ直ぐで渡るのが簡単だということを暗示しているのではない．HP社の管理者達は激しく苦悩してきたし，方針管理を彼らのニーズに合った方法で機能させるために，今なお苦悩している．当初，HP社の管理者たちは，毎年沢山の目標を掲げる傾向があった．狩野は，これについて「たくさんのウサギを追い過ぎる」と表現した．つまり，突破すべきごく少数の目標に集中することが必要であるということを学ぶのに時間がかかったのであった．

さらに，通常の「ビジネスの基本」に応えていくための義務とは別にこれらの突破すべき目標を堅持していく必要性を学ぶのにも時間がかかった．多くの管理者たちは伝統的な目標管理を手放すことに問題を抱えており，方針管理の実践を貫いたもののそれ自体の進歩を測定したことはなく，毎年，前年の業績を反映させることなく，あるいは全く前年実績を欠いたまま新しい方針をつくることになった．管理者の中には，方針管理計画を管理の手段として取り扱い（「キャッチ・ボール」の機能を使わずに）誤使用した者もいた．彼らは単純に方針を作成し，それを既成事実として部下達に伝えた．さらに，それを官僚的な企業の方向へと転換させたり定期的な業績審査を行わない管理者もいた．

ジョージ・イーストン（George Easton）は，HP社の1事業部における方針計画について，その研究結果予備報告で，次のような問題点を認めていた．それは，10段階計画プロセスと方針計画との間の関係を完全には解明し得なかったということである．プロセスの進行役（典型的にはトップの事業部長）は主要なスタッフメンバーから選ばれた者達であり，事実上，上級管理者から方針についての責任を委譲されていたためしばしば重大な役割を担うことになった．このことは次のような疑問を生じさせる．つまり，はたして方針は期待どおり効果的に運用されたのかどうか，そして，トップの事業部長が好ましい行動をモデル化することに失敗した時は，長期的にマイナスの結果をもたらすのではないだろうかということである．最後に，イーストンは，どのように事業が運営されるかということと関連して，方針計画の重要性に疑問を投げかけた[8]．イーストンが掲げた論点が提起する問題は，事業部ごとに大きく異なると思われる．

HP社も含め，米国の多くの企業に共通する問題は次のようなことであった．それは，活動するために方針計画をたてること，実際の活動それ自体，およびその活動をモニタリングすること（実行と定期的な点検）よりも，方針計画そのもの（現状打破の目標のストレートな設定）の方が相対的に得意であったということである[9]．この意味において，HP社で「方針計画」という言葉を使うことは誤りではなく，それは（計画は実行のために必要とされるにもかかわらず）実行と点検を軽視していることを反映しているのである．

典型的な日本企業と比べると，HP社の点検プロセスは公式性をほとんど欠いていた．YHP社においては，例えば管理者達は計画からの逸脱を几帳面に見つけ出す傾向があるが，一方HP社の管理者は一度計画が採用されたら，様々な不確定要素が生じても計画を停止することはできないと考える．彼らは，停止することでより大掛かりな方式が必要になると信じている．つまり，当初の計画との詳細な違いを記述し，現状と計画目標との間の格差を減らすための対策を立てて公式に関与するために多大な時間と資源を使ってしまうことは意味のないことだと確信している．HP社の品質管理マネジャーのリチャード・レヴィット（Richard LeVitt）は以下の理由からHP社において方針管理は成功していると言う．

　なぜならばそれは，われわれはビジネス社会において何者なのか，どこへ進もうとしているのかを理解するのに役立つからです．また，方針プログラムは，それ自体が計画活動であり，合意を形成し共同作業を成し遂げるものです．共通の現状打破目標に向かって協力するプロセスは重要です．実行というものは，必然的にずさんで面倒なものになるのです．

この議論は，ダイナミックで革新的な米国人とは対照的に，儀式偏重で官僚的な日本企業，というステレオタイプへと発展する．しかし，狩野紀昭は，最も成果をあげている日本企業は，新たな状況に対し自らの計画を調整するために軌道修正をためらわないと言っている．さらに，YHP社で周知のように，ひ弱な再検討プロセスでは，管理者がたとえ不十分でも効果的な回復プランを処方する可能性をなくしてしまうとともに，管理者も問題の根本的原因の分析を行わなくなってしまう．結果的には，管理者は，その結果をもたらしたプロセスを理解するのにより困難な時間を過ごすことになる．不完全なプロセスが計画を失敗に招いたのか，それとも環境に何らかの変化が生じたのかという点について注意深い再検討をしなければ，管理者は経験から知ることも学ぶこともできない．したがって彼らは将来においても同様の無駄な方法を選択してしまうことになるだろう．つまり，PDCAサイクルを実践しないことで，価値あ

る知識を創造する機会をなくしているのである．日本的な観点から端的に言うと，そこには方針の方法論の不完全な用い方が存在するのである．

　HP社は他にも日本的方針プログラムの方法を修正して用いていた．HP社は方針管理の構想と実行のため，3つの書式（計画表，実行表，再検討表）を用いた．YHP社は一般的に，これらにパフォーマンス計測表を加えた4つ（この計測表には，目標までの達成度を測るために，予め取り決めた特定の測定基準の定義と他の項目が含まれる）を用いていた．HP社の従業員は，この4番目の表はあまり価値がないと信じていた．一方，YHP社は実行にこそ力点をおくべきだと考えており，主に，その責務と一致するそれぞれの独自の実行プランを構築するために4階層による管理（事業部門，職能部門，および各課と係のマネジャー達）を求めていた．しかしながら，HP社では管理階層が下がるほど，管理者が実行表を作成する可能性は低くなる．HP社のリーダー達は，方針管理が受容されるためには簡易なものにしなくてはならないと信じていた．YHP社の方式は，多くのHP社の従業員にとって，あまりにも官僚的で儀式偏重的なものに見えた．HP社のある上級管理者はミドル・マネジャーの潜在的な受容力を考慮すると，もし簡易化せず無遠慮に導入するならば「犬も食わないものになる」と言っている．

　全体的に，トップ・マネジメントと事業部長達は，方針管理が会社に役立つ方向で進化したと確信するようになった．企業にとって重要な目標を突破した方針管理をいくつも挙げることができる．しかし，HP社における方針管理は，様々な観点からみて，最適とはいえない状態で運用されていた．実行の進捗状況を検討するためのPDCAサイクルの適用もあまりすすんでいなかったのである．しかしながら，おそらく，こうした適応のあり方はHP社において方針管理が受容されるようにするための代償であったと思われる．

　ここまでの議論では，TQCの学習からその現実的な利用への移行を効果的に行うための適応プロセスに焦点をあててきた．それは，YHP社の考え方を効果的にHP社の管理方式の一部とするために必要で，かつ重要な調整のいくつかを明らかにしている．方針管理についてのわれわれの議論で，HP社におけるYHP社の影響領域についての議論が尽くされたわけではない．特にYHP社

は，HP社の品質の診断と監査システム，および品質熟成システムの発展に大きく影響した．われわれは，QCサークルを議論してきたのでも，日本的なTQCの中心的な要素，あるいはYHP社により実行されたTQCを議論してきたのでもない．HP社において，サークル活動は性急に開始されたが，その後うまくいかなかった．興味深いことに，HP社の管理者の中には，重要だと思っていた者もいたのだが，YHP社において品質管理技術の移転は最重要課題ではなかったのである．

6 あいまいさ，意思決定，およびモデリング

HP社に品質管理の考えを普及させるというYHP社の役割は，およそ1979年から1986年の比較的短期間で終わった．YHP社の品質管理方式に対するHP社の関心はYHP社の収益性の良好さに伴って激的に高まったが，YHP社の収益性がひとたび減退すると関心も低下した．また，1985年に円が急激に上昇し始めると，YHP社自体の事業の業績が傾き始めた．翌年から数年間，ミクロ・マクロの多様な要因により，この下方転換はますます強固になった．その要因というのは，YHP社の販売組織への移転価格を上昇させたHP社内部の経理方法の変化（それによって日本国内での価格が上昇した），過度な投機と呼応していた日本のバブルの崩壊，YHP社が新しい設備に要した多額の経費，およびICテスターの市場に参入するための莫大な投資であった．

1992年，YHP社の製造部門は実際に損失を計上した．しかし，これは底であり，1995年になると，再び高い収益率を回復できた[10]．特に試験・測定機器事業は，HP社におけるかつてのナンバーワンの地位獲得をもう一度達成したのであった．現実的な見地からすると，1979年から1986年までは，移転を受け入れるための僅かな隙間があった，ということができる．あるYHP社の管理者が表現するように，1986年までに「全盛期は終わった」のであるが，「TQCに関して提供すべきもののほとんどについて，すでにかなり多くを移転していた」のであった．1990年代の初期まで，米国の企業では日本のものを取り入れることが流行しており，YHP社のマイナスの業績はしばらくの間相殺

された．その頃，日本のバブル崩壊の衝撃が伝わり始め，模倣すべきモデルとして日本を提示していた人々は世間の話題から急速に姿を消した．

　これらの出来事は，より一般的なポイントを浮き彫りにしている．マネジャーが既存の会社や部門が学ぶべきモデルになるかならないかを，決定する基準とは何かということである．市場での成功が，その会社や部門がモデルとして役立つことを判断する強力な材料になることは疑いもない．しかし，1980年代初期のYHP社の驚くほどの成功が，TQCの成果であったというのは明らかなことなのかと問うこともできる．1980年代の初期，日本の企業は（TQCを行っていた企業のすべてではないが）ますます好ましい事業環境に遭遇しつつあった．そして，そうした環境においてTQCは非常に効果的であることを示した．だが，他の実践も効果的であった．確かに，YHP社の成功にTQCが独自の貢献をしたことを示すためのひとつのよいケースがつくられたに違いないが，実際には，この因果関係は明らかになったことのすべてではない．われわれは複雑なシステムに取り組んでいるのである．とはいえHP社はYHP社の財務的な成功をTQCの有効性の明確な指標ととらえている．

　同様に，高かったYHP社の収益的地位が1980年代の半ばに消失するやいなや，HP社の管理者は（YHP社の何人かの管理者でさえ），品質改善へのYHP社の取組みと収益性との関連を徐々に疑問視するようになった．1980年代半ば以降，HP社の管理者にとって，YHP社の磁石のような魅力はなくなった．だが，製造の効率，YHP社の品質パフォーマンスと評判，および収益額自体への寄与という観点からみて，1987〜1992年の間は，1980年代初期よりも，YHP社のTQC活動の効果が小さかったのだろうか．おそらくそうではないであろう（1980年代の半ばまで，YHP社のTQC活動が会社を安定させてきたと想定する）．論理的根拠にのみ基づいて，定数で変数を説明することはできない．このことに関する笹岡健三の意見のなかで彼が主張するように，TQCをマイナス要因とするのではなく，次のような強力な主張ができる．つまり，YHP社はその下降期においてもTQCの実行を忠実に行い続けたからこそ，事業の衰退は，他社の落ち込みよりも厳しいものにならずにすんだのだと主張できるのである．同様に，1992年の最低の状況からYHP社が急激な回復をしてきたのは，YHP社

が徐々に新しい進歩的な事業戦略を導入しながらも，TQCによる改善活動に執着してきたことの表れと見ることができるのである（Sasaoka, 1996, pp.19-23）．

　ここでは，笹岡が正しいか間違っているかではなく，むしろ，この種の状況を観察して，どのポジションが正しいのか間違っているのかということを，多くの管理者が理解することができないという点が重要である．彼らは原因と結果のつながりが理解できないのである．しかし彼らは，この種の状況に直面して企業の成功に衰えがみえるということは，その企業の方式を模倣しても役に立たないことを意味するにちがいないと憶測するのである．管理者は，自らの，また他社の経営システムの成熟というのは，すなわち財務的な業績と一致するとみなしがちである．

　この種の評価の蓋然性を高める条件は何か．革新的な方式で世間一般の通念に挑戦するが，その効果がプラスかマイナスかを示す確固たる証拠がないという条件のもとでは，その企業の業績下落によりマイナスの印象が流布されてしまう．これにより管理者は，有望なモデル企業が用いている特定の方式を自分たちの企業に導入することが，最も重要な基準，つまり企業業績に貢献しないのではないかと結論付けてしまうのである．その立証の要点は，革新的な方式の裏付けについてである．先に挙げた2つの条件のもとで，他の多くの変化も同時に起こっているという事実を取り上げて，管理者たちは用心するに越したことはないし，モデルを捨てた方がよいと結論づけてしまいがちになる．経営管理活動の焦点は，企業の業績をより速く，より確実に好転させる何か他のものを見出すことになっていくだろう．こうした状況で，経営会議で意見を述べる，革新に向けてケースを議論するということは難しい．しかし，ほとんど根拠に基づかずに活動することは，不確実性のひとつの大きな要素を生み，また間違いにつながる大きなきっかけを置き去りにすることになる．確かに品質改善の支持者達は，品質主導による利益を誇張し，したがって，品質上の成果と短期の財務的な業績との間に大きな相関性があることを明らかにすることで，経営管理の意思決定に貢献した．それを示すことができなければ，その支持者達は無防備となってしまっただろう．

7 結　　論

　学習のための組織設計に関するこの章の記述からわれわれは何を学んだだろうか．YHP社が1980年代初期に始まるHP社の新たな品質管理方式のモデルとして機能することを可能にした，かなり多くの掘り出しもののような要因が存在したことは明らかである．HP社が日本で合弁会社を設立したことは偶然の出来事ではなかったが，YHP社が品質に関する正しい解決策を，ふさわしい位置でふさわしい時にもつ適切な会社であろうということは，HP社のマネジャーが予測できることではなかった．このことは，品質改善の方法を学びに日本に行くことが，このような状況のもとでのみ有効であるということを意味するものではないが，しかしそれにもかかわらず1980年代初期のHP社とYHP社の関係のような良好な条件を多くの米国企業が享受することはできなかった．このことは，このテーマについて書くことで生計をたてている人達（学者やコンサルタント）が主張する以上に，学習する戦略的な意思と，学習プロセスを意識的に設計する能力には限界があるということを示唆している．技術移転を成功させるためのプロセスを制約する主な要因は，しばしば組織工学に従事する人々のコントロールの外側にあるのである．

　YHP社と関係をもつことによるHP社の利益は大きなものであった．何よりもまず，YHP社は信頼性の高い明確な情報の源泉として貢献した．YHP社が，成果判断基準，主要な組織的不確実性を解決するであろう新たな方式に関する方法論，および特定のプロセスや実行のための方法を提供することで，HP社のマネジャーの間に品質競技の場で勝負できる可能性があるという見通しを与えたのである．それらはかなりの貢献であった．YHP社は，それらの目標に到達するために，目標と方法の両方を提供した．確かに，HP社が新たな品質管理方式を学び実行する際には，他にもそれに影響を与えた多くものがあった．本章ではYHP社との接触がHP社にもたらした，他の米国企業よりもはるかに良好な関係づくりの滑り出しに焦点をあて，その影響を紹介することに限定し，そして品質改善へのアプローチについてわかりやすく記述してきた．事業部に

より大きな違いはあったが，品質競争における HP 社の実践をよく知る者は誰ひとりとして，YHP 社との長期的な関係による明らかな影響を見落とすことはなかった．

1990年代前半を通じて HP 社は急速に成長を続け，驚くべき成功を果たしたが，その原因は多様である．われわれは，品質の役割を統計的に証明することはできないが，この期間に HP 社は品質に関する強力な評判を形成した．それは事業上の重要な強みとなった．1996年，米国顧客満足調査（American Customer Satisfaction Survey）において，HP 社はパーソナル・コンピュータ関係の企業の中で最高の品質評点を獲得した．産業別の平均点が73点（市場占有率による加重平均）で，HP 社は77点だった．多くの調査が様々な製品ラインにおいて，HP 社を顧客満足の第1位にランク付けた．例えば，1995年に，J.D.パワーの顧客満足調査において，HP 社はノートブック・コンピュータで1位を獲得し，デスクトップのパーソナル・コンピュータで他社と同点の第1位であった（Bemowski, 1996, p. 27）．

短い製品サイクルと新技術の激的な進歩の結果としての周期的で爆発的な成長により特徴付けられる製品ライン（たとえば，インクジェット・プリンタとレーザー・プリンタのように）に参入しているために，HP 社の品質改善におけるリーダーシップは，非常に大きな資産となっていた．このような産業では，マス・マーケットに向けて品質上の事故を低く抑え，生産高を高めることにより，急速に生産を「上向きにする」能力が成功の鍵になる．HP 社は，まさしくこの領域で秀でていたのである（Moore, 1995, p.81）．HP 社がこれらを達成できたことに対する YHP 社の貢献は小さくなかった．そして，その貢献は新しい競争環境に合わせて継続的に修正され適合させられてきた．HP 社は，新しい情報が生まれる場所にいる方法と，そして，それを競争優位に変える方法を見出したのであった．

品質競争において，初期に現れたもう一方の影響力ある主導者は FPL 社で，この企業は日本から学ぶことに大きく依存していた．HP 社と日本企業との経験を FPL 社のそれと比較すると，HP 社の分散的な組織構造がよい方向に働いたことがわかる[11]．FPL 社は，ほとんどの従業員が同じ事業に従事するかなり

集中化された企業である．また，HP社と比べると特にダイナミックな経営環境にはおかれていないうえに，変化が生じると，すべての従業員が同じように受け止めがちな社内風土であった．FPL社の従業員は強力なトップダウンの階層的な組織に慣れ親しんでいた．端的に言うと，それはかなり日本企業に似ていた（Shiba, Graham, and Walden, 1993, p. 282）[12]．この高度に集中化された環境のもと，経営陣は一連の確立された施策を上から下へと，その階層を通じて実行することが可能であった．FPL社は，最初，日本的システムをそのまま導入した．したがってFPL方式の弱みは，米国のビジネス環境に対して，それら革新的な施策を調整する手法がなかったことであった．そして会社はトップ・マネジメントの交代にさらされてもいた．

1990年，FPL社がデミング賞を獲得してから間もなく，経営陣の交代が行われた．ジェームス・ブロードヘッド（James Broadhead）を先頭にした新しいマネジメント・チームは，最初のうちは，品質改善運動に反感を抱いていた．彼は従業員の不満に取り入るのが得意であった．多くの従業員が，既存の官僚的な階層組織に耐えられなくなっていることが明らかになってきていた．従業員の間には，「品質のプログラムはとても機械的で柔軟性を欠いたもので，書類志向の官僚制が生み出された」という感覚が漂い，実際に日常的な改善に対するバリアを張ってしまうこともあった．ブロードヘッドの考えによると，電力は必需品であるから，FPL社にとっての本当の挑戦とは業界の規制撤廃によって高まる脅威にどう対応するかであった．こうした状況から，品質に関してはあまり注意が払われなかったのである．彼は，品質改善に関する組織の多くを解体する方針にもとづいて動き出し，コスト削減のための大きなダウンサイジングに向けた施策をとり始めた．それは品質改善運動に関与していた人々に精神的な衝撃を与え，多くの従業員が会社を去っていった（Main, 1994）．

こうしたことにもかかわらず，品質改善運動はFPL社において合理化された形で復活し，ブロードヘッドの考えも時とともに柔軟になっていた．1990年代，品質改善運動で以下のような多くの変化がもたらされた．その変化とは，広範囲なベンチマーキングを行い，自主管理チームを強調し，アカウンタビリティを重視し，プロセス・リエンジニアリングを行い，そして従業員が創造的

でフレキシブルになるためにより多くの機会を提供することを重視するというものであった (Broadhead, 1996, p. 13). 様々な重要指標は, FPL 社がデミング賞の受賞を達成するほどに能力を向上させてからもなお品質改善が継続していることを示した（たとえば, 不測の停電回数のさらなる削減, ターキー・ポイント原子力プラントの品質の劇的な進歩）. つまり, 集権的経営システムにおける適応機能の欠如が引き起こす, 実行と適応の不連続的なプロセスを FPL 社に見ることができる.

一方 HP 社のケースにおいては, その分権化された組織のもとで管理者と下位レベルの従業員がさまざまな施策を試し, そして役に立つと考えられることを採用し, 必要に応じてそれらを調整し残りは放棄するなど, 調整のプロセスがより大きく担保されていた. HP 社における品質改善の運用は, 事業部長や部下に受け入れられるようにするため, しばしば複雑で資源集約的である日本の手続きを直観的に修正し単純化したものだった. HP 社においてプロセスの断絶に最も近い状況が生じたのは, 1992 年の終わりに新しい品質担当取締役のリチャード・レヴィットが就任し変革を起こした時期であった. しかし, その変化は, FPL 社で起きた混乱に比べると穏やかなものであった. 概して, HP 社における分権化モデルは品質改善のためのたくましく柔軟な方式を導いたのである. ただし, この方式は, 特別な問題にすばやく対応することに焦点を当てていたとは限らない.

ある企業を, 別の企業の望ましい行動モデルとして利用することは, しばしば, 学習と模倣の単純な問題として提示されているが, われわれの分析では HP 社にインパクトをもたらした YHP 社の有効性は, HP 社が学習を実践に移すのに YHP 社が果たした役割と密接にかかわっている. YHP 社が HP 社の従業員と, 実際の事業上の問題解決において実践的で反復的な交流をもったことが最も効果的であった. こうした方法は信頼性を最大化する. 新しい考えを HP 社に導入した, いわゆる「実践共同体」の中で, YHP 社と HP 社の従業員は, 事実上, 合同の集団となっている. こうしたケースでは学習と実践との間の溝に非常に効果的な橋渡しが見られた. しかし, 他の多くの事業部において, YHP 社の影響力は比較的拡散しており, 学習と実践との間の溝の橋渡しは部分

的にしか成功しなかった．企業全体のレベルにおいては，影響力の希釈化がより大きく見られた．というのも，高度に分散的な企業であることから，事業部に至るまでに薄まってしまうことは避けられないことであった．

　HP社の従業員は，彼らが知覚する組織文化に合うようにYHP社の考えを修正したので，望ましいモデルの模倣は，しばしば成功せず，また望ましいものでもなかった．したがって，共通の現状打破目標において協力し，協力を通じて共通の実行計画の開発を促進するという方法により，HP社において方針管理は制度化されたといえる．これは，YHP社のような日本企業によって展開された方針管理の精神と一致する．にもかかわらず，われわれは，HP社で用いられるようになった特別な仕組みが多くの日本的な方法から逸脱するのを見てきた．純粋主義者達は，半分空になったグラスは，HP社のように高い能力を有する米国企業でさえも方針管理の利益のすべてを引き出すことに失敗してきたことを意味すると主張するであろう．しかしこの事例は，この半分空のグラスは実は満杯（成功）であるということを論証しうる．つまり，急速に変化する事業上の，そして技術的な環境のなかで，HP社は，従業員が進んで方針管理に参加することを成功させ，そこから大きな利益を引き出すために必要なことを行ったのである．おそらく，真実は成功と失敗の両極の間のどこかにあるはずである．

注

1) 当時，日本企業は多くの産業で，その優れた信頼性をうまく利用していた．ほかにも品質の競争的側面は様々な場面で披露されていたが，それらは性能，特徴，整合性，永続性，有用性，そして美学でもあった（Garvin, 1988を参照）．1980年代は，日本の優越性のオーラが，日本製品の品質を高く評価することにつながった時期であった．
2) Cole, 1999を参照．
3) 1996年，横河ヒューレット・パッカードは，日本ヒューレット・パッカードに改名．
　　本章では，当時の社名である，横河ヒューレット・パッカードを用いる．
4) 本章のような分析ができたのは，次に挙げる人々が，多くの時間を割いて多くの関連する企業文書を提供してくれたおかげである．感謝している．HP社の元品質管理部長のクレイグ・ウェイター，最近（執筆当時－訳者）の品質管理部長のリチャード・レビット，元YHP社の代表取締役の笹岡健三，1980年代のYHP社の

日本の品質部長であった吉元克巳,HP社QualityのTQM部長のマイケル・ウォード(T. Michael Ward),HP社の財務・リマーケティング部の品質コンサルタントのビル・ムーア(Bill Mohr),1985年から1992年のHP社の品質相談役の狩野紀昭教授.HP社とYHP社の社員の会話の引用部分は,特に注記のない限り,1996年と1997年に実施したインタビューによるものである.

5) 実際は,合弁企業をスタートして,しばらくするとYHP社は管理職クラスの従業員の採用に取り組まなくてはならなくなった。その際に他の米国工場による合弁企業が経験した問題と同様の事態に直面した.つまり,彼らは,「A」レベル(トップレベル—訳者)校よりも,「B」レベル校で採用しなくてはならなかった.
6) ハメル(Hamel, 1991, pp. 83-103)は,国際的な戦略的提携関係の中で,パートナーが相互学習する際に,信頼の重要性を論点としているが,信頼性の高い情報とは明確に関連付けていない.
7) 笹岡健三より示された記録(1996年7月)より.
8) 1997年の米国国立科学財団(NSF : National Science Foundation)設計・製造分野の研究助成金受領者の会議(1997年1月8日 シアトル)での発表.
9) これらの結果は部分的に,GOAL/QPC社(コンサルタント会社—訳者)の取締役であるボブ・キングの会話から導き出された.
10) 企業としてのYHP社は,実際に,製造部門と販売部門からなりたっており,企業の財務的な結果は,そのふたつの組み合わせによるものである.YHP社の財務的な成果がHP社に及ぼす影響は,主にYHP社の製造部門の成果に基づくものである.
11) 大きな集中化への動きを伴いながら,1980年代の(日本企業の—訳者)挑戦に応じた後,HP社はその際に変革したことのいくつかを変更し,1990年代初期には分散化モデルへと戻っていった(Packard, 1995).したがって,1980年代後期に企業の品質管理部門は上から管理するポジションにあったが,再度,品質についての考えを各部門に提供するという位置付けに戻った.
12) 狩野教授はFPLの日本人助言役の1人として働いていたが,ほぼ同時期に,HP社の同種の職に就いていた.だが,この2つの企業の異なる経営組織に合わせ,FPLにおいては最上級経営者とともに働き,HP社においては主として部門レベルで働いていた.

訳者注) 原文はKansai Electricとなっているが,訳者の判断で電力にした.

参 考 文 献

Beckman, Sara. 1996 "Evolution of Managememt Roles in a Networked Organization" In Paul Osterman, ed., *Broken Ldders: Mnagerial Careers in the New Economy.* New York: Oxford University Press.

Bemowski, Karen. 1996. "Something Old, Something New" *Quality Progress* 29 (Oct.): 27-34.

Broadhead, James. 1996. *The Evolution of Quality at FPL*, pp. 11-17. International Conference on Quality, Oct. 15-18. Yokohama: Japanese Union of Scientists and

Engineers.
Camp, Robert. 1989 *Benchmarking*. Milwaukee: ASQC Quality Press. 〔田尻正滋訳『ベンチマーキング：最強の組織を創るプロジェクト』PHP社研究所，1995年〕
Cole, Robert E. 1999. *Managing Quality Fads: How American Business Learned to Play the Quality Game*. New York: Oxford University Press.
Garvin, David. 1988. *Managing Quality*. New York: Free Press.
Hamel, Gary. 1991. "Competition for Competence and Inter-partner Leaning within International Strategic Alliances." *Strategic Management Journal* 12: 83–103.
Kanter, Rosabeth Moss. 1983. *The Change Masters*. New York: Simon and Shuster. 〔長谷川慶太郎訳『ザ・チェンジ・マスターズ―21世紀の企業変革者たち―』二見書房，1984年〕
Keller, Maryann. 1989. *Rude Awakening*. New York: Harper Perennial. 〔鈴木主税訳『GM帝国の崩壊』草思社，1990年〕
King, Bob. 1989. *Hoshin Planning: The Developmental Approach*. Metheun, Mass.: GOAl/QPC.
Main, Jeremy. 1994. *Quality Wars*. New York: Free Press.
Mohr William, and Harriet Mohr. 1983. *Quality Circles*. Reading, Mass.: Addison-Wesley.
Moore, Geoffrey. 1995. *Inside the Tornado*. New York: Harper Business. 〔千本倖生訳『トルネード経営―「超成長」への戦略―』東洋経済新報社，1997年〕
Mozer, Clark. 1984. "Total Quality Control: A route to the Deming Prize." *Quality Progress* 17 (Sept.): 30–33.
Nelson, Richard, and Sidney Winter. 1982. *An Evolutionary Theory of Economic Change*. Cambridge: Belknap Press.
Packard, David. 1995. *The HP Way*. New York: Harper Business. 〔伊豆原弓訳『HPウエイ―シリコンバレーの夜明け―』日経BPセンター，1995年〕
笹岡健三．1996．『産業界から見た品質管理思考』日本品質学会（東京）．
Shiba, Shoji, Alan Graham, and David Walden. 1993. *A New American TQM*. Portland: Productivity Press.
Stacey, Ralph. 1996. *Complexity and Creativity in Organizations*. Sam Francisco: Berrett-Koehler.
Stinchcombe, Arthur. 1990. *Information and Organizations*. Berkeley: University of California Press.
Watson, Greg. 1991. "Understanding Hoshin Kanri." In Yoji Akao, ed., *Hoshin Kanri: Policy Deployment for Successful TQM*. Portland: Productivity Press.
Young, John. 1983. "One Company's Quest for Improved Quality." *Wall Street Journal*, July 25, 10.

（訳・中川香代）

第7章　国際技術移転に見る工場固有の組織学習
——東芝の事例から——

　日本的経営システム（JMS）が急速に世界中に広まりつつある．トヨタ生産システム（TPS）の成功と「リーン生産方式」の世界的な名声はその証である．日本的経営システムとは，たとえば柔軟なオートメーション，ZD，および小バッチ生産のような多くの技法や管理手法（tools）に見られる，単なる無駄の無さや作業効率以上のものを内包するシステムである，ということを我々は論じる（別の見解については，Porter, 1996を参照）．これらの追加的な要素は組織設計や戦略といったより大きな問題に関わるものであり，実際に経営システム内でそれらが密接に関連していること，すなわちシステム埋め込み性と関係している．

　日本国内で日本的経営システムを採用している工場は，北米や西ヨーロッパの典型的な工場とは非常に異なる方法で組織され，人員配置がなされ，管理されるということを様々な研究が示している（Abegglen, 1958; Cole, 1971, 1979; Dore, 1973; Fruin, 1992, 1997; Lincoln and Kalleberg, 1990; Whittaker, 1990; Womack他, 1991）．またこれらの研究が指摘しているように，その違いは一連の生産管理手法や生産技法にとどまるものではない[1]．

　工場固有の組織学習（SSOL）はその一部をなすものである．工場固有の組織学習とは，現地工場において繊細かつ効果的な経営管理方式と生産管理方式を統合，刺激，進化させるものである．工場固有の組織学習は積極的な学習を内包する．それは技術を受け取る側の工場がその技術を単に真似したり複製したりするだけの技術移転の概念とは，まさに対照的である．つまり，日本的経営システムの重大な特徴は，その発生の仕方と進化の仕方が地域特殊的，もしくは工場固有であるということであり，このことは，その工場が本国にあるのか，

それとも海外にあるのかを問わず当てはまる．

1　学習と技術移転

　技術移転は常にある程度の積極的な学習を要するけれども，重要な問題はどのくらい，およびどのように学習するのかである．変化および変革が移転プロセスを決定する限りにおいて，そのプロセスはある工場からもう1つの工場への寸分違わぬ伝達や複製をはるかに超えたものとなる．一対一の移転とは違って，工場固有の組織学習は複製プロセスにおける適応，変化，および革新の可能性を強調する．さらに，地域特殊的な淘汰選定プロセスと保有プロセスが，工場毎に非常に異なり，漸進的に変化する移植先固有の一連の管理方式の創出を助長する．

　移植されるものと現地で実現されるものとの違いは，日本的経営システムにもとづいている．その違いは生産戦略において工場が決定的に重要であること，および工場組織にあらゆる種類の資源が同時に集中することから生じる．改善，方針管理，およびその他の総合品質経営（TQM）や総合生産性（TP）運動のような学習方式は，ひとたび地域的特色を付与され定着すると，地域特殊的な学習を精練する（Fruin and Nakamura, 1997; Fruin, 1998）．他の生産システムと比べて，日本企業は工場組織におけるノウハウやケイパビリティの適応と蓄積に大きく依存している[2]．

　工場固有の組織学習が本国において重要である限りは，海外にある工場もまた工場固有の組織学習に依存するようである．また本国であれ海外であれ，工場固有の組織学習は各工場にとって創造的かつ特殊的なものである．単純な管理方式やルーティンから，より複雑な管理方式やルーティンまでが試行錯誤の学習を介して生まれ，進化する．変化は累積的・漸進的および特殊的である．というのも，より多くの変化が起これば起こるほど，工場固有の組織学習の影響が大きくなるからである．

　しかし，進化を促す工場固有の組織学習が自己継続的であるためには，海外にある工場は親会社の統制から逃れなければならない．つまり，彼らは自分自

身で活動するのに十分な自律性と能力を備えていなければならないのである．また彼らは，親工場の日本的経営システムを単なる形式ではなく実践として取り入れなければならない．そして工場で行われる学習は現地での経営および方針の策定に組み込まれなければならない．要するに，日本的経営システムは，受け手側の工場がその環境条件に合わせて調整を施すことによって，しっかりと定着されなければならないのである[3]．技術移転の初期段階では，親工場の管理方式が良い生産方式モデルとして推進されるかもしれないが，工場固有の組織学習は親子の指導関係が変化する段階への進化を想定しているのである．

このモデルにおける地域特殊的な経験は複雑な適応システム・モデルにおける環境条件の役割に似ている[4]．工場は環境の厳しさに対応し，適応し，調整を施しながら，ある一定水準の環境適合性と一定状況内での持続可能性を創り出す．本国工場の管理方式を創発的に変化させること，それを誤って複製すること，それに適応すること，およびその模倣に成功することによって，広範囲に渡るルーティンと作業手順が生み出される．このようなルーティンと作業手順は，地域特殊的な適合性および適合度の概念に則って厳格に淘汰選定がなされたもの，すなわち洗練されたものである．地域特殊的な経験は規律の設定，成果測定，予測の変更，および評価割り当ての全ての際に重要となる．最も重要かつ特殊な学習は，たとえば移転先の工場で総合品質経営，ジャスト・イン・タイムの配送計画（JIT），および総合生産性運動のような管理方式を通じた共同学習である（Fruin, 1997）．やがて工場固有の組織学習が技術移転の形式と内容を規定し，したがって日本的経営システムを国際化する際に妥当かつ持続可能なものを規定するのである．

2 サブシステムの相互補完性と地域特殊的な学習

工場固有の組織学習を促進するには，2つの異なるサブ組織過程が特に重要になる．第1に，幾つかの重要な意味において，日本的経営システムの特徴と管理方式には相互補完性がある．すなわちそれらはお互いに補強しあい，共鳴しあっている（このテーマに関する詳説はそれぞれ本書の，サブシステムの連結と相

補性に関する第2章およびサプライヤー関係に関する第5章を参照)．たとえば雇用，訓練，および昇進の各管理方式は必要とされる技術的技能，標準作業手順，および地域的特色を備えたルーティンに適合していなければならない．これらの条件が複雑になればなるほど，人的資源管理方式と技術・組織の各サブシステムとの間の適合がますます重要になってくる．適合が重要であるということを前提条件とすると，サブシステムの相互補完性はおそらく工場に現れるだろう．というのも，システムの構成要素がどのようにお互いに適合しあい，進化するのかを前もって明記することは難しいからである．

第2に，組織学習は常に地域特殊的な経験と知識創造に起源を持っている．学習の起点は様々であり，工場以外のところを起源とするかもしれないが，効果的な学習は地域特殊的な実践と評価を要する．日本の見事な生産システムに現場の解釈を施し，それを実行したいという強い要求によって推進される工場内での問題解決は特に，経験的な学習の重要な起点となる．日本で仕事をうまくやることは必ずしも海外で仕事をうまくやることにはならない．第1に，本国でも海外でも技術者とマネジャーは，どのような理由で現在のやり方が存在しているのかを完全には理解していないようである．第2に，ルーティンや管理方式の一部を全体から抽出すれば，必ず抽出されたものと残されたものの性質が変化する．庭を例に挙げようと思う．グラジオラスのような一年生植物の間に常緑の低木があることを想像してみよう．それらの水まき，施肥，および太陽光の条件は異なっている．その常緑植物をどこか他の所へ動かすことにする．移転によって影響を受けるのはその常緑植物だけではない．グラジオラスも影響を受けるのである．類推すると，技術移転は常に部分的であり（庭全体を完全に移すことはできない），新たな工場でルーティンと管理方式を再構築する必要が必ず出てくる．

日本的経済システムを採用している工場において，ある一定水準の環境適合性を軸とする適応を実現するためには，工場固有の組織学習が必要になる．適合性を軸とすることとは，組織が直面する難題に合わせて適合性を創出することを意味する．いわゆるシングル・ループ学習とダブル・ループ学習の双方は適合性の一種である．組織学習が組織のサブユニット内，特に工場のチームや

部門に局在化されたままであり，その結果それらサブユニットがあるタスクをより良く行えるようになる場合はシングル・ループであり，学習が工場の多くのユニットに渡って発生し，繰り返され，再生され，その結果タスクの総合的な成果が高められる場合はダブル・ループである (Fiol and Lyles, 1985; Levitt and March, 1988; Miner and Haunschild, 1995). 言い換えれば，ダブル・ループ学習にあっては，1つのユニットもしくは1つの階層で有用なルーティンは，より高度なレベルの集合体，たとえば工場全体に普及するのである．シングル・ループ学習とダブル・ループ学習の双方において，工場で行われる学習を蓄積すること，普及すること，および洗練することは工場固有でコンテクス（＝脈絡）固有の連続的な知識構築を引き起こすのである．

適応度の発展における地域特殊的な環境の中枢的な役割を所与とすると，日本的経営システムの国際化に関する重要な問題は，どの生産管理方式がどの程度移転可能であるのか，すなわちどの程度工場固有なものなのか，ということである．工場固有なものは移転可能だろうか．おそらく無理だろう．しかし新たなコンテクストにおいては，日本的経営システムの特徴の変革が期待され，計画される．すなわち，マネジャーと作業員は導入された管理方式に若干の変更を加えることを奨励することが可能である．つまり，地域特殊的な適応と学習を活性化させることが可能なのである．工場固有の組織学習は，技術移転の送り手と受手の双方の経営方針次第で進歩させることも促進させることもできるのである．

東芝による本国と海外において日本的経営システムを展開するための活動とそれを持続するための活動は，国際技術移転における工場固有の組織学習の重要性を検証する手段となるだろう．川崎市にある東芝柳町工場は3つの海外工場（フランスに1つ，合衆国に2つ）に日本的経営システムを移植している工場である．柳町工場は東芝のコピー機とトナーのような周辺器材，さらにはATM，光ディスク・ドライブ，およびレーザー・プリンターのような他の製品の設計，開発，製造，および組立の原理工場である (Fruin, 1997).

3 包括的な日本的経営システム

柳町工場のような東芝の先進的な工場では,多くの前提条件が日本的経営システムの根底にある.第1に,注意深く選抜され,十分に動機付けられ,教育された労働者が前提条件になっている.その労働者はチームワーク,生産性,および多技能性を基準に褒賞を得る.第2に,工場内および重要な系列会社や供給業者の工場の技術を調整する,製造現場のトップから工場のトップに至るまでの多くのマネジャーの階層性が前提条件になっている.一般的にマネジャーは製造現場での経験が豊富である.

第3の前提条件は工場の多職能遂行能力である.工場の職能には最低でも設計,開発,生産エンジニアリング,工程エンジニアリング,および生産を含むのである.第4の前提条件は多焦点戦略である.それは工場経営においては低コスト,高品質,高い作業信頼性,短納期,および量産と製品多様性を同時に達成しようとする戦略である[5].第5の前提条件は生産工程を効果的に調整し,工場をより大きな組織構造(部分的もしくは全社的な構造)と統合する経営システムである(Fruin, 1992).そして第6の前提条件は知識とノウハウの洗練,統合,普及を推し進める効果的な幅広い小集団活動である.小集団活動の包括的,完結的,および体系的な特徴はきわめて水準の低い活動を戦略的なナレッジ・マネジメントに変革する(Fruin, 1996, 1998).

このような日本的経営システムの特徴,管理方式,およびケイパビリティをチェックリストのように分解すべきではないということに十分注意しなければならない.これらが地域特殊的に十分に理解され,整合性のとれた形で経営に完全に組み込まれない限り,持続可能な,先進的な生産システムは現れないだろう.日本的経営システムの重要な特徴は生産組織と企業戦略策定を伴う製造現場のツール(tools)とルーティンの効果的な結合にある.これら6つの特徴を持つ生産システムは,しばしば日本のより大きな設備を抱えるより大きな工場や機械メーカーに最も多く見られる(Fruin, 1997).筆者は他の論文で,そのような工場は製品,工程,および生産システムが非常に複雑な状況にある,と

いうことを論じてきた (Fruin, 1992, 1997).

　したがって，日本的経営システムの特殊な形態の発生，発現，および形成に関する量的規模，産業，および業績の条件が存在する可能性がある．たとえば東芝は，日本国内の27の工場で1万1,500種類の異なる最終製品を作り，組み立てていることを発表している．その平均は工場あたり450のモデルや製品である．莫大な製品の種類を考えると，低コスト，短納期，および高品質な製品を可能にする条件，すなわち学習が各工場内にあることは明らかである（Tyre and von Hippel, 1997）．もちろんそのような工場は海外では複製の対象にならないようである．本国においてある特定の産業内もしくは工場内で工場固有の組織学習を可能にするものは，海外へ移植されないと考えられる．

4　日本的経営システムの普遍性と特殊性

　日本的経営システムのどの側面と特徴が普遍的もしくは特殊であるかに関する合意は日本ではほとんどなされていない．これら幾つかの側面が，大規模な工場やうまく移植された工場ならばどれにでも見られるにもかかわらず，10回以上の東芝の工場での現地調査，および東芝のマネジャーとの討論の結果は，日本的経営システムの特徴はある工場からもう1つの工場へ簡単には移転できないということを示唆している．移転不可能性もしくは変更を加えなければ模倣できないという性質は，特定の工場でのその特徴の現れ方から生じるのかもしれない．

　つまり，地域特殊的な学習と知識創造は製品を考案し，設計し，生産する工場の活動と，地域特殊的な設計，開発，および生産の各工程を改良する工場の活動を基礎にしている．工場固有性は経路依存的なのである．つまり，経営システムは地域特殊的な経験，実験，および活動の結果，進化する．生産システムの統合の問題と組織学習の問題が程度の差はあるものの普遍的である一方，管理方式やルーティンのそれぞれの現れ方は普遍的ではない．コピー機のように約1,000個の部品や，生産段階と組立段階のある複雑な製品には次のような点に関して多くの選択肢がある．すなわち，どの部品を使うべきか，それらは

買うべきか，それとも現地で作るべきか，誰が設計，開発，および下位の組立作業を行うべきか，商品をいくらで売ればよいか，などである．

したがって，製造現場レベルと工場全体レベルの分析では，日本的経営システムの特徴は特殊的である．しかし同時に，日本的経営システムの特徴らしきものは，ほとんどではないにしても東芝の多くの大規模な工場にも，そして他社の多くの大規模な工場にも見られる．故に，日本的経営システムの特徴はある一定の企業，産業，および環境においては，程度の差はあるものの普遍的なのである．たとえば，総合品質経営のやり方はどのような工場でも同じものが見られるかもしれないが，ある製品を作る際に見られるその現れ方は工場によって異なる．したがって，そのような特徴が広く見られる度合い（普及の度合い，普遍性の度合い，もしくは表現型の精細さの度合い）とそれらの現れ方や特別な意味の持ち方（発生，進化，および認識の形式）は区別されるべきである[6]．

おそらくこの区別は言語の文法と使用との間にある違いにも見られる．ほとんどの人々は英語の文法や語法を知っているのだけれども，人々はその法則を用いて，その精密さや厳格さを多様に変更しながら話したり書いたりする．言い換えると，非常によく似た言語の機知で人々がすることは奇妙であり，特殊である．この例は言語の構造と語法に関する完全な，もしくは完全に近い知識を想定している．もし言語の知識が部分的，すなわち不完全であるならば，どれくらい多くの（もしくは少しの）変化が起きるだろうか（Hutchins and Hazlehurst, 1995）．言語の学習は不完全な知識で言語を使用することによって生じるので，文脈（context）はどのようなことが表現されているのか，そしてどのように表現されているのかにとって重要である．

日本的経営システムの特徴や管理方式が地域的特色を備えれば備えるほど，それらは十分に伝わらないようである．というのも，言語のように表現法の地域的特色を強めれば強めるほど，外部者とコミュニケーションをする際の難易度は大きくなるからだ．言葉遣いが標準的ではなく，語彙が特殊であり，語源がはっきりしないのである．コピー機とトナー技術の国際移転に関する3つの事例を検証することによって，日本的経営システムを移転することの限界とコストに関する示唆，および日本的経営システムの深層にある地域特性や工場固

有の組織学習の過程が発見されるだろう．日本的経営システムの移転は可能だけれども，その移転は非常にコンテクストに依存しており，間違った複製，適応，および淘汰選定プロセスによって，日本的経営システムの受け手側の工場はその送り手側の工場とは異なる様相をもち，非常に異なる活動を行うようになる，と我々は考える．

5 東芝のサウスダコタ州ミッシェル工場とカリフォルニア州アーバイン工場

　柳町工場は東芝のコピー機の設計と製造に関するノウハウと知識の源泉である．柳町工場は1966年からこの製品に特化している．コピー機の技術の場合のように，技術に関する知識と組織の知識を海外へ移転する際に，柳町工場のような親工場の果たす重要な役割が，幾つかの研究で実証的に確認されている (Brannen, 1992; Brannen, Liker & Fruin, 本書の第4章; Fruin, 1992, 1997; Kenney & Florida, 1992)．

　東芝情報電気通信製品グループのオフィス用品部門の権限で，柳町工場はコピー機の技術をもって初の海外進出を果たした．1986年にフランスのノルマンディのジエップ近郊にフランス東芝システムを開設したのである．また同年，サウスダコタ州のミッシェルにある3Mのトナー工場の買収が行われている．ほぼ同時期に，インド，韓国，および中国でのコピー機生産に関する3件の技術移転契約を履行する際に，柳町工場が活躍した．最後に，1989年の前半，東芝は既にラップトップ・コンピューター，ファックス，レントゲン装置，構内電話交換機，および電話の生産・組立を行っていたカリフォルニア州アーバイン工場にコピー機の組立のために新しいラインを開設した．

　柳町工場は部品を供給する小規模な分工場を日本の東北地方に1つだけもっているが，コピー機とトナーの分工場もしくは提携工場が海外に6箇所ある．合衆国には2つの工場，フランスには1つの工場，（ごく最近だけれども）中国には1つの工場，そして韓国とインドには技術ライセンシング契約があるのだ．これらの点で，柳町工場と東芝本体は既にかなり国際化が進んでいるように思われるが，たとえば1992年の東芝の輸出割合，すなわち国内製品がどの位海

外で販売されているのかを示す割合は，25パーセントだった．日立製作所と三菱電機の輸出割合はもっと低く，日立製作所は16パーセント，三菱電機は18パーセントである．この割合は，東芝は今でも海外で工場の立地を探す場合に，どの位遠くへ行かなければならないかを示している[7]．

5-1 サウスダコタ州ミッシェル工場

サウスダコタ州ミッシェルにあるアメリカ東芝トナー製品部門の工場は，乳幼児向け調合ミルクの工場として1961年に設立され，ロス研究所によって運営されていた．1973年5月，3Mがロス研究所からその工場を買収し，それをトナー工場に切り替えた．トナーとは普通紙か特殊な紙（感熱紙）のどちらかに実際にコピーした画像を描く，粉末状の純度の高い黒い物質である．東芝は1986年10月に，北米における生産現地化戦略の一環としてその工場を3Mから買収した．東芝は既にOEM（相手先ブランド生産）を基本に中型コピー機の供給業者として3Mと長い間ビジネスを行ってきた[8]．

1986年に東芝がその工場を買収したとき，約40人の従業員がいたのに対して，1996年現在では，160人である．従業員が4倍に増えたことは25エーカーの敷地内で，工場の大きさが8万1,000平方フィートから18万5,000平方フィートへと倍になったことと見合っていた[訳者注1]．サウスダコタ州のミッシェル工場への東芝の累積投資額は3,055万ドルである．その工場に組合はなく，3直で1日24時間操業しており，北米市場だけでなくヨーロッパ，オーストラリア，および日本の市場にも供給している．

ミッシェル工場で利用しているトナーの製造工程は，東芝の全てのコピー機と供給品のマザー工場である日本の柳町工場で開発された．ミッシェル工場のトナーは東芝の海外販売子会社，およびOEM契約を基本に他のコピー機メーカーへ供給されている．トナーや紙のようなコピー機の消耗品の消費量はかなり予測可能であり，トナーのミッシェル工場の生産高と東芝の売上高は比較的安定的に，年に3～5パーセント伸び続けてきた．しかし，消耗品が補充されるときにある一定量の製品の選択肢があるため，品質の高さとコストの低さが産業内の競争の焦点となる．

1990年から1993年の3年間で，ミッシェル工場はトナーの製造にかかる原材料費を25パーセントまで削減し，またエネルギー・コストを50パーセントまで削減した．1990年代半ばまでに，東芝のミッシェル工場は日本的経営システムの模範的な工場として十分成功しそうだった．しかし，こうなるためには1986年の最初の買収以来，実に10年を要した．この10年の間に一体何が起こったのだろうか．

(1) **1986年から1990年**

3M工場の買収と日本からの生産技術の移転との間に時間のずれと技術移転の遅延があったため，当初東芝はミッシェル工場ではトナーをボトル詰めしているだけだった．東芝は3Mの製造工程を取りやめ，ミッシェル工場で独自のトナー製造工程を設立・展開することにした．しかしそれは簡単なことではなかった．

トナー薬品の供給元と（トナーと基材の）開発業者は100パーセント現地化されていたけれども，製造工程は輸入されていた．驚くようなことではないが，東芝の買収から6ヵ月経たない内に品質保証が問題になった．柳町工場の製造工程は利用可能な製品原材料の特質と品質に対して微調整がなされていなかったのである．たとえば，東京とサウスダコタ州の温度と湿度の違いが東芝の国内の製造工程をそのままミッシェル工場へ移転することを妨げたのである．

さらに，東芝は3Mにだけでなく日本国内外の東芝のコピー機工場に供給するためにも，ミッシェル工場での生産高を増やそうとした．その結果，生産高は最初の1年で4倍に跳ね上がったが，しかし製品品質は生産量の増加によるひずみのため維持できなかった．したがって，1987年の初めに，ミッシェル工場は製品品質保証（production quality assurance），総合生産革新運動（TPM）（total productive maintenance），品質責任委譲方式（quality distribution practices）に関する大々的な行動に取りかかった．その結果，生産高が増え続けているにもかかわらず，基準に見合った品質水準が6ヵ月以内に実現された．

最初のミッシェル工場長のシバミヤ・トモノブ氏（以下，敬称略）は，開業とフル稼働の生産に関する多くの問題に抗してミッシェル工場の発展を成し遂

げる，という任務のために必要な知識を十分に身につけていた．彼はミッシェル工場に送り込まれる以前は，ずっと柳町工場の生産エンジニアリング部門長であった．だから彼は1966年から柳町工場で蓄積してきた豊富なコピー機製造の経験とエンジニアリングの経験を簡単にうまく利用することができた．彼のリーダーシップの下，ミッシェル工場で解決されるべき最初の主要な問題は高品質・低コストのフル稼働で安定した生産を行うことであった．しかし1988年，シバミヤはカリフォルニア州アーバインの東芝コピー機工場へ異動したが，それについては後述する．

(2) 1990年から1991年

シバミヤの退任後，ミッシェル工場で一般的に日本人の海外派遣マネジャーによって占められる工場長職に数カ月間空きがあった．そして1989年，イシザワ氏（以下，敬称略）が柳町工場からミッシェル工場へ送り込まれた．彼は生産の拡大，応用研究，および流通支援機能に関する大がかりな計画の監督権をもっていた．1988年5月，元々の3Mの生産ラインが拡張され第2ラインが追加された．1990年9月，トナー研究部門と拡充された倉庫業務と共に，第3ラインと第4ラインが設置された．同時に，生産管理システムが柳町工場の力添えによって徹底的に見直され，1991年6月，第5ラインと第6ラインが追加された．1991年の夏の終わりまでに，改築・拡張されたばかりのその工場は5つのラインで1日3交替，週7日間操業していた．

あいにく，イシザワのミッシェル工場での在任期間はたったの1年3ヵ月だった．彼の退任後，新しい工場長であるコマイ・ミツオ氏（以下，敬称略）がやって来るまで，またもや6ヵ月間の空白があった．リーダーシップの空白とシバミヤとイシザワの比較的短い在任期間は，最初の2人の海外派遣工場長の下で実現された増進をミッシェル工場が強化し吸収することができなかったということを意味した．トップの空白が日本的経営システムの管理方式を実現しようとするミッシェル工場の活動の妨げとなったのである．

ミッシェル工場の経営にコマイを抜擢したことは実に見事な人選であった．1991年度に，QCプログラム，総合生産性プログラム，および総合生産革新運

動 (TPM) プログラムがイシザワの権限の下で導入された．しかし，ミッシェル工場にとってのそれらの新奇性や馴染みの無さを考慮すると，どのくらい早く，しかもうまくそれらが効果を出すのかは明確ではなかった．だが，コマイは品質保証の専門家であり，柳町工場の品質保証部門長であり，またサウスダコタ州に派遣される前は柳町工場の海外業務を担当していた．彼はミッシェル工場の発展期の工場長になった．

(3) 1992 年から 1996 年

コマイは世界クラスのトナー工場としてのミッシェル工場の誕生を支える組織的な基盤を創造・構築した．彼の在任期間中，利益が3倍になった．その一方で固定費と原材料費は半分に削減された．これらの実現はコマイが着任する前の4年間の工場と設備への莫大な累積投資額と関係がある．しかし，たとえミッシェル工場の従業員が工作機械，技法，および移転ラインを上手く使おうとしていたとしても，彼らに向上心やノウハウがなかったならば，これらへの投資額は少額になっていたかもしれない．すなわちコマイは向上心やノウハウをミッシェル工場の従業員に与えたのである．

コマイ・ミツオはコスト削減，予防保全，品質保証，QCサークル，ISO認可，製造のための設計，生産管理と生産計画，および生産情報システムの領域で，ミッシェル工場の活動を興し，記録を塗り替えた．多かれ少なかれよく知られているこれらのやり方に加えて，コマイは総合生産性管理，「ホウシンカンリ」（秩序正しい，単一組織ごとの総合品質経営管理手法），および視覚的な成果管理手法も導入した．これらはあまり有名ではない技法だけれども，少なくとも東芝のミッシェル工場のコンテクストにおいてそれらはソフト技術，もしくは人間依存型技術と呼ばれている（Brannen, Liker, およびFruinによる本書の第4章参照）．

ハード技術とソフト技術のどちらの場合でも，導入，試行，および適応の間に起こる相互作用を特に強調する必要がある．相互作用は学習環境を創り出しもするし，またそれを利用する．つまり，相互作用によって学習の条件が創り出され，関係性とルーティンの間によい適合状態がもたらされるのである．

たとえば，コマイが着任して間もない1993年10月，ミッシェル工場には視覚的な成果報告の領域に，53種類の永久保存の視覚的な報告書があった．コマイは数が多すぎて効果的ではないと思った．従業員の協力によって，コマイは視覚的管理プログラムの総合的な効果を損ねること無しに，工場管理の視覚化された項目の数を半分にすることができた．同様に，仕掛品在庫数を400から250にまで削減した．そして，1991年のQCサークル活動の導入開始以来，1993年までミッシェル工場の最高の成果を挙げているQCサークル・チームが日本へ送られた．そこでそのチームは全東芝QCサークル委員会社長優秀賞を取った．

コマイの入念な監督の下，1994年から1995年まで，各マネジャーと各職能領域は目的と目標を詳細に記述した声明書を作成した．その目的と目標は上から押しつけられたものではなく，コマイ，トップ・マネジャーやミドル・マネジャー，および正規の直接工や間接工との間での意見交換や交渉の内に出てきたものである．コマイはミッシェル工場にどのような工場になってほしいかという考えをもっていたのだが，そこへ到達するための地図を全くもっていなかった．その地図は議論，交渉，および意見交換によって創発的に生まれ，進化していったのである．その仕事がどのくらい進展したのかを測る1つの尺度として，1994年2月にISO9002証書がアメリカ東芝トナー製品部門（ミッシェル工場）に与えられたことが挙げられる．

コマイはこのような多くの成功物語を述べながら，それらの成功を実現させたその創発的なプロセスを「あなたが提案し，私が決定する」もののうちの1つと特徴づけている（1996年7月16日，日本の川崎市にある柳町工場でのコマイ・ミツオへのインタビューより）．これは日本での「ホウシンカンリ」方式に当たる．コマイによれば，マネジャーは多くの意思決定を行うのだが，決定事項が必ずしも実行され実現されるものであるとは限らない．特に文化を越える，すなわち国境を越える場合には，何がなされ得るのかを知ることは難しい．なぜならそれは地域特殊的な知識，管理方式，およびルーティンに依るからだ．だから，コマイによれば，作業員が彼らの思っていることが実現するよう提案し，マネジャーがその提案の中から選択するのである．

コマイは，彼のミッシェル工場での主な仕事は現地の従業員に問題の発見の仕方と解決の仕方を教えることだった，ということを力説した．彼は象と6人の盲人の寓話を唱道し，広めることで有名だった．この寓話では，6人の盲人が象の違う部分を触って，それを説明するように求められる．尻尾を触った者は馬だと思い，脚を触ったもうひとりの者は木だと思い，牙に触れたもうひとりの者はそれを円筒状の岩だと考えている，などといった具合である．言い換えれば，何をすべきかを知るためには，今そこにあるものを発見することが重要なのだが，発見は地域特殊的な知識に依存するのである．したがって，真の問題は実はその問題を発見することではない．この先何を発見するのかを知ることができれば，何をすべきかは明らかになる．

違った言い方をすると，コマイは自分で問題を識別できなかったのかもしれない．というのも，問題の発見は彼が持ち合わせていなかった地域特殊的な知識のようなものに依存するからである．これは日々の業務からやむを得ず離れてしまっているほとんどのマネジャーにとって共通の問題であり，日々の業務に対して文化的・組織的に隔たりのある外国人マネジャーの特別な問題でもある．

コマイはミッシェル工場の製造現場作業員ではなかった．彼は資材処理，薬品の調合，および在庫管理に一日を費やしていなかった．地域特殊的な知識とは地域に内包されている規律や慣行のことである．もし作業員（locals）が製造現場の問題を発見・識別し，何をどのように変えなければならないのかを提案するよう促されるならば，コマイは彼の豊富な経営知識，品質保証の管理方式に関する知識，および生産業務に関する知識に照らして，どの提案がうまく行くかを決断できるだろう．コマイの知識は柳町工場の工場固有の組織学習を基礎にしていた．それに対して，ミッシェル工場の知識は，サウスダコタ州で過去から現在，そして未来へと継起してゆく相互作用，関係性，交渉，および即席活動を基礎にして進化していた．

ミッシェル工場の東芝による運営の最初の10年間を，標準的な経営管理と組織のモデルで説明することは難しいだろう．ミッシェル工場の作業構造と作業工程は日本でうまくいっているもののコピーでもなければ，どの管理方式と

技能がどこでどのくらい必要とされるのかという明確に定義された概念を基礎にしているわけでもない．しかし，マネジャーと作業員との間の意見交換が進展するにつれて，意味が浮かび上がり，筋書きが次第に明らかになり，さらに行動に焦点が合わせられた．つまり，意味は理解と解釈を所与として創発的に現れ，現場の行動主体によって共有され形成されるのである．ジャズのように，製造現場の従業員，監督者，およびマネジャーの間の即興地点と対位旋律が東芝のミッシェル工場の組織的な進化を最も特徴づけている．

5-2 カリフォルニア州アーバイン工場

アメリカ東芝システムはアーバインにある．輸送，組立，生産，および流通を行う大規模な多角化したその工場はカリフォルニア州南部の激減しつつあるオレンジ畑の真ん中にある．1989年現在，アーバイン工場は6種類の製品，すなわち電話機，構内電話交換機，ファックス，ラップトップ・コンピューター，コンピューターの基盤，レントゲン装置，およびコピー機を出荷しており，製造組立部門がその業務に当たっている．

アーバイン工場とそのコピー機ラインの設備への最初の投資額は129万ドル（1ドル＝100円）だった．この資金のほとんどはコンベアー，検査装置，およびシミュレーション・ソフトのような専門設備の購入に当てられた（1988年4月に実施した柳町工場でのオサダ氏（以下，敬称略）へのインタビューより）．アーバイン工場のコピー機生産に責任を負うマネジャーであるシバミヤ・トモノブ（サウスダコタ州ミッシェル工場からここへ移ってきた）は次のように言っている．

> 当初，私たちにはここで2種類のモデルのコピー機を生産するという3年計画がありました．ですが，私たちはOEM契約，東芝が生産したオリジナルの機械を他社に供給する契約のことですが，それを基本に新たに2種類のモデルを加えました．これによって私たちの当初の計画がめちゃくちゃになりました．モデルの追加により，最初のモデルの予想生産高が下がり，当然価格が上がりました．また，作業員が今までよりも2倍も多い組立作業や最大限の労力を要する定型業務（routines）を学習しなければなら

なかったため，組立のサイクル・タイムがすごく長くなってしまいました．品質，納期，コストに関する私たちの計画は完全に狂ってしまったんです．

アーバイン工場では，コピー機の鋳型や金型は未だに日本から輸入している．現地での鋳型や金型の調達が経済的になるほど海外での生産高が十分な量にならない限り，これは続くだろう．日本では，ある特定のコピー機のモデルの鋳型や金型は，一般的なコピー機のモデルの1ヵ月当たり販売台数が約4,000〜5,000台という条件で，12ヵ月間から18ヵ月間使用されると思われる．アーバイン工場は1990年代初期に全てのモデルを合わせて，1ヵ月当たり1,000台で操業していた．

鋳型や金型を日本から輸入するのは非常に単純な理由からである．アーバイン工場にはコピー機の設計者が全くいないのだ．設計者がいないのは偏った活動（an act of prejudice）ではなく，戦略の一つである．日本では若くて才能のある設計者がとても足りないし，また海外へ行きたがる者はその中でも比較的少ない．実際に，そうする者は彼らの中にはほとんどいない．だから，日本にエンジニアリングの才能のある者を集中することは都合がよいのである．彼らは日本でより効果的に訓練され，動員され，雇われる．しかし，その結果，より良いエンジニアリング，より良い設計，およびより良い生産管理方式によって海外でコスト削減を実現することはほとんど不可能になってしまう．というのも，これらの職能を行うエンジニアのクリティカル・マスがないからだ．また，生産高をしっかりと安定させ，製造業務の整合性と信頼性を成就することも難しくなってしまう．

コピー機ラインを開設した1年後の1990年，アーバイン工場にはコピー機組立作業員はたった15人しかいなかった（日本の柳町工場にある短いコピー機ラインには約40人の組立作業員がいると思われる）．人員数の少なさはアーバイン工場で現地人作業員を採用したり割り当てたりすることの難しさを反映している．したがって，アーバイン工場のほとんどのラインで適任者が不足していた（親工場は多品種生産を行う工場であり，また全ての製品がある程度の歴史的・技術的な属性

を共有している工場でもある）．アーバイン工場では，コピー機の組立作業場はデジタル電話交換機，電話機，ファクシミリ，およびラップトップ・コンピューターの組立作業場と，有能な労働力の獲得をめぐって競い合っている．

　15人の現地人従業員は，日本人の海外派遣マネジャーから4種類の定形的な組立作業をあまり学習をしていないようである．実際に，このことは本国へ帰ってしまう作業員よりもアーバイン工場の従業員にとって必要なことである．たった15人の組立作業員で4つすべてのモデルを生産するのに必要な多様な技能の複雑性を考慮すると，アーバイン工場は日本における標準作業時間の60〜70パーセント増しで操業しており，なんとか作業をこなしている状態である．

　組立作業で十分な生産量と信頼性がなければ，作業員は作業中に発生する問題を独力で，経験を基に判断することはできない．たとえば，現地調達部品の品質，組立作業工程，および製品それ自体が抱える製造可能性から問題が生じたとしても，彼らは判断できない．要するに，生産量があまりにも低すぎると，組立作業員が簡単に問題を識別し原因究明を行えるようにする学習を生み出すことができないのである．そのような問題解決能力は日本では，日本的経営システムの大きな特徴であり，またそのような能力はまさに日本から輸出できない類のものである．それらは現地で育まれなければならないのだ．

　これらの問題を踏まえて，アーバイン工場で製造しやすくするために，日本の柳町工場はあるコピー機を設計した．アメリカ人は日本人よりも平均身長が高いため，ラインの高さを上げた．アーバイン工場のコピー機は比較的少ない部品で設計されているので，簡単に組み立てることができた．なぜなら部品が少ないほど製品機能が少ないからである．つまり，日本の新型コピー機は画像の拡大・縮小，両面コピーのようなことができるが，そのすべてを行えるものにしなかったのである．移転ラインの高さ，部品数，および製品機能の調整は柔軟性を減らし，海外進出のコストを上昇させ，東芝のコピー機の国際市場での競争上の地位を弱めてしまう．

　コピー機の製造には中ロットで非常に高品質（たとえば1カ月当たり1,000台という量的規模とある一定の品質水準）という特徴があるので，比較的限られた数で

そのような高品質な部品を供給できる現地のベンダーを採用することは非常に難しい．品質，成果およびコストの各条件に見合うだけの投資額は莫大であり，そのような契約を交わすベンダーの予測し得る抵抗を抑止するために，供給業者と組立業者を結束させる経験は十分ではない．日本では，契約の信頼性が実感でき，お互いに同意できるというコンテクストの中から，供給業者と組立業者の関係が生まれた[9]．アーバイン工場では，事はそんなにはっきりとしておらず，同意できるようなものでもなかった．

アーバイン工場と柳町工場の成果指標は非常に異なっており，アーバイン工場の尺度は1台組み立てるのに要する時間数（台数当たり時間数）であるのに対して，日本では1台組み立てるのに要する分数（台数当たり分数）だった．組立所要時間の違いの一部は，アーバイン工場の15人のコピー機組立作業員の間にある6つの異なる国籍から生じている（彼らは共通のコミュニケーション言語，訓練，作業，および社会的経験を有していなかった）．1990年代初め，コピー機ラインの離職率は平均しただいたい1カ月当たり3パーセントだった．作業員は若く平均27歳か28歳で，文化や国籍の違いがあり，多くの代替的な労働機会を有していた．対照的に，柳町工場の組立従業員の平均年齢は42歳か43歳だった．さらに文化的には（国籍という点で）同質であり，彼らは比較的同じような経験をもち，生活は比較的安定しており，またその仕事をもっと続けたがっていた．

労を惜しまないコピー機組立・製造の移転・移植活動の5年後の1993年に，東芝アーバイン工場のコピー機ラインは閉鎖された．数は限られていたものの，コピー機生産の問題は抗しがたかった．最も重要な問題はマクロ組織とミクロ組織の問題だった．マクロ組織レベルでは，柳町工場，すなわち職能多様性と製品多様性があり，しっかりと統合された本国の匠的な工場と，アーバイン工場，すなわちあまり統合されておらず，多くの異なる製品を組み立てるが職能は非常に限られている海外の工場との間の違いが大きかった．ミクロ組織レベルでは，本国のオープンかつ積極的で野心的であるという，工場固有の強固な文化は，組織の不確実性，低い作業統合性，高い離職率，および受け身の（消極的な）姿勢というアーバイン工場の文化とは明らかに対照的だった．

東芝アーバイン工場は4つの異なる工場の基礎となるシステムを1つの工場の中に入れたものである．つまり，府中工場，青梅工場，日野工場，および柳町工場の全工場が人員，製品，および製造工程を日本から移転した．その4つのシステムは決して交わることはなかった．それらは平行線を辿り，製品間学習はほとんどもしくは全くなく，またある事業単位（BU）からもう1つの事業単位への経営管理上の経験や小集団活動の敷衍はほとんどなかった．統一的なエンジニアリング管理方式と，多くの製品ラインにまたがったルーティンを統合するための標準作業手順（SOPs）はなかった．唯一の経営管理方式，一連のルーティン，単一の文化はその工場には見られず，そのことがその工場をまとまりのないものにした．日本の送り手側の各工場にある日本的経営システムを特徴づけるものが，1990年代初期のアーバイン工場には存在しなかったのである．

6 フランス東芝システムによる立証

東芝が49～51パーセントの少額出資を行った，ローヌ・プランの子会社のルグマとの合弁事業であるフランス東芝システムは，1986年にアルク・ル・バターユでコピー機を組み立て始めた．それから3年のうちに，すなわち1989年までには，この所有関係が逆転し，それぞれ東芝は80パーセント，ローヌ・プランは20パーセントの株式を所有していた．この時点で，アルク・ル・バターユ工場には270人の従業員がおり，そのうちの7人は日本人だった．その海外派遣社員の地位は副工場長，技術主任，技術部長，生産マネジャー，製品コーディネーター，会計部長，および購買部長だった．1990年の初めに，その合弁事業はノルマンディ海岸の内陸にある古くさい町であるアルク・ル・バターユから，ル・アーブルより約30キロ離れたところにある大規模工業団地のジエップへ移転した[10]．

最初のフランスの工場には3つの異なる作業領域があった．すなわち，みすぼらしい煉瓦張りの離れの建物の中で行う部品の運搬業務と用具の整理・保管業務，下位部品の組立作業，および最終組立ラインと検査ラインである．創業

以来3年3ヵ月のうちに，7種類のモデルのコピー機がフランスで組み立てられていた．ただし，そのモデルのうちのいくつかはOEM契約を交わした供給業者がほぼ完全に組み立てたものだった．全7モデルの総生産量は1カ月当たり5,000台だった．

コピー機組立作業用の部品保管部門は2つの部門に分けられていた．すなわち日本からの部品を扱う部門とEU内で調達した部品を扱う部門である．在庫部品に関するフランスとEUの規則によれば，5～10パーセントの在庫部品に対して抜き打ち検査が行われる．しかし，現地調達部品の品質上の問題のために，日本人マネジャーは現地調達部品と日本からの部品を分けて保管していた．また彼らは品質の疑わしいEU調達部品が山積してしまうため，その高さの制限を設定しなければならなかった．

コピー機の外板と外装の加工に使う薄金属の品質がよく問題になった．日本の電子産業では，加工金属部品にはたとえば建設業や運輸業で使用しているものよりも数段グレードの高い，高品質の薄金属が使われている．フランスでその品質の高い薄金属を調達することは難しく，またその原材料を使用するためには，やや異なる板金技術と金属加工技術が必要となる．その結果，現地で調達した薄金属を使用しているEU調達部品は，本舎での下位組立作業へ送り出される前に，品質を入念に分類・検査しなければならない．

1989年以来，部品の分類作業と下位組立作業を改善するために，色分けやもっと見やすい作業の流れの標識を使った現地での活動はこれらの作業場の規律を著しく高めた．この活動の内のいくつかは，東芝が1985年以来全社レベルで行ってきた総合生産性活動であった（Fruin, 1997）．しかし，日本の形式的な総合生産性技法がそのまま移転されているかどうかに関して見てみると，1989年末までに，総合生産性運動からは5Sしかフランスでの作業へ正式に導入されていなかった．日本人の海外派遣マネジャーたちは，輸入すべきものから急いで導入しているのだと思っていた．

非公式には，日本から「目で見る管理」（*me de miru kanri*），すなわち「視覚による管理」（eyeball management）運動を輸入した結果，工場のレイアウト，フロー，および生産計画の点でいくつかの最大の改善が見られた．「視覚によ

る」管理もしくは「視覚的」管理（"eyeball" or "visual" management）の概念は実に単純である．生産レイアウトと工程を見ることができず，またすべてのものがどのように関連しているのかを即座に理解できないなら，生産工程は単純化される必要がある．フランスでの多くの視覚的管理には暗黙的と考えられる，もしくは日本ではほぼそうである技法を採り入れることと，それらをもっと明示的にすることが必要なのである．

しかし，フランスでこれを成し遂げるためには，褒賞に関する事前協約が必要だった．生産性の増加分がどのように褒賞として再配分されるのかに関する協定があると，作業員の積極的な同意を得ることが非常に容易だったのである．しかし，交わされた協約は褒賞制度の公平性というさらに大きな問題を解決するものではなかった．その合意は，新しい生産手法と生産技法の導入による生産性の漸進的な増加分が，新しい作業の設計に積極的に参加した作業員に対して，どのように再配分されるのかということだけを扱ったものだった．

フランスでの「目で見る管理」運動の定義の見直し（redefinition）もしくは再コンテクスト（脈絡）化（recontextualization）（コンテクストの再構築に関する議論は本書の第4章を参照）は1989年から1990年のアルク・ル・バターユ工場の主要な問題を浮き彫りにする．その問題とは日本的な作業管理方式をフランスの作業員のためにどのように適応・変更するのか，ということであった（実際に，「オペレーター」とは，この工場およびフランス全土では，直接工と呼ばれるものに当たる．この工場のフランス人の生産マネジャーによると，この定義の見直しは5つの要素からなっていた．

① 職務設計と職務再設計への参加に対する作業員の積極的な同意の獲得（伝統的に，フランス人の作業員はそうするように促されてこなかった）．
② 日本的な生産管理の概念と技術管理の理念を単純化すること（暗黙的なものを明示的にしようとすること）．
③ チーム組織の啓発と強化（チームワークの概念とチームへの参加の概念は別物だった）．
④ チーム精神やQCなどに責任を負うが，階層分類上他のチーム・メンバ

ーよりも位が高いわけではない副班長の創設（フランス東芝システムの作業員はこの概念に苦労した．というのも「階級」を分ける線はフランスでははっきりしているからだ）．
⑤　部品の購入，検査，およびフローに関係のある視覚的管理のあり方をできるだけフランス流にするための，調達計画とサプライヤー関係の現地化．

　フランス東芝システムは1991年にジエップにある立派な新設の一貫生産工場に移って，1991年にトナー生産を始め，1992年まで6本のコピー機組立ラインを拡張し続けた．そのすべてのラインがEECの現地調達率40パーセントという条件をクリアしていた．フランス東芝システムは，柳町工場の多職能型のコピー機部門の持っているエラー対応能力，特に上流の設計・開発部門の能力をまだ有していなかった．またフランス東芝システムは柳町工場の広範かつ深淵な多品種生産能力を身につけていなかった．
　しかし，1990年代半ばまでに，フランス東芝システムは日本の親工場で生産されるコピー機とトナーのコスト，品質，配送，および納期といった特性に取りかかり始めていた．これは創業10年以下の工場にとっては偉業である．EUの地域特殊的な要件がフランス東芝システムの開業の成功に一役買っていると思われる．しかし，柳町工場の職能一貫性をフランス東芝システムが持っていないということは，製品間学習と工程に関する学習の機会がほとんどなかったということ，および組織的な適応と技術的な適応の震源とそれが試みられた回数が（フランス東芝システムと柳町工場とでは…訳者挿入）ほとんど対応していなかったということを意味していた．

7　コピー機生産の国際化——論点

　コピー機生産とトナー生産の国際化に関する3つの事例すべてにおいて，海外工場の最初の買収とそれらが十分な成果を上げ始めるまでの間には大きな時間的隔たりがあった．日本的経営システムの技術的な特徴と組織的な特徴が発

生し始めるまで，すなわち工場が目標としている従業員数や生産高に到達するまでには数年間を要したのである．この隔たりは日本の産業組織の国際化戦略と関係している．

　日本的な産業組織は分配による効率ではなく，主として適応や組み合わせによる効率を基礎とする競争を行っている．分配や財務による効率は，資源ができるだけ少ない時間で，できるだけ多くの利益を上げる所にその資源を配分することを目的としている．しばしば，これは資産の売買やウォール・ストリートのような非常に資本化された金融市場を介した投資を誘引することと関係がある．

　対照的に，適応による効率は既に利用できるものからより多くの利益を上げることを目的としている．日本において適応による効率は世界で最も高い産業の生産性成長率，工場レベルでの製品イノベーションと工程イノベーションの異常なまでの重視，企業の市場シェアの拡大と偏狭な多角化（同じ2桁標準産業分類コード内での製品の集中），および系列会社や供給業者との長期的な協力によって証明されている（Aoki, 1988; Cole, 1989; Dore, 1987; Fransman, 1995, Fruin, 1992, 1997; Gerlach, 1992; Odagiri, 1992）．

　つまり，本国であろうと海外であろうと，日本の産業組織は主としてより少ないものからより多くの利益を得ることによって成功することを目的としているのである．一般的に，より少ないものからより多くの利益を得ることはコスト削減戦略，生産性向上戦略，および範囲の経済を活かすような関連する製品ラインと製品群の一貫生産戦略を展開する．これらの戦略はヒトやルーティンに依存する．というのも，それらは組織的な管理方式を継続的に学習し，精練し，修正する従業員を必要とするからだ．実際に，工場固有の組織学習はそのような戦略の基礎となるものである．

　ヒトやルーティンに依存する戦略は適応による効率の発展に不可欠である．したがって，日本の産業組織が海外へ進出するとき，その目的は彼らが本国で行ってきたことを海外で行うことである．しかし，海外の従業員や組織は本国で成長してきたものとはまったく異なる．それらは適応による効率が他のすべてのものよりも重視され続けてきた国内市場では培われてこなかった．

この点において，子工場や海外の工場を指導・監督し，成績評価を行い，鼓舞する親工場の役割が非常に重要になるのである．確かに，国際投資の決定と海外工場が十分な成果を出し始める時点には数年間の隔たりがある．この隔たりは一般的な管理方式と企業固有の管理方式を開発するために，および工場固有の方法を促進するために必要とされる工場内での経験や学習の期間を意味しているのだ．

同期間中に，子工場の適応による学習の範囲は必然的に親工場の学習の範囲から逸脱し始める．逸脱は2つの理由から不可避である．第1に，親工場のルーティンや管理方式の全システムを移転することはできないために，移転されたものの「穴」を埋めるために現地での調整が必要となるからである．第2に，海外工場が置かれている「立場」は環境的に条件付けられた適応の様々なパターンを奨励するであろうからである．様々な環境に適した様々な競争，組織，および経営のパターンを考慮すると，淘汰選定作用は必然的に異なったものとなる (Tyre and von Hippel, 1997)．

したがって，工場間での移転は物事がどのようにあるべきかと，物事がどうあってはならないかとの両方のモデルとなる．初めのうちは，現地の工場が行うことのできる最善の方法は，親工場が行っていることを手本とすること以外にはない．しかし，あまり時の経たないうちに，子工場は必ず独自のルーティンや管理方式を発展させ，そしてそれらが現地にとって最善の管理方式モデルへと進化するのだ．

国際技術移転の初期でさえ，かつて日本で行われたことをそのまま複製・模写することはなかった．新たな環境でうまくゆくものが出てこなければならない．ミッシェル工場では，トナー製品の生産量と品質，および新しいセンサー付きの機械製品の設計・開発は柳町工場の先を行った．柳町工場のトナー製品はサンプル品や試作品を設計するのに必要とされるものに限られていた．また柳町工場はミッシェル工場がお膳立てしたセンサー付きタイプの機械製品を製造しなかった．

同様に，フランス東芝システムで行っているコピー機とトナーの大規模な生産の兼務形体は，柳町工場や他のどの東芝の工場でもまだ行う必要のないこと

348 第Ⅱ部 エレクトロニクス産業

表7-1 柳町工場と3つの海外工場の組織学習に影響を及ぼす主な要因の比較[a].

	柳町工場	ミッシェル工場	アーバイン工場	ジエップ工場
従業員数	2,758+	150	150	100
設立年	1936	1986	1988[b]	1986
労働組合	未組織	組織	未組織	組織
シフト数	1	3	1	1
製品数	13	1+	5	2
製品複雑性[c]	高い	低い	様々	様々
離職率	低い	低い	高い	低い
親工場の数	0	1	4	1

注： (a) データは実地インタビュー時に収集したものである．
(b) コピー機生産が開始された年．
(c) コピー機の設計，開発および製造は高い製品複雑性を示している．コピー機の現地での一貫組立は様々な複雑性を示している．トナー生産は低い製品複雑性を示している．

だけれども，フランス東芝システムの奇抜な活動と成功を裏付けている．表7-1はこれらの工場における幾つかの主要な違いを比較したものである．最も大きな違いは製品の複雑性，製品数と親工場の数，および離職率である．

本国と海外のどちらでも，東芝の活動は工場固有の組織学習を軸としている．工場固有の学習は柳町工場，ミッシェル工場，およびフランス東芝システムの新しくて独自なものの核心をなすものである．ミッシェル工場とジエップ工場の成功，およびアーバイン工場の失敗がこの仮説を支持する証拠を提示している．アーバイン工場の5つの製品ラインと4つの親工場はコピー機技術の移転，適用，および適応といった活動に焦点を合わせることを困難にした．その失敗は重要である．というのも，適応を促す工場における発見と学習は工場固有の組織学習の本質だからだ．

8 工場固有の組織学習——二重性を超えて

海外でどの製品を製造するのかを決定する際，東芝のような企業によって享受される競争優位の原因となる工場の特徴，すなわち工場固有の特徴を忘れが

ちである．コピー機の生産以上にその設計は複雑な組織能力，技術的な能力，および経営管理能力を要する．これらの能力はただ海外業務での設計者，開発者，およびシステム・エンジニアが非常に不足しているというだけであっても，海外への移転が非常に困難な類のものである．設立10年後の今になってようやく，東芝のトナー製品部門の工場が自ら適用した研究・開発能力を養成し始めている．

　東芝の海外工場の現地人の雇用，訓練，および昇進に関するコストは明らかに工場固有の組織学習の過程を妨げる，もしくは促進する（アーバイン工場では，アメリカ国籍ではない非常に多くの作業員，特にメキシコ人，フィリピン人，および東南アジア人の作業員のために，コピー機生産要員の訓練と順応教育が複雑だった）．それにもかかわらず，日本人に一般的な非常に積極的な労働観を考慮すると，外国人を採用することはそれほど大きな問題ではない．フランス東芝システムとミッシェルにある元３Ｍトナー工場でのここ10年間の活動において，離職率は非常に低く，通常年２～３パーセントである．フランス東芝システムは当初，製造よりも組立に従事していたので，低い離職率，品質管理手法の基礎教育，および現地のノウハウと適応的なルーティンの蓄積を考慮すると，労働の質は非常に良好であった．

　しかし，真の問題が数年以内に様々な形で現れるかもしれない．第１に，東芝の経営システムと生産システムは内部昇進と企業内訓練にかなりの程度依存している．概して，この点で東芝は主要な日系企業の代表格である．西欧の労働市場における比較的高い自発的もしくは強制的な離職率を考慮すると，日系企業は伝統的な企業内訓練と「終身雇用」政策を維持していってよいのだろうか．また，国際業務における従業員の質をより完全にしようとしたり改良したりするために，もし日系企業が平均かそれ以上の水準の日本人以外の人材を競争的に獲得しようとし始めるならば，それはさらに伝統的な内部の昇進経路にしたがっている日本人マネジャーの特性ややる気にどのような影響を及ぼすだろうか．

　（たとえばデジタル処理，両面コピー，カラー写真コピーのできる）多機能コピー機と同じくらい複雑な製品を，海外で生産しようとすることは複雑で難しい課

題である．本国でのコピー機生産は，高度に統合された内部の構成単位や内部機能に依存しており，また組織学習プロセスや社会的関係と個人間関係を介して蓄積された工場固有の経験と知識にも依存している．そのような経験と結果的に生じた管理方式は当該の工場に，非常に特殊なものである．工場固有の組織学習の蓄積と工場の成果におけるその戦略的な役割によって，当該の工場に非常に特殊的なものはコア・コンピタンスの概念と幾らか類似性を持つようになる[11]．

9 工場固有の組織学習と転移する遺伝子[訳者注2]

　工場固有の組織学習はアーバイン工場のコピー機ラインではまったく定着・発展しなかった．その工場の組織と技術に関する知識の源泉は多く，生産量は低く，その離職率は高かった．これらの障害を考慮すると，どのようなことがなされ，協力して取り組まれ，推進されるべきかという唯一の規範・基準を創り出すことは実際には不可能であった．東芝の他の2つの国際コピー機工場とは違って，アーバイン工場の操業は本質的に異なる政策，ルーティン，および管理方式でごったがえしていた．

　他の工場とはあまり協力し合わないということが日本において規範になっていることを考慮すると，海外の工場，すなわち技術移転を受ける工場が国際的協調に踏み切ることはさらに難しくなる．その結果，組織と技術の移転はアーバイン工場では挫折した．コピー機の生産量は非常に低いままであり，離職率は非常に高いままであった．工場で行われる学習の効果は全くなかった．

　要するに，東芝のコピー機とトナーの3つの海外工場それぞれにおいて起こったことは，本国で起きたこととは異なっていた．柳町工場固有の優位性は歴史的に条件づけられ，組織的および技術的に統合され，部分の総和以上のものを内包する高度な生産システムというコンテクストの中に現れた．1936年の柳町工場設立以後，その工場の人材，製品および技術は特有のやり方で組み合わされ一体化した．コピー機の設計，開発および製造における東芝のコア・コンピタンスは，柳町工場に体現されているのである．

それにもかかわらず，東芝はミッシェル工場とジエップ工場へコピー機の技術を移転し，コピー機生産を国際化することに成功した．両事例において，そのプロセスは知識の移植というよりも知識の再生殖のようなものであった．言い換えると，親工場の普遍的な知識が現地の受け手側の組織に移植されただけでなく，送り手側によって移植されたものの実験，排除，および組み換えを繰り返した後に，新たな工場固有の日本的経営システムの特徴が現れ，進化したのである．日本的経営システムは伝達によってよりも工場固有の生成によって進化したが，伝達は必ず工場固有の生成に先んじて起こった．

ミッシェル工場とジエップ工場におけるコピー機技術の移転の成功は非常に創造的な活動だった．すなわちそれは，バーバラ・マコーミックのノーベル賞を受賞した，とうもろこしの粒の変化と完全な遺伝子組み換えもしくは生殖に関する研究「転移性遺伝子に関する研究」の中にあるものだった．マコーミックの研究はインドのとうもろこしの色の変化のパターンを説明しようとした．それはある世代から次の世代へ，パターンは正確には伝わらないというものだった．間違った複製と任意の変化が変異の主な理由であるということが明らかにされた．

類推すると，技術移転においては，知識の寸分違わぬ移転と受け手側の誤った複製，誤った移転，および誤った実行の中で「競争」が発生する．幾つかの誤りは自然に起こり，また幾つかの誤りは「意図的に」なされる．というのも，地域特殊的な淘汰選定過程と適応過程があるからだ．現地の行動主体が常に移植されるもの，その意味，およびその活用方法を判定するのである．それらがそうすればするほど，工場固有の組織学習が進展する．それらが移植されたものを読み違えたときでさえ，工場固有の組織学習は進行するのだ．

遺伝子組み換えもしくは遺伝子の再生殖を類推させる「転移性遺伝子型」の移転は，生産工程と製品設計の全面的な再考とは対象をなすものである．生物学的な比喩を少し述べるならば，ぶどう，たとえばカベルネ・ソーヴィニオンがたった1枚の畑から刈り取られて広められると，各苗木には変異が見られるかもしれないが，それらは個体群として親の苗木との遺伝子的な一致が見られる．しかし，変異体が同系交配や異系交配を行うとき，わずかな遺伝子でさえ

非常に重要な意味をもって組み換えられる[12]．

　本章では，東芝のアーバイン工場は挿し木による繁殖以上のものであり，それは種族の異なる作物を同時にそのままある環境へ移転することだったということを強調した．しかしその挿し木は全く根付かず繁茂しなかった．ミッシェル工場とジエップ工場では，対照的に，地域特殊的なものを創造することがその狙いだった．というのも，両工場は労働組合が組織されている工場であり，現地へ持ち込むのにふさわしいものが親工場の製品ミックスの中にまったくなかったからだ．変更を加えない移転もしくは挿し木による繁殖は目的ではない．文化を移植し，交配させ，組み換えを行うことによる繁殖は移転形式だったのである．

　要するに，先進的な生産の特徴，管理方式，およびケイパビリティの存在，それら自身は日本的経営システムが発生するための必要条件ではあるが，十分条件ではない．良いモデルや実証済みの枠組み以上のものが必要となるのだ．工場固有の組織学習はそれ以上のものの一部である．工場固有の組織学習は本国と海外で日本的経営システムを統合し刺激するものであり，またそれはアーバイン工場へのコピー機技術の移転の失敗の理由，およびミッシェル工場とジエップ工場におけるコピー機技術の誕生と進化の成功の理由を，最も適切にわれわれに教えてくれる．

注

1) すなわち，日本的経営システムはビジネスにおいて良い成果を上げる先進的な手法なのである．ただし，日本的生産システムが人間関係における成果に関して先進的であるかどうかには活発な議論がある．
2) 工場，企業，および企業内ネットワークの相互依存性は，*The Japanese Enterprise System-Competitive Strategies and Cooperative Structures*（New York : Oxford University Press, 1992）で概略を述べたように，日本的企業システムの基本的な特徴である．
3) 人間の染色体の構造を考えてみるとよい．たった5パーセントの染色体が遺伝特性を備えている．95パーセントはいつどのように特性が現れるのかを示すものである．類推すると，国際技術移転で伝達される特徴（たとえば，日本的経営システムの遺伝コード）は，技術移転の過程で実際に起こることのほんのわずかな部分に過ぎない．
4) 進化，自己組織化，および複雑な適応システムに関する文献が急速に増えている．

幾つかの非常に優れた入手しやすい文献は John H. Holland *Hidden Order*（Menlo Park, Calif.: Addison Wesley, 1995）; Stuart Kauffmann, *At home in the Universe*（New York: Oxford University Press, 1995）Ralph D. Stacey, *Complexity and Creativity in Organizations*（San Francisco: Berrett-Koehler, 1996）; および Manfred Eigen, *Steps Toward Life*（New York: Oxford University Press, 1992）である．

5) 日本では，これらの目標が多かれ少なかれ同時発生的な形で追求され，実現される．海外では，それらはしばしば段階を追った形で遂行されることが多い．おそらく，大量生産と高品質生産の信頼性が優先され（これら無しでは，市場浸透力が見込めない），低コスト，納期，およびモデルや製品の多様性に関する目標が次に続く．この順序は国毎，製品毎に異なる．

6) 表現型とは有機的組織体がもつ特徴の総体である．それは有機的組織体の遺伝子構造もしくは過去のデータの蓄積である遺伝子型とは対照をなすものである．本章における先進的な生産管理方式は日本的経営システムの表現型の特徴や属性である．

7) Martin Fransman, *Japan's Computer and Communications Industry*（Oxford: Oxford University Press, 1995）, p.335.参照．日本国外にある日本の生産能力の割合は全部でたったの9～10パーセントであり，アメリカの産業の割合の2～3倍以下である．"Asian Promise — Japanese manufacturing," *Economist*, June 12-19, 1993, pp. 98-99.参照．

8) サウスダコタ州ミッシェルにある東芝のトナー生産工場に関する情報は，サウスダコタ州のミッシェル，カリフォルニア州のアーバイン，日本の川崎市でのデータ収集とインタビューから得た．中村政男と筆者は1995年12月にミッシェルでインタビューを行った．

9) W. Mark Fruin and Toshihiro Nishiguchi, "Supplying the Toyota Production System," in Bruce Kogut, ed., *Country Competitiveness*（New York: Oxford University Press, 1993）.

10) 1989年11月29日にアルク・ル・バターユで実施したCEOのPhilippe Delahayeとその他のフランス東芝システムの現地人役員（local TSF executives）へのインタビューより．

11) コア・コンピタンスの概念と同様，日本的経営システムを採用する工場がなぜまったく同じように機能するのかを知ることは難しい，ということを工場固有の組織学習は示している．サブシステムの相補性と条件付けられた学習の効果がその理由の1つである．コア・コンピタンスのように，地域特殊的なケイパビリティがどのように，いつ，なぜ表出するのかを理解しようとすると様々な原因にたどり着くということを，工場固有の組織学習は示している．

日本的経営システムを誘発する際の地域特殊的な経験の重要性は他の知識創造の概念とは区別する必要がある．筆者の考えでは，知識は学習が示すよりも高度な一般化の可能性を示している．実は，日本から広められ海外に蓄積するものの多くは暗黙知である．暗黙知はより明示的にされる可能性があるが，だからといって地域特殊的な知識を蓄積する必要性が無くなるわけではない．工場固有の組織学習は地域特殊的な知識を創造することの重要性を強調するが，同時に普遍的な

知識の移転の必要性には注意すべきである.
12) David L. Wheeler, "Marrying the Science and the Art of Winemaking," *Chronicle of Higher Education*, May 30, 1997, pp.A24-25.

訳者注)
1) 25エーカー＝約101.17平方キロメートル（＝約10キロメートル四方），8万1,000平方フィート＝7.29平方メートル（＝2.7キロメートル四方），および18万5,000平方フィート＝16.65平方キロメートル（＝約4キロメートル四方）である．これらの単位変換は1エーカー＝4,068.8平方メートル（『リーダーズ・英和中辞典』参照），および1平方フィート＝0.09平方メートル（http://search.compass-compass.com/USA/contents/measurement.asp?area＝参照）を基準にして行った．
2) 原著の表記は「SSOL and Jumping Genes」．『リーダーズ英和中辞典』およびinfoseek Japanのオンライン英和辞典サービス（http://jiten.www.infoseek.co.jp/Eiwa?pg=jiten_etop.html&col=EW&svp=SEEK&svx=100600）によれば，jumping geneとはトランスポゾン（＝転移性の遺伝子）のこと．すなわち，1つのレプリコン（＝DNAの複製を自律的に制御する単位）から他のレプリコンへ移ることができる遺伝子群のことである．

参考文献

Abegglen, James. 1958. *The Japanese Factory*. Homewood, Ill. : Free Press.〔占部都美監訳『日本の経営』ダイヤモンド社，1958〕

Aoki, Masahiko. 1988. *Information, Incentives and Bargaining in the Japanese Economy*. Cambridge : Cambridge University Press.〔『日本経済の制度分析―情報・インセンティブ・交渉ゲーム―』筑摩書房，1992〕

Brannen, Mary Yoko.1992, "Your Next Boss Is Japanese : Negotiating Culture at Japanese Paper Plant in Western Massachusetts." Ph.D. diss., University of Massachusetts, Amherst, Ph.D. School of Business Administration.

Chandler, Alfred D.1990. *Scale and Scope*. Cambridge, Mass. : Belknap Press.〔阿部悦生，工藤章，日高千景，河辺信雄，西牟田祐二，山口一臣訳『スケール・アンド・スコープ―経営力発展の国際比較―』有斐閣，1996〕

Cole, Robert. 1971. *Japanese Blue Collar*. Berkeley : University of California Press.

Cole, Robert. 1979. *Work, Mobility and Participation*. Berkeley : University of California Press.

Cole, Robert E. 1989. *Strategies for Learning*. Berkeley : University of California Press.

DiMaggio, P.J., and Powell, W.W. 1983. "The Iron Cage Revisited." *American Sociological Review* 48 : 47-160.

Dore, Ronald. 1973. *British Factory-Japanese Factory*, Berkeley : University of California Press.〔山之内靖，永易浩一訳『イギリスの工場・日本の工場―労使関係の比較社会学―』筑摩書房，1987〕

Dore, Ronald. 1987. *Flexible Ridgities*. Standford : Standford University Press.
Doz, Y.L., and Prahalad, C.K. 1984. "Patterns of strategic Control within Multinational Corporations" *Journal of International Business Studies* Fall; 55-72.
Eigen, Manfred. 1992. *Steps Towards Life*. New York : Oxford University Press.
Fiol, C. Marlene, and Marjorie A.Lyles. 1985. "Organizational Learning." *Academy of Management Review* 10(4): 803-813.
Franco, Lawrence G. 1989. "Global Corporate Competition." *Strategic Management Journal* 10 : 449-474.
Fransman, Martin. 1995. *Japan's Communications and Computer Industry*, Oxford : Oxford University Press.
Fruin, W.Mark. 1992. *The Japanese Enterprise System*. Oxford : Clarendon Press.
Fruin, W.Mark. 1995. "Localizing and Integrating Knowledge in Fast-to-Market Competition." in J.Liker et al.,eds., *Engineered in Japan*. New York : Oxford University Press.
Fruin, W.Mark. 1996. "Manufacturing Knowledge in Japan : Organizational Campaigning and Time-based Competition." Paper prepared for PRISM, Seattle, Washington, Aug.17.
Fruin, W.Mark. 1997. *Knowledge Works : Managing Intellectual Capital at Toshiba*. New York : Oxford University Press.
Fruin, W.Mark. 1998. "Manufacturing Knowledge in Japan : Organizational Campaigning and the Time Value of Knowledge." In Raghu Garud and Joseph Porac,eds., *knowledge, and Organization*. New York : Greenwood Press.
Fruin, W.Mark, and Masao Nakamura. 1997. "Top-Down Production Management : A Recent Trend in the Japanese Productivity-enhancement Movement." *Journal of Management and Decision Sciences* 18 : 131-139.
Fruin, W.Mark, and Toshihiro Nishiguchi.1993. "Supplying the Toyota Production System." In Bruce Kogut, ed., *Country Competitiveness*. Oxford University Press.
Gerlach, Michael. 1992. *Alliance Capitalism*. Berkeley : University of California Press.
Ghoshal, S., and Westhey, D.E., eds. 1993. *Organization Theory and the Multinational Corporation*. New York : St. Martin's Press. 〔IBM国際ビジネス研究センター訳『組織理論と多国籍企業』文眞堂, 1998〕
Holland, John H. 1995. *Hidden Order*. Menlo Park, Calif. : Addison-Wesley.
Hutchins, Edwin, and Brian Hazlehurst. 1995. "How to Invent a Lexicon : The Development of Shared Symbols of Interaction." In E.Goody,ed., *Social Intelligence and Interaction*. pp.157-189. Cambridge : Cambridge University Press.
Kauffman, Stuart. 1994. *At Home in the University*. New York : Oxford University Press.
Kenny, Martin, and Richard Florida. 1992. *Beyond Mass Production*. New York : Oxford University Press.
Kimura, Y. 1989. "Firm-Specifc Strategic Advantages and Foreign Direct Investment

Behavior of Firms." *Journal of International Business Studies* 10 (2): 296-314.

Kogut, Bruce. 1989. "A Note on Global Strategies." *Strategic Management Journal* 10 : 383-389.

Kogut, Bruce. 1993. *Country Competitiveness*. New York : Oxford University Press.

Leibenstein, Harvey. 1975. "Aspects of the X-efficiency at the Firm." *Bell Journal of Economics* 6 (2): 580-606.

Levitt, Barbara, and James G. March. 1988. "Organizational Learning." *Annual Review of Sociology* 14 : 319-340.

Lincoln, James, and Arne Kalleberg. 1990. *Culture, Control, and Commitment*. Cambridge : Cambridge University Press.

Miner, Anne S., and Pamela R. Haunschild. 1995. "Population Level Learning." *Research in Organization Behavior* 17 : 115-166.

Odagiri, Hiroyuki. 1992. *Growth through Competition, Competition through Growth*. Oxford : Oxford University Press.

Porter, Michael. 1996. "What Is Strategy?" *Harvard Business Review* (Nov.-Dec.): 61-78.〔『DIAMONDハーバード・ビジネス』1997.3特集『戦略の本質』および竹内弘高訳『競争戦略論』ダイヤモンド社, 1999〕

Scott, Richard. 1995. *Institutions and Organizations*. Thousand Oaks, Calif.: Sage.〔河野昭三, 坂橋慶明訳『制度と組織』税務経理協会, 1998〕

Stacey, Ralph D. 1996. *Complexity and Creativity in Organizations*. San Francisco : Berrett-Koehl.

Tyre, Marcie J., and Eric von Hippel. 1997. "The Situated Nature of Adaptive kearning in Organizations." *Organization Science*. 8 (1) : 71-83.

Wheeler, David L. 1997. "Marrying the Science and the Art of Winemaking." *Chrinicle of Higher Education*, May 30, A24-24.

Whittaker, Hugh. 1990. *Managing Innovation*. Cambridge : Cambridge University Press.

Womack, James et al. 1991. *The Machine That Changed the World*. New York : Ralston Associates.〔沢田博訳『リーン生産方式が, 世界の自動車産業をこう変える. 一最強の日本車メーカを欧米が追い越す日一』経済界, 1990〕

(訳・山田雅俊)

第8章　移植？　日米における日本的テレビ組立工場の比較

　合衆国における日本的経営システムの移転もしくは導入はここ15年の間，多くの注目を集めてきた（たとえば，Abo et al., 1994 ; Kenney and Florida, 1993 ; Womack et al., 1990）．グローバル競争といくつかの産業における日本の成功は，政治家，ビジネスマン，そして学者の関心を引き付けてきた．日本の成功物語は，生産管理の本質に関する根本的な再検討を見事に促すことになった（たとえば，Adler, 1993 ; Dertouzos et al., 1989を参照）．

　圧倒的に多くの研究が，日本の自動車産業とその移植工場に集中して行われた．このことは，自動車生産が殆どの先進国において中核産業であるという点からして，特に驚くことではない．自動車会社はそれぞれの国において最大規模の企業であるかまたは最大規模の中の一つであるのが常であったし，比較的に高賃金で多くのブルーカラーとホワイトカラーの労働者を雇用している．産業化の時期全体が「フォーディズム」という言葉で説明されるのは，自動車が中心であることを十分に説明している．自動車の組立ラインには，20世紀後半の生産と労使関係の研究における支配的な研究パラダイムが存在している．

　従って，日本企業の成功の背景にある諸要素に関する西洋の理解は，Womackの *The Machine That Changed World* の評判の証拠にもあるように，自動車産業関連の諸要素に集中している．日本企業はまた，他の産業，とりわけ電子産業においても著しい成功を遂げてきた．製品とプロセスの技術的特徴が，これらの他の産業においても，かなり異なった形の経営システムになるという良い証拠である．

　この章では，日本のテレビ組立工場の合衆国への移転について検討する．その重要性にもかかわらず，家電産業における日本的生産システムは，日米両国

においてそれほど大きな注目を受けてこなかった．それが偉大な日本企業の成功話であったにもかかわらず，この無関心は奇妙である．実際に，合衆国における日本企業による工場移植の最初のブームは，1970年代におけるテレビ組立工場の設立であった．1998年には，日本企業は合衆国で操業していた残りのすべてのテレビ組立工場を買収した．

電子産業と自動車産業の間には，重要な違いが存在する．たとえば，組立工場と研究開発のパフォーマンスの相対的重要性は，両方の産業において，かなりの違いが存在した．GMとトヨタのような自動車メーカーが売上高の5％未満を研究開発に投資したのに対して，典型的な電子企業は，たとえテレビ1台に割り当てられる比率がより低くなるとしても，売上高の7〜10％を研究開発に投資した．研究開発部門は電子企業の競争上の優位（成功）にきわめて重要な役割を果たし，企業の全体的な付加価値のための中核的な貢献者であった．従って，電子企業にとって，製造部門が重要であるとはいっても，自動車組立メーカーほど完璧に支配的ではなかった．それでもやはり，日本の電子企業が世界で最も効率的で高品質の製造業者であったということは明らかである．これらの企業は彼らの工場を競争上の資産として利用した（Furin, 1997）．

本章の第1節では，本章のために行われた調査と先行研究を検討する．第2節では，日本におけるテレビ組立の生産システムを考察する．第3節では，これらの工場における工場組織およびそのマネジメントのシステムを検討する．第4節では，日本におけるテレビの組立と自動車の組立の違いを要約する．第5節では，テレビ組立の合衆国への移転に関する利用可能な証拠を検討する．第6節では，1970年代に三洋電気（以下，三洋）と松下電器（以下，松下）によって買収された二つの工場の違いについて論じる．第7節では，労働組合未組織化地域への工場移転，すなわち，本章においてY工場，Z工場，M工場と呼ばれる3工場と，サンディエゴにあるソニー工場の移転に関する資料を提供する．むすびの論点では，テレビ組立移植工場への日本的経営システムの移転が比較的乏しい理由と，テレビと自動車の組立が異なる理由について論じる．

1　先行研究とその分析方法

　日本の家電企業の生産システムと工場組織に関する研究は非常に少ない．さらに，移植工場のテレビ組立設備と日本のそれとを比較するということは，日本企業の工場のオペレーションが変化しつつあるということから，困難である．1985年以来，日本企業のテレビ組立工場（すなわち，日本に所在している工場）はしばしば，さまざまなコストの高騰と途上国と先進国へ生産を再立地しなければならないという意思決定を余儀なくされた．その結果，テレビ組立工場は正規労働者を退職に追い込まずに，契約労働者の再雇用の中止や，従業員の他の工場への配置転換によって，人員削減を行ってきた．残りの生産は高付加価値商品と新商品，もしくは日本市場のための広範な製品へとシフトしてきた．こうした製品シフトと共に，会社は，日本人労働者の中に深く蓄積していた技能を引き出すことで，高賃金を提供できたのである．

　本章では，二つのタイプの情報が日本のテレビ組立工場から収集されている．第一に，まる一日をかけたインタビューが三つの日本のテレビ組立工場（二つの工場は同じ会社によって所有されている）で行われた．これらの工場はU工場，S工場，そしてI工場と分類されている．一番目の工場は1995年，1996年，そして1997年に，二番目の工場は1996年と1997年に，三番目の工場は1997年に訪問した．私はまた，テレビ組立工場に関する四番目の会社として，広報活動関係者にインタビューを行った．第2に，日本語と英語の広範な文献レビューを行っている．日本のテレビ産業の発展に関する包括的な研究を行ってきた，平本（Hiramoto, 1994）と野村（Nomura, 1992a, 1992b）の研究を除いて，日本では，テレビ組立に関する研究はほとんどなかった．ドーア（Dore, 1973）は家電製品ではなく，重電産業を研究した．フルーイン（Fruin, 1997）は，製品とプロセスがテレビ組立工場のそれらとはかなり異なる，多角化した東芝の柳町工場について調査した．

　家電産業の移植については数多くの研究がなされてきた．しかしながら，発展途上国，とりわけマレーシアとメキシコ（Beechler and Taylor, 1995；Kenney

and Florida, 1994；Kenney とその他，1997；Nomura, 1992a），あるいはイギリス
(Delbrige, 1995；Oliver and Wilkinson, 1988；Taylor とその他，1994；Trevor, 1988) に
関する研究がほとんどであった．家電産業の移植に関する唯一の包括的な国際
比較研究はと安保他（Abo et al., 1994) によって行われた．とりわけ，この研究
の問題点は，工場の慣行を比較するために，評価システムを利用した結果，工
場の実践的な機能を詳しく説明できないということである．従って，さらに一
歩進んだ比較研究を行うためには，この研究の利用は困難となる．安保（Abo,
1992；1994）はまた，三洋と東芝のテレビ組立工場に関して国際比較研究を行
っている．しかしながら，これらの研究もまた，評点以上のものは何も説明し
ないのである．

　本章において米国に関する部分は，1991年に行われたある米国のテレビ組
立移植工場でのインタビュー，1992年に行われたテレビ移植工場でのインタ
ビュー，1995年に日本で行なわれた合衆国に居住していた二人の日本人マネ
ジャーとのインタビュー，4つの異なる日本のテレビ組立移植工場とある日本
のテレビ組立移植工場の供給業者との一日ずつのインタビュー，そして新聞と
雑誌の論文を含む，各種の二次的な資料に基づいている．調査は，有効なもの
はほとんどないけれども，1972年から1990年にわたる，ビジネスに関する定
期刊行物，たとえば *Wall Street Journal* 誌，*New York Times* 誌，そして
Chicago Tribune 誌の文献検索を完全に含んだものである．評価システムへの
依存が強いとはいえ，安保（Abo, 1992, 1994）とその他（1994）の研究は米国の
テレビ移植工場に関する重要な情報の源泉である．重要な二次的資料の源泉と
して，合衆国アーカンソー州のフォレスト市にある三洋のテレビ組立工場に関
する一連の事例研究（Harvard Business School, 1981；Kotha and Dunbar, 1995；
Yonekura, 1985）がある．またその他に，重要な研究としては，佐藤（Sato,
1991）によるテネシー州にある東芝の工場に関する事例研究がある．

2　テレビ組立工場の生産システム

　テレビ生産は，数多くの生産段階を含む複雑な価値連鎖からなっており，そ

表8-1 異なるテレビサイズの原価コスト内訳（％），1997年

部品	20インチテレビ	32インチテレビ
ブラウン管	50	57
プリント基板	20	24
チューナー	4	2
フライバック変圧器	4	1
偏向ヨーク	5	2
箱	11	6
その他	6	8
合　計	100％	100％
総組立時間（分）	27	86

出典：Ohgai, 1997.

れぞれの段階では，労働，資本，知識，そして技能を完全に異なる組み合わせで利用している．テレビは以下の主要な構成部品から成る．すなわち，フライバック変圧器と偏向ヨークを搭載したブラウン管（CRT），プリント（配線），基板（PCB），変圧器，ワイヤ・ハーネス，チューナー，プラスティック部品と金属部品，そして各種の小さな部品である．表8-1は日本で生産される20インチと30インチテレビのコスト明細を示している．表で示されているように，CRTはテレビの総原価の過半を占めている．プリント（配線）基板は，その次に重要な構成部品である．テレビの最終組立はテレビの総コストの小さな割合にすぎない．

テレビを組み立てるのに必要な労働量は過去20年間の間に急激に低下してきている．テレビの組立は自動化されてきたというよりむしろモジュール化されてきており，そして，多くの個別部品は急激に減ってきた．1970年代の後半においては，日本企業は21インチカラーテレビを組み立てるのに2時間くらいを費やしていた（技術評価局，1983年，p.238）．米国とドイツの企業は4時間くらいを，そしてイギリスの企業は6時間くらいを費やしていた．1997年までに，20インチテレビの組立のための労働時間は27分に減少し，32インチテレビの組立には，86分の時間を要した．これに対して，自動車の場合は，10時間から20時間くらいを必要としていた．

テレビ生産の価値連鎖における1つの部門に必要とされる能力はしばしば，

他部門と相互関連的ではない．従って，異なる立地優位性に基づいて，多様な価値連鎖の部門間で地域的な分業を行うことは可能なのである．それゆえに，たとえば，大手CRTメーカーは資本集約的であり，工学的かつ技術的に豊富な環境を必要とした（中規模CRTメーカーにとっては，技術は完全に標準化されており，そして，CRTは世界市場向けにマレーシアや台湾において生産された）．実際に，CRTの生産は素子部門別に組織的に立地されており，組立部門とは完全に離れているので，非常に特殊的といえる．多くの場合，CRT生産はテレビ組立工場と同一の場所では行われてこなかったし，シャープと三洋のようないくつかのテレビ組立メーカーはCRTを生産さえしていなかったのである（Khurana, 1994）．テレビ組立は比較的に，労働集約的であり，資本投資とエンジニアやその他の高度に熟練された技術者をあまり必要としなかった．20年前のPCB組立（以前は，電子管時代からシャーシとして知られていた）は高度に労働集約的であった．そして，1997年においては，そのほとんどが自動化された一方で，残された手作業を行う労働者の人件費を削減するために低賃金国へ移転された（Nomura, 1992a）．価値連鎖の分解可能性のゆえに，テレビメーカーはこれら3つの価値連鎖に関する主要な構成要素の立地について相当な柔軟性を保持していた．

　調査したテレビ組立工場は，100メーターくらいの長いコンベアーベルト式の組立ラインに基づいて組織されていた．主要な作業者間の調整を必要とするような仕事はほとんどなかった．作業者は椅子に座ったままか，もしくは，立ったままであった．テレビが位置に着けば，彼らは規定時間内（一般的に1分）に所定の仕事をこなし，その後，テレビセットはラインを下り続けた．このような組立部門では，ロボット化はほとんど行われなかった．部品を作業者の所まで運んでいたのは班長もしくは自動運搬車両であり，重く，大きく，そして高価なCRTは頭上のコンベアーによって運ばれていたのである．調査した工場では，CRT運搬の自動化が一般的な傾向になっていたにもかかわらず，ある工場は破損を最小化するために，CRT運搬セクション全体を最近まで自動化しなかった．

　急速な市場変化は短い製品寿命と生産工程，そしてより頻繁なモデル・チェ

ンジの重要性を示唆してきた．たとえば，1970年代においては，日本の東北に立地した工場Uは，500,000台を単品モデルで生産していた．1997年には，モデル総数は10,000種類になっていた．通常，新しいモデルを導入するための準備は2日から3日くらいかかった．生産バッチサイズは平均1,500単位に減少した．そのような短時間操業に対応するために，工場Uは，モデル・チェンジに要求された平均時間を，1970年代後半の2～3時間から1980年代の3～40分に減らした．

生産工程と製品寿命の短縮化は，単純に生産時間を最適化することから，生産とモデル・チェンジの期間をも最適化することへと生産の経済性を変貌させた．その結果，工場Uのマネジャーは，追加的なロボット化と自動化は資本投資を増加させる一方でフレキシビリティをなくすとして，望ましいものではないと考えた．日本にあるS工場は，ワイドテレビ，LCDテレビ，そしてインターネットテレビのようなさまざまな種類のテレビを生産している．それとは対照的に，米国にあるその姉妹工場はルーティン化された生産プロセスにおいては，大量のバッチ生産を行っていた．全ての工場のマネジャーは，日本の工場で生産される多種多様のテレビは米国にある彼らの設備と比較にならないと話していた．暗に，このことは明確にされていなかったけれども，日本人労働者はよりフレキシブルに考え，そして変化に対応する能力をもっていたと考えられていたし；そして，モデル・チェンジは決まりきった生産に比べてより複雑であって，パターン化した活動ではなかったのである．

日本のテレビ工場は修正版ジャスト・イン・タイム（JIT）・システムにもとづいて運営されている．CRTのような大きな部品，プラスティック・ケース，ワイヤ・ハーネス，そしてPCB（日本では，PCBの差込は外注される場合が多い）は一日に何度も納入されている．抵抗器と蓄電器のような小さい部品はあまり頻繁には納入されなかった．しかしながら，倉庫部品として割り当てられる場所はなかった．物理的なカンバンの代わりに，オンライン受発注システムが利用されている．

製品技術はテレビの組立において重要である．部品数の削減と簡易生産のためのデザインは，市場での成功の鍵を握る．1960年代と1970年代に，米国の

競合他社を凌いだある日本企業の優れた優位性は，重くてあまり頼りにならないブラウン管に取って代わる，より信頼のできるトランジスタを素早く代替したことである（Baranson, 1980）．そのプロセスにおいて本来，数多くのワイヤーを納める重金属の台であった，"シャーシ"が小型化され，PCBとなったのである．このことによって，シャーシの組立の自動化が可能となり，そして出荷コストが劇的に削減された．テレビの機能は増加したにもかかわらず，トランジスタとその後継品の利用によって，電気回路は統合され，部品数が大きく削減された．一つの事例として，大規模集積回路の利用の増加によって，三洋の岐阜工場は20インチテレビの部品数を1970年の2,334個から1976年の1,006個に減らしている（Baranson, 1980, p.103）．

　部品数はまた，いくつかのプラスティック部品を一つの部品に組み合わせた，洗練されたプラスティック金型の利用によっても削減された（Hiramoto, 1994, p.143）．たとえば，あるプラスティック射出成形機メーカーはテレビの箱とスピーカー・カバーを一つの金型に収納できる新しいプロセスを開発した．このことによって，5つあった部品の数が1つに削減された．こうした改善があったので，調整するためのタスクはほとんどなくなり，そして組立ラインも短くなり，また人数も削減された．ミスの機会がほとんどないために，製造品質も改善された．製品技術と部品技術を通じたこうした簡易化は作業者主導の継続的改善と同じくらいに重要であるように思われる．

　工場には，品質管理の成果やその他の変数に関する情報を提供するような資料が山積していた．多くの成功したQCサークルのグループ写真が飾られており，男女を問わず，全ての労働者が積極的に活動しているということは明らかであった．それぞれのラインでは計画どおりに生産された多くのテレビを表示する大型のディスプレイがあった．しかしながら，操業状況を表わす緑，黄色，そして赤の光を発する街灯柱を備えた個々の機械があるところのPCBの取り付け部門を除いて，トヨタ工場と同じような「アンドン」はなかった．

3 日本の大手電機メーカーの工場組織とマネジメント

　日立，日本ビクター，松下，三洋，シャープ，ソニー，そして東芝のような日本の大手電機メーカーの電子部門は日本的なテレビ組立工場を運営している．これらの企業の工場の生産システムは，広範な工場マネジメントと企業構造および制度的環境に埋め込まれている．マネジメント・システムは他の大手日本企業と同じようなものであり，たとえ個々の企業の経路依存的な発展のゆえに，細かい相違はあるにしても，長期雇用システム，企業別組合，そして年功を重要な要素とする複雑な給料体系に基づいている．以下の小節では，家電組立メーカーの工場組織とマネジメントの重要な特徴について説明する．ただし，これらの特徴の多くは実際には，全社に共通するものである．

3-1　採用管理と初期教育

　長期雇用システムの存在のゆえに，採用管理は重要な機能のひとつである．製造部門の従業員は通常，高校と工業高校の卒業生から募集された（日本では，中学校卒はほとんどいない）．ほとんどの応募者は筆記試験，口述試験，そして身体検査を受ける．筆記試験は驚くことに，難解な代数，現代の経済，そして英語を含んだ会社全体に関する試験であった．工業高校の卒業生はまた，専攻に関する試験も受けていた．口述試験は労働者の個性とモチベーションを高めるように出題され，所要時間は30分〜60分くらいであった．口述試験で良い答えをする人は，人事担当マネジャーが，応募者が話すべき内容についてよく指導されたと評価しても，採用されるべきモチベーションについてよく説明できた人たちであった．

　工場労働者のための初期教育は会社によって，実に多様である．長野他（Nagano et al., 1996）のVCR工場に関する研究によれば，全ての新規労働者が3ヶ月の初期教育を受けている．1ヶ月目には，会社の方針および，工場の教育訓練センターにおいてどのようにしっかり努力し，他の基礎的な手続きをこなせるかの注意事項の内容が含まれている．残り2ヶ月間は，研修生はさまざ

まな作業現場を2週間間隔で交代する．私が訪問したあるテレビ工場では，業務外訓練と指導期間は3日から5日くらいの所要時間でもっと短かった．これが終わった後，新しく採用された従業員たちは工場全体のさまざまな作業現場を交代しながら，3ヶ月間を過ごし，その後，彼らはひとつの作業グループに配属される．

3-2 労働者階層

典型的な日本の家電メーカー工場の生産労働者は会社との協定の前提に基づいて階層化されている．作業現場の階層組織の底辺は有期契約（たとえば，臨時的な）労働者からなっている．労働者のこの初めのグループには，圧倒的に女性の方が多い．契約労働者は最低限の技術レベルを要求する単純でルーチン化された組立作業を行い，比較的に低い賃金の支払いを受けていた（Nakamura et al., 1994）．たとえば，中村他はVCR工場において，高度にルーチン化された物理的組立作業のほとんどが契約労働者によって行われたことを明らかにしている．形式的には，契約労働者として定義されるけれども，（少なくとも，ナカムラ他の研究（1994）における）この人々は実際には，常勤労働者であった．なぜならば歴史的には，彼らの契約はほとんど例外なく，更新されてきたからである．企業内組合はこうした契約労働者をも代表していたのである．

1991年から1995年までの円高の影響によって，多くの長期契約労働者は契約の更新ができなかったかまたはテレビ組立工場から移動させられた．従って，中村他（Nakamura et al., 1994）が調査したVCR工場とは違って，1997年時点のテレビ工場においては，契約労働者はほとんどいなかった．ひとつの例として，およそ20人ほどの女性契約労働者が小型のリモコンを手で組み立てている部屋のあるところのリモコン組立部門を除いて，契約労働者がほとんどいないU工場があった．I工場においては，継続するテレビ組立の海外への移転と増加する自動化のために，450人の女性労働者のうち，25人だけが契約労働者となった．正規従業員は，以前に契約労働者や下請の人が行っていた組立作業を行う場合もあった．

第2のグループは最終組立で比較的単純な作業を行う女性労働者から構成さ

れている．調査したテレビ工場では，女性労働者のほとんどが常勤労働者であった．ただし以前は，多くの契約組立労働者として雇用されていた．女性正規従業員のための昇進の機会は制限されていた．たとえば，大貝（Ohgai, 1996）は，松下電器における女性従業員は第一段階の監督者あるいはグループ・リーダー以上の職には昇進できないと報告している．後で述べるように，こうした移動の制限は女性現場労働者がより高いレベルの作業活動への訓練と参加の機会に影響を与える．

第3のグループは正規の男子労働者である．この人々は最も訓練されたグループであり，第一線の監督者の供給源である．監督者の地位では，彼らは，従業員を管理することに関してだけではなく，標準的な作業時間を決め，作業上の改善を自ら実践し，勤務評定を行うことに関しても責任をもつ（Abo et al., 1994, p.158）．典型的な米国工場では，これらのタスクは通常，エンジニアかもしくはマネジャーが担当している．1996年に，I工場を訪問した際には，高度に自動化された組立ラインで仕事をしている男子労働者は数人しかいなかった（ほとんどの労働者は女性の正規従業員であった）．

男性従業員と女性従業員の間には法的かつ公式な違いがないにもかかわらず，実際には，とりわけ，昇進，教育訓練，そして「技術者に近い」作業活動への参加のための機会という面においては，性別に基づいた正規の現場労働者の階層化が存在していた．男性の正規従業員はしばしば，工業高校を卒業した人々であり，典型的に，教育訓練のための実際上のより大きな機会を保持していた．このことは，彼らのキャリアが高まるに従って，彼らはより優れた技術を開発し，彼らの職務が主として，保全と関係する（ようになる）ということを意味する（Abo et al., 1994, p.157）．

中村他（Nakamura et al., 1994, p.64）は，VCR工場においては，正規の労働者として雇用される従業員はいかなる組立作業も行わなかったと述べている——つまり，「正規の従業員（ブルーカラー）は主として，管理と監督の仕事に従事し，組立作業に実質的に従事する人は各チームの契約従業員である」ということである．さらに，原材料の供給と部品の係では，データ入力とその他の"秘書のような種類"の機能を担当する数人の契約従業員はいたものの，調整と検査お

よびエンジニアリングの係のような高度の技術もしくは広範な知識を必要とする活動については，契約従業員はいなかった．正規の従業員が中心であるために，以下では，正規従業員に焦点を当てる．

3-3　教育訓練とローテイション

　教育訓練への関与は日本の家電組立工場に一般に広く行き渡っている．日本の家電組立工場の生産労働者は教育訓練によって階層化されている．正規労働者は品質管理，検査，新しい機械（の運営），機械の保全，そして溶接とはんだ付けのような特別な技能を含む広範な課題に対して訓練を受ける．U工場とI工場においては，上級への昇進の準備として，階層全体の教育過程が必要とされる．昇進後には，他の教育過程が要求される．正規従業員にとって，教育訓練とは日常的な仕事の一部なのである．

　主要な研究が特徴づけているOJT教育訓練のひとつの側面はジョブ・ローテイションであり，そしてそれによって，チームの各々のメンバーはチームの行う職務のすべてもしくはそのほとんどについて訓練を受ける（Cole, 1989 ; Gronning, 1992）．3つのタイプのローテイションが一般に行なわれている．1つ目のタイプは短期間のローテイションであり，そしてその目的は退屈と人間工学的ストレスを取り除くために労働者を異なる作業場に移動することであった．これらのタイプの工場では，こうしたことは，（とりわけ，投影画像の調整に最も必要な）注意深さと視力の集中を要求する一部の検査と視覚的なバランスの調整活動以外に，実施されなかった．日本にある工場Uにおいては，組立労働者は同じような仕事を1日中行った．ただし，彼らは平均して2日もしくは3日ごとにモデル・チェンジが行われた場合の多少のバリエーションを経験している．日本の家電工場における組立ライン労働者間の日常もしくは短期的業務ローテイションが行われないのは，労働者の抵抗や西洋の職務統制の結果ではなかった．むしろ，マネジャーは作業者が配置転換よりもひとつの仕事をよりよく学習する方がよいと考えたからである．

　2つ目のタイプのローテイションは，チームメンバーが不在の場合に行われた．つまり，他の労働者が一時的に，その仕事に配置される場合である．その

プロセスにおいては，補充労働者は他の仕事を経験し学習できた．こうしたタイプのローテイションは人事部に報告もされなければ記録もされなかったのである．

3つ目のタイプのローテイションは技術を向上させ昇進の経路を形成するように計画された．すべての労働者がそのような形態のローテイションを受けた．男性労働者は女性労働者にもまして，最終組立からPCB部品の挿入までの広範でかつ多様な仕事を実行可能にするジョブ・ローテイションを受けた．こうした職務横断的訓練は労働者を設備保全と生産技術のような特殊部門へ昇進させることを明確に志向している．自動車の組立と比較すると，PCB挿入とテレビ組立という仕事の定期化された性質は品質と継続的改善を確実にしようとするための職務横断的訓練をあまり重要視しなかった．

一部の労働者，とりわけ工業高校を卒業した人々は厳しい教育訓練を受けたが，それは，彼らが合衆国において，1人の技術者あるいは若手エンジニアと同等になるためのものであった．このことは興味深い発見であった．なぜならば，合衆国の調査に基づいた，バーレイ（Barley, 1996）の最近の論文は技術者を実在するカテゴリーとして扱っているのに対して，われわれの調査では，「技術者」の分類は日本のテレビ組立工場では存在しなかったからである．

多種多様な職務間の移動の仕方と事例は男女別に，細かいところで矛盾している．たとえば，中村他（Nakamura et al., 1994）は，すべての正規従業員がこうしたタイプの移動を受けたとしているのに対して，安保他（Abo et al., 1994）は，男子の正規従業員に限られていたということを明らかにしている．両研究は，チーム内での職務横断的訓練と工場内での配置転換は正規の従業員に制約されていたことで一致する．より適した結論としては，女性の従業員もローテイションを受けていたのであるが，しかし彼女たちのキャリアが，男性従業員のそれに比べて（結婚または妊娠のために）一般的に短かったので，教育訓練の投資はあまり受けなかったように思われる．

ある日本企業の工場における教育訓練の事例は高度な技能をもつ工業高校の卒業生のことであった．表8-2は彼らのキャリア・パターンを示している．それぞれの変化に伴って，彼らはOJTと職場外訓練（Off-JT）の両方を受けてい

表8-2 工業高校卒（18歳）のテレビ組立従業員のキャリアパターン

職務区分	時間
G1	
PCBの挿入	1年
材料の供給	1年
G2	
VPSの組立	1年
VPSの調整	1年
G3	
VPSのホワイト・バランス	2年
G4	
製品開発部門への派遣	
日本の他の工場での実験	6ヶ月
VPSのホワイト・バランスへの戻り	6ヶ月
生産技術部門	3年
この時期からG5段階となる	
G5	
生産メンテナンス部門	3年
生産設備メンテナンス	4年

る．キャリア期間中には，彼らは日本にある他の部門の製品開発事業部に派遣され，そこで彼らは新しいビデオ投射システムを開発する大学卒のエンジニアと6ヶ月間，一緒に仕事をする．その後，彼らは製品を工場に持ち帰り，生産のための準備を手伝うのである．

3-4 労働移動

女性労働者は男性労働者とは異なった待遇を受けているとはいえ，男女両方の離職率が日本の電子工場では低かった．平本（Hiramoto, 1995, p.246）によれば，日本の日立のテレビ組立工場における離職率は，男性の場合は1％で女性の場合は4.2％である．松下の茨城テレビ組立工場においては，男性の離職率は"退職を除けば，ほぼゼロ"であり，女性の離職率は年1％であった．離職率は男性従業員の方が高かったけれども，その理由は，彼らが，1960年代の初期ごろの松下の家電事業の成長期に雇われ，30年間勤めた後の今現在は，退職しつつあるからである．

一般的に，女性労働者の離職率は結婚と妊娠の結果によるところが大きい（そしてその数字は辞めたがまた復帰予定のある女性労働者を含んでいる）．女性事務員を含めると，およそ1年で5％に増加している（Nakamura et al., 1994）．われわれは，組立ラインの女性労働者の離職率が低いと推測することができる．その一方，1980年代の半ば，茨城のテレビ工場がフル操業で稼動したときには，女性労働者の離職率は年10％であった（Ohgai, 1996）．契約労働者と作業者の離職率について，会社の見解は全面否定ではなかったが，その理由はこれらの労働者たちが賃金コストの低い若い労働者に代替できたからである．おそらく，より深刻なことは，技師や監督者のような高度に熟練された人々の高い離職率である（Abo et al., 1994, p.158）．

3-5 賃金と昇進

すべての日本の大手企業における賃金は年功（基本給），業績（考課給），そして能力という3つの構成要素からなる．これらの要素の比重は会社によって異なる．またボーナスもあるが，それは年2回に分けて支払われるおよそ5か月分の給料のことである．昇給は年に一度算定され，個々人は個別の昇給を受け取る．従って，従業員の給料はそれぞれ異なる（Ogasawara, 1992）．

日本の家電メーカーは高位の作業現場ポジションを，内部昇進を通じて満たしている（Nakamura et al., 1994）．U工場においては，工場長も，工業高校を卒業した人であった．この企業の工場マネジャーは工業高校卒の人が多い．しかしながら，重電メーカーのテレビ工場において，工業高校卒の人の昇進はそれほど一般的ではなかったし，それゆえ，こうしたパターンは一般化できないだろう．

私が調査した3つの会社には，5つの作業者グレードがあり，これらのグレードの中には，数多くの細かいステップがあった．私が「準監督者」と分類する，シニアレベルの作業者は，直接的な監督責任はないが，しかし職務記述書を作成し，さまざまな監督者たる課業を行っていた．中村他（Nakamura et al., 1994, p.57）はVCR工場の男性と女性の準監督者については報告しているけれども，そのほとんどが男性である．

表8-3 生産における作業分類の定義

グループ分類	職務内容
G1	・固定化した作業手続き—非常に制限された範囲の単純で反復的作業.
G2	・基礎的な知識を基礎としている. 固定化した作業手続きとその標準に従った職務. 比較的に簡単な課業. ・作業範囲は制限されているが, この作業グループのタスクは一定の労働者の判断を要する.
G3	・職務は一般知識と技術的スキルを要求するが, 固定化した作業手続きとその標準に従って行われる. 比較的広範囲にわたって個々人の判断を必要とするかなり複雑な職務もある. ・品質と生産ライン上の問題が発生する場合には, 労働者は自主的に簡単な問題を解決するように期待される—つまり, より複雑な問題は責任のある監督者の指示に従って解決されるべきである.
G4	・職務はかなり専門化した知識と技術的スキルおよび実地の職務経験を必要とする. 複雑な仕事を自主的に遂行し準社員を教える能力が必要とされる. ・品質と生産ラインに関して複雑な問題が発生する場合には, 関係する人と社内外の部門と協力して問題を解決する能力が必要である.
G5	・職務は仕事場と広範囲な実地の職務経験と直接, 間接に関連するかなり専門化した知識と技術的スキルを必要とする. 複雑かつ難しい仕事を自主的に遂行し担当の準社員を教える能力が要求される. ・品質と生産ラインに関して重要な問題が発生する場合には, 関係する人と社内外の部門と協力して解決策を講じ問題解決に努力することが必要とされる.
H1	・作業グループ（班）もしくは同等の作業単位を管理できる能力を所有する人である. H1は準社員を直接的に監督し彼らに割り当てられた職務を効果的に遂行できる能力をもつ人である. ・この人々は専門化された技術的スキルと経験および仕事のノウハウをもち, 分課のアシスタントマネジャーと（作業グループの）リーダーレベルのマネジメント階層に不可欠な職務を自主的に遂行できる能力をもっている.
H2	・課もしくは同等の作業単位のアシスタントマネジャーとして行動できる能力を所有する人である. 彼は準社員を直接に監督し, 幅広い実践的かつ管理上の職務を遂行できる能力をもつ人である. 彼らは比較的に, 高度に専門化された知識と経験および仕事のノウハウをもって, 課もしくは分課レベルのマネジメント階層に不可欠な職務を自主的に遂行できる能力をもっている.
H3	・課もしくは同等の作業単位を管理し調整できる能力を所有するひとである. H3の人は高度の専門的知識と経験および仕事のノウハウをもち, 部もしくは課のレベルの管理に不可欠な職務を自主的に遂行できる能力をもっている.

出典：Nakamura, 1994, pp.50, 56.

表8-3はある企業の工場における労働者それぞれの一般的な職務記述を示している．G1-G5のポジションは非管理職であり，H1-H3は管理職である．新規の工場作業者は，職務区分を行わないで2年または3年が経過すれば，G2またはG3として分類された．ほとんどの新規作業者がG2に分類されるけれども，技術系の高校を卒業した人は通常，G3として分類される．G3のレベルにおいては，労働者の判断は非常に重要である．G4とG5のレベルは合衆国では技術者または熟練者として考えられるものと一致している．彼らは複雑な問題に取り組み，消費者と供給業者を含んだ，より多様な人々と共にその問題に取り組むように期待されている．彼らにはまた，明確な教育訓練職能——これらの仕事を任命できる監督者職能——がある．彼らのキャリアの次のステップは，職務記述がより抽象的なH1監督者レベルへと進むことである．

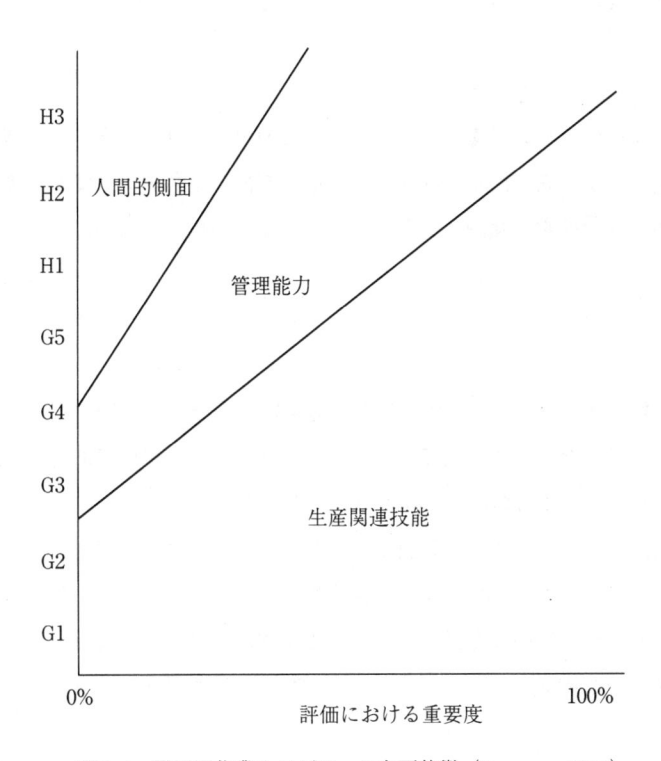

図8-1 階層別作業カテゴリーの主要特徴（Ogawara, 1992）

小笠原（Ogasawara, 1992）は，昇進のための判定基準が，労働者がヒエラルキー内を移動するに従って，どのように変化するかを図8-1で簡略に示している．この図の興味深いところは，中間レベルの作業者にとって，「管理能力」が作業者の評価においてすでに考慮されていたということである．従って，シニアレベルの作業者にとっては，「人間的な側面」が昇進のための重要な基準として現われる．人間的側面は部下たちを率いて，やる気を起させるような仕方を意味する．

　管理職のH1からH3の労働者は完全に生産労働者の中から選ばれる．このグループはほとんどが男性から構成されており（しかしすべてが男性ではない），またしばしば，工業高校卒の人たちもいる．労働者がこのランクに到達するまでには，彼らは幅広い経験とかなりの教育訓練を受ける．1人のH1監督者の下にいる部下の数は様々であるけれども，平均して10人くらいである．

3-6　チームと小集団活動

　日本の工場はすべての労働者がグループ別に組織化されるべきという原則のもとで運営されている（Cole, 1989）．日本企業の経営システムに関する多くの分析はグループの役割を強調してきた．テレビ組立の場合においては，すべての労働者は班長であると同時にいくつかのグループのメンバーでもあった．しかしながら，この「グループ」はトヨタによって一般化された「チーム」概念とまったく同じような属性であるとは考えにくい（Cole, 1989; Gronning, 1992）．U工場の工場マネジャーは，「われわれは実際には，チーム概念のもとで働いていない」と話した．彼の工場では，グループは管理上の単位であって，集団的な問題解決に従事するわけではなかったのである．

　たとえ実際上の労働がチームに組織化されていなかったとしても，各工場においては，男女を問わず，すべての正規労働者はオフライン的な小集団活動に参加している．何人かの従業員は数多くの小集団，たとえば品質管理サークルとか安全グループのメンバーであった．（小集団グループは家電部門における日本的生産の基本的特徴である．）これらのうち，最も重要でかつどこにもあるような小集団活動は品質管理サークルであり，それは日本の家電産業において長い歴

史を有するものであった．たとえば，ジュラン（Juran, 1967）は，松下のカーラジオ工場で勤務する，25歳以下の3人の日本人女性によるQCサークルのプレゼンテーションについて報告している．このケースにおいては，労働者は，組立ラインで除外された欠陥品と消費者不満からの情報を利用して，さまざまな欠陥のパレート分析を行い，問題の解決策を見つけている．

I工場は品質管理部門のサークルについて説明する．QCサークルの最終報告書を私に提供してくれた．その報告書は2部から成っている．第1部は，図解，予定表，そして評価を含む，技術的な視点を提供するものであり，第2部は，ある意味，とても興味深かったのであるが，その理由は，第2部では，社外での親睦活動が含まれており，QCサークルのメンバーがグループとして参加していた内容であったからである．工場の品質管理マネジャーは，こうした「親睦」行事はQCサークル活動のための不可欠な部分であると話した．ここに，SGAsの社会的役割が明らかになる．これらの活動は単に，技術的解決を提供するのみならず，仲間意識を高揚させ，情報の共有と信頼を奨励することである．

3-7 職務特性

日本のテレビ組立工場では，ライン作業者には，たとえ彼らがさまざまな問題を経験したとしても，ラインを止める権限はなかった．図8-2で示されるように，作業者は，ラインを止める意思決定のできる，班長もしくは係長とコンタクトをとらなければならなかった．U工場の品質管理マネジャーは，不具合が5回連続で出れば，作業者は問題を分析するためにラインを停止することが可能であると話している．このことは，個々の作業者がボタンを押すことを許されており，そしてもしチームや班長が作業者のラインストップシグナルを取り消さない限り，60秒以内にラインが止まるというトヨタの慣行とは大いに異なっていた．従って，責任と統制が自動車工場では共有されているのに対して，テレビ組立工場では監督者が意思決定権を掌握しているのである．

3つの工場すべてにおいて，それぞれの作業場では作業者の前に標準ワークシートが貼られている．図8-2はやや年齢の低いG2作業者のための典型的な職務記述書である．準監督者は班長，係長，そして課長の承認を得て，ワーク

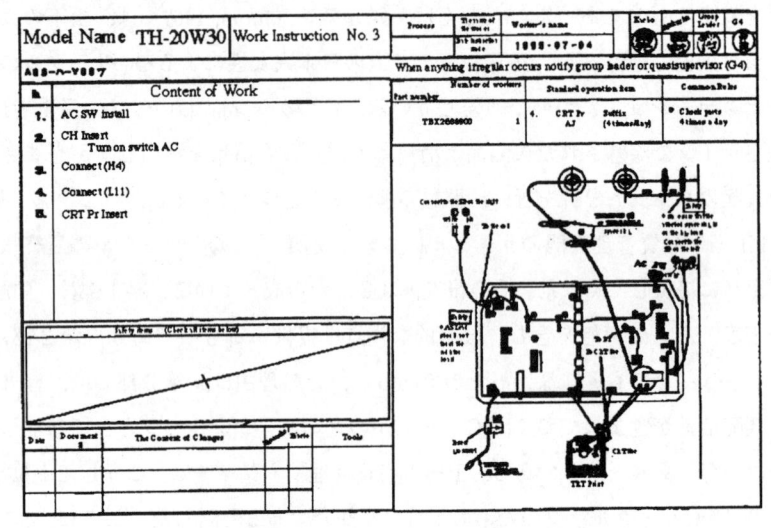

図8-2 G2労働者の標準ワークシート（X社のテレビ部門）

シートを策定する．職務命令に関する内容と詳細が極めて高度に標準化されているということが，ワークシートから理解できる．ワークシートはまた，作業に関する情報を含んでおり，特定の特徴を作業者に忠告する．一日4回，作業と部品をチェックするような補助的な職務について，記述されている．作業者は，もし不均衡が発生したら，どんなものでも班長もしくは準監督者に報告するように指導されている．このような低層の作業者に明確なチェック機能がないということに注意すべきである．チェック機能はG3レベルの以上の作業者にとって重要な機能である．

　1996年に訪問したある工場では，マネジャーは極度の職務区分の見直しを行っていた．彼らのシステム的成功の結果に関する説明は図8-3において示されている．4人の作業者のタスクが結合されるので，それぞれの作業者は特定の作業場において作業のすべてを行う．図8-3において示されているように，作業者は新しいシステムの下ではかなり生産的であった．さらに，工場のマネジャーによれば，仕事の範囲がより広くなったために，作業者は作業を改善するためのより効果的な提案を提供することができるという．生産プロセスに関するこのような見直しは，藤本・松尾（Matsuo and Fujimoto, 1996）がトヨタ工

◆ 伝統的生産方式
　　分業による検査と作業

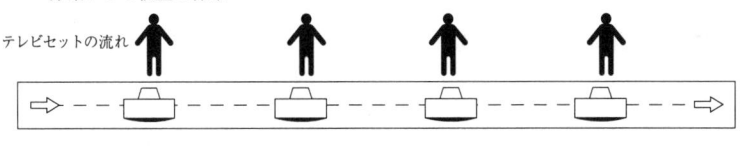

（4人　⇨　1日あたり900セット）

◆ 1人生産方式
　　1人の作業者がテレビセット全体を組み立て検査する　（3人の各作業者は同一の仕事を行う）

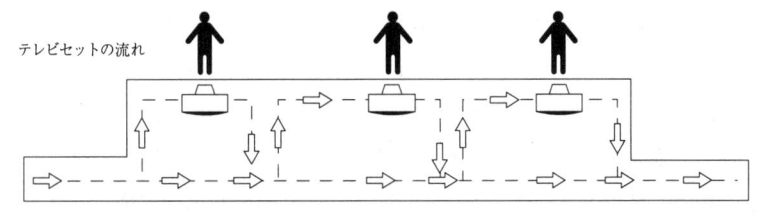

（3人　⇨　1日あたり1000セット）

① 生産性・改善　　　　　　　　　理論上　　　　　　実際上
　　作業領域全体における
　　諸工程の削減　　　　　　　18.8%
　　　　　　　　　　　　　　　1人1時間あたり31セット ⇨ 1人1時間あたり46セット
　　荷役費の削減　　　　　　　16.4%
　　検査工程バランス　　　　　 6.5%
　　合　　計　　　　　　　　　41.7%　　　⇨　　46.4%

② 理論と実際の差異　　　　　　　　　　　⇨　　+6.7%

◆ 余分な生産の理由
　　作業者意識の変化，無意識の競争，セット計測器の導入
　　作業ローテイションおよび新しい動作時間管理システム者

図8-3　テレビ組立の再編

場において発見したものと類似しており，トヨタのいくつかの工場では短期のサイクル課業を組み替え，サイクルタイムを長くしているという．野原光氏の私信の中においても，類似した点が指摘されている．すなわち，トヨタが職務を極度に分解し連結性を欠如していたために，労働者による提案をくみ上げることができず，その結果，労働者の仕事を無味乾燥なものにしたということである．このような内容はいくつかのトヨタ工場における職務の再構築の基礎と

なる.

4 テレビ組立と自動車組立の比較

基本的に,テレビの組立は,個別部品の組立からなっている点で,自動車の組立と似ている.しかし,重要な違いもまた存在する.表8-4はこれらの違いを示す.制度的コンテクスト(脈絡)は理解するのに重要である.一般的にいえば,自動車の生産は自動車メーカーにおいて最も基本的な活動である.他方では,テレビ生産は家電メーカーによって生産される数多くの製品の中の一つにすぎない.家電メーカーは売上高に対する研究開発の比率が自動車メーカーのそれに比べて非常に高い.にもかかわらず,テレビに関する研究開発対売上高の比率が極めて低いと述べることは重要である.結局,日本の家電メーカーは優秀なエンジニア対作業者の比率を有する.つまり,自動車メーカーにおけるエンジニア対作業者の比率はそれほど高くないということである.

テレビと自動車の二つの組立プロセスは技術的な複雑性のレベルの点からも異なる.テレビの組立は自動車のそれに比べて非常に単純である.1つの自動車組立ラインが1キロに近い長い距離であり,およそ30,000個に及ぶ部品からなっているのに対して,テレビは1,000から2,000個くらいの部品からなっている.違う見方をすれば,たとえば,アベグレン=ストーク(Abegglen and Stalk, 1985, p.61)は,テレビ組立がおよそ100のステップとなっているのに対して,自動車の組立はおよそ1,500のステップからなっていると述べる.その一方で,男性従業員のワイシャツは,20色をわずかに超えていた.少なくとも,こうした3つの桁違いの活動の絶大なスケールにおいて,両方は異なっている.

作業プロセスに関する物理的な特性もまた,異なっている.一般的にいえば,自動車の生産労働者は車の周囲を囲んでいる.彼らの活動は,椅子に座って部品を挿入しネジを回すことに比べて遥かに複雑である.一般的に,より複雑な課業は改善努力に貢献しようとする作業者により大きな機会を与える.このことは,テレビ組立における作業者の改善は価値がないということを意味するの

表8-4 日本の自動車組立工場とテレビ組立工場の比較

	自動車	テレビ
相違点		
会社の特徴		
会社の製品構成	単一主要製品	複数製品カテゴリー内の1つ
研究開発／売上高	5％未満	7％以上
エンジニア対作業者の比率	低い	高い
物理的な側面		
自動化[a]	もっと低い	もっと高い
組立ライン	1キロ	100メタ
部品の数	3〜4万個	2千個以下
組立時間	10〜20時間	27分[b]
工場の最低効率規模	3,000人	600人
工場のコスト	5億ドル	3〜5,000万ドル
チームの特徴	対話型	階層型
成功的作業のための作業者の役割	重要	あまり重要ではない
ラインを止める	あり	なし
作業者の能力		
作業者のタスクの複雑性	比較的高い	比較的低い
実地訓練	決定的	重要だが，決定的ではない
業務外訓練	あまり強調されない	最も強調される
カイゼン	決定的	重要だが，決定的ではない
類似点		
品質改善サークル	全ての労働者に該当	全ての労働者に該当
提案活動	義務	義務
監督者の役割	極めて重要	極めて重要
賃金システム	同様	同様
昇進システム	同様	同様
ブルー／ホワイトカラー	違いなし	違いなし
エンジニアと労働者の交流	なし	なし

注：(a) テレビ組立では，これはPCB挿入である．
　　(b) これは標準的な20インチテレビの場合である．

ではなく，作業者に内在する潜在的な価値が製品とそのプロセスの技術的な特性によって制限されるということを意味する．

　作業場における性別的な特徴もまた異なる．テレビ工場では，より多くの女性従業員が雇われているのに対して，自動車工場では数人の女性従業員しか雇われていない．このことの重要な1つの理由は日本の法律が女性の夜勤を禁じ

ていたからである．日本では，自動車の生産労働者は定期的なスケジュールに基づいてシフトを組んでいたので，女性労働者は，彼女たちのシフトがやってきた場合には，夜間にも仕事をしなければならなかったのである．それに対して，ほとんどの家電工場では，二交代制で運営されていた．

テレビの組立ラインは非常に短いだけではなく，細かい個別部分に分割されている．トヨタの工場では，ラインのさまざまな部分と多数の電光掲示板の状況を信号で伝え，ラインで作られた多くの車両と部品を目標と比較できる「アンドン」が数多くあった．典型的なテレビ工場では，ラインには「アンドン」はほとんどなく，目標と実際の生産を比較するための一つの大きい掲示板だけがある．ライン作業上の責任はより堅固に監督者に与えられた．作業ステップが少なく簡単であったために，失敗とミスのリスクはあまりなく，失敗とミスはそれほどのものでもなかった．

テレビの組立工場では，生産は，トヨタの研究のところでも述べたように，チームによって行なわれていなかった．トヨタ式のチーム・リーダーがテレビの組立工場においても機能するとした研究はほとんどなかった．グループ内における労働者の職務横断的訓練はトヨタにおいてほど体系的に追求されていなかった．OJTはテレビ組立工場においても重要ではあったが，自動車組立工場においてのものほど重要ではなかった．対照的に，私は比較的に職場外訓練(Off-JT)を重視していることに注目した．

上述の簡略な概観によって，日本におけるテレビ組立と自動車の組立のいくつかの主要な違いが明らかとなった．同一の制度的環境においてさえも，生産とマネジメント・システムの重要な違いは存在していた．私がまだ述べていないもう一つの最後の違いがあるが，それは日本のテレビ組立メーカーが1970年代初期から合衆国で海外生産を開始し，15年遅れて本田技研工業がオハイオ州で最初の海外工場を建設したということである．今から述べようとすることは合衆国におけるこうした日本企業による投資の問題についてである．

5 アメリカへの移転

おそらくソニーを除いて，他の産業での日本企業と同様に，家電メーカーは「気の進まない多国籍企業」であった（Trevor, 1988）．しかしながら，1960年代と1970年代の合衆国へのテレビ輸出における彼らの驚異的な成功は結果として貿易摩擦を生み出した（Porter, 1986）．こうしたますます増加する貿易摩擦と米国による保護主義という恐怖は，日本のテレビメーカーによる合衆国での組立工場の建設を確実にした．表8-5が示唆するように，1970年代の初めから，日本のテレビメーカーは合衆国で工場を建設し，あるいは合衆国の工場を買収した．当初は，これらの工場は生産設備と重要部品をアジアから調達しながら，よくありがちな「スクリュードライバー」工場であった．実際に，1970年代の半ばまでに，米国のメーカーはアジアから輸入された部品に大きく依存した一方で，CRTなどのような最も重要な部品はまだ，米国メーカーによって合衆国において生産されていた．移植工場で使われるCRTの一部分と組み立てられたPCBの多くは日本から輸入された．10年後，日本の海外移植工場は米国のメーカーからCRTを購入し，PCBはアジアの他の国々から輸入していた．日本のテレビメーカーが合衆国内でCRT工場を建設したのは1980年代の半ばと終わり頃だけであった（1つの例外はソニーであり，ソニーは1970年代の半ば頃にCRT工場を建設したが，その理由はトリニトロンチューブが独特であって，オープン市場では購入できなかったからである）．さらに最近では，多くの組立工場は，組立工程が賃金コストの最も低いメキシコなどに再立地されることに従って，劇的に減少している．

米国の家電産業は典型的なフォーディズムの遂行者であった．米国自動車産業を苦しめたすべての悪がテレビ生産においても存在していた（産業生産性に関するMIT委員会, 1988）．労使関係と品質はひどいものであった．たとえば，1970年と1979年の間に，日本のテレビメーカーが100セット当たり，9から26の現場からの苦情を受けていたのに対して，米国のメーカーは100セット当たり，100から200の現場からの苦情を受けていた（Porter, 1983）．同じく，米国人が

382　第Ⅱ部　エレクトロニクス産業

表8-5　1997年現在のアメリカにおける日本のテレビ組立工場の現況

	ソニー	松下電器	三洋電機	三菱電機	東芝	日立	シャープ
場所	カリフォルニア州サンディエゴ	イリノイ州フランクリン・パーク	アーカンソー州フォレスト・シティー	カリフォルニア州サンタアナ	テネシー州レバノン	カリフォルニア州アナハイム	テネシー州メンフィス
工場開始	1972年	1974年	1976年	1977年	1978年	1979年	1979年
工場のタイプ	新規	買収	買収	新規	新規	新規	新規
1997年現在の従業員数[a]	4,000	0	400	0	600	0	600
1988年現在の従業員数[b]	1,500	800	400	550	600	900	770
製品	テレビ、CRT、モニタ	テレビとPTV	テレビ	PTV	テレビと電子レンジ	テレビとVCR	テレビと電子レンジ
マキラドーラ(輸出保税加工地区)	加入	加入	加入	加入	加入	未加入	未加入
生産	テレビの組立はマキラに移転	閉鎖—マキラへ移転	マキラにおいてほとんど生産	Georgia工場に統合	マキラへ拡張	閉鎖—マキラへ移転	マキラへの移転を考慮中

	日本ビクター	NEC	松下電器	三菱電機	オリオン	パイオニア	ソニー
場所	カリフォルニア州エルムウッド・パーク	ジョージア州マクドナウ	ワシントン州バンクーバー	ジョージア州ブラゼルトン	インディアナ州プリンストン	カリフォルニア州チノ	ペンシルバニア州ウェストモーランド
工場開始	1982年	1985年	1986年	1986年	1987年	1988年	1992年
工場のタイプ	新規	新規	新規	新規	新規	新規	新規
1997年現在の従業員数[a]	0	0	250	400	250	100	800
1988年現在の従業員数[b]	100	400	200	300	250	0	0
製品	テレビ	テレビ	VCR-TVコンボ	テレビ・携帯電話	テレビ	PTV	テレビとCRT
マキラドーラ(輸出保税加工地区)	加入	未加入	加入	加入	未加入	未加入	加入
生産	閉鎖—マキラへ移転	閉鎖	安定操業	マキラへ拡張	閉鎖	閉鎖	大型画面のみ

注：
[a] テレビの組立は殆どない；現在はCRTとコンピューターおよびその他の製品を生産。
[b] テレビの組立とCRT生産。

出典：Electronics Industry Association 1989 と Ohgai (1997) および各種資料から作成。

作業する組立ラインでの100セットあたりの不良品は140から200であったが，日本人組立作業者に関しては，1つから3つだけであった．バランソン（Baranson, 1980）は，1979年時点において，米国企業のテレビセットに関する不良率が5％で，対する日本のテレビセットの不良率が0.4％であったことを明らかにしている．

家電移植工場は日本から合衆国へと生産を再立地させた開拓者であった．当時は，合衆国において日本的生産が成功した例はほとんどなかった（Yoshino, 1976）．ほとんどの人は文化的に異なる日本的生産システムを西洋の国々へ適用できないと判断した（Nakane, 1970）．同じく，日本の企業も，古い設備と固定化した作業管理をもつ米国工場の買収に潜む落し穴を理解していなかった．

移転を評価するということは，それぞれの企業が幾分か異なる経路依存度を経験したがゆえに，非常に困難である．さらに，これらの工場に関する利用可能な資料もまた不規則的であることから，企業間の比較も不可能である．次節においては，三洋のアーカンソー工場と松下のイリノイ工場の事例研究を紹介するが，その理由はそれらの工場が最も研究されてきたからである．以下では，労働組合未組織化地域への工場建設に関する若干の議論を展開する．最後の節では，日本からの大規模な移転について述べる．

6　2つの買収——三洋と松下

6-1　アーカンソー州，フォレスト市の三洋工場

1977年，三洋はアーカンソー州の衰退したフォレスト市にあり，シアーズブランドテレビの主な供給業者であるウォリックの施設を購入した．ウォリック工場は，報道によると，米国の製造メーカーの中でも最も業績の悪い一例であった．その工場は電子・電気・機械および家具の有給労働者国際組合によって組織化され，伝統的に対立的な米国式組合によって運営されていた（Beazley, 1988）．三洋の品質保証取締役は彼が米国に来た時の工場について以下のように述べている．

日本と比較して，私の初印象は，あまりにも専門化されすぎていたことでした．私は，セクショナリズムはそれぞれの部門間でも，ライン間でも，労働者間でも，良くないと考えていました．私にとっては，品質管理を考慮したライン作業者たちに，検査あるいは品質部門の責任があると見なしていたのです．私は，協力という概念についてもまた，全体的に欠如していたのではないかと感じました…日本人労働者は品質を企業全体の関心事として考えているのです．さらに，私は作業環境もまた，あまり整理されていなかったように感じました（Yonekura, 1985, p.1）．

伝統的な米国式フォーディズムはフォレスト市工場においても最高に盛り上がっており，労働者は労働組合の承認を得ずには１つの仕事から他の仕事へ移ることができず，それゆえに，ジョブ・ローテイションはほとんど，行われていなかった．

アーカンソー州の工場を購入してから，三洋は高い品質の日本製部品を使い，工場をきれいにし，機能を高めながら，新しい機械を導入することによって生産を改良した．ウォリック工場の品質管理マネジャーは工場のマネジャーに品質の重要性を示唆するように命令した（Kotha and Dunbar, 1995, p.7）．三洋はまた，「工場におけるモラールを高めるためにとても幸せな家庭の雰囲気」を創造しようとした（Reid, 1977）．会社はクリスマス・シーズンが終わってからの伝統的なレイオフを廃止しようと努力し，長期的な雇用システムとほぼ同質なシステムの開発を期待して生産を伸ばそうとしたのである（Kotha and Dunbar, 1995, p.8）．

生産性と品質はすぐに上昇し，工場が閉鎖を免れたために，「ハロー効果」があった．生産性は依然として，三洋の日本工場のそれを下回るせいぜい25％であった．日本人マネジャーは継続的な改善活動の環境からの出身者であり，高い品質と生産性を生み出すために持続的に努力した．このことは，改善プロセスがもうすぐで終了するだろうと考えたがる米国人労働者を悩ませた．ある日本人マネジャーは以下のようにインタビューに応じてくれた．

第8章 移植? 日米における日本的テレビ組立工場の比較 385

生産性という目標に関する，その重要な要素は，労働者を動機付けできるマネジメントにある責任の伴った，チームワークです．私は，米国人のワークマンシップ欠如問題の理由が異なるチームワークの概念にあると考えます．日本の工場では，労働職と事務職の間で多くの対話が行われます．実際に，意志の疎通はとても自然であり，われわれはそれを当たり前と考えています．しかし，そのようなことは米国の場合にはないです．この点については，われわれの方が米国人よりも，民主主義の概念においてより進んでいるのではないかと思っています (Harvard Business School, 1981).

　日本人は，三洋工場に染み付いた機能的専門化によって生み出されている障壁を払拭しようとした．要するに，彼らは日本的な工場組織とマネジメントを合衆国に移植しようとしたのである．
　工場の従業員は品質管理の責任が誰にあるのかについて，それぞれ異なる意見をもっていた．他の人によってなされた仕事の検査を米国人労働者にやらせることの難しさが分かった，ある日本人マネジャーは以下のような言葉で彼らを表現している．

　　彼らは仲間の労働者がミスを起こしたり，あるいは彼らのわかる誤りを指摘し直したりするということはあまり良いことではないと考えます．しかし，会社がより良い製品を生み出そうとする場合には，このことは明らかに基本であります．もしわれわれが不良品を作ったら，誰がそれを買うのでしょうか？　そしてもしそれを買う人が誰もいなかったらこの人々はどこで働くのでしょうか？ (Harvard Business School, 1981, p.10)

　三洋は人事関連の活動に対しては努力を惜しまなかった．三洋はまた，問題を途中で抑えるために，ラインに沿って中間的な検査場所を設けた．さらに，三洋は"ネジが外れた場合"を見つけ出すために，完成したテレビを空気で反転させたタンブラーを設置した．従って，ネジの出所は責任のある労働者にまでさかのぼった (Reid, 1977, p.A12). こうした追加的活動が日本で利用される

ものに勝っていたかどうかを知ることは困難である．しかし，メキシコにある日本のテレビ組立工場に関する私の研究は，それらの工場において，日本にある工場に比べてより多くの検査員がいたことを明らかにした．米国にある移植工場の場合も同様のことが言える．

ほとんどの場合，オフィスにずっといる，米国人マネジャーとは対照的に，日本人マネジャーは現場で多くの時間を過ごし，作業を学習する．米国人労働者はこのことを一種の管理上の監視として解釈した．日本では，このことは普通と考えられ，労働者は現場にマネジャーがいないことを否定的に考える．

雰囲気が明らかに改善されたにもかかわらず，1979年には，労働組合は賃金とその他の問題をめぐって8週間にも及ぶ争議を行なった．「家族」思想の一環として相互作用的な関係を期待していた日本人マネジャーはショックを受けた．1985年，労働組合は，医療保険料の削除，年功制度への変更，そして仕事から仕事へ労働者を移す権利に関するマネジメント上の要求を理由に，争議を行った．言い換えれば，米国の労働者は日本で享受したものに匹敵する品質管理と柔軟性に関する経営者側の主張に対立したわけである．この2回目の争議は1回目の争議に比べて激しくかつ暴力的であった．労働組合の代表は，「幸せな家族」というテーマと品質管理の強調は何の償いも提供することなく，従業員から改善のアイディアを引き出そうとする方法に過ぎないと述べた．組合の代表団は労働者の参画と品質管理活動に関するアメリカ労働組合の支配的なポジションを採択した．争議は和解され，マネジメントは目標のほとんどを達成したが，しかし長々とした敵対関係は続いていた．

1989年の交渉とは対照的に，労働組合は異なる仕事への労働者の移動を容易にするために，職務区分を11個から5個に減らすことに賛成した（Abo et al., 1994, p.207）．組合は選択したというよりはむしろいやいやで，賛同したが，その理由は，三洋が工場を閉鎖しメキシコへの移転を準備していることを明らかにしたからであった．さらに，伝統的な労使関係の代わりに，三洋は職員水準を調整するためにレイオフを断行し始めた．ある意味において，工場に関するウォリック社的マネジメントとの早くからの対立関係が新しい日本的マネジメントを再生したのである．

三洋は日本的マネジメントシステムの重要な要素を移転しようとしたが，失敗した．その失敗には二つの要因が考えられる．第一は，（異常に高いクリスマス特需のための）一年基準と米国経済を特徴付ける変化の鋭い不況の長期的基準に基づくアメリカ経済の循環的な特性であった．

　三洋の失敗の第二の要因は相互関係の機能不全であった．長期雇用に対応するものというのは，業務の柔軟性，製品とプロセスの改善，そしてオフライン活動（off-line activities）への参画に対する従業員の関与であった．こうした補償がなかったがゆえに，長期雇用の関与に関する経済的な合理性はほとんどなかった．しかしながら，対立的な雰囲気の中で，三洋工場におけるOJTがあまり強調されることなく，伝統的な米国式社内募集システムを通じて昇進が行われたということは特に驚くことではなかった（Abo, 1994）．三洋もまた，米国の組合に登録された作業者から監督者を募集したが，しかし，これは一般的な戦略ではなかった．さらに，監督者の責任は主として，労働と人事の問題に制限されており，そして彼らは，監督者が彼らの部門内のさまざまな仕事に関して深い技術的知識を有していた日本の設定（setup）とは対照的に，技術的活動にはほとんど参加しなかった．労働者の教育訓練への投資は制限されており，手入れの仕方の訓練をほとんど実施しなかった．1982年に，三洋工場は不良品の削減を狙った「品質改善グループ」を導入したが（Yonekura, 1985），数年も経たないうちに，QCサークルもしくはその他の小集団活動もなくなった（Abo et al., 1994）のである．ユニフォーム，朝礼，あるいはオープン・プラン式のオフィスのような「日本的」特徴はほとんどなかった．

　三洋工場は悪く管理・運用された労働組合組織化地域の設備を高パフォーマンスの工場に変える際の難しさを示す事例研究である．品質向上の改善問題に関する日本とアメリカの品質管理マネジャーのそれぞれ異なる観点は難しさを内包している．日本の品質管理マネジャーは，「品質改善は労働者間，ライン間，部門間，そしてマネジャー間の協力を通じて成し遂げうるもの」と述べている．彼の米国人アシスタントは，「（品質改善を達成するための）最も重要な手段は，より進歩した自動化設備とデジタル化，および消費者志向で単純な製品デザインを導入することである」という（Yonekura, 1985, p.4）．フォレスト市

の環境に即して言えば，間違った観点であると評価することは難しいが，しかし三洋は日本的マネジメントをアーカンソー州に移植することを断念した．1997年の三洋工場の全従業員は400人まで落ち込んだが，それは経済的に実行できる大量生産のテレビ組立規模のための最低制限に近い数値であった．1980年代後半以来，北米における三洋の追加的家電投資はメキシコのティファナに移植工場を建設することで行われてきた．

6-2 松下のモトローラ工場

1974年，松下はモトローラ社のクェイザー・テレビ部門を購入し，その後すぐにその工場のほとんどを閉鎖した．しかしながら，松下はイリノイ州のフランクリン・パークにある組立工場を稼動し続けていた．松下は1974年にその工場の設備を購入し，1995年に閉鎖した．モトローラ社の他の工場と同じように，クェイザーは，労働組合が組織化されていなかったが，しかし工場管理，組織，そして作業方式は明らかにフォード方式であった．クェイザー工場を購入してから，新しく就任された日本人社長は，工場の品質がとても受け入れがたいものであると述べたが，しかし彼は，最新式の機械設備を導入する前に以下のように述べている．

> われわれは，従業員たちが新しい機械を親会社から持ってくることを座って待っているというよりはむしろ，品質を改善することを期待している，と述べた．最終的に，機械設備が日本から届いても，米国人たちはまず，彼ら自らの努力によってそれらの機械設備を動かすことを示すべきでしょう．(Kraar, 1975).

松下は生産を改善し，劇的に品質を向上させた．松下電器のテレビ部門のマネジャーとの議論によって，日本から最新の設備を導入し高品質の部品を輸入したことがこうした改善における最も重要な要素であったことがわかった．たとえば，自動挿入装置は日本から持ってきたものであるが，それはPCB加工の構成部品の80％を自動的に挿入できるものであり，品質を改善させると同

時に，388人相当の労働力に代替できるものであった（Jameson, 1978, p.18）．最初の報道等による説明では，劇的な品質と生産性の向上が優れたマネジメント技術によるものとして発表されていた．つぎのような報道もあったくらいである．すなわち，それは松下がフランクリン・パーク工場式のマネジメントを認めた上で，労働者が，日本ではあまり慣行となっていなかった，押しボタン式のベルトを止め，彼らの仕事を完成するようにシャーシをラインから取り除くことができた，ということである（Hayas, 1981; Jameson, 1981）．

しかしながら，三洋の場合と同様に，たとえクェイザー工場において労働組合が組織されていなかったとしても，工場を再組織化することは非常に難しかったのである．安保他は以下のようなことを明らかにしている．

> 修理を含む現場での時間単位作業は100種類くらいの異なる職務に区分されており，また14段階にランク付けされている．賃金は基本的に，マンツーマン方式に基づいて労働者それぞれの職務ランクに応じて払われる．作業を遂行するために，固定化された職務タイプのシステムが採用されており，そのシステムにおいては，特定の労働者が繰り返し，特定の仕事をこなしていた…そしてこの工場では，組立担当の労働者は組立作業だけを，そして調整担当の労働者は調整作業だけを行わなければならないという固定化したルールがある．生産部門において，ある職務ランクから他の職務ランクへの昇進は次のようなシステムを通じて行われた．つまり，昇進される人々は経験と外部の専門的な訓練もしくはその教育に基づいて，どのようにうまく適任となっているかによって選出されていた．類似した技能が多かったので，年功には，重要な相違があった（Abo et al., 1994, p.204）．

労働者は用心深く彼らの仕事を守り，新しい仕事へ移動しようとしなかった．松下はまた，労働者参画の品質管理あるいはカイゼンプログラムのほとんどを成功できなかった（Abo et al., 1994）．準監督者および班長が作業標準時間を決め仕事を割り当てることに積極的に参加する日本とは対照的に，シカゴでは生産工学エンジニアがこれらの仕事を行った．松下はまた，朝のグループ・ミー

ティングのような活動をモトローラ社の工場に移転しなかった（Jameson, 1978, p.18）．1981年の新聞の報道では，QCサークルの形態が導入されたと発表されたが，しかしその後の研究では，SGAsについて論じることはほとんどなかった（Abo et al., 1994）．

もともと，モトローラ社のテレビ生産部門には，6,700人の従業員がいたが，1990年までにこの数はおよそ600人となり，他の工場が閉鎖されるにつれ，彼らの仕事は組立だけとなった．1995年，北米自由貿易協定（NAFTA）の法案の通過に伴って，松下はフランクリン・パーク工場の閉鎖を発表しすべてのテレビ組立工場をメキシコのティファナに移転した．柔軟性の欠如および労働者の不参画を考えれば，コスト高でしかも比較的に低生産性の工場を継続する経済的正当性はほとんど存在しなかったのである．

7 労働組合未組織化地域の工場

日本の他のテレビ工場のほとんどすべては労働組合未組織化地域で工場を設立した．ソニーの場合を除いて，最近の三菱のすべての工場は米国ラインに沿って操業を行った（Abo et al., 1994）．しかしながら，典型的な米国の工場とこうした労働組合未組織化地域での工場との間にはいくつもの違いが存在する．ほとんどすべての日本の移植工場では，現場作業の経験者が日本企業の典型的な昇進パターンのように管理上もしくは監督上のポジションを満たしている．すべての工場では，労働者が品質の向上を確実にし，品質問題を監督者に報告するように任されていた．さまざまな提案活動が推進されたけれども，ほとんどの場合，こうしたプログラムは重要な提案を生み出さなかった．日本企業と米国をベースとしながら工場を運営している他の国のテレビメーカーとの間には決定的な違いが存在する——つまり，いくつかの日本企業は合衆国においてテレビ組立を継続していたということである．対照的に，1998年4月以降，合衆国においてテレビ組立工場をもつ他の国のテレビメーカーは存在しなかった．

7-1　Y工場とZ工場

　Y工場とZ工場は中南米に立地しており，米国式を適用している．両工場は（日付は確かではないが）1980年に「労働組合未組織化地域での工場」として開始された．両工場では，大規模の米国電気労働者の組合が組織されていた．それぞれの工場は工場開始以来，小規模の労働争議を経験している．それぞれの会社が調印した組合との契約には，類似したものもあったものの，いくつかの相違点も存在する．

　両工場においては，賃金は直接的に，仕事のランクに応じて払われ，メンテナンス労働者のポジションは中途採用によって満たされており，生産労働者はメンテナンスには関与していなかった（Abo et al, 1994）．Z工場には7つに分離された労働等級があり，この労働等級の中には，さまざまな職務区分があった．工場全体では，18の分離された職務区分があった．Y工場は8等級の労働者と8等級の専門職業に分離された，米国式に労働組合が組織化された工場の典型的な職務区分を実施していた．これらの等級の中には，数多くの職務区分があったけれども，回答者たちもそれらを明確には示せなかった．

　両工場では，職務区分間の移動に関して厳重に定められた契約ルールが存在していたが，しかし緊急事態のための一時的移動は可能であった．これらの職務区分間の移動は通常，年功に基づいた仕事の命令と証明によって行なわれ，それは応募者が新しい仕事のための最低基準を満たした場合であった．すべての障害を別にすれば，年功上の昇格だけが，彼らの特殊な仕事から人を移動させることを可能にした．言い換えれば，いかなる目的のためにも組織化されたローテイションは，参画したすべての労働者の同意がなければ，不可能であったのである．

　労働組合が組織化された2つの工場では，契約条項によって，労働組合に属していない人が，緊急事態を除いて，労働者を教育し，あるいは修理した機械をテストするために機械を操作することはできなかった．経営者には，緊急事態の場合，ある仕事から他の仕事へと労働者を一時的に移動させる能力があったのである．言い換えれば，労働組合は，工場運営を維持するためには，組合ルールは変更可能であるということに同意していた．このような制約が示唆す

るところは，両工場が非常に範囲の定まった柔軟性をもって，伝統的な職務管理労働組合主義を志向していたということである．

　通常，ホワイトカラーとブルーカラーの間には，はっきりとした区別があった．しかしながら，技術者という他のグループも存在していた．両工場の区別された技術者クラスは組合に属していなかったが，それは，技術者が単純に，労働者クラスの最も高い等級となっていた日本の工場とは対照的であった．Z工場では，訪問した他の工場と同じように，技術者は作業者給料分類に入っていなかった．技術者になるためには，短期大学もしくは技術機関のような公認の機関から正式な資格を受けることが必要であった．ただし，実際に，何人かの作業者は技術者カテゴリーに昇進するための十分なだけのスキルを工場において学習することができている．

　1997年に調査した4つのアメリカ工場のすべてにおいて，工場の階層組織に技術者と監督者の職務が区別されていた．日本では，作業の詳細が準監督者と監督者によって計画されていたのに対して，合衆国では，こうした活動のすべては生産工学部門によって調整されていた．米国人監督者は彼らが監督したグループのそれぞれの仕事を把握するようには期待されなかった．反対に，日本では，そういった知識は義務的に考えられていた．このことを理解する方法は，日本と合衆国の間に存在する重要な相違点が精神労働と単純労働の間の単純な分離だけではなく，職能技能と知識，そして階層コントロールの間の分離であるということである．日本の移植工場では，この分離が多くの監督者の場合に存在している．

　Z工場が設立された際に，経営者は労働組合を許可し，日本的マネジメントシステムを実行しようとしなかった．この工場のマネジャーがつぎのようなことを言ったと伝えられている．すなわち，「米国人従業員が願うやり方をずっと続けていきたい．われわれは制服も，QCサークルも，そして柔軟な作業配置も行なわない．他のアメリカ会社と同じように，われわれは労働組合を持ち，レイオフを断行する」(Sato, 1991, p.9) ということである．

　Z工場の日本人マネジャーは，「高い効率の追求は日本では一般的である柔軟な作業配置と現場の作業慣行を導入しなくても，達成できる」とサトウ

(Sato, 1991, p.16) に話した．組合による硬直性が存在したにもかかわらず，1997年，Z工場はコンベアの長さとCRTの「通電テスト」の時間を減らし，CRTの調整を自動化することによって生産ラインを劇的に短くした．レイオフが余剰労働者を削減するために行われていたかどうかについては，突きつめることができなかった．こうした工場の再組織化と自動化は，労働者に直接に頼るのではなく，技術者に直接に頼るテレビの組立進行プロセスである．

1990年代には，組合を基礎にした伝統的システムに対して，あるイノベーションが班長によって導入された．班長は，（すべての工場は労働権確立法に基づいていたので，すべての交渉部メンバーは組合に入っていなかった）交渉部のメンバーであったが，彼らは経営者の判断によって班長というポストに任命された人々であった．彼らは通常，グループ内の仕事と設備を熟知していた労働者たちであった．彼らの責任には，モデルの回転率を促進させ，部品に関する責任をもち，労働者を再配置しそして生産のフローを管理するような，日本でみられるような班長の技術責任が含まれていた．より重要なことは，その班長がまた，ラインで作業できたということである．しかし，彼らは交渉部のメンバーであったので，グループ・メンバー全員に関する規律上の権限をもっていなかったのである．

SGAsとQCサークルの活用には，ムラ（むら）が多かった．1990年，安保他は，Y工場が「監督者と労働者のコミュニケーションを通じて工場経営への一連の参加を高揚させる目的でQCサークルを発足していたこと」を明らかにした．彼らがインタビューした日本人マネジャーは，QCサークルの目的が製品品質と生産性という両側面からの改善であることを強調している．QCサークルは自主的参加であったけれども，参加率は70％であった．しかしながら，私のインタビューでは，作業者の間でもQCサークルへの自主的参加は制約されていたということであった．実質的なQCサークルの活動は標準作業時間終了後の毎月1時間に制約されていたのである．ある工場では，提案活動だけではなく，作業者からのより一般的なフィードバックを促進しようと目論んで，新しいコミュニケーション・チャンネルを導入するプロセスとしてマネジメントが位置付けられていた．

佐藤 (Sato, 1991) は，失敗した提案制度について報告している．1997年，私がその工場を訪問した時には，提案プログラムはあまり利用されていなかった．同様に，QCサークルプログラムも運営されるのがやっとであり，そしてある日本人マネジャーは，労働組合が労働者の参加を阻止していると話した．他のどんなマネジャーとインタビューをしてもこのこと（安保他の研究）を実証することはできなかった．

この2つの会社はテレビ組立工場を維持・運営するための大規模な労働力を保持していた（ソニー・サンディエゴの労働力は大規模ではあったけれども，しかしすぐにテレビ組立工場ではなくなっていた）．ある工場は最近，工場でPCB挿入工程を開始することによってさらにもっと生産を統合した——このことは，他のすべての移植工場がPCB完成ボードを東南アジアもしくはメキシコから輸入していたことを考えれば，驚く発展であった．これらの工場は伝統的に，米国式に労働組合化された工場のラインで運営され，漸進的ではあったものの，変化しつつあった．しかしながら，両社は合衆国での生産に力を注いでいく立場に変わりはないし，そして自動化へのさらなる投資を継続している．

7-2 M 工 場

M工場は1980年代，合衆国の西海岸に設立され，生産がメキシコと合衆国の他の工場へ移転された際の，1990年代の半ばに閉鎖された．この工場は労働組合が組織化されていなかったし，そして労働力も民族と言語という点から非常に多様であった——何人かの日本人マネジャーはこのことをコストとして，そしてマネジメントに対する障害として，限定的にとらえていた．

インタビューした日本人経営者は，工場には日本的なスタイルが組織化されておらず，マネジメントもアメリカの習慣が定着していたと話した．M工場では，テレビ組立工場における生産階層は作業者，作業リーダー，監督者，生産監督者，そして生産マネジャーとなっていた．作業リーダーはほぼ全員，作業者グループから昇進していた．しかし，監督者は70％のみが作業者からであった．生産監督者は監督者の中から選ばれて昇進し，そして生産マネジャー補佐も監督者の中から昇進していた．また，技術者の区分もあった．監督者から

昇進された技術者もいれば，外部から採用された技術者もいた．この会社は社内からの昇進にこだわらず，外部からの採用も行っていた．M工場は，雇用保障はしなかったが，しかし1991年，それまでやったことのないレイオフも断行した．レイオフを予防するためのバッファーとして，労働力の約20％が臨時に雇用された．

　M工場はまた，教育訓練プログラムはあったが，しかし日本人社長によれば，日本に比べてトレーニングはほとんど行われていなかったという．この会社は社内教育訓練を考えたかもしれないが，しかし「今現在，インストラクターになりうる人は極めて少ない」のである．日本では，より多くの訓練が，インストラクターとして年功労働者，監督者，エンジニア，そしてマネジャーと一緒に，社内において行われている．合衆国では，訓練は地域の短期専門大学のような外部資源に依存していた．ローテイションは，極度の集中が必要とされたために，画像投影調整の分野においてのみ行われていた．

　M工場は閉鎖されるまでカリフォルニアにおいて大型画面テレビの生産を継続し，その後設備をアメリカとメキシコに移転した．この会社にとっても，カリフォルニアの生産コストの高さと労働力の品質の低さが移転を確実にしたのである．

7-3　ソニー工場

　ソニーのサンディエゴ工場は合衆国における最も古い日本の家電移植工場である．1997年，その工場は高度に多様化され，もはやテレビを組み立てなくなり，テレビの組立のすべてをメキシコに移転した．サンディエゴ工場はテレビとコンピューターのCRTとモニターそしてその他のさまざまな製品を生産している．1997年サンディエゴ工場における従業員は4,000人くらいいた．この工場には，労働組合は組織化されていない．組合組織化運動が1985年に挫折したからである．

　当初から，その工場は米国式のマネジメントと労使関係のスタイルを利用していた．このことは最初の15年間は十分なものであったが，1988年から1989年の間の競争上の圧力により，ソニーの経営者は，それまで採用してきた米国

式のシステムが競争上の優位を維持するのに必要な効率を生み出さないと判断した．より「日本的な」マネジメント・システムを工場に移植するよう，さまざまな努力が試みられた．マネジャーと労働者の両者は，もし生産性が改善されていなかったら，工場は閉鎖されたかまたはメキシコに移転されていたかもしれない（Sony Corporation, 1993）と話している．米国人労働者とマネジャーにとって，このことは確かなる脅威であった．なぜならばソニーはわずか4マイルしか離れていないメキシコの工場において成功をおさめていたからである．工場の変革を確かなるものとするために，柔軟な作業チーム，QC活動，「作業の相互チェック」，そして生産性と欠陥に関する関連情報のオープン・プレゼンテーションのような経営技術が導入された．わずか数年後に，テレビ組立のすべてがメキシコに移転されたにもかかわらず，工場のパフォーマンスはその移転を補うかのように，十分に改善された．

　ソニーには，リーダーを含んで，労働者と監督者の4つのランクがある．作業者の昇給は，たとえば同じランクであれば最高7年をもって，勤続年数によって決定される．こうした柔軟なシステムは簡単明瞭な日本企業の給料システムと幾分か類似していた．監督者は内部から昇進されていた（Abo et al., 1994, p.210）．ある意味では，ソニーは日本の家電企業の中でもよそ者的存在であったが，その理由は，ソニーが工場の従業員に警告を鳴らし，工場を移転するチャンスを彼ら従業員に与えたからである．結果として，テレビの組立がメキシコに移転されたにもかかわらず，その工場は日本からのソニー・プレイステーションやコンピューター・モニターのような新しい製品を吸収し，素早く生産に結びつけるのに十分な能力とダイナミックさを備えることはなかった．ソニーの工場には，他の工場には存在しない2つの優位性がある．1つは，資本集約的なCRT生産が現場で行われたということである．2つは，ソニーが高度のケイパビリティを育成しながら，強力な研究開発と生産技術グループを現場で築き上げたということである．要するに，サンディエゴ工場は，作業が価値を付け加えることを可能にしながら，したがって，生産のコンピテンシーから学習のコンピテンシーへの変貌を遂げたのである．

7-4 全体的概要

これまで見てきたさまざまなテレビ工場がいろいろな意味で異なっていたにもかかわらず，それらの工場のほとんどは日本の工場というよりむしろ米国の工場にもっと類似したスタイルで運営されていた．日本的なマネジメント・システムを意識的に導入しようとした，三洋のような会社でさえもすぐにそれを撤回し，米国式のマネジメント・システムを受け入れた．優れた品質管理と自動化および工学技術などを前提にすれば，日本企業の移植工場は米国という環境の中（in the U.S. environment）でも比較的に成功裏に運営できた．少ない数ではあるけれども，とりわけソニーは彼らの米国工場から大きな利益を生み出した．3つの組合化された移植工場が，組合に組織化されていなかったほとんどの工場に比べより長く存続でき，そして組合化された工場が閉鎖に追い込まれなかったということは不思議である（ペンシルベニア州のウェストモーランドにあるソニーの工場とジョージア州のブラセウトンにある三菱の工場は依然として組合に組織化されておらず，今もなお操業中である.）．

8 論　点

8-1 主要な発見

前節まで，何社かのテレビ組立移植工場の考察を行った．これらの工場における生産と工場マネジメントのシステムに関するわれわれの理解には，重要な欠陥があるとはいえ，いくつかのパターンが導き出される．

第1に，一般的に，日本の家電企業は彼らの製造設備を合衆国に移転し，少なくとも初期頃には，多くの部品を輸入に頼っていた．合衆国と日本の両国の標準ワークシートはとても類似したものであった．一般的に，米国の工場は単純なテレビを生産したが，しかし日本と米国の両国の工場は段取り替え時間を短縮しようと努力した．日本では，標準ワークシートを計画・立案する責任は準監督者もしくは班長に与えられていた．合衆国では，その責任は生産技術部門にあった．米国企業と日本企業の工場における品質管理のやり方は類似したものではあったけれども，日本企業の工場では，より熟練された職場外品質管

理活動と小集団活動という文脈において労働者の参画が義務付けられていた．これらの責任が専門職業の人と技術者によって大いに左右されていた合衆国に比べて，日本では，機械のメンテナンスに労働者と監督者の積極的な参画が非常に多かった．

第2に，工場の組織とマネジメント・システムは両国間において顕著に異なっている以下のような若干の類似性は存在している．たとえば，工場の組織図は異なる機能の区分の仕方に関しては，とても類似しており，そしていくつかの移植工場には，労働組合が組織されているけれども，米国の産業別組合と日本の企業別組合はとても異なる契約を結んでいた．さまざまな相違点の中で，まず何よりも，組合化された移植工場は労働と経営の間の明確な区別を擁護している．日本人監督者と米国人監督者は彼らの技術能力という点から目立って異なっていたが，それは，米国人監督者が技術的にあまり高度ではないのに対して，日本人監督者は実践に参加しての経験と職場外訓練（Off-JT）を通じて築き上げたしっかりした技術能力をもっていた，ということである．組合化された移植工場では，監督者はライン上で積極的に仕事をすることができなかった，それゆえに，彼らは自分たちによって管理された仕事を十分に理解できなかったのである．

組合化された移植工場では，ローテイションは少なかったか，あるいはほとんど行われていなかった．しかも，米国式の先任制は労働者を再配置させるための経営者の能力を厳しく制限した．ほとんどすべての工場において，職務区分は時間の経過と共にすっかりと減ってきたけれども，組合化された工場においては依然として比較的に多く存在した．米国工場での職位は資格試験，すなわち，先任制を基礎にして満たされていた．日本では，労働者のそれぞれのレベルに応じたOJTと社内訓練プログラムが活動的に行われていた．米国では，技術者は，社外教育機関から授与される公式的な認定を必要とする独立したカテゴリーであった．それに対して，日本では，技術者と同義の職能を有した労働者は作業者とほぼ同一に扱われていた．要約すると，合衆国に移植された日本企業の工場組織とマネジメント・システムはほとんどなかった．組合化されていようといまいと，むしろ，これらの工場は以前の米国のパターンを採用し

ていたのである．ただし，ここ10年間の間，メキシコにある工場との競争の圧力のもと，これらの工場が行ったことはより日本企業らしい生産システムの採用へと転換している．

全体的に，(特定の例外を除いて) 米国の移植工場は大量の標準製品を生産しながら，比較的に高い効率を達成したが，しかし工場能力の改善活動が制約され，成長が鈍かった．その結果として，多くの移植工場は閉鎖され，生産がメキシコに移転されることとなった．

自動車産業とは対照的であるのが印象的である．自動車の移植工場では，ピル＝マクダフィ (Pil = MacDuffie) によって考察された本書の第2章が示すように，ダイナミックな学習能力を支援するさまざまな慣行が広範囲にわたって移転され，その結果はそれに相当するものとして強い印象を与えるものであった．しかしながら，米国のテレビ移植工場は，日本にあるそれぞれの姉妹工場をはるかに超えて，自動車組立移植工場と異なっている．米国のテレビ組立移植工場はマネジメントと生産システムという点からだけではなく，作業者と工場にもとづいた知識の創造を促進するためのマネジメントに関する熱意と能力という点からも明確に異なっていたのである．

8-2 制限された移転の理由

製品とプロセスの技術は，自動車組立移植工場への日本的マネジメント技術の徹底的な移転とテレビ移植工場へのその制限された移転との間の相違を説明するのに役立つ．極めて簡単に言えば，テレビ組立は比較的に標準化され，簡素化されている．品質が製品と機械装置の中に埋め込まれていた理由により――日本的マネジメント技術への移転が絶対必要であるとは考えてこなかったのである (Abo et al., 1994)．日本企業には，彼らのシステムを移転する理由などほとんどなかった．なぜならば，生産労働者のスキルが製品の品質にあまり影響を与えなかったからであり，そして高品質を保証するための日本的管理方式に代わるコスト合理的代替が検査を増やすなどを通じて，十分に利用可能であったからである (Abo et al., 1994)．

実際に，テレビの組立を自動車の組立と比較すると，とりわけ，生産プロセ

スが長期間にわたって高度に標準化された製品から構成される場合には，労働者にとって，飛躍的イノベーションを生み出すためのより多くの機会はないに等しかった．自動車の生産プロセスの方がはるかに複雑であり，労働者の仕事もまた，物理的に複雑であった．従って，労働者の改善活動のためのより多くの機会があり，チーム間の調整もまた，極めて重要であった．自動車組立工場が――少なくとも，ブルーカラーの関与と参画に基礎をおいた日本的マネジメント・システムのそれぞれの構成要素を――移転するために，より積極的な戦略を追求するのは当然である．

しかしながら，こうした技術的な説明は重要なことを見逃す．すなわち，テレビ移植工場は労働者参画を奨励した日本的管理方式を無視しただけではなく，彼らの本国工場が工学主導のイノベーションに勝ることを可能にした管理方式を実行しなかった，ということである．たとえパフォーマンスの改善が自動車組立に比較して，テレビ組立においては，作業者主導ではなく工学主導であったとしても，この事実は，テレビ組立の移植工場がなぜ，本国工場の非常にうまくいっているパフォーマンスの発揮できた管理方式を実行しなかったかを説明するものではない．

歴史的な文脈から把握すると，日本的マネジメント・システムの比較的に制限されたテレビ組立子会社への移転は理解しやすくなる．テレビ組立子会社は，日本人マネジャーが彼らの輸出による成功が――円安もしくは日本人の労働倫理のような暗黙的な要素とは区別されるように――日本的な生産システムとそのマネジメント・システムにあったと確信する前に，そして，こうした日本的システムの重要な部分が米国においてと同様に外国の文化においても実際に移転可能であったと信ずる前に，建設されている (Cutcher-Gershefeld et al., 1994年の研究は，類似した要因が初期の自動車部品移植工場においても，制限された日本的管理方式の利用を説明すると述べている)．米国企業の現場では，米国の労働組合が1970年代において最も強力であったし，そしてその結果，新しい管理方式を試そうとする意志を引き起こさせようとするための組合における危機意識はほとんどなかったのである．

しかも，初期のテレビ移植工場は，単純に輸入された部品と部分組立品を組

み立てる"スクリュードライバー"工場であった．それゆえに，労働者参画のための必要性もしくは機会はほとんどなかったのである．低レベルでありながらも，一旦参加システムが構築されると，変わりにくい自己強化構造になりうる．工場のスクリュードライバー的な役割が時間の経過と共に進化したにもかかわらず，構築されたシステムを徹底的に点検するような差し迫ったことはなかったのである（ソニーは興味深い例外を示している）．

このような技術的かつ歴史的な要素は，私たちが初期頃のパターンを理解するのに役立つが，しかし新しい工場がなぜ，彼らの本国工場において培われたマネジメント・システムの，より包括的な実行を試さなかったかについては十分に説明しない．2つの異なる仮説が検討するのに有力であると思われる．第1に，比較的に工学主導のイノベーションと学習を重視するシステムの移転はおそらくそして逆説的に，労働者主導の改善に重点をおくシステムの移転に比べてより難しいだろう．たとえフォード主義的な現場関係から「自己調整的チーム」への移行が多くの米国労働者にとって容易ではなかったとしても，その移行は日本において最も普及しているトップダウン・マネジメント主導のチームへの移行に比べれば，はるかに簡単であった（「リーン」な作業組織対「チーム」作業組織に関する1992年のApplebaumの研究を参照されたい．本書の他の章は——Adler; Brunner, Fruin, そしてLiker; Pil = MacDuffie；そしてJerkins = Floridaによるそれぞれの章—自動車移植工場がある意味では，むしろ日本語の意味と異なる仕方（way）で「チームの概念」を実践した様式（way）について述べている）．高いパフォーマンスを発揮できる日本の家電工場は広範囲にわたる労働者の参加を必要としたが，しかし労働者参画の本質は自己マネジメント・モデルと異なっていた．その本質はエンジニアのアイディアを効果的にかつ柔軟に実行し，そしてエンジニアの思考をフィードバックする能力として表現されていた．それは，自己調整的モデルよりずっと少ない直接の自律性を労働者に与えるための参加であり，同時に，専門知識の階層を機能させるための参加であった．このような組織形態を階層の一番下に置きながら，共通認識を移転するということは，当然のことながら，極めて莫大なチャレンジであったのである．

2つ目の仮説は経営戦略に注目する，ということである．もし実際に，テレ

ビ組立のイノベーションと改善が自動車の組立に比べてより工学主導的であったならば,おそらく日本の親会社は日本のマザー工場にそのイノベーションを集中しようと戦略的に理解しただろう.マーク・フルーイン(第7章)は,そのようなマザー工場の独特な能力と,必要とされる固有の技術および現場特殊的技術の移転の難しさを述べている.戦略的に言えば,米国のテレビ移植工場は基本的に「分工場」であった.米国の移植工場がスクリュードライバー段階を超えて発展された時でさえも,彼らは彼ら独自の戦略を追求する自律した事業部として機能を果たすと認められなかった.そして,テレビ組立の経済性とは,そのような分工場が——現場特殊的イノベーション能力を構築するために,時間と注意をマネジメントに投資するというよりもむしろ——実際に,より安い労働コスト地域へ迅速に移転可能であった,ということを意味している.

8-3 制限された移転の帰結

こうした技術的要素,歴史的要素,そして戦略的要素を組み合わせるというわれわれの考察は,なぜ日本の家電工場の世界規模でのダイナミックな学習能力が,米国の移植工場に移転されていなかったかを説明するのに役立つ.言い換えれば,たとえ工場のケイパビリティという点から,改善が制限され成長が鈍かったとしても,テレビ組立環境における標準製品の大量生産は経済的に,実現可能であった.テレビ組立という比較的に単純な技術を前提にすれば,テレビ移植工場は"静態的効率性"という条件のもとで競争でき(Klein, 1977),それゆえ,これらのテレビ移植工場は低賃金環境の類似した工場へと緩やかな目標を定め,その結果,工場が設立された時は比較的に洗練されていなくても,すぐに学習することができたのである.

さらに,自動車の組立工場と比較すれば,家電工場は小規模であり,設備それ自体もあまり高価なものではなかった。そして家電工場は数多くの中小規模のサプライヤー・ネットワークに依存したが,その理由は社内設計能力と地理的隣接性があまり重要ではなかったからである.テレビ組立工場は比較的に,急な話のように移転された.経営意思決定は短期的な視野によって行われ,そして危険を冒してまで投資するような資本は非常に少なかった.合衆国——も

しくはメキシコ——における投資は，自動車組立のために行われた投資ほど，長期的な関与を意味するものではなかった．

そのような条件下では，合衆国における移植工場はメキシコに立地する工場と長期間にわたって競争できなかった．むしろ，1990年代においては，米国における日本企業の工場の多くが見直しを試み，すべてではないけれども，多くの日本企業が彼らの米国組立施設を閉鎖しメキシコへ移転することを選択したのである（5社——三菱，東芝，シャープ，三洋，そしてペンシルベニア州のウェストモーランドに所在するソニー——は合衆国において重要なテレビ組立施設を運営してきた）．

たとえ移植工場が日本の姉妹工場のダイナミックな学習能力を移植するように経営されたとしても，テレビ生産の経済性は依然として，メキシコへの生産を押し進めてきたのである．実際に，日本における生産それ自体も東南アジア諸国でのオフショア生産に移行している．しかし，ダイナミックな学習能力の移植失敗の理由は，(a) メキシコへの移転があまりにも，緊急なもので，それゆえ，社会的困難（social dislocations）が非常に大きかったからであり，そして (b) 合衆国に残される工場と労働力が，さまざまな能力を欠いていたからである．その能力とは，新しい製品を工場に適切に割り当て，米国での生産を計画的に継続させる経済性を備える能力のことである．

参 考 文 献

Abegglen, James, and George Stalk Jr. 1985. Kaisha: *The Japanese Corporation*. New York: Basic Books.〔植山周一郎訳『カイシャ：次代を創るダイナミズム』講談社，1986年〕

Abo, Tetsuo. 1992. "Toshiba's Overseas Production Activities: Seven Large Plants in the USA, Mexico, the UK, Germany, and France." Paper prepared for the Symposium of the Euro-Asia Management Studies Association, University of Bradford, Management Center, Nov. 27-29.

Abo, Tetsuo. 1994. "Sanyo's Overseas Production Activities: Seven Large Plants in U.S., Mexico, U.K., Germany, Spain, and China." In Helmut Schutte, ed., *The Global Competitiveness of the Asian Firm*, pp. 179-202. New York: St. Martin's Press.

Abo, Tetsuo, ed. 1990. *Local Production of Japanese Automobile and Electronics Firms in the United States*. (Institute of Social Science, University of Tokyo Research Report No. 23, March).

Abo, Tetsuo, ed. 1994. *Hybrid Factories*. New York: Oxford University Press.
Adler, Paul. 1993. "Time-and-Motion Regained." *Harvard Business Review* Jan. - Feb.: 71(1): 97-109.
Adler, Paul. 1996. "Beyond Autonomy: The Socialization of Production? A Case of Teams at NUMMI." Draft chapter in J. Durand, J. Castillo, and P. Stewart, eds., *Teamwork in the Automotive Industry*. Oxford: Oxford University Press.
Applebaum, H. 1992. "Work and Its Future." *Futures* 4: 336-350.
Baranson, Jack. 1980. *Sources of Japan's International Competitiveness in the Consumer Electronics Industry*. Washington, DC: Developing World Industry & Technology.
Barley, Stephen. 1996. "Technicians in the Workplace — Ethnographic Evidence for Bringing Work into Organization Studies." *Administrative Science Quarterly* 41(3): 404-441.
Beazley, J. Ernest. 1988. "In Spite of Mystique, Japanese Plants in U.S. Find Problems Abound." *Wall Street Journal*, June 22 : A1.
Beechler, Schon, and Sully Taylor. 1995. "The Transfer of Human Resource Management Systems Overseas." In Nigel Campbell and Fred Burton, eds., *Japanese Multinationals: Strategies and Management in the Global Kaisha*, pp. 157-185. London: Routledge.
Cole, Robert. 1989. *Strategies for Learning*. Berkeley: University of California Press.
Cutcher - Gershenfeld, Joel, et al. 1994. "Japanese Team-based Work Systems in North America: Explaining the Diversity." *California Management Review* 37(1): 42-64.
Delbridge, Rick. 1995. "Surviving JIT: Control and Resistance in a Japanese Transplant." *Journal of Management Studies* 32(6): 803-817.
Dertouzos, Michael, et al. 1989. *Made in America: Regaining the Productive Edge*. Cambridge, Mass.: MIT Press.
Dore, Ronald. 1973. *British Factory —Japanese Factory*. Berkeley: University of California Press. 〔山之内靖, 永易浩一訳『イギリスの工場・日本の工場：労使関係の比較社会学』筑摩書房, 1987年〕
Florida, Richard, and Martin Kenney. 1991. "Organizational Transplants: The Transfer of Japanese Industrial Organization to the U.S." *American Sociological Review* 56(3): 381-398.
Fruin, Mark. 1997. *Knowledge Works*. New York: Oxford University Press.
Grønning, Terje. 1992. "Human Value and 'Competitiveness' : On the Social Organization of Production at Toyota Motor Corporation and New United Motor Manufacturing, Inc." Ph.D. diss., Ritsumeikan University, Kyoto, Japan.
Harvard Business School. 1981. "Sanyo Manufacturing Corporation—Forrest City Arkansas." HBS Case No. 0-682-045.
Hayes, Thomas. 1981. "The Japanese Way at Quasar." *New York Times*, Oct. 16, D1, D9.
Hiramoto, Atsushi. 1995. "Overseas Japanese Plants under Global Strategies: TV Transplants in Asia." In S. Frenkel and J. Harrod, eds., *Industrialization and Labor Relations:*

Contemporary Research in Seven Countries. Ithaca, N.Y.: ILR Press.
Hiramoto, Atsushi. 1994. *Nihon no terebi sangyo*. Tokyo: Minerva shoten. 〔平本厚『日本のテレビ産業:競争優位の構造』ミネルヴァ書房, 1994年〕
Jameson, Sam. 1978. "Japan Firm Puts Quasar into Focus." *Los Angeles Times*, Jan.: 19, 1, 18.
Juran, J.M. 1967. "The QC Circle Phenomenon." *Industrial Quality Control* Jan.: 11(12): 329-336.
Kenney, Martin. 1997. "Strange Times: Knowledge Creation and Obsolescence in the Information Society." Unpublished paper.
Kenney, Martin, and Richard Florida. 1988. "Beyond Mass Production: Production and the Labor Process in Japan." *Politics and Society* 16(1): 121-158.
Kenney, Martin, and Richard Florida. 1993. *Beyond Mass Production: The Japanese System and Its Transfer to the U.S*. Oxford University Press, 1993.
Kenney, Martin, and Richard Florida. 1994. "Japanese Maquiladoras: Production Organization and Global Commodity Chains." World Development 22(1): 27-44.
Kenney, Martin, W. Richard Goe, Oscar Contreras, Jairo Romero, and Mauricio Bustos. 1997. "Learning Factories? : An Examination of Shop-floor Workers in the Japanese Electronics Maquiladoras." *Work and Occupations*.
Khurana, Anil. 1994. "Quality in the Global Color Picture Tube Industry: Managing Complex Production Processes." Ph.D. diss., University of Michigan, Ann Arbor.
Klein, Burton H. 1977. *Dynamic Economics. Cambridge*, Mass.: Harvard University Press.
Koike, Kazuo. 1988. *Understanding Industrial Relations in Modern Japan*. New York: St. Martin's Press.
Kotha, Suresh, and Roger Dunbar. 1995. *Sanyo Manufacturing Corporation — 1977-1990*. Leonard N. Stern School of Business, New York University case study.
Kraar, Louis. 1975. "The Japanese Are Coming—With Their Own Style of Management." *Fortune March*: 116-121, 160-164.
MIT Commission on Industrial Productivity. 1988. *The Decline of U.S. Consumer Electronics Manufacturing: History, Hypotheses, and Remedies*. Cambridge, Mass.: MIT Press.
Nagano et al. 1996. *Work Organization in Japan and Germany: A Research Report on VCR Production (2)*. Miscellanea, no. 13. Tokyo: Philipp-Franz-von-Siebold-Stiftung, Deutsches Institut für Japanstudien.
Nakamura, Keisuke, Helmut Demes, and Hitoshi Nagano. 1994. "Work Organization in Japan and Germany: A Research Report on VCR Production (1)." *Miscellanea*, no.6. Tokyo: Philipp Franz von Siebold Stiftung, Deutsches Institut für Japanstudien.
Nakane, Chie. 1970. *Japanese Society*. Berkeley: University of California Press. Noble, David. 1977. *America by Design*. New York: Oxford University Press.
Nomura, Masami. 1992a. "Japanese Personnel Management Transferred." In S. Tokunaga, N. Altmann, and H. Demes, ed., *Internationalization and Changing Corporate Strategies*, pp.117-132 Munich: Iudicum Verlag.

Nomura, Masami. 1992b. "Assembly Automation and Division of Labor in Japan." In P. Brodner and W. Karwowski, eds. *Ergonomics of Hybrid Automated Systems* Ⅲ, pp. 21-28. New York: Elsevier.

Nonaka, Ikujiro, and Hirotaka Takeuchi. 1985. *The Knowledge-Creating Company*. New York: Oxford University Press. 〔梅本勝博訳『知識創造企業』東洋経済新報社, 1996年〕

Office of Technology Assessment. 1983. *International Competitiveness in Electronics* Washington, DC: Author.

Ogasawara, Koichi. 1992. "Japanese Personnel Appraisal: Individualized Race for Power and Imposed Involvement." Paper presented at the conference on "Japanese Management Styles: An International Comparative Perspective," Cardiff Business School, Wales, Sept. 28-29.

Ohgai, Takeyoshi. 1996. Personal communications. Various dates.

Ohgai, Takeyoshi. 1997. "Hollowing out and the Division of Labor with Asia: The Japanese Television and VCR Industry." *Ryukoku Daigaku Keieigaku-ronshu* 36(4): 1-11. 〔大貝威芳「家電産業の新たなアイデンティティ：空洞化とアジアとの分業；テレビ・ビデオのケース」『龍谷大学経営学論集』第36巻第4号, 1997年, 1-11ページ〕

Oliver, Nick, and Barry Wilkinson. 1988. *The Japanization of British Industry*. Oxford: Basil Blackwell.

Porter, Michael. 1983. *Cases in Competitive Strategy*. New York: Free Press.

Porter, Michael, ed. 1986. *Competition in Global Industries*. Cambridge, Mass.: Harvard Business School Press. 〔土岐坤, 中辻萬治, 小野寺武夫訳『グローバル企業の競争戦略』ダイヤモンド社, 1989年〕

Reid, T.R. 1977. "Osaka-Arkansas Success." *Washington Post*, Sept. 2, A1, A12.

Sato, Akemi. 1991. "Business as Usual: Management Practices of Japanese Consumer Electronics Companies in the United States." Program on U.S.-Japan Relations, Harvard University Occasional Paper 91-10.

Sony Corporation. 1993. Personal interview, Sony manager, Tokyo, Japan, Dec. 12.

Matsuo Takashi, and Takahiro Fujimoto. 1996. "Dynamic Capability of Intergrating Divergence: Reorganizing the Process of Final Assembly at Toyota." Paper presented at the International conference "New Imperatives for Managing in Revolutionary Change," IBM Amagi Homestead, Aug. 25-27.

Taylor, Bill, Tony Elger, and Peter Fairbrother. 1994. "Transplants and Emulators: The Fate of the Japanese Model in British Electronics." In Tony Elger and Chris Smith, eds., pp. 196-228. *Global Japanization*. London: Routledge.

Trevor, Malcolm. 1988. *Toshiba's New British Company*. London: Policy Studies Institute. 〔村松司叙, 黒田哲彦訳『英国東芝の経営革新』東洋経済新報社, 1990年〕

Womack, John, Daniel Jones, and Daniel Roos. 1990. *The Machine That Changed the World*. New York: Rawson Associates Macmillan. 〔沢田博訳『リーン生産方式が, 世界の自動車産業をこう変える：最強の日本車メーカーを欧米が追い越す日』経済界, 1990年〕

Yoffie, David.1984. *Strategic Management in Information Technology*. Englewood

Cliffs, N.J.: Prentice Hall.
Yonekura, Seiichiro. 1985. "Sanyo Manufacturing Corp.(B)." Harvard Business School Case Study. Unpublished paper.
Yoshino, M. 1976. *Japan's Multinational Enterprises*. Cambridge, Mass.: Harvard University Press.

(訳・李 廷 珉)

第9章 経営管理方式の移転促進と
海外派遣監督者の活用
——日本のエレクトロニクス企業の経験から——

　1980年代，アメリカ合衆国に生産工場を開設した日本のエレクトロニクス企業は，外国人労働者を管理するうえで生じる異文化問題に直面した．それは，あらゆる多国籍企業にとって共通の問題であった．本書で指摘されるように，多くの多国籍企業が直面してきたこのような異文化問題は，高度な生産管理方式を移転する場合には，避けられない課題である．たとえば，中村，榊原，シュローダー（Nakamura, Sakakibara, Schroeder; 本書第11章）は，アメリカ国内の労働市場の流動性によって，日本企業が本国で達成してきた人的資本の投資利益率（ROI）が合衆国では達成できないかもしれない，と主張している．本章では，海外派遣監督者への投資に伴うリスクについて述べ，ある日本企業における海外派遣監督者の役割を分析することによって，その複合的なリスクを説明する．

　アメリカ人のマネジャーは，通常，財務管理の側面を戦略上の優先事項とし，物的技術の開発問題を管理的な優先事項とする．海外直接投資要因の社会的側面の管理は，その重要性が軽視される．もちろん，技術者が開発する「ツール」（物的装置や設備）に，生産技術の一部分が具現化される．たとえば石油精製所のような装置生産組織では，移転の成功は主として工場の質によって決まる．また，装置設備が生産技術の有効性を決める場合には，本国で周到に設備や施設が作りあげられることによって，移転はコントロールできる．

　しかし，生産技術がツールに具現化されない人的能力や社会的な関係の影響を受ける限りにおいて，移転プロセスには，複雑性や相互依存といった社会的な不確実性が存在する（Boyacigiller, 1990）．たとえば，ケニー（Kenny; 本書第8章）がテレビ組立に関する議論で説明するように，海外直接投資の成功は，作

業者がどのように設備を活用するかにかかっている．エレクトロニクス産業は全体として，作業者がほこりや静電気を減らす行動をとらなければ，たとえば欠陥率が上昇する．ここで扱ったエレクトロニクス産業の工場では，従業員は彼らの靴のほこりを除去するために考案された，薄く水を張ったトレイを迂回して歩くことができるかもしれない．生産工程がツールそのものではなく，ツールの効果的な活用に依存しているかぎりにおいて，技術の移転とコントロールは難しい課題である．そのことを海外直接投資の事例によって以下に述べる．

1 技術移転の初期段階および発展段階における海外派遣監督者の役割

多国籍企業が移転しにくい技術を海外へ移転する場合，派遣者を長期間に渡り海外に駐在させることがある．多国籍企業がそうするのは，生産革新や生産調整を必要とする際に，初期の技術移転をスムーズに行ったり本社からの伝達を円滑にするためである (Baliga and Jaeger, 1984)．海外派遣者がどの程度活用されるべきかについては，多国籍企業と受入国政府との間で，さらには多国籍企業自社内で議論される (Kobrin, 1978)．その議論では，効果的な海外直接投資の促進に関する多国籍企業の優先事項と現地雇用に関する受入国政府の優先事項が対置するかたちでとりあげられる．国際的な政策についてのこれらの問題は当面の議論の範囲を越えている．しかしその議論には，海外派遣者が下位の監督層で活用される際に実際に生じる問題も含まれている．受入国政府と多国籍企業はともに，下位監督層の海外派遣者の移転が本当に必要かつ効果的であるかどうか，また彼らが活用される場合いかなる問題が生じるかということに関心がある．この問題こそわれわれがここで論じたいことである．

多国籍企業が，下位監督層で海外派遣者を活用するのは，次のようなことを念頭に置くためである，すなわち，(1)設備利用についての技術情報は，公式の手順や教育訓練のような代替的な手法によってよりも，監督者を通じて移転する方がうまくいくということ，(2)生産を管理するためには，本国あるいは本社の非公式の規範や文化のようなものが決定的に重要であるということ，そして，

第9章　経営管理方式の移転促進と海外派遣監督者の活用　411

(3)受入国の監督者よりも海外派遣者の方が，望ましい企業文化や管理手法を実現できるということ，である．日本の事例では，この望ましい文化には，品質への細心の配慮，および本書のさまざまな章で述べられる高度の生産方式を支えるその他多くの独特な特徴への配慮が含まれる．海外派遣監督者を活用すべきであるという多国籍企業の判断にはトレードオフがある．つまり，海外派遣者によって経営層とのコミュニケーションや一体感の醸成を円滑にすると，部下とのコミュニケーションや一体感の醸成が困難になるという潜在的なコストを払うことになる．

　図9-1は，海外派遣監督者にとっての3つの「実践的課題」を明示している．これらの課題は，海外派遣監督者が生産システムの移転に本当に役に立つのかどうかに影響する．その課題とは，コミュニケーション，影響力，および回避である．監督者のコミュニケーション課題とは，部下が監督者の意図を正確に解釈できるように監督者が行動することである．部下へのサポート，好ましい業績への関与，および望ましい作業を行うための学習の支援といったリーダーシップ・スタイルの諸要素を反映する監督者の具体的な行動を部下が正しく解釈するかどうかに，監督者は関心をもつ必要がある．影響力の限界とは，監督者が影響力を行使する正当性に影響を及ぼす文化的規範による制約（たとえば，「権限の隔たり」Hofstede, 1980）である．ある国々では，他の国々とはちがって監督者は，その発言，明文化された作業手順，集団意思決定，あるいは

海外派遣監督者
の実践的課題

　　　　　　　コミュニケーション　　　　　影響力の限界
　　　　　　　　　　課題　　　　　　　　および回避課題
監督者の行動　─────→　予測パターン　─────→　評価結果
　　　　　　　　　　　　　　　　　　　　　　　（部下の業績と勤務態度）

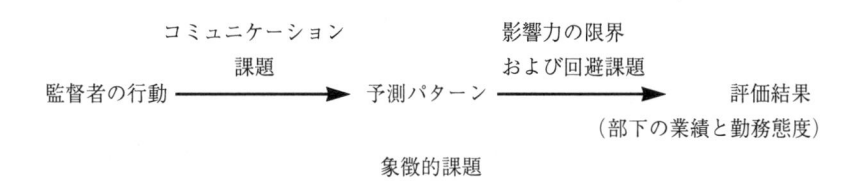

　　　　　　　　　　　　　象徴的課題

図9-1　異文化間リーダーシップ研究における関連および不測事象のカテゴリー

個人的裁量について，多大な役割を期待されるかもしれない．回避の課題とは，部下が自身の行動や勤務態度の基準と正当性を得ることのできる他の拠り所——同僚，規範，公式ルール——の効果的な補完物（もしくはそれらに匹敵するもの）としての監督者の必要性である（Peterson, Smith, Bond, and Misumi, 1990）．後で議論を進めるが，たとえば適切に作業を遂行するように圧力をかけるタイプのリーダーシップ・スタイルは，どのくらい作業条件が新しいか，もしくは変更されるかといった作業環境によって意義が異なる．これらの実践的課題に加えて，図9-1は象徴的な課題を示している．これは，監督者の国籍に対して部下たちがもっている固定観念から生じる，海外派遣監督者たちの行動に対する部下の解釈や反応に取り組む際に，海外派遣監督者たちが直面する課題である．

2　現場の概要とわれわれの役割

　1985年当時，われわれが調査した企業は，その企業初の米国での生産現場においてこれらの課題に直面していた．その企業は，その製品領域では世界的地位にあり高く評価される既存の日本企業である．松下電器産業やソニーのような広域範囲に及ぶ企業と比べて，その企業の製品戦略は比較的焦点が定まっている．その企業は10年以上合衆国で販売部門を運営しており，われわれがかかわった生産現場は立ち上げから約3年が経過していた．労働組合が未組織の米国工場には，最終組立，梱包，検査，輸送があった．部品は日本の施設で製造されて合衆国へ輸送されていた．日本の生産施設はまた国内向け販売用に最終組立および輸送も行っていた．米国の施設は，ロボット工学を利用した倉庫保管のような日本の施設が有するいくつかの先端技術が移転されなかったことを除いては，日本にある親工場の手法の多くを再現するよう設計されていた．当時既に生産システムは確立されており，そのプロセスでは，日本人監督者の少なくとも数名，ことによると全員がアメリカ人監督者に替わりはじめていた．生産設備の技術面を伝達するうえでの監督者の役割は，この時点までに大部分完遂されていた．われわれの見解では，彼らが残る意味は，業務の中のソフト

の部分と社会的な部分を移転する際に果たす役割にあった.

　構造上,米国の施設は経験豊かな日本人の海外派遣マネジャーに指揮されていた.彼へ報告していたのは,工場の技術的諸機能(たとえば,技術専門職,保全,生産)に責任をもつ日本人マネジャーのチームや人的資源管理を担当するアメリカ人の管理者であった.その人的資源管理を担当するマネジャーは当時日本語を学びはじめたばかりであったため,ピーターソンが参加した会合は日本語で行われたけれども,彼に意見が求められると具体的な質問は英語で伝えられた.日本人の海外派遣監督者とアメリカ人監督者はともに日本人マネジャーの一人または別の人に報告をした.監督者たちは生産グループや保全グループを含んだ労働者たちを交替で直接指導していた.

　この企業は,当時日本のリーダーシップ研究の第一人者である大阪大学の三隅二不二と長年に渡る関係をもっていた.三隅はコンサルタントやトレーナーとしてかかわり,その企業とはかなり親密な関係をもっていた.彼は,その企業の日本の施設においてさまざまな教育訓練プログラムを開発した(Misumi, 1985; Peterson, 1988).合衆国にある工場のマネジャーは,三隅の教え子の一人である.われわれの調査は,三隅とこのマネジャーとの関係を通じて実現した.マクダフィーとヘルパー(MacDuffie and Helper;本書第5章)によれば,日本の海外直接投資の典型的な特徴は,多国籍企業にとって,企業の保有する設備を本国から移転することだけではなく,サプライヤーや顧客との本国における関係を再構築することにある.実際にわれわれは,その企業が管理者教育用の支援を再構築したプロセスの一端を担った.三隅とわれわれとの関係は,その企業とアメリカ人労働者との関係に相当した.

　われわれの役割は,勤務態度(たとえば,賃金に対する態度や組織への信頼)について情報を提供するだけではなく,その企業が監督方式に調整することや監督者の教育訓練を支援するために,従業員調査を実施しそれを収集することであった.われわれは,日本と米国両方の質問を参考に従業員調査を設計・実施し,2つの形式で統計的情報を提供した.1つは,人的資源管理者および工場管理者グループに提供する工場全体の平均値である.もう1つは,各監督者のユニットに所属する部下たちが監督者へ示した反応の平均値であった.われわ

れはユニットレベルの平均値を直接各監督者に内密に提供した．その情報は工場管理者には提供されなかった．われわれの関与は統計的情報を提供するにとどまった．人的資源管理者は手紙の長さ程度の要約を労働者に配布し，教育訓練に専念し，そして工場管理者の意向に一致したやり方で情報活用を進めたことを後にわれわれは確認している．

3 PMリーダーシップ理論と教育訓練

この企業が三隅とともに実施していた監督者教育の基本的特徴は，世界中で実施される教育訓練と同様なものであるが，それには特有の強調すべき点が存在する．監督者に対する訓練は，リーダーが作業グループの作業プロセスやメンバーの勤務態度を建設的な状態に維持するのに必要であるという観察，およびその作業グループが他のグループや組織全体の業績に貢献することをリーダーが認識することが必要であるという観察に基づいている．よく知られた米国のリーダーシップ訓練プログラムとの違いを際立たせる点は，リーダーの勤務態度や個性ばかりか，リーダーの行動自体もそれほど重要ではないということである．訓練の目的は，間接的に監督者の勤務態度を変えさせること，あるいは一連の所定の行動を実行するよう監督者に教えることだけである．その代わりに，監督者は，自身の勤務態度や行動が部下にどう解釈されているか意識するように訓練される．この訓練の強調すべき点は，調査にフィードバックによる修正を加えること，部下が監督者の行動を額面通りに解釈する理由を検討するよう監督者に指導すること，そして，効果的なグループのプロセスの維持や効果的なグループの業績の促進に監督者の関心を向けさせる方法を検討するよう監督者たちを促すことにある．社会科学の体系の中では，その訓練は，ゲシュタルト心理学／レヴィンの場の理論に基づいている（Misumi, 1985; Misumi & Peterson, 1985; Peterson, 1988）．

三隅によれば，三隅のリーダーシップ研究と訓練は，集団の「目標達成（P）」機能と「維持（M）」機能に含まれるリーダーシップに特有の諸側面に重点を置いている（Misumi, 1985; Misumi & Peterson, 1985）．P機能には，集団目標達成

に向けて導かれるリーダーシップの諸形態が含まれる．集団の社会的安定を保つようなリーダーシップの諸側面は，M機能のリーダーシップである．

研究所の調査の目的のために，研究者たちは，部下たちが集団の目標達成機能および維持機能に貢献するような経験をするという特有の行動をとるようリーダーに指示することによって，PM機能を説いている（Misumi, 1985）．組織を調査対象とするためにPM機能はアンケート調査の一部に含めた．単一の「PM調査」というもの自体は存在しない．その代わり，種々の作業組織（たとえば製造，石炭採掘，行政）の様々な階層レベルのみならず，学校のクラブ，小学校のクラスや政党のような他の社会的状況での特定のリーダーシップ状況に合わせた，様々な調査が行われている（Misumi, 1985; Misumi & Peterson, 1985）．特定の状況（たとえば，産業，政府，教育，行政）に応じて，2から6あるいは場合によってはそれ以上の様々な要因が日本で確認されたが，それらは，2つの基本機能とは異なる特徴を示している．

今回の調査と訓練では，本書における日本的人的資源管理方式の議論を通じて確認されたいくつかのテーマがある．その1つが，部下の業績への監督者の機能には主として2つの要素が存在するというものである．監督者には，まず第1に，技術的な能力を示すこと，そして部下が効果的な作業を遂行するように指導することが要求される．この機能は，後で指摘される「業績への計画性」指標で示される．第2に，外部から圧力をかけたりや強要したりすること，その一方で個人的要求に対応することの間にある複雑な力学を管理することが求められる．この力学は図9-2のようになるが，それは，「圧力」指標に反映され，また「集団維持」指標との関連に反映される．

米国や欧州でPMリーダーシップ手法を説明してきた今までの経験からすると，リーダーが熱心に働くよう部下へ圧力を加えることと部下を支援することとが組み合わされることは，たいていの学識者にとっては異質でありそれは矛盾していると捉えられている．たいていの学識者たちは，作業方法の指示や作業をうまく遂行する技術的援助を部下に与えることが部下の支援につながることは理解しやすいようである．圧力と支援を結びつけることはやや難しいかもしれない．

圧力の原因	リーダーの圧力	部下の反応
トップの私欲： 　株主／トップ・マネジメント 　の私欲 　上司の性格 　上司の個人的状況	高い圧力による 低い集団維持	慣り，団結した抵抗， 社会的堕落
集団（プリシンパル／エージェント）の関心： 　長期的な競争力 　短期的な危機	高い圧力による 高い集団維持	協調性， 団結した業績 社会的促進

解釈に影響を及ぼす文化的な不測事象：

権力の隔たり
集団主義
近年の歴史的状況

図9-2　圧力の原因，意味，および含意

　図9-2によれば，部下がリーダーから熱心に注意深く作業するよう圧力をかけられたときの，部下のその圧力に対する解釈や反応は，圧力を受ける理由とその根本的な原因について抱く彼らの信念に依っている．もしその圧力が権力を握る中枢グループ——企業，監督者，株主——の私欲にあると信じるならば，リーダーによる圧力は，部下の幸福に対する無関心から生じるものと解釈されるだろう．その反応には，慣ったり，団結して抵抗したり，当局のために熱心に働き協力する愚かな人々を利用したり，仕事を怠けたり（Hill, 1995），社会で遊び暮らしたり（Earley, 1989）するなど，疎外感に伴うあらゆる虚飾が考えられる．

　あるいは，部下，監督者，企業がなんらかの集団の一員であり，その集団内の共有利害に圧力の起源があると考えられる場合，監督者による圧力はかなり違ったものになると思う．そのような状況下では，その圧力の伝達は，リーダーの集団全体の幸福への関心からもたらされたと部下は解釈するであろう．そ

第9章 経営管理方式の移転促進と海外派遣監督者の活用 417

して，その圧力によって，協調性，高い業績水準に結びつく強固な団結，そして相互に熱心に働くよう励まし合う傾向（社会的促進）がもたらされる．圧力が与える様々な影響について三隅が詳細に議論している箇所はないけれども，その力学は彼の論拠，業績，そして多くの研究の中で暗に示されている（Misumi, 1985）．

　三隅（1985）の日本における調査では，監督者による圧力が，集団の幸福への関心からもたらされたものと解釈されるかどうかによって，実際に監督者が変更されることが指摘されている．これは，米国のリーダーシップ・スタイル研究とは対照的であるが，米国の研究は圧力が思慮深さと強い逆相関をもつ傾向があるという問題に長期間とりくんでいる（Schriesheim and Stogdill, 1975）．つまり，日本企業では部下は，集団や組織の状況を所与として，監督者の圧力が環境に適切であると判断し，監督者の立場から圧力がかかったときには，協力的に対応するようである．アメリカ人の部下は，この区別をしない傾向にある．米国では，外部からの圧力に対処するのが経営者の職務であり，もし非管理職に圧力が及ぶなら，経営者は能力に欠けているか思慮深さに欠けているかのどちらかであるという一般的な見方がある．どちらにせよ，合衆国では監督者による圧力は，概して妥当ではないし，正当性もない，そして本質的に個人的または集団的維持に逆行するものとみなされる傾向にある．

　リーダーからの圧力が，合衆国よりも日本で支持され正当なものとみなされることが多いという考えは，様々な研究から支持を得ている．異なる文化的背景をもつ人々は，彼らの監督者がとる行動の理由について，異なる属性をあげる傾向があると推測することには理論的根拠がある（Maznevski and Peterson, 1997; Shaw, 1990）．心理学の文化的見解から，比較的利己主義的な（Hofstede, 1980）アメリカ人は，個人として自分たちに良いものと，自分の所属する集団にとって良いものとを，徹底的に区別することは極めて普通であると考えている（Markus and Kitayama, 1991）．集団主義的な日本人は，彼らが抱く自己イメージと集団イメージをそれほど徹底的には区別しない．エイジェンシー理論や取引コスト理論の観点からみると，二国の技術発展の歴史に基づくと（Dore, 1973），狡猾な行動をとられるリスクがあることを条件とする取引にではなく，

信頼をおく階層の中での取引に基づく傾向が大きいのは合衆国ではなく日本においてである (Hill, 1990). したがって, 監督による圧力が, 個人的な動機よりむしろ集団主義的な動機からもたらされると信じる傾向は, 合衆国よりも日本の方が大きいかもしれない. 新制度論的なグループ・ダイナミクス (集団力学) の観点からみると, 利己主義的な社会における集団は, 高度に動機付けられた個人を利用することによって, 集団主義的な社会における集団よりも社会的に堕落する傾向がある (Earley, 1989).

4 日本版アンケートの改良

　監督者のリーダーシップについて尋ねる質問項目は, 日本企業向けのPMアンケート (Misumi & Peterson, 1985) から翻訳され, 他の組織で試行された (Peterson, Maiya, and Herreid, 1994). 三隅が実施したように, たとえ同じアンケートが日本企業の施設で広く活用されたとしても, 元は日本語であったアンケートの英語への翻訳は最善ではないと考えた. はじめに米国の施設で, リーダーシップの大まかなエピソードや記事を収集し, それらから質問項目を作成した後, 新規項目と翻訳された既存項目の両方を含む新しい調査を実施することは, PM実態調査での通常のやり方に適合するとともに一貫したものであろう. しかし, 資料に限界があったため, 新しい調査の開発プロセスはわれわれのプロジェクトの時点では実行不可能になった. むしろ, その企業が日本で活用する監督者訓練手法を移転する際のわれわれの役割は, 日本語の翻訳に限定された.

　この種の訓練手法に関して, 部下に実施される調査方法が彼らの勤務態度や業績にどのくらい関連するかという問題は, 非常に重要である. 日本でこの企業および他の多くの企業に実施された調査では, これらの関連はしっかりと立証され確固たるものであった. アメリカ人従業員が日本企業が所有する工場で, 監督者に対して同様な行動をとるかどうかはわからない. 映画「ガン・ホー (Gung Ho)」の時代, すなわち日本企業による過度の干渉を懸念することにアメリカで大きな社会的関心があった時代にわれわれの評価は実施された.

　われわれが行うことは, 部下からみた監督者のリーダーシップとさまざまな

業績にかかわる勤務態度や行動との関連を評価することである．この評価は監督者全般に対して実施されたが，アメリカ人監督者と比較した日本人海外派遣者に対する従業員の反応の違いを評価することを目的としていた．監督機能の1つには，効果的に業績をあげさせる機能があるが，それには従業員の業績指標が評価基準として含まれた．特に，工場では，従業員を時間どおりに勤務させたり，ほこりを最小限度に抑えるといった，品質要件を満たすことに奮闘していた．アドラー（Adler; 本書第3章）によれば，勤務については，トヨタとNUMMIの米国工場にとって最も重要な規律の課題であり，その状況は基本的に既存工場と同様であった．日本人労働者よりもアメリカ人労働者に典型的であるが，多くの従業員が共働きで子供を育てていた．公式の業績評価システムと監督者のリーダーシップはともに，従業員の差し迫った要求や仕事以外の役割に優先するかたちで，勤務を動機付けるために必要であった．

多くの海外直接投資，およびこの投資における他の主要な監督機能は，経営者の意図を従業員に信用・信頼させることである．したがって，ここで検討される勤務態度基準には，組織が信頼されうるかどうかということ，および組織が従業員を平等に扱うかどうかということが含まれる．この現場での特有の懸念として，レイオフの可能性があげられる．実際，われわれの評価の2つの時点で人員整理があり，そして，将来に人員が削減されたり増大されたりするのかについては不確実性があった（後者は実際にみられた）．その結果，職務保障に関する満足が，雇用者を信頼する特に重要な側面として含まれている．われわれの評価もまた，海外派遣監督者の下で働く部下が，自国内の監督者の下で働く部下よりも監督者に依存する度合が多いもしくは少ないということを報告するかどうかについて検討した．特に，アメリカ人労働者は日本人監督者に合わせて仕事をする方法を見つけることができるのであろうか？

4-1　監督者の国籍とリーダーシップ・スタイルの含意

アメリカ国内のリーダーシップ研究の長い歴史に鑑みて，企業がどんな効果を監督者のリーダーシップから期待できるかを推測するためには適切な先行研究を発見することが望ましい．しかし異なる階層レベルの人々の間で生じる異

文化間の関係についての研究は極めて少ない．ブラネン（Brannen, 1991, 1994）は，米国の生産施設を日本企業が買収する5年間にそのようなダイナミクスを分析した．その分析は，生産技術の移転は設備移転だけではなくもっと多くの課題があると結論付けることで，既存研究の基本的な前提を支持している（Brannen, Liker, and Fruin 参照，本書第4章）．彼女の調査対象であった買収を経験した施設の従業員，特に中間管理職は孤立する可能性があることがわかった．たとえば，日本にアメリカ人従業員を派遣したり，買収の対象施設の既存の慣習（たとえば休日行事）に支援を示したりすることで，異文化間で生じる緊張や誤解が和らげられたようだ．しかし，彼女の研究はわれわれのプロジェクトの数年後に実施された．彼女の非常に詳細な文献調査やわれわれ自身の文献調査によって，異文化間のリーダーシップ研究に関するわれわれの分析のような先行事例がほとんどないことが指摘される．

4-2 階層の影響力の社会的限界

われわれの研究した企業が直面した状況によく類似した例をあげる文献が少ないため，われわれは日本と合衆国におけるリーダーシップに関する基礎研究から予備的な結論を導き出すとともに，その文献が異文化間の監督状況にどのように応用されるのかを推測したい．関連する基本文献は，米国と日本のリーダーシップの比較分析，コミュニケーションの研究，およびリーダーシップ・スタイルのコンティンジェンシー研究である．

リーダーシップの比較研究によって，日本人監督者が日本で行使するのと同程度の影響力をアメリカ人の部下に及ぼすことができるかどうかは疑問である理由が指摘されている．1つの研究系統によって，大規模な日本の小売りチェーンでの将来の昇進率における最初の監督者と部下の関係が有する強力で継続的な影響力が明らかにされている（Wakabayashi and Graen, 1984）．三隅の広範にわたる一連の研究や実態調査では，日本における監督者のリーダーシップの影響力は一貫して強力であることが示されている．ただし，特定の種類の影響力はたとえば部下の不安のような起こりうる不測事態や作業特性により制限されているという（Misumi & Peterson, 1985; Misumi & Seki, 1971; Peterson, 1988）．以

上の2つの調査プログラムでは，日本における監督者のリーダーシップの相互関連や影響力が西側諸国で確認されるよりも強力で一貫しているように思われる（Smith & Peterson, 1988）．ホフステッド（Hofstede, 1988）の分析レベルは個人ではなく国（あるいは子会社）であるが，彼の50カ国に関する労働文化に関する比較研究は，日本よりも合衆国の方が個人主義が強いことを指摘している．個人主義に関するこのよう相違があるので，日本人海外派遣者は，予測する以上にアメリカ人が個人的な経験に強く関心をもち，監督者への関心が少ないと感じるかもしれない．

4-3 コミュニケーションの限界

日本人海外派遣者は，日本人の部下よりもアメリカ人の部下に対する影響力が少ないことに気付くだけではなく，図9-1に示されるように，アメリカ人の監督者よりも影響力をもっていないかもしれないということにも気付く．言語は，社会的現実に対する指針やコミュニケーションの手段を与える．予測されることとして，多くの研究で，コミュニケーションはリーダーと部下の関係において最も重要な要素であると指摘されている．ミンツバーグ（Mintzberg, 1973）は，上級マネジャーは労働時間のうち50％を部下との接触に充てていることを述べている．簡単で短いコミュニケーションは，効果的に情報を交換するリーダーと部下の能力に一役買う（Bass, 1981）．たいていの監督者リーダーシップ理論の理論的基礎は，言語によるコミュニケーション・プロセスにある．たとえば，パス−ゴール・リーダーシップ理論では，作業目標や個人目標の2つの目標を結びつける関連性または「パス（経路）」を表明することによって，リーダーは目標に対する部下の理解に影響を及ぼすということが論じられている（House and Dessler, 1974）．認知・役割理論の観点（たとえば，Pfeffer, 1981; Pondy, 1978; Smith and Peterson, 1988）では，公式のリーダーが既存プロセスに介在するために伝達しなければならない共有手段の体系として，組織を扱っている．リーダーシップの取引プロセスや変革プロセスはともに，コミュニケーションにその基礎を置いている（Bass, 1985）．

文化的にデリケートな言語の使用はリーダーシップにとって重要であるた

め，なまりの強いアメリカ英語が第二言語である海外派遣マネジャーは不利な立場に立たされるかもしれない．文化的な類似点と相違点は，コミュニケーション・プロセスにおける重要な要素である（Ronen, 1986）．言葉は異文化コミュニケーションにおける重要な音源である（Samovar et al., 1981）．したがって，日本人監督者の下で働くアメリカ人従業員は，上司を理解することが難しい場合には，その代わりとなる判断の拠り所を利用することがある．

4-4 監督者の国籍および監督者以外の判断の拠り所

国内のリーダーシップに関する文献では，製造現場の従業員は監督者以外の拠り所から主な作業指示を受ける環境にあることが指摘されている（たとえばHowell, Dorfman, and Kerr, 1986）．ピーターソン，スミス，ボンド，および三隅（Peterson, Smith, Bond, and Misumi, 1990）は，組織メンバーが求められる作業を理解しそれに適切に対応するために用いられる5つの判断の拠り所を明らかにしている．それらは，手順や方針についての企業のマニュアル，明文化されていないが容認されている方針，上司からのアドバイス，経験豊かな同僚からのアドバイス，そしてその人自身のそれまでの経験や教育訓練である．ピーターソン他（Peterson et al., 1990）による研究の米国のデータは，本章で分析された同じ現場から抽出された．その結果から，日本におけるエレクトロニクス製造工場における同様の階層レベルの回答者よりも，この現場の人々が判断のための他の拠り所に比べて監督者に大きく依存していることが指摘された．日本のデータとこの現場から抽出した米国のデータとの違いによって，日本人監督者の下で働く人々とアメリカ人監督者の下で働く人々との間にある拠り所の相違がこの現場の中にさえ存在するかどうかという問題が生じた．

4-5 三つの基本文献の含意

これまでに述べた社会的限界やコミュニケーションの限界に関する文献は，日本人監督者が経営管理方式の移転を効果的に促進する際に様々な困難に直面することを示唆しているが，その一方で，ベント・マネジメント研究は，彼らにその困難にうまく対処することの重要性を示唆している．監督者の役割が次

第に技術的な生産情報よりもむしろ企業文化のようなソフト面を移転させることになってゆくと、われわれが調査した生産現場では、移転促進に伴う困難は大きくなるようである。海外派遣者は、彼らのリーダーシップの影響力が日本で慣れ親しんだものとは明らかに異なることに気付くかもしれない。ケニー（Kenny; 本書第8章）は、日本人マネジャーは部下に直接処罰行為を行うことができるために、それによって日本人マネジャーが合衆国で感じる権力意識について論じている。また彼はこの権力意識をマネジャーが日本で経験する無力感と比較している。しかしながら、部下を家族のいる家に帰さずにほぼ毎晩無償で一緒に飲みに行かせるような権力のある監督者は合衆国にはほとんど存在しない。そして、合衆国では、経営管理システムによって雇用を打ち切ることができるが、それを行おうとする監督者に対する制約は非常に重要である。また日本企業の経営陣が、コミュニケーションの限界を克服するために十分なリーダーシップの影響力を日本人監督者に与えることができるかどうかは定かではない。

したがって、合衆国の状況を予想しそれに合わせて監督者を用意することや、経過を監視することに並大抵ではない努力が注がれない限り、技術情報の移転に必要な期間を越えて、海外派遣監督者の活用を延長するという多国籍企業の意思決定は賢明ではない。われわれがここで述べている企業へのわれわれの関与は、この企業が必要とする「並大抵でない努力」に値する。この期間のアメリカ人監督者の日本人監督者に対する比率が増加していく過程はまた、米国における施設の管理の新たな局面が近づいているという明確な意識を反映している。

5　リーダーシップ・スタイル指標の意義

われわれはリーダーシップに関するアンケート調査プロジェクトを実施するためにその生産現場に招かれた。ピーターソンは、アメリカの工場と日本の姉妹工場それぞれに一日滞在し、わずかではあるが追跡情報を要求する機会を得た。少数の従業員が追跡インタビューで示したその情報の一部は「論点」の項

で示す.

われわれは，日本の他のエレクトロニクス企業 (Smith et al., 1989) や地方自治体 (Peterson, Elliott, Bliese and Radford, 1996) とともに，日本での調査プロジェクトをいくつか実施してきた．そして，われわれは類似のプロジェクトを行っている他の同僚たちをよく研究し，大勢の日本人マネジャーに対する調査結果を提示し，また他の既存調査結果を見てきた．日本の組織との勤務態度調査の実施の際にわれわれ自身が経験したことと他の研究者たちが経験したこと (Lincoln and Kalleberg, 1990) は，われわれが合衆国で発見することとは異なる．合衆国では，通常，調査が優れた人的資源管理部門に活用され，また他部門の人々（たとえば生産部門のマネジャー）にしぶしぶ受け入れられる技術となるということに気づく．社会指標に適用される手段，相互関係，基準の逸脱に対するアメリカ人のマネジャーの忍耐強さは限られていた．日本では調査受入れは流動的であったが，マネジャーに対する調査結果のプレゼンテーションは，合衆国よりも広く一般的なマネジャーに傾聴されるようだ．これは，特に大阪と福岡で 1950 年代以降三隅が実施したさまざまな大規模組織の事例であるようだ．たとえば，福岡の地方局のテレビクルーが，日本での勤務態度を他国と比較した同僚のプレゼンテーション手法を録画した際，ある特筆すべき経験がほぼ同時に実施されたプロジェクトの中にみられた．メディアが他の発表者に行ったインタビューでは，社会科学がメディアイベント (PR イベント) であることがはっきりしていた．一般に，日本の組織が進んで定量的社会科学の統計を利用し得ることは，問題解決のためにいくつかの組織で他の定量的手段を進んで利用することに匹敵しうるとわれわれは考えている．それはもちろんわれわれがかかわった多国籍企業の事例であった．

リーダーシップ・スタイルの調査研究の歴史は長く，さまざま研究がある (Smith and Peterson, 1988). その歴史は，有名な「リッカート尺度」の項目にさかのぼる．それは，「一致」および「不一致」のような形容詞を中心とする 5 つまたは 7 つの回答選択肢から構成される．実際，三隅はこの種の調査項目を考案したリッカートとの親密な関係を個人的にも仕事の上でも作り上げ，1960 年代リッカートのリーダーシップや経営学の書物を日本語に翻訳した．

三隅は，リッカートの質問項目の翻訳ではなく，彼自身の調査を発展させるために日本での組織メンバーへのインタビューから帰納的に作業を行った．

6　調査の質問内容と仮説

　企業が直面していた問題は，海外派遣監督者の活用を続ける価値を見極めることと彼らを活用することで生じる問題への予測し得る反応を評価することであった．日本企業が所有する工場で類似の作業を行う集団において，アメリカ人従業員の中のアメリカ人監督者と日本人監督者を比較することによって，われわれが参画することで，この問題を調査する数少ない機会が与えられた．海外派遣監督者へのわれわれの関心は，従業員がアメリカ人監督者のリーダーシップとくらべると日本人監督者のリーダーシップに対して異なった反応の仕方をすることに向けられた．同様のリーダーシップ指標を用いる他の研究は，これらの指標と基準との全体関係を扱うとともに，その指標がさまざまな基準を予測するうえで相互に影響し合うかどうか，もしくはどのように影響し合うかを扱っている．(Peterson, Maiya, and Herreid, 1993; Peterson, Smith, and Tayeb, 1993; Smith, Misumi, Peterson, and Bond, 1992; Smith, Misumi, Tayeb, Peterson, and Bond, 1989)

　仮説は，2度のクロス・セクション分析および時系列分析に基づいて検証される．監督者の国籍は，①業績や勤務態度基準に対して推測されるリーダーシップ・スタイルの関係，②従業員の監督者への信頼についての報告に，影響を及ぼす不測事象である．日本人監督者とアメリカ人監督者によるリーダーシップを比較する前に立てられる基本仮説では，監督者のリーダーシップが問題となる．監督者のリーダーシップ・スタイルが業績に影響を及ぼすかどうかについてのさまざまな結果があるという長い歴史を考慮すると，これはありきたりの仮説ではない (Smith and Peterson, 1988)．

　このプロジェクトの時系列的な特性は強みであり，それは結果の意味を解釈するという観点からはプラス面とマイナス面を与える．その強みは，この調査計画が，研究対象となる施設の特定の歴史的状況を考慮に入れるべき日本人経

営者の属性を回避することを促進する点である．一度の評価では，「日本的であること」と「工場が発展する特定段階で日本的であること」とを混同しがちである．そのプラス面とマイナス面によって，その２つの時点が，結局は単なる繰り返しではないという事実がもたらされる．時点１のデータは，生産技術が移転され，初期の一連のアメリカ人監督者が訓練を受け日本人の前任者に代わって就任する段階で収集された．この段階までの歴史は継続的な成長の段階であった．時点２のデータは，約18カ月後に収集された．その段階は，追加されたアメリカ人監督者が訓練を受けた段階であり，そして監督者の給与の削減，増大，および調整があるかもしれないという噂があった段階であった．これらの状況の変化は工場の作業が監督者一般，もしくはアメリカ人監督者と比較した日本人監督者にどうかかわっていくかということに影響を及ぼすかもしれないが，具体的な予測は困難である．われわれは，時点１，時点２および時系列結果に関して別々の予測をすることを試みるのではなく，われわれの仮説の基礎をより基本的な理論に置き，歴史的変化についての解釈は「論点」の項で行うことにする．

　ここでの仮説は，次の基本命題に基づく．それは，監督者は一般に，部下の仕事や幸福に好ましい影響を及ぼすために，集団維持志向のリーダーシップ，計画性志向のリーダーシップ，あるいは圧力志向のリーダーシップを示すという命題である．集団維持志向（支持的，思慮的）のリーダーシップは，部下との良い個人的関係を構築したり，集団内での建設的な社会状況を促進することを意図する．計画性志向のリーダーシップは，次の段階の情報や仕事を達成するのに必要な情報を提供することを意図する．そして，圧力志向のリーダーシップは，それが建設的になされると，相互利益の業績目標を達成するために，対外競争の現実や効果的な作業の必要性を伝達する．

　これらのリーダーシップ・スタイルの特性とさまざまな基準との正の関係を見出すことは，監督者が通常意図することとは矛盾しないが，他の理由からも見出される（たとえば，思っていたことと反対の結果，回答者による監督者のリーダーシップを経験する基準と方法との混同のため）．負の関係を見出すこともまた，極めて妥当である．たとえば，監督者が，それほど作業を遂行しない部下に過度

の圧力を加えるかもしれない．そのような圧力が効果的である場合，部下が「やり方を修正」してそれまで以上にうまく仕事をこなすこと，あるいは監督者が圧力をかけるのをやめることをわれわれは長期にわたり予測するだろう．どちらにしても，負の関係は相互の社会的な学習プロセスの一部としてどちらでもない関係または正の関係に移行するだろう．クロス・セクション分析と時系列分析の2つの潮流があらゆる可能性をもつため，既存研究により，この種の学習プロセスは明らかになる．そのような固有の限界を認めることで，その分析が5つの仮説の検証をもとに構築される．

仮説1：監督者の国籍に基づくリーダーシップの一般的な相違 アメリカ人監督者と日本人監督者が提示すると考えられるリーダーシップ機能の相対的な量について2つの適切な代替仮説がある．1つ目の代替仮説は，上級工場管理職や企業経営者との日本人監督者の親密な関係や自国施設の生産システムに関する彼らの知識によって，アメリカ人監督者よりも日本人監督者が非常に多くのリーダーシップを提示するという仮説である．これには特に，業績への計画性と圧力が該当し，アメリカ人作業者や監督者が生産システムを学習するにつれて重要性は低くなると予想される．2つ目の代替仮説は，日本人監督者のコミュニケーション能力の限界のために，日本人監督者がアメリカ人監督者よりもリーダーシップの特徴を提示することが少ないと思われるという仮説である．この仮説には技術に根拠を置く計画性または組織に根拠を置く圧力よりも文化の機微に精通することを介して支援を示すことが要求される限りにおいては，集団維持志向のリーダーシップが特に予測されるかもしれない．

(1a) 集団維持，計画性，および圧力は，日本人監督者の下でよりもアメリカ人監督者の下での方が高い．
(1b) 集団維持，計画性，および圧力は，アメリカ人監督者の下でよりも日本人監督者の下での方が高い．

仮説2：リーダーシップが基準に与える主要な影響 仮説2は，文化の業績

を促進したり，好ましい部下の勤務態度を維持したりするという，既に述べたようなリーダーシップの典型的な目的に基づくものである．

(2) リーダーシップ・スタイル指標は，部下の高い業績，高い出勤率，低い離職率，および高い満足度に関連する．

仮説3：監督者の国籍とリーダーシップの相互関係 既述したように，日本人監督者に影響を及ぼす制約は，日本人監督者の下で働く従業員へのリーダーシップの影響が，アメリカ人監督者の下で働く従業員へのそれよりも弱くなるかもしれないということを示している．日本人監督者によるリーダーシップに影響を及ぼす制約は，次の2点のうち1点に示される．

(3a) 業績，出勤率，離職率，満足度の平均値は，日本人監督者の下でよりもアメリカ人監督者の下での方が好ましい．

(3b) リーダーシップと，部下の業績，出勤率，低い離職率，満足度との好ましいクロス・セクション関係や時系列関係が，日本人監督者の下でよりもアメリカ人監督者の下での方が強い．

論理的に相容れない一連の仮説は，海外派遣監督者を活用するこの多国籍企業の意思決定の基礎となる．この意思決定は，日本人監督者が効果的な日本的経営管理方式の移転を促進するという考えに基づいている．したがって，3aおよび3bに対する代替仮説は，次の2つになる．

(3c) 業績，出勤率，低い離職率，満足度の平均値は，アメリカ人監督者の下でよりも日本人監督者の下での方が大きい．

(3d) リーダーシップと，部下の業績，出勤率，低い離職率，満足度とのクロス・セクション関係や時系列関係が，アメリカ人監督者の下でよりも日本人監督者の下での方が強い．

仮説 4：判断の拠り所　最後の仮説は，潜在的に日本人監督者のリーダーシップに影響を及ぼす限界に関する議論によるものであり，明確に監督者への依存を示す回答者の意識に関する傾向にかかわるものである．

(4) 日本人監督者の下で働く生産部門の従業員は，アメリカ人監督者の下で働く回答者よりも，監督者のリーダーシップ以外の判断の拠り所を多く利用し，監督者のリーダーシップを利用することは少ないと回答する．

7　方　法　論

生産現場の従業員は，18カ月おいた2つの時点において，工場内の一室で作業時間中に集団でアンケートに回答した．そのプロジェクトは，マネジメント・リサーチとアンケートの統合プロジェクトであるという説明が研究者によってなされた．アンケートには，年毎に研究者が回答を比較したり，業績データと回答を関連付けたりするために，個人を識別するコード・ナンバーがあった．回答者は，彼らの回答が内密に扱われることや誰の回答も経営陣には伝えられないことが保証された．時点1の調査では，232人の該当者から229の回答を得られた．回答者の平均年齢は34.3歳で，回答者のうち76.3パーセントは女性だった．時点2では，199人のうち193人が回答した．回答者の平均年齢は32.7歳で，66.1パーセントが女性だった．熟練した従業員のすべてが，日本人マネジャーに監督されていた．監督者の国籍と職業分類を混同するのを避けるために，ここで報告する分析は，半熟練の生産部門の従業員のみに基づいている．半熟練労働者は時点1では118人，時点2では99人いた．時点2の回答者のうち，70人は時点1の調査時点で雇用され回答していた．時点1，時点2においてアメリカ人監督者の下で働く回答者の割合，および，時点1，時点2の2つをまとめたデータの割合は，それぞれ，44.1パーセント，69.7パーセント，54.3パーセントだった．

出勤率データと業績データは社内記録から得られた．その記録に基づいて，

表9-1 指標についての記述的統計

	時点1 平均値	標準偏差	アルファ係数	時点2 平均値	標準偏差	アルファ係数
リーダーシップ						
集団維持	3.26	.75	.85	3.31	.90	.92
計画性	3.98	.57	.66	3.93	.57	.74
圧　力	4.21	.60	.54	4.15	.60	.59
基　準						
時間通りの出勤	4.15	1.12	.94	4.29	.85	.95
業　績	3.84	.41	.80	3.59	.57	.86
満足―保証	2.96	.69	.55	3.36	.77	.74
満足―信頼	3.11	.48	.71	3.38	.73	.84
満足―公正さ	3.05	.78	.67	3.00	.82	.71
判断の拠り所						
ルールとマニュアル	2.88	1.16	.71	3.10	1.21	.79
非公式の方針	3.37	.98	.74	3.30	1.01	.78
上　司	4.01	.81	.72	3.84	.87	.75
同　僚	3.24	.92	.80	3.18	1.03	.79
個人的経験	4.09	.71	.87	4.05	.66	.75

注：あらゆる指標は，より高い価値が大量の測定項目を示すように得点されている．

表9-2 リーダーシップと基準指標の相関関係

	1	2	3	4	5	6	7	8
時点1								
1. 集団維持								
2. 計画性	.29							
3. 圧　力	.16	.28						
4. 時間通りの出勤	.18	.07	.02					
5. 業　績	−.03	−.12	−.14	.29				
6. 満足―保証	.32	.07	.13	.01	−.09			
7. 満足―信頼	.45	.16	.12	.14	−.06	.47		
8. 満足―公正さ	.43	.23	.06	.09	−.19	.40	.40	
時点2								
1. 集団維持								
2. 計画性	.47							
3. 圧　力	.04	.21						
4. 時間通りの出勤	−.01	−.00	.06					
5. 業　績	.08	−.05	−.23	.13				
6. 満足―保証	.53	.10	.11	.11	.13			
7. 満足―信頼	.68	.44	.07	.12	−.09	.40		
8. 満足―公正さ	.55	.16	−.02	.19	−.00	.51	74	

注：相関関係は欠損データによる相関の相殺分を除外している．最小数量N：99（時点1），87（時点2）

監督者が日本人かアメリカ人かが識別された．たいていの場合，日本人監督者は１カ月を基準に昼夜のシフトを交替した．一方，アメリカ人監督者は，固定したシフトを維持した．離職率は，時点１と時点２での雇用を比較することで確定された．時点１の名簿にあるが，時点２の名簿にはない人は工場を離れた人である．

7-1 従業員アンケート

生産現場の労働者が回答したアンケートは，一連の閉鎖式の質問からなっている．これらの中には，特有のリーダーシップ行動，リーダーシップ・スタイル，判断のための拠り所，勤務態度基準に関する質問があった．これらの質問から導き出された指数に関する記述的統計や信頼係数（アルファ係数）は，表9-1に示され，尺度の相関関係は表9-2に示される．

(1) 経験豊かなリーダーシップ・スタイル

リーダーシップ・スタイル指標は，既述したPMリーダーシップに基づく20項目の質問から構成された．要因分析を行なった後，３つの下位尺度が作られ，尺度検査が元々の尺度を評価するために実施された（詳細は著者から得られる）．８項目の平均は，回答者が経験した，監督者によって示された集団維持志向のリーダーシップを表わすために用いられた．業績達成志向のリーダーシップ機能に対しては，先述した２種類の業績達成志向のリーダシップ，すなわち計画性志向のリーダーシップおよび圧力志向のリーダーシップのために，別の指標が設けられた．５項目が計画性を測定するために用いられ，３項目が圧力を測定するために用いられた．それぞれの項目について，ありうる回答は「いつも」，「たいてい」，「ときどき」，「まれに」，「一度もない」であった．項目，翻訳検査，予備調査についての付加情報は他の論文に示してある．(Peterson, Smith, and Tayeb, 1993; Peterson, Maiya, and Herreid, 1994)．

(2) 判断の拠り所

判断の拠り所指標は，①マニュアル，②明文化されていないが一般に容認さ

れた方針，③監督者，④経験豊かな同僚，⑤自身の経験や訓練を，回答者がどのくらい利用するかを尋ねる10個の質問で構成されている．ある組の質問は，従業員に「日々の状況」でそれらの拠り所をどのくらい利用するかを尋ね，そしてもう1つの組の質問は，「不慣れな問題」に直面した際にそれらをどのくらい利用するかを尋ねるものである (Peterson et al., 1990). 各組の質問と類似した質問は5つの尺度を形成するのに用いられる．代表的な項目としては「あなたの通常の日々の作業で，手続きや方針に関する企業のマニュアルをどの程度利用するか？」がある．全ての項目に対する回答の選択肢は，「非常に多い」，「多い」，「適度に多い」，「少ない」，「非常に少ない」である．

(3) 勤務態度基準

3つの勤務態度基準は，ミシガン組織評価アンケート (Cammann et al., 1983) から取られた．満足度—保証（3項目）は，工場での雇用保証に関する満足度である．満足度—信頼（4項目）は，工場の経営層（支配層）の発言が信頼できるという企業の信頼や信用に関する満足度である．満足度—公正さは，企業が公正であるかどうかを尋ねる3項目から成る．

(4) 業績と離職率基準

時間通りの出勤と一般業績という2つの業績指標は，社内記録から得られた．その記録は，直属の上司とその上司の上司である部門長が共同で行う部下の業績評価に基づいている．11の業績評価項目はそれぞれ簡潔な項目が見出しとなっているが，それは勤務態度を基準とする5点評価法により評価される．時間通りの出勤尺度は2つの項目に基づいている．その第1の項目のカテゴリーは「欠勤回数」が見出しであるとなっており，0, 1-2, 3-4, 5-7, および8またはそれ以上である．第2の項目のカテゴリーである「欠勤時間」は，0-4, 5-16, 17-32, 33-56, および57またはそれ以上である．一般的な業績指標は，仕事の知識，業績の質，業績の量，効率性または職務遂行，協調性，安全の習慣，イニシアチブ，責任感，およびコミュニケーションという表題の9個の項目に基づいている．評価カテゴリーに関する勤務態度の基準は，各項目

ごとに異なる（詳細は著者から得られる）．たとえば，「仕事の知識」に関する回答は，（良い回答から悪い回答へと順に）「彼／彼女の職務のあらゆる局面の知識を完全にもっている」，「彼／彼女の仕事のたいていの局面の知識をかなりもっている」，「日常の割り当てを行うのに十分な職務を理解している」，「職務のほとんどすべての局面のより多くの知識が求められている」，「彼／彼女の職務の多くの局面の知識をかなり多く必要とする」である．既存研究では，全項目が1-5の尺度にコード化され，最も良い評価は5を受ける．表9-1に示されるように，両方の業績指標はかなりの信頼性と相違がある．

(5) 分析手法

　仮説1は，t検定を用いて検証される．仮説2および3は，一連の回帰を用いて検証される．時点1および時点2のクロス・セクション回帰は，3段階で行われた．第1段階は，監督者の国籍から各基準を予測する（アメリカ人監督者には0，日本人監督者には1を充てる）．第2段階は3つのリーダーシップ指標を加え，第3段階は，監督者の国籍を3つのリーダーシップ指標のそれぞれに掛けることで形成される一組の相互関係項目を加える（後述する「スタイルと国籍の相互関係」参照）．三段階のいずれの段階においても重要な結果は，ある段階とその次の段階の間（偏多重決定係数）で明らかになる分散に著しい増加があるかどうかが示される．時系列回帰は，この手順に一段階が加わる．この段階では時点1の各基準値が調整される．その結果，時点1のスコアに基づいて，期待される以上のものを予測変数が説明する時点2での基準値の増加分散をその回帰は反映する（Macy and Peterson, 1983）．（一つの時系列基準である離職率に関しては，加えられた段階は実際関係ない．）標本はそれほど大きくないため，特に下位集団の比較では，限界重要性レベル（$p<.10$）が，増分偏多重決定係数に関して記されている．リーダーシップ・スタイルと監督者の国籍との相互関係が，少なくとも限界重要性である場合，各監督者の国籍によって別の回帰が示される．これらの回帰のベータ係数が，リーダーシップと基準との間の有意の関係が1つの国籍だけに当てはまるかどうかを評価するために検証される．本章の「論点」の項の総括表は，監督者の2つの国籍に関して別々に行われた他

表9-3 監督者の国籍によるリーダーシップの主な相違

	時点1			時点2		
	米国	日本	t値	米国	日本	t値
集団維持	3.25	3.27	− .11	3.61	2.77	4.02**
圧力	4.12	4.27	− 1.21	4.05	4.24	− 1.36
計画性	3.80	4.12	− 2.79**	3.89	3.86	.26

注：欠損データによれば、アメリカ人監督者の数量Nは、時点1では41から45，時点2では74から77の範囲にある．欠損データによれば、日本人監督者の数量Nは、時点1では55から58，時点2では31から34の範囲にある．
**p＜.01.

の回帰のどちらかが2つの集団において統計学上優位な相違を示す回帰と非常によく一致するのかを示している．

4番目の仮説は，監督者の国籍による異なる判断の拠り所への依存度を比較するためにt検定を用いて検証される．

8 結 果

8-1 リーダーシップ指標の主な相違

3つのリーダーシップ・スタイルの活用の相違は，表9-3に示されている．結果は時点2での仮説1aを支持する．つまり，集団維持志向のリーダーシップをとる日本人リーダーよりもアメリカ人リーダーの下にいる回答者が高レベルのリーダーシップを経験するということを示しているのである．日本人監督者の下での高レベルのリーダーシップを示す仮説1bは，時点1での計画性志向のリーダーシップによって支持されている．

8-2 勤務態度および業績の主効果回帰

時点1，時点2のクロス・セクション結果は表9-4に，時系列結果は表9-5に示される．監督者の国籍とリーダーシップ・スタイルの相互関係が被説明変数における有意の増分を示す例がここで述べられている．これらの例では，(後述する) アメリカ人監督者と日本人監督者にに対して別々の回帰が実施された．

表9-4 監督者の国籍およびリーダーシップ・スタイルから出勤, 業績, および勤務態度を予測する主効果回帰：時点1および時点2

基　　準	監督者の国籍	予測変数（ベータ係数）			
		集団維持	計画性	圧　力	偏多重決定係数
時点1					
時間通りの出勤	−.13				.02
	−.07	.29*	−.13	−.04	.06
業績	−.24				.06*
	−.12	.23	−.38**	−.04	.11**
満足―保証	.02				.00
	.01	.30*	.12	−.02	.14**
満足―信頼	−.08				.01
	−.10	.37**	.17	−.07	.22**
満足―公正さ	.01				.00
	.04	.48**	−.03	.03	.22**
時点2					
時間通りの出勤	.02				.00
	−.00	−.03	.00	.05	.00
業績	−.07				.00
	.03	.22	−.26*	−.20†	.10*
満足―保証	−.11				.01
	.21*	.81**	−.40**	.14	.40**
満足―信頼	−.21†				.04†
	.09	.62**	.19*	.05	.47**
満足―公正さ	−.01				.01
	.32**	.74**	−.06	.02	.40**

注：†$p<.10$；*$p<.05$, 両側検定；**$p<.01$, 両側検定
　　時点1の数量N：時間通りの出勤および業績91, 満足基準90. 時点2の数量N：時間通りの出勤および業績84, 満足基準83, 離職率164.
　　国籍コード：1＝日本人監督者, 0＝アメリカ人監督者

　監督者の国籍に関する有意の主効果は, 業績評価が時点1（時点2ではそうではない）の日本人監督者よりアメリカ人監督者の下での方が高いということ, また満足度―信頼が時点2（時点1ではそうではない）の日本人監督者よりアメリカ人監督者の下での方がわずかに高い（$p<.10$）ということを示している. 時系列結果（表9-5）は, 国籍と, 時点1のスコア調整後の勤務態度指標あるいは業績指標のどちらにも関連がないことを示している. 離職率は, アメリカ人監督者より日本人監督者の下での方が高い. このように, アメリカ人監督者が日本人監督者より一般的に成果をあげていることを示す仮説（3a）は, やや支持されることがわかる.

　被説明変数の変化は, クロス・セクションの主効果回帰の結果仮説2を一般的に支持する. これらの結果は, リーダーシップ予測変数が, 時間通りの出勤

表9-5 初年度における監督者の国籍およびリーダーシップ・スタイルから時点2での出勤,業績,維持および勤務態度を予測する主効果回帰

基準	時点1	監督者の国籍	集団維持	計画性	圧力	偏多重決定係数
時間通りの出勤	.35					.12**
	.35	.02				.00
	.36**	.10	.06	−.18	−.15	.06
業績	.55**					.31**
	.55**	−.11				.01
	.50**	−.09	−.04	.06	−.27*	.06
離職率	—	.25*				.06*
	—	.28*	.10	−.01	−.14	.02
満足―保証	.45**					.20**
	.44**	.07				.00
	.39**	.05	.38*	−.43**	.05	.13 †
満足―信頼	.32*					.10*
	.31*	−.10				.01
	.20	−.07	.35*	−.14	.18	.11 †
満足―公正さ	.47**					.22**
	.47**	.05				.00
	.34**	.30	.34*	−.26	.15	.08

注:†p<.10;*p<.05,両側検定;**p<.01,両側検定
　　時間通りの出勤および業績の数量N=54;離職率の数量N=78;満足基準の数量N=53.
　　国籍コード:1=日本人監督者,0=アメリカ人監督者

ではなく,業績評価と両時点(時点1,時点2)の3つすべての勤務態度基準と有意に関連付けられることを示している.時系列分析の結果は,仮説2に関するさまざまな結果を説明する.それらは,時点1のリーダーシップが,満足度―保証,および(わずかに)満足度―信頼に関する時点1のスコア以上に付加的な被説明変数に貢献することを示している.特定のリーダーシップ・スタイル指標を参照すると,集団維持は,両時点(時点1,時点2)での時系列分析で3つすべての勤務態度基準と有意に正の関係をもっている.計画性は,両時点(時点1,時点2)での業績と有意に負の関係をもっている.それはまた,時点2での時系列分析で満足度―保証と負の関係をもち,時点2での満足度―信頼と正の関係をもっている.圧力は,時点2での業績とわずかな負の関係をもち,また時系列分析での業績と有意に負の関係をもっている(増加被説明変数に対するリーダーシップ予測変数の全体の貢献は,時系列分析では有意ではない).

表9-6 相互作用が起こりうる関係を示す監督者の国籍別回帰

	アメリカ人監督者					日本人監督者				
	時点1	集団維持	計画性	圧力	偏多重決定係数	時点1	集団維持	計画性	圧力	偏多重決定係数
時点1の相互作用で有意を示す変数										
満足―信頼	―	.18	.44*	.01	.33**	―	.48**	.02	−.20	.24**
時点2の相互作用で有意を示す変数										
	―	−.24†	.20	.25*	.13*	―	.56**	−.42	.04	.19
時系列の相互作用で有意を示す変数										
時間通りの出勤	.63**				.40**	.02				.00
	.55**	−.46**	.06	−.10	.18*	.12	.54*	−.13	−.38†	.27†
業績	.66**			.43**	.43**				.19*	
	.58**	−.16	.01	−.51**	.27	.46	−.07	.17	−.00	.02
満足―公正さ	.51**				.26**	.42*				.17*
	.65**	−.17	−.21	.05	.09	.12	.68	−.17	.14	.34

注：†p＜.10；*p＜.05；**p＜.01．
a．時点1のみまたは時点2のデータのみに基づく回帰のため，偏多重決定係数は主効果項目である．時系列分析は，時点1のスコアが調整された後，被説明変数の漸新的な増分であり，ベータ係数は同様に時点1のスコアに適合される．

(1) リーダーシップ・スタイルと国籍との相互関係

基準予測におけるリーダーシップ・スタイルと国籍との相互関係は，国籍を基準としていくつかの相違が有意であることを示している．リーダーシップと国籍の相互関係という項目を含めた5つの回帰は，主効果分析よりも被説明変数が増えたことを示している．これらは，時点1での満足―信頼（偏多重決定係数＝.07, $p<.05$），時点2での業績（偏多重決定係数＝.07, $p<.10$），および時系列分析での時間通りの出勤（偏多重決定係数＝.22, $p<.01$），時系列分析での業績（偏多重決定係数＝.08, $p<.10$），および時系列分析での満足―公正さ（偏多重決定係数＝.09, $p<.10$），を予測する回帰だった．これら5つの相互関係の特徴を示すアメリカ人監督者と日本人監督者に対するそれぞれの回帰は，表9-6に示されている．リーダーシップと国籍の相互関係による被説明分散の増加がほんのわずかに有意である3つの例でさえ，それぞれの回帰は監督者の国籍に依存するリーダーシップと基準の間にある様々な関係を明確に示している．集団維持志向のリーダーシップは日本人監督者の下で働く部下の勤務態度，業績，および出勤について一般的に正の関係をもつ．しかし，アメリカ人監督者に関するこれら同様の変数のうちのいくつかとは負の関係がある．計画性志向のリーダーシップは，日本人監督者の下で働く部下ではなく，アメリカ人監督者の下で働く部下の満足―信頼に関係がある．しかし，それは，アメリカ人監督者の下で働く部下ではなく，日本人監督者の下で働く回答者に関する時系列分析で満足―公正さの増加に関係している．アメリカ人監督者に関して，圧力は，時点2でクロス・セクション的には，業績に正の関係があるが，時系列分析での業績には負の関係がある．圧力はまた，日本人監督者に対する時間通りの出勤と少しだけ有意に負の関係を時系列上もつ．仮説3bと3dはリーダーシップ・スタイルと国籍との相互関係を予測する．しかし，その相互関係は，効果が他の国籍をもつ監督者よりもある国籍をもつ監督者にとって強力であるという単純な仮説より，複雑な状況を示すことが分かった．

アメリカ人監督者と日本人監督者の下での様々な判断の拠り所の活用に関する報告と比較するt検定が，表9-7に示されている．その結果は，監督者が日本人ではなくアメリカ人である場合，部下が監督者に依存することを報告する

表9-7 アメリカ人監督者および日本人監督者の下での回答者にとっての監督者以外の判断の拠り所への依存と比較したスチューデントのt検定

判断の拠り所	1985年の平均値			1986年の平均値		
	アメリカ人	日本人	t値	アメリカ人	日本人	t値
ルールとマニュアル	2.85	2.90	−1.36	3.10	3.12	−.09
	(43)	(55)		(63)	(29)	
非公式の方針	3.45	3.30	.75	3.28	3.35	−.29
	(43)	(53)		(60)	(27)	
上司	3.84	4.13	−1.82 †	3.82	3.88	−.27
	(43)	(57)		(63)	(29)	
同僚	3.17	3.29	−.63	3.10	3.38	−1.24
	(41)	(57)		(63)	(29)	
個人的経験	4.20	4.01	1.31	3.99	4.18	−1.25
	(43)	(56)		(63)	(28)	

注：†$p<.10$.
　　括弧内の数量は標本の大きさである．

と予測する仮説(4)を支持しない．（同様に，重複基準分散分析は，有意の効果を示していない．結果は示されていない）．

9 論　点

　われわれの分析は，経営管理方式の移転を促進するために，海外派遣者が監督レベルにおいて，活用されるべきか否か，どの程度活用されるべきか，そしてどのくらいの期間活用されるべきかといったことに焦点をあてている．分析結果は，調査を実施した生産現場において日本人監督者とアメリカ人監督者の相対的役割が時間の経過とともに明らかに変化したことを示している．リーダーシップの各側面（集団維持，圧力，計画性…訳者挿入）が日本とアメリカの2つの国籍においてどの程度顕著に現れるかを比較することによって，生産プロセスの移転という意味での日本人監督者の「計画性」への貢献は，時点1の段階ではまだはっきりと見られるが，時点2の段階までには，日本人監督者特有の貢献はあまり見られなくなったようである．表9-3は，どちらのグループにおいても，日本人監督者が時点1と同じくらい時点2で計画性リーダーシップを

発揮したとは思われないということを示している．この変化は，生産システムを用いるうえでの知識，技能および慣行が成熟したこと，および監督者が作業者を指揮する必要性が減少したことを表わしているのかもしれない．

　時点1の段階で日本人監督者の監督下に置かれていた人々の高離職率は，時点1と時点2の間における監督者との緊張が漸進的に増加したことと一致する．統計上有意ではないが，図9-2で示されるアメリカ人の視点を通して見られる日本人監督者による圧力志向のリーダーシップがやや高目であるのは，集団維持志向のリーダーシップが低いという感覚の一因になっているかもしれない．表9-7に見られる結果では，その変化が，時点1で回避されたアメリカ人監督者あるいは時点2での日本人監督者には及ばなかったことが示されている．日本人監督者は，アメリカ人監督者以上に明らかに協力的ではないことが認識され始めた．時点1において日本人監督者よりもアメリカ人監督者の下での業績評価が高いのは，当時でさえ日本人監督者の影響力を発揮する能力にいくつかの限界があったことを示しているようだ．しかし，代替的な説明は次のようなことである．それは，その評価が，部分的には評価者による日本人監督者や彼らの監督下にある人々の業績に対する高い期待や部下の作業をサポートすることで比較的新しいアメリカ人監督者を激励しようとするおそらくは無意識的な意図の結果であるというものである．一般的に言って，スタートアップ（立ち上げ）期間に日本人監督者を用い，彼らをアメリカ人に漸次置き換えていくという企業の意思決定は合理的であるようだ．

9-1　アメリカ人監督者および日本人監督者のためのリーダーシップ・スタイル訓練

　日本企業が日本人の海外派遣監督者を活用したいと思っているかどうか，そしてそれはいつかといった問題は別として，調査結果には，彼らの教育や活用の仕方に関する含意がある．それは，合衆国での日本の海外直接投資におけるリーダーシップについて学ぶべきことを示しているのである（Peterson, Maiya, & Herreid, 1993; Peterson, Smith, & Tayeb, 1993）．それらの学ぶべきことの中には，リーダーの国籍に関係なく，リーダーシップと基準との間の主要な影響関係が

明らかなものがある.

　学ぶべきことの1つには，概して日本では有効だと認識された数種類のリーダーシップは他国での日本の海外直接投資に有効であるかもしれないし，そうでないかもしれない．基準とリーダーシップ・スタイルとの関係は，時間の経過とともに安定し，監督者の国籍との間に一致が見られることがここで確認された．集団維持志向のリーダーシップが両時点（時点1と時点2）およびその時系列結果での満足度と正の相関があるという発見は，満足すべきことである．これは，その企業が日本で経験してきたことであり，その監督者がそう望むよう訓練されてきたことである．しかし，計画志向のリーダーシップは，時点1と時点2の両時点の業績との間に負の相関があった．その一方，圧力志向のリーダーシップは，時点2の段階および時系列結果での業績との間に負の相関があった．日本のPMリーダーシップ理論は，日本のマネジャーに与えられるリーダーシップ訓練の中核を形成するが，その理論では，業績（計画性と圧力）と集団維持の両方を普通以上に重要視することで最高の業績が生じることが主張されている．他の分析（それは示されていない）では，集団維持志向の高いリーダーシップを経験する部下は，他の部下よりも圧力または計画性に対して正の反応をするという，計画性または圧力と集団維持の相互作用は存在しないことが指摘されている．少なくとも圧力と計画性が彼らの監督者にあると部下が見なす場合には，それらは単に負の反応を生じさせるに過ぎないと思われる．アメリカ人作業者は，それらの機能が，公式の訓練プログラムのような他の原因，あるいは公式の報酬システムから生じることを望んでいただろうか．あるいは，彼らは，監督者が作業について話すことを全く望んでいなかっただろうか．これらは，日本の経営陣が直面しなければならなかった類の問題であり，日本人労働者が経験する特有の問題ではなかった．

　ここで認識された主効果のあるリーダーシップ・スタイルの結果は，合衆国で再現したり，あるいは一般的な方法で解釈するには周知のごとく工場毎に異なり難い (Smith & Peterson, 1988)．対照的に，リーダーシップは，合衆国より日本 (Misumi & Peterson, 1985) において常に重要である．日本の経営陣がその結果から学ぶことは何であろうか．1つの危険な賭けは，日本の経営陣が米

国での最初の経験から学ぶことが，今後すべての合衆国の工場に適用されることである．あるいは，準日本的な文化が合衆国の工場で構築される場合，おそらくリーダーシップはやがて同様に重要になってくるかもしれない．準日本的な文化の構築は，監督者のリーダーシップへの依存を高めることを目的とした特別な介入を必要とするかもしれない．

　本章のはじめに述べたように，幅広い「リーダーシップの代替物」は，リーダーシップ・スタイルの結果を疑わしいものにするという認識がある．既存工場の結果を，様々な技術，経営哲学，および労働者構成を有する工場に対して十分に適用させるのはとうてい不可能である．しかし，研究対象の工場では，日本人監督者の下で作業する部下が，アメリカ人監督者の下で作業する部下よりも，一連の代替物——彼らの状況を理解することや労働問題に対処するための監督者以外の拠り所——をより多く利用することを意識しているという証拠（表9-7）は存在しない．この取るに足りない発見は有意義である．というのは，そのような違いは合衆国の工場と日本工場を比較したいくつかの研究で認められてきたからである（Peterson et al., 1990; Smith & Peterson, 1995）．

　既存調査結果以外の証拠から，リーダーシップの代替は，測定された判断の拠り所に反映されていないことが指摘されている．たとえば，時間通りの出勤は，賃上げや望ましいシフトへの割り当ての決定において，業績の他の側面に比べて必要以上に重要視されることが，工場のマネジャーによる簡単な報告によって指摘されている．実際，人事システムを通じて強行されるこれらの特別なルールは，出勤における監督者のリーダーシップの効果を少なくするかもしれない．その結果は，リーダーシップ・スタイルがいくつかの重要な基準に対してクロス・セクションや時系列の関係をもつことを指摘しており，それは研究対象の組織で利用されるべきである．しかし，米国のリーダーシップ研究の歴史では，これらの関係の持続性やその一般化の可能性は，この工場でさえ訓練がそれらに基づいているかどうか定期的に再評価される必要があるということが指摘されている．

表9-8 回帰結果の要約

仮説	業績	出勤率	離職率	満足
1：リーダーシップ・スタイルの主効果	時点1および時点2で支持され，一部分時間経過にともない支持される	時点2または時間経過ではなく，時点1で一部分支持される	時間経過にともない支持されない	時点1,2，および時間経過にともない支持される
2a：アメリカ人監督者の下での高い基準	時点1で支持され，時点2および時間経過では変わらない	支持されない	時間経過にともない支持される	支持されない
2b：アメリカ人監督者の下での強力なリーダーシップ効果	支持されない	支持されない	支持されない	計画性を支持するものもあるがそうでないものもある
3a：日本人監督者の下での高い基準	支持されない	支持されない	支持されない	支持されない
3b：日本人監督者の下での強力なリーダーシップ効果	時点2での集団維持を支持し，時点1では変わらない	時間経過にともない集団維持が支持され，時点1，時点2では変わらない	支持されない	集団維持を支持するものもあるがそうでないものもある

9-2 リーダーシップと基準の関係における国籍に関連した相違に対する含意

監督者の2つの国籍を比較した回帰の結果は，表9-8に要約されている．集団維持志向のリーダーシップの結果と比較すると，計画性志向と圧力志向のリーダーシップの結果は，特異であることがわかる．つまりそれは，監督者の国籍との関係，基準との関係，および短期（クロス・セクション）対長期（時系列）との関係に依かかわる．これらの結果のうちのいくつか（たとえば，アメリカ人監督者による圧力は業績に対して長期にわたる負の意味をもつかもしれないということ）は，組織によってチェックされるべきであるが，結果のパターンは，変化に富みすぎて一般的な解釈を試みることができない．

リーダーシップ・スタイルと国籍との間に重要な相互作用が見られる例では，それぞれの監督者の国籍に関する個々のベータ係数は，将来の仮説に十分に一貫性のある事実を示している．一般的に，日本人監督者を思いやりがあり，「集団維持」志向のリーダーシップを発揮するとみなす部下もまた，業績のい

くつかの側面を含む多くの基準で正の価値を示している．この傾向は，アメリカ人監督者では，特に業績と出勤については逆である．実際，この工場の部下は，アメリカ人監督者による思いやり（おそらく寛大と解釈された）につけ込んで甘えていたようであるが，日本人監督者の思いやりには良い業績で報いたようである．そのような劇的な違いは，この工場での訓練について素朴な意義を持つ．このパターンが他の工場で存続したり一般化する場合，単に日本人であるというだけで，部下がリーダーシップ・スタイルの質問に回答する時，部下に気づかれないかすかな思いやりある行動に業績志向の意味を与えるかもしれないことを，そのパターンは示しているのである．監督者の国籍は，彼または彼女の行動の「形態」が解釈される「背景」の一部であるかもしれない．暗黙的で意識的な組織学習が相互に関連するプロセス（Nonaka, 1994）は，異文化経営の訓練の研究を必要とする．これらの結果が示唆することは，合衆国にいる日本人の海外派遣者，およびおそらく海外派遣者一般にも言えることだが，階層間での異文化間関係に影響する暗黙のリーダーシップ理論や他の社会的解釈プロセス（たとえば，Lord & Kernan, 1987; Peterson et al., 1990）を検討することが有益であるということである．

9-3 行動の意義に関する補足的な調査情報

　2年目のデータ収集は，いくつかの統計的結果を具体化するように，そして次の調査に続くように設計されたインタビューを含んでいた．18人の従業員が，彼らの受けた監督を含む作業状況のさまざまな面についてインタビューされた．日本人監督者とアメリカ人監督者との典型的な違いについて聞かれる一組の質問は，①懸命に働いたりまたは慎重に作業するよう促すこと，②友好的であること，である．いくつかのコメントは評価に値するものであり，それによって，国籍によっては懸命に働くことまたは友好的であることに特に重点が置かれることが指摘されている．インタビューに応えた人達の中には，アメリカ人監督者の方が，日本人監督者以上に「君を見ている」と感じており，その一方，他の人々は一様に，日本人監督者はアメリカ人監督者よりも職務遂行の面で厳格であると思っている．

おそらく次の研究でもっと重要になることは，インタビューを受ける人が懸命に作業することまたは友好的であることの強調の仕方が国籍ごとに異なっていることを認識することであった．インタビューの回答者の中には，懸命な作業を促進するカテゴリーに次のものをあげる者がいた．つまり，日本人監督者が，非公式の報酬（コーラを無料で飲める，交代制の会議で承認する，優れた作業に感謝する），圧力的な行動（時間外労働について命じたり求めたりする，イライラしてバタバタする，時間外労働を頼んだりお願いする），懲罰的な行動（悲鳴をあげたり，ミスを犯した人と話すことを拒絶する），作業への傾注（よい品質の重要性を説明する，安全性について話す，何をすべきか説明する）を利用することであった．そしてまた，日本人監督者とアメリカ人監督者を比較するのに利用されたいくつかの印象や想像が，「懸命な作業」の領域で言及された．それらの言及の中には，たとえば，非言語の合図の違いを反映している「あなたは時々彼らの表情や口調を理解できないことがある」といった日本人についての「不可解な」コメントがある．

言及された好意の合図は，微笑んだり，「ハイ」と言ったり，スポーツやテレビについて話したり，即席の「パーティー」を手配したり，家族について話したり（話さなかったり），キャンディーを分けたりするといった冗談（シャレ）を含んでいた．相互理解または相互不理解の度合いに関する一般的なイメージもまた，「好意的な行動」というコンテクスト（脈絡）の中で言及された．

アンケートの別のセクションでは，回答者に対して，彼らの監督者が手紙を送ったり，作業者と同じ服装をしたりするというような多くの特有の行動をどのくらいしたかについて尋ねた．たとえば，表面的には業績志向の行動パターンと思われる多くのことが，時間経過とともに集団維持を示すものと解釈されるようになった．これらの中には，提案の期待やキャリア・プランの議論がある．これらの特有の行動に与えられた意義に関する完全な報告は，他の論文でも示されている（Peter, Smith, & Peng, 1995）．

9-4　日本の多国籍企業以外の海外直接投資についての含意

技術移転は，海外直接投資を促進するうえでの不可欠な理由である．企業が

技術移転する最も簡単な方法は，単に自国内で生産した製品を国外に販売することである．完成品の販売は，多国籍企業が販売時にだけ異文化間関係に取り組めばよい点が強みである．日本企業にとって，日本でビデオカセット・レコーダーを生産しそれを合衆国で販売することは，合衆国でそれを生産するよりかなり簡単である．しかし，多国籍企業は，この「簡単な解決策」の活用を減少させる制約に直面し続けている（Davidson and McFetridge, 1985）．ロジスティクスの不確実性（たとえば，完成品輸送の費用）や受入国政府の輸入品への干渉（たとえば，関税）は，多国籍企業に海外直接投資を活用するよう促す．組織の競争優位が，製品イノベーションと同様，生産プロセスのイノベーションにある場合では，技術移転問題が強調される．エレクトロニクス産業の多くの企業にとって，もちろんここで研究された組織にとって，非常に優れた生産品の品質や生産上の低い許容誤差という競争条件によって，生産プロセスの移転が海外直接投資の実行可能性に非常に重要なものになる．異文化間の問題によって，本国の生産プロセスを海外で再現することは，ある工場で活用された生産プロセスを採用したり，同じ国の別の工場でそれを再現するといったただでさえ複雑な問題よりもさらに難しくなる．

　ここで述べられたような研究は，組織を扱う文献の中では極めてまれであるが，技術移転の際に直面する異文化間の問題に対処するには不可欠である．既存の研究成果は，組織の下層で海外派遣者を活用する多国籍企業の選択，海外派遣監督者への訓練および彼らの現行の管理，多国籍企業が海外直接投資の成熟化するにつれて次第に期待するようになる変化，を評価するのに役立つ．調査手法もまた，異文化間の国際的研究と同様，労働力の多様性に関する国内的研究を含む将来の異文化間の実態調査にとって合意をもつようである．

　主流のマネジメント・リサーチは，異文化間の問題や国際的な異文化間関係にさえ注目することは少なかった（Adler, 1983; Boyacigiller & Adler, 1991; Peng et al., 1991）．最近では，日本が特に注目されているが（Peng et al., 1991），その理由としてまず，経済的成功があげられ，そして，海外での生産や不動産への投資の増加があげられる（Kujawa, 1983, 1986）．日本人と他の当事者間での生産現場における異文化間の関係は，これまでほとんど研究されなかった．しかし，

日常の生産現場での異文化間関係は，多国籍企業に影響を及ぼす技術移転や現行の管理では重要な要素である．これらの関係は，これまでほとんど研究されなかったが（たとえば，Brannen, 1994; Lincole & Kalleberg, 1990），それらの関係がどのように作用するかについての前提は，本質的に多国籍企業の意思決定に影響を及ぼす．

海外直接投資のために生産技術の移転を促進したり後の管理を維持したりするために，監督レベルの海外派遣者を活用するという多国籍企業の意思決定は，異文化間の関係にかかわる一連の複雑な前提に左右される．既存の研究成果の中で最も一般的なテーマは，経営管理システムの移転に貢献する監督者の能力は，監督者の国籍に影響されるというものである．組織学習の文献（たとえば，Nonaka, 1994）では，文化の移転は暗黙知の体系を含むことを認めている．暗黙知の移転は，最も複雑で高度な設備の移転とは非常に異なるプロセスである．少なくとも，海外派遣者が「彼ら」を「われわれ」のように思わせるモデルは単純すぎる．

米国のリーダーシップ・スタイル研究（Smith & Peterson, 1988）での工場固有の結果に関する長期間の経験により，ここで発見された特有の回帰係数から一般化することは危険であることが指摘される．たとえば，研究対象の工場現場にある小さな事務所のスタッフや保全グループは，ここで研究対象となった大規模な生産グループとは異なり日本人監督者にうまく対応するかもしれないということをわれわれは予測する．既存研究には，リーダーシップ・スタイル研究の典型的な限界の他にいくつかの限界がある．特に，結果から結論を導き出す人々は，海外直接投資のサンプルではなく，ただ1つの工場現場について言及することを認識しなければならない．「圧力」志向のリーダーシップ指標は，いくつかの興味深い結果を導き出すのには確固たるものであるが，それもまた，その信頼性はたいてい望ましいとみなされるレベル以下である．サンプルの規模も，特に時系列分析については十分ではない．それにもかかわらず，結果は，異文化間の研究が足りないことを考えると（Boyacigiller and Adler, 1991, p.268），特に海外直接投資，および本国の組織慣行を移転するために海外派遣監督者を活用しようとする多くの多国籍企業において有効である．ある一

国出身の部下達が他国出身の監督者に期待することとは異なる反応の仕方で示された単純な事例には,学ぶべきものがあるかもしれない.

参考文献

Adler, N. J. 1983. "Cross-Cultural Management Research: The Ostrich and the Trend." *Academy of Management Review* 8: 226-232.

Baliga, B. R. and A. M. Jaeger. 1984. "Multinational Corporations: Control Systems and Delegation Issues." *Journall of International Business Stundies* 15: 25-40.

Bass, B. M. 1981. *Stogdill's Handbook of Leadership*. New York: Free Press.

Bass, B. M. 1985. *Leadership and Performance beyond Expectations*. New York: Free Press.

Boyacigiller, N. A. 1990. "The Role of Expatriates in the Management of Interdependence, Complexity and Risk in Multinaationel Corporations." *Journal of International Business Studies* 21: 357-381.

Boyacigiller, N. A., and N. J. Adler. 1991. "The Parochial Dinosaur: Organizational Science in a Global Context." *Academy of Management Review* 16: 262-290.

Brannen, M. Y. 1991. "Culture, the Critical Factor in the Successful Implementation of Statistical Quality Control." *Business Horizons*, 35: 59-67.

Brannen, M. Y. 1994. " 'Your Next Boss Is Japanese': Negotiating Cultural Change at a Western Massachusetts Paper Plant." Ph.D., University of Massachussetts, Amherst.

Cammann, C., M. Fichman, G. D.. Jenkins, and J. Klesh. 1983. "Michigan Organization Assessment Questionnaire." In S. E. Seashore, E. E. Lawler, P. H. Mirvis, and C. Cammann, eds., *Observing and Measuring Organizational Change: A Guide to Field Practice*, pp. 71-138. New York: Wiley-Interscience.

Davidson, W. H., and D. G. McFetridge. 1985. "Key Characterristics in the Choice of International Technology Transfer Mode." *Juurnal of International Business Studies* 16: 5-21.

Dore, R. 1973. *British Factory—Japanese Factory*. London: George Allen and Unwin.〔山之内靖,永易浩一訳『イギリスの工場・日本の工場:労使関係の比較社会学』筑摩書房,1987〕

Earley, P. C. 1989. "Social Loafing and Collectivism: A Comparison of the United States and the People's Republic of China." *Administrative Sciencce Quarterly* 34: 565-581.

Hill, C. W. L. 1995. "National Institutional Structures, Transaction Cost Economizing and Competitive Advantage: The Case of Japan." *Organization Science* 6: 119-131.

Hofstede, G. 1980. *Culture's Consequences: National Differences in Thinking and Organizing*. Beverly Hills, Calif.: Sage.

House, R. J., and G. Dessler. 1974. "The Path-goal Theory of Leadership: Some post hoc and a priori Tests." In J. G. Hunt and L. L. Larson, eds., *Contingency Approaches to Leadership*. Carbondale: Southern Illinois University.

Howell, J. P., P. W. Dorfman, and S. Kerr. 1986. "Moderator Variables in Leadership Reserch." *Academy of Management Review* 11: 88-102.

Kobrin, S. J. 1978. "Expatriate Reduction and Strategic Control in American Multinational Corporations." *Human Resource Management* 27: 63-75.

Kujawa, D. 1983. "Technology Strategy and Industrial Relations: Case Studies of Japanese Multinationals in the United States." *Journal of International Business studies* 14: 9-22.

Kujawa, D. 1986. *Japanese Multinationals in the United States: Case Studies.* New York: Praeger.

Lincoln, J. R., and A. L. Kalleberg. 1990. *Culture, Control, and commitment: A Study of Work Organization and Work Attitudes in the United States and Japan.* Cambridge: Cambridge Universuty Press.

Lord, R. G., and M. C. Kernan. 1987. "Script as Determinants of Purposive Behavior in Organizations." *Academy of Management Review* 12: 265-277.

Macy, B. A., and M. F. Peterson. 1983. "Evaluating Change in a Longitudinal Quality of Work Life Intervention." In S. Seashore, E. E. Lawler, P. A. Mirvis, and C. Cammann, eds., *Assessing Organizational Change: A Guidde to Field Practice*, pp. 453-476. New York: Wiley-Interscience.

Markus, H., and S. Kitayama. 1991. "Culture and the Self: Implications for Cognition, Emotion, and Motivation." *Psychological Review* 98: 224-253.

Maznevski, M., and M. F. Peterson. 1997. "Societal Values, Social Interpretation and Multinational Executive Teams." In C. S. Granrose and S. Oskamp, eds., *Cross-Cultural Work Groups*, pp. 61-89. Thousand Oaks, Calif.: Sage.

Mintzberg, H. 1973. *The Nature of Managerial Work.* New York: Harper and Row. 〔奥村哲史, 須貝栄訳『マネジャーの仕事』白桃書房, 1993〕

Misumi, J. 1985. *The Behavioral Sciense of Leadership: An Interdisciplinary Japanese Research Program.* Ann Arbor: University of Michigan Press.

Misumi, J., and M. F. Peterson. 1985. "The Performance-maintenance(PM) Theory of Leadership: Review of a Japanese Research Program." *Administrative Science Quarterly* 30: 198-223.

Misumi, J., and F. Seki. 1971. "The Effects of Achievement Motivation on the Effectiveness of Leadership Patterns." *Administrative Science Quarterly* 16: 51-59.

Nonaka, I. 1994. "A Dynamic Theory of Organizatioonal Knowledge Creation." *Organization Science* 5: 14-37.

Peng, T. K., M. F. Peterspnn, and Y. P. Shyi. 1991. "Quantitative Methods in Cross-national Organizational Reserch: Trends and Equivalence Issues." *Journal of Organizational Behavior* 12: 87-108.

Peterson, M. F. 1998. "Organization Development Programs in Japan and China based on the Parformance-Maintenance (PM) Theory of Leadership." *Organnizational Dynamics* 16: 22-38.

Peterson, M. F., J. R. Elliott, P. D. Bliese, and M. H. B. Radford. 1996. "Profile Analysis of the Sources of Meaning Reported by U. S. and Japanese Local Government Managers." In P. Bamberger, M. Erez, and S. B. Bacharach, eds., *Research in the Sociology of Organizations*, pp. 91-147. Greenwich, Conn.: JAI Press.

Peterson, M. F., K. Maiya, and C. Herreid. 1993. "Adapting Japanese PM Leadership Field Research for Use in Western Organizations." *Applied Psychology: An International Review* 43: 49-74.

Peterson, M. F., P. B. Smith, M. H. Bound and J. Misumi. 1990. "Personal Reliance on Alternative Event-management Processes in Four Countries." *Group and Organization Studies* 15: 75-91.

Peterson, M. F., P. B. Smith, and T. K. Peng. 1995. "Japanese and American Supervisors of a U.S. Workforce: An Intercultural Analysis of Behavior Meanings." In S. El-Badry, H. Lopez-Cero, and T. Hoppe, eds., *Navigating the Japanese Market: Business and Socio-economic Perspectives*, pp. 229-249. Austin, Tex.: IC^2 Institute.

Peterson, M. F., P. B. Smith, and M. H. Tayeb. 1993. "Development and Use of English Versions of Japanese PM Leadership Style Measures in Electronics Plants." *Journal of Organizational Behavior* 14: 251-267.

Pfeffer, J. 1981. "Management as Symbolic Action: The Creation and Maintenaance of Organizationel Paraadigms." In L. L. Cummings and B. M. Staw, eds., *Research in Organizational Behavior*. Greenwich, Conn.: JAI Pless.

Pondy, L. R. 1978. "Leadership Is a Language Game." In M. W. McCall and M. M. Lombardo, eds., *Leadership: Where Else Can We Go?* Dueham, N.C.: Duke University Press.

Ronen, S. 1986. *Comparative and Multinational Management*. New York: Wiley.

Samovar, L. A., R. E., Porter, and N. C. Jain. 1981. *Understanding Intercultural Communiication*. Belmont, Calif.: Wadsworth.〔西田司訳『異文化コミュニケーション入門：国際人養成のために』聖文社，1983〕

Schriecheim, C. A., and R. M. Stogdill. 1975. "Differences in Factor Structure across Three Versions of the Ohio State Leadership Scales." *Personnel Psychology* 28: 186-209.

Shaw, J. B. 1990. "A Cognitive Categorization Model for the Study of Intercultural Management." *Academy of Management Review* 15: 626-645.

Smith, P. B., J., Misumi, M. F. Peterson, and M. H. Bond. 1992. "A Crosscultural Test of the Japanese PM Leadership Theory." *Applied Psychology: An International Review* 41: 5-19.

Smith, P. B., J., Misumi, M. Tayeb, M. F., Peterson, and M. H. Bond. 1989. "On the Generality of Leadership Style Measures across Cultures." *Journal of Occupational Psychology* 62: 97-110.

Smith, P. B., and M. F. Peterson. 1988. *Leadership, Organizations and Culture*. Beverly Hills, Calif.: Sage.

Wakabayashi, M., G. B. Graen. 1984. "THe Japanese Career Progress Study: A Seven-year Follow-up. *Journal of Applied Psychology* 69: 603-614.

（訳・飛田幸宏）

第III部 産業横断的研究

第10章　在米日系移植工場における作業システム革新

　1972年,ソニーはサンディエゴにテレビ製造工場を設立した.それは日本企業の合衆国での操業に対する,あるいはしばしば「移植工場」といわれるものに対する,投資拡大期の先駆けであった.日本企業が合衆国の移植工場に対して行った新規投資の総額は1980年代半ばには集中豪雨的なものになり,1989年にはピークの約90億ドルに達している.1990年代初期には,合衆国と欧州および日本の不況に伴って合衆国向け対外直接投資(FDI)が全体的に減少するなかで,日本からの製造業向け対外投資も著しく減少した.その後,特に日本企業が既存工場での操業を拡大したために,直接投資はいくらか盛り返している.しかしながら,1980年代の熱狂的な水準にはすぐには戻らないであろう.その理由は部分的には,いまや日本企業はアジア向け海外投資の割合を増加させているからである (Ministry of Finance, 1995).

　それにもかかわらず,日本製造企業の合衆国への移転は,米国の産業競争力にとって相変わらず重要な要素であろう.それは,単にアメリカの労働者の雇用とサプライヤーに対する新たな事業機会を創出してきた今日までの投資の大きさのためだけではなく,日本の製造業者が合衆国の製造業に対して伝達しなくてはならない知識のためである.日本の製造業者が合衆国に持ち込む知識のなかで最も重要なものは,生産作業管理の革新的な管理方式についての専門知識である.これらの管理方式は自動車およびエレクトロニクス分野の日本企業がこの20〜30年の間誇ってきた競争優位の主要な源泉とみなされている(たとえば,Womack et al., 1990を参照せよ).そのような管理方式を,資本主義的産業組織の新しい卓越した形態の生成と見る者もいる (Abo, 1990, 1993; Kenney and Florida, 1993; Lazonick, 1990).

合衆国での移植工場の操業に対する日本企業の投資が減速してきているとはいえ，合衆国製造業にとって，一般に日本の製造業を連想させる生産作業の新しい管理方式を導入することは急務となっている．これらの新たな作業システムには，「フレキシブル」，「革新的」および「高業績」などさまざまに呼ばれるいくつかの管理方式が含まれているが，しかし，それらは実際には日本の生産管理方式とはかなり性質を異にするものである．それらが日本を連想させるというのは，そのおおまかな構想において，日本の自動車およびエレクトロニクス分野の大企業の作業組織の特徴に多くの点で類似しているからである．これらの企業は，第一線の生産労働者をグループやチームに組織し，彼らを職務設計や品質管理についての決定に参加させ，そして全ての技術レベルの作業者の技能向上を強調する傾向がある．さらにこれらの管理方式は，システムとして他の管理方式と連結して利用され，生産システムのパフォーマンスの継続的改善を促進するように設計されている．日本語の「カイゼン」という言葉でしばしば言及されるプロセス・イノベーションである．

結果として，日本企業が在米移植工場で利用する生産作業の管理方式に高い関心が集まっている．この点に関する研究の多くは，移転と適応の多様なパターンを明らかにしている．東京大学による一連の比較事例研究 (Abo, 1990, 1993) は，移植工場における作業組織の管理方式は業種によって異なっており，自動車関連の移植工場は日本の管理方式を合衆国に移転する傾向が強いのに対して，エレクトロニクス関連の移植工場では合衆国の管理方式を模倣する傾向があるゆえに合衆国の環境に適応している，ということを明らかにした．概して，この研究は日本とアメリカの方式をミックスした「ハイブリット (hybrid) 工場」組織創出の傾向を明らかにしたのである．藤本・西口・清 (Fujimoto, Nishiguchi, and Sei, 1994) による合衆国とヨーロッパの日系移植工場の研究も同様の結論に達している．彼らは，日本式 (Japanese-style) の生産管理方式が移転されている事実を明らかにするとともに，労働市場にかかわる管理方式，つまり採用，訓練，昇進，賃金システムおよび労使関係などは，現地の環境に従う傾向があるとしている．さらにミシガン州立大学のチームによる事例研究 (Cutcher-Gershenfeld et al., 1995) は，日系移植工場において作業チームの利用の仕方に

かなりの違いがあることを示している．彼らはこれらの違いを，生産工程の特性，工場が全体として日本企業の所有なのかあるいはジョイント・ベンチャーなのかということ，および，工場が新しいのかあるいは既存の古い工場なのかということを含む多くの要素に起因するとしている．

移植工場に関する文献は，一方で，自動車産業の研究に大きく影響されてきたが，他方で，エレクトロニクス産業の研究にはほとんど影響を受けていない．しかし，どちらの分野も日本の作業組織の革新的方式で知られている業種である．また移植工場に関する研究の多くは事例研究に依拠しているが，このうちのいくつかの研究は1つの事例に集中している．トヨタとGMとの間のジョイント・ベンチャーであるNUMMI（Adler, 1993a, 1993b; Brown and Reich, 1989; Krafcik, 1986; Wilms et al., 1995）である．これまでの多くの調査が1つの業種に制限されてきたのである（たとえば，Florida and Kenny, 1991; Kenney and Florida, 1992; MacDuffie, 1994; MacDuffie and Pil, 1994; Milkman, 1991を参照）．それゆえに，日本企業が合衆国移植工場を操業している広範な業種において，その革新パターンを一般化するのに必要なデータが存在しなかった．

本章では日系移植工場における生産作業管理について検討する．そこでは日本の製造企業が大きな存在感をもっている合衆国の産業分野を幅広く検討していく．そのために，合衆国における日系移植工場を母集団とした，生産作業管理方式に関する最初の調査結果を示す．その調査には日系自動車組立メーカーの移植工場向けの米国系サプライヤー工場も含まれている．これらのデータによって，移植工場の管理方式のパターンと，日本の移植工場と同じ活動に参加したり，ある場合には同じ重要な組織（すなわち日系移植工場顧客）と関係をもっている合衆国工場の管理方式のパターンとを比較することができる．

日本の製造工場の管理方式については，比較可能な一連のデータがないので，「移転」について，日本の作業組織の合衆国への移植と定義することはできない．そのかわり，ここでは在米日系移植工場が生産作業管理の革新的方式をどの程度導入（訳者注）しているかに焦点をあてる．革新的方式とは，一般に日本での生産管理方式を連想させるような，しかし実際には日本とアメリカの管理方式がブレンドされたものを示している．実際には大きくばらつきがあるという

ことを認めつつも，ここでは移植工場における作業組織化の特徴的な方式を識別し，また，ある方式と他の方式とを比較して選択する，その決定の基底にある要因を理解しようとしている．

本章では調査データの要約的記述に続いて，作業組織革新のモデルを示す．このモデルにより，工場現場の生産作業管理において日系の移植工場およびその合衆国サプライヤーが，どの革新的管理方式を他の管理方式と関連させて利用しているかを実証的に検証できる．その後，調査サンプルから工場を類型化する．類型化は，工場がこれらの革新的管理方式を他の管理方式と関連させてどの程度「作業システム」として利用しているのか，または利用していないのかという点に基づいて行われる．そして，移植工場の作業システム革新が，業種をこえて，また，移植工場と米国系サプライヤーとの間でどのように異なるのかを検討する．

1 調査データ

データは，在米日系移植工場全体を母集団とする1994年の調査から収集された．この調査では，組織的な管理方式，サプライヤー関係，工場の特性，および業績についての工場レベルのデーが得られた．移植工場については，日本側の完全所有である事業所と，国際的なジョイント・ベンチャーで日本側の資本参加の水準が大きい（少なくとも20％所有）事業所との両方を含めて定義している．

調査は，母集団としての在米日系移植工場と，自動車関連移植工場向けの少数の米国系サプライヤーとに対して実施された．調査サンプルの抽出は，1993年のJETRO（JETRO, 1993）のデータベースに基づいており，さらにその他の情報源[1]によって補足されている．米国系サプライヤーに関するサンプルは，合衆国の自動車部品サプライヤーに関するELMデータベースから選出し，日系移植工場向けの米国系サプライヤーに関する合衆国商務省のデータで補足されている．本調査はマサチューセッツ大学（ボストン）のサーベイ・リサーチ・センター（Center for Survey Research）によって2期にわたって実施された．

第1期は郵送調査，そして第2期は電話によるインタビュー調査である．最初のスクリーニングをもとに，238の移植工場がサンプルとして無資格と判明し，結果としてサンプルは移植工場が1,195，移植工場向けの米国系サプライヤーが338となった．

意図した回答者は工場長であったが，製造部門や人的資源部門のマネジャーを通して回答された場合もある．多数の部門の方々によって記入されていることが少なくなかった．合計601件が記入，回収され，回答率は40.1パーセントであった．

フィールド調査は少数の移植工場と米国系製造工場のサンプルに対して実施された．インタビューはマネジャー，エンジニア，そして生産と購買および人的資源部門の各スタッフに対して実施した．調査チームは，製造現場の作業者と対話できる生産工程も見学した．フィールド調査は，調査データを分析することで検証される質問および仮説を具体化するのに重要な役割を果たした．

2 日系移植工場と新しい作業システム

作業組織と移植工場に関する先行研究の多くは，「革新的」と考えられる特定の管理方式の導入に焦点をあててきた．それに対して革新的な作業組織形態に関する近年の考え方および研究は，一連の作業管理方式を他の管理方式と関連付けた「作業システム」としての利用について検証する重要性を強調している．われわれの分析は，個別の管理方式に注目することから始めるが，しだいに革新的な作業管理方式のシステムに視点を広げている．

表10-1は，われわれの1994年の調査に回答してくれた日系製造工場による「革新的」作業管理方式の導入と，1992年のオスターマン（Paul Osterman）の調査における合衆国製造工場（事業所規模で層別抽出された工場サンプル）[2]によるその導入とを比較している．この表から，合衆国における日系製造工場がある特定の革新的管理方式をどの程度利用しているのかを，合衆国製造工場の代表的サンプルにみられる利用の程度と比較して見ることができる．全体として，合衆国の製造工場が一般的に利用しているよりも，日系移植工場の方が生産作

表10-1 革新的な作業管理方式の導入:在米日系企業と米国系工場全般

管理方式[a]	日系移植工場[b]	米国系工場[c]
QCサークル:導入工場割合(%)	77.5	50.7
QCサークル:参加人員割合(%)	41.7	34.1
自律的チーム:導入工場割合(%)	43.7	50.0
自律的チーム:参加人員割合(%)	31.5	34.9
ジョブ・ローテイション:導入工場割合(%)	63.1	52.0
ジョブ・ローテイション:参加人員割合(%)	NA	33.9
統計的工程管理:導入工場割合(%)	70.1	52.3
統計的工程管理:参加人員割合(%)	30.8	28.6
生産労働者に対する職場外訓練:導入工場割合(%)	79.2	70.9
生産労働者に対する職場外訓練:参加人員割合(%)	39.7	27.8
生産労働者に対してレイオフしないことを約束するか?	52.1	40.2
生産労働者に対するグループ奨励給(たとえば利益分配)があるか?:導入工場割合(%)	13.4	12.4
生産労働者の技能に対する賃金支払い:導入工場割合(%)	45.6	36.9
生産労働者に対する利益配分:導入工場割合(%)	50.3	42.1
TQM:導入工場の割合	62.1	47.6
TQM:参加人員の割合	40.1	34.9

注:(a)「導入工場割合(%)」は,各サンプルで該当する管理方式を利用している工場の割合を示している.
「参加人員割合(%)」は,サンプル工場において該当する管理方式に参加している生産労働者の割合を示している.
(b) 在米の日系移植工場に関するデータはカーネギー・メロン大学のリチャード・フロリダとデイビス・ジェンキンスによる,1994年の調査に依拠している.
(c) 米国系製造工場のデータはポール・オスターマンの1992年の調査に依拠しており,1994年の著書(Osterman, 1994)から引用している.ここでは,フロリダとジェンキンスのサンプルにおけるデータと比較可能な業種の工場データのみ取り上げた.
※ サンプル工場の母集団全体を推定できるように,観察結果は加重されている.

業の管理について革新的な方式を利用しているようである[3].唯一の例外は,合衆国の製造工場が一般的に自律的作業チームを導入する傾向が強いということである.しかし,われわれはオスターマンの調査における定義[4]よりも限定的に「自律的作業チーム」を定義しているということは記しておかなくてはならない.また,移植工場は現場の生産作業管理の革新的方式について,それを支援する人的資源管理方式と補完的に用いているようである.たとえば,合衆国の製造工場に比べて,移植工場は生産労働者に対してレイオフをしないこと

を約束したり，職場外訓練（Off-JT）を提供したり，また，仕事について開発された技能や知識に対して報酬を与えたりしているようである．

表10-1に示した管理方式のいくつかは，日本の大規模製造企業（特に自動車企業とエレクトロニクス企業）の工場で見られるものである．たとえば，生産労働者が生産工程の問題点を議論するために「オフライン」で集まる「QCサークル」がそれである．また，他の管理方式は日本の管理方式あるいはアイデアをアメリカ的に適応させているものである．たとえば，現場監督者ではなく生産労働者であるチームリーダーの方針の下で生産労働者が作業を遂行する「自律的チーム」は，第一線の作業者を作業方法の設計に参加させ，生産工程の改善に貢献させる日本的な方式を反映しているものの，それは日本ではなくアメリカが考えついたものである．同様に，生産労働者をレイオフしない（厳しい状況を除いて）という約束は，日本の大企業の労使関係の際立った特徴となっている中核的な生産労働者の「終身雇用」を合衆国の労働市場環境において再現する活動と見ることができる．このことは，日系移植工場の生産作業の管理方式が，日本からの管理方式の移転とアメリカに固有の管理方式の採用とを反映しているという先行研究を支持している．

日系移植工場によるこの作業組織のハイブリッド化は，移植工場の生産管理方式について，「革新的」とは何かという概念化を多様なものにしている．少なくとも，日系製造業者が日本と海外において利用している作業管理方式についての研究と，作業組織の新形態に関する多くの文献からは2つの合意が形成されている．第1に，「革新的」作業管理方式は組織的パフォーマンスの継続的な改善を促進するものだということである．日本の産業組織の研究者は，組織的システムの継続的改善を促進する傾向，あるいはしばしば「組織学習」と言われるものが作業管理の革新的方式の際立った特徴であり，それは日本に起源をもち，今や欧米の製造業にも普及していると論じている（Cole, 1989, 1992, 1994; Nonaka, 1991; Nonaka and Takeuchi, 1995; Rohlen, 1992）．第2に，革新的な作業管理方式は，それらが相互にそれぞれの管理方式を強化する関係において，つまり「システム」として展開された場合に最も効果的であるという点が合意されており，いくつかそれを支持する確固たる証拠も存在しているようである

(Bailey, 1993; Ichniowski and Shaw, 1995; Levine and Tyson, 1990; MacDuffie, 1994).

2-1 作業システム革新のモデル

日系移植工場とその合衆国サプライヤーによる革新的な生産作業管理方式の利用について考察するために，そのような方式を作業管理方式のシステムとして見ることができるフレームワークあるいはモデルを構築した．個別の管理方式は組織学習あるいは改善に貢献する範囲でのみこのモデルに組み込んでいる．われわれは直接的生産労働の管理に焦点をあてているので，生産工程の継続的改善に貢献する管理方式に関心がある．作業管理方式のシステムが生産工程の改善を促進するには，それらの管理方式が，単に作業者を改善しようとするように動機付けるだけではなくて，そのために必要なノウハウを開発させ，さらにそのための権限を与えなければならない(Cole, 1994)．表10-2は革新的作業システムのモデルを構成する諸管理方式のリストであり，生産工程を改善するための条件と諸管理方式との関係を示している．このリストは日本の大規

表10-2　仮説：革新的作業システムにおける管理方式と生産工程改善の条件との関係

管理方式（枠組と要素）	動機付け・参加の促進	技能・知識の開発	権限・機会の拡大
チームワーク			
作業者チーム	✓	✓	✓
問題解決グループ	✓	✓	?
グループの業績に結びついた報酬	✓		
低い地位格差	✓		
作業者参画			
作業者との製品・事業情報の共有	✓	✓	
低い程度での職能専門化	✓	✓	✓
作業者による作業方法決定	✓	✓	✓
品質関連業務の委譲	✓	✓	✓
提案制度	✓	✓	?
技能開発			
生産労働者の訓練	✓	✓	
作業者層からの昇進	✓	✓	✓
ジョブ・ローテイション	✓	✓	✓
マネジャー・監督者の訓練	✓	✓	

表10-3 作業システム・モデルの変数の定義

管理方式 (枠組と変数)	定　　義
チームワーク (Teamwork)	
%TEAMS	＝定常的にチームで作業する生産労働者の割合
TEAMSAY	0＝作業チームがほとんど権限をもたない,
	…5＝作業チームが強い権限をもつ
%QCS	＝現在オフラインでの問題解決グループあるいはQCサークルに参加している生産労働者の割合
GROUPPAY	0＝賃金支払いが職務区分と年功あるいはどちらかに結びついている,
	…4＝グループの業績や習得技能にもとづいた賃金支払い
STATUS	0＝大きな地位格差,
	…5＝ほとんど地位格差がない？
作業者参画 (Worker Involvement)	
INFOSHARE	0＝マネジャーが生産労働者とほとんど情報共有しない,
	…5＝広範な情報共有が行われている
JOBCLASS	0＝生産労働者について20以上の公式な職種がある,
	…4＝生産労働者についてはひとつの職種
CONTROLMETH	0＝作業方法設計に対する発言権が生産労働者にほとんどない,
	…3＝作業方法設計に対し生産労働者が強い発言権をもつ
%SPC	＝作業において定常的に統計的工程管理を用いる作業者の割合
CONTROLQUAL	0＝生産労働者が品質管理にほとんど責任をもたない,
	…3＝生産労働者が品質管理に強い責任をもつ
IDEARATE	＝1993年における工場従業員あたりの提案件数
技能開発 (Skill Development)	
%WKRTRAIND	＝過去12ヵ月の間に職場外訓練を受けた生産労働者の割合
TRAINSCOPE	0＝生産労働者に対する訓練がないかあるいは制限されている
	…5＝かなりの幅の訓練が生産労働者に与えられている
JOBROTA	0＝生産労働者に対するジョブ・ローテイションはない,
	…3＝広範なローテイション
PROMOTEIN	＝生産労働者から昇進したマネジャー・監督者の割合
%MGRTRAIND	＝過去12ヵ月の間に職場外訓練を受けたマネジャー・監督者の割合
生産工程改善 (Manufacturing Process Improvements)	
MPIRATE	＝過去12ヵ月の間に最も売れた当該工場の製品の生産工程に生じた変化の数
MPISCOP	0＝品質志向の生産工程改善のための理由が限られている,
	…3＝多くの理由がある

模製造企業の生産管理の研究,合衆国の日系移植工場の作業組織の研究,および「組織変革(Organizational transformation)」に関する多くの文献から引き出されたものである[5]. モデルを構成する諸管理方式は,それらが生産工程の改善の実現においてどのように相互作用するかという点から3つの枠組にグループ化されている. チームワークと作業者参画および技能開発である[6]. モデルの操作に用いられる変数の定義は表10-3にみられるとおりである. 以下でそれぞれの枠組について詳述する.

(1) チームワーク

作業者を直接的生産労働の遂行のためにチームとして組織することは,パフォーマンスの相互監視を促進し,チーム精神を醸成し,そのことによって作業者を動機付けることになる(Cole, 1989). また作業チームは,例示による学習,コーチング,および他者に指導することを通した学習を促進し,生産工程改善に必要な技能開発を促す. さらに作業チームは,チーム作業の実行方法および発見した問題の解決方法に関して有する決定権限の範囲内で,問題に対するスピーディーな対応を保障する多様なフィードバックチャンネルを提供したり,問題解決に対する多様な観点を提供したりして工程改善に寄与することができる. モデルには,工場における作業チームの利用を示すために,2つの変数が含まれている. <%TEAMS>は,定常的にチームで作業する生産労働者の割合を示し,これらのチームに与えられている権限の幅は<TEAMSAY>で測定される.

作業者は直接的生産労働をチームで遂行するのに加えて,問題解決グループあるいは「QCサークル」に参加することができる. そこでは作業者は定常的な職務からはなれてオフラインの状態で集まり,生産システムと作業環境とに関する特定の問題を議論する. そのようなグループへの参加により,作業者は問題とその原因の特定,解決策の考案および作業グループ内の他のメンバーに対する解決策の表現方法について学び,生産工程改善を促進する(Cole, 1994). 問題解決グループは,これらのグループから生まれたアイデアが実施される程度,および作業者がその実施に参加する程度の範囲内で,作業者が生産工程の

改善に直接貢献できる機会を与える（Cole, 1989; Lincoln and Kalleberg, 1990）．変数<%QCS>はそのようなオフラインの問題解決グループに積極的に参加している生産労働者の割合を測定するためのものである．これらの2種類のチーム形態に加え，作業者とマネジャーの地位の格差を最小化する取りくみ（<STATUS>の変数によって測定される）や，グループのパフォーマンスに対してインセンティブを与える賃金システム（<GROUPPAY>変数で測定される）も作業者を動機付ける．つまりそれらは，作業者に対して自分たちはマネジャーと同じ「チーム」の一員であるという感覚を与え，そして共通の利害に基づいた行動に対して報いることで組織のパフォーマンスに貢献するように作業者を動機付けることができるのである．

(2) **作業者参画**

第2の枠組は，少なくとも合衆国では伝統的にマネジャーや専門的な従業員の活動範囲であった職務設計と品質管理およびその他の職能に第一線の生産労働者を参加させるような管理方式からなっている．生産労働者の参画に向けての主要なステップは，マネジャーが生産労働者に対して雇用主である会社についての情報を提供するとともに，彼らが生産している製品の業績についての情報をも提供することである．<INFOSHARE>変数は，そのような工場内での情報共有の程度を測定するためのものである．生産労働者が職務の遂行方法に関して幅広い裁量をもたず，また生産労働者が遂行するタスクの多様性が制限されているような場合には，生産労働者に生産システムの改善提案を思いつかせるような生産工程についての知識や洞察を開発する機会がほとんどない．作業者が，生産現場から離れたところにいる他の者から指図された職務手続きの遂行を強制されるとすれば，彼らは仕事の一部として学ぼうというインセンティブをほとんどもたないだろう．高度に専門化された職務の遂行をまかされた場合には，作業者はイノベーションへの参加に対して抵抗する動機をもつ．というのは，作業者は生産性向上の結果，その職務から解任される可能性があるからである．逆に，作業者が自らの仕事をより統制することができ，生産システムについての深い知識を開発できる場合には，作業者は工程改善に一層貢献

するし，貢献したいと望むであろう．変数＜CONTROLMETH＞は生産労働者が作業方法の設計や更新について発言権をもつ程度を測定するためのものである．＜JOBCLASS＞変数は工場の生産労働者に対する職務区分の数を示している．これは逆にコード化されているので，高い値は生産職務専門化の低さ（より高い職務統合の度合い）を示している．

　組織的な革新を高度化しうる作業者参画のもうひとつの要素は，作業者に彼らが生産する製品の品質監視について責任をもたせる管理方式である．この管理方式が工程改善を促進するというのは，第一線の作業者が，生産システムについて問題が発生したときにその問題点を確かめ，それをどのように解決するのが一番よいかを理解するのに最良なところに位置しているからである．品質業務の責任を集権化することは，多くの点で品質管理に関連する情報が最も豊富な生産点に最も近い人たちを排除するため有害でもありうる (Cole, 1989, 1992, 1994)．それゆえに，職場の品質改善は，品質改善職務が生産労働者に対峙しているマネジャーとエンジニアおよび品質管理の専門家の権限範囲にとどまる程度に制限されてしまうだろう．モデルには生産労働者が品質管理に参加する程度を測定するために2つの指標が含まれている．＜%SPC＞は，職務上，定常的に統計的工程管理を活用する工場生産労働者の割合であり，＜CONTROLQUAL＞は生産工程の種々の段階，つまり部品，仕掛品および完成品について，生産労働者がその品質管理責任を負う程度を測定するものである．作業者が作業あるいは作業環境の改善方法を提案できる提案制度は，生産労働者が品質管理と改善に参加できるもうひとつの方法である．コール (Cole, 1989, 1994) は，作業者に問題解決のイニシアティブの行使を認めることが，作業者に自らのアイデアが価値あるものであると感じさせ，その自尊心を高めると論じている．結果として，作業者は自分たちがより大きな組織の一部であると感じるだろうし，その目的に積極的に関与するだろう．変数＜IDEARATE＞は，調査の前年に工場従業員によって提案された従業員一人当たりの提案件数を示している．

(3) 技能開発

　技能開発は，定常的な職務活動の外における公式的な訓練を通じてでも，職務上に構造化された学習を通じてでも行われうる．後者においては，学習が毎日の生産作業に埋め込まれており，組織特殊的な知識の開発を目的としている．日本の大規模製造企業の工場では，職務や部門の間で作業者をローテイションさせ，生産労働者層から監督者やマネジャーを昇進させる管理方式が，組織やその運営に特殊な幅広い知識ベースの開発を促進している（Koike, 1994）．これらの管理方式が生み出す多くの企業内養成人材（home-grown talent）の供給と，共有された目標への強い関与とにより，組織は生産工程の漸進的な改善を引き出すだけでなく，全体的に新しい技術形態への移行をもたらすための手段と推進力をもつのである．これらの学習構造は，再現が困難であるという独自の性質をもっているため，これらがつくり出す競争優位は持続する見込みがある．モデルでは公式的な訓練の程度を示すために3つの変数が含まれている．<%WRKTRAIND>は，過去12ヶ月以内にOff-JTを受けた工場生産労働者の割合である．<%MGRTRAIND>は，昨年度に訓練を受けた生産部門の監督者とマネジャーの割合である．そして<TRAINSCOPE>は，生産労働者とマネジャーに与えられる訓練項目の幅を測定する．非公式の技能開発の構造は，<JOBROTA>により測定される．それは生産労働者が作業グループと部門の内部を，または作業グループと部門をこえてローテイションする程度を示している．また，<PROMOTEIN>は生産労働職から昇進してきた工場の監督者とマネジャーの割合である．

　作業システムの3つの枠組に含まれる諸管理方式が生産工程の改善に対してもつと想定される関係について検証するために，このモデルでは品質に関する工場内の工程改善活動を，その量と幅で測定している．<MPIRATE>は，過去12ヶ月間で最もよく売れた製品を製造する生産工程に変化が生じた回数を示している．<MPISCOPE>変数は，そのような変化がただ製品の仕様あるいは製品需要の変化によってではなく，製品品質を高め，ムダを排除し，あるいは生産の流れを改善しようとする活動によって生じたものかどうかについて，その程度を測定している．

2-2 調査データを用いたモデルの検証

ここでは調査データと構造方程式モデリング（Anderson and Gerbing, 1988; Kim and Miller, 1978）を用いて，革新的作業システムのモデルについて推定する．構造モデル法は，どの管理方式が他の管理方式と連結されて利用されているかということだけでなく，それらの相互関係についての仮説をも検定できる．「確証的因子分析」としても知られるこの手法においては，モデルは，観測変数（ここでは個別の作業管理方式を測定するもの）が潜在変数（ここでは作業システムの枠組を示す）に起因すると仮定した一連の方程式群として指示される（Anderson and Gerbing, 1988; Kim and Miller, 1978）．方程式は同時的に推定され，変数間の共分散は，非観測変数同士の関係とともに，非観測変数と観測変数との関係について記述するためにも分析される．この手法は組織的革新のモデルの検証のために先行研究で用いられてきた探索的因子分析やその他の手法よりいくつかの点で優位である．そのひとつとして，サンプルデータが制約と一致しているかどうか，換言すればデータがモデルを支持しているかどうかを決定するために統計的な検証をおこなうことができる．よってこの手法は理念的モデルに対する厳格な検定を提供する（Long, 1983a, 1983b）．この手法の詳説は別稿を参照されたい（Jenkins, 1995; Jenkins and Florida, 1995）．

このモデルを，われわれのデータの4つのサブサンプルを用いてそれぞれ推定した．サブサンプルは，(1) 日系移植工場全体，(2) 自動車生産関連以外の日系移植工場，(3) 自動車部品サプライヤーの移植工場，(4) 日系自動車メーカーの移植工場に部品供給する米国系サプライヤー，である．自動車部品サプライヤーの移植工場は，米国系の自動車部品サプライヤーとの比較を可能にするだけではない．移植工場に関する文献が自動車産業の研究にかなり影響されてきたとすれば，自動車部品サプライヤーの移植工場は，自動車の生産に関係のない移植工場と，その生産作業の管理方式において顕著に異なるのかどうかを決定するのにも役立つ．

表10-4は，対象となる4つのサブサンプルそれぞれについて，特定の管理方式の導入を測定する変数の平均値を示している．平均値の差の検定は，日系工場と米国系工場との間だけではなくて，自動車部品生産以外の工場と自動車

表10-4 革新的作業システム・モデル：変数の平均値（標準偏差）

管理方式（枠組と指標）	日系移植工場	日系移植工場（自動車以外）	日系移植工場（自動車部品サプライヤー）	米系自動車部品サプライヤー
チームワーク（Teamwork）				
%TEAMS	45.8 (42.6)	43.2* (42.8)	50.3* (41.9)	46.0 (39.6)
TEAMSAY	2.0* (1.7)	1.8 (1.7)	2.2 (1.6)	2.6* (1.7)
%QCS	41.8 (39.1)	41.8 (40.5)	41.8 (36.5)	38.0 (35.4)
GROUPPAY	1.2 (1.0)	1.2 (1.0)	1.2 (0.9)	1.2 (0.9)
STATUS	3.5* (1.1)	3.3 (1.0)	3.9* (1.0)	2.8* (0.9)
作業者参画（Worker Involvement）				
INFOSHARE	3.5 (1.4)	3.5 (1.4)	3.4 (1.4)	3.7 (1.3)
JOBCLASS	2.0 (1.2)	2.0 (1.2)	2.0* (1.2)	1.5* (1.2)
CONTROLMETH	−0.1 (1.0)	−0.03 (1.1)	−0.1 (1.0)	0.1 (0.9)
%SPC	30.8* (36.4)	26.7* (34.7)	38.3* (38.2)	45.7* (34.8)
CONTROLQUAL	0.0 (1.0)	−0.1* (1.1)	0.2* (0.8)	0.0 (1.0)
IDEARATE	1.2 (1.2)	1.1* (1.2)	1.4* (1.2)	1.3 (1.2)
技能開発（Skill Development）				
%WKRTRAIND	39.6 (41.4)	34.3* (40.3)	49.3* (41.7)	50.1 (40.9)
TRAINSCOPE	2.9 (1.7)	2.5* (1.7)	3.6* (1.4)	3.8 (1.3)
JOBROTA	1.8 (1.0)	1.8 (1.1)	1.8 (1.0)	1.8 (1.0)
PROMOTEIN	44.5 (35.0)	44.3* (34.6)	50.6* (35.0)	54.6 (30.5)
%MGRTRAIND	52.1 (40.3)	44.4* (40.3)	66.6* (36.6)	65.8 (38.0)
生産工程改善（Manufacturing Process Improvements）				
MPIRATE	11.5* (25.0)	10.6 (23.8)	13.1 (26.9)	20.0* (33.2)
MPISCOPE	1.5* (1.3)	1.5 (1.3)	1.6 (1.3)	2.0* (1.2)
N	390	250	140	127

注：* 平均値に統計的有意差がある（t検定 p＜0.01）

部品生産工場との間についても多様なパターンを示した．たとえば作業チームについては，われわれのサンプルでは日系の工場（自動車部品生産に関係あるかどうかにかかわらず）よりも米国系の自動車部品サプライヤーの工場の方がより大きな権限をチームに与えている．このことは，われわれの調査結果とオスターマンの事実発見との比較において先に言及したように，米国系の製造業者は日本のアイデアを反映しているとはいえ，よりアメリカ的な発明である「自律的」作業チームを用いることが多いという事実とも一致している．日系であろうと米国系であろうと自動車生産に対して部品供給している工場は，チームや

提案制度のような革新的管理方式を導入することが多くなっている．自動車部品サプライヤーの工場は，それが移植工場であろうと米国系の工場であろうと生産労働者に品質管理に関するより大きな責任をもたせ，生産労働者やマネジャーに広範な訓練を提供しているようである．それゆえに，これらの革新的方式を導入する強い傾向については，企業の国籍というよりも，自動車という業種の所産であるとするほうが説得力があるだろう．

　確証的因子分析の結果は，革新的な作業管理方式を表す多くの変数と，それらの変数との関連が仮定された作業システムの諸枠組との間に，統計的に有意な相関を示している．このことは，4つのサンプルにおける工場が一般的にはそれぞれの革新的管理方式を想定された他の管理方式と結合させて利用していることを示している．しかし，いくつかの変数については，潜在変数である作業管理方式枠組との間に仮定していた相関を示すことに失敗した．たとえば，＜STATUS＞変数は工場において地位の格差がないことを逆コード化しているが，それがチームワークの枠組と有意な相関を示したのは米国系工場に対してのみであった．同じく，日本の自動車産業やエレクトロニクス産業の大企業の管理方式とは反対に，移植工場では，生産労働者の職務区分（＜JOBCLASS＞）の統合を作業者参画あるいは権限拡大の方法として利用していないようである．それに対して，ここで検討された米国系サプライヤーにおいては，生産職務の職能的統合のようなものが作業者参画を促進するその他の活動と関連付けられている．これらの点では，今回調査した米国系の自動車部品サプライヤーは，一般に日系の工場よりも一層「日本的」であるといえる．日本の大規模製造業者の工場で技能開発の方法として認識されているジョブ・ローテイション（＜JOBROTA＞）あるいは内部からのマネジャーの昇進（＜PROMOTEIN＞）（Koike, 1994）は，移植工場においても米国系サプライヤーにおいても，技能向上に関して一役買っているとはいえないようである．

　構造式モデル（Long, 1983b）で採択された管理方式にあわせて，割り当てられている潜在変数，つまり作業システム枠組に対して統計的に有意な関係をもつ因子にならなかった変数をモデルから除外した[7]．修正されたモデルの要素は図10-1に示している．また次のことは指摘しておかなければならない．そ

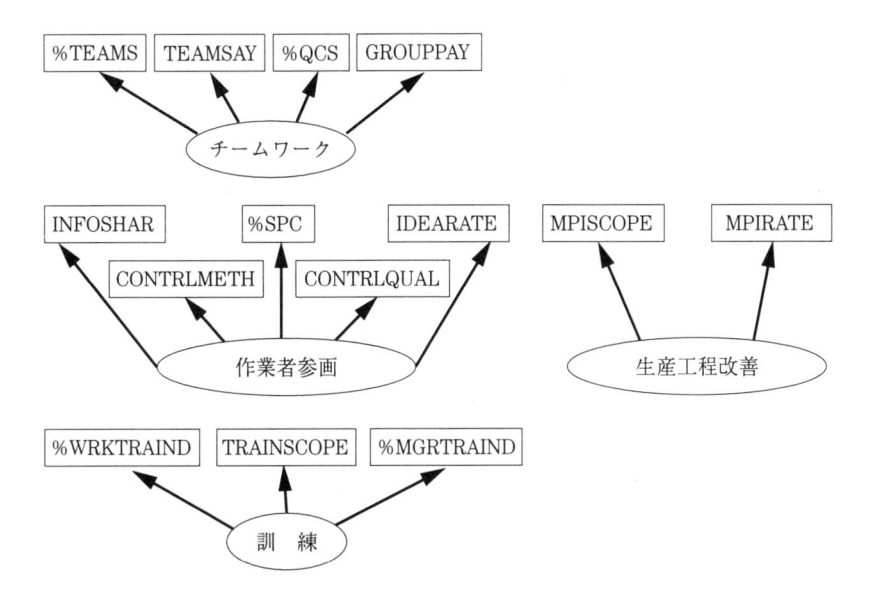

図10-1　革新的システム（修正済み測定モデル）の確認因子分析

れは，有意な結果がみられなかった変数を除外するのに加え，作業システム枠組のひとつである「技能開発」を「訓練」と改名したことである．というのも訓練関係の変数のみがこの枠組に残ったからである．

図10-2は日系移植工場について，潜在変数である作業システム枠組の間の共分散を示している．全ての共分散は統計的に有意である．「作業者参画」と「チームワーク」および「訓練」の間の共分散は相対的に強く，それは生産労働者が職務設計や品質管理に参加しているところでは，作業者をチームに組織し彼らに幅広い職場外訓練（Off-JT）を提供することが適当だということを示唆している．作業システムの枠組の間の共分散について米国系サプライヤーのサンプルについても同じパターンが実証された．

また，作業システム・モデルの3つの枠組は，調査のサンプル工場における生産工程改善活動の強度とも有意な相関がある．特に「作業者参画」枠組を通した工程改善活動への関係は非常に強い．これは，第一線の作業者に対して彼らの職務遂行方法を決定する責任をもたせることが，継続的な改善を促進し，

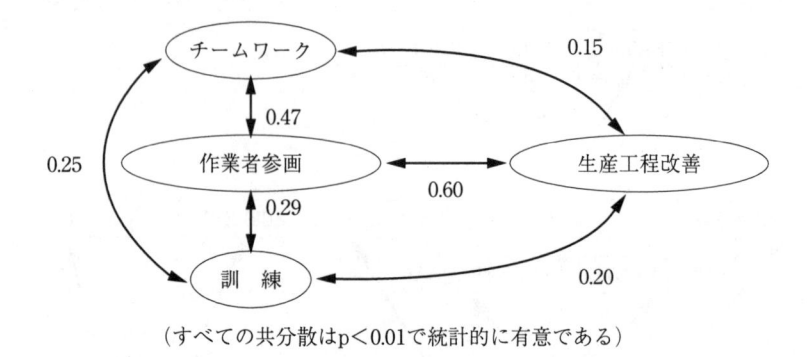

図10-2 革新的作業システム・モデルの共分散構造——在米日系移植工場における作業システム枠組（潜在的変数）間共分散——

チームワーク — 生産工程改善: 0.15
チームワーク ↔ 作業者参画: 0.47
作業者参画 ↔ 生産工程改善: 0.60
作業者参画 ↔ 訓練: 0.29
チームワーク — 訓練: 0.25
訓練 — 生産工程改善: 0.20

（すべての共分散は$p<0.01$で統計的に有意である）

そうした活動による組織学習の利点を獲得する効果的な方法となるということを示唆している．

　修正モデルにおいて，一連の革新的作業管理方式を確認してきた．それはサンプル工場における生産工程改善活動の水準に対して有意な相関があり，また作業システムとして他の管理方式と結合して利用されているものである．それは日系工場については広範な産業にわたってそうであったし，自動車メーカーの移植工場向け米国系サプライヤーにおいてもそうであった．モデルの3つの枠組を構成する諸管理方式は，日本とアメリカの影響を反映してブレンドされている．この革新的作業システムモデルが米国系サプライヤー工場においても存在しているという事実は，この方式が日本の製造業者に固有なものではないということを示唆している．

3　移植工場における作業システム革新のパターン

　合衆国に立地する日系移植工場とその米国系サプライヤーに見られる作業システム革新のパターンを検証するために，調査に回答してくれた工場を，クラスター分析によりグループ化した．グループ化は，前節の構造式分析により相互関係が確認された生産作業管理方式の導入を基準に行った．次に，調査を分

析することで識別される種々の作業システム類型 (types), あるいは「体制」(「regimes」) の導入に関連のある要因について検討した.

3-1 作業システム体制を基準とした工場のクラスター化

ここでは, サンプル工場における生産作業の管理方式が「テイラー主義的」と呼べるものから「革新的」と呼べるものにわたって連続的に分布しているという仮説をたてた. 表10-5は, 生産作業管理についてテイラー主義的方式をとる工場と革新的として分類できる作業システムが存在する工場との間を考察する際に予測される種々の対比を要約している[8]. 一般的に, テイラー主義的工場は過度の職能専門化, および特に職務設計と品質管理に対する管理の集権化, 生産労働者に対する訓練を強調しないということによって特徴付けられると予測される. 革新的な工場では, チームワークと作業者参画および訓練が相当程度見られるであろう. そしてまた前節の構造式分析で示したように, サンプル工場における高水準の生産工程改善活動に関係のあるその他の諸管理方式も相当程度で見られるであろう.

前節で検証された革新的作業システムの諸管理方式の利用を基準にしてサンプル工場をグループ化した. その際5つのクラスター化手法を用いた. そのう

表10-5 テイラー主義的システムと革新的システムの仮説的対比

管理方式 (枠組と要素)	テイラー主義的システム	革新的システム
チームワーク (Teamwork)		
生産管理	厳密な監督, 限定的な職務	作業者主導のチーム
QCサークル	なし	あり
賃金支払い	職務区分と年功あるいはどちらかに結合	グループの業績に基づく
作業者参画 (Worker Involvement)		
作業者との情報共有	限定的	広範
職務設計の統制	IE部門と監督者	生産労働者
品質管理責任	品質の専門家	生産労働者
提案制度	なし	あり
訓練 (Training)		
生産労働者の訓練	限定的	広範
マネージャーの訓練	中位	広範

表10-6 工場クラスター別の作業システム変数(平均値)──サンプル全体に対するウォード法による2つのクラスター解──

管理方式 (枠組と変数)	クラスター1 (テイラー主義的)	クラスター2 (革新的)
チームワーク (Teamwork)		
％TEAMS	−0.52	0.64
TEAMSAY	−0.57	0.71
％QCS	−0.30	0.38
GROUPPAY	−0.21	0.26
作業者参画 (Worker Involvement)		
INFOSHARE	−0.25	0.31
CONTROLMETH	−0.36	0.45
％SPC	−0.34	0.41
CONTROLQUAL	−0.31	0.39
IDEARATE	−0.18	0.22
技能開発 (Skill Development)		
％WKRTRAIND	−0.25	0.31
TRAINSCOPE	−0.38	0.47
％MGRTRAIND	−0.25	0.31
N	286	231

注:変数は全てZスコア変換により標準化している.

ちの4つの手法において,それぞれ2つないし3つの同様のクラスター解が導かれた[9].これら4つの手法による解を比較して,本章の目的にとって最も有用なクラスターパターンを導いたウォード法(Ward's method)を選択した[10].ウォード法によって引き出された2つないし3つのクラスター解について,その作業管理方式の変数の平均値を表10-6,10-7にそれぞれ明示した.変数間の比較を容易にするため,変数は全てZ変換により標準化している.

2つのクラスター解を見ると(表10-6),ひとつのクラスターは全ての変数に関してサンプルの平均値を下回る工場で構成されているのに対して,他のひとつのクラスターはサンプルの平均値を上回るスコアの工場で構成されている.前者のクラスターの工場はテイラー主義的と特徴付けられる生産管理の方式を表しているのに対し,後者のクラスターにおける工場は職能の統合,作業者参画および訓練の強調を表している.それらは革新的な作業システムモデルの特徴である.これはわれわれの仮説を支持するものであった.

表10-7 工場クラスター別の作業システム変数（平均値）——サンプル全体に対するウォード法による3つのクラスター解——

管理方式 （枠組と変数）	クラスター1 （テイラー主義的）	クラスター2 （混合的）	クラスター3 （革新的）
チームワーク（Teamwork）			
%TEAMS	−0.37	−0.93	0.64
TEAMSAY	−0.47	−0.87	0.71
%QCS	−0.32	−0.27	0.38
GROUPPAY	−0.23	−0.15	0.26
作業者参画（Worker Involvement）			
INFOSHARE	−0.27	−0.18	0.31
CONTROLMETH	−0.48	−0.05	0.45
%SPC	−0.42	−0.12	0.41
CONTROLQUAL	−0.60	−0.13	0.39
IDEARATE	−0.23	−0.01	0.22
技能開発（Skill Development）			
%WKRTRAIND	−0.64	0.84	0.31
TRAINSCOPE	−0.61	0.25	0.47
%MGRTRAIND	−0.62	0.78	0.31
N	210	76	231

注：変数は全てZスコア変換により標準化している．

ウォード法による3つのクラスター解（表10-7）については，テイラー主義的クラスターの工場がさらに2つのクラスターに分割された．ひとつは全ての管理方式において平均値を下回るスコアの工場であり，他のひとつは訓練にかかわる管理方式を除いた主要な管理方式について平均値を下回るスコアの工場である．この後者のグループの工場は，労働者やマネジャーに対する公式の職場外訓練（Off-JT）の提供を非常に重視する傾向があるが，しかし，チームと作業者参画および工場職場の労働組織にかかわるその他の管理方式は採用していない．ここでは後者のクラスターの工場で見られる生産作業管理方式を「混合的（Mixed）」方式と呼ぶ．というのもそれは2つ以上の戦略を反映しているからである．一方でそれは，工場職場においては典型的なテイラー主義的方式による管理を行うのに，作業者個人の技能欠如を生産作業を管理するシステムによるものとはみなさず，むしろ問題解決と改善実施に対する主要な障害とみなすため作業者個人への集中的な職場外訓練の提供によって技能の欠如を軽減

表10-8　革新的活動の尺度（作業システム別）

革新的活動の尺度	作業システムの類型		
	テイラー主義的（クラスター1）	混合的[a]（クラスター2）	革新的（クラスター3）
生産工程改善活動	低水準	中間	高水準
品質指向の製品設計活動	限定的	ns	広範囲
“グリーン”な製品設計	なし	ns	あり
コンカレント・エンジニアリング	限定的	ns	広範囲
他工場のベンチマーキング	なし	ns	あり
TQMプログラム	なし	あり	あり
監督者比率（対作業者）	高い	ns	低い
在庫水準	高い（特に自動車部品サプライヤーにおいて）	中間（自動車部品サプライヤーにおいて）	低い（特に自動車部品サプライヤーにおいて）

注：(a)“ns”はそれぞれの尺度と作業システム類型の間に統計的に有意な関係がないことを示している．（p＜.01水準）

しようとする戦略を表している．他方でそれは，テイラー主義的作業システム体制から革新的作業システム体制へと労働者を「転換」させるために訓練を利用していると見ることもできる．両方の戦略が混合的グループの工場において存在するということの証拠は，本章後半で提出される．

これら3つのクラスターにおける諸工場は，低次のテイラー主義的工場から高次の革新的工場までにおよぶ生産作業管理方式の「革新性」の連続体を表していると見ることができる．表10-8は，3つの作業システム類型と調査から収集した革新的諸活動との間の相互関係を統計的に分析したものの要約である[11)]．前節の構造式モデルは，革新的作業システムに内包される諸管理方式と工場内において継続的な生産工程改善をもたらす活動との間に相関を示していた．表10-8に示されているように，革新的作業システムのグループに属する工場は，生産管理方式が混合的あるいはテイラー主義的と特徴付けられる工場が示すよりも，高い水準の生産工程改善活動を示している．特にテイラー主義的工場と比較すると，革新的工場は他の革新的活動に従事する傾向が強い．その活動には，コンカレント・エンジニアリング，環境を意識したあるいは「グリーン」な製品設計，および他工場のベンチマーキングなどが含まれている．

また，革新的な生産作業管理方式の利用と総合的品質経営（TQM）などのような製品品質の体系的な改善のための公式的かつ工場全体でのプログラムとの間には強い関係がある[12]．それに加えて，革新的作業システムは，作業者に対するマネジャーの割合で測定されるような「リーン」な管理と関係があり，また，特に自動車の生産に用いられる部品を供給するサンプル工場では，原材料と仕掛品および最終製品の在庫の「リーン」な水準に関係がある[13]．

表10-9は3つのクラスターの工場特性をまとめたものである[14]．革新的生産作業システムを導入している工場は，テイラー主義的な生産作業の管理方式

表10-9 作業システム別の典型的な工場特性

工場特性	テイラー主義的（クラスター1）	混合的（クラスター2）	革新的（クラスター3）
雇用規模	小さい	大きい	中間
労働組合組織化地域	である（米系工場）	ns	ではない（米系工場）
資本集約度	低い	ns	高い
賃金	低い	高い	中間
労働組合	ない	ある	ns
高卒作業者の割合	低い	ns	高い
採用基準：生産労働者	同職種の経験	ns	チームワーク，問題解決能力，技術的訓練
作業者に対してレイオフをしないと約束する	しない	ns	する
レイオフを回避する積極的活動	限定的	広範囲	広範囲
近年におけるダウンサイジング	ns	ある	ns
離職率	ns	高い	ns
パフォーマンス改善への障害	ns	「生産労働者の技能の不十分さ」	「プログラムがまだ新しい」
カスタマーおよびサプライヤーとの関係	外部市場取引	ns	協力的
サプライチェーンの中での位置	最終製品製造	ns	部品供給
カスタマーおよびサプライヤーとのEDI	ない	ns	あり

作業システムの類型[a]

注：(a) "ns"はそれぞれの特性と作業システム類型の間に統計的に有意な関係がないことを示している．（$p < .01$水準）

を導入している工場よりも高度に資本集約的な生産技術を用い，生産作業に対して高度な教育を受けた作業者を雇用する傾向がある．ここでは報告していないが，工場規模と工場築年数など，他の要因の影響をコントロールした分析においては，資本集約度は革新的作業システムの導入にやはり強い関係をもつことが明らかになった．このことは，資本集約的な生産システムの固定費の高さが，高い稼動率の保障を重視させることを前提とすれば，当然のことである．それゆえに資本集約度は，生産システムのトラブルシューティングと継続的改善を促進するように生産作業を管理しようとするインセンティブを生み出すことになる．つまり，高度な工場・設備は，それらの最適な活用とパフォーマンスのために高度組織的管理方式を要請する傾向があるといえる．革新的な作業方式の利用は，作業者に職務設計と品質管理についてのより大きな権限を与えることになるが，それは逆に，より高度な教育を受けた労働力を求めることになるだろう．おそらくこれは，革新的工場はテイラー主義的工場に比べて，単に作業者に対して雇用保障を約束しているというだけでなく，レイオフを回避するための積極的な活動によって雇用保障の約束を達成する傾向があるという事実に関連しているのであろう．こうしたことは次の見解を支持している．つまり，作業者が継続的な組織プロセスの改善に参加し，それに責任をもつように作業管理を変革しようとする活動は，作業者が生産性改善に貢献した結果として雇用が危険にさらされないことを保障し，また，雇用確保のための積極的なステップをふむ必要があるという見方である．また，革新的な工場は一般的に「外部市場取引」と特徴付けられるテイラー主義的な工場のカスタマーおよびサプライヤーとの関係よりも協力的な関係を築く傾向が強い[15]．

「混合的」工場については，相対的に高賃金で労働組合が組織化されており，大規模で古い工場であることが多い．これらの工場は生産労働者の離職率の増大だけでなく，最近，リストラクチャリング（事業再編成）とダウンサイジングを行うことが増えている．このクラスターにおける工場の不安定性が，訓練重視の混合的作業システム戦略を採用させるよう促進したのかもしれない．それゆえに，これらの工場のいくつかにおいて生産労働者に対して多大な職場外訓練投資がなされているのは，経営者が，工場が変動的で不安定な時期には，

労働者（そして労働組合）に精神的な関心と満足をいだかせようとすることの現れであるように見える．同様の理由で，これらの努力はまた工場が直面している不安定性に影響していると認識される問題を，経営者が訓練を通じて打開しようとする現れにも見える．われわれの調査によれば，両方の戦略が「混合的」クラスター工場において採用されている[16]．

(1) 日系移植工場の革新パターン

表10-10は，1994年における在米日系移植工場の作業システムに関する3つの類型あるいは「体制」の分布を示している．移植工場の40％以上が革新的と特徴付けられる生産作業の管理方式を導入していた．しかしながら，45％近くの移植工場はテイラー主義的な作業管理方式を利用していることが明らかになった．これらの移植工場は，革新的管理方式をほとんど利用しておらず，利用していたとしてもわずかである．約15％の移植工場は，訓練には重点投資するものの工場職場の生産作業管理ではテイラー主義的方式を用いる傾向がある「混合的」方式を採用していた．

在米日系移植工場を母集団とした作業管理方式についての最初の調査での主要な発見事項は，作業システムの革新パターンにかなりの多様性があるということであった．かなりの割合の移植工場は，生産工程改善を促進し，一般に

表10-10 作業システムの導入パターン（所有・業種別）

	作業システム別の工場割合		
	テイラー主義的	混合的	革新的
日系移植工場	44.7	14.6	40.7
自動車部品サプライヤー	29.2*	18.4*	52.4*
非自動車部品サプライヤー	53.2*	12.5	34.3*
自動車部品サプライヤー	32.8	13.4	53.8
日系移植工場	29.2	18.4	52.4
日本側の所有	28.8	20.7*	50.5
日米ジョイントベンチャー	30.4	12.4	57.2
米系工場	32.6	15.0	52.4

注：* 平均値に統計的な有意差がある（chi-square 検定 p＜.001）観測はサンプルが属する母集団全体を推定するため加重してある．

日本の自動車とエレクトロニクス分野の大企業を連想させるような管理方式に酷似した生産作業管理方式を導入している．ところがその一方で，他の移植工場は，合衆国の重工業において伝統的に見られるテイラー主義的方式に依存している．

　日系移植工場における作業システム革新の導入パターンの多様性をさらに探求してみると，産業部門によって重要な違いがあることに気付く（再び表10-10を参照）．更なる分析によって明らかになった注目すべき事実は，自動車生産に利用される部品および関連する製品の生産にかかわる日系移植工場が，そうでない工場よりも生産作業管理について革新的方式を導入する傾向が強く，テイラー主義的モデルを導入することはほとんどないということである．

3-2　日系移植工場と米国系サプライヤーとの比較

　冒頭で，移植工場に関するわれわれの調査と合衆国の製造事業所の代表的サンプルをあつかうオスターマン調査のデータとを比較した．それは全体的にみて合衆国の製造工場よりも移植工場の方が生産作業管理についてなんらかの革新的方式を利用する傾向があるということを示すためであった[17]．また，移植工場における，そして米国系自動車部品サプライヤー工場における3つの作業システム体制の分布を表10-10で比較した[18]．これらのデータは，自動車部品サプライヤーに関しては，米国系工場が日系移植工場と同等に生産作業の管理方式について革新的であることを示している．これは，日系自動車組立メーカーの移植工場による革新的なサプライヤーの探索および発掘活動についての実証研究を考慮すると驚くことではないかもしれない[19]．もちろん，われわれのサンプルにおける米国系サプライヤー工場は，移植工場に加えて米国系自動車メーカーにも部品を供給していることが明らかになっている．米国系自動車部品サプライヤー工場のうち，その生産の大部分が日系の顧客向けだというのは16％だけである．よって，これらの工場が日本の企業に供給しているという事実は，おそらく，これらの工場が革新的な生産作業の管理方式を利用する傾向があるということの，唯一のあるいはその主要な理由にさえならないだろう．はじめに示された証拠とも合わせて見ると，これらの発見事項は革新的作

業システムが一般的には自動車関係の工場で，しかもそれらの工場が日本企業の子会社かどうか，あるいは日本企業に過度に依存しているのかどうか，ということとかかわりなく普及していることを示唆している．

4 結　　論

　在米日系移植工場を母集団とした生産管理方式に関する最初の調査データを用いることで，多様な業種にわたる日系移植工場および日系自動車メーカーの移植工場向け米国系サプライヤーの両方において相互連結のもとに利用されている一連の作業管理方式を確認することができた．これらの諸管理方式は3つの枠組――チームワーク，作業者参画および訓練――からなる生産作業システムの構成要素として連結して利用されており，サンプル工場においては生産工程改善活動の水準に正の相関があることを示した．この作業システム・モデルの3つの枠組を構成する諸管理方式は，日米の影響のブレンドを反映したものである．このことは，日系移植工場における生産作業管理方式は，アメリカの経済環境への適応プロセスの一環としての，日本からの管理方式移転とアメリカ固有の管理方式の採用とを反映している，という先行研究を支持している．作業システム革新に関する同様の一般化モデルが，日系工場において，また米国系サプライヤー工場においても明らかになったという事実は，この方式が日本の製造業に固有なものではなく，また移植工場かどうかに関係なく，合衆国の製造業者においても普及しているということを示唆している．

　生産作業の管理方式について，在米日系移植工場においてもかなりの多様性が見られた．一方では，多くの移植工場が，生産工程の改善をもたらし，また日本の自動車およびエレクトロニクスの大規模企業を連想させる定式化された作業組織モデルに多くの点で酷似するような，生産作業管理の革新的方式を導入しているのに対し，他の日系移植工場は合衆国の重工業に特徴的に見られるテイラー主義的方式を導入している．さらに，その他の工場は，工場現場の生産作業管理にテイラー主義的方式を用いる傾向がありながら職場外訓練には重点投資する「混合的」方式を導入している．混合的作業システムを導入してい

る工場においては，少なくとも2つの戦略が存在する．そのひとつは，生産労働者の技能不足を生産作業管理のシステムによるものとみなすのではなく生産性改善に対する障害とみなすがゆえに，従業員の技能レベルを向上させるために訓練を用いる．他のひとつは，作業者を伝統的なテイラー主義的システムから革新的生産管理システムへ「転換」させる手段として訓練を利用する．

革新的作業システムの導入は，自動車産業以外の企業においてよりも，自動車生産に利用される部品および関連製品の生産にかかわる移植工場においてきわめて広範囲に普及している．移植工場の作業組織に関する文献が自動車産業の研究からかなりの影響を受けているため，この事実は重要である．われわれが調査した米国系の自動車部品サプライヤー工場は，一般的に，その生産作業の管理方式においては日系自動車部品サプライヤーの移植工場と同等に革新的であることが明らかになった．それゆえに自動車産業では，日本企業の子会社かどうか，日本企業に依存しているかどうかとは無関係に，革新的作業システムが導入される傾向が一般的であるという事実が明らかになった．

注

1) これらには，Japan Economic Institute (MacKnight, 1992) によって収集された1990年現在の在米日系工場のリスト，Toyo Keizai (1993) などの合衆国で操業する日系企業の企業録，また様々な社報と新聞記事およびその他の出版物が含まれている．
2) オスターマンの調査サンプルは，従業員数が50人以上の事業所に限定されている．その調査は電話により実施され，その結果回答率は65.5パーセントであった．
3) しかしながら，注意を要するのはオスターマン調査はわれわれの調査よりも2年先行して実施されていることである．それゆえこの間に，オスターマンが調査した諸工場は，これらの管理方式の利用度合いに関して，われわれが調査した工場が利用する程度にまで「キャッチアップ」している場合があるだろう．
4) オスターマンは回答者に対して，ただ彼らの事業所が「自律的チーム」を導入しているかどうか，そしてそのようなチームに参加する「中核的従業員」（工場において，これはブルーカラーの生産労働者を示す）の割合はどれ位かということしか聞いていない．われわれの調査では工場における作業チームの役割と責任に関する一連の質問をし，それから回答者にそのようなチームにおいて定常的に働いている生産労働者の割合を算出してもらった．回答者が，「各チームに生産労働者のリーダー（監督者ではなく）がいる」ということを示す場合にのみ，われわれはそれを「自律的」なチームと考える．同様に，オスターマンの調査は作業グループ内と作業グループ間での労働者のローテイションを区別していない．われわ

れの調査ではこの区別が得られるようになっている．というのは，その点が重要であることを示す文献があるからである．たとえば，コール（Cole, 1989）はグループ内のローテイションは退屈から解放したり継続性ストレス障害を予防したりするのに役立つが，作業グループの間でローテイションする程には多技能化や「システム思考」化を促進しないと論じている．

5) この文献の検討に関しては，Bailey（1993），Jenkins（1995）を参照せよ．

6) このモデルにおける仮説は次のようなものである．つまりこれらの諸管理方式が，システムとして，継続的生産工程改善を引き起こすように他の管理方式と結合するということである．しかしながらこの仮説は，現場での職務遂行方法を管理する諸管理方式と，工場あるいは企業レベルの人的資源政策を反映した諸管理方式とを区別する先行研究とは異なっている．マクダフィ（MacDuffie, 1995）は，オスターマン（Osterman, 1994）が直接的生産労働あるいはサービスを組織化する管理方式と，人的資源管理政策を支える管理方式とを区別しているのにならって，自らも管理方式の「束（bundles）」をこの方法で類型化する．ベイリー（Bailey, 1993）が検討するところによると，「組織変革」の文献において多くの研究が同様の分類法を用いているという．ここでは公表していないが，本章でモデル検証に用いたわれわれの1994年調査のデータと構造式モデルによってマクダフィの人的資源管理の「束」を推定してみた．その結果，一方の束は工場現場の作業組織に関連した管理方式を含み，もう一方は人的資源管理政策を支援する一連の管理方式から構成されるという，マクダフィの2つの「束」への諸管理方式のグループ化の区分妥当性を支持するものではなかった．

7) 本章のモデルで用いた潜在的枠組（潜在変数）のどれとも有意な関係になかった諸変数の間には，なんら「クロス負荷（cross-loading）」は見られなかった．この統計的検定については本章で公表していない．

8) 作業管理のテイラー主義的アプローチを，生産工程改善を抑制するもの，組織学習とは異なる形態のものであると見なし，それに対して革新的作業システムはそれを強化するものだという（それにはわれわれも含まれる）観点からすれば，「テイラー主義的」とは，その研究の文脈上，「革新的」の正反対に位置づけるものとして妥当である．この見方に関しては，コール（Cole, 1994）が，2つの対照的な作業組織パラダイムの組織学習に対する含意を議論するなかで，説得的に叙述している．その対照的パラダイムとは，ひとつは「テイラー主義的」と命名され，他のひとつは「過去数十年のあいだに日本で生成し，いまや欧米の製造業にも普及している品質改善パラダイム」と名付けられている．後者のパラダイムは，本章で観察した「革新的」作業システム・デザインである．コールは，品質管理に対するテイラー主義の検査志向アプローチは，多くの意味で継続的改善を阻止してしまうと論じている．

9) すべてのクラスター手法は解を導出する（Aldenderfer and Blashfield 1984; Everitt 1980）．単連結（Single Linkage）法だけは非常に異なる解を導いた．この手法はほとんどの観測変数をひとつのクラスターに分類してしまい，残りのクラスターはたった1つか2つの観測変数のみから構成されていた．その「連鎖的」効果は当該手法の特徴である．これは，いかにデータが測定枠組に沿って緊密に

グループ化されるかを示している．こうした理由から，本章の分析において単連結法は適当でないと判断した．
10) ウォード法は，正準判別変数をもとにした固有値の最大合計をクラスター解とした．ここで試した手法のうちウォード法では，その検定が得られたクラスター構造を正しく評価しているとは見なすべきではないにしても，統計的には最も明快なクラスターを導いた．
11) これらの分析の詳細はJenkins（1995）を参照のこと．
12) 興味深いことに，作業システムの革新と総合的品質経営（TQM）の関係は，われわれのサンプルにおいて日系企業についても米国系の事業所についても同じ程度に強かった．
13) 在庫についての発見事項は，日系企業にも米国系自動車部品サプライヤーにもあてはまる．
14) これらの発見事項は，調査で収集したそれぞれ異なるデータによる3つの工場クラスターの相互関係の統計分析に基づいている．この分析の詳細はJenkins（1995）．
15) 別稿（Jenkins, 1995; Jenkins and Florida, 1995）によれば，工場内での生産作業管理の革新的方式と，企業外部のカスタマーやサプライヤーとの協力的関係の間には，非常に深い相互関係がある．
16) われわれの調査では，回答者に対して，生産性や品質およびコストに関して近年工場で実施している改善活動の障害要因をランク付けするよう依頼している．ランク付けされた全ての要因のなかで，2つの要因だけが，ある特定の作業システム体制との関係上統計的に有意であった．混合的クラスターに属する工場は，「生産労働者の技能不足」と「プログラムがまだ新しい」ことを障害として位置づける傾向が強く，他方で革新的な工場はプログラムの新しさを障害としてみなす傾向が強い．混合的クラスターに属する工場からの回答は，混合的作業システム類型が現実的には2つの戦略の混合を表現していることを示している．改善活動に対する障害として「生産労働者の技能不足」をあげた工場において，混合戦略は，作業者にOff-JTを提供して予測される問題を改善する試みとして合理的である．個々の作業者を問題の原因であると見なす工場は，作業者管理のシステムを変えようとはしないだろう．「プログラムがまだ新しい」としている混合的工場の方式については，テイラー主義的な作業管理システムから革新的な作業管理システムに工場を「転換」させるために，その手段として作業者やその他の従業員への訓練を利用しているのだと考えられる．このように戦略の混合は，混合的クラスターに属する工場において作用しているといえる．
17) ここでもう一度次の点を指摘しておくことが重要であろう．それは，オスターマン（Osterman, 1992）の調査は，われわれの1994年の調査よりも2年先行しており，またサンプルが従業員50人以上の事業所に限られているということである．それに対してわれわれの調査は規模に限定はない．
18) 表に掲げられた「他国」の工場とは，日本以外の諸外国の企業に属するもので，サンプルには14件含まれている．これらのほとんどはドイツ企業である．
19) 本書のマクダフィとヘルパー（MacDuffie and Helper）による第5章を参照．

訳者注) 本章において,「導入」(adoption) という訳語は.「日本方式の持ち込み」を意味する「適用」(adoption) と区別して用いている.

参 考 文 献

Abo Tetsuo, ed. 1990. *Local Production of Japanese Automobile and Electronics Firms in the United States: The "Application" and "Adaption" of Japanese Style Management*. University of Tokyo, Institute of Social Science, Research Report No. 23. 〔安保哲夫・板垣博・上山邦雄・河村哲二・公文溥『アメリカに生きる日本的生産システム』東洋経済新報社, 1991年〕

Abo, Tetsuo. 1993. *Hybrid Factory: The Japanese Production System in the U.S.* New York: Oxford University Press. 〔安保哲夫編著『日本企業のアメリカ現地生産―自動車・電機:日本的経営の「適用」と「適応」―』東洋経済新報社, 1988年〕

Adler, Paul. 1993a. "The 'Learning Bureaucracy' : New United Motor Manufacturing, Inc." In Barry M. Staw and Larry L. Cummings, eds., *Research in Organizational Behavior*. Greenwich, Conn.: JAI Press.

Adler, Paul. 1993b. "Time-and-Motion Regained." *Harvard Business Review* Jan.- Feb.: 71 (1) : 97-108.

Aldenderfer, Mark S., and Roger K. Blashfield. 1984. *Cluster Analysis*. Beverly Hills Calif.: Sage.

Anderson, J. C., and D. W. Gerbing. 1988. "Structural Equation Modeling in Practice: A Review and Recommended Two-Step Approach" *Psychological Bulletin* 103: 411-423.

Bailey, Thomas. 1993. "Discretionaly Effort and the Organization of Work: Employee Participation and Work Reform since Hawthorne." Paper prepared for the Alfled P. Sloan Foundation. Teachers College and Conservation of Human Resources Project, Columbia University.

Brown, Clair, and Michael Reich. 1989. "When Does Union-Management Cooperation Work: A Look at NUMMI and GM-Van Nuys." *California Management Review* 31: 26-44.

Cole, Robert. 1989. *Strategies for Learning: Small-Group Activities in American, Japanese and Swedish Industry*. Berkeley: University of California Press.

Cole, Robert. 1992. "Issues in Skill Formation in Japanese Approaches to Automation." In Paul Adler, ed., *Technology and the Future of Work*, pp. 187-209. New York: Oxford University Press.

Cole, Robert. 1994. "Different Quality Paradigms and their Implications for Organizational Learning." In Masahiko Aoki and Ronald Dore, eds., *The Japanese Firm: Sources of Competitive Strength*, pp. 66-83. New York: Oxford University Press.

Cutcher-Gershenfield, Joel, Michio Nitta, Betty Barrett, Nejib Belhed, and others. 1995. "Japanese Team-Based Work Systems in North America: Explaining the Diversity." *California Management Review* 37 (1): 42-64.

DiMaggio, Paul, and Walter Powell. 1983. "The Iron Cage Revisited: Institutional Isomorphism and Collective Rationality in Organizational Fields." *American Sociological Review*

48: 147-160.
Everitt, B., 1980. *Cluster Analysis*. New York: Halstead.
Florida, Richard, and Martin Kenney. 1991. "Transplanted Organizations: The Transfer of Japanese Industrial Organization to the U.S." *American Sociological Review* 56 (June): 381-398.
Florida, Richard, and Martin Kenney, and Davis Jenkins. 1994. *Survey of Japanese-Affiliated Manufacturers and Their U.S. Suppliers*. Pittsburgh: Center for Economic Development, Carnegie Mellon University.
Fujimoto, Takahiro, Toshihiro Nishiguchi, and Shoichiro Sei. 1994. "The Strategy and Structure of Japanese Automobile Manufacturing in Europe." In Dennis Encarnation and Mark Mason, edsl., *Does Ownership Matter? Japanese Multinational in Europe*, pp. 367-406. Oxford: Oxford University Press.
Ichniowski, Casey, and Kathryn Shaw. 1995. *Old Dogs and New Tricks: Determinants of the Adoption of Productivity-Enhancing Work Practices*. Brookings Papers on Economic Activity: Microeconomics. Washington, D.C.: Brookings Institution.
Jenkins, Davis. 1995. "Japanese Transplants and the Work System Revolution in U.S. Manufacturing." Ph.D. diss. Carnegie Mellon University, Pittsburgh.
Jenkins, Davis, and Richard Florida. 1995. "Modeling Structures for Learning within Factories and between Them." Unpublished paper, University of Illinois-Chicago and Harvard University.
JETRO. 1993. *Directory of Japanese-affiliated Companies in the USA and Canada: 1993-94*. Tokyo: Japan External Trade Organization.
Kenney, Martin, and Richard Florida. 1992. "The Japanese Transplants, Production Organization and Regional Development." *Journal of the American Planning Association* 58 (1): 21-38.
Kenney, Maritin, and Richard Florida. 1993. *Beyond Mass Production: The Japanese System and Its Transfer to the U.S.* New York: Oxford University Press. 〔小笠原欣幸訳「大量生産を超えて―日本における生産と労働過程―」, 加藤哲郎・ロブ・スティーヴン編『日本型経営はポスト・フォーディズムか?』窓社, 1993年, 第Ⅱ部所収〕
Kim, Jae-On, and Charles W. Miller. 1978. *Factory Analysis: Statistical Methods and Practical Issues*. Beverly Hills, Calif.: Sage.
Klecka, W. R. 1980. *Discriminant Analysis*. Bevely Hills, Calif.: Sage.
Koike, Kazuo. 1994. "Learining and Incentive System in Japanese Industry." In Masahiko Aoki and Ronald Dore, eds., *The Japanese Firm: Sources of Competitive Strength*, pp. 41-65. New York: Oxford University Press.
Krafcik, John. 1986. "Learning from NUMMI." Unpublished paper, Massachusetts Institute of Technology, International Motor Vehicle Program.
Lazonick, William. 1990. *Competitive Advantage on the Shop Floor. Cambridge*, Mass.: Harvard University Press.
Levine, David I., and Laura D'Andrea Tyson. 1990. "Participation, Productivity, and the

第10章 在米日系移植工場における作業システム革新 485

Firm's Environment." In Alan S. Blinder, ed., *Paying for Productivity*. Washington, D.C.: Brookings Institution.
Lincoln, James, and Arne Kalleberg. 1990. *Culture, Control and Commitment: A Study of Work Organization and Work Attitudes in the United States and Japan*. New York: Cambridge University Press.
Long, J. Scoot. 1983a. "Confirmatory Factor Analysis." Beverly Hills, Calif.: Sage.
Long, J. Scoot. 1983b. "Covariance Structure Models." Beverly Hills, Calif.: Sage.
MacDuffie, John Paul. 1994. "Human Resource Bundles and Manufacturing Performance: Flexible Production Systems in the World Auto Industry." Unpublished paper, Wharton School, University of Pennsylvania.
MacDuffie, John Paul, and Frits Pil. 1994 "Transferring Japanese Human Resource Practices: Japanese Auto Plants in Japan and the U.S." Paper presented to the International Management Division, Academy of Management, Jan. Philadelphia, PA: Wharton School, Jan. 4.
Macknight, Susan. 1992. *Japan's Expanding U.S. Manufacturing Presence*: 1990 Update. Washington, D.C.: Japan Economic Institute.
Milkman, Ruth. 1991. *Japan's California Factories: Labor Relations and Economic Globalization*. Los Angeles: Institute of Industrial Relations, University of California.
Ministry of Finance. 1995. *Base Notification Statistics*. Annual reports for the years 1987-1994.
Nonaka, Ikujiro. 1991. "The Knowledge-Creating Company." *Harvard Business Review* 69 (6): 96-104.
Nonaka, Ikujiro, and Hirotaka Takeuchi. 1995. *The Knowledge-Creating Company*. New York: Oxford University Press. 〔梅本勝博訳『知識創造企業』東洋経済新報社, 1996年〕
Osterman, Paul. 1992. "How Common Is Workplace Transformation and Who Adopts It?" *Industrial and Labor Relations Review* 47 (2): 173-188.
Rohlen, Thomas P. 1992. "Learning: The Mobilization of Knowledge in the Japanese Political Economy." In Shumpei Kumon and Henry Rosovsky, eds., *The Political Economy of Japan*. Vol. 3: Cultural and Social Dynamics, pp. 321-363. Stanford: Stanford University Press.
Toyo Keizai. 1993. *Japanese Overseas Investment: A Complete Listing by Firms and Countries*. Tokyo: Author.
Wilms, Welford W., Alan J. Hardcastle, and Deone M. Zell. 1994. "A Cultural Transformation: New United Motor Manufacturing, Inc." *Sloan Management Review* 36 (1): 99-113.
Womack, James, Daniel Jones, and Daniel Roos. 1990. *The Machine That Changed the World*. New York: Rawson Associates Macmillan. 〔沢田博訳『リーン生産方式が世界の自動車産業をこう変える。』経済界, 1990年〕

(訳・島内高太)

第11章 ジャスト・イン・タイムとその他の製造管理方式

——米国製造業への影響——

　トヨタ自動車（以下，トヨタ）は，ジャスト・イン・タイム（JIT）製造管理方式として知られる管理方式の導入に成功した最初の企業である．1970年代，トヨタは，競合企業を含む他の日本の製造企業にこれらの管理方式を広め始めた．その国内の普及過程は，1970年代後半にほぼ完了した．

　JITの概念は，トヨタの従業員である杉森，楠木，張，内川らのグループによる論文（Sugimori, Kusunoki, Cho and Uchikawa, 1977）の中で，英語圏の生産管理のプラクティショナー（推進担当者）に初めて紹介された．彼らは，トヨタ生産システムには2つの同時に重要な特性があるとして次のように特徴付けている．すなわち，第1に，「必要な製品だけを，必要な時に，必要な量で」供給するJIT生産システムである．そして第2に，従業員参加活動を促進し，作業者による無駄な移動を排除し，作業者の安全を保護し，製造現場でより大きな責任と権限を作業者に与えるトヨタの「人間尊重」システムである，ということである．同じくトヨタの従業員である木村と寺田（Kimura and Terada. 1981）は，トヨタのJIT生産システムを次の3つの目的をもつ「プル・システム」である，と述べている．すなわち，第1に，後工程から前工程への需要量ないし生産量の変動が増幅して伝達されるのを防ぐこと．第2に，在庫管理を簡素化するために，仕掛品在庫の変動を最小限にすること．そして第3に，製造現場監督者と職長が，製品と在庫管理に関して決定を下し得るようにすることによって，管理の権限を分散させることである．

　門田（Monden, 1981a, 1981b, 1981c）は，米国の現役生産管理者への講演で，JITの哲学や「カンバン」システム，JITにおける生産の平準化および段取り替え時間の削減についての見解を述べている．これらの論文は特に，小ロッ

ト・サイズや混流生産，多能工，予防保全およびサプライヤーによるJIT納入の重要性を強調している．

ショーンバーガー（Schonberger, 1982）は，合衆国におけるJITの適用性を指摘した最初の研究者である．当時の一般的な見解では，JITは文化的障害のために米国の製造に移植し得ないとされていた．ショーンバーガーは，門田のように，製造現場の管理方式の重要性を強調した．また，ホール（Hall, 1983）は合衆国で成功したJITシステムの方法における品質管理や製品設計，サプライヤー・ネットワークおよび製造戦略の重要性を認めた．

日本的経営システム（JMS）の不可欠な部分を構成しているJIT製造は，複雑な生産管理システムである．国境を超えるそのような生産管理システムの移植は，特定の専門知識の移転よりもかなり難しい．というのは，その困難さは，異なる言語や文化，経済機能および取引慣行と結びついているからである．

特に，「純粋なトヨタ式JITシステム」が必要とする多くの管理方式は，1980年代初頭の米国の製造現場では知られていなかった．それにもかかわらず，米国の主要な製造業が直面した激しい競争は，1980年代半ばに，JIT管理方式に対する米国の著しい関心を呼び起こした[1]．本章の目的は，JITのような生産と技術の重層的管理システムの国際移転についての実証的見解を提供することである．

1 中核的および基盤的な JIT 管理方式

日本におけるJIT製造管理方式は，中核的および基盤的管理方式からなる．杉森，楠木，張，内川（Sugimori, Kusunoki, Cho and Uchikawa, 1977），そして，他の研究者らによるトヨタのJITに関する記述は，次のような見解を明確に提唱している．すなわち，JIT生産の中核を特徴付ける特定の管理方式（中核的JIT管理方式）があり，そして，その他の管理方式（本章において基盤的管理方式と称される）がJIT管理方式を支える．生産管理の文献においては，JITシステムを機械的に機能させるためには，中核的JIT管理方式が導入される必要がある，という意見の一致がある．中核的JIT管理方式と基盤的JIT管理方式につ

いての定義は，榊原，フリン，シュレーダー，モリス（Sakakibara, Flynn, Schroeder and Morris, 1993）の研究に従う．中核的JIT管理方式と基盤的JIT管理方式の導入度は，業種によっても異なるばかりでなく，企業によって異なる可能性が高い点に注意しなければならない．すなわち，同じ業種内でも，企業によってはより多くのJIT管理方式を利用している企業もあれば，あまり利用していない企業もある．しかし，JIT生産を導入する方法に関しては，業種ごとに明確な違いがありそうである．

レベル1．「中核的JIT管理方式」
(J1) 段取り替え時間の短縮．段取り替え時間を短縮するためには何段階か必要である．
(J2) 計画の柔軟性．日々の計画は，品質あるいは機械の故障による停止後，遅れを取り戻す時間を含んでいるが，その計画は現場で作成される．
(J3) メンテナンス．メンテナンス：管理面では，メンテナンス作業を考慮したシフトタイムを含む作業者の日常業務の一部である．他面では，メンテナンスは，製造戦略に組み入れられている．
(J4) 機械設備の配置．生産は，製造セルや改良された機械と工程のレイアウト，そして工場の柔軟なレイアウトを活かすめに修正される[2]．
(J5) 「カンバン」．工場とサプライヤーは，カンバン・カードと搬送箱を採用する．
(J6) プル・システム支援方式．工場は，品質の問題があればラインを停止し，工場の効率的なレイアウトを設計し，作業者主導の生産方式のようなプル・システムを支援する特徴をもっている．
(J7) JITサプライヤー関係．サプライヤーは頻繁に納品し，工場長の要請通りに品質保証を達成する．

レベル2．「基盤的JIT管理方式」
「製品設計」
(P1) 新製品の品質．品質は，設計と新製品の導入の段階から作り込まれる．

(P2) 設計の特性．製品設計は，部品数を最小限にし，容易な製造と組立を助長する．
(P3) 部門間の協力による設計．製造は，新製品の導入の際に，部門間を越えた参加と協力が行われる．

「労働力管理」
(W1) 監督者のリーダーシップ．監督者は，自ら問題解決に参加すると同時に，作業者が生産の改善策と問題の解決を行うように奨励する．
(W2) 集団業績の奨励策．賃金や昇進および他のインセンティブは作業者と管理者のグループあるいはチームの行動を促進する．
(W3) 労働の柔軟性．工場の経営者，作業者を多能工に養成することと，作業者の技能水準を業種標準と比較して高く維持することに責任がある．
(W4) 小集団の問題解決．作業者の小集団と管理者は，生産上の問題を解決し，チームの問題解決ミーティングに生産関連問題を提起するようしばしば奨励する．
(W5) 募集と選抜．工場の経営者は，従業員を選抜する際に，知識・技能レベルや問題解決能力，チームパフォーマンス，価値観および倫理観を重視する．
(W6) チームリーダーとしての監督者．監督者は，作業者達が1つのチームとして作業し，自分達の意見を述べ，生産を改善するために協力し合うよう奨励する．

「組織的特性」
(O1) 意思決定の調整．従業員は自分達の決定を調整し，伝達するために工場部門の能力の違いについて，どのように認識しているかを議論するように奨励される．
(O2) 権限の委譲．従業員は，自分達の監督者に相談せずにいくつかの決定を行う．
(O3) 工場（レベルの）文化．従業員は，工場文化と工場精神を共有する．

「品質管理」

(Q1) 工程管理．統計的工程管理が，自主検査の方法と利用を「誰にでもできる」ように，生産と設計の方法に利用される．

(Q2) フィードバック．従業員は，品質や計画の順守，生産性のような生産実績の評価基準に関するフィードバック情報を受け取る．

(Q3) 品質に対する報酬．工場作業者と管理者は，品質改善が報われると理解している．

(Q4) 品質に対するトップ・マネジメントのリーダーシップ．トップ・マネジメントは，品質改善を遂行することに責任を持ち，自ら直接参加する．

(Q5) サプライヤーの品質参加．サプライヤーは，品質問題の解決に参加する．

「製造戦略」

(M1) 戦略の伝達．経営者は，目標や目的および戦略を従業員に伝達する．

(M2) 長期的志向．経営者は，戦略目標を計画する際に，品質管理と工程管理のような長期的検討事項を考慮する．

(M3) 製造戦略の重視．経営者は，生産戦略を理解し，うまく実施する．

(M4) 新しい管理方式．経営者は，競争優位を維持するために，新しい管理方式を取り込む．

(M5) 部門間の協力による競争力．経営者は，部門間の努力で一企業の競争力を高めるために新しい工程や個有技術および機械設備を利用する独自の方法を積極的に探索する．

　JITの導入に成功するには，上で述べた基盤的管理方式の役割が，極めて重要である．概して，JITにふさわしい製品設計は，できるだけ少ない部品で消費者の要求を満たすように入念に作り上げられる．そのような設計によって，JITの製造技術は品質問題をより減少させることができるが，それでいながら低コストで多変量生産をも可能にする．製品設計における部門間の協力は，この目標を達成するために欠くことのできない要素である．JIT生産の理想的な

バッチサイズは1個である．それによってJITの連続的生産が可能となる．良い労働力管理は，長時間生産休止しないように，作業者の協力を促すような労務管理，たとえば，どんな些細な修理でも，それを実行する権限を委任されている地位の製造現場作業者によってなされるべきである．彼らの多職技能は，この目的のために育成されなければならない．部品と生産工程の品質管理は，JITにとって極めて重要である．したがって，JITは一般的に，不良品ゼロを想定している．

JITは，消費者の需要に直結したプル・システムである．したがって，ある企業が多変量生産のためのJITに適した製造戦略をもっていようといまいと，需要が，JITが機能する効率性に影響を与える．最終的に，多くのJIT管理方式の導入は，すべてではないにしても，企業に積極的な企業文化を促す組織的特性を必要とする．さらに，いくつかの基盤的管理方式（たとえば，多技能作業者の訓練と作業者のインセンティブ）は，労働組合を巻き込んで，自動車産業あるいは産業レベル全体の管理方式の変化を必要とするかもしれない，ということを指摘する必要がある．

J1～M5までの項目に関する質問を尺度化するために，サンプル工場の回答者の回答を利用すると，個々のJIT管理方式の導入に成功している程度を予測することが可能である[3]．また，サブカテゴリーに対する総合指標も推定され得る．たとえば，J1～J7の総合指標は，特定の工場における中核的JIT管理方式の導入程度の概略的な指標となる．これらの項目で得られた調査に関する評価は，後の節で議論される．

合衆国における幾人かの現場指導エンジニア（practicing engineers）は，特定のJIT管理方式は，「他の方式と切り離して」，在庫を削減するために米国の製造工場によって採用され得るため，数百万ドルの節約がされると考えていた．しかしながら，日本のJITシステムを支援する基盤的管理方式を同時に移転することなしに，合衆国にJIT概念を移転することには懐疑的な者もいた．特定の状況のもと，JITは追加投資をほとんど伴わずに在庫を削減することができ，したがってコストを削減することができる，という単純な考え方は，米国のいくつかの製造企業にJITの実験をうながしたのである[4]．

このタイプのJITの導入に成功した1つの例は，ネブラスカ州リンカーンにあるカワサキU.S.A.で行われた．早くも1980年には，カワサキU.S.A.はJITの導入を開始した．そしてそこでは，バイクの様々なモデルが1つのラインで作られていた（shonberger, 1986）．混流生産方式がこのJITにもとづく最終需要をほぼ追いかけるので，混流生産は在庫の削減に帰着する（shonberger, 1993）．バイク生産の場合，伝統的な生産方式のもとでは（売上／在庫によって定義される）在庫回転率が3～5回であるのに対して，JITの導入によって，約20回を可能にした（Pegels, 1982）．

このカワサキの事例や他の成功の逸話およびわれわれの実証的事例は，JIT管理方式の移転が米国の生産実績を効果的に高め得る，ということを示している．次節では，「トヨタによって独自に構想された」完全なJITシステムが合衆国に移転されているとは考えられず，むしろ，JITの移転に成功するためには，企業が合衆国にどの管理方式をどのように移転するかについて選択することが必要であることを議論する．

2　JITや日本的取引慣行および日本市場の機能

JIT管理方式は，日本において，特定の取引・市場慣行に依存している．これらの取引・市場慣行はしばしば業種を越えて広く行き渡っている．本節では，これらの取引・市場慣行が，合衆国のJITの導入においてどのような役割を果たすのかについて要約する（これらの慣行は，Nakamura（1993）とNakamura and Vertinsky（1994）で詳細に議論されている）．

2-1　労使関係と労働市場

JITは，多職技能の訓練を十分に受けた作業者を必要とする．たとえば，そのような技能は製造現場での柔軟な計画，短い段取り替え時間およびメンテナンス活動のために必要とされる．日本の長期雇用慣行によって，作業者と企業は，長期間に渡って作業者の人的資本に投資することができる．企業は，費用のかかるOJTとジョブ・ローテイションのような人的資本への投下資本から利

益を得ることができる．さらに，作業者は新しい技能を学習し得る．そしてそれは，一般的に企業内特殊的となり，解雇される不安はないが，それゆえに必ずしも労働市場で高く評価されはしない．企業別労働組合もまた，作業者が多技能を習得するように奨励する．

作業者の訓練に関するこの内部労働市場アプローチは，日本ではうまく機能しているのに対して，中途採用での熟練作業者の労働市場はあまり発展していない．しかしながら，そのようなアプローチは，合衆国においては労働市場の柔軟性と作業者の流動性が存在するので，必ずしも作業者と雇用主の関心事ではない．合衆国においては，労働組合が組織されている工場では，日本の企業別労働組合とは異なって，企業を越えて組織される労働組合が存在する．たとえば，労働組合の規約は，企業がより少ない職務区分と多技能作業者階層を設置することを困難にしているのかもしれない．本書で，ブランネン（Brannen），ライカー（Liker）およびフルーイン（Fruin）は，米国の移植工場において，日本精工が多技能作業者（＝「多能工」）を訓練する際に直面した困難さについて議論している．

また，長期間に渡る作業者の人的資本への投資は，米国の企業と作業者のインセンティブに適合しないかもしれない．企業は，人的資本投資から利益を受け得る前に，作業者が離職するかもしれないという考えのために，作業者に投資することに気が向かないのであろう．そして，作業者はもしも自分達が解雇されると，労働市場においてうまく報いられないかもしれない企業内特殊的技能の学習に，時間を投資することに気が向かないのであろう．

第2次世界大戦後の日本では，大企業の労使関係のインセンティブがJITの目的とうまく合致していたのに対して，米国ではJITの導入を成功させるために，新しいインセンティブ・メカニズムが製造現場で作られなければならなかった．種々のインセンティブ・メカニズムは，企業が属する業種のタイプの違いや工場が労働組合化されているかいないか，あるいは他の要因しだいで導入される[5]．

米国の製造現場におけるJITの導入の成功はまた，人事管理のタイプしだいでもある．たとえば，ピーターソン（Peterson），ペン（Peng）およびスミス

(Smith) は本書において，移植工場での日本人の海外派遣管理者の利用は，アメリカ人管理者の利用よりも効果的な人事管理をもたらすことが少ない，といういくつかの証拠を発見している．製造現場の作業管理方式の移転は，JIT（ないしは，広義には日本的経営システム）を合衆国に移転するための重要な一部分であるので，企業は，おそらく製造現場労働と管理労働を組織する方法について創意を働かせる余地をかなり残していると言えよう．

ピル (Pil) とマクダフィ (MacDuffie) は，本書において，日本の自動車組立メーカーは，合衆国に自社の製造現場の作業管理方式をうまく移転するために，広範なイノベーションと適応を行っている，と述べている．特に，日本の自動車組立メーカーの製造現場の作業管理方式の合衆国への移転の成功は，日本の雇用システムの3種の神器：終身雇用，企業別労働組合，年功賃金の全面的移転と同時に生じたものではない，ということを示している．これらの3種の神器は，依然として，日本で広く行き渡っている．

アドラー (Adler) は，本書において，合衆国のJIT工場に適切な作業組織を構想する革新的な取組に関する事例を示している．アドラーは，NUMMI (New United Motor Manufacturing Inc. トヨタと GM の間で50％ずつ出資した合弁会社）とTMM (Toyota Motor Manufacturing. トヨタの完全所有子会社) での人的資源管理 (HRM) 方式は，純粋に，日本的でもアメリカ的でもないことに気付いた．アドラーは，両工場がハイブリッド型のHRM方式を導入したにもかかわらず，その製造能力水準は，世界クラスであることを発見した．

同様に，本研究においては，HRM方式におけるハイブリッド化の過程が，われわれのサンプル工場 (NUMMI と TMM のような自動車組立メーカーを含まない) でも生じていることを明らかにする．

2-2 サプライヤーと企業グループ（資本「ケイレツ」）

JITは，多数の部品が最終製品に組み合わせられる産業（たとえば，自動車産業と家電産業）において特に効果的である．そのような業種においては，多くのサプライヤー部品に依存するのが通例になっている．それゆえ，JITの導入の成功は，組立メーカーとサプライヤー双方の業務の統合を必要とする．そし

て，多くの場合その結果として，日本においては大手組立メーカーとそれらのサプライヤー間の取引関係は長期間である．さらに，企業のインセンティブは組立メーカーによるサプライヤーへの小規模だが効果的な（株式）資本参加，または，リスク・シェアリング，共同製品開発および技術移転等の手段を利用しながらしばしば慎重に調整される．そのような企業間の調整を維持するためにはかなりの努力が必要である．というのは，大手組立メーカーはしばしば小規模なサプライヤーに対して圧倒的交渉力をもっているからである．

個別企業の明確な統治権が日本よりもさらに重視される合衆国においては，日本的な資本「ケイレツ」として特徴付けられるあいまいで潜在的に不安定ではあるが，長期的な取引関係は魅力的ではない．このことは，なぜホンダが合衆国において信頼できるサプライヤーのネットワークを構築するのに苦労したのかを証明する[6]（本書の第5章による）．

日本における長期的企業間関係の重要性は，次の通りである．すなわち，オープン市場での価格にもとづく競争は，関係にもとづく企業取引を優先してしばしば回避されることである．合衆国において，そのような行動は潜在的に独占禁止の告発の対象になるだろう．（そのような独占禁止概念は，日本よりも合衆国において非常に重大である．）伝統的に，米国企業は，垂直的に部品生産を統合する（GMのように）か，スポット取引市場において部品を外注するかを選択してきた．大企業に垂直的に統合された事業は，それらの規模によって生じる権限委譲と官僚制の深刻な問題で悩まされる傾向がある．他方，独立しているサプライヤーから完全に外部調達することは，発注企業がサプライヤーに対して統制できないので，（企業間関係の）調整に関する問題を引き起こす．日本企業の資本「ケイレツ」システムは，日本企業の組立メーカー周辺に緩やかに結合し，集中しているサプライヤーを含むものであり，これら（垂直的部品生産と部品の完全な外部調達）2つの極の中間に存在し，それゆえに，企業間関係問題の1つの解決策である．

組立を基本とする工場へのJITの導入の成功は，組立メーカーとサプライヤー双方の中核的・基盤的JIT管理に関する適切な調整を必要とする．たとえば，サプライヤーから必要な部品のジャスト・イン・タイムの到着（J7）は，JIT

の導入のための有効な第1段階である．しかし，それは，高品質の部品の長期にわたる供給を維持するのに十分ではないかもしれない．組立メーカーとサプライヤーが，品質管理（Q5）と製品設計に関して，互いに交流することが必要なのは疑いようがない．中核的JIT管理方式（J7）の導入は，あらゆる特殊な産業組織形態を必要とする，ということを信じるための先見的理由はないが，他方で，米国企業の経験は，これまでのところ以下のことを示しているように思われる．すなわち，いくつかの新しいインセンティブ・メカニズムは，合衆国におけるJITシステムの中でサプライヤーをうまく組み込むように工夫されているに違いない，ということである．米国のいくつかの企業はこのことを達成し得たのである．

2-3 日本と合衆国における市場の役割

　日本の労使関係と資本「ケイレツ」の企業間関係は業種を越えて広く行き渡っている．それらは日本における市場の役割とJITの導入にとって極めて重要である．しかし，合衆国は米国の労働市場あるいはサプライヤーと組立メーカーとの関係を根本的に変えるであろう日本の慣行を移転してきた，という証拠はない．そこで次節においては，米系と日系を問わず，米国の製造工場の多くは，中核的JITの導入およびそれと同等ではないにせよ，基盤的JIT管理を独自の方法で導入してきた，ということを明らかにする．

　この研究の結論は，島田（島田, 1988）と一致している．島田は，日本の製造企業に，(1)自社の生産技術のどの側面が，市場と文化的環境から独立して，競争力にとって欠くことのできない要素であるかを解明し，(2)組織的に効果的な方法によって，生産技術の海外生産工場への移転に関する研究方法論を提唱するように，助言している（Nakamura, 1993, p.247）．

　興味深いことに，合衆国における米系企業の世界クラスの工場と日系企業の移植工場におけるJITと他の管理方式の導入程度は，全く類似している．しかしながら，日系移植工場におけるこれらの管理方式の導入程度は，日本国内の世界クラスの製造工場における導入程度とは全く異なっている（図11-1と図11-2参照）．図11-3と図11-4は，日本国内の世界クラスの製造企業が米国の競

合企業よりも水平的コミュニケーションを重視しているということを示している．これらの図表はまた，日系移植工場のコミュニケーション方式が，日本国内の世界クラスの工場のものよりも米国のそれにかなり近いということを示している[7]．

　日本企業の移植工場は，日本国内の製造工場よりも多くの基盤的管理の導入において低度である．ある論者は，このことを合衆国でトヨタシステムを導入することの限界の反映であると見なすかもしれないが，他方で，われわれの見解は，米国の世界クラスの製造企業と日本企業の移植工場は同様に，島田が先に述べた戦略に従っている，ということである．

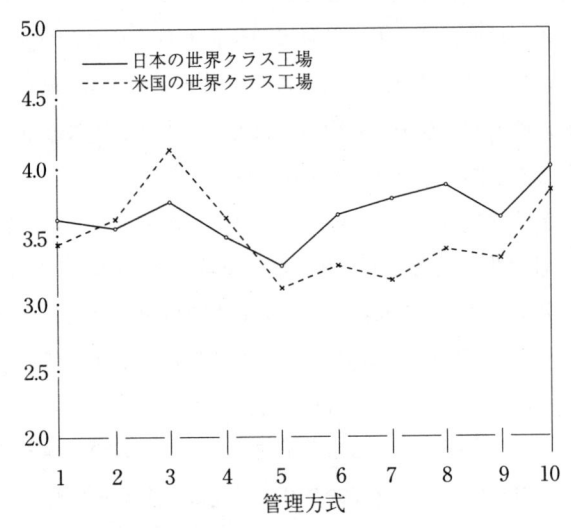

図11-1　日本と米国の世界クラスの製造企業の管理方式の導入程度

1＝製造現場のコミュニケーションと協力；2＝管理方式の一貫性；3＝作業者の態度
4＝人的資源開発；5＝JIT管理方式；6＝生産システム開発；7＝製造現場の品質管理
8＝工場ワイド的品質管理；9＝新技術への対応；10＝製造戦略

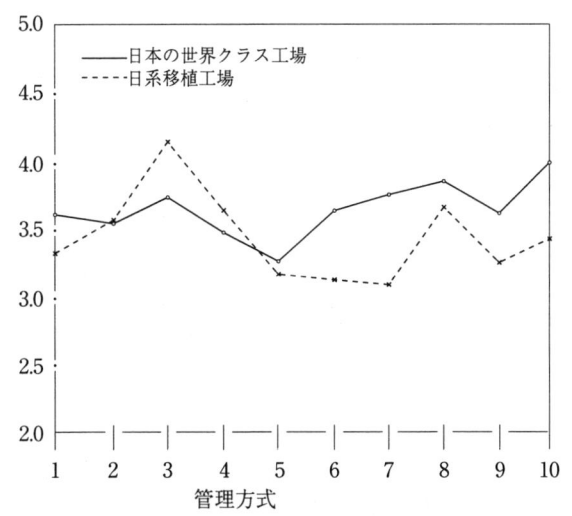

第11章 ジャスト・イン・タイムとその他の製造管理方式 499

図11-2 日本と米国の世界クラスの製造企業と合衆国における日系移植工場の管理方式の導入程度

1＝製造現場のコミュニケーションと協力；2＝管理方式の一貫性；3＝作業者の態度
4＝人的資源開発；5＝JIT管理方式；6＝生産システム開発；7＝製造現場の品質管理
8＝工場ワイド的品質管理；9＝新技術への対応；10＝製造戦略

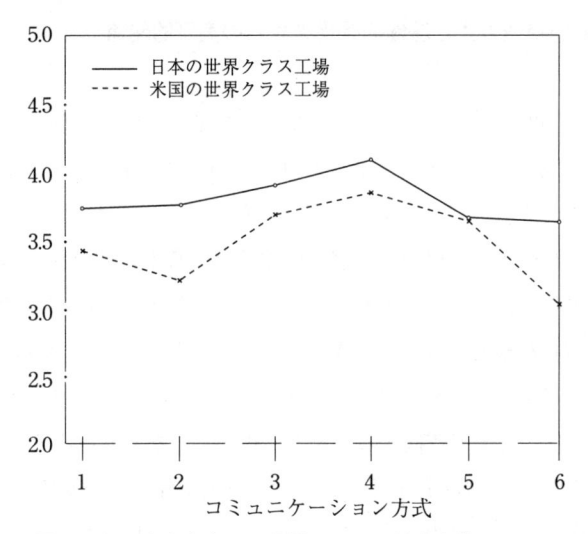

図11-3 日本と合衆国の世界クラスの製造企業のコミュニケーション方式の導入程度

1＝製造現場；2＝部門間；3＝定期的；4＝本社間；5＝サプライヤー関係：製品開発；
6＝サプライヤー関係：物流

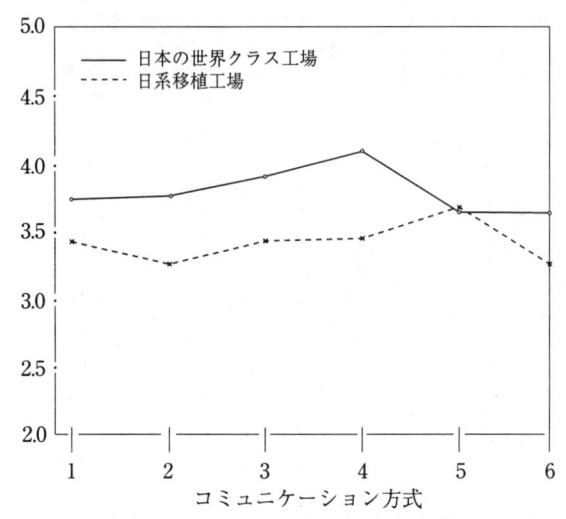

図11-4　日本と米国の世界クラスの製造企業と合衆国における
　　　　日系移植工場のコミュニケーション方式の導入程度
1＝製造現場；2＝部門間；3＝定期的；4＝本社間；5＝サプライヤー関係：製品開発；
6＝サプライヤー関係：物流

3　JITの中核的管理方式と基盤的管理方式との実証的関係

　トヨタ独自のJITシステムは，JITの導入を支える基盤的管理方式を強調することによって説明されてきた．われわれは，日本で開発されたJITの基盤的管理方式は日本の取引慣行と市場の役割とに密接に結び付けられている，と説明してきた．中核的JIT管理方式の導入の成功は，日本において，基盤的管理方式の導入の成功と正の相関関係を示している[8]．そのような正の相関関係が，北米におけるJITの導入において同様に見られるかどうか，ということは極めて興味深いことである．北米では，そのような基盤的管理方式を調整するような客観的諸条件は，日本で機能するものとは極めて異なっている[9]．それゆえ，JITの中核的管理方式と基盤的管理方式との実証的関係について考察する．

　中核的JIT管理方式の導入「だけで」JITシステムが成功するだろうという限りにおいては，中核的JIT管理方式が一般的である．しかしながら，中核的JIT管理方式の導入はJITの基盤的管理方式の存在によって促進される．冒頭

で述べたように，これらの基盤的管理方式の多くは，日本で導入する方がより容易である．しかしながら，日本企業の移植工場を含む合衆国に存在する企業は，米国の生産慣行と労使関係慣行に対処する手段を考案しなければならない．それゆえに，工場の業績と中核的，基盤的管理方式との関係を実証的に調査することもまた重要である．

3-1 サンプル工場の概要

まず，合衆国にある29の米系製造工場と13の日系製造工場のサンプルにもとづく実証的結果について述べよう．米系企業のサンプルの内訳は，17の世界クラスの工場と12の伝統的工場からなっており，世界クラスの工場と伝統的工場については，ショーンバーガーの定義を利用した[10]．サンプル工場は，機械装置産業，自動車部品産業および電子機器産業に属する．自動車組立メーカー（たとえば，ビッグスリー）はこれらのサンプルに含まれていない．本書において，フロリダ（Florida）とジェンキンス（Jenkins）によれば，合衆国における米系・日系工場の組織的イノベーションの採用の程度は，業種によって著しく異なる．今回のサンプルは，多種多様の製造業種を含んでおり，それゆえ，多種多様の業種ごとの調査結果を反映している．1990年に，それぞれのサンプル工場で選ばれた管理者と作業者からのリッカートスケールの質問表による詳細な回答を得た．その質問表は，前述した中核的JIT管理方式と基盤的JIT管理方式それぞれの導入程度を測定するものである．また，工場のパフォーマンスとその明細書についての情報も得られた[11]．表11-1と表11-2はサンプル工場の特徴を示している．

表11-1から，日系移植工場は売上高と付加価値が，米系工場よりもかなり少ないことがわかる．付加価値が少ないのは，米系工場と比較して，日系移植工場の資本設備の蓄積が少ないことを暗に意味している．このことはまた，日系移植工場とその設備が，共にかなり新しいという事実に対応する（2年以内の設備が日系移植工場では52パーセントであるのに対して，世界クラスの米系工場と伝統的な米系工場では，それぞれ16パーセントと12パーセントである）．日系移植工場が使用する新しい設備は，一般的に，JITのハードウェア要件を組み入れてい

表11-1 サンプル工場の特徴[a]

変 数	世界クラスの米系製造工場	伝統的な米系製造工場	日系移植工場
業 種			
機械装置	4	5	4
自動車部品	4	3	5
電子機器	9	4	4
売上高（$1,000）	213,657	127,220	78,397
従業員1人当たりの売上高（$1,000）	344	203	184
従業員1人当たりの付加価値（$1,000）	226	119	42
売上原価／売上	94%	68%	95%
製造費			
直接労務費	7%	10%	10%
原料費	61	61	74
間接費	32	28	15
工場と設備の純投資額（$1,000）	20,035	22,398	23,494
工場建設年	1964年	1939年	1986年
設備年数			
2年以下	16%	12	52
3-5年	25	8	35
6-10年	25	28	10
11-20年	21	29	3
21年以上	13	23	0
生産工程			
一品	3%	15%	1%
小バッチ	36	44	17
大バッチ	7	37	8
反復／準連続	40	10	39
連続	11	3	39

注：(a) サンプル企業は，それぞれのサブグループに関して，主要工場リストから無作為に選ばれた．利用した資料は，伝統的な米系製造工場に関しては *Dun's Industrial Guide*（1986），世界クラスの米系製造工場に関してはショーンバーガー（Schonberger, 1986）の成績優秀社名簿，日本の海外直接投資に関する日本貿易振興会（JETRO）の要覧である．

るので，日系移植工場に優位性をもたらす．設備年数におけるこのような顕微な差異の存在を前提すれば，世界クラスの米系工場は，日系移植工場よりもリードタイムとサイクルタイムの点で優れた業績をあげているのに対して，他方

で，日系移植工場が在庫回転率と定時納品の点で優れた業績をあげているということは興味深い（表11-2の第1パネル）．世界クラスの米系工場と日系移植工場との間の競争優位変数には，ほとんど差がないように見える（表11-2の第2パネル）．サンプルサイズが小さいので，工場のタイプによって実績の順位付けをすることは不可能である．しかし，工場のタイプによる工場の実績と工場の特徴の点で気付く多様性は，後の統計的分析で再確認する．

表11-2　サンプル工場のパフォーマンス[a]

	世界クラスの米系製造工場	伝統的な米系製造工場	日系移植工場
JITパフォーマンス変数			
リードタイム（日）	20	96	61
サイクルタイム（日）	46	80	68
在庫回転数	6.5	3.4	14.2
定時納品（％）	66.9	79.0	82.8
競争優位変数[b]			
製造単位原価	2.4	2.7	2.9
製品とサービスの質	1.6	1.9	1.3
短時間納品	1.9	2.6	1.8
生産量の変化に対する柔軟性	2.4	2.5	2.6

注：(a) サンプル企業は，それぞれのサブグループに関して，主要工場リストから無作為に選ばれた．利用した資料は，伝統的な米系製造工場に関しては Dun's Industrial Guide (1986)，世界クラスの米系製造工場に関してはショーンバーガー（Schonberger, 1986）の成績優秀社名簿，日本の海外直接投資に関する日本貿易振興会（JETRO）の要覧である．
(b) これらは1～5で示されるリッカートスケール変数である（1＝競争優位度高，5＝競争優位度低）．

3-2　中核的JIT管理方式と基盤的JIT管理方式との関係

2つの変数群（ここでは，中核的JIT管理方式と基盤的JIT管理方式）間でその関係を検定するのに適した統計的手法は，正準相関分析である．正準相関は，2つの変数群間の関係を解析する技法である．それぞれの変数群は，いくつかの変数を含み得る．2つの変数群間の相関についてあらゆる潜在的要因をとらえるためには，2つの変数群間の相関が測定されるいくつかの独立次元（軸）を見つけだすことが通例である．そのような次元に従って測定される相関係数は，

その大きさによって，第1正準相関や第2正準相関等々に順次配置される．

単相関と重相関は，定義により，1つの変数群あるいは2つの変数群が単独の変数を含むという意味で，正準相関の特殊な事例である．それゆえに，以下の実証的分析において，正準相関は単純に2つの変数群間の相関を示す統計量と解釈される．(正準相関に関する詳細な統計学上の説明は，付録の中で述べられている．)

1組の正準変数結合が元の変数を説明し得る（補い得る）大きさは，冗長性指数（redundancy index：RI）である．それゆえに，RIは回帰分析における標準R^2（決定係数）の単純な拡張であり，1変数あるいは両方の変数群が，単独の変数を含む場合は，R^2に還元される．RIは，特定の1組の正準変数に伴う適合度と理解できる．統計的に有意なすべての正準変数の組に伴うRIの総合指標は，そのモデルへの適合度を示す．定義によれば，それぞれのRIは，すべての正準変数の組の総合指標と同様に，0と1の間にある．

表11-3で示されている中核的JIT管理方式と基盤的JIT管理方式間の関係の強度を測定するための正準相関分析は以下のことを示している．すなわち，最初の2つの正準相関（0.8258と0.6826）は，双方とも統計的に有意であり（それぞれ，0.02パーセントと5.7パーセントの水準にある），基盤的管理方式は中核的JIT管理方式の分散の52.36パーセント（RI = 0.5236 = 0.4097 + 0.1139）を説明する[12]．それゆえに，中核的JIT管理方式と基盤的管理方式の導入の成功は正の相関関係にある．中核的JIT管理方式の分散の大部分（約50パーセント）は，基盤的管理方式によって説明できないことにも留意する．すなわち，JITの中核的管理方式のいくつかは，基盤的管理方式とは無関係に，在庫を削減するための一般的管理方式として導入できるのである．

表11-3 中核的JIT管理方式と基盤的JIT管理方式との関係：相関率[a]

	第1正準変数組	第2正準変数組
正準相関（p値）	0.8258 (0.0002)	0.6826 (0.0570)
適合度：冗長性指数（RI）	0.4097	0.1139

注：[a] ただし，第1および第2正準変数組は，少なくとも80パーセント水準のときに有意である．

3-3 JITのパフォーマンスと中核的・基盤的JIT管理方式との関係

各工場の，在庫回転率（売上総原価/総在庫），サイクルタイム（原材料調達から顧客までの納品への平均時間），リードタイム（受注から納品までの平均時間）および定時納品（顧客への定時納品の割合）の4つの量的変数によって，JITのパフォーマンス（実績）を測定する．

表11-4に示されているように，中核的JIT管理方式とJITパフォーマンスとの正準相関は，0.7827であり，10パーセントの水準（p = 0.0847）で，統計的に有意である．中核的JITの変数によって説明され得るJITのパフォーマンスにおけるその分散の割合は，39.2パーセントである．

すでに見てきたように，JITの中核的管理方式と基盤的管理方式との間には，強い相関関係がある．したがって，中核的JIT管理方式と基盤的管理方式が組み合わされた方式とJITのパフォーマンスとの相関関係を見ることは興味深いことである．表11-4に示されているように，その相関関係は0.8041であり，1パーセント（p = 0.0078）で，統計的に有意である．また，JITのパフォーマンスにおける分散の44.7パーセントは中核的JIT管理方式と基盤的JIT管理方式が組み合わされた方式によって説明される．

われわれは，中核的JIT管理方式の導入は米国の製造業のパフォーマンスの著しい改善と密接な関係がある，と結論付ける[13]．このことは，合衆国におけるJITの導入の多くの成功と一致しており，合衆国の工場管理は，JIT管理方式に特有の中核的諸要素を導入する際に，合衆国のこれまでの工場管理が管理してきたものを越えて，その創意工夫をこらしてきたのである[14]．

表11-4 JITパフォーマンス変数と中核的／基盤的変数間の関係：相関率[a]

	JITパフォーマンスと中核的JIT管理方式	JITパフォーマンスと中核的JIT／基盤的管理方式
正準相関（p値）	0.7827（0.0847）	0.8041（0.0078）
適合度：冗長性指数（RI）	0.3920	0.4472

注：[a] ただし，第1正準変数組は，少なくとも80パーセント水準で有意である．

3-4 競争優位の源泉としてのJIT

JITパフォーマンスの変数は，一般的に製造工場の様々な操業実績の水準を

反映すると考えられる．しかしながら，それらの変数は，工場製品の市場における競争力を測定するものではない．製造工場の競争力を明らかにするために，製造コスト，製品とサービスの質，短納期および生産量の変化に対する柔軟性の要素を利用する．続いて，工場のパフォーマンスに関する工場の経営者の見解を測定するために，これらの要素に対応する5項目の競争力指標について5点評価のリッカート方式変数を利用した．

われわれは，競争優位がJITパフォーマンスと強い相関関係にあり，正準相関が0.8302（p=0.024）であり，適合度RIが54.05パーセントであることを発見した．

3-5 米系工場の正準相関

これまでのところ，われわれの調査結果は，米系製造工場と日系製造工場の全サンプルに対するものである．同様の結果が米系工場単独でも当てはまるかどうかを検討することは興味深い．表11-5に示されているように，サンプルにおける米系工場に対する正準相関が示すものは，全サンプルに対する正準相関のそれと完全に一致する．われわれは，米系工場へのJITの移転パターンは，全サンプルパターンと類似している，と結論付ける．（サンプルサイズが小さいので，日系工場に対して同様の解析を実施することは不可能である．）

表11-5 米系工場：相関率[a]

	中核的JIT管理方式と基盤的JIT管理方式	中核的JIT管理方式とJITパフォーマンス	中核的/基盤的JIT管理方式とJITパフォーマンス	競争優位とJITパフォーマンス
正準相関（p値）	0.881(0.0061)	0.822(0.2719)	0.862(0.0618)	0.828(0.0144)
適合度：冗長性指数(RI)	0.494	0.415	0.526	0.501

注：(a) ただし，第1正準変数組は，少なくとも80パーセント水準で有意である．サンプルサイズは，第2列（中核的JIT管理方式とJITパフォーマンス）の28工場を除いて，他の列は全て22工場である．

4 結論的見解

本章では，合衆国における中核的JIT管理方式と基盤的JIT管理方式の導入

について議論してきた．われわれは次のように論じてきた．すなわち，トヨタ生産システムは，もともと日本で広く行き渡っている経営制度や市場機能と整合性があるが，他方で，そのような日本的経営制度と市場機能の北アメリカへの移転は行われてこなかったし，また，将来においても行われそうにない．しかしながら，このことは，北アメリカへのJITの移転の成功が不可能である，ということではない．

われわれの実証的証拠は，様々な業種における米国の世界クラスの製造企業と日系移植工場は，中核的JIT管理方式と基盤的JIT管理方式を米国の環境に適応させることができる，ということを示している．特に，中核的JIT管理方式のみの導入は，米国の生産実績と密接な関係がある，ということである．このことはまた，米国の製造企業が，日本の独自の経営制度を適用しなくても特定の日本的方式の導入に成功してきた，ということを意味する．

NUMMIとTMMでのHRM方式の考察において，アドラーは本書で次のように述べている．すなわち，「米国の海外子会社は，複雑な文化的，社会的および制度的コンテクスト（脈絡）の中で操業している．そのコンテクスト（脈絡）は，子会社に解釈，選択および学習を可能にさせるが，実際のところ，同時にそれは子会社自体が求めるところでもある」ということである．合衆国における日系工場と米系工場でのJITの導入についてのわれわれの結論は，アドラーの解釈と一致している．国内の自社工場においてJIT管理方式と日本的経営システムを導入しようとする米系工場も同様の環境に直面していると確信している．

5 付録——正準相関

この方法は，2つの正準変数群間の相関が最大になるように，正準変数と呼ばれるそれぞれの変数群から一次線形結合を求めるものである．その2つの結合間の相関は第1正準相関と呼ばれる．その線形結合の係数は，正準係数（正準の重み）である．正準相関分析は，第1正準変数組と無相関な第2正準変数群を求めることによって，第2の最大相関係数を導出することを繰り返す方法

である．正準変数の組の数がより小集団内の変数の数と等しくなるまで，正準変数を組み立てるプロセスは繰り返される．各正準変数は，他のすべての正準変数と無相関である．しかし，どの組についても，対極にある正準変数に相当するものを除く．ほとんどの実証的な解析においては，ごく少数の第1正準相関のみが統計的に有意であり，対応する正準変数の組は，調査対象の2つの変数群間に存在する関係を説明するのに統計的に十分である，ということを意味する．統計的推測のためには，正準相関分析はデータ群内の変数に関して多変量の正規化を必要とする．われわれのデータ群における変数の正規化はシャピロとウィルク（Shapiro and Wilk, 1965）の検定によって5パーセントの水準で許容される．また，本章での集計データにもとづく多変量解析にとって，41というサンプルサイズもまた，許容される（Hofstede et al., 1990）．

注

1) 合衆国では1985～1990年の期間に，JITに関する700本以上の論文が書かれた．いくつかの研究は，JIT管理方式を単に製造現場の管理方式とみなしているが，他方で，他の多くの研究は，JIT管理方式を以下のようにより広くみなしている．すなわち，トヨタシステムの原流の説明のなかでとらえられたり，経営管理方式の他の様々な側面，とりわけ，製造戦略や人的資源管理，品質管理とサプライヤー管理方式によって影響を受ける，とみなされたりする．
2) トヨタ生産システムは，通常，様々な工程部門に配置される機械がとりわけ作業ごとに小集団に配列されるセル生産設備であることを，とりわけ強調する．1つの作業セルにおいて，関連付けられるが異なる製品バッチが加工され得，しばしば同時に加工され得る．作業セルを利用することで生じる影響のうちの1つは仕掛品在庫を削減することである．したがって，一般的に，JIT製造は作業セルの利用を必要とする．合衆国において，作業セルの概念は，フランダース（Flanders, 1925）によって初めて述べられた．
3) J1～M5までのそれぞれの要素に対する尺度を測定するために，回答者（サンプル工場の作業者の代表と数人の経営幹部）は，それぞれの要素に関するいくつかの質問を受けた．具体的な質問内容は，榊原，フリン，シュローダー，モリスの論文（Sakakibara, Flynn, Schroeder, Morris, 1997）の中で述べられている．
4) これらの企業は，フォード社やゼネラルエレクトリック，ゼネラルモーターズ，イートン社，モトローラー社，ブラック・デッカー社，ブリッグス・ストラットン社，ヒューレット・パッカード社，IBM社，ジョン・ディアー社，ベンディックス社，マーキュリィー・マリーン社，オマーク社，ロックウェル社，ウエスチングハウス社，テナント社，スリーエム社およびハニーウェル社を含む（Schroeder, 1993.）．

5) 外部調達に対する労働組合の反対は，伝統的に日本よりも合衆国のほうが強い．このことはまた，米国企業の伝統的な垂直的統合の傾向を説明しているかもしれない．労働組合化は，業種ごとに異なる．たとえば，自動車産業（たとえばビッグスリー）は，一般的に，労働組合化されているが，電子産業はそれを下回っている．IBM社もヒューレット・パッカード社も労働組合化されていない．また，本書の第8章によれば，一般的な多くの取引慣行における業種間の差異は，日本よりも合衆国の方がはるかに大きい，ということである．

6) トヨタの副CEOは，次のように述べている．すなわち，「トヨタは400社の米系サプライヤーから部品を購入している．しかしながら，これらのサプライヤー間のパフォーマンスにはかなりの相違がある．日本のサプライヤーは依然，継続的な『カイゼン』活動と製品の品質において，より優れている」，ということである（日本経済新聞，東京，1996年6月29日）．米国のサプライヤー間のパフォーマンスにおける相違は，世界クラスの製造工場と伝統的な製造工場間のパフォーマンスにおける差異から生じると思う（表11-1と表11-2を参照）．そのような相違は日本企業の移植工場あるいはより一般的に，日本のサプライヤーにとっては非常に憂鬱である．われわれは，なぜ合衆国の工場において高い相違が存続するのか，その理由を有していない．

7) フルーインと中村（Fruin, Nakamura, 1997）は，トップダウン型の製造管理方式が多くの日本企業の生産性改善において導入されていると報告している．

8) これら2つの管理方式のタイプは，日本において強い相関関係にある．たとえば，世界クラスの名声を得ている日本の32の製造工場のサンプルを解析して，森田，榊原およびフリン（Morita, Sakakibara, Flynn, 1995）は，優れた工場（平均的な工場以上）が，劣った工場（平均的な工場以下）よりもJITと基盤的管理方式の尺度を含む10の製造パフォーマンス尺度のすべてにおいて，優れているということを発見している．

9) たとえば，そのような正の相関は次のような場合に見られるだろう．すなわち，(1) 企業が日本国内の工場から米国の自社工場にJITの中核的・基盤的管理方式両方を模倣する場合（制度的原因）と，(2) JITの中核管理方式の導入が自然にJITの基盤的管理方式の後発的導入に至らしめる場合（偶発的原因）である．この点に関しては，ジェフ・ライカー（Jeff Liker）を参考にした．

10) ショーンバーガー（Schonberger, 1960）の成績優秀社名簿は，製造の卓越さや品質管理方式，トップ・マネジメントの支援，技術管理および他の要素にもとづいて選出された世界クラス工場を特定している．われわれは，ショーンバーガーの成績優秀社名簿から工場を特定する前に，世界クラス工場に関する主要リストにもとづいて，それぞれの業種のリーダーと協議した．

11) 利用されているサンプルと質問表の詳細な説明と補足的な実証適用性に関しては，フリン，榊原，シュレーダーの論文（Flynn, Sakakibara and Schroeder, 1995）とフリン，榊原，シュレーダーの論文（Flynn, Schroeder and Sakakibara, 1994, 1995, 1996）を参照されたい．

12) われわれの正準相関分析に先だって，それぞれの基盤的JIT管理方式群内における個々の尺度はリッカートスケールの質問表と組み合わされている．リッカート

スケールの質問表は，個々の尺度におけるスコアを意味する．たとえば，製品設計に関するリッカートスケールの質問表は3つの尺度におけるスコアを意味する．具体的には，新製品の質や設計の特徴，職務間の設計の取組である．また，われわれは，業種によって尺度とリッカートスケールの質問表スコアを標準化する．また，JITの4つのパフォーマンス尺度のすべては，それぞれの業種に対して，0の平均値と1の分散をもつように標準化される．そのような標準化は，次の理由のために必要不可欠である．運送産業（T）は機械加工産業（M）よりもJITパフォーマンスが高いと仮定してみる．このことは，TがMよりもより少ない要素を利用するからかもしれないし，あるいはTがMよりも連続工程を利用する傾向があるからかもしれない．標準化することは，われわれの考察からこれらの問題を取り除く．
13) 表11-4に示されているように，JITの中核的管理方式とJITパフォーマンス間の正準相関が成り立つならば，JITの基盤的管理方式の影響を調整しない．含まれない変数の影響（部分的な解決策）に対する調整後，成立している正準相関は本章の範囲外である．
14) この結論はまた，中村，榊原，シュレーダーの論文（Nakamura, Sakakibara and Schroeder, 1998）での回帰にもとづいた実証的結果とも一致している．

参考文献

Dun & Bradstreet Corporation, Dun's Industrial Guide, Dun Bradstreet, NY, NY. 1986.
Flanders, R. E. 1925. "Design Manufacture and Production Control of a Standard Machine." *Transactions of the American Society of Mechanical Engineers* 46 : 28-37.
Flynn, B. B., S., Sakakibara, and R. G. Schroeder. 1995. "The Interrelationship between JIT and TQM : Practices and Performance." *Academy of Management Journal* 38 : 1325-1360.
Flynn, B. B., R. G., Schroeder, and S. Sakakibara. 1994. "A Framework for Quality Management Research and an Associated Measurement Instrument." *Journal of Operations Management* 11 : 339-366.
Flynn, B. B., R. G., Schroeder, and S. Sakakibara. 1995. "The Impact of Quality Management Practices on Performance and Competitive Advantage." *Decision Sciences* 26 : 659-691.
Flynn, B. B., R. G., Schroeder, and S. Sakakibara. 1996. "The Relationship between Quality Management Practices and Performance : Synthesis of Findings from the World-Class Manufacturing Project." *Advances in the Management of Organizational Quality*, Stanford, CT : JAI Press, 1 : 141-185.
Fruin, M., and M. Nakamura. 1997. "Top-Down Production Management: A Recent Trend in the Japanese Productivity Enhancement Movement." *Managerial and Decision Economics* 18 : 131-139.
Hall, R. W. 1983. *Zero Inventories*. Homewood, Ill: Dow Jones-Irwin.
Hofstede, G., B., Neuijen, D. D., Ohayv, and G., Sanders. 1990. "Measuring Organizational Cultures : A Qualitative and Quantitative Study across Twenty Cases." *Administrative*

Sciences Quarterly 35 : 286-316.

Kimura, O., and H. Terada. 1981. "Design and Analysis of Pull System : A Method of Multistate Production Control." *International Journal of Production Research* 19 : 241-253.

Monden, Y. 1981a. "What Makes the Toyota System Really Tick?" *Industrial Engineering* 13 (Jan.): 36-46.

Monden, Y. 1981b. "Adaptable Kanban System Helps Toyota Maintain Just-in-Time Production." *Industrial Engineering* 13 (May): 29-46.

Monden, Y. 1981c. "Toyota's Production Smoothing Method: Part II." *Industrial Engineering* 13 (Sept.): 22-30.

Morita, M., S. Sakakibara, and E. J. Flynn. 1995. "Properties of Fit in World-Class Manufacturing Management: Analyses and Implications for Competitiveness." Paper presented at the annual meeting of the Academy of Management, Vancouver, Aug. 10.

Nakamura, M. 1993. "Japanese Industrial Relations in an International Business Environment." *North American Journal of Economics and Finance* 4 : 225-251.

Nakamura, M., and I. Vertinsky. 1994. *Japanese Economic Policies and Growth : Implications for Business in Canada and North America.* Edmonton : University of Alberta Press.

Nakamura, M., S. Sakakibara, and R. G. Schroeder. 1998. "Adoption of Just-in-Time Manufacturing Methods at U.S.-and Japanese-owned Plants : Some Empirical Evidence." 1998 *IEEE Transactions on Engineering Management*, 45 : 230-240.

Pegels, C. C. 1982. "The Kanban Production Management Information System." In S. Lee and G. Schwendiman, eds., *Management by Japanese Systems*, pp. 152-164. New York : Praeger.

Sakakibara, S., B. B., Flynn. R. G., Schoroeder, and W. T. Morris. 1997. "The Impact of Just-in-Time Manufacturing and Its Infrastructure on Manufacturing Performance." *Management Science* 43 : 1246-1257.

Schonberger, R. J. 1982. *Japanese Manufacturing Techniques: Nine Hidden Lessons in Simplicity.* New York : Free Press.

Schonberger, R. J. 1986. *World-Class Manufacturing.* New York : Free Press.

Schroeder, R. G. 1993. *Operations Management : Decision Making in the Operations Function*, 4th ed. New York : McGraw-hill.

Shapiro, S. S., and Wilk, M. B. 1965. "An Analysis of Variance Test for Normality." *Biometrika* 52 : 591-611.

島田晴雄『ヒューマンウェアの経済学：アメリカのなかの日本企業』岩波書店，1988年．

Sugimori, Y., K. Kusuniki, F. Cho, and S. Uchikawa. 1977. "Toyota Production System and Kanban System : Materialization of Just-in-Time and Respect-for-Human System." *International Journal of Production Research* 15 : 553-563.

Vesey, J. T. 1992. "Time-to-Market : Put Speed in Product Development." *Industrial Marketing Management* 21 : 151-158.

（訳・奥寺　葵）

第IV部 総　　括

第12章　組織パターンの国際移転に関する組織論の理論的潮流

　1980年代から1990年代における，日本的生産システムのアメリカ合衆国への移転は，国境を越える組織学習に関する，現代史における最も広く議論され，かつ熱心に研究された事例であると言わなければならない．しかし，その議論の特徴は，時を経て変化してきた．1980年代初頭，オハイオ州のホンダ，そしてカリフォルニア州でのGMとトヨタとのジョイント・ベンチャー（合弁事業）のような日本の自動車工場の設立が，初めて一般の強い関心をこの問題に引きつけたときは，日本企業が成長した環境とは多くの点で異なっているアメリカの社会的コンテクスト（環境）に日本企業のシステムがまるごと移転できるかどうかが，議論の中心であった．時の経過と多くの注意深い研究によって，多くの日本企業の管理方式，もしくは大企業のシステムの一部が実際にアメリカの産業的環境の中でも上手く働いているけれど，そのためにはいくつかの適応や修正が要求されることが明らかにされてきた．このことは，本書の多くの章の中心テーマである．そして，著者達は，ハイブリッド化，再コンテクスト化，適応，移植，ローカル化（現地化），学習など，使う用語は異なるが，同じ事実について語っている．つまり，1つの社会的コンテクスト（このケースでは日本）において発展した複雑な組織システムは，異なった環境（ここではアメリカ）に移転される時に，変化するのであり，その結果生じたシステムは，オリジナルモデルのコピーでもなく，既存の現地パターンの複製でもなく，それらとは異なる別のものである．あるケースでは，移転の結果として，組織形態に問題が生じたり，オリジナルモデルや現地組織のいずれよりもうまくいっていないようにみえる．しかしながら，他のケース，すなわち，本書の多くの章の焦点である日本の自動車工場のようなケースでは，ハイブリッド化は，適

応型イノベーションになり，新しい環境における組織的背景の一部分として，新しい組織パターンを生み出すのである．

　組織と組織間ネットワークの国際化の進展という現代において，組織パターンの国際移転のプロセスは，経営者，労働者，組織研究者たちに対して幅広い関心のあるトピックスをもたらす．多国籍企業内での国境を越えた活動の統合の増加，グローバルなベスト・プラクティスからの学習，旧ソビエト圏におけるかつての国家社会主義諸国での市場経済型社会組織の模倣，これらはすべて，あるコンテクストにおいて発展してきた組織パターンの，他のコンテクストへの移転の中に含まれる．日本的生産システムのアメリカにおける経験は，それ自体において重要であるが，それ以上の意義をもっている．

　日本企業の（海外）移植工場による経験がもつより広い意義を研究する際に，組織論がそれをうまく説明できる理論を構築することが期待されている．それにもかかわらず，組織論は，30年間以上も，組織の「オープンシステム」・モデルによって支配されている．組織の構造やプロセスは，環境との関係においてのみ，最もよく理解できるという前提から出発する．しかし，組織論は組織の国際移転にいくつかの有益な理論を提供するが，そのような移転やそれに付随する変化のプロセスに含まれる固有の問題に関しては，経験的か概念的かを問わず，体系的な研究はほとんどなかった．その結果，既存の理論は特定の仮説をほとんど提供していない．

　本章は，組織と環境に関する研究を「戦略的組織設計論」，「社会構成主義組織論」，および「ポリティカル組織論」という3つの理論的潮流に分け，この分類と本書の他の章の研究に基づいて，国境を越えて移転させたいのはどの組織パターンか，また国際移転に伴ってどのような変化が発生する可能性があるか，さらに移転のプロセスでどのような変化が観察されるのか，に関する一般理論を構築するものである．

1　組織論3つの理論的潮流

　組織論学派の多様化は，多様な理論をより一般的なカテゴリーに区分しよう

とするさまざまな分類を生じさせてきたが，それらの有効性はそれぞれの利用目的しだいということである．過去40年以上の間に書かれた組織論の文献——それはオープン・システム組織論という理論的潮流が導入され主流になったことを示す——の中に，組織—環境関係に注目するのに特に有益な3つの理論的潮流の存在を認識することができる[1]．マネジメントにおいて最も一般的な理論的潮流は，「戦略的組織設計論」——いくつかの課業の効率的な遂行のために意識的に編成されたシステム——であると考える．第2の理論的潮流は，組織を何よりもまず解釈・意味付け・価値観の共有によって定義される理念的構成とみなすのであり，以後，「社会構成主義組織論」と呼ぶ．第3の理論的潮流は，組織を権力と利害を求める場および手段であるとする「ポリティカル組織論」である．3つの理論はすべて，組織論の創始者として広く認められているマックス・ウェーバーにまでさかのぼることができる．官僚制に対する彼の独創的な研究は，戦略的組織設計論の多くの重要な諸要素を含んでいる．その一方で，宗教の世界観と資本主義の生成との比較研究は，社会構成主義組織論の諸要素の萌芽を持っている．そして，パワーと権威についての議論は，ポリティカル組織論が後に発展するための礎石を提供している．したがって3つの理論シーズ（種）すべてウェーバーに備えているといえるので，これらの理論がそれぞれの理論的領域を相互に排除しているわけではない．むしろ，それらは，組織変革化や組織と環境との相互作用の複雑な過程を分析するための，潜在的には相互補完的な方法である．

　戦略的組織設計論における組織分析は，組織の構造とプロセス——活動がどのように集積され連結され，その結果，組織目標の効率的な達成にどのように貢献する（あるいは逆にその邪魔をする）か焦点をあてる．投入・処理・産出システムとしての組織（この理論においては多くの研究の基本である）に関するシステムモデルを維持するために，環境は，必要な投入財の源泉と産出物消費体——タスク環境 (Dill 1958)，組織セット (Evan 1966)，組織ドメイン (Thompson 1967) として描かれている．

　この理論的潮流の下に多数の理論のパラダイムと学派が生まれた．たとえば，技術と組織の初期の研究であるアストン学派 (Woodward, 1965; Thompson, 1967,;

初期のPerrow 1970），コンティンジェンシー理論（Lawrence & Lorsch, 1967），組織設計（Galbraith, 1973），チャンドラーの戦略—構造アプローチ（Chandler, 1962, 1977），戦略的選択設計（Child, 1972），取引コスト分析（Williamson, 1975, 1985），および，企業の資源ベース理論の戦略的分野での最近の多くの研究（たとえば，Aaker 1989, Conner 1991）がある．明らかに，これらの種々のパラダイムは，組織を分析する際に用いる特定の変数と，環境を特徴付ける方法とにおいて大きく異なっている．しかしながら，それらは，特定の基礎を共有している．たとえば，個人行動モデルの原理は基本的に功利主義であり，そこでの人間行動は，利用できる情報の範囲（「制限された合理性」）のなかで，ウェーバー主義者の意味においては手段合理的であり，物的な刺激（インセンティブ）に反応すると仮定される．組織の重要な特徴は，組織設計および設計・タスク・環境の相互関係である（たとえば，分業，調整，および要求された課業を遂行するために必要な資源の供給と産出である）．組織変革は，基本的に「適合」不足という問題によって生じる．適合は，構造とプロセスの諸要素間の内的な適合と，資源形態と環境要件との外的な適合とを両方含んでいる．内的不適合や外的不適合によって問題が生じた時，経営者は，組織の能率や効率を改善するために，組織のデザインを変えることができ，変えなければならない．たとえば，内的不適合は，ユニット（組織の単位）にあるタスクが与えられる時に，それを成し遂げるために必要とされる技能や資源が配分されないことから生じる問題である．また，外的不適合は，企業が提供する製品やサービスが，もはや顧客のニーズにマッチしていないことから生じる問題である．

　社会構成主義組織論における組織分析は，組織参加者自身が彼らの組織をどう分析，解釈しているか，組織パターンがより大きな社会的コンテクストのなかでいかに分析，解釈されるか，ということに焦点をあてている．たとえば，カール・ワイクの文献（Karl Weick, 1977, 1995），クンダ（Kunda, 1992）やバン・マネン（Van Maanen, 1988）などの組織民族学の文献，アンソニー・ギデンス（Anthony Giddens）の構造主義理論，また組織文化や新制度学派に関する広い研究にみられる．この理論の原理は，「意味の形成者」としての個人を基礎にして形成しており，世界がどのように機能し，どのように機能すべきかにつ

いて考え方を共有する集団モデルを描いている．スコット（Scott）が新制度学派（この理論的潮流のなかの一つ）に関する文脈のなかで述べているように，この分析は，認知的側面と規範的側面をもっている．認知的側面とは，認知スキーマやメンタル・マップなどの概念に表れるように，組織がどう機能するかについて「当然とされている」仮説である．マイヤーとローワン（Mayer and Rowan, 1977, p.345）は，これを「社会状況によって生じるようになる組織の壁」といううまいメタファー（比喩）を用いた．他方で，規範的側面とは，何が良く，正しく，適当であるかといった価値と理念によって規定されるパターンである．社会構成主義モデルを用いる分析のほとんどは，組織変革をゆっくりとした創発プロセスと考え，経営者は組織変革の方向性やスピードを変える能力において大きな限界に直面すると考える．1つの理由としては，組織内部の認知と規範のパターンは外部環境によって規定されるからである．この理論では，環境に関する相互に関連した2つのモデルがある．あるモデルは，内部パターンを形成し強化する国民的または職業的文化によって想定され（Hofstede, 1980），さらにはもっと広い範囲での文明パターン（Hamilton, 1980）によって想定されたモデルが描かれる．他のモデルは，新制度学派における「組織フィールド」であり，それは，産業内で比較可能な活動領域のなかで相互作用するひとかたまりの組織を描いている．そして，その特定の領域のなかで他の参加者との間で，ある期待を共有し，全体の領域の中ではひとかたまりの組織が認知的かつ規範的側面を形成し強化するのである（DiMaggio and Powell, 1983）．

　第3の理論的潮流は，ポリティカル組織論であり，組織を利害をめぐって争い，権力を求めて格闘する場とみる．この理論では，コンフリクト，連合，利害関係，交渉，権力，および影響力が組織分析の中核となる．資源は利害の焦点であるが，資源の効率的利用（戦略的組織設計論）ではなく，誰が資源を支配し，誰がそれを支配する権力を持っているかが焦点となる．この理論的潮流のなかで，いくつかの分析レベルを確認することができる．特に工場および作業組織に焦点をあてる人々は，職業間および階層間の対立が存在する場としての組織に注目する（Clegg and Dunkerley, 1980; Crozier, 1964; Edwards, 1979; Perrow, 1981）．他の人々は，経営者間での権力争いに注目する（Mintzberg, 1983. Pfeffer,

1981, 1992). さらに, 資源依存学派は, 組織と組織が相互作用する際の相手の組織に対する組織パワーに注目する (Pfeffer & Salancik, 1978). しかしながら, これら3つのアプローチすべてにおいて, 人間行動のミクロモデルは, 一方では影響力やパワーを, 他方では自律化を人間行動の原動力と考えるのである. (資源依存学派は, このミクロモデルを全体としての組織へ直接当てはめるものである.)

それゆえ, 組織環境は, 支配権を得るための組織内闘争において潜在的な味方か敵である一連の行為者, 支配力が組織間ネットワークにおける組織パワー, そしてその組織内部のパワーバランスに影響する一連の戦略的資源として描かれる. 今日の経営組織論研究における環境に関して最も一般的なポリティカル・モデルは, 利害関係者(ステークホルダー)モデルである(たとえば, Donaldson & Pieston, 1995. Economist, 1996. Freeman & Reed, 1983. Kochan & Rubenstein, 1997). 利害関係者たちは, 組織の利害に関する内外部の行為者である. つまり, 利害関係者とは, 幸福がその組織(と組織内)の行動によって影響を受ける人々である(たとえば, 地域コミュニティ, 消費者グループまたは, 環境活動家, 株主, 労働組合のような利害集団である). また, 外部利害関係者も, 資源を支配しまたアクセスすることで, 内部のパワーバランスに影響を与えることができる. この理論は, 組織のパワーバランスの変化の結果として生じる組織変革に焦点を置くのである. それは, 内部の利害関係者との連携による外部の利害関係者の動員にしばしば関連している.

これらの諸理論が基づいている全く異なる前提にもかかわらず(あるいは, たぶんそのような理由から), それらは, 組織パターンが国際移転するときに, 適応プロセスに関して異なった仮説が生じることはまれである. それらは, 通常は, 一連の規定要因やプロセスの違いに直接注目する. そこで違った理由がないならば(同じ理由で), 類似した結果を予測する. たとえば, 3つの理論的潮流すべては, 時代に関係なく所与の産業に属する同規模の組織は, 非常に類似した組織パターンを示すことになる. ただし, この類似性に対する説明は異なっている. 戦略的組織設計論は, 産業環境の要求に適合する共有されたパターンの結果としてこの類似性を理解する. 社会構成主義組織論は, 共有された

パターンが，組織フィールドでの適切で，都合良く受け入れられるレシピとしてみなされていると主張する．ポリティカル組織論は，特有なパターンの普及を利害関係者間での権力配置の完了とみなす．組織の国際移転についてそれぞれの理論的潮流がどのように考えるかに話題を変えよう．

2 組織パターンの国際移転

この節では３つの問題について述べる．１つめは，多国籍企業の親会社から現地子会社へ（日本企業の移植工場のケースのように），外国のモデルからの現地企業の模倣（日本の競争相手から学んだアメリカの会社のケースのように）という２つのコンテクストにおいて，どのパターンが国際移転しそうかという問題である[2]．２つめは，新しい環境のもとでの組織パターンの変化を規定する諸要因に関わる．３つめは，適応が行われるプロセスの種類である．

2-1 移転の論理

３つの理論的潮流それぞれは，移転について異なる論理を展開している．言い換えれば，どんな組織パターンが最も国際移転しやすいか，もしくはより正確に言えば，どんな組織パターンで国際移転が試みられるだろうかという疑問に対して，それぞれ違った答えを持っているということである．戦略的組織設計論では，多国籍企業内部での親会社が，会社の能率や有効性を最適化し，その産業での競争優位を形成する組織パターンを，海外の子会社へ移転するだろうと論じる（本書第３章，Kough Zander, 1993. 参照）．同様に，他の国のパターンを模倣するある国の企業のケースでは，現地企業は，海外の重要な競争相手が競争優位を形成しているパターン，とりわけ競争相手が現地市場でうまく広がり，彼らの成功がより安いコストやより良い製品というよりも優れた組織能力に基づいている組織パターンから学ぼうと試みる．この戦略的組織設計論では，日本的生産システムが，基本的に一連の組織構造，プロセス，管理方式，やり方であり，生産コストを引き下げ，品質を改善し，柔軟性を高めることを日本の製造企業に可能にしたと考える．かくして，そのようなシステムを採用して

いない企業に対して多くの産業で競争優位（あるいは同様の機能）が生じる．それ故に，海外へ生産を移植している日本の多国籍企業と，日本企業と競争しているアメリカ企業との双方は，このような競争優位を生み出す組織設計の重要な諸要素を移転あるいは模倣する戦略を選択することになる（本書第11章は，日本の多国籍企業と日本企業と競争しようとしているアメリカ企業という双方に関する，戦略的組織設計論からのすぐれた事例を提供している）．競争優位の中核とならない組織設計の諸局面は，現地の方式に適合するパターンで編成することができる．したがって，ある国の多国籍企業では，親会社による産業を越えた子会社の進出に関してかなりの多様性がみられると思える．なぜなら，組織方式では，競争優位の特徴が産業ごとに異なるからである（本書第8章は，特にテレビ組立工場の日系移植工場における生産の人的社会組織のより低いレベルでの移転と，最近現れた自動車組立工場におけるより広範囲な移転とを比較している）．また，個別企業での多様性も予想される．たとえば，古くからある既成の競争相手に対して戦略や組織を差別化しようとそれぞれが試みてきたので，ソニーは松下電器産業と異なっている．また，ホンダは，その産業に遅れて参入したため，現地のサプライヤー・ネットワークを構築・存続するための管理方式や，本国の供給ネットワークの構築の試みは結果的にトヨタとは大きく異なる（本書第5章参照）．同様に，産業レベルや企業レベルでの違いは，現地企業による日本的パターンの模倣において考えうる．つまり，国境を越えた組織パターンの模倣は，日本の競争相手が本国市場を制圧してしまうほどきわめて強く，しかも組織能力が重要な競争優位を形成する産業において最も重要であるはずである．従って，この理論によれば，現地企業の側で日本から学ぶことは，自動車，自動車部品，半導体，そしてコピー機のような産業，とりわけ競争上の挑戦がコアビジネスで必要となる企業において最も重要であると考えることができる．

　社会構成主義組織論では，複雑な組織制度における特定の局面が効率性と有効性の中核を規定すると主張することは，難しいと論じている（この議論は，本書の第6章でHP社の事例においてなされている）．戦略的組織設計論によって日本的生産システムが日本の製造企業の競争力を改善することを可能にしてきた一連の組織構造，プロセス，管理方式，そしてやり方であると考えられてきたこ

とを，社会構成主義組織論は否定しないが，さらに大きな問題があると主張する．社会構成主義組織論は，組織モデルが，日本の文化的・制度的コンテクストとの相互作用のなかで徐々に発展し，日本で制度化されてきたある諸パターンとそれらの原理で構築されると考える．すなわち，それらは，生産を能率的に組織する当然の方法として，そして自らを善として価値付けられた多くのパターンとして受け入れられるのである．

　社会構成主義組織論からみると，多国籍企業がどんな組織パターンを新しい活動に移転するかという問題の答えは明らかである．つまり，本国の環境においてしっかりと制度化されたパターン，すなわち高度に価値化されかつ当然視されているパターンは，移転しても，しばしば失敗する．しかし，この問題に対する解答は，本国で新しい工場を考えるときにはわかりきっているが，国際移転では複雑になる．一方で，あるケース（たとえば，ヨーロッパの自動車メーカーがアメリカに工場を近年設立したケース）では，自国以外に工場移植する動機の一つは，自国で強固に制度化されたパターンから逃れることである．他方では，より日本の企業に関連のある話でいえば，親会社は，最も深く制度化された自社のパターンのいくつかを文化的に特殊で独自のものであり，国の文化や地域の共同体に根付いていると考えることで，移転しようと試みることさえしない．したがって，経営者はこれらが移転不可能であるという共有された信念を持つことになる．1970年代と1980年代初頭の多くの経営学文献（日本語と英語）が日本的経営を形成する際の文化的要素の重要性を積極的に強調していたことを考えてみると，日本の経営者は，この時期に特にこのような考え方に影響を受けたのかもしれない（本書の第8章は，この時期の考え方が家電製造業の初期の工場移植においてより低いレベルでしか日本の生産組織が移転しなかった原因であると主張している）．それに加えて，高度に価値化されたパターンは，ある環境に対しては移転できるが，他の環境に対しては移転できないとみられる（たとえば，アジアの環境では良いが西側諸国では駄目とか，先進国では良いが発展途上国では駄目とかである）．当然と思われているパターンは，規範的な価値を持ったパターンよりも環境とかに関係なく移転される可能性が高い．なぜなら，多くの場合そのようなパターンの移転は無意識的なものだからである．しかし，第3章でアドラ

ーが提起したように，国際化のプロセス自身は，「非制度化」のプロセスである．すなわち，企業に，管理と組織化の違った方法に触れさせ，今まで当然と思われてきたパターンに疑問を投げかけるのである．この議論によると，企業は，自らの国際的な経験が広がるにつれて，認知上で制度化されたパターンをほとんど持たなくなるだろうということになる．したがって，社会構成主義組織論では，何を親会社が移転しようと試みるかという問題に対し，優先順位を答えることは特に困難になるのである．

競争相手から学習する企業が国際的に模倣するパターンを最も適当とすることも同様に困難にした．しかし，この理論は，何が競争力のある企業（または社会）を形成するかというモデルの構築である競争優位の社会構成と呼ばれるものに光を当てた．移転されるものは，組織フィールドにおける組織構築者（コンサルタント，ビジネス・ジャーナリスト，もちろん学者）と模倣された組織とからの多様で重要な貢献を伴って，模倣する組織が構築した「モデル」である．このモデルは，何が企業の競争優位を形成するかについての，模倣する組織の側の組織フィールドに深く根ざした前提によって基礎づけられ，正当化される．競争優位の社会構成は，この理論で研究する組織学者が人々の期待ほどには追求してこなかったトピックスである．効果的な組織パターン構築のためには不確実な諸条件を明確な遂行基準によって減少させ，そこでは社会構成の精巧なモデルが育つという企業組織の「技術環境」（Scott, 1983）仮説にこの原因がある．この仮説は，長年続いたが，新制度学派が問題にし，近年ますます批判されている．

競争優位の社会構成プロセスの複雑性やそれについての研究・理論の不足によって，このパースペクティブの主張者は，恐らく，「外国の競争企業からの学習」プロセスで国際的に何が移転されないかを予則することが安全であると感じている．外国の競争企業から学習したものは，模倣する側の組織環境のなかでしっかりと制度化されたものと矛盾するパターンである．すなわち，競合企業で形成され，深く根付いた前提の導入は，高度に価値付けられた自社パターンを壊すことになる．たとえば，中核的な日本企業は，経営者と労働者との間の比較的小さな収入差によって特徴づけられる．また，労働者を削減しよう

とする前に，慣習的に経営者のボーナスおよび給料さえ引き下げる．しかしながら，「日本の競争企業からの学習」に最も熱心である企業でさえ，米国企業における最高経営者と労働者との間の報酬の差は，さらに驚くべきことに労働者を削減する経営者に対して高価なボーナスを提供する方式と同様に，先例がない高いレベルになっている．さらに，最高経営者が企業収益を彼らの報酬に反映させて当然であると考える強い信念は，アメリカにおいて強固に制度化されている．このモデルは，日本企業の管理方式の諸要素を含まずに，むしろ逆行するものである．この理論では，「ベスト・プラクティス」のモデルを構築する際に含まれる知覚フィルターは，国際的学習の重要な部分である．それらは，次項の「不完全な情報」で十分に議論される．

　ポリティカル組織論は，戦略的組織設計論と同様に，何が移転されるだろうかという問題，すなわち強い利害関係者の利益に役立つパターンに対してかなり単純答えを持っている．この理論によれば，多国籍企業における親子会社の関係は政治分野の問題である．そこでは，親会社はその子会社に対するその支配力を維持するか強めようとする．また，子会社は自社の自律性を維持するか強めようと闘う．親会社が子会社に何を移転し，しないかは，この闘争の優劣の尺度になる．この理論は，日本企業の海外工場が，日本における「知識工場」の統合知識創造能力，特にプロダクト・イノベーションやプロセス・イノベーションを創造する能力（Fruin, 1997）に近づくことがほとんどなくても，驚くことはないと考える．戦略的組織設計論は，子会社の発展段階と子会社の高度な能力を開発するための必要な時間とが変化に時間がかかる要因であるという「ライフ・サイクル効果」を好んで用いる．が，ポリティカル組織論はそれでは説明しない[3]．イノベーションに対する日本およびアメリカの組織モデルや非互換的概念に原因があるという社会構成主義組織論の解釈も用いない．ポリティカル組織論の基本的な説明は，本国の経営者が子会社の技術力に対する支配力を失うことに同意しないことにある．したがって，その子会社が自社の研究開発組織の構築を主張する力を持つまで，この状況は変わらないのである．

　組織を横断する国際学習において，利害関係者は，組織において自らのパワーを強くする特定の組織モデルやパターンを採用しようとする．この理論にお

いては，アメリカ経営者による日本の生産システムの有効性の主張は，作業プロセスに対する労働組合の規制力を弱めるための手段，そして労働者の賃金の上昇なしで生産性を上げる方法を提供することにある．それゆえ，ポリティカル組織論が焦点を当てた移転の基準は，戦略的組織設計論の効率性や競争力の基準，あるいは社会構成主義組織論の認知的・規範的基準でなく，むしろ利害関係者間の結びつきの相対的なパワーや競合する利害に明らかにかかわっている．

2-2　ハイブリッド化

3つの理論的潮流はいずれも，社会を越えて移転する複雑な組織システムが，従来のシステムを変えるであろうと考えている．しかしながら，それぞれの理論が，このような変革（または，ハイブリッド化，この用語はこの章全体を通じて組織パターンの国際移転における特有のパターンの現象を述べるために用いられた）に対して少し異なった論理を提供する．この項では，それぞれの理論が，ハイブリッド化の3つの原動力である組織内での本国と現地とのパターン間の相互作用，不完全な情報，内的なパターンと重要な環境要素との間の相互作用をどのように分析しているかを検討する．

(1)　本国と現地とのパターン間の相互作用

戦略的組織設計論によれば，ある組織モデルから編成されたパターンと，それとはまったく異なったモデルから編成されたパターンとを結合した組織は，全体システムとしてはその両方と違っており，実際には新しい組織形態を構築する．多国籍企業の組織に関する近年の研究は，ローカル対応とグローバル統合との2つの力（過去10年を通じて，多国籍企業戦略の分析を支配してきたコンセプト）が，親会社の組織モデルと広く行き渡っている現地パターンとから生まれた組織構造への競合する牽引力としていかに機能したかについての関心を強めている（たとえば，Robinson. 1994, Westney. 1993, 本書第3章を参照）．アドラーは，本書の第3章で，人的資源管理（HRM）方式の特殊性が，親企業か現地環境かで普及しているもののいずれと似ているかを分析した．しかし，彼が見い出し

たように，多くのパターンは，本国と現地とのそれぞれの特徴の統合（ハイブリッド化）である．そして，彼が調査した２つのアメリカへの移植工場において，一つ（NUMMI）は親会社であるトヨタ自動車（Toyota）のパターンに似ている傾向があり，もう一つ（労働組合を変質させるためのモデルであるトヨタ自動車のケンタッキー工場）は現地のモデルにより似ている傾向があった．しかし，類似点は相対的なものであり，共にある程度まで親会社と現地企業とのハイブリッド（混合物）である．

　同様の論理は，海外の競争企業からのパターンを採用している企業でもハイブリッド化の進展をもたらしている．この戦略的組織設計論によれば，一般的には組織変革そして特殊的には国際学習のハイブリッド化への強い圧力は，組織構造や管理方式の異なった側面間での適合性が不足することから生じる．このアプローチは，アメリカにおける日系移植工場では，親会社あるいは現地企業のモデルのいずれかに向かう傾向があるが，両者が密接に関連するパターンの諸類型を見出すこともできる．つまり，ハイブリッド化はこれらのパターンが交差するところで生じるのである．たとえば，アナーバー（NSK）のボールベアリング工場に関するブラネン，フルイン，ライカーの研究と，トヨタ自動車の２つの（米国）移植工場に関するアドラーの分析との双方において，職務の種類の最少化や生産チームの利用という生産システムに密接にかかわっている諸パターンは，非常に厳格に日本的管理方式に従っている．他方では，労使関係，苦情処理，規律政策は，現地のパターン（NSKやNUMMIでの労働組合モデル，トヨタ自動車のケンタッキー工場での労働組合を変質させるためのモデル）に従っている．これら３つのケースすべてにおいて，作業組織と作業規律との２つを関連付ける現場監督の役割に影響がみられた．NSK（NSK Ltd.）では，監督者は，日本に比べて，労働者の不満処理や作業割当により多くの時間をかけ，生産工程の改善にはあまり時間をかけない．（しかし，他の合衆国の工場よりは生産工程の改善にもっと多くの時間を費やしている．この話題は，NSKの研究を直接扱ったものではなく，トヨタ工場のケースのなかで直接触れられたものである）．

　親会社と現地とのパターンの統合の結果として生じた，さらなる変革の側面がトヨタの工場において観察された．トヨタ自動車の２つの（米国）移植工場

では、日本のトヨタの工場より高いレベルでジョブ・ローテーションが用いられていた（もちろんアメリカのビッグスリーの工場よりもっと高いレベルでもあった）．そのうえ，その合理性は，日本での多能工化トレーニングの目的よりも，むしろ退屈や身体のストレスに対する気晴らしである．これは，新しいパターンであり，親企業で支配的な作業組織と現地国で支配的な労使関係システムとの相互作用から生じたものであると論ずることができる．それは，労使関係において労働者をより自由に用いるという理由で，作業プロセスのシステムにおいてストレスと不満を減らすように設計されたパターンである．この戦略的組織設計では，ハイブリッド化は，親企業と現地国とのパターンが一致しない点で生じるだけでなく，内面的にしっかりと連結された一群のパターンと，異なるモデルに従う一群のパターンを越えて適切に連結されるパターンとの間での接点で生じるような，新しい組織形態を生み出す革新的パターンをもたらすと考えるのである．

　社会構成主義組織論からは，外国のパターンが彼らの本国の状況や海外の環境でオリジナルとは違ったものとして受け入れられ，解釈されるならば，パターンの国際移転は常に新しい条件で異なったものを生み出すとされる．ピーターソン，ペング，スミスは，日本からの海外派遣社員の行動がどのようにアメリカの現地小会社に受け入れられたかという多国籍企業研究に関して興味深い事例をあげている．つまり，それは，アメリカの経営者による同様の行動がどのようにみられたかとははっきりと異なる．それゆえに，組織方式や構造が国際移転するとき，新しい条件において大きく異なった解釈がなされ，その新しい解釈が，現実にどのように運営するかを変えさせるのである．日本企業の海外工場でのチーム方式の導入はその例である．本書のさまざまな章が実証したように，チームの構造とアメリカの職場でのチームワークの解釈（日本には存在しないエンパワーメントと組織内ガバナンスの諸要素を含んでいる）との結合によって，オリジナルモデルとはかなり異なった構造を生み出した．コールは，1980年代初頭と中葉の小集団の活動に関する日本，アメリカ，そしてスウェーデンの比較研究における彼の本のなかで，アメリカ企業が学んだ日本のパターンと大きく異なるQC組織が作られる場合，日本のQCサークルを「労働の

人間化」のモデルとみるアメリカの傾向が重要な要素になっていると指摘している（Cole, 1989）．

ポリティカル組織論は，外国と現地とのパターン間の統合は，利益を主張するための及び企業内のパワー強化のための潜在的なアリーナを作ることであるとする．支配的な組織パターンの編成は，多国籍企業の子会社に対する重要な権力基盤でありえる．親会社のパターンが移転されるまで，本国から派遣された現地子会社経営者は本国組織の知識を権力の重要な源泉にする．しかし，現地子会社経営者は，そこでジレンマに陥る．つまり，彼らの役割は本国パターンの精通にもとづくのであるが，現地の従業員が彼らの立場や考えを受け入れて初めて彼らの職位での成功がつかめる．ハイブリッド化戦略は，このジレンマの有効的な解決策を提供する．海外派遣経営者は，親会社の特権的知識の価値を守るが，現地の人事への心理的配慮も重要になっている．他方で，アメリカ人の管理者は，特に海外派遣管理者が重要な存在である企業では，海外派遣管理者が精通する本国パターンをそのまま用いることはできないであろう．なぜなら，彼らは現地知識に組織への影響力を求めるからである．しかし，もし彼らが現地のパターンだけを採用することを求めるならば，彼らは力を持つ日本人経営者によって邪魔者とみなされるだろう．彼らにとってハイブリッド化戦略は魅力的である．つまり，それは日本人の派遣社員と現地との知識の操作を同時に構築する方法を提供するのである．

(2) 情報の不完全性

3つの理論的潮流すべては，複雑な組織パターンが国際移転する時，情報の不完全性が新しい状況においてオリジナルモデルの逸脱を引き起こすと考えている．しかし，それぞれの諸理論は，この情報の問題に対し異なったアプローチを持っている．

戦略的組織設計論によれば，国境を越えた情報の不完全性は，複雑な組織システムの機能，そして制限された知識から生じる諸問題，とりわけ知識が職位によって規定されることから生じる．多くの理論家が指摘しているように（たとえば，Nelson and Winter 1982; Nonaka and Takeuchi, 1995），組織システムを機能

させるものの多くは暗黙知であり，その知識は組織のなかに広く分散している．それは職位に基づく傾向がある．すなわち，諸個人は自らが働いている組織パターンを最もよく知っているからである．自分の現場の職位がシステムから離れれば離れるほど，知識はますます乏しくなり，フォーマルな組織構造にますます規定される．そして，組織パターンのほとんどの国際移転は部課長によって遂行されるが，職場の手続きに関する彼らの知識は制限されるのである．

　それゆえ，情報の不完全性の問題は，たぶん，多国籍企業内部組織というより，外国の競争企業から学ぼうとする自立した組織においてより深刻なものとなる．多国籍企業では，人々の国際移動は，組織的知識の移転の重要なメカニズムとして長く認識されてきた．しかしながら，（日本の貿易商社の進出初期段階での出張所のような）非常に小さいオフィスを除いて，海外部門を海外駐在社員だけで運営することによって，本国組織のパターンをそのまま持ってくることは不可能である．オリジナルのモデルに関する情報が不適切である時に，現地での採用が意味することは，組織の参加者が過去の勤務経験から得られた，あるいは現地で普及しているモデルに依存することである．したがって，期待していたパターンからの意図されない逸脱を引き起こす．

　戦略的組織設計論では，情報の不完全性の問題は，移転が最も望まれる組織部門をターゲットにして，より良い情報を提供することで管理されうる．日系自動車移植工場は，かつて例のないスケールでの従業員の国際移動によって，このアプローチの縮図を示した．そこでは，多くの部課長や技術者を日本からアメリカへ送りこんだだけでなく，日本の工場の組立てラインでの経験や知識を直接得るためにアメリカから日本に何百人ものブルーカラー（現場労働者）を派遣した．その目的は，組織の重要な諸パターンの詳細な経験的知識を提供し，新しい条件に対し効果的な移転を保証することである．

　社会構成主義組織論では，「情報の不完全性」は，どれだけの情報量が利用されたかはほとんど問題にならずに，いかに解釈されたかが問題になる．しかも，それは，経営者によって直接管理できないものである．情報を国際移転するプロセスにおいては，本書の第4章や第6章が明らかにしているように，情報は送り手と受け手との双方でフィルターにかけられる．送り手は，しばしば

オリジナルモデルの理想版を示し，それがいかに実際に機能するかというより，いかに機能すると思われるかについてより多くの情報を提供する．受け手は，自分の経験，価値，そして基本的な仮説に照らして情報を解釈する．双方のタイプの「フィルター」は，組織パターンへの最終的理解に影響を与える．たとえば，日本の競争力上の成功におけるルーツを解明しようとした経営学者のなかに，そのことを示す事例がある．つまり，フィルターがかかっている人々と彼らの研究業績とに関連を見い出すことができる．生産管理の専門家は，「日本－そこでは生産管理がまさに戦略的である－」(Wheelwright, 1981) という題の論文を書いた．マーケティングの専門家は，日本のマーケティング方式に日本の成功のカギを見い出した (Kotler, Fahey, and Jatusripitak, 1985)．人的資源管理の専門家は，日本企業の人的資源管理方式によって日本の台頭を説明できることを見出した．さらに，会計の専門家は，自らの分野に日本の成功のカギがあるとした（たとえば，「隠された強み—日本の管理会計」Hiromoto, 1988)．日本的経営は，自らの分野が競争上の成功の基盤と，その基盤を構築する特殊な管理方式に源泉がある新しい考え方とを提供しているという基本的な仮説をそれぞれのグループに与えている．それぞれのグループが構築したモデルは，しばしばアメリカ企業にとって非常に有効であるが，日本企業の組織システムに関する完全な情報を提供することとはかけ離れている．

　ポリティカル組織論では，情報の不完全性は，知識がパワーであるという仮説から出発する．このパースペクティブでは，個人，集団，職能部門，そして多国籍企業の親会社が自らのパワーを維持したいあるいは強めたいという欲求によって，国際移転において情報を故意に隠すことに議論の焦点がある．多国籍企業の個々の管理者にとってのパワーの重要な源泉の一つは，意思決定の方法と組織のパワー・ネットワークとに関する知識である．したがって，この理論は，これら分野に関する情報に関して大部分が慎重に保持され，最小限にしか移転されないと考えるのである．

　アメリカと日本の多国籍企業における本国での活動の「空洞化」に関する最近の議論では，なぜ本国の従業員は現地子会社が本国の仕事を奪うことを可能にする情報や知識を喜んで提供するのかという，多国籍企業のより組織的レベ

ルで重大な問題が提起されている．能力の移転に関する秘密の程度とその影響は，推測の域をでず，ほとんど研究されてこなかった．（実際に，この問題の性格は，体系的な研究を許さないようなものであった．）しかし，日本自動車企業の移植工場のケースに関して，この理論は，自動車産業での貿易輸出自主的規制が本国活動からの知識移転を制限するコンテクストを提供していると論じる．なぜなら，この自主的規制のもとでの工場移植は，企業のマーケット・シェアを拡大する手段を構築しようとしたからであり，輸出を極端に減らしたり日本へ逆輸入することを期待したわけではなかったからである．日本からアメリカへの生産システムを移転することで工場移植が大きく成功したことをこの理論が論じようとする際に，このことは重要な意味をもつ．ただし，1990年代の円高と高まりつつある逆輸入とは，将来において組織の知識移転をもたらすと思われる．

(3) 環境の重要な諸要素

自らが発展してきたものとは異なった環境に移転された組織システムは，環境と組織とが相互作用する点で変化すると想定されうる．しかし，それぞれの理論が環境を異なって規定しているので，それぞれが環境に誘導されたハイブリッド化の異なった側面に注目していることは驚くことではない．

戦略的組織設計論は組織編成を環境に対応する基本的なモデルとみなすので，組織システムが国際移転する時，新しい環境に適合していないあるいはそれと違ってなされた組織編成の重要な諸要素と組織との関係が，組織システムにおけるハイブリッド化の重要な焦点となる．（たとえば，日本が明治期に西洋の組織形態を借りた時のこと．Westney, 1987参照）．組織は，不適合なあるいは例外的な諸要素を取り除くためには，以下のようなステップにもとづき，新しい環境のなかで変化すると考えられうる．

① その特定のインプットや活動なしに行うことによって（たとえば，日本において産業団体によって提供された親密な産業ネットワーキング，あるいはQC活動に対する日科技連のような専門家団体によって提供された外部支援を用いない

で，行うことによって）．
② 本国の環境で遂行されている活動を外部の諸要因によって取り込むことによって（たとえば，基礎数学の技能のなかに訓練を取り込むことによって）．
③ 現地で機能しているものに最も類似したものに変え，その内部システムを適時調整することによって（たとえば，完全なあるいは部分的な販売「ケイレツ」に依存するというより，独立したディーラーのネットワークを構築することによって）．
④ 「組織を創造する組織」（Stinchcombe, 1965）のような活動によって．すなわち，組織が（サプライヤーの自立したネットワークのような）オリジナルの状況に依存した組織を立ち上げることを助けるために情報や他の資源を提供することによって．

つぎに，組織編成の問題を取り扱う組織によって，戦略は選択され，つぎに組織設計が決定される．そこでは，組織設計は，組織編成の特定の要素を直接扱う国境を超えたユニット（たとえば，採用に関する人事管理部門，サプライヤーに対する購買部門）によってばかりでなく，国境を越えたユニットや外部関係者にしっかりと結び付けられた組織パターンという側面によっても決定される．

選択肢をこのように整理することは，多国籍企業と外国のモデルを模倣する企業との双方にとって有効であるが，本書の各章は多国籍企業，とりわけアメリカに生産施設を設置した日本の多国籍企業に関する最も的確な情報を提供している．このような企業にとって，組織編成の最も問題になる諸要素は，インプット（調達）の編成上のものである．アウトプット（販売）の編成についてはすでに取り扱ってきた．つまり，自動車産業においては，自社の流通・販売ネットワークを立ち上げ，製品は日本からの輸入で供給した．家電産業では，既存の流通業者や販売業者との関係を開発してきた．しかし，本書のいくつかの章が明らかにしたように，インプット上の編成，とくに部品のサプライヤーと労働者のサプライヤー（すなわち，潜在的な従業員を生み出す教育システム）に対して，日本的生産システムをアメリカへ移転することに挑戦した．

何人かの研究者が示したように（たとえば，Abo, 1994. Kenney and Florida,

1993. 本書第5章), サプライヤーの問題を取り扱う際に, 特に日本の自動車企業は「組織創造」戦略を選択した. この組織創造は, 本国の環境で活動を支援したような組織と可能な限り似たものを再創造することである. マクダフィとヘルパーが第5章で示したように, これは単純ではない. この研究は, サプライヤーの能力を構築する際, ホンダのサービスに対する料金への制限 (日本では販売の2%) のように, 本国モデルから発するいくつかの事例を示している. どのようにサプライヤーとの関係が維持され, 調整されるのかということに新たに適応があったかどうかという点ではデータを私達はもっていない. たとえば, ダイヤー (J. Dyer) は, アメリカのビッグスリーの自動車企業がアメリカを基盤にしたサプライヤーと会合をもつより7倍も頻繁に, 日本の自動車企業が日本で親密にかかわっているサプライヤーと会合をもっていることを見い出した (Dyer, 1996a, 1996b). 日本の企業がアメリカを基盤にしたサプライヤーとどれだけ相互に影響しているか, サプライヤーが日本企業かアメリカ企業かで相互作用のレベルが違うのかどうか, あるいは日本企業がアメリカではフェイス・ツウ・フェイスのコンタクトをどんなメカニズムに変えて用いているかはまだわからない. しかし, 戦略的組織設計論はサプライヤーや顧客とのインターフェイスでの組織パターンのハイブリッド化の進展を予測することになる.

　社会構成主義組織論は, すでに検討してきたように, フィルターをかけ, 再解釈をすることが新しい状況に導入されるオリジナルモデルの出発点となることを指摘する. しかしながら, 価値のある革新は, 移転されるパターンがオリジナル環境にしっかり制度化されたところで生じるようにみえるが, 同時に現地の環境にしっかりと制度化された, 全く異なった矛盾するパターンにも見い出せる. あるケース, 特に外国のモデルから学ぶ自立した組織では, 当初はその特定のパターンの移転を放棄することがほとんどであったと思われる. しかし, 多国籍企業では, 親会社はそれを追求しようとする. そのようなケース (多国籍企業以外の国際的な模倣のコンテクストにおいても, 現地の企業は外国のパターンの模倣を行う) では, ハイブリッド型 (オリジナルモデルと現地とのパターン間の諸要素の統合) 革新が生じるであろう.

　本書で最も多く取り上げられた事例は, チームワークである. この理論によ

れば，生産におけるチームワークは複雑な組織パターンである．つまり，他の重要な組織（学校を含む）やマスメディアのような制度化された機関から学習され強化された価値や行動によって，そしてその分野で良い管理方式の事例として考えられた組織において採用されたパターンで強化された価値や行動によって，そこでの諸管理方式は縛られるのである．本書の第3章，第4章，第7章，そして日本企業の海外移植工場に関する他の研究（たとえばCutcher-Gershenfeld他，1995）は，作業チームの日本的モデル作業者の自律性と作業者への権限委譲というアメリカ的価値によってがどのように適応され，修正されたかを示した．ジェイキンスとフロリダ（Jenkins & Frorida）は，アメリカ企業が「自主管理チーム」を利用したことに関して同様のことを指摘している．このことは，日本的生産システムでのチーム方式が普及する際に強い影響を与えた．実際に，ジェイキンスとフロリダがチームを創発的革新型作業管理方式として規定したものは（彼らは，現場監督者でなく製造作業者であるリーダーによって運営されているかどうかはともかく，「自主管理チーム」である場合だけチームは革新的であると規定する），日本的作業組織のある諸特徴とアメリカ的な諸価値や諸パターンとを統合するハイブリッドであると考えることができる．「革新的」作業組織に関するこの解釈は，（それ自身が最初は非常に革新的であると見える．）オリジナルな企業パターンがほとんど一般的であると考えられるようになるまで，どのようにハイブリッド型組織パターンが組織内で広く受け入れられ，普及するようになることができるかを示している．

　この理論によれば，このような革新的ハイブリッド化は，日本企業の海外移植工場とアメリカ企業が共に大きな役割をもつ産業分野では最も一般的であり，2つのシステムでのパターンの統合を継続的に実験し再解釈することを強いている．すなわち，それは自動車やそのサプライヤー業界のような分野では最も一般的であると考えられる．ジェイキンスとフロリダが実際に見出したように，自動車部品産業における企業は，企業の所有権に関係なく日本企業と取り引きするために，革新的（すなわち「ハイブリッド型」）作業システムを採用している．

　ポリティカル組織論によれば，環境は，外部利害関係者の行動を通じて，ハ

イブリッド化のための強制力として機能する．これらの利害関係者は，組織に課したいと思う彼ら自身の指針を時にはもっている．そのため彼らは，組織内の対立のなかで大きな影響力を求めている内部利害関係者の競合する諸グループによって時々動員されることもある．

　生産システムがどのように組織化されるかに最も直接的な利害を持つ外部利害関係者は，それが多国籍企業における現地子会社か本国本社かのいずれであろうと，労働者を代表する集団である．移植工場への日本的生産システムの導入と，日本から学ぶアメリカ企業によるその模倣とは，アメリカの組織労働者に対して特別な意味をもたらす．移植工場の労働者を組織化しようとする労働組合の努力と，移植工場において労働組合を認める労働者の決定とは，作業組織のハイブリッド化において重要な役割を演じた．第4章でのミシガンのNSK（NSK Ltd.）工場についてのブラン等の描写と，第3章でのNUMMIについてのアドラーの分析は，特に，先任権などのある管理方式を実施する際への，また苦情処理や規律のプロセスを形成する際への労働組合の影響力を示している．またアドラーが論じているように，労働組合化の潜在的な脅威は，内部利害関係者としての従業員の要求をより重要と考える非組合工場に対して圧力となる．つまり，工場内で不満があるレベルに達した場合，外部利害関係者としての労働組合が動員されるという脅威がどこかで顕在化するからである．

　この理論は，生産システムのハイブリッド化が，過去のアメリカ産業において労働者と経営者とが戦ってきた場である組織構造と管理方式のなかで生まれたと考える．そこで，労働者は経営者から重要な譲歩，特に労働者の権利（たとえば，先任権と苦情処理プロセスの問題）を勝ち取った．アドラーの第3章で示されている組合モデルと組合回避モデルは共に，移植工場と日本から学ぶアメリカ企業との双方に対し，ハイブリッド化とアメリカの利害関係者の日本的な管理方式への承認とを進める強い力となったのである．

(4)　二次的影響——環境への適応に対する組織内調整

　これまでの議論はそれぞれの理論的潮流で別々に論じてきたが，もちろん実際には組織革新は組織的適応の3つの側面すべてで同時に起こっている．そし

て，外部環境への適応のためのそれぞれの諸変化は，前節ですでに議論したが，組織の他の諸側面にも相互に影響を与える．たとえば，異なった利害関係者への適応は，企業内の設計の編成を変更する内部変化をもたらし，さらなる変化への圧力を生み出す．このような権力とデザインの諸変化は，組織の構成者のメンタルモデルあるいは規範を変革し，社会構成の次元での変化に対してさらなる圧力をもたらす．言い換えれば，外部環境へのそれぞれの対応は，他の次元に対する波及的な影響を持ち，3つの理論において主張される諸次元に対して一連の相互依存的な変化をもたらす．

このような諸変化は複雑であり，経験的にさかのぼることは困難である．「ごみ箱のふた」(Lebit and Nass, 1989) のように，このような変化に対する予測可能性は，いかに他の企業が環境適応へ継続的に対処しているかを分析することで，直接の環境を調べる経営者の強い主観性によって生み出される．しかし，このような環境適応プロセスについてなされうる確実な予測のわずかなものの一つは，つぎのことである．組織パターンの国際移転から生じる組織の諸形態は，オリジナルな形態のクローンでもなく，普及している現地形態のクローンのいずれでもない．つまり，それらはハイブリッドであるということである．

2-3　ハイブリッド化の諸プロセス

この3つのパースペクティブは，実際にハイブリッド化がどのように遂行されるのかという問題に答える際の分析の焦点においてそれぞれかなり異なっている．戦略的組織設計論は，ハイブリッド化，すなわち現地のパターンと移転されたパターンとの対立する力を融合するため，また，組織内部での内部適合を改善し，外部環境と適合するため，そして組織業績を改善するために考えられた組織の再設計（通常は経営者によるが）の結果とみなしている．ハイブリッド化の重要なプロセスは，組織問題を識別・分析し，組織デザインを再設計することである．それに対して，社会構成主義組織論は，ハイブリッド化を，共有された認知シェーマと規範的秩序との漸進的な変化の継続的なプロセスとみなす．それは，創発プロセスであり，経営者の活動によって加速されうるが，

彼らによって決定されることはない．たとえば，経営者は，組織文化の暗黙の仮説を生み出し，そして組織内の異なるグループ（たとえば，本社からの派遣管理者と現地管理者，または外国のモデルの支持者とその反対者）の認知マップを明確にする舞台装置を提供できる．暗黙知と形式知がさまざまなプロセスや状況で強められ，相互作用する，野中郁次郎の「ナレッジ・スパイラル」モデルもまた，ハイブリッド化の社会構成主義モデルとして考えうる．(Nonaka, 1994; Nonaka and Takeuchi, 1995)

ポリティカル組織論から言えば，ハイブリッド化は，競合する利害による対立と交渉を通じて生じる．その結果，内部と外部の双方の抗争するグループ間における相対的な力関係によって大きく規定される．経営者は，最も効率的な方法に貢献する解決策を識別し（戦略的組織設計），あるいは基本的な前提と認知マップを明らかにするための手段を提供すること（社会構成）によってのみでは，ハイブリッド化の成果を形作ることができない．実際，ポリティカル組織論においては，それら双方の行動タイプはプロセスを支配するための闘争のための戦術とみなされる．それらは，利害関係者を動員し，様々なグループが持っている利害を正確に認識し，ハイブリッド化の組織パターンを交渉するか強制するかによって，ハイブリッド化の成果とプロセスを生みだすのである．

3 結 論

何が移転されるか，何がハイブリッド化の原動力なのか，どのようなハイブリッド化が生じるかという問題に対する研究アプローチは，表12-1のなかに要約して示している．この要約は，これまで議論してきたことであるが，3つの理論的潮流が相互補完的であり，それぞれが不明瞭で混乱した部分を明らかにし，異なった観点ではあるが潜在的に同様に有益なものであることを，おそらくより明快に示している．

組織は，実際には，同時に戦略的組織設計，社会構成，そして政治的対立の場である．組織を理解するために概念的・理論的基礎を研ぎ澄ますことは，これらの諸理論の1つを可能な限り深く精錬化することからしばしば得られる．

第12章　組織パターンの国際移転に関する組織論の理論的潮流　539

表12-1　国際移転における組織パターンのハイブリッド化に関する3つのパースペクティブ

	戦略的組織設計論	社会構成主義組織論	ポリティカル組織論
どんなパターンが国際移転するのに最も適当であるか	競争優位を生み出すパターン	多国籍企業では、パターンは、親会社において認識され、制度化されるものである。模倣者では、パターンは、競争力についての基本的仮説に共鳴したものとなる	多国籍企業では、移転の基準は親会社の支配を維持するためのものである。模倣者では、パターンは、支配のための連合体のパワーを強めるものである
何故パターンは新しいコンテクストで変化するのか			
a) 移植工場における親会社と現地のパターンの間での相互作用[a]	本国と現地でのパターンの間での適合性欠落	諸パターンの再解釈	ハイブリッド戦略の政治的優位
b) 不完全な情報	複雑性	送り手と受け手のフィルター	「知識は力なり」―知識配分への抵抗
c) 環境要因	不完全にあるいは違ってなされた組織編成	異なった価値観、価値付けられたパターンを継続するための長期的ハイブリッド化	利害関係者の抵抗
d) 外部環境に対応して変化する内部の調整	新しい環境に対応して導入された新しいパターンと、オリジナルモデルにしっかり結びついたパターンと間の適合性の不足に対応する変化	新しい環境に対応するために導入された組織パターンの再解釈、サブ・カルチャーの異なった編成	新しい環境に対する変化の結果としての権力の移行と対立・交渉パターンの変化
いかにハイブリッド化が生じるか	新しい環境における能率と効率に関する経営者による再設計	新たに共有された認知・規範モデルを形成する創発プロセス	対立と交渉

注：(a) この列の項目は多国籍企業に関してのみ限定する；他の列の諸項目は他の国からの組織パターンを模倣する多国籍企業と組織の両方を含む。

しかし，他方では，ハイブリッド化のような組織プロセスの経験的分析は，3つの理論すべてに注意を払ったとき，最も光り輝くのである（たとえば，組織学習に対する日本企業とアメリカ企業の管理方式の違いについての議論を参照．Cole, 1995）．社会構成主義組織論の最も中心的な主張者さえ，少なくとも，戦略的組織設計論が最も経営者の思考を支配していることを認める．ポリティカル組織論を最もひたむきに使いこなす人でさえ，業績にもとづいた戦略的組織設計モデルの有効性を主張できる経営者がそれを組織内での権力闘争での強力な武器にすると考えるのである．

日本企業のハイブリッド化のプロセスに関する研究は，組織と環境との共進化におけるハイブリッド化の役割に複雑な問題を提起している．本書のいくつかの章は，アメリカの生産システムが日本モデルによってどれくらい強い影響を受けたかについて，自動車産業を中心に，発表された多くの文献を紹介している（Dertouzos, Lester, and Solow, 1989; Womack, Jones, and Roos, 1990）．明らかに，この強い影響力の主な要因として，日本自動車企業の移植数，すなわち日本の自動車組立産業における10社のうち6社と300社以上の自動車部品サプライヤーとの移植（Kenney and Florida, 1993, p. 126），移植からの期間の短さ（すべて10年以内），さらにアメリカ中西部以南への地理的に集中した移植をみることができる（Florida and Kenney, 1993, pp. 128-129）．

日本からの大規模で，集中的な工場移植が日本的生産システムの合衆国へのインパクトをいかに拡大したかについて，3つの理論的潮流それぞれが異なった説明をしている．戦略的組織設計論から見ると，移植工場の増加は日本的生産システムとアメリカの環境とにおけるその強みと弱みについての利用可能な情報を量的・質的に増加させることで，アメリカ企業がそれらの移植工場から学び，移植工場が他の工場から成功したハイブリッド化戦略について学ぶことを容易にした．移植工場が，組織創造，すなわち企業が慣れ始めた管理方法で質の高いインプットを提供する組織を立ち上げることによって，不適合や間違ってなされた組織編成の問題を処理することも増えている．つぎに，このことは，組織環境を変えることになる．

社会構成主義組織論によれば，工場移植規模が増加するにつれて現地で「侵

略」とみなされることが増加し，現地の考え方を主張し同時に日本的な考え方を控えめに主張する組織のハイブリッドモデルを開発することを移植工場とその親会社に促したのである．このための一つの方法は，日本的生産システムは，日本のものではなく，次の時代のもの，すなわちポストフォード主義，リーン生産，高度なコミットメントであるという考え方を広めることである．このプロセスにおいて，このモデルは親会社のオリジナルでは見られないパターンの導入をさらに認め，現地企業によってさらに適応されることを可能にする．

最後に，ポリティカル組織論は，産業における利害関係者の間でのパワーバランスに対する移植工場のインパクトを強調する（それは長い間アメリカにおける労働運動の争点の一つであった）．移植工場には労働組合がない場合が多い．したがって，組合がある工場では，組織労働者を認める代わりに，組合から譲歩を求めることができる．このことによって労働組合は，さらにアメリカのビッグスリーとの交渉力をますます弱め，そしてサターンのような実験を組合に認めさせられた．それは日本とアメリカの生産システムのハイブリッド化を促進したのである．

時代を越えて，ハイブリッドなパターンそれ自身が進化する組織環境の一部となる．日本的生産システムのアメリカへの移転は，最近のものであり，時期的に集中している．この事実は，本書の各章が示しているように，社会科学者が，移転プロセス，ハイブリッド化に伴うパターン，そして組織環境へのハイブリッド化の影響を分析しようとする努力にとって非常に有益である．このような分析は，他のコンテクストへの組織の移転を理解する上で有益でもあり，さらに組織論のさまざまな学派を越えたコンセプトとパラダイムを進化させることを促進する視点とモデルを提供するものでもある．

注

1) この類型は，Ancona, Kochan, Scully, Van Maanen, Westney（1996）からの引用である．
2) 第3のコンテクストは，コールがHPを分析した第6章にみるように，多国籍企業の親会社が海外の子会社から学ぶということである．「同一化の強制」の要素，すなわち子会社にパターンを押し付ける親会社の能力はこのコンテクストと合わないので，このコンテクストは海外モデルの模倣という第2のケースと実質的に

同様である。この章の後半で論じられる「情報の不完全性」の唯一の例外である。
3) もうひとつの戦略的組織設計の考え方によれば，革新能力と技術の発展方向とを模倣することは能率的でなく，本国にそれらを集中し本国で操作することは日本が優位をもつ産業においては戦略的な意味を持つ．そこでは，ヨーロッパの企業が日本企業よりも国際的に優位をもつ産業分野（パッケージ食品から電力産業まで）においてよりも，グローバルな統合に対する利益が大きいということである．

参考文献

Aaker, D. A. 1989. "Managing Assets and Skills: The Key to a Sustainable Competitive Advantage." *California Management Review* 31(2): 91-106.

Abo, T., ed.. 1994. *Hybrid Factory: The Japanese Production System in the United States*. New York: Oxford University Press.

Ancona, D., Kochan, T., Scully, M., Van Maanen, J., and Westney, E. 1996. Managing for the Future: *Organizational Behavior and Processes*. Cincinnati: Southwestern Press.

Chandler, A. D., Jr. 1962. *Strategy and Structure: Chapters in the History of the American Industrial Enterprise*. Cambridge, Mass: MIT Press.〔三菱経済研究所訳『経営戦略と組織：米国企業の事業部制成立史』実業之日本社，1967年〕

Chandler, A. D., Jr. 1977. *The Visible Hand: The Managerial Revolution in American Business*. Cambridge, Mass.: Harvard University Press.〔鳥羽欽一郎，小林袈裟治訳『経営者の時代：アメリカ産業における近代企業の成立．上・下』東洋経済新報社，1979年〕

Child, J. 1972. "Organizational Structure, Environment and Pertormance: The Role of Strategic Choice." *Sociology* 6: 1-22.

Clegg, S. R., and Dunkerley, D. 1980. *Organization, Class, and Control*. London: Routledge and Kegan Paul.

Cole, R. E. 1989. *Strategies for Learning: Small-Group Activitis in American, Japanese, and Swedish Industry*. Berkeley: University of California Press.

Cole, R. E. 1995. "Reflections on Organizational Learning in U.S. and Japanese Industry." In J. Liker, J. E. Ettlie, and J. C. Campbell, eds., *Engineered in Japan: Japanese Technology-Manabement Practices*. New York: Oxford University Press.

Conner, K. R. 1991. "A HistoricalComparison of Resource-based Theory and Five Schools of Thought within Industrial Organisation Economics: Do We Have a New Theory of the Firm?" *Journal of Management*, 17(1): 121-154.

Crozier, M. 1964. *The Bureaucratic Phenomenon*. Chicago: University of Chicago Press.

Cutcher-Gershenfeld, J., et al. 1995. "Japanese Team-based Work Systems in North America: Explaining the Diversity." *California Management Review* 37(1): 42-64.

Dertouzos, M. L., R. K. Lester, and R. M. Solow. 1989. *Made in America: Regaining the Productivity Edge*. Cambridge, Mass: Mit Press.

Dill, W. R. 1958. "Environment as an Influence on Managerial Autonomy." *Administrative Science Quarterly* 2: 409-443.

DiMaggio, P. J., and W. W. Powell. 1983. "The Iron Cage Revisited: Institutional Isomorphism and Collective Rationality in Organizational Fields," *American Sociological Review* 48 (2) : 147-160.

Donaldson, T., and L. E. Preston. 1995. "The Stakeholders Theory of the Corporation: Concept, Evidence, and Implications." *Academy of Management Review* 20 (1): 65-91.

Dyer, J. H. 1996a. "Does Governance Matter? *Keiretsu* Alliances and Asset Specificity as Sources of Competitive Advantage." *Organization Science* 7 (6) : 649-666.

Dyer, J. H. 1996b. "Specialized Supplier Networks as a Source of Competitive Advantage: Evidence from the Auto Industry." *Strategic Management Journal* 17 (4) : 271-292.

Edwards, R. 1979. *Contested Terrain: The Transformation of Work in the Twentieth Century*. New York: Basic Books.

Evan, W. 1966. "The Organization-Set." In J. D. Thompson, ed., *Approaches to Organization Design*. Pittsburgh: University of Pittsburgh Press.

Freeman, R. E., and D. Reed, 1983. "Stockholders and Stakeholders: A New Perspective on Corporate Governance." In C. Huizinga, ed., *Corporate Governance*, pp. 89-109. Los Angeles: University Press.

Fruin, W. M. 1997. *Knowledge Works: Managing Intellectual Capital at Toshiba*. New York: Oxford University Press.

Galbraith, J. 1973. *Designing Complex Organizations*. Reading, Mass.: Addison-Wesley. 〔梅津祐良訳『横断組織の設計：マトリックス組織の調整機能と効果的運用』ダイヤモンド社, 1970年〕

Hamilton, G. G. 1994. "Civilizations and the Organization of Economies." In N. J. Smelser and R. Swedberg, eds., *The Handbook of Economic Sociology*. Princeton, N. J.: Princeton University Press.

Hiromoto, Toshihiro. 1988. "Another Hidden Edge-Japanese Management Accounting." *Harvard Business Review* 66 (2): 22-26.

Hofstede, G. T. 1980. *Culture's Consequencrs: International Differencs in Work-Related Values*. Beverly Hills, Calif.: Sage. 〔万成博, 安藤文四郎監訳『経営文化の国際比較：多国籍企業の中の国民性』産業能率大学出版部, 1984年〕

Kenney, M., and R. Florida. 1993. *Beyond Mass Production: The Japanese System and Its Transfer to the United States*. New York: Oxford University Press.

Kochan, T. A., and S. Rubenstein. 1977. *Toward a Stakeholder Theory of the Firm: The Case of the Saturn Partnership*. Working Paper. Camgridge: Massachusetts Institute of Technology.

Kogut, B., and U. Zander. 1993. "Knowlege of the Firm and the Evolutionary Theory of the Multinational Corporation." *Journal of International Business Studies* 24 (4) : 625-645.

Kotler, P., L., Fahey, and S. Jatusrpitak. 1985. *The New Competition: What Theory Z Didn't Tell You about Marketing*. Englewood Cliffs, N. J.: Prentice Hall.

Kunda, G. 1992. *Engineering Culture: Control and Commitment in a Hightech Corporation*. Philadelphia: Temple University Press.

Lawrence, P. R., and J. W. Lorsch. 1967. *Organization and Environment: Managing Differentiation and Integration*. Boston: Harvard University, Graduate School of Business Administration. 〔吉田博訳『組織の条件適合理論：コンティンシェンシー・セオリー』産業能率短期大学出版部, 1977年〕

Levitt, B., and C. Nass. 1989. "The Lid on the Gabage Can: Institutional Constraints on Decision Making in the Technical Core of College-Text Publishers." *Administrative Science Quarterly* 34 (2): 190-207.

Meyer, J. W., and B. Rowan. 1977. "Institutionalized Organizations as Myth and Ceremony." *American Journal of Sociology* 83 (2): 340-363.

Mintzberg, H. 1983. *Power in and around Organizations*. Englewood Cliffs, N. J.: Prentice Hall.

Nelosn, R., and S. Winter. 1982. *An Evolutionary Theory of Economic Change*. Cambridge, Mass.: Harvard University Press.

Nonaka, I. 1994. "A Dynamic Theory of Organization Knowlege Creation." *Organization Science* 5 (1): 14-37.

Nonaka, I., and H. Takeuch. 1995. *The Knowlege-Creating Company: How Japanese Companies Create the Dynamics of Innovation*. New York: oxford University Press. 〔野中郁次郎, 竹内弘高著　梅本勝博訳『知識創造企業』東洋経済新報社, 1996年〕

Perrow, C. 1970. *Organizational Analysis: A Sociological View*. Belmont, Calif.: Wadsworth. 〔佐藤慶幸監訳『現代組織論批判』早稲田大学出版部, 1978年〕

Perrow, C. 1981. "Markets, Hierarchies, and Hegemony: A Critique of Chandler and Williamson." In A. Van de Ven and W. Joyce, eds., *Perspectives on Orgaizational Design and Behavior*. New York: Wiley.

Pfeffer, J. 1981. *Power in Organizations*. Marshfield, Mass.: Pitman.

Pfeffer, J. 1992. *Managing with Power: Politics and in fluence in Organizations*. Boston: Harvard Business School Press.

Pfeffer, J., and G. Salancik. 1978. *The External Control of Organizations*. New York: Harper and Row.

Robinson, P. 1994. "Applying Institutional Theory to the Study of the Multinational Enterprise: Parental Control and Isomorphism among Personnel Practices in American Manufacturers in Japan." ph.D. diss., Massachusetts Institute of Tecnology, Sloan School of Management.

Robinson, Patricia, and Jun Yokokawa. 1997. "Comparing Corporate Governance Structures in Japan and the United States." Paper presented at the annual meeting of the American Sociological Association, Toronto, Aug. 13.

Scott, W. R. 1983. "The Orgaization of Environments." In John W. Meyer and W. Richard Scott, eds., *Organizational Environments: Ritual and Rationality*. Beverly Hills: Sage Publications.

"Stakeholder Capitalism" 1996. *The Economist* Aug. 10, pp. 23-25.

Stinchcomge, A. L. 1965. "Social Structure and Organizations." In J. G. March, ed., *Handbook of Organizations.* Chicago: Rand-McNally.

Thompson, J. D. 1967. *Organizations in Action.* New York: McGraw-Hill. 〔鎌田伸一他訳『オーガニゼーション・イン・アクション:管理理論の社会科学的基礎』国文館出版,1987年〕

Van Maanen, J. 1988. *Tales of the Field: On Writing Ethnography.* Chicago: University of Chicago Press. 〔森川渉訳『フイールドワーク物語:エクスノグラフィーの文章作法』現代書館,1999年〕

Weick, K. 1977. "Enactment Processes in Organizations." In B. M. Staw and G. Salancik, eds., *New Directions in Organizational Behavior*, pp. 267-300. Chicago: St. Clair.

Weick, K. 1995. *Sensemaking in Organizations.* Thousand Oaks, Calif.: Sage. 〔遠藤雄志,西本直人訳『センスメーキングインオーガニゼーションズ』文眞堂,2001年〕

Westney, D. E. 1987. *Imitation and Innovation: The Transfer of Western Oeganizational Patterns to Meiji Japan.* Cambridge, Mass.: Harvard University press.

Westuey, D. E. 1993. "Institutionalization Theory and the Multinational Corpration." In Sumantra Ghoshal and D. E. Westney, eds., *Organization Theory and the Multinational Corporation*, pp. 53-76. London: Macmillan. 〔江夏健一監訳『組織理論と多国籍企業』文眞堂,1998年〕

Wheelwright, S. C. 1981."Japan—Where Operations Really Are Strategic," *Harvard Business Review* 67-74.

Williamson, O. E. 1975. *Markets and Hierarchies: Analysis and Antitrust Implications.* New York: Free Press. 〔浅沼万里,岩崎晃訳『市場と企業組織』日本評論社,1980年〕

Williamson, O. E. 1985. *The Economic Institutions of Capitalism: Firms, Markets, Rational Contracting.* New York: Free Press.

Womack, J. P., D. T. Jones, and D. Roose. 1990. *The Machine That Changed the World.* New York: Rawson Associates/Macmillan. 〔沢田博訳『リーン生産方式が,世界の自動車産業をこう変える。:最強の日本車メーカーを欧米が追い越す日』経済界,1991年〕

Woodward, J. 1965. *Industrial Organization: Theory and Practice.* New York: Oxford University Press. 〔矢島鈞次,中村寿雄『新しい企業組織:原点回帰の経済学』日本能率協会,1970年〕

(訳・國島弘行)

訳者あとがき

　1990年代にオックスフォード大学出版社から『日本の経営経済シリーズ』（全9巻）が刊行されたが，本書はその中の1冊で，原題 "Remade in America: Transplanting and Transforming Japanese Management Systems"，1998年に刊行されている．

　本書の翻訳を思いたった第1の理由は，日本企業の経営システムに関する今日の研究状況に関係している．すなわち，日本では，当時，バブル経済崩壊後の長期不況から脱出することができず，1980年代には高く賞賛された「日本的経営」の評価は，一転，その限界説から終焉論へと180度の方向転換の真っ直中にあった．日本的経営の評価は経済の好不況と共に大きく変化するという傾向は現在も基本的には変わっていない．日本的経営は，確かに，多くの日本企業に共通して確認できる経営慣行やシステムであり，金融・経済・産業政策や制度およびわが国の法律や文化などの社会的環境要因と密接に関わりあって形成されたものであるから，日本企業の経営の成功や失敗が日本経済の動向と深いかかわりがあることは否定できない．しかし，日本経済全体の動向をすべて日本的経営のせいにすることができないのは言うまでもないことである．にもかかわらず，日本的経営に対する評価が景気の上昇期と下降期とで，その評価が全く逆転するということは，日本的経営の概念そのものがあいまいであり，日本的経営に対する認識やその方法にも問題があるということを意味する．つまり，日本企業の経営を総合的に把握する経営学の概念と方法論が，未だ確立していないか，それとも，確立はしているが社会的に普及していないか，2つに1つであるということになる．後者だと言い切ることは，私にはできない．

　これに対して，海外における「日本的経営」に対する評価も大きな変化を見せてきたが，その変化は日本企業の海外進出の増大と相関しているように思わ

れる．すなわち，1970年代から80年代における日本的経営＝特殊性論一辺倒から90年代以降の特殊性論プラス普遍性論へと変化してきた．このような変化は，その根底に，日本企業が海外の活動拠点を急速に増大させているという事実がある．また，そこでの評価が特殊論と普遍論の両論あるというのは，事実認識においてどちらかの間違いであるというよりは，日本企業の進出が現地の雇用の増大や企業の競争力の回復など現地に貢献する側面を有していると同時に，経営慣行の相違が現地の慣行との摩擦を生じさせたり，競争激化が新たな敗者を生み出すなど，新たな矛盾を発生させるという側面をもっているからではないのか．つまり，賛否両論があるというのは，現地日系企業の行動に対する事実認識の反映であるとは考えられないのか．

　「日本的経営」研究については，外国人と比べて日本の研究者には「日本的経営」研究のアドバンテージがある．海外から来た研究者と調査に同行すれば，言語，文化，時間や地の利，など，彼らのハンディキャップは歴然としている．しかし，われわれはアドバンテージを生かし切れているのであろうか？　「言語」を「言語による情報」，「文化」を「組織文化の情報」と置き換えてみると，われわれは企業情報や組織文化情報を企業から直接入手するために，どれほど努力をしているだろうか，そのための方法をどれほどもっており，その方法をどれほど鍛えているであろうか？　その点に限れば，日本の研究者は海外の「日本的経営」の研究から学ぶものが意外に多いのではないだろうか？全体の特徴を本質的にいかに評価するかについては，議論の余地があると思われる場合があるにもかかわらず，評価や議論の前提となる事実認識において，日本人の研究よりも海外の研究者による調査の中に新鮮さを感じることが少なくない．研究の発展は新事実の発見によるところが大きいのは，あらゆる科学に共通している．いったい，どうして，そんなことになったのであろうか．海外の日本企業研究の中には，自らのハンディキャップを埋めるために，どうすれば「日本的経営」の全体像を見失わないで，しかも日本的経営を構成する個々の側面や要素の本質的な理解に到達できるか，その分析に必要なデータをどうすれば必要な数だけ正確に収集することができるか，等々について，優れた経験に裏付けられた研究がある．MIT産業生産性調査委員会の『Made in America』

（草思社，1990年）や MIT 国際自動車プログラムの『リーン生産方式が，世界の自動車産業をこう変える。』（経済界，1990年）などがそれであり，本書もそのような研究書の一つであると考えたことが，本書を翻訳しようとした動機の一つである．

本書の翻訳を思いたったもう一つの理由は，その内容に関連している．その中でも，重要と思われる，主な内容を紹介しておこう．

第1章は，日本企業の経営システムの概念が，①日本的生産システムを中核的システムとして，②工場レベルの組織と管理，③企業のシステム（経営戦略，企業間関係，他），④社会的制度的環境（法律，教育制度，他），以上の「4階層」モデルとして整理されている．このモデルは，日本企業の経営システムの内で，ある程度無修正のままで外国に移転できるものはどれで，移転の際に著しく変質を受ける部分はどれで，新しく作らなければならないものは何か，などを認識するために有効なモデルである．

（第1部；自動車産業）第2章の主たる論点は，次の3点，すなわち，①日本的経営システムを構成する各管理方式の国際移転の程度は，受入国側の文化的・制度的環境から影響をうける，②移転の程度が環境からの影響を受けるとはいっても，企業は，その環境からの影響に応じた管理方式の修正や代替策の開発が可能であるし，環境そのものの形成・再編成もおこなうことができる，③このようにして移転された管理方式は，単に受入国内で実施されているということだけではなく，実際に移植工場の成果水準を押し上げている，ということである．

第3章は，合衆国にあるトヨタの2つの工場，NUMMI（労働組合が組織化）と TMMK（未組織化）のにおける人的資源管理方式について議論する．その結論は，①これら子会社の HRM は，全体としてみれば，純粋に日本的でもなければ，純粋にアメリカ的でもなく，むしろハイブリッドである．②日本的方法は作業組織，学習，および組織管理を処理する方式に採用されていたのに対して，ハイブリッド化は雇用関係の領域で基準とされている．③このハイブリッド化は2つのモデル（本文参照）から生じている．④若干異なる HRM システムの下で，2つの子会社は共に生産性と品質において世界クラスの水準を達成し

ている．

　第4章は，日本最大のベアリング・メーカーであるNSKの生産システムを日本から米国の子会社に移転する努力を分析する．日本から米国工場への海外派遣要員およびその逆方向への移動が継続的に行われた．NSKはその移転努力を技術的生産システムのノウハウとそれに付随する方式に集中したけれども，米国工場への移転が進行するにつれて，NSKの方式が現地の関係者によっていかに「再構築」され，その意味が変質されたかを明らかにしている．

　第5章では，合衆国を基盤にするサプライヤーの改善を支援するホンダの取り組みを分析する．自動車部門における日本的経営システムの移転に関する研究は成功した事例を描いたものが多いが，移転されたもののほとんどは，本書の4階層モデルにおける生産システムの中核かそれに近いところに存在するものである．その核から外に出るにつれて，ハイブリッド化や米国方式の採用という形態の移転が標準になることを解明している．

　(第2部；エレクトロニクス産業) 第6章は，ヒューレット・パッカード社が日本の品質改善に関する考え方を採用し応用したプロセスの調査と分析である．著者は，日本の品質改善の考え方は米国のHPの文化と方式に調和する必要があるとして，その変容について考察している．彼は，成功するためにはそのための固有の道があるとし，学習と実行との間の溝を関係者がいかにして埋めるかについて論じている．

　第7章は東芝の写真複写機とその周辺技術の移転に関する3つのケースを採り上げて，国際的技術移転における「工場固有の組織学習 (SSOL)」の重要性について調査する．ビジネス環境が大きく異なる場合，移転の成功は自立的な学習システムを現地の方式に基づいて実際に創造することである．移転の失敗は，何が移転されるのかについてあいまいなモデルと，受け手側の資源と絞込みの不足とによるものであることが分析されている．

　第8章は，日本と合衆国にある日本企業のテレビ組立作業について比較・考察している．日本企業が合衆国に移植工場を立ち上げるときには，生産システムの核 (コア) に当たるいくつかの構成要素 (some components) だけが移転されて，人事管理方式あるいは広い意味での経営構造は実質的には何ら移転され

ない．その代わりに経営システムには伝統的な米国的方式が使用される．そうした移植工場の事業業績は中庸である．標準製品の製造では高い効果を達成したが，組織のケイパビリティやパーフォーマンスの発達に時間がかかりすぎて遅いという事実を発見し，自動車の移植工場と比較し，その原因の解明に挑む．

第9章は，海外派遣監督者の役割を調査する．日本の管理方式を移転し，米国移植工場の現在の支配を維持するために，ロワー・レベルの海外派遣監督者が，自動車産業よりもエレクトロニクス産業において多く行われている．この章はそのような工場の1つについて叙述し，従業員による日本人監督者の受け止められ方に関する調査資料について，同じ施設で米国人の監督が評価される方法と比較した結果を提示する．その中で，日本人の監督の思いやりと友情に対しては，部下がいい仕事をして応じたのであるが，アメリカ人の監督の同様な行為に対しては，部下は責任逃れと見なした，という注目すべき分析が示されている．

第2部では，最後に，第1部の自動車産業に関する章とエレクトロニクスに関する章を比較して，両者は技術的にもシステムの移転の成功という点においても，やや異質であるとして，その原因の一部分は，「恐らくこれは日本本国のエレクトロニクス産業には，主要な企業全てに対して共通の『参考書』として役立つトヨタ生産システムに匹敵するものが何もない」ことにあると，極めて衝撃的な指摘を行っている．

(第3部；産業横断的研究) 第10章は，日系の北米現地工場が，日本の製造方式に酷似しながらも実際には米国の影響を反映している「革新的」な製造方式をどの程度採用しているか，その程度を初めて調査・分析したものである．その調査は米国に設立された日本の移植工場の間で生産作業を管理する方法には極めて著しい多様性があることを明らかにする．一方の端には「革新的」な作業システムモデル，他方の端には伝統的な「テイラー主義的作業システム」が存在している．革新的な作業システムの採用は自動車産業の顧客に供給する移植工場において，他の産業に供給する移植工場の間におけるよりも一層顕著に普及している．

第11章は，ジャスト・イン・タイム・システム方式が，広い範囲の産業における多くの米系・日系の工場の業績に与える影響を分析する．そのために，JIT方式を3つのレベルに区分する．第1は，ロット・サイズや段取り時間の短縮およびJITのスケジューリングのようなJITの「中核」的方式である．第2は，QCや労務管理のようなJITの「インフラストラクチャー」的方式である．そして第3は，長期的雇用や資本系列のような経済的ワイドの企業慣行や市場パターンである．この区分にもとづいて，著者たちは，日本でJITを支えているインフラのほとんどは移転されていないにもかかわらず，JITアプローチは合衆国でかなり高い業績利益をあげている事実を発見し，分析している．

（第4部；理論的見解）第12章は，ここまでの章から理論的課題を引き出すような概念的議論を提示し今後の調査のための方向を示唆する．

　本書は，日本企業と米国企業が日本的製造方式を合衆国に持ち込むときに何が起きているのかに焦点を当て，独自の調査に基づいて，極めて注目するべき分析結果を示している．その内容は，著者たちも言うように，「全体としてみれば，これは複雑な進化のプロセスである」ということを示している．原書が刊行されてから6年，現代企業は，急速にアジア市場，特に，中国，台湾，韓国への進出を増大させている．今後も，ますますグローバル市場経済化が進む中で，この進化プロセスを，アジア諸国への日本的経営システムの普及を含めて，全体として正しく認識する必要がある．本書が用いている経営システムの「4階層」モデルは，先進工業国だけではなく，発展途上国への経営システムの移転を科学的に認識するための有力な概念モデルであると確信している．

　原書の刊行は，1998年となっているが，同年の7月，私は『日本的経営の進化』を上梓し，その中で，「経営システムの階層的特性」概念を発表していた．そこでは，経営システムは，「経営方針・計画」，「経営戦略」，「経営管理制度・組織技法」，「生産技術」からなる階層的特性をもち，それが，さらに「社会・文化」，「経済・産業構造」と相互規定関係にある，としている（税務経理協会，20～21ページ）．当時は，欧米の研究者の中にも私と同じような考え

方を持つ研究者がいることに，深い感動を覚えたものである．

　原書を翻訳する意義はきわめて大きいと思われたが，400ページを超える大著であり，私も研究課題を抱えており，1人で翻訳に取り組むのは，時間的にも厳しいと思われた．そこで，同じ学部の私の同僚とゼミの卒業生に協力を呼びかけたところ，快く引き受けていただいたのが，同僚の河邑肇氏（第5章を翻訳分担．以下同様）であった．自分の研究，ゼミ合宿などの教育，学部改革さらには教員組合の仕事など，実に忙しい中にもかかわらず，ご協力をいただいたことに，感謝したい．ゼミの卒業生で大学の教員になっている者からも，力強いご協力を戴いた．國島弘行氏（第12章），中川香代氏（第6章），田中史人氏（第4章），および飛田幸宏氏（第9章）には，本務校の仕事があるにもかかわらず，原稿の締め切りや構成の締め切りを守っていただいたことに感謝したい．

　その後，大学院後期課程の講義で院生諸君と週1回の輪読を始めたが，院生諸君からも，「本格的に読みたい」「是非，翻訳をしましょう」と、積極的に応じてくれた．2003年の6月頃であった．したがって，原書の翻訳に当たっては，院生諸君の熱意と行動力がなければ，ここまで到達できたとは思えない．李廷珉君（第8章），岡村龍輝君（第2章），島内高太君（第10章），奥寺葵君（第11章），山田雅俊君（第7章）に，先ず感謝したい．

　思い起こせば，最初の翻訳原稿を中央大学の湯河原寮に持ち寄って，まる2日間，内容の確認，訳文と訳語の調整をめぐって議論しながら，本書の翻訳の意義を再確認したのが2004年の3月であった．その後，各自が翻訳作業に入り，いくつかの章を残して最初の原稿を中央大学の出版部に入稿したのが6月の末であり，9月からは初校ゲラをもとに大学院生の担当部分について訳語の調整を重ね，全部の章の再校ゲラが揃ったのが昨年の12月の初めであった．そのあと，「索引」の作成と「第三校」に入ってから予想外の時間がかかった．その原因は，最終校正と「索引」の作成を，ともに各自の担当の他に他人が訳した章についても各自1章ずつ分担したことによるところが多いと思われる．こうして，今年の2月の初めまで，企業研究所の「予算上，年度内刊行」とい

う大義名分の下，文字通りの「夜を日に継ぐ」苦闘が続いた．その間は，5人の院生諸君と共に，中央大学の2号館（研究棟）12階の共同研究室に午前中から集まり，翻訳文章や訳語および索引項目などを集団で検討し，何日も夜遅くまで議論した．この5人の院生の頑張りには，改めて感心したことを記して，心から「ありがとう」と言いたい．

　日本の「P. アドラー研究者」として知られる篠崎恒夫氏（札幌大学教授）から，第1章と第2章の訳文について，私の拙い訳文や誤訳に対して適切なご指摘や貴重なアドバイスをいただいたのも，年末から2月の初めにかけてであった．日頃からのご厚情と合わせて，心から感謝する次第である．

　また，黒田兼一氏（明治大学教授），関口定一氏（中央大学教授）および稲葉隆一氏（米MIT航空宇宙産業労働調査計画センター・協力研究員）には，労務管理や労使関係の専門用語について貴重な助言をいただいたことを記して，感謝を申し上げる．

　この翻訳は，中央大学企業研究所の『翻訳叢書シリーズ』の中の1冊として刊行される．そのために，「21世紀型企業経営とビジネスモデルに関する研究」チーム（主査；日高克平教授）と「新技術基盤型企業の研究」チーム（主査；本庄裕司助教授）のご理解とご協力をいただいて初めて，翻訳作業が研究所の仕事としてスタートすることができた．お二人の主査とチーム・メンバーに感謝を申し上げる．

　中央大学研究所合同事務室の職員の皆様，特に，石井典子さんには，さまざまな種類の便宜やお願いを，いつも快く引き受けていただいている．この機会に，感謝の意を表したい．

　最後に，中央大学出版部の平山勝基さんと松尾あずさんの絶妙なコンビによる叱咤と激励がなければ，年度内刊行はできなかった．お二人に，心から感謝を申し上げたい．

　このように，本書は，翻訳に直接参加した6人の研究者と5人の大学院生の共同の成果であるだけではなく，翻訳にあたって日本語文や専門用語の邦訳について貴重な助言をいただいた方々のご協力の賜物である．しかし，もしも本書の翻訳に間違いがあれば，その責任は監訳者たる私自身のものである．

本書の刊行が，日本企業の経営システムに対する研究を一段と発展させる契機となれば，それに勝る喜びはない．

2005年2月21日

　　　　　　　　　　　　　　　　　　　　　　　　　　　林　　正　樹

索引

事項索引

[あ行]

アンドン andon　364, 380

暗黙知 knowledge, tacit　176-181, 183-185, 207, 269

意思決定の曖昧さ ambiguity in decision making　312

移植工場
　（海外・米国）移植工場
　（海外工場・現地工場）
　transplant　1-3, 51, 104, 109, 215, 219-220, 249, 251, 258, 267, 358, 381-383, 456, 494-495, 497-503, 507, 509, 516

移転 Transfer　16-17, 21-22, 31-32, 37, 204, 208, 221, 250, 252, 263, 270, 299, 312, 453-455, 488, 492, 493-495, 497, 506-507, 521-526

　――の創発的プロセス（論）
　　emergent process perspective of　507

　――の論理 the logic of ――　521-526

　転移性遺伝子型 jumping genes　350-351

　ハード/ソフト技術の hard vs. soft technologies　151, 161, 335

　移植と変革 transplantation and transformation　324, 327

　移転元と移転先 senders and receivers　253-258, 283, 324

　工場間―― factory to factory ――　347

イノベーション innovation　23, 85, 154, 495, 501

　イノベーションの普及（説）
　　innovation diffusion perspective　18-23, 25, 41

異文化関係 intercultural relations　151, 419-420, 444, 446

入れ子モデル nested model　157

埋め込み型階層モデル embedded layer model　5, 8, 34, 40

エルゴノミクス（人間工学的）管理方式
　ergonomic practices　74, 112, 133-134

オフ・ザ・ジョブ・トレーニング（Off-JT）
　119, 366, 369, 380, 387, 398, 458-459, 461, 465, 469, 473, 476, 479, 482

オン・ザ・ジョブ・トレーニング（OJT）
　115, 184, 242, 368-369, 380, 387, 398, 493

[か行]

海外派遣（社員） expatriate workers　64-65, 88, 155, 164-165, 168, 173, 182-183, 187-189, 191, 196-197

　海外派遣監督（者） expatriate supervisors　38, 409-412, 419, 423, 425, 428, 440, 446-447

　海外派遣管理者 expatriate manager　334, 340, 343, 413, 422, 446, 529

カイゼン kaizen　4, 12, 60, 116-117, 122, 196, 206, 243-244, 249-251, 272, 324, 379, 389, 454, 509

改善活動 continuous improvement activity　5, 11, 54, 60-62, 66, 108, 116, 181, 183, 192, 195-197, 212, 217, 225, 240, 249, 252, 257, 262, 272, 285, 364, 384

階層（性） hierarchy　5-8, 28, 132, 200, 203, 208, 317, 328, 344, 494

階層モデル（4階層モデル） four-layer model　6, 25, 29, 35

（上下関係の）格差設定 boundary spanning　75

革新的作業システム innovative work system　40-41, 460, 466-482

学習プロセス leaning process　7, 35, 103, 139, 252, 280-282, 315

カスタマー関係 customer relations　203, 207, 252, 270, 475

ガバナンス governance　15, 417

環境の影響力 environmental influences　49-51, 84

監督（者） supervisors　55, 112, 117, 119, 129-130, 160, 189-190, 184, 204, 232, 459-461, 465, 474, 487, 490,

　――の従業員に対する圧力 pressure on

employees from —— 425-439
——の役割 role of —— 103, 113-114, 139, 367, 371, 373, 375, 379, 392, 394-395, 398, 490
カンバン（かんばん）kanban 5, 7, 163, 180, 363, 487, 489
官僚制 bureaucracy 310-311, 317, 496
——のイネーブル（活性）化 enabling bureaucracies 13-15
企業別組合 enterprise unionism 53-55, 58, 66, 84, 123, 170, 186, 365, 398, 494-495
技術移転 technology transfer 68, 75, 151-157, 161, 164-165, 175-176, 178, 199, 241, 282, 299, 323-325, 327, 333, 347, 351, 410, 445-446, 496
技術的技能 technical skill 256, 326
技術の定義 technology, definition of 175-176
技能開発 skill development 460-462, 465, 467-469, 472-473
競争優位 competitive advantage 49-53, 55, 75-76, 153, 184, 187, 196, 215, 453, 465, 491, 503, 505-506, 522
規律 discipline 103, 114, 139, 169, 177, 182-183, 191-192, 419, 527, 536
規律の高い作業 highly disciplined work 4
勤務態度と業績 attitudes and performance 411, 413-415, 417-418, 424-425, 428-438, 440-445
クオリティ・コントロール・サークル（QCサークル）
quality circles/quality control circles 12-13, 60-61, 65, 67, 103, 117-120, 134, 139, 196, 221, 248-249, 272, 364, 384, 458-459, 461-462, 471, 528
NSKの—— ——at NSK 177, 185-186, 190, 196-197
テレビ組立工場の—— ——in television assembly plants 375, 379, 387, 392-394
東芝の—— ——at Toshiba 335-336
トヨタの—— ——at Toyota 117-120
ヒューレット・パッカードの——
——at Hewlett-Packard 288, 290, 312
苦情処理 grievances 60, 103, 125-126, 136, 139, 216
グループリーダー group leader
組長（自動車産業）kumicho 103, 110,

117, 185
班長（電機・機械産業）hancho 193, 362, 374-376, 393, 397
訓練（および職務横断的）training, and cross-training 53-54, 58, 63-64, 66-67, 84, 88, 109-110, 113-115, 139, 164, 179, 184, 195, 200, 221, 228, 244, 290, 301, 304, 306, 326, 341, 349, 365, 368-369, 373-374, 410, 413-415, 418, 422, 432, 441-442, 444, 446, 468-473, 476-477, 479-480, 482, 492-494
形式知 explicit knowledge 176-177, 180-181, 199
契約労働者 contract workers 54, 359, 366, 371
ケイレツ（系列）keiretsu 7-8, 40, 76, 78, 495-497, 533
健康と安全 health and safety 103, 125, 133-135, 139, 162, 192, 195, 374, 487, 432, 435
考課給（能力給）merit pay/increases 56-57, 132, 371
工場
親工場 parent plant 26, 154, 157, 161, 166-167, 169, 174, 198, 325, 331, 339, 345, 347-348, 351-352, 412
子工場 offspring plants 347
姉妹工場 sister plants 23, 65, 86, 106, 154, 174, 399, 403, 423
マザー工場 mother plants 23-24, 107, 154, 157, 164, 332, 402
工場固有の組織学習 site-specific organizational learning (SSOL) 153, 323
工長 assistant manager 103, 117
工程改善 process improvement 54, 60-62, 66, 110, 181, 183, 192, 195-197, 206, 212, 217, 225, 240, 249, 252, 257, 262, 298, 460-465, 467, 469-471, 473-474, 476-477, 479, 481
コンカレント・エンジニアリング（同時並行開発）concurrent engineering 474
混合的作業システム mixed work system 473-477, 479, 482
コンテクスト context 1, 3, 6, 25, 32, 34, 58, 97, 99-100, 109, 143, 184, 198, 200, 208, 213, 327, 331, 335, 341, 350, 378, 445, 507, 515, 523
再コンテクスト化（再文脈化）recontextualization 34, 93, 97, 112-113, 117, 120, 151-154, 156, 165, 175-181, 183, 185, 192, 196-200, 344, 515

索　引　559

混流生産　mixed-model production　4, 488, 493

[さ行]

在庫管理　inventory levels and control　66-68, 76, 78, 161, 163, 180, 206, 474-475, 487
作業グループ　work group　58-61, 118, 133, 155, 366, 372, 414, 462-463, 465, 480-481
作業原理と作業方式
　work principles and practices
　　高度参画型の——　highly-involvement ——　60, 63, 65, 70
　　自動車産業の——　——in the auto industry　49-53, 65-66, 68, 79, 81, 83-85, 151-152
　　日本的——　Japanese ——　53
作業者（労働者）参画　worker involvement　53, 61, 67, 75, 186, 196 215-216, 221-222, 285, 400-401, 460-464, 467-473, 479, 490
サプライチェーン　supply chain　7, 16, 203-204, 475
サプライヤー　supplier　12, 15-16, 34-35, 40, 76-78, 81-82, 84-85, 159, 203-204, 206-218, 222, 227-230, 232, 234-235, 237, 239-241, 249-251, 254-273, 488-489, 491, 495-497, 508-509
　　——関係　——relation　7, 35, 49, 51-52, 75-79, 84-85, 153, 204, 207, 209, 456, 475, 489-500
　　——の育成　——development　35, 78
　　自動車部品——　automotive ——　210, 456, 466-470, 474, 477-478, 480, 482
残業時間　overtime　117, 124, 131, 136, 188 243
産業内訓練（TWI）　Training Within Industry　114-115
資材所要量計画（MRP）　material requirements planning　177, 180
支持団体幹部会（コーカス）　caucus　103, 123
システム埋め込み性　system embeddedness　152, 175-179, 185
自動化（オートメーション）　automation　5, 32, 51-52, 68-75, 84, 161, 171, 173, 178, 226, 228, 295, 323, 363-364, 366, 379, 388, 393-394, 397
ジドウカ（自働化）　*jidoka*　237
自動化支援ツール　automation-assist tools　74-75
資本主義企業　capitalist firm　26

社会化　socialize　63-64, 66, 84, 176
社会技術システム・アプローチ（論）
　sociotechnical system approach　195, 197
社会システム　social system　152, 155, 175, 178, 182-183
ジャスト・イン・タイム（JIT）・システム
　just-in-time systems
　　4, 10, 19, 40-41, 108, 206, 325, 363, 487-511
終身雇用　lifetime employment　53-54, 58, 84, 122-123, 139, 459, 495
上級管理者（部課長クラス）　senior manager　65, 108
小集団活動　small-group activities　4, 12-13, 111, 194-195, 328, 342, 374-375, 387, 490
昇進方式　promotion practices　55-58, 103, 111, 118, 129-130, 133, 139, 326, 367, 371, 374, 379, 454, 460, 465, 468, 490
情報共有　information sharing　103, 120-121, 139, 264, 280, 460-461, 463, 471
職場民主主義　workplace democracy　186, 195, 197
職務記述書　job descriptions　190, 371, 373-376
職務区分　job classifications　53, 56, 109, 112, 139, 170, 190, 370, 373, 376, 386, 391, 429, 461, 464, 468, 494
職務等級　job level　56
職務満足　job satisfaction　107
ジョブ・ローテイション　job rotation　32, 53, 58, 60, 63, 103, 112-113, 139, 190, 368-369, 384, 458, 460-461, 465, 468, 480-481, 493, 528
ジョブ・ポスティング（欠員募集広告）
　job posting　130
自立　self-reliance　35, 210, 260-262, 268, 272
自律化（自律性）　autonomy　7, 31, 110-111, 134, 141, 174, 190, 200, 292, 325
　　自律的事業部　autonomous business　222, 227, 283, 402
シングル・ループ学習　single-loop learning　326-327
人事雇用（採用）管理　personnel recruitment and selection　62-63, 103, 105-106, 110, 123, 127-129, 139, 365-366, 395, 490
　　雇用（採用）　hiring　63, 284, 326, 339, 349, 454, 475

募集　recruitment　　　　　　　63, 533
選抜　screening　　　　　　63, 66, 84, 103
新制度論　institutional theory　　98-99, 140-141, 518-519, 524
人的資源管理（HRM）　human resource management（HRM）　7, 33-34, 36, 458, 481, 495, 507-508, 526, 531
　——のハイブリッド化　hybridization of ——　103, 139
　自動車産業の——　—— in auto industry　49, 51-53, 64-66, 68, 70, 75, 79, 95-102, 107-108, 133, 135-145
　NSKの——　—— at NSK　　　　194
　NUMMIとTMMKの——
　　—— at NUMMI and TMMK　495, 507
　トヨタの移植工場の——
　　—— at Toyota transplants　97, 103, 139
親睦行事　social activities　　　　　375
生産性　productivity　79-81, 83, 85-86, 187, 142, 192, 195, 279, 284, 463, 476, 491, 509
生産の平準化　production leveling/smoothing　4, 108, 487
生産技術　production engineering　49, 369, 396, 497
製造戦略　manufacturing strategy　265, 488-492, 498-499, 508
制度的環境　institutional environment　6, 8, 49-51, 53, 65, 68, 77, 79, 84-85
製品開発　product development　174, 206-207, 370, 496, 499-500
製品設計　product design　73, 76, 300, 351, 387, 474, 488-491, 497, 510
製品戦略／製品品種　product strategies/variety　49, 51, 70, 73, 82-83, 85, 159
全社的品質管理　Corporate-Wide Quality Control（CWQC）　　　　　　　　　　　305
先任権制度　seniority system　　398, 536
全米自動車労働者組合（UAW）　United Auto Workers　54-55, 110, 116, 123-124, 128, 130-132, 138-140, 158, 167, 187, 189, 192, 199, 227
総合的生産性　total productivity　324-325, 334, 343
総合的品質管理（TQC）　Total Quality Control　285-289, 291-294, 296-299, 301-306, 311-314
総合的品質経営（TQM）　Total Quality Management　10, 20-21, 161, 163, 324-325, 330, 335, 458, 474-475, 482
創造性　creativity　　　　　　　　　285
組織学習　organizational learning　12, 35, 85, 102-103, 139, 140-141, 153, 173, 204, 249, 252, 326, 329, 348, 350, 444, 447, 459-460, 470, 481
組織論（の理論的潮流）　perspective, organizational　516
　戦略的組織設計論　strategic design ——　517, 521, 526, 529, 532, 537
　社会構成主義的組織論　social construction ——　518, 522, 528, 530, 534, 538
　ポリティカル組織論　political ——　519, 525, 529, 531, 535, 538
ソフト技術（知識・ノウハウ）
　soft technologies（knowledge, know-how）　151, 161, 174-175, 178-180, 199

[た行]

ダウンサイジング　downsizing　123, 172-173, 317, 475-476
多焦点戦略　multifocal strategy　　7, 328
多職能遂行能力　multifunctional capability　7, 328
多能工（作業者多職能制）
　multiskilled workers, worker multifunctionality, multifunctional skilled trades workers　109, 114, 157, 206, 488, 490, 492-494
多技能性　multiskilled capability　　　328
ダブル・ループ学習　double-loop learning　326-327
短期雇用労働者　temporary worker　54, 123
団体交渉　collective bargaining　105, 122, 125, 174
段取り替え時間　changeover times　7, 107, 116, 161, 163, 239, 397, 487, 489, 493
チーム　teams　12, 53, 58-60, 65, 74, 84, 112, 155, 179, 185, 206, 212-214, 220, 490
　——の自律性／自律的——
　　autonomy of ——／self-directed ——　110-112, 141, 167, 174, 190, 192-197, 227, 458-459, 467, 480, 520, 525, 535
　——生産　—— production　53, 103, 110-112, 139
チームリーダー
　班長（自動車産業）　team leaders　59, 103, 110-111, 117, 129, 132, 185-186, 193, 244,

索　引　561

490
チームワーク　teamwork　36, 58, 112, 128, 155, 177, 193-197, 328, 385, 460-462, 467, 469-473, 475, 479, 528, 534-535
（経営者と従業員の）地位の境界／格差　status barriers, management and employee　53, 62, 121, 460-461, 468
知識移転プロセス　knowledge transfer process　204, 251-255, 258, 261-265, 269-270
知識創造　knowledge creation　399, 525
　小集団活動による―― ―― from small-group activities　11-12, 328
　組織学習に基づく―― ―― at best of organizational　11-12, 326
賃金および諸給付　wages and benefits　56-58, 84, 103, 124, 130-133, 139, 379, 490-491
賃金格差　pay differentials　55-56, 130-133
提案制度　suggestion programs / systems　32, 58, 60-63, 66-67, 103, 108, 116-117, 134, 136, 139, 243, 390, 394, 460, 464, 468, 471
低価格入札　low-bid system　229, 235
テイラー主義的作業システム　Taylorism / Taylorist work system　18, 40, 471-482
適応　adaptation　1, 32, 36, 83-85, 88, 96-98, 100, 108, 151-152, 157, 198-199, 282, 285, 311, 318, 324, 326-327, 331, 345, 347-348, 351, 454, 459, 479, 495, 507, 515, 521
　制度的・経済的環境への―― ――to institutional and economic environments　325-326, 536-537
適用　adoption　97, 100, 108, 212, 263, 282, 483, 488, 507
　アメリカ型の―― ―― of American patterns　391-395
　管理技法の―― ―― of management techniques　1
デミング・サイクル　Deming cycle　290
デミング賞　Deming Prize　287, 289, 294, 303, 317
統計的工程管理　statistical process control　162, 225, 458, 461, 464, 491
導入　adoption　1, 40, 455, 477
トップダウン　top-down　186, 195, 272, 317, 509
徒弟制度　apprentice (ship) system　12, 115

トヨタ生産システム（TPS）　Toyota Production System　2, 4, 7, 9, 19, 32-33, 108-109, 114, 119, 138, 161, 207, 237, 272, 323, 487, 507-508

[な行]

日本的経営システム（JMSs）　Japanese Management Systems (JMSs)　2-4, 8-9, 15-18, 23-26, 29-32, 35, 38, 50, 52-53, 154, 161, 323-325, 327-331, 333-334, 342, 345, 351-352, 488, 495, 507
　――の定義　defining ――　3-8, 23-25
　――と経営革新の関係　innovation characteristics of ――　23-25
　――の階層制　layers in ――　5-8
年功（序列）制度／賃金　seniority-based system / wages　53, 55-58, 141, 187, 371-374, 386, 495

[は行]

ハード技術（用具，設備）　hard technologies (tools, equipment)　151, 161, 174-175, 178-180, 199, 203-208
ハイブリッド化　hybridization　33, 36, 95-145, 454, 459, 495, 515, 537-538, 540-541, 515, 526-529
バカヨケ（ばかよけ）　bakayoke /errorproofing　4, 108, 162
バッファ（種類と水準）　buffers, types and levels of　51-52, 66-68, 76, 78-79, 88, 180, 206
PDCAサイクル　Plan-Do-Check-Act cycle　290, 307, 310-311
標準作業手順（SOPs）　standard operating procedures　155, 160, 176-178, 181-183, 192, 196, 326, 342
品質　quality　4, 81-83, 85, 142, 162, 192, 195, 279, 281, 283-289, 291-296, 298, 300, 303, 312-319, 460-461, 464-465, 471, 474-475, 489, 497
　――管理　quality management　66, 190, 221, 223-224, 233, 280-283, 286, 288-289, 299, 304-306, 312-315, 317-318, 384, 454, 461, 463-464, 468, 471, 476, 481, 488, 491-492, 497-499, 508-509
　――の造り込み　building quality　4, 7
普及　diffusion　12, 18, 49, 330
プル・システム　pull systems　7, 161, 180, 487, 489, 492
フレキシビリティ（柔軟性）　flexibility　5,

128, 160
──（柔軟な）生産ライン　flexible production line　　　　　　　　161, 180, 200
プロセス・イノベーション　process innovation　　　　　　　　　　454, 525
文化的依存　cultural dependency　　　50
文化的な環境（移転に対する影響）
　cultural environments, effect on transfer
　49-51, 53, 65, 68, 79, 84-85, 87, 152, 497
ベスト・プラクティス　best practice models
　34, 50, 194, 197, 525
　　ホンダの──　BP process, at Honda　23,
　　204, 212-253, 255-265, 269-272
ボーナス・プラン　bonus plan　　55-57, 62,
　121, 130-132, 525
ホウシン（カンリ）・方針管理（方針計画）
　hoshin management (kanri)
　hoshin planning
　282, 290, 304-311, 319, 324, 335-336
ボトム・アップ　bottom-up　　62, 116, 186
保全作業者　maintenance workers　　56, 73,
　163, 187, 191

[ま行]

目で見る管理　me de miru kanri campaign,
　visual controll　　4, 9, 108, 162-163, 177,
　180-181, 243, 343
目標管理（MBO）　management by objective
　306-308
問題解決　problem solving　　60, 118, 125, 185,
　203, 215, 218, 221, 223, 232, 242, 258, 265, 290,
　299, 301, 318, 340, 460-464, 473, 475, 490

[や行]

予防保全　preventive maintenance programs
　5, 7, 9, 13, 74, 161, 163, 271, 335, 488

[ら行]

リーダーシップ訓練・養成　leadership training
　414, 440-441
リーダーシップ研究　leadership style studies
　414, 417, 419-420, 424, 442, 447
リーン生産　lean production　　2, 34, 95, 203-
　204, 206-208, 215, 240, 249, 252-255, 258-
　259, 261, 264, 269, 270, 323, 475, 541
離職（率）　turnover　106, 108, 253, 341, 348-
　350, 370-371, 428, 431-433, 436, 440, 443,
　475-476
両立可能性　compatibility　　　　23-25, 99

レイオフ　lay off　　54, 105, 115, 122, 143,
　169-170, 173, 199, 214-215, 239, 253, 458-
　459, 475-476
労使関係　industrial relation/labor relation
　2-3, 7, 53, 103, 105, 123-125, 138-139, 169-
　170, 186, 199, 357, 381, 454, 459, 494, 501,
　528
労使協定　agreement　　54, 134, 174, 189, 334
労働組合　union　　11, 15-16, 33, 54-55, 59,
　96, 99, 101, 105-107, 110-114, 121, 123-125,
　128-129, 174, 186-187, 197, 227, 233, 386,
　391, 400, 475-477, 492, 494, 509, 536, 541
　　──と苦情処理　── and grievances
　　54-55, 125-126, 139, 536
　　──と団体交渉　── and collective bargaining
　　122-126, 174, 216
労働協約　union contract/labor contract
　54-55, 116, 122-125, 132, 167, 170, 187
労働組合組織化地域（既鉱工業化地域）
　brownfield　　67, 140, 158, 348, 352, 387,
　475
労働組合不在型企業　nonunion firm　　54-55,
　104, 120, 124, 126, 129, 132-133, 136-137,
　541
労働組合未組織化地域（未鉱工業化地域）
　greenfield　　30, 101, 140, 158, 267, 348,
　358, 383, 390-397, 412, 475
労働組合モデル
　union model
　　進歩的──　progressive union model
　　33, 139, 142
　　──代替戦略　union substitution strategy
　　104, 121, 124, 129-131
　　──代替モデル　union substitution model
　　33, 115, 123, 126-127, 129, 132-133, 135,
　　138-139, 142
労働の人間化　humanization of work　　113
ロット・サイズ　lot size　　　　　　487-488

会社名索引

[あ行]

オリオン（Orion） 382

[か行]

カワサキ U.S.A.（Kawasaki U.S.A.） 493
関西電力（Kansai Electric） 281
キャピトル・プラスチックス社
（Capital Plastics） 205, 229-234, 246, 250-251, 254-256, 259, 265
クライスラー社（Chrysler） 262, 273
グリーンビル・テクノロジーズ社
（Greenville Technologies：GTI）
205, 240, 246-250, 254, 258, 266
コマツ（Komatsu） 305

[さ行]

三洋電気（Sanyo） 358, 360, 362, 365, 382-388, 397, 403
シャープ（Sharp） 362, 365, 382, 403
住友電工（Sumitomo Electric） 177, 240, 258
住友電装
（Sumitomo Electric Wiring Systems：SEWS）
205, 240-246, 249-250, 254, 258, 265-266, 272
ゼネラル・ダイナミクス社
（General Dynamics） 135
ゼネラルモーターズ社（General Motors：GM）
95, 105-106, 128-129, 132, 261-262, 271, 285, 295, 455, 495-496
ゼロックス社（Xerox） 281
ソニー（Sony） 358, 365, 381-382, 390, 395-396, 401, 412, 453, 522

[た行]

ダネリー社（Donnelly Corporation） 205, 214-222, 226, 250-251, 254-255, 259, 265-266, 271-272
タワー自動車（Tower Automotive） 205, 214-215, 222-229, 235, 250-251, 254-256, 259-261, 263, 265
東芝（Toshiba） 360, 365, 382, 403
アメリカ東芝システムズ
（Toshiba Systems America） 338
アメリカ東芝トナー製品部門
（Toshiba America's Toner Products Division）
332, 336, 349
東芝のカリフォルニア州アーバイン工場
（Toshiba's Plants in Irvine, California）
331, 338
東芝のサウスダコタ州ミッシェル工場
（Toshiba's Plant in Mitchell, South Dakota）
331-332
フランス東芝システムズ
（Toshiba Systems France） 331, 342
トヨタ自動車（Toyota） 70-71, 73-74, 76, 84, 95, 100, 102-144, 160-161, 204, 209, 213, 219, 228, 272, 305, 374, 455, 487-488, 493, 495, 500, 509, 515
NUMMI
（New United Motor Manufacturing Inc.）
27, 31, 33, 95-96, 118, 120-140, 145, 240, 419, 455, 495, 507, 527, 536
TMM
（Toyota Motor Manufacturing）
495, 507
TMMK
（Toyota Motor Manufacturing Kentucky）
27, 33, 95-96, 100-104, 106-140, 145

[な行]

日産自動車（Nissan） 71, 73, 76, 87, 160, 204, 209, 215, 228, 332
日本精工（NSK） 153-200, 494, 527, 536
日本電気（NEC） 382
日本ビクター（Japan Victor Company：JVC） 365

[は行]

パイオニア（Pioneer） 382
日立製作所（Hitachi） 332, 382
ビッグスリー（Big Three auto makers）
9, 36, 49, 53, 56, 58-61, 64, 67, 72, 74, 77-78, 80-82, 84-88, 104, 111, 114, 116, 121, 123-124, 127, 129, 131, 135, 137, 141, 145, 166, 210, 215-217, 222, 229-230, 234-235, 267, 273, 501, 509, 528, 534
ヒドゥン・クリーク工業
（Hidden Creek Industries） 228
ヒューレット・パッカード社
（Hewlett-Packard：HP） 10, 20, 36, 279,

281-289, 291-313, 315-320, 509
横河ヒューレット・パッカード
　（Yokogawa Hewlett-Packard：YHP）
　10, 20, 36, 281-282, 285-304, 306, 310-
　313, 315-316, 318-320
フーバー社／フーバー・ボール・ベアリング社
　（Hoover Corp./Hoover Ball and Bearing）
　156, 158, 166-169, 184, 197
フィアット社（Fiat）　　　　　　　　　72
フォード社（Ford）　　86, 112, 135, 160, 167-
　169, 219, 223-225, 228-229, 256, 259, 261-
　262, 264, 281
フォルクス・ワーゲン社（Volks Wagen）　72
富士写真フイルム（Fuji Photo Film）　281
富士ゼロックス（Fuji Xerox）　　　　281
ブリヂストン（Bridgestone Tire Company）
　305
プログレッシブ・インダストリーズ社
　（Progressive Industries）　156, 205, 229,
　234-239, 249-251, 254, 256, 259, 261,
　265, 272
フロリダ・パワー・アンド・ライト社
　（Florida Power and Light）　281, 316-318
本田技研工業　　70-71, 78, 86, 88, 144, 204-
　205, 209-272
　ホンダ・オブ・アメリカ（Honda of America）
　　222, 515, 522, 534

ホンダ・オブ・アメリカ・マニュファクチャリング
　（Honda of America manufacturing：HAM）
　34, 212, 236, 240-242, 244, 246-248

[ま行]

松下電器産業（Matsushita）　　358, 365, 370,
　375, 382, 388-390, 412, 522
マツダ（Mazda Motor Corporation）　54, 71,
　73, 281
松山（Matsuyama）　　　　　　　216-217
三菱自動車（Mitsubishi Motors）　54, 73, 75
三菱電機（Mitsubishi Erectric）　332, 382, 403
モトローラ社（Motorola）　　　　　　　388
森六（Moriroku）　　　230, 246, 248, 258

[や行]

USスチール社（U. S. Steel）　　　　　135
横河電機（Yokogawa Electric Corporation）
　286

[ら行]

リーズウェイ・トランスポーテーション社
　（Leaseway Transportation）　　　135
ロックウェル社（Rockwell）　　　　　135

原著者一覧　（執筆当時）

ポール・S. アドラー
Paul S. Adler
　　南カリフォルニア大学

メアリー・ヨーコ・ブラネン
Mary Yoko Brannen
　　サンノゼ州立大学

ロバート・E. コール
Robert E. Cole
　　カリフォルニア大学バークレー校

リチャード・フロリダ
Richard Florida
　　カーネギーメロン大学経済開発センター

W. マーク・フルーイン
W. Mark Fruin
　　ミシガン大学ビジネススクール

スーザン・ヘルパー
Susan Helper
　　ケース・ウェスタン・リザーブ大学

デイビス・ジェンキンス
Davis Jenkins
　　イリノイ大学都市研究所

マーティン・ケニー
Martin Kenney
　　カリフォルニア大学デービス校
　　ヒューマン・コミュニティ開発学部

ジェフリー・K. ライカー
Jeffrey K. Liker
　　ミシガン大学生産工学部

ジョン・ポール・マクダフィ
John Paul MacDuffie
　　ペンシルベニア大学ウォートン・スクール

中村政男
　　ブリティッシュコロンビア大学商学部
　　アジア研究所および応用科学部

T. K. ペン
T. K. Peng
　　中華民国 海軍軍官学校

マーク・F. ピーターソン
Mark F. Peterson
　　テキサス工科大学 および フロリダ・アトランティック大学

フリッツ・K. ピル
Frits K. Pil
　　ピッツバーグ大学

榊原貞雄
　　慶応大学（現在，神奈川大学）

ロジャー・G. シュレーダー
Roger G. Schroeder
　　ミネソタ大学カールソン経営大学院

ピーター・B. スミス
Peter B. Smith
　　サセックス大学 および ローフェイパーク経営大学

D. エレノア・ウェストニー
D. Eleanor Westney
　　マサチューセッツ工科大学スローン・スクール

訳者紹介（執筆順）

林　正樹（はやし　まさき）	中央大学企業研究所研究員 中央大学商学部教授
岡村　龍輝（おかむら　りょうき）	中央大学企業研究所準研究員 中央大学大学院商学研究科博士課程後期課程
田中　史人（たなか　ふみと）	中央大学企業研究所客員研究員 北海学園大学経営学部専任講師
河邑　肇（かわむら　はじめ）	中央大学企業研究所研究員 中央大学商学部助教授
中川　香代（なかがわ　かよ）	高知大学人文学部教授
山田　雅俊（やまだ　まさとし）	中央大学大学院商学研究科博士課程後期課程
李　廷珉（イ　チョンミン）	中央大学企業研究所準研究員 中央大学大学院商学研究科博士課程後期課程
飛田　幸宏（とびた　ゆきひろ）	中央大学企業研究所元準研究員 白鷗大学経営学部専任講師
島内　高太（しまうち　こうた）	中央大学企業研究所準研究員 中央大学大学院商学研究科博士課程後期課程
奥寺　葵（おくでら　あおい）	中央大学企業研究所準研究員 中央大学大学院商学研究科博士課程後期課程
國島　弘行（くにしま　ひろゆき）	創価大学経営学部助教授

リメイド・イン・アメリカ　　　　　中央大学企業研究所翻訳叢書9

2005年3月31日　初版第1刷発行

　　　　　監訳者　　林　　正　樹
　　　　　発行者　　中　央　大　学　出　版　部
　　　　　　代表者　辰　川　弘　敬

〒192-0393 東京都八王子市東中野742-1
発行所　電話 0426(74)2351 FAX 0426(74)2354　　　中央大学出版部
http://www2.chuo-u.ac.jp/up/

© 2005　　　　　　　　　　　　　　　　　　　ニシキ印刷／三栄社

ISBN4-8057-3308-X